ÖKOMEDIA

Institut für ökologische Medienarbeit

MEDIENKURSBUCH

ÖKOLOGIE

FILME • VIDEOS • DIAS • TONBILDSCHAUEN • FOLIEN

1993

Herausgegeben von

ÖKOMEDIA
Institut für ökologische Medienarbeit
Habsburgerstr. 9a
79104 Freiburg
Tel: 0761 / 5 20 24
Fax: 0761 / 55 57 24

(Bezug über den Buchhandel
oder direkt beim Institut)

Redaktion: Martin Čaveliš, Dr. Horst Hamm,
Ilona Jerger-Bachmann,
Mitarbeit: Angela Lüthje, Gisela Mehren
Sichtungskommission: Martin Čaveliš,
Dr. Horst Hamm, Ilona Jerger-Bachmann,
Heidi Knott, Angela Lüthje, Willy Meyer-Schalck
Zeichnungen: Gisela Mehren
Titelblattgestaltung: Schiller & Partner
Druck: Freiburger Graphische Betriebe
ISBN 3-925324-10-0

Das Medienkursbuch Ökologie wurde gefördert von:

**Der Bundesminister
für Umwelt, Naturschutz
und Reaktorsicherheit**

**Umwelt
Bundes
Amt**

Inhaltsverzeichnis

THE ONE AND ONLY MEHREN

Vorwort

1985 ist das erste »Medienkursbuch Ökologie« erschienen. Mit der nun vorliegenden gänzlich neu bearbeiteten Ausgabe präsentiert das Ökomedia Institut acht Jahre später erstmals wieder eine Gesamtschau zum Thema »ökologische Medien«. Die hier vorliegende Zusammenstellung reagiert auf die gewaltigen Veränderungen in der ökologischen Medienlandschaft.

Durch die Vereinigung Deutschlands sind viele Medien aus der ehemaligen DDR für die Bildungsarbeit verfügbar geworden. Zwar liegen noch immer die Filmschätze der DEFA bei der Treuhand auf Eis, so daß sie nicht ins Medienkursbuch aufgenommen werden konnten, doch es ist zu erwarten, daß die DEFA-Filme demnächst in eine Stiftung überführt werden.

Von dieser deutsch-deutschen Ökofilm-Erweiterung einmal abgesehen hat das Thema »Ökologie« im letzten Jahrzehnt einen wahren Siegeszug durch alle Medien angetreten. Beinahe jedes Fernsehmagazin weiß heute über die Bedrohung unserer Lebensgrundlagen zu berichten, Zukunftsserien sind entstanden, Ozonloch und Treibhauseffekt werden fast allabendlich ins Wohnzimmer geliefert.

Mehr noch: Neuerdings reagiert sogar der Videomarkt auf das Thema Umwelt: Öko-Spielfilme, Umweltkrimis, ja ganze Naturfilmserien sind als »Kaufkassetten« erwerbbar. So gibt es etliche Filme, die keinen Verleih gefunden haben, als Video-Kassetten zu kaufen. Diese werden meist ohne das Recht zur öffentlichen Vorführung angeboten, so daß jeder Benutzer im Einzelfall selbst prüfen muß, mit welchen Rechten das Video zum Kauf angeboten wird.

Überhaupt sind Videos immer mehr auf dem Vormarsch. Nicht nur als Kaufkassetten, auch für den Verleih werden immer mehr Produktionen gleich auf Video gedreht, so daß 16- und 35-mm-Filme immer deutlicher an Bedeutung verlieren. Die Folge ist auch offensichtlich: Durch die doch relativ »kostengünstige« Produktionsweise entsteht nicht nur Klasse, sondern vor allem Masse. Öko-Themen sind »in«, und wer sich nicht auskennt auf dem Markt, wird von der Vielzahl von Umweltvideos und Naturfilmen geradezu erschlagen.

Das »Medienkursbuch Ökologie« versteht sich deshalb als Ratgeber und Leitfaden durch den Ökofilm-Dschungel. Da ein Großteil der Filme und Videos gesichtet werden konnte, kommt das Ökomedia Institut dem Anspruch näher, letztlich alle Medien bewerten zu können. Ganz ist dies aus praktischen Gründen nicht realisierbar, da zu den Sichtungsterminen manche Medien nicht zur Verfügung stehen und aus Kostengründen auf eine Nachsichtung verzichtet werden muß.

Um einigermaßen die Übersicht zu wahren, hat die Redaktion des Medienkursbuchs bereits eine Auswahl getroffen: Von den Medien, die in den Medienkursbüchern von 1985 und 1989 beschrieben sind, wurden nur diejenigen aufgenommen, die heute noch in der Bildungsarbeit sinnvoll einsetzbar erscheinen. Auch nicht alles aus der ehemaligen DDR hat ins Medienkursbuch Eingang gefunden. Vieles schien veraltet. Einen

Überblick über Umweltmedien aus der DDR bietet der »Film- und Videokatalog Umwelt«, der von der Grünen Liga Brandenburg herausgegeben wurde.

Neben dieser Auswahl aus den Jahren vor 1989 wurden ausnahmslos alle Medien aufgenommen, die seit der Drucklegung des letzten Medienkursbuches neu produziert worden sind oder erstmals einen Verleih gefunden haben.

Ausdrücklich verweist das Ökomedia Institut schon jetzt auf die Umweltfilmdatenbank, die derzeit im Aufbau begriffen ist. Vermutlich schon von 1994 an wird es dem Ökomedia Institut möglich sein, über die Datenbank eine lückenlose Auskunft über alle Medien zu geben, die im Verleih zur Verfügung stehen. Darüber hinaus ist es Ziel, sobald als möglich auch einen Überblick über die Umweltfilmproduktionen der verschiedenen Fernsehanstalten in Deutschland und auch der Produktionen aus dem Ausland zu bieten.

Last but not least danken wir dem Bundesminister für Umwelt und dem Umweltbundesamt für die finanzielle Unterstützung der umfangreichen Recherchearbeit und der Drucklegung dieser Arbeit. Ohne diese Unterstützung wäre die Herausgabe nicht möglich gewesen.

Freiburg im Breisgau, Mai 1993 — Dr. Horst Hamm

Benutzerhinweise

Die einzelnen Titel des Medienverzeichnisses sind nach Art der Medien getrennt aufgeführt:

Filme
Videos
Tonbildschauen
Diaserien
Foliensätze

Innerhalb dieser Kapitel sind die Titel **alphabetisch** geordnet. Jeder Titel ist mit einer Kennziffer versehen, z.B. V 18, die besagt, daß es sich um den Videofilm Nr. 18 handelt. Zu jedem Titel werden folgende Informationen in der stets **gleichen Reihenfolge** gegeben:

Titel des Mediums
Produzent / Herausgeber / Regisseur
Produktionsland und -jahr
Format und Länge
Bezugsquellen —(kursiv)—
Inhaltsbeschreibung
Zielgruppe
Ökomedia-Bewertung

Fehlende Informationen beruhen auf Mängeln in den verwendeten Katalogen oder auf mangelhaften Informationen der Verleiher.
Die **Bezugsquellen** sind in Kurzform genannt, z.B. LBS 7 (=Landesbildstelle Hessen); die ausführlichen **Namen und Anschriften** sind dem Verleiherverzeichnis zu entnehmen. Die **Inhaltsbeschreibungen** stammen größtenteils aus den Katalogen der Verleiher, die Quellen sind am Ende der Inhaltsbeschreibungen in Klammer vermerkt. Die Angaben zur Zielgruppe sind in den meisten Fällen den betreffenden Katalogen entnommen. Der Vermerk »s. Video« bzw. »s. Film« bedeutet, daß der betreffende Titel auch als Video bzw. Film im Verleih ist. Inhaltsbeschreibung und genaue Daten finden sich dann jedoch nur unter der Rubrik »Film«. Im Kapitel »Video« wurde darauf verzichtet das genaue Videoformat anzugeben, da die Verleiher normalerweise in den gängigen Formaten verleihen bzw. gegen einen geringen Aufpreis auf das gewünschte Format umkopieren.

Wie findet man was wozu?

Es gibt zwei Wege, um zum gewünschten Thema das entsprechende Medium zu finden: Sie schauen im **Register nach thematischen Schwerpunkten** oder Sie schauen im alphabetisch geordneten **Personen- und Sachregister** nach den gewünschten Hinweisen. In beiden Fällen erfahren Sie die Kennziffer, die Medienart und Fundort angibt.

Bewertungskriterien

Auf der Suche nach empfehlenswerten Filmen entwickelten wir ein Bewertungssystem, das selbstverständlich keinen Anspruch auf Allgemeingültigkeit hat.

Wir bewerten, der größeren Durchsichtigkeit wegen, in drei Kategorien: Information, Realisation und Motivation. »Information« fragt nach im Film vermittelten Informationen und berücksichtigt dabei die angegebene Adressatengruppe: Liefert der Film dem Zuschauer Fakten, Zusammenhänge, Einsichten...? »Realisation« meint die Art der formalen Umsetzung. Welcher filmsprachlichen Mittel bedient sich der Film? Wie setzt er sie ein? »Motivation« prüft die Wirkung des Films auf den Zuschauer. Wird er zum Mit- und Umdenken oder zum Handeln motiviert?

Innerhalb dieser Kategorien werden Punkte von 1 bis 4 vergeben, wobei 4 Punkte der höchsten Notenstufe entsprechen und einem »sehr gut« gleichkommen (3 Punkte: gut; 2 Punkte: mäßig; 1 Punkt: unzureichend).

Aus diesen Wertungen wird schließlich ein Gesamturteil ermittelt, bei dem die einzelnen Kategorien zu je einem Drittel gewichtet sind. Auch hier gibt es vier Stufen:

besonders wirksam (3,6 - 4 Punkte)

wirksam (2,6 - 3,5 Punkte)

brauchbar (1,6 - 2,5 Punkte)

unbrauchbar (1,0 - 1,5 Punkte)

Für den exakten Rechner sei hier angemerkt, daß wir gerundet haben. Wir wollten keine Filmolympiade veranstalten. Vor allem soll unsere Wertung nicht den Eindruck erwecken, wir hätten eine präzise Meßlatte.

Der Datenbankbenutzer kann und soll aber aus den Einzelwertungen Schlüsse ziehen. Ein Film mit hoher Informations-, aber niedriger Realisations- oder Motivationswertung kann ihm dennoch einsetzenswert erscheinen, wenn er die Möglichkeit hat, die Schwächen im Gespräch auszugleichen.

Unser Prädikat »besonders wirksam« sollte als das gesehen werden, was es ist: Ausdruck der subjektiven Meinung derer, die den entsprechenden Film bewertet haben. Jede Filmbewertung ist problematisch und sollte letztlich denen überlassen bleiben, für die der Film bestimmt ist: den Zuschauern.

Das Medienverzeichnis

Filme

Abfallbeseitigung-Abfallrecycling I F 1
Focus-Film, BRD 1991
16 mm, Lichtton, Farbe, 17 min
LBS 1

Der Film vergleicht zwei Schulklassen in der Pause und zwei Familien beim Einkauf hinsichtlich Müllvermeidung und Müllverwertung. Anschließend werden übliche Müllentsorgungsarten vorgestellt: geordnete Deponie und Müllverbrennungsanlage. (LBS 1)
ab 8. Klasse

Abfallbeseitigung-Abfallrecycling II F 2
Focus-Film, BRD 1991
16 mm, Lichtton, Farbe, 16 min
LBS 1

Der Film zeigt, was mit getrennt gesammelten Abfällen geschieht: organische Küchenabfälle können zu Kompost verarbeitet werden. Altglas wird eingeschmolzen und zu neuen Flaschen geformt. Aus Altpapier wird Recyclingpapier hergestellt. Zum Schluß wird das Problem der Müllgebühren artikuliert. (LBS 1)
ab 8. Klasse

Abfallwirtschaft am Beispiel eines Landkreises F 3
AV-Studio, BRD 1988
16 mm, Lichtton, Farbe, 16 min
FWU; LBS 1-10, 12-14

Das hier vorgestellte System basiert auf der getrennten Erfassung von Altglas, Altmetall, Papier, Kunststoff und Problemmüll. Nicht verwertbarer Müll wird einem Heizkraftwerk zugeführt, so daß nur geringe Mengen deponiert werden. (FWU)
Sekundarstufe I und II, Jugend- und Erwachsenenbildung

Ökomedia-Bewertung: wirksam

Information	Realisation	Motivation
3,0 Punkte	3,0 Punkte	3,0 Punkte

Ein anschaulicher und informativer Beitrag zur Abfallproblematik.

Abgeholzt, verbrannt, verwüstet F 4
Reitz, Jürgen, BRD 1980
16 mm, Farbe, 40 min
s. Video
LBS 8; LFD 1-9; CRW; DFS; DFZ

Über eine Milliarde Menschen in Lateinamerika, Afrika und Asien kochen und heizen mit Holzkohle und Holz, da dort andere Energieträger fehlen oder unerschwinglich sind. Oft ist der Holzeinschlag in den immer kärglicher werdenden Wäldern die einzige Erwerbsquelle. Wenn die Wälder im weiten Umkreis abgeholzt sind, wandern die Menschen in die Städte ab oder führen ein ärmliches Nomadendasein. Die Dörfer sterben, das Land wird zur Wüste. Weltweit verwüsten jährlich Flächen in der Größe der alten Bundesländer; katastrophale Dürren und Überschwemmungen häufen sich. Der Film zeigt an Beispielen aus Haiti, Obervolta und dem Senegal nicht nur die alarmierenden Zustände, sondern auch Möglichkeiten der Wiederaufforstung. (LFD)

Ökomedia-Bewertung: wirksam

Information	Realisation	Motivation
3,0 Punkte	4,0 Punkte	4,0 Punkte

Ein gut recherchierter, sachlich informativer Film, der als Diskussionsgrundlage einem Publikum dienen kann, das sich mit der ökologischen Situation in der Dritten Welt beschäftigen will.

Abschied vom Wasserklo **F 5**
aus der Serie: Ökoland
NDR / Weitzel, Hans-Ernst, BRD 1983
16 mm, Licht- und Magnetton, Farbe, 29 min
s. Video
EMZ 4, 9, 12, 15; FWU; LBS 3-5, 7-8, 11-14; Weitzel

Unser wichtigstes Lebensmittel Trinkwasser ist in den letzten Jahren immer knapper geworden. Wir zahlen immer höhere Abwassergebühren, die Kläranlagen reinigen aber mit ungeheurem Aufwand nur unzureichend. Unsere Flüsse und Seen stöhnen unter der »geklärten« Schad- und Nährstofflast aus Industrie und Haushalt. Der Schweizer Physiker Pierre Lehmann schickt sein Abwasser durch eine Biogasanlage und läßt es dann in einem Teich von Mikroben und Wasserpflanzen reinigen. Auch ein Trockenklo, in dem aus menschlichen Fäkalien Kompost entsteht, gehört zu seinem Vorschlag zum Trinkwasserschutz. (Weitzel)
allg. Publikum

Ökomedia-Bewertung: wirksam

Information	Realisation	Motivation
3,0 Punkte	2,7 Punkte	3,0 Punkte

Ein anschaulicher Beitrag zur Alltags-Ökologie.

Abschied von Matjora **F 6**
(Proscanie s Matjory)
Klimov, Elem, UdSSR 1983
16 mm, Lichtton, 35 mm, Farbe, 128 min
s. Video
atlas (16 mm), Filmverlag der Autoren (35 mm)

Matjora soll untergehen. Im wahrsten Sinne des Wortes. Denn ein riesiger Stausee wird alles überfluten. Der sowjetische Spielfilm »Abschied von Matjora« erzählt uns die Geschichte der Evakuierung eines Dorfes auf einer kleinen Insel. Oder anders ausgedrückt: wie die jahrhundertealte Tradition einer sibirischen Bauernkultur mit der modernen Sowjetmacht kollidiert. Schon die ersten Sequenzen lassen nichts Gutes ahnen. In die ruhigen Wasserbilder mit dem goldenen Spiel der Lichtreflexe, unterlegt mit leisem russischen Chorgemurmel, dringt ein Boot mit Kapuzenmännern ein. Es ist, als griffen Marsmenschen Väterchen Rußland an. Das Boot legt an, wir sind auf Matjora, sehen die hölzernen Bauernhäuser, lernen ihre Bewohner kennen. Vor allem Darja, die Heldin des Films. Und ihren Sohn, den Brigadier, der mit den Aufgaben der Evakuierung betraut ist. Und ihren Enkel Andrej. Das halbe Dorf hat sich in Darjas Stube um den Samowar versammelt, als das Ungeheure die Runde macht: »Sie zerstören die Gräber!« Großer Aufruhr, alle laufen zum Friedhof. Der Konflikt wird zum erstenmal greifbar und handgreiflich. »Unsere Eltern und Kinder liegen hier«, sagen die einen. »Ein ganzes Meer wird sich über euch ergießen, über eure Kreuze, über alles; Schiffe werden drüberfahren«, sagen die anderen mit Häme. Die mit den Kapuzen.
Der letzte Frühling. Der letzte Sommer. Die letzte Ernte. Noch einmal wird abends getanzt und gesungen. Großartige Kameraeinstellungen zeigen sympathisches Landleben. Nein, keine Folklore, nirgends. Tradition, Witz und Lust der Matjoraner. Bald wird das erste Haus geräumt, Sack und Pack werden auf das kleine Schiff verladen. Der Schrei dieser Frau, die ihre Insel als erste verläßt, zerreißt die Luft. Unvergeßlich das Bild der noch Zurückbleibenden, die bis zu den Knien im Wasser stehen und ihr nachblicken. Darja, immer wieder Darja. Spätestens jetzt beginnt man sie zu verehren. Sie zelebriert ihren Abschied, sie murmelt Zaubersprüche, kniet auf ihrer geliebten Erde, liebkost das Moos; sie betet die Erde an, die Natur, Bäume und Gras,

Wasser und Steine, Wolken und Sonne. Die Kamera malt meisterliche Gemälde. Zum erstenmal fällt der Blick auf den Ikonenbaum. Auch er muß fallen. Doch er tut es nicht. Dieser stolze große Baum widersteht Axt und Säge. Eine der vielen Metaphern und Symbole in diesem Film. Andrej, ausgerechnet Andrej nimmt den Kampf mit ihm auf. Und verliert... Die Planierraupe kann den Baum nicht bezwingen. Darja verarztet sein blutendes Gesicht. Sie schweigt, wehrt sich lautlos, aber entschlossen. Das Vieh wird evakuiert, die Kinder werden evakuiert. Spinnräder und Fernseher werden aus den Häusern getragen.
Über alles wird Benzin gegossen, die große Einäscherung vor der Flut. Darja schrubbt, kalkt und schmückt ihr Holzhaus, bevor auch dieses in Flammen aufgeht. Wie soll diese Frau in der Betontristesse leben können? Dort, wo man den Dorfbewohnern von Matjora ein neues Zuhause zugeteilt hat? Die Wohnblocks sind grausig. Das Gegenteil von Matjora. Die Kuh, die gerade ankommt, ist verloren. Nicht ein Flecken Gras ist zu sehen.
Und das Ende des Films? Matjora ist evakuiert, nur Darja ist mit einigen wenigen zurückgeblieben. Kurz vor der geplanten Überflutung machen sich drei Männer auf, um sie auf der Insel zu suchen und sie doch noch vor den Fluten zu retten. Doch das Boot verirrt sich im Nebel...
Elem Klimow ist mit Abschied von Matjora ein großartiger Spielfilm gelungen. Die Konfrontation von Neuem und Altem, Tradition und Fortschritt, Mensch, Technik und Natur, Stadt und Land könnte kaum überzeugender umgesetzt werden. Ein Glück, daß dieser Film auch in den Westen kam. Dank »glasnost« in der Sowjetunion. Ein Glück fürs Kino und die Bildungsarbeit. (W & M: Der Öko-Filmtip)
allg. Publikum

Ökomedia-Bewertung: besonders wirksam

Information	Realisation	Motivation
	4,0 Punkte	4,0 Punkte

Ein filmisches Meisterwerk: Sehr zu empfehlen. Es wurde auf der Ökomedia '87 als »Der besondere Film« gezeigt.

Abwärme als Energiequelle **F 7**
aus der Serie: Sparsame und rationelle Energieverwendung
FWU / Alexandrow und Glauert Film, BRD 1983
16 mm, Lichtton, Farbe, 15 min
FWU; LBS 1-14

In Real- und Trickaufnahmen verdeutlicht der Film, daß durch die Verringerung der Abwärmeverluste eine volkswirtschaftlich sehr bedeutende Energiequelle »erschlossen« werden kann. Darauf aufbauend werden anhand dreier Beispiele - Abwärmenutzung in einem klimatisierten Bürogebäude, Kraft-Wärme-Koppelung, Abwärmenutzung in einem Walzwerk - die technologischen Grundelemente der Abwärmenutzung dargestellt. (FWU)
ab 11. Klasse

Abwasserbeseitigung, Abwasserreinigung **F 8**
Focus-Film, BRD 1990
16 mm, Lichtton, Farbe, 15 min
LBS 1, 7, 10, 13

Hausabwässer gelangen über die Abwasserkanalisation in die Kläranlage. Dort werden die Schmutzstoffe in mehreren Schritten aus dem Abwasser entfernt. Das gereinigte Wasser kann in den natürlichen Kreislauf zurückgeleitet werden. Der Film spricht auch die Entsorgung des Klärschlamms an und plädiert für umweltfreundliche Reinigungsmittel. (LBS 10)
ab 8. Klasse

Das achte Gebot **F 9**
Strigel, Claus; Verhaag, Bertram, BRD 1991
16 mm, Farbe, 94 min
s. Video
Denkmal-Film; Filmverlag der Autoren

Das achte Gebot: »Du sollst nicht falsches Zeugnis ablegen wider Deinen Nächsten...« Der Film zeigt die Moral unserer Gesellschaft im Atomzeitalter und belegt mit Filmdokumenten aus fast 50 Jahren, daß die Nutzung der Atomkraft - und zwar die friedliche wie die kriegerische - nur durch ständig wiederholte Täuschung der Bevölkerungsmehrheit akzeptabel gemacht werden konnte: Für die Atombombe mußten Feindbilder herhalten. Nur über Verleugnung der Gefahr und durch Verharmlosung des Restrisikos führte der Weg zur sog. friedlichen Nutzung der Atomenergie. Für Zweifler und Besorgte waren Gummiknüppel und Reizgas die einzigen Antworten. Durch Vernetzung von Einzelinformation macht der Film ein Gesamtbild sichtbar, das bisher der breiten Öffentlichkeit aus guten Gründen vorenthalten wurde. Der von Robert Jungk prophezeite Atomstaat ist strukturell ein Unrechtsstaat geworden.
Ausgezeichnet für die »beste journalistische Leistung« auf der Ökomedia '91.

Ökomedia-Bewertung: besonders wirksam

Information	Realisation	Motivation
4,0 Punkte	3,1 Punkte	3,7 Punkte

Das besondere an diesem Film: er bietet einen Überblick über die ganze Atomgeschichte quer durch die Jahrzehnte und die verschiedenen »Atomstaaten«. Dabei geht es weniger um technische Aspekte des Für und Wider, als um Umgangsformen. Der Film kreist um die Methoden der Atomlobby, demonstriert das Vokabular der Betreiber und die Lügen der Politiker. Sehr lehrreich.

Achtung **F 10**
Trickfilm
Ungarn
16 mm, Lichtton, Farbe, 12 min
Imbild; LBS 13

Eine Warnung an uns alle, mit der Zerstörung unseres Lebensraumes innezuhalten. Wohnsilos und Fabrikanlagen ragen in den Himmel, wir fahren Auto und sehen fern und reisen selbstverständlich in den Urlaub. Aber können und dürfen wir die vielen Nachteile dieses Lebensstils in Kauf nehmen? Wir drohen in Qualm und Abgasen zu ersticken, schütten Berge von Abfall ins Meer und planen sogar, ihn ins Weltall zu befördern.
Dieser eindringlich gestaltete Trickfilm schildert nicht ohne Humor, wie wir die Errungenschaften der Zivilisation erdachten und erarbeiteten und heute, gleich einem Kreuz auf dem Rücken, mit uns herumtragen.
allg. Publikum

Adalil - Die Herrin der Zelte **F 11**
Banuls, Sylvie; Heller, Peter, BRD 1990
16 mm, Farbe, 45 min
Filmkraft

Im Mittelpunkt des Films stehen die Frauen einer Tuaregsippe im Norden Malis. Gezeigt wird vor allem die 18jährige Ana, die inzwischen in der Hauptstadt Bamako lebt, bei einem Besuch im Zeltlager ihrer Mutter. Die täglichen Arbeiten sind ihr noch immer vertraut und voller Stolz beteiligt sie sich daran. Ihre Kinder aber erzieht sie nicht für das Nomadenleben. Ihre Mutter ist darüber unglücklich. Sie hat Angst um ihre Tochter und befürchtet, daß sich die junge Generation dem traditionellen Leben entfremdet und die Wüste eines Tages leer von Menschen ist. (Filmkraft).
In wunderschönen und einfühlsamen Bildern wird vom Leben und den Sorgen der

Tuareg-Frauen in der Sahara erzählt, fast ein Märchen aus 1001 Nacht. (Westfälische Nachrichten)
Der Film erhielt auf der Ökomedia '91 die »Ökomedia-Auszeichnung für die beste künstlerische Leistung«: »Die Beobachtung und Darstellung des Lebens der Nomadenfrauen am Rande der Sahara wird in diesem Film zu einem künstlerischen Dokument von besonderer Meisterschaft. Der Preis bedeutet eine Anerkennung dieses ethnographischen Films, der in seiner Integrität die lebensnotwendige Verbindung des Menschen mit der Natur und das wahre Gesicht der Tuareg vermittelt.« (Begründung der Festival-Jury)
allg. Publikum

Ökomedia-Bewertung: besonders wirksam

Information	Realisation	Motivation
3,5 Punkte	3,6 Punkte	3,7 Punkte

Ein streckenweise faszinierender Disput zwischen Mutter und Tochter, der den Zusammenprall von Tradition und Moderne spüren läßt.

Adieu Stadt **F 12**
(Sbo Hem, Mesto)
Deitch, Gene, CSSR 1969
16 mm, Lichtton, Farbe, 5 min
EMZ 1, 2, 7, 10-12; EZEF; KMZ 1-3, 5, 6, 10, 13, 16, 19; LBS 1, 10, 14; LZNW

Eine lärmerfüllte, verqualmte, unwohnliche Stadt. Ein Zimmer, ein Mann, der sich vergeblich um eine Blume bemüht. Er flieht hinaus in das grüne, sonnige Häuschen und pflegt den Garten. Alles wäre gut, wenn nicht andere Stadtbewohner auf den gleichen Gedanken kämen. Bald ist das grüne Land bedeckt mit Häusern, bald qualmt es wieder und alles ist schlimmer als je zuvor. - Ein satirischer Anspielfilm zum Themenbereich »Umweltschutz - Lebensschutz«. (LZNW)
ab 5. Klasse

African Riviera **F 13**
Schweizer, Ulrich, Schweiz 1975
16 mm, Farbe und sw, 46 min
EMZ 1, 2, 6, 8, 10, 12; EZEF; LZNW

Drei traditionelle afrikanische Lebensformen, angepaßt dem jeweiligen Lebensraum des Sahel, der Savanne und dem Regenwald werden durch eindringende westliche Denk- und Lebensweisen, durch Technik und Fortschritt unterwandert und schließlich zerstört.
Zunächst befaßt sich der Film mit den Nomaden der Sahelzone, ihrem Leben und ihrer Ordnung. Dann werden Bauernhöfe in der Savanne vorgestellt. Es folgen Bilder vom Dorf Suminakese im afrikanischen Regenwald. Eine dem Land angepaßte Anbauweise und Mischkultur garantiert den Menschen ein hinreichendes Auskommen. Schließlich das Leben in der Stadt. Die Industrialisierung bedroht das angestammte Handwerk, so daß Arbeitslosigkeit droht, zumal die Stadt immer mehr Menschen in eine unsichere Zukunft anzieht. (EMZ 1)

Ajantrik **F 14**
Spielfilm
Ghatak, Ritwik, Indien 1958
35 mm, sw, Lichtton, 102 min, OmU
Freunde der deutschen Kinemathek

Bimal ist ein Taxifahrer, der bei seinen Fahrten Menschen und Landschaften kennenlernt. Er fährt dabei mit einem bejahrten, unökonomischen Gefährt. Er sieht die durch Bergbau und Industrie sich allmählich verändernde Landschaft und die Natur der Dinge mit anderen Augen als die meisten. Aber der Wandel, ausgelöst durch den Vormarsch der Maschinerie, ist unaufhaltsam. Die Natur weicht vor den Bulldozern zurück, sein Gefährt gibt den Geist auf. Am Ende zerstört er es aus Verzweiflung. (Freunde der deutschen Kinemathek, gekürzt)
allg. Publikum

EIN RÄTSEL DER NATUR: SIE TUN ES IMMER WIEDER, UND NIEMAND WEISS, WARUM.
MEHREN 5/92

Das Alaska Syndrom **F 15**
Engstfeld, Axel, BRD 1991
16 mm, Lichtton, Farbe, 95 min
Basis

März '89, in Alaska passiert die größte Ölkatastrophe in der Geschichte der Vereinigten Staaten. Der Tanker Exxon Valdez läuft auf Grund und verseucht mit 40 Millionen Liter Rohöl den Prince-William-Sound. Der Verursacher Valdez startet eine Säuberungsaktion, die von einer massiven PR-Kampagne begleitet wird. Mit Hilfe von zwei Milliarden Dollar poliert die Firma ihr Image und einige Strände. Doch das ökologische Gleichgewicht der Unglücksgegend bleibt auf Jahre gestört. In einer Langzeitstudie zeigt der Film die Gewinner und die Verlierer dieser Katastrophe: Die Einwohner der Unglücksgegend, deren Ernährungsgrundlage auf ungewisse Zeit vernichtet ist. Bill Allen, der sich mit einer Reinigungsfirma an dem Unglück gesund gestoßen hat. Die Coast-Guard, als Bundesbehörde zuständig für die Überwachung der Aufräumarbeiten, und ihre Verflechtung mit der Industrie, die sie kontrollieren soll.

»Das Ölgeschäft kontrolliert alles, was in diesem Staat passiert« - dies ist die langjährige Erfahrung des Pizza-Bäckers und Ex-Bürgermeisterkandidaten Mafia Mike. (Engstfeld)

Ökomedia-Bewertung: besonders wirksam

Information	Realisation	Motivation
3,7 Punkte	3,8 Punkte	3,6 Punkte

Technisch brillant, inhaltlich sehr informativ: Engstfeld zeigt ein umfassendes Bild von Alaska als Rohstofflieferant. Viele einzelne Kapitel mit Zwischenüberschriften demonstrieren Geschichte, Politik, Größenwahn, das dicke Geld - und ihren vorläufigen »Höhepunkt«: die Tankerkatastrophe.

Alle reden vom Umweltschutz **F 16**
Presse- und Informationsamt der Bundesregierung, BRD 1990
16 mm, Farbe, 15 min
DFZ; LFD 1-13

Familie Schlauberger führt uns vor, wie umweltgerechtes Verhalten aussehen könnte. Beim Einkaufen Plastiktüten vermeiden, Duschen statt Baden, rationeller Wasserverbrauch mit der Waschmaschine, Fahrten mit dem Fahrrad etc. (LFD 5)
allg. Publikum

Ökomedia-Bewertung: brauchbar

Information	Realisation	Motivation
2,7 Punkte	1,7 Punkte	2,0 Punkte

Fraglich, wer sich durch eine solche Darstellung zum aktiven Umweltschutz anregen läßt. Zwar inhaltlich richtig, aber leider fade und moralisch.

Alles klar - Glas kann alles **F 17**
Informationszentrum Glas, BRD ca. 1985
16 mm, Lichtton, Farbe, 17 min
DIZ; Intermedia

Glas ist voller altbewährter Vorzüge. Glasbehälter geben Einblick und Durchblick, Glas gewährt Aussicht und Einsicht. Aber nicht diese Materialvorzüge stehen im Mittelpunkt des Films, sondern die umweltfreundliche Wiederverwertung von Altglas. Sinnfällig wird dieser Zyklus von Einsammeln, Aufbereiten und Einsatz von Altglas bei der Produktion von Glasbehältern sichtbar gemacht. Schließlich wird für Verständnis und Mitarbeit bei der getrennten Abgabe von weißem und farbigem Glas geworben. Dabei gipfelt der Film in dem Slogan: Soviel Pfandflaschen wie möglich, soviel Einwegflaschen wie nötig. Glas kann eben alles: Einweg, Mehrweg und Recycling. (Intermedia)
allg. Publikum

Ökomedia-Bewertung: wirksam

Information	Realisation	Motivation
3,0 Punkte	2,0 Punkte	3,0 Punkte

Der Film wirbt für Glasrecycling. Die Botschaft, daß jeder einzelne dazu beitragen soll, kommt tatsächlich glasklar an. Der Film arbeitet dabei mit Methoden, die typisch für Industriewerbung sind.

Almwirtschaft **F 18**
WfW-Film, BRD 1990
16 mm, Lichtton, Farbe, 23 min
LBS 1, 7

Der Film reißt kurz die historische Entwicklung der Almwirtschaft an und macht deutlich, daß Almen eine Kulturlandschaft sind und daß sie dazu beitragen, die Existenz der Bauern im Alpenraum zu sichern. Er beobachtet eine Sennerin bei ihrer Arbeit, zeigt ihren Tagesablauf. Gleichzeitig macht der Film auf Probleme des Tourismus, Überweidung der Almen und Waldweiden aufmerksam, die sehr eng mit der Almwirtschaft verbunden sind. (LBS 7)
ab 8. Klasse

Alpen im Zwielicht: **F 19**
Probleme durch Massentourismus
FWU, BRD / Schweiz 1981
16 mm, Lichtton, Farbe, 20 min
FWU; LBS 1-14; LFD 2

Der Film zeigt Ursachen und komplexe Wirkungen des Tourismus auf die physische und soziale Umwelt des Alpenraumes. Ausgehend von den Wünschen und Vorstellungen der Touristen und der Verkehrserschließung werden die Gefahren für die Alpen durch den Tourismus gezeigt: Verstädterung, Umweltbelastung, Eingriffe in die Landschaft durch Skisport, soziale Probleme, Grundstücksspekulation und Zersiedelung. Die Aufnahmen zeigen Beispiele aus der Schweiz, aus Österreich und Oberbayern. (FWU)
ab 7. Klasse, Naturschutzgruppen

Ökomedia-Bewertung: wirksam

Information	Realisation	Motivation
3,0 Punkte	3,0 Punkte	3,0 Punkte

Der Film dokumentiert mit überzeugendem Bildmaterial die schrittweise Zerstörung des Alpenraumes.

Als die Igel größer wurden **F 20**
Trickfilm
WDR / Winzentsen, Franz und Ursula, BRD 1979
16 mm, Licht- und Magnetton, Farbe, 21 min
EMZ 4, 7, 12, 13; FWU; KMZ 16; LBS 1-14; LFD 7; zentralfilm

Ein Zukunftsfilm aus dem Jahre 2179, der aber auch schon heute beginnen könnte. Ein (strickender) Professor erzählt von den vielfältigen Experimenten, die unternommen wurden, um widerstandsfähigere Igel zu züchten, denn vor 200 Jahren wurden Tausende auf der Straße überfahren. Der erste Versuch - der »Hartstachigel« - gelang so gut, daß fortan die Igel gegen die Autos gewannen. Ein neues Experiment brachte den »Swinigel« hervor, der, in großen Farmen gehalten, den Menschen zunächst wirtschaftlichen Nutzen brachte, bis er sich aus seinem Gefängnis befreien konnte. Aber der Professor macht uns Hoffnung: Nicht autofeste Igel sollen gezüchtet werden, sondern igel- und umweltfreundliche Autos, die über die Landstraßen schweben. (zentralfilm)
ab 4. Klasse

Ökomedia-Bewertung: besonders wirksam

Information	Realisation	Motivation
	3,8 Punkte	4,0 Punkte

Ein herrlicher Trickfilm: witzig, kurzweilig, gespickt mit viel Ironie.

Das alte Neue **F 21**
aus der Serie: Umwelt heute
Posttechnisches Zentralamt, BRD 1987
16 mm, Lichtton, Farbe, 15 min
s. Video
LFD 2-5, 9

Die Deutsche Bundespost tut etwas für den Umweltschutz: Sie verwendet die alten Telefonbücher wieder. In einer Papierfabrik werden sie zerrissen und zu einem dicken Brei gerührt. Ein Labor überprüft regelmäßig den Zustand der Fasern. Um das alte Papier farblich immer gleich zu gestalten, wird es eingefärbt. In der Druckerei werden darauf dann die neuen Telefonbücher gedruckt. Die Druckfarbe ist übrigens umweltfreundlich, d.h. sie enthält kaum Stoffe, die später stören könnten. Deshalb tragen die Telefonbücher auch den Umweltengel. (LFD 2)
Allgemeines Publikum

Ökomedia-Bewertung: brauchbar

Information	Realisation	Motivation
2,2 Punkte	2,5 Punkte	2,5 Punkte

Ganz nette, aber beschönigende Darstellung von Mülltrennung und Recycling. Die Story mit dem Geldscheinsammler - nett. Der Film soll halt unterhaltsam Werbung für die Post bzw. für das Recycling von Telefonbüchern machen.

Ana **F 22**
(OmU)
Cordeiro, Margarida; Reis, António, Portugal 1982
16 mm, Farbe, 115 min
Freunde der deutschen Kinemathek

Ein Film wie ein Musikstück, ein großes Poem von Saint-John Perse, das Heimat als bäuerliche Kultur, als Landschaft in Licht und Stille, als Ort und Raum einer uralten Geschichte der Gesten beschwört. Ein Stück absoluter Imagination, ausgreifendster Poesie, das gewiß auch in der Gefahr steht, das Land und die Menschen, ihre Tätigkeiten und ihren Tagesablauf zu monumentalisieren und zu mythisieren. Aber der Schmerz des Verlustes - diese abgeschiedene Gegend, die zu den ärmsten Portugals gehört, wird durch den Bau eines Kernkraftwerks ent-

scheidend verändert werden - macht das zum Verschwinden Verdammte noch einmal groß und intensiv; er verwehrt sich auch der Dialektik und dem kritischen Blick, stellt Geschichte still. Dieser Film über Ana, die Mutter, die Erde, die stirbt, ist ein unendlich zarter und bewegender Moment des Innehaltens und Eingedenkens - von sowohl blendender, somnambuler als auch erhellender, herzzerreißender Schönheit, aus Schweigen und aus dem Wind hervorgegangen, der über das Land weht, Gardinen bewegt und in Stille und Verstummen endet. (Wolfram Schütte, Frankfurter Rundschau)
allg. Publikum, Anti-Atomkraft- und Naturschutzgruppen

Das andere Gesicht des Goldes F 23
(La Otra Cara del Oro)
Ruiz, Rafael V., Nicaragua 1981
16 mm, 35 mm (span. Fassung), Farbe, 21 min, OmU
Con

Als die Regierung des nationalen Wiederaufbaus beschloß, die Goldbergwerke in Siuna, Bonanza und Rosita zu verstaatlichen, verlangten die ausländischen Unternehmen gewältige Entschädigungen. Der Film fragt nach der Rechtfertigung angesichts der körperlichen Leiden der Bergarbeiter, ihrer Ausbeutung unter extrem schlechten Arbeitsbedingungen, der Umweltzerstörung durch den gewissenlosen Einsatz von Chemikalien und der verrotteten Maschinen, die die Unternehmen zurückließen. Ein eindrucksvolles Dokument und ein neuer Ansatz im Kurzfilmschaffen der jungen nicaraguanischen Kinematografie. (Con)

Angepaßte Technologie F 24
Krieg, Peter, BRD 1978
16 mm, Farbe, 30 min
s. Video
EMZ 2, 3, 4, 6, 12; EZEF; LZNW

Kinder spielen mit einem schwarzen Plastikroboter. Der Kommentar stellt ausgehend von Kinderspielzeug die Frage: Was ist angepaßte Technologie? Der Roboter sei nur angepaßt an die Bedürfnisse dessen, der ihn verkauft. Negerkinder spielen mit einem Kürbis, aus dem sie ein ratterndes Gefährt gebaut haben. Sorgfältig haben sie ihr Spielzeug konstruiert und zusammengebaut, und dabei haben sie mehr über Technik gelernt als ihre weißen Altersgenossen mit dem sinnlos strampelnden Roboter.
Ein kurzer Rückblick auf unsere Geschichte beweist, daß Technologie unsere Umwelt sehr verändert hat. Der indische Professor Reddy vom Institut für Technologie definiert angepaßte Technologien als solche, die »die Entwicklung vorantreiben«. Unter Entwicklung versteht Reddy einen Prozeß, der auf die Befriedigung der grundlegenden menschlichen Bedürfnisse ausgerichtet ist, auf Selbstverantwortung abzielt und harmonisch mit der Umwelt verläuft.
Daß auch »kleine« Technologie nicht immer eine gute Lösung sein muß, beweist der Fall eines indischen Großgrundbesitzers, der sich eine Biogasanlage leisten kann und damit die Not der Tagelöhner vergrößert, die bisher Brennholz an ihn verkaufen konnten. Würde ein ganzes Dorf die Anlage betreiben, käme sie den Bedürfnissen zugute. Der Film schließt mit Bildern aus China, das aufgrund seiner gesellschaftlichen und ethischen Voraussetzungen erfolgreich angepaßte Technologien anwenden konnte. (barfuss)
Der Film eignet sich am besten für den Einsatz auf Seminaren, zu Themen wie »Strategien der Entwicklungshilfe« oder »Technologietransfer«. (gep)

Ökomedia-Bewertung: wirksam

Information	Realisation	Motivation
4,0 Punkte	3,5 Punkte	3,0 Punkte

Ein sehr guter Film, der mit der Vorstellung »small is beautiful« kritisch umgeht und verdeutlicht, was angepaßte Technologie wirklich heißt.

Anima Mundi **F 25**
Reggio, Godfrey, Italien 1991
16 mm, Lichtton, 35 mm, Farbe, 29 min
s. Video
WWF

Ein Film, der von seinen Bildern und der Musik von Philip Glass lebt: Spektakuläre Tier- und Landschaftsaufnahmen in Zeitlupe und Zeitraffer zeigen Fauna und Flora in ihrer ganzen Schönheit. Der neueste Film von Godfrey Reggio, dem Regisseur von »Koyaanisqatsi«, ist, nicht zuletzt durch die Schnittechnik, ein Plädoyer für den Erhalt der Natur in ihrer einzigartigen Artenvielfalt.
allg. Publikum

Ökomedia-Bewertung: besonders wirksam

Information	Realisation	Motivation
	4,0 Punkte	3,5 Punkte

Was für ein Feuerwerk an optischen und akustischen Eindrücken! Manch einer mag hinter dieser technischen Perfektion zu wenig »Öko« erkennen. Jedoch sind nicht nur die Aufnahmen des brennenden Regenwaldes und der entsetzt schauenden Tiere sehr eindrücklich. Ein Kunstwerk.

Antarctica Projekt - Der Versuch der Industrienationen, den letzten Kontinent unter sich aufzuteilen **F 26**
Kurzfassung: Wettlauf um die Antarktis
WDR / Engstfeld, Axel, BRD 1987
16 mm, Lichtton, Farbe, 97 min, 18 min
s. Video
Engstfeld (97 min); FWU; KMZ 6, 10; LBS 2, 3, 6, 7, 10, 12, 13 (alle 18 min)

Seit 1979 ist die Bundesrepublik Deutschland Mitglied des Antarktisvertrages. Er kam 1959 zustande und umschließt 18 Vertragsländer. Ihre gemeinsame Aufgabe sind Forschungsaufgaben unterschiedlicher Art. Die Erschließung von Ressourcen ist bislang ausgeschlossen. Doch 1991 soll das derzeitige Stillhalteabkommen revidiert werden. Der Wettlauf um die Schätze des weißen Kontinents könnte beginnen: Die Antarktis, das einzige Stückchen Erde, das noch nicht verteilt ist.
Der Konflikt Bodenschätze und stabiles Ökosystem mahnt zur Wachsamkeit. Er veranlaßte Greenpeace, ein Schiff zum Südpol zu entsenden. Die erste Fahrt, die erfolglos verlief, weil die geplante Station der Umweltschutzorganisation in der unmittelbaren Nähe zur gigantischen US-Station McMurdo aus Wettergründen nicht gebaut werden konnte, spiegelt der Film ebenso wie eine zweite, nun erfolgreiche Reise 1986/87. Aber die Dokumentation ist mehr als nur eine Beschreibung der beiden Expeditionen. Sie belegt durch historische Aufnahmen auch die Geschichte der Entdeckung des Südpols und die Sorge um seine mögliche Ausbeutung und ökologische Zerstörung. (LZNW, gekürzt)
Ausgezeichnet mit dem »Deutschen Kamerapreis 1988« in der Kategorie »Dokumentation und Reportage«.
allg. Publikum

Ökomedia-Bewertung: wirksam

Information	Realisation	Motivation
3,5 Punkte	3,5 Punkte	3,0 Punkte

Der Film besticht vor allem durch eine sehr schöne und ruhige Kamera. Eine Dokumentation im klassischen Sinne. Allerdings droht die Gefahr der Langatmigkeit. Der Film wurde als »Der besondere Film« auf der Ökomedia '88 gezeigt.

Aqua pura **F 27**
Trickfilm
Janczak, Jan, Polen 1973
16 mm, Lichtton, Farbe, 9 min
EMZ 1, 12; KMZ 6, 10; LBS 10, 13; LFD 6, 7; LZNW

Ein Angler verläßt frühmorgens die Stadt. Umsichtig baut er sein Angelzeug am Rande eines Flusses auf, um dann zu warten, bis ein Fisch anbeißt. Die Stunden gehen dahin, nichts rührt sich. Wenn schließlich doch einmal etwas an der Angel hängt, muß der Mann zu seiner Enttäuschung feststellen, daß es irgendein Unrat ist. In dem nicht gerade sauberen Wasser scheint es keine Fische mehr zu geben. Erst am Abend beißt ein kleines Fischlein an. Mit dieser Beute geht er heim, muß aber feststellen, daß sie fürs Abendbrot nicht reicht. Seinen Appetit stillt er schließlich mit einem Fischgericht aus der Dose, die er dann achtlos in den vorbeifließenden Fluß wirft. (EMZ 1)
ab 5. Klasse

Der Aralsee - Agrarwirtschaft und Ökologie **F 28**
FWU, BRD 1992
16 mm, Lichtton, Farbe, 15 min
FWU; LBS 5, 7

Die Zuflüsse des Aralsees werden zur Bewässerung der Baumwollkulturen Usbekistans angezapft. Der Film dokumentiert die anthropogenen Ursachen für die Austrocknung des Sees, die Auswirkungen des Trockenfalles sowie Maßnahmen zu seiner Rettung. (FWU)
ab 11. Klasse

Die Arktis und der Eisbär **F 29**
aus der Serie: Weiße Wildnis
Walt Disney, USA
16 mm, Lichtton, Farbe, 28 min
AV-Film

Faszinierende Aufnahmen von der menschenleeren Arktis. Im Frühjahr brechen die Flüsse auf und werden zu gefährlichen Eisströmen. Tiefe Gletscherspalten öffnen sich, Eisberge bersten. Diese weitgehend unberührte Landschaft aus Schnee, Eis und Wasser ist die Heimat von Walroß und Robben, deren natürlicher Feind der König der Arktis ist, der Eisbär. Der Film bringt bisher kaum gesehene Aufnahmen von der Nahrungssuche der Eisbären und von der Aufzucht der Jungen. Verspielt wie Kinder machen die Jungen ihre ersten Gehversuche. Sie lernen im Spiel und sammeln ihre ersten Erfahrungen - im Kampf und bei der Jagd. (AV-Film)
allg. Publikum

Eine Art Garten Eden **F 30**
Preussen Elektra / Gong-Film, BRD 1987
16 mm, Lichtton, Farbe, 14 min
Preussen Elektra

Ein Film über das Leben in Wiesmoor, einer Gemeinde in Ostfriesland. Im Mittelpunkt der Aufnahmen steht die Wiesmoor-Gärtnerei der Preussen-Elektra, die seit ihrem Bestehen ein bedeutender

Wirtschaftsfaktor der Gemeinde ist. Dies gilt umso mehr, seit das Torfkraftwerk Wiesmoor, mit dessen Abwärme die Gewächshäuser beheizt wurden, stillgelegt werden mußte. Der Film ist ein Beispiel für eine wirtschaftliche Entwicklung, die im Einklang mit der Natur steht. (Preussen Elektra)
allg. Publikum

Arten- und Biotopschutz 1 **F 31**
Eine Bestandsaufnahme
BRD 1988
16 mm, Lichtton, Farbe, 40 min
s. Video
LFD 2

Der Film stellt Flora und Fauna der Auenwälder, der Nieder- und Hochmoore, der Heiden und Trockenrasen sowie der Hecken vor. Durch Flurbereinigung, Straßenbau, Rodung und chemische Pflanzenschutzmittel sind die Lebensbereiche vieler Pflanzen und Tiere zerstört worden. Mehr als ein Drittel der heimischen Tier- und Pflanzenarten sind vom Aussterben bedroht. Der Film zeigt Beispiele. (LFD 2)

Arten- und Biotopschutz 2 **F 32**
Maßnahmen des Naturschutzes
BRD 1988
16 mm, Lichtton, Farbe, 40 min
s. Video
LFD 2

Der Film stellt die Nationalparks Bayerischer Wald und Berchtesgaden mit ihren spezifischen Pflanzen und Tieren vor. Durch Neuanlagen von Feuchtgebieten und Streuwiesen, durch Wiederanpflanzung von Hecken und durch vielfältige künstliche Nistplätze für Vögel und Insekten soll der Artenreichtum der heimischen Flora und Fauna gesichert werden. (LFD 2)

Arten- und Biotopschutz **F 33**
Geschützte Arten unserer Landschaft
WBF, BRD 1990
16 mm, Lichtton, Farbe, 15 min
s. Video
AID; KMZ 3; LBS 1, 6, 7, 10, LISA

Mit Hilfe von Trickaufnahmen klärt der Film die Begriffe Individuum, Art, Population, Lebensraum (Biotop) und Lebensgemeinschaft (Biozönose). Er nennt Ursachen des Artentodes, stellt gefährdete Tiere und Pflanzen vor und vermittelt Einsichten in die Notwendigkeit des Arten- und Biotopschutzes. Abschließend zeigt der Film Möglichkeiten, wie einzelne beim Artenschutz helfen können. (WBF)
ab 8. Klasse

As women see it
* Sudesha
* Wenn der Wald stirbt, stirbt die Seele

Asikel - Die Reise **F 34**
Heller, Peter, BRD 1990
16 mm, Farbe, 90 min
Filmkraft; EZEF

Im Mittelpunkt des Films steht der Tuareg Aha Agh Hama, einer der vielen Männer aus dem Nomadenvolk der Tuaregs. Viele von ihnen, die am Rande der Sahara in Mali leben, mußten 1984 ihre Zelte in Richtung Stadt verlassen. Die große Dürrekatastrophe in der Sahara beraubte die Menschen ihrer Existenzgrundlage. Seither leben Aha und seine Freunde in der feindlichen Umwelt der Stadt, mit ihren Herzen aber in den heimatlichen Zeltlagern im Norden Malis. Einmal im Jahr gehen sie auf die große Reise - zurück in die Wüste, zu ihren Frauen und Kindern, beladen mit Geschenken und Vorräten.
Der Film besticht durch seine Bilder und eine Ruhe, die kaum noch möglich erscheint, aber auch durch ein komplexes Geflecht der Sprache, denn O-Töne,

Texte aus Recherchen und Gesprächen sind in die Kommentare eingeflossen, vor allem die Texte aus der Literatur- und Sagenwelt geben Einblick in das Leben der Tuareg, in die Zeit des Umbruchs, in der Traditionen und alte Familienstrukturen erschüttert werden. Die Reise durch die Städte und Dörfer entlang des Niger ist auch eine wechselhafte Reise zu sich selbst, zu den Wurzeln, die nie verleugnet werden, die selbst der Konsum und das moderne Leben nicht ganz zerstören können. Es ist aber auch eine Reise auf den Spuren einstiger Königreiche, durch die Geschichte von Völkern, die uns fremd und exotisch erscheinen. (EZEF)
allg. Publikum

Ökomedia-Bewertung: besonders wirksam

Information	Realisation	Motivation
3,6 Punkte	3,6 Punkte	3,6 Punkte

Eine eindrückliche Reise durch das Land der Tuareg - die Widersprüche zwischen Stadt und Sand, Zelt und Beton, Nomadentradition und Moderne werden deutlich.

Asphaltkreuze **F 35**
Umbreit, Heidi und Bernd, BRD 1988
16 mm, Farbe, 29 min
s. Video
EMZ 2, 4, 7-10, 13; KMZ 1-3, 5-15, 17, 19, 20; LBS 1-3, 7, 13, 14; LFD 1

Asphaltkreuze, das sind Kreuze am Straßenrand, die mahnen, hier starb ein Mensch. Die Unfallmeldungen in den Zeitungen am Tag danach sind nüchtern und sachlich. Die Unfallursache, die Anzahl der Verletzten und Toten, der Sachschaden. Die Lebensgeschichte der Toten, der Schmerz der Angehörigen, die quälende Ruhelosigkeit der Verursacher, darüber erfährt man nichts - davon aber berichtet dieser Film. Ein nachdenklich stimmender Film für jeden Verkehrsteilnehmer. (Umbreit)
allg. Publikum

Ökomedia-Bewertung: wirksam

Information	Realisation	Motivation
3,0 Punkte	3,2 Punkte	3,5 Punkte

Ein ergreifender Film. Die Autoren scheuen sich nicht, uns Zuschauer emotional zu packen. Ein Film zum Thema Verkehr, der nicht über Blechlawinen und Luftverschmutzung informiert, sondern die Autos als Tötungswaffen in den Vordergrund stellt.

Der Assuanhochdamm und seine Folgen **F 36**
FWU / Schreiber, Gottfried, BRD 1983
16 mm, Lichtton, Farbe, 18 min
FWU; LBS 1-14

Im ersten Teil werden der Assuan-Hochdamm, der dahinter liegende Nasser-See und der davor liegende alte Assuandamm vorgestellt. Die folgenden Teile befassen sich mit Vor- und Nachteilen des Stauwerks, gegliedert durch Zwischentitel nach drei Zielen: Intensivere Bodennutzung, Neulandgewinnung und Industrialisierung. (FWU)

Ökomedia-Bewertung: wirksam

Information	Realisation	Motivation
3,3 Punkte	2,6 Punkte	3,0 Punkte

Die Folgen des Assuanhochdammes werden anschaulich und kritisch gezeigt. Das Mammutwerk hat ein fein funktionierendes ökologisches und soziales Gleichgewicht zerstört.

The Atomic Cafe **F 37**
Rafferty, Kevin und Pierce, Loader, Jayne, USA 1982
16 mm, Lichtton, 35 mm, Farbe, sw, 88 min, OmU
s. Video
Arsenal (16 und 35 mm); atlas; LBS 6, 13; LFD 4; Unidoc (alle 16 mm)

Der Film wurde aus Archivaufnahmen der 50er und 60er Jahre montiert und stellt satirisch die Propaganda für Atombomben auf den Kopf. Was in diesem Film dokumentarisch vorgeführt und dabei glänzend zur Satire gerät, sind die Atomphantasien der 50er Jahre, wobei unter Phantasie das genaue Gegenteil zu verstehen ist, nämlich die vollkommene Unfähigkeit, sich die Wirkung der Bombe vorzustellen. Die Regisseure verzichten auf jeden Kommentar, sie lassen die Bilder, die Szenen, den Originalton für sich selbst sprechen. »The Atomic Cafe« ist der Name einer Bar der 50er Jahre in Arizona. Chronologisch rekapituliert der Film die geschichtliche Entwicklung der Atombombe und beginnt mit den Abwürfen auf Nagasaki und Hiroshima. Er zeigt, wie die US-Regierung und die Massenmedien bemüht waren, der amerikanischen Bevölkerung ein falsches Bild über nukleare Kriegsführung und Atomwaffentests zu liefern. Die ausschließlich aus amerikanischer Atompropaganda verwendeten Materialien suggerieren, die Bevölkerung könne den Atomkrieg mit Hilfe von Bunkern überleben. Gefahren der radioaktiven Verseuchung werden verniedlicht, die drohende Auslöschung wird heruntergespielt. Stolz führen die Menschen ihren Privatbunker im Garten vor.
In Nevada werden Schweine einem Atombombentest ausgesetzt, kurz darauf sammeln Soldaten die halbverbrannten, noch lebenden Tiere wieder ein. Kurz darauf wird das gleiche Experiment mit Soldaten veranstaltet, die sich allerdings zu ihrem Schutz in Gräben werfen dürfen. 20 Jahre später ist ein großer Teil dieser Soldaten an Leukämie erkrankt. (atlas)

Ökomedia-Bewertung: besonders wirksam

Information	Realisation	Motivation
3,8 Punkte	4,0 Punkte	4,0 Punkte

Dokumente werden zur Satire. Die Atomeuphorie der 50er und 60er Jahre wird entlarvt - es ist irrsinnig komisch, doch das Lachen bleibt einem im Halse stekken.

Atommacho **F 38**
Kurzspielfilm
Wember, Bernward, BRD 1984
16 mm, Lichtton, Farbe, 20 min
s. Video
atlas; KMZ 13

Ein Mann sitzt in einer Gaststätte an einem Tisch und hat sich einen Tee bestellt. Er qualmt seinem Gegenüber (dem Zuschauer) die Ohren voll und erklärt ihm, wie das alles so ist mit dem Atomstrom und der Radioaktivität, mit den Frauen und der Arbeitslosigkeit und was das miteinander zu tun hat. Der Mann nimmt zur Veranschaulichung seiner Ansichten alle Dinge auf dem Kneipentisch zu Hilfe. So wird das Feuerzeug zum Atomkraftwerk, die Zigaretten zu Brennstäben, das Salzfaß zum Salzstock in Gorleben, das Teeglas zur Tiefsee. Die vehement erklärten Beweisketten verhaspeln sich zu logischen Knoten. Plausibilität vom Rücken durch die Brust ins Auge.
Der Film ist als Diskussionsanreißer konzipiert. Die teilweise aberwitzige Verknüpfung von »richtigen« und »falschen« Überlegungen soll ganz gezielt zum Gegen-Denken provozieren. Dabei soll die sehr ungewöhnliche Sicht als optische Verfremdung behilflich sein. (Wember)
allg. Publikum

Ökomedia-Bewertung: wirksam

Information	Realisation	Motivation
	3,0 Punkte	3,0 Punkte

Ein origineller Filmbeitrag zur Kernkraftdiskussion der 80er Jahre. Wember greift engagiert und mit unkonventionellen Mitteln in die AKW-Debatte ein.

Atommüll **F 39**
Sonnhof, Udo, BRD 1985
16 mm, Lichtton, Farbe, 90 min, 62 min
Sonnhof; zentralfilm

Der Film dokumentiert die Unfähigkeit der europäischen Wiederaufarbeitungsfabriken, Brennstäbo aus modernen Atomkraftwerken zu verarbeiten. Die beiden noch funktionierenden Wiederaufarbeitungsanlagen in Windscale/England und La Hague/Frankreich haben mit vielen Ländern Verträge zur Wiederaufarbeitung abgeschlossen. Sie können diese jedoch nicht einhalten und lagern die Brennelemente, ohne sie zu verarbeiten. Die Wiederaufarbeitung funktioniert nur für Brennelemente eines veralteten Reaktortyps. Dabei werden jedoch große Mengen radioaktiver Stoffe in die Irische See und den Atlantik geleitet, mit Folgen für die Gesundheit von Menschen und Tieren. (zentralfilm)

Ökomedia-Bewertung: wirksam

Information	Realisation	Motivation
3,5 Punkte	3,0 Punkte	3,0 Punkte

Ein informativer, gut recherchierter Film gegen den Wahnsinn der Wiederaufarbeitung. Hauptschauplatz ist Windscale/Sellafield.

Auf Helgoland ist alles anders - Modell einer Insel-Energieversorgung **F 40**
Schleswag AG / Allcom Film, BRD 1987
16 mm, Lichtton, Farbe, 15 min
s. Video
Schleswag

Der Film demonstriert am Beispiel der Insel Helgoland, welche Möglichkeiten heute innovative Technik zur Deckung des Strom-, Fernwärme- und Wasserbedarfs im Inselbetrieb bietet. In einem exemplarisch dargestellten Tagesablauf werden die besonderen Nachfrage- und Abgabebedingungen in den drei Versorgungsbereichen näher erläutert. (Schleswag)
allg. Publikum

Auf der Suche nach El Dorado **F 41**
Herbrich, Oliver, BRD 1984
16 mm, Farbe, 44 min
Verleih der Filmemacher

Ende 1982 beginnt der jüngste Goldrausch der Geschichte - im Amazonasgebiet. Innerhalb weniger Tage ist die Fundstelle von Straßenarbeitern, Viehhirten und Mestizen aus den Slums besetzt. Die Claims werden abgesteckt. Die Regierung entsendet den Geheimdienst und erklärt das eben noch unbedeutende Urwaldstück zum militärischen Sperrgebiet. Die Goldsucher dürfen bleiben, unter einer Bedingung: Sie müssen alles gefundene Gold an Ort und Stelle an die Nationalbank verkaufen, diese zahlt allerdings nur 70 Prozent des Weltmarktpreises. So verdient der Staat, ohne auch nur

einen Cruzeiro für die industrielle Förderung auszugeben.
Trotz dieser Knochenarbeit haben die Männer den Traum vom schnellen Reichtum nicht aufgegeben. So hat sich auch hier in Babaçu ein Gesellschaftssystem entwickelt, wie es überall in Brasilien zu finden ist: Die Oberschicht bilden neben den Geheimdienstoffizieren die wenigen reichgewordenen Claimbesitzer. Diese lassen auf Beteiligungsbasis andere für sich schuften. Die Sackträger müssen sich als Tagelöhner verdingen und verdienen mit 7 Mark 50 am Tag am wenigsten. Und fast täglich muß ein Goldarbeiter an Malaria sterben, weil medizinische und sanitäre Anlagen fehlen. (Verleih der Filmemacher)

Aus den Augen, aus dem Sinn F 42
(Desperate measures)
Mariner, Toni, GB 1983
16 mm, Lichtton, Farbe, 35 min
s. Video
atlas; LBS 6, 13; LFD 2

Noch 1978 war die Praxis wenig bekannt, radioaktiven Müll in der Nordsee zu versenken. In den folgenden fünf Jahren hat Greenpeace Druck auf die »verletzenden Nationen« ausgeübt. Die internationale Körperschaft, The London Dumping Convention mußte diesem Druck nachgeben und eine Resolution verabschieden, die ein Moratorium zur Beseitigung radioaktiven Abfalls im Meer fordert, bis die ganzen Folgen einer solchen Praxis abzusehen sind. Es werden anschauliche Unternehmungen der Briten, Holländer, Schweizer und Belgier illustriert, indem kleine, aufblasbare Boote direkt unter die herabfallenden Fässer mit radioaktivem Abfall gehen, manchmal mit alarmierenden Konsequenzen. (atlas)
allg. Publikum

Australiens Tiere F 43
Walt Disney / Sharpsteen, Ben, USA 1959
16 mm, Lichtton, Farbe, 16 min
KMZ 6, 10

Der Film zeigt seltene Tierarten, die sich nur in Australien erhalten haben. (KMZ 10)
ab 6 Jahren

Auto und Umwelt F 44
FWU / Bandmann, John Lionel, BRD 1991
16 mm, Lichtton, Farbe, 17 min
s. Video
FWU; LBS 13; LFD 2

Die Straßen sind voll. Verkehrsstaus, Chaos, Parkplatznot, Lärm und Abgase. Der Mensch scheint all dies als Preis einer hohen individuellen Mobilität in Kauf zu nehmen. Interviews mit Verkehrsteilnehmern im Stau erschöpfen sich in verkehrstechnischen Lösungsvorschlägen; die Änderung des eigenen Verhaltens bleibt auf der Strecke. Der Film zeigt, wie energieaufwendig Produktion und Entsorgung des Produkts »Auto« sind und welche Funktion das Auto für den Menschen außer der reinen Fortbewegung noch hat. Der aktuelle Stand der Forschung nach alternativen Energieformen für das Auto wird aufgezeigt. Auch der Versuch, der Verkehrsflut auf unseren Straßen durch modernste Verkehrsplanung Herr zu werden, beseitigt die Ursache nicht. Die Fahrzeugmenge nimmt nicht ab. Es folgen Vorschläge zum umweltbewußten Fahrzeugkauf und zum bewußten Einsatz des Autos. Es wird deutlich, wie wichtig die Änderung des Verhaltens ist. (FWU)

Ökomedia-Bewertung: wirksam

Information	Realisation	Motivation
3,0 Punkte	3,0 Punkte	3,0 Punkte

Ein informativer Film zur wachsenden Verkehrsbelastung, der den Zuschauer dazu bewegen will, vom Auto auf umweltverträglichere Verkehrsmittel umzusteigen.

Der Autoabgas-Katalysator **F 45**
FWU / Stölting, R., BRD 1986
16 mm, Lichtton, Farbe, 19 min
s. Video
FWU; LBS 1-14

Nach einem kurzen Blick in die Abgasemissionsmessungen erläutert der Film die Entstehung von Abgasen im Motor aus Benzin und Luft. Hauptsächlich werden die Funktionsweise eines Katalysators erläutert und die katalytischen Reaktionen im Auspuff gezeigt. (FWU)
Sekundarstufe I und II, Jugend- und Erwachsenenbildung

Ökomedia-Bewertung: wirksam

Information	Realisation	Motivation
3,0 Punkte	3,0 Punkte	3,0 Punkte

Ein reiner Informationsfilm, gut verständlich, sachlich, klar.

Automania 2000 **F 46**
Trickfilm
Halas, John, GB 1983
16 mm, Lichtton, Farbe, 10 min
EMZ 1, 4, 7, 12; LBS 4, 10, 12, 13; LFD 4

Wie wird die Welt im Jahre 2000 aussehen? Diese Frage beantwortet ein kleines Elektronikgehirn, das ein schreckliches Zukunftsbild zeigt: Autos in allen Ländern gebären immer wieder Autos, die Straßen sind längst verstopft, und die Menschen sehnen sich zurück nach der Zeit, in der man mit dem Auto auch wirklich noch fahren konnte. Es gibt keinen Platz mehr für Wohnungen, es muß in den Autos gelebt werden. Hubschrauber versorgen die Menschen mit Tabletten statt mit Lebensmitteln. Plötzlich entdecken die Menschen, daß am Himmel viel mehr Platz ist als auf der Erde und ihre ganze Sehnsucht richtet sich nach dem freien Raum über ihnen. (EMZ 12)
ab 8. Klasse

Autotortura **F 47**
Trickfilm
Czako, Ferenc, Ungarn 1983
16 mm, Lichtton, Farbe, 6 min
EMZ 4, 6-12; EZEF; KMZ 7, 16, 19; LBS 13, 14

Mensch und Automobil in ihrem Verhältnis zueinander. Der Zeichentrickfilm zeigt das ambivalente Verhältnis auf zwischen Zuneigung und Ablehnung. Ein mit viel Kreativität und Komik gestalteter Film. (LBS 13)
ab 8. Klasse

Babylonische Party **F 48**
Trickfilm
Fräger, Wolfgang, BRD 1972
16 mm, Lichtton, Farbe, 13 min
KMZ 16; LBS 13; LFD 6; LZNW

Der Film versteht sich als Mahnung gegen die zunehmende und letztlich lebensbedrohende Umweltverschmutzung. Er signalisiert, gleich den apokalyptischen Reitern, das Ende der Wohlstandsgesellschaft, wenn gegen die gedankenlose Gefährdung unserer Lebensgrundlagen nicht nachhaltig eingeschritten wird.
Dies wird am Beispiel einer Party auf einem Fernsehturm gezeigt. Die Gäste essen, trinken und rauchen. Das Rauchen wird zur Metapher der Luftverschmutzung, der Wasserhahn zum Symbol der ständig größer werdenden Menge kloakenhafter Flüssigkeiten. Der Müllberg der Konsumgesellschaft wächst. Es steigert sich der Lärm. Im Überschall explodiert der Fernsehturm. Zurück bleibt eine trostlose Müllandschaft. (LZNW)
ab 11. Klasse

Der Bach **F 49**

Gefährdeter Lebensraum für Pflanzen und Tiere
WBF, BRD 1992
16 mm, Lichtton, Farbe, 14 min
s. Video
WBF

Eindrucksvolle Naturaufnahmen zeigen einen Bach in seinem natürlichen Verlauf. Er bietet selten gewordenen Tieren und Pflanzen Lebensraum. Begradigungen, wie sie in den letzten Jahrzehnten fast überall vorgenommen wurden, brachten viele ökologische Nischen zum Verschwinden. Der Film beschreibt Versuche, die früher begangenen Fehler wiedergutzumachen. Durch Renaturierung sollen Bäche wieder naturnah gestaltet werden. So hofft man, Tieren und Pflanzen verlorenen Lebensraum zurückgeben zu können. (WBF)
ab 5. Klasse

Der Bär **F 50**

(L'ours)
Spielfilm
16 mm, Lichtton, Farbe, 96 min
BJF

Es ist eine Geschichte aus dem Reich der Bären, und die Bären spielen sich selbst. Ganz im Stile von Disneys Tierfilmen erzählt der Film die Geschichte des kleinen Bären Youk, der bei einem Erdrutsch seine Mutter verliert und nun sehen muß, wie er alleine zurechtkommt. Und das in einer wilden, scheinbar unberührten Landschaft. Nur ein paar Trapper und Bärenfänger verirren sich hierher und haben Kaar, den großen Kodiak-Bären, gerade verwundet. Der kleine Bär trifft auf den großen und leckt ihm die Wunden. So werden sie Freunde - so etwas wie Vater und Adoptivsohn. Der kleine ist noch sehr unerfahren, aber der große bringt ihm bei, was er kann: Jagen und Fischen, Anschleichen und Bäumeausreißen (wenn eine attraktive Bärin in der Nähe ist). Doch die Jäger sind noch immer hinter ihnen her. Sie fangen den niedlichen kleinen Bären und stellen dem großen eine Falle. Doch die Geschichte geht gut aus, und zum Schluß sitzen sie dicht aneinandergedrängt in einer Winterhöhle. (BJF)
ab 8 Jahren

Der Baikalsee - Industrie und Ökologie **F 51**

FWU, BRD 1992
16 mm, Lichtton, Farbe, 14 min
FWU; LBS 5, 7

Der Baikalsee, größtes Südwasserreservoir der Sowjetunion, wird durch die Einleitung von Abwässern aus der Zellulose-Industrie stark belastet. Der Film stellt Nutzungskonflikte von Industrie und Erholung sowie den Landschaftsschutz dieser Region vor. (FWU)
ab 8. Klasse

Balance **F 52**

Trickfilm
Lauenstein, Christoph und Wolfgang, BRD 1989
16 mm, Lichtton, Farbe, 8 min
s. Video
EMZ 1, 2, 4, 7, 8, 12; LBS 1, 14; KMZ 2, 3, 5-13, 17, 20; LFD 2, 5

Puppentrickfilm über die Labilität menschlichen Zusammenlebens: Fünf Figuren auf einer schwebenden Plattform. Jede von ihnen weiß: Nur wenn sich alle gleichmäßig verteilen, bleibt das Gleichgewicht gewahrt. Es beginnt ein Spiel, bei dem bei jedem Schritt die Balance mehr in Gefahr gerät. Bis eine Kiste auftaucht und die fatale Abhängigkeit der Personen offensichtlich wird. (LFD 5)

Bananera Libertad **F 53**
Gunten, Peter von, Schweiz 1970
16 mm, Farbe, 50 min
BJF; EMZ 2, 7; EZEF; KMZ 1, 6, 9, 10, 19; LBS 1, 4, 13; LFD 1-9; LZNW

Ein Klassiker unter den entwicklungspolitischen Filmen: kritische Dokumentation über die Ausbeutung der Länder der Dritten Welt durch die Industrienationen an Beispielen aus Peru, Paraguay und Guatemala. Die Besitzlosen: die Bauern in Paraguay, Slumbewohner in Lima, Minenarbeiter in La Oroya. Die Besitzenden: Zuckerrohrfabrikanten in Paraguay, Kaffeeplantagenbesitzer in Guatemala. Die Handelspartner: United Fruit Company. (BAG)
allg. Publikum, Dritte-Welt-Gruppen

Bauen mit Mutter Erde **F 54**
aus der Serie: Ökoland
NDR/ Weitzel, Hans-Ernst, BRD
16 mm, Lichtton, Farbe, 29 min
s. Video
Weitzel

Das moderne Bauen mit Beton und Stahl ist kapital- und energieintensiv. Arbeiter werden durch Maschinen und natürliche Rohstoffe durch Fertigbauteile ersetzt. Daß dieses Industrielle Bauen auch noch vielerlei Schadstoffe in unsere Wohn- und Umwelt entläßt, wird zunehmend offensichtlich.
Der Film zeigt, wie einige Architekten und Bauherren damit beginnen, wieder mit Lehm, Stroh und Holz zu bauen. Während z.B. in Marokko diese alte Tradition noch lebt, wird sie hierzulande erst wiederentdeckt und weiterentwickelt. So entsteht unter der Leitung des Architektur-Professors Gernot Minke aus Kassel eine neue Wohnsiedlung, bei der der Lehm aus der Baugrube Wände und Böden ergibt, und Holz und Gras dienen dazu, Dächer zu decken.
Bei Lyon werkeln die Franzosen mit natürlichen Baustoffen. Sie mauern und stampfen eine ganze Stadt aus Lehm und füllen Fachwerke mit Strohlehm. Eine Technik, die auch ein Bauingenieur im Westerwald vorführt.
Ergebnis sind gesunde Wohnungen, deren Bau nicht nur Ressourcen schont, sondern auch mehr Menschen eine neue Beschäftigung gibt. (Weitzel)
allg. Publikum

Ökomedia-Bewertung: wirksam

Information	Realisation	Motivation
2,8 Punkte	2,5 Punkte	2,7 Punkte

Ein anschauliches Fernseh-Feature, das die vielen Möglichkeiten des Bauens mit Lehm demonstriert. Der Beitrag ist gut recherchiert und es gelingt ihm, für diese natürliche Bauweise zu werben.

Ein Baum **F 55**
FWU / Schimanski, Georg, BRD 1976
16 mm, Lichtton, Farbe, 18 min
FWU; LBS 1-14

An einer Reihe von Beispielen wird der Lebensraum einer alten Eiche dargestellt. Eingebunden in den jahreszeitlichen Ablauf wird gezeigt, wie die einzelnen Lebewesen von dem Lebensraum der Eiche abhängig sind und sich gegenseitige Abhängigkeiten entwickeln - wie die Biozoenose entsteht. Mit dem Abwerfen des Laubes und dem Fruchtfall wird deutlich, wie das eine Biotop auf ein anderes einwirkt, ja in ein neues übergeht. (FWU)
ab 7. Klasse

Der Baum des Lebens **F 56**
(Geedka Nolosha)
Said, Apdulkadir Ahmed, Somalia 1987
16 mm, Lichtton, Farbe, 23 min
s. Video
Cine Terz

Ein Bauer fällt eines schönen Tages einen Baum, als sich plötzlich die Natur um ihn herum drastisch verändert. Ihm wird allmählich bewußt, daß er die Ursache dieser Veränderungen ist, die in Afrika zu Dürre und Hungerkatastrophen führt. Ein kleiner Baumsprößling eröffnet ihm die Möglichkeit der Läuterung. Der »Baum des Lebens« ist Teil afrikanischer Volksdichtung. Wird er gefällt, dann stirbt alles Leben. Der Film folgt der mündlichen Überlieferung der Nomaden und Bauern Somalias. Die Sprache ist durch Bilder ersetzt. (medienbörse)
Ausgezeichnet mit dem Preis der katholischen Jury der Kurzfilmtage Oberhausen 1988.
allg. Publikum, Dritte-Welt-Gruppen

Baumeister einer grünen Umwelt: F 57
die Neuen Alchimisten
aus der Serie: Ökoland
NDR / Weitzel, Hans-Ernst, BRD 1982
16 mm, Licht- und Magneton, Farbe, 29 min
s. Video
Weitzel

Die Kleinstadt Falmouth auf Cape Cod, Massachusetts, wurde zum Wallfahrtsort, seitdem junge Wissenschaftler eine Lehr- und Forschungsstätte gegründet haben: Das Institut der Neuen Alchimisten. Hier gestalten Ingenieure, Biologen, Landwirte und Architekten eine neue Umwelt, in der der Mensch naturnaher leben kann und Rohstoffe, Nahrung und Energie aus unmittelbarer Umgebung nutzt.
Einen großen Erfolg haben die Baumeister schon errungen. Sie haben ein großes Gewächshaus gebaut, das selbst im kalten Winter fast ohne Fremdenergie auskommt. (Weitzel)
allg. Publikum

Ökomedia-Bewertung: wirksam

Information	Realisation	Motivation
3,0 Punkte	3,0 Punkte	3,0 Punkte

Gleichermaßen differenziert und engagiert ist dieser Bericht über zukunftsträchtige Alternativen im Umgang mit unserer Umwelt, die Mut machen, umzudenken und selbst aktiv zu werden.

Bayern und seine Bauern - F 58
Ja zu Markt und Umwelt
BRD
16 mm, Lichtton, Farbe, 14 min
LFD 2

Trotz hochentwickelter Industrie ist Bayern ein im Kern landwirtschaftlich geprägtes Land. Aber auch in Zukunft braucht Bayern seine Bauern. Deshalb hilft die Staatsregierung durch Beratung bei der Sortenwahl, durch Qualitätskontrollen, modernes Marketing und Produktwerbung. (LFD 2)
Allgemeines Publikum

Ökomedia-Bewertung: unbrauchbar

Information	Realisation	Motivation
1,2 Punkte	1,2 Punkte	1,0 Punkte

Werbefilm für Bayern mit Lederhosen und Kuhglocken.

Bedrohte Lebensräume F 59
in unserer Wirtschaftslandschaft
Feuchtgebiete und Trockenrasen
WBF, BRD 1990
16 mm, Lichtton, Farbe, 15 min
AID; KMZ 3; LBS 1, 6, 7, 10; WBF

Der Film stellt Pflanzen und Tiere vor, die sich ihrer Umgebung im Laufe der Zeit so gut angepaßt haben, daß sie nun durch die Umwandlung dieser Lebensräume in Wirtschaftsflächen vom Aussterben bedroht sind. Weiter vermittelt der Film die Einsicht, daß der Mensch die wenigen noch existierenden Feuchtgebiete und Trockenrasen (Steppenheiden) nicht zerstören darf. Nur so kann dem Artensterben in unserer Landschaft Einhalt geboten werden. (WBF)
ab 8. Klasse

Bedrohung **F 60**
(Hotet)
Jarl, Stefan, Schweden 1987
16 mm, Lichtton, 35 mm, Farbe, 72 min
BJF; KMZ 8, 11, 12, 20, 21 (nur 16 mm); LBS 1, 13; LFD 2; Verleih der Filmemacher (16/35 mm)

Am Samstag, den 26. April 1986, kam der Frühling nach Schweden. Am gleichen Tag explodierte Tschernobyl. Die warmen Winde trugen die Radioaktivität in Richtung Skandinavien. Wie kaum ein anderes Land wurde Schweden durch das radioaktive Gift in Mitleidenschaft gezogen.
Stefan Jarl hielt sich gerade in Nordschweden auf, um einen Spielfilm über die Lappen zu drehen, die dort von der Rentierzucht leben. Von einem Tag auf den anderen änderte er sein Vorhaben: Sein Porträt über die Lappen wurde zur Dokumentation einer Katastrophe. Die Lebensgrundlagen und die Zukunft der Lappen waren durch diese Katastrophe bedroht, und mit jedem Tag verschlimmerte sich die Situation. Daß mit dem Verlust der Lebensgrundlagen auch der Verlust der eigenen Identität, der eigenen Wert- und Weltvorstellungen einhergeht, ist eine zentrale Aussage des Films. »Ich verstand, daß meine eigene Zukunft auf dem Spiel steht: Ohne Wildnis, ohne die Vorstellung von etwas Unberührtem, von Harmonie, von Gleichgewicht, mit der wir den Begriff Wildnis verbinden, hat unser Leben nichts Heiliges mehr«, kommentiert der Filmemacher seine Arbeit. (Verleih der Filmemacher, gekürzt)
»Hotet« lebt von einer Eindringlichkeit, der man sich kaum entziehen kann. Die Lebensgrundlage der Lappen, das Rentier, ist verseucht und muß notgeschlachtet werden. Hier entfaltet Stefan Jarl seine ganze künstlerische Kraft: Er beläßt es nicht bei Blut und Tiergemetzel, sondern fängt die verschluckten Tränen seiner Gesprächspartner ein, die weinen wollen und es doch nicht können. Im Bildschnitt dann das Unzeigbare: Gefrorene Tropfen an Bäumen, starr wie die Augen der Lappen. (Vorwärts)
Ausgerechnet die Lappen, die ohne Strom, ohne Wasserleitungen, ohne Straßen leben, müssen unter der Katastrophe des Fortschritts leiden. Lange, stille Sequenzen zeigen uns Lebensweise und Kultur der Lappen. Kamera, Schnitt und Musik, alle stehen im Dienst von Trauer und Schönheit, einer Verbindung, die so manchem Öko-Puristen Bauchweh bereiten wird. Der Film ist keine Reportage eines pfiffigen Journalisten über den drohenden Untergang der Lappen. Er ist ein Dokument der Trauer und Melancholie, Ausdruck des Unfaßbaren, Demonstration des Verlusts. Seine Aussage ist deutlich und sein Ende bedrückend: »Alles ist verseucht... überall, wo Du Deinen Fuß hinsetzt.« (w & m: Der Öko-Filmtip, gekürzt)
Ausgezeichnet mit dem Preis für die beste künstlerische Leistung auf der Ökomedia '87.
allgemeines Publikum

Ökomedia-Bewertung: besonders wirksam

Information	Realisation	Motivation
3,5 Punkte	3,8 Punkte	3,5 Punkte

Ein Film voller Wehmut, mit stillen Bildern. Wer einen politischen Film mit harten Fakten gegen die Atomkraft sucht, dem ist mit diesem Film nicht geholfen. Trotzdem ist es ein überzeugender Anti-Atomkraft-Film: Leise aber »besonders wirksam« demonstriert er die Trauer über das Verlorene.

B 31 - Straße des Leidens **F 61**
Hamm, Horst; Knott, Heidi, BRD 1989
16 mm, Magnetton, Farbe, 45 min
Sharara Film

Seit über 50 Jahren wird im Raum Freiburg an einer leistungsfähigen Straße über den Schwarzwald geplant. Zwischen Freiburg und Donaueschingen wurden insgesamt 164 Trassenvarianten untersucht. Nach jahrelangem politischen Gerangel soll nun die Bundesstraße 31 autobahnähnlich ausgebaut werden. Der Film schildert das Dilemma dieser Straße. Denn eine Lösung ist nicht in Sicht. In Freiburg fordern zwar die Anwohner der B 31, daß mit dem Neubau der Straße unverzüglich begonnen und die Straße vom Norden des Dreisamtals in den Süden verlegt wird. Diejenigen jedoch, die an der geplanten Südtrasse wohnen, haben mit Erfolg gegen die Planung des Regierungspräsidiums geklagt und damit den Ausbau der Straße vorerst gestoppt. Niemand will die Bundesstraße vor seiner Haustüre haben.
Im Hochschwarzwald versuchen die Anwohner ebenfalls den weiteren Ausbau zu verhindern. Das Regierungspräsidium hat nämlich die B 31 in 15 Planungsabschnitte zergliedert, um den Ausbau der Straße vorantreiben zu können. Dort, wo der Widerstand der Bürger am geringsten ist, wie in Himmelreich und im Höllental, wurde bereits gebaut.
Der Film dokumentiert die Situation in Freiburg und Titisee: Diejenigen, die in Freiburg mit der bestehenden Bundesstraße leben müssen, sind in ihrer Lebensqualität erheblich eingeschränkt. Ganze Ortsteile sind zerschnitten und ersticken in Lärm und Abgasen. Im Schwarzwald ist eine ganze Region bedroht. Dort leben die Menschen zum großen Teil vom Fremdenverkehr. Mit dem Ausbau der Straße wird ihre Existenz vernichtet. In ruhigen Bildern zeigt der Film die Empörung der Anwohner. So dokumentiert er an den Beispielen Freiburg und Titisee, welchen Preis die Autogesellschaft einzelnen Bürgern und der Natur abverlangt, um auf begradigten Straßen noch schneller voranzukommen. (Sharara Film)
allg. Publikum

Beoryochin Usan **F 62**
(Der weggeworfene Regenschirm)
Cho, Chin, Korea 1985
16 mm, Lichtton, sw, 12 min, OmU
Freunde der deutschen Kinemathek

Kyung-Sook verdient zusammen mit ihrem Vater und ihrem geistig behinderten Bruder Geld durch die Herstellung von Regenschirmen. Als sich der Gesundheitszustand ihres Bruders verschlechtert, erfährt sie, daß er an einer erblichen

Krankheit leidet. Ihre Mutter, die als Zwangsprostituierte für japanische Soldaten während der Kolonialzeit nach Japan verschleppt worden war, wurde 1945 ein Opfer des Atombombenabwurfs auf Nagasaki und ist an den Nachwirkungen der atomaren Verseuchung gestorben.
Mehr als 100.000 Koreaner wurden von den Atombombenabwürfen betroffen. 50.000 waren sofort tot, die anderen kehrten nach der Befreiung nach Korea zurück. Ca. 20.000 Koreaner und ihre Nachkommen leiden noch an den Folgen der atomaren Strahlung. (Freunde...)
allg. Publikum

Der Bergmolch - Ein Leben zwischen Land und Wasser **F 63**
BRD
16 mm, Farbe, 12 min
AV-Film; LBS 8

Die intensive landwirtschaftliche Nutzung unseres Landes vertreibt immer mehr Tiere aus ihrer angestammten Heimat. Ein Beispiel dafür sind die Lurche. Der Film porträtiert den Bergmolch von der Paarung, der Eiablage, dem Schlüpfen der kleinen Molche bis zur Wandlung zum lungenatmenden Landtier. (AV-Film)
ab 4. Klasse

Ökomedia-Bewertung: brauchbar

Information	Realisation	Motivation
2,7 Punkte	2,1 Punkte	2,0 Punkte

Ein mäßiger Tierfilm mit monotonem Kommentar, der auch auf die Bedrohung der Molche hinweist.

Bericht von einem verlassenen Planeten **F 64**
Spiel-/Dokumentarfilm
Krieg, Peter, BRD 1984
16 mm, Lichtton, 35 mm, Farbe, 82 min
Basis; EZEF

Im Rahmen des Forschungsprojektes »Suche nach intelligentem Leben auf anderen Planeten« stoßen Forscher dieser fiktiven Zivilisation auf Signale, deren Deutung ihnen Probleme schafft und sie veranlaßt, dieses Material an das »Institut für Planetenpathologie« zu überweisen. Man entschließt sich, ein Erkundungsteam auf den Planeten zu entsenden. Das Team findet einen bewohnten, aber in einer Krise befindlichen Planeten vor, dessen Bewohner nichts unversucht lassen, ihren Planeten zu zerstören.
Der Film hinterfragt Umweltzerstörung und Krieg weniger auf ökonomische und politische Ursachen hin, sondern als Auswüchse von Ängsten, die umso größer werden, je gewaltiger der Sicherheitsapparat wird, mit dem wir uns umgeben. (barfuss)

Ökomedia-Bewertung: wirksam

Information	Realisation	Motivation
	2,8 Punkte	2,8 Punkte

Die eindrucksvollen dokumentarischen Passagen leiden daran, daß der fiktionale Rahmen nicht genügend trägt - jedenfalls nicht die ganze Länge des Films.

Berührungen **F 65**
Umbreit, Bernd, BRD 1990
16 mm, Lichtton, Farbe, 5 min
s. Video
LBS 1

Ein Motivationsfilm, der durch Nachtaufnahmen, Musik und Naturgeräusche für die Schönheit und für die Bedrohung der Natur sensibilisiert. Wegen der Dichte der Metaphern empfiehlt sich ein wiederholtes Betrachten. (LBS 1)
ab 11. Klasse

Die Bienenwelt
s. Eine Welt voller Rätsel: Die Welt der Bienen

Bikini, mon amour **F 66**
SWF / Herbrich, Oliver, BRD 1987
16 mm, Lichtton, Farbe, 55 min
EMZ 2; LFD 2; Verleih der Filmemacher

Der Film zeigt die Begegnung der Eingeborenen mit den Weißen von ihren Anfängen bis heute: Ein Südseekönig hatte die ersten Ankömmlinge auf dem Bikini-Atoll im Südpazifik, die spanischen Entdecker, noch als »Himmelsdurchbrecher« beschrieben. Denn ihre weißen Segel waren in der Weite des Meeres nur als Löcher im Horizont auszumachen. Eine Erscheinung von göttlicher, überirdischer Kraft hatte die Insulaner damals beeindruckt. Eine Vorstellung, die sich keine drei Generationen später erfüllen sollte.
Der zweite Weltkrieg - und in seiner Folge die Bombardierung von Nagasaki und Hiroshima - ist kaum vorüber, als im Sommer 1946 über dem Bikini-Atoll schon der nächste Atompilz emporsteigt. Über 40.000 Schaulustige haben sich mit 250 Schiffen und 150 Flugzeugen vor den Marshall Inseln mitten in der Südsee versammelt, um dem amerikanischen Atombombentest »Crossroad« beizuwohnen.
Als Bikini - weder für die Amerikaner, noch für die 167 Bewohner brauchbar - zum Niemandsland wurde, räumte man kurzentschlossen das benachbarte Enewetak-Atoll, um die Testreihen fortzuführen. Nach 66 Versuchen waren ganze Inseln weggesprengt; man war inzwischen zur Wasserstoffbombe übergegangen. Die Atolle Rongelap, Rongerik und Utirik wurden nach amerikanischen Angaben »unbeabsichtigt« in das Versuchsgelände einbezogen. Der Wasserstoffbombentest »Bravo« hatte die tausendfache Sprengkraft der Hiroshima-Bombe, radioaktive Partikel wurden bis in die Stratosphäre geschleudert. Das meiste ging allerdings gleich in der Nähe wie Schnee auf die windabwärtsgelegenen Atolle nieder.
Heute ist es fraglich, ob das Fallout-Unglück vom 1. März 1954 wirklich ein Unglücksfall war. Denn auch ärztliche Hilfe, die den Strahlenopfern als Wiedergutmachung zuteil wurde, stellte sich hinterher als Versuchsreihe heraus. Zu spät wurden die Atolle evakuiert, zu früh wieder besiedelt. Die Menschen darauf verkamen zu Versuchskaninchen der geheimen Studie »Langfristige Auswirkungen radioaktiver Niedrigstrahlung«. Als Greenpeace 1985 die Bewohner Rongelaps endgültig evakuierte, wurde das Schiff wenig später vom französischen Geheimdienst versenkt.
Heute haben die Amerikaner auf dem größten Inselring, dem Kwajalein Atoll, ihr militärisches Hauptquartier. In der Lagune schlagen die Cruise Missiles ein, die im fernen Vandenberg/Kalifornien abgeschossen werden. (Verleih der Filmemacher)
Ein besonders gravierender Ausdruck für die massiven Konsequenzen von Fallout und Folgeschäden sind die Bilder von den »Dekontaminierungsarbeiten« auf dem Enewetak-Atoll. Der gesamte Boden wurde abgetragen und in einem ehemaligen Bombenkrater deponiert und dann zubetoniert. Zerstörung, Planierung und Verwüstung einer Landschaft: Wen interessiert das, wenn es so weit weg ist? (Süddt. Ztg.)
allg. Publikum, Anti-Atom-Gruppen

Ökomedia-Bewertung: wirksam

Information	Realisation	Motivation
4,0 Punkte	3,0 Punkte	3,3 Punkte

Eine erschütternde Dokumentation über die Geschichte militärischer Grausamkeit der Amerikaner in der Südsee. Zu den Themen »Atomversuche«, »Naturvölker« und »Frieden/Krieg« ein empfehlenswerter Film.

Biogas aus dem Meer **F 67**
aus der Serie: Ökoland
NDR / Weitzel, Hans-Ernst, BRD 1982
16 mm, Licht- und Magneton, Farbe, 29 min
s. Video
FWU; LBS 3-9, 11-14; LFD 2; Weitzel

Auf der Suche nach dauerhaften Energiequellen sind italienische und deutsche Wissenschaftler auf Meeresalgen gestoßen. In der Lagune Venedigs und im Süden Kalabriens versuchen sie, diese nachwachsenden Pflanzen zu Biogas zu vergären. Die durch Photosynthese erzeugte Biomasse soll zu Biogas vergoren und die verbleibende Schlempe als Dünger für die weitere Algenproduktion verwendet werden. Über weitere Synthesen ist auch die Produktion von Alkohol möglich. Eine gute Möglichkeit besonders für sonnenreiche Entwicklungsländer von teuren Ölimporten unabhängig zu werden. (Weitzel)
allg. Publikum

Das biologische Gleichgewicht **F 68**
Agóston, Kollany, Ungarn
16 mm, Lichtton, Farbe, 14 min
Imbild; LBS 11; LFD 2

Dieser sorgfältig gestaltete Film führt zunächst in die afrikanische Steppe mit ihrer intakten Natur und stellt diesen Aufnahmen dann Bilder unserer Wald- und Nutzflächen gegenüber. Er informiert über neuartige Methoden der Schädlingsbekämpfung mit Hilfe von Geruchsfallen und verweist auf mögliche Schäden der traditionellen chemischen Bekämpfung für die Zukunft. Deshalb appelliert er an die Verantwortlichen, nach Methoden des Pflanzenschutzes zu suchen, die uns nicht nur im Augenblick, sondern über den Tag hinaus helfen. (Imbild)

Ökomedia-Bewertung: brauchbar

Information	Realisation	Motivation
2,1 Punkte	1,7 Punkte	1,7 Punkte

Ein ausladendes Öko-Referat am Anfang über die menschlichen Eingriffe in die Natur läßt lange unklar, wohin der Film eigentlich zielt: den biologischen Pflanzenschutz. Der Gesamtaufbau des Films ist eher verwirrend.

Biologische Schädlingsbekämpfung
* Mit Bakterien gegen Stechmücken
* Mit Lockstoffen gegen Insekten
* Nützlinge im Gewächshaus

Bitte nicht füttern **F 69**
Trickfilm
Channel 4 / Park, Nick, Großbritannien 1989
16 mm, Lichtton, Farbe, 5 min
s. Video
KFW; KMZ 6, 10

Tiere im Zoo: Hier kommen Eisbär, Gorilla, Gürteltier, Puma und Pinguin endlich einmal selbst zu Wort! Wie viele, deren Meinung sonst niemand hören will, nutzen sie die Gelegenheit und erzählen drauflos. (KFW)

Ökomedia-Bewertung: besonders wirksam

Information	Realisation	Motivation
	4,0 Punkte	4,0 Punkte

Eine tolle Idee: Zootiere als Knetfiguren erzählen aus ihrem Leben in Gefangenschaft. Sehr humorvoll und witzig. Übrigens war dieser Film Oscar-Preisträger 1991.

Bittere Milch **F 70**
(Ni Leche Ni Gloria)
Grupo Chaski, Peru 1987
16 mm, Farbe, 43 min
EMZ 2, 4, 6, 7, 12, 13; EZEF; KMZ 7, 8, 11, 12, 15, 16, 19, 21

Der Film greift einen widersinnigen Zustand auf: In Peru ist das Grundnahrungsmittel Milch fast nur in Dosen zu kaufen. Dies hat zur Folge, daß durch Bearbeitung und Verpackung das Produkt derart teuer wird, daß es für den größten Teil der Bevölkerung nicht zu bezahlen ist. Für die Campesino-Familien, die in dem Andendorf »Wischuna« leben, ist der Alltag ausgerichtet auf die Ankunft des Lastwagens der Firma »Gloria«. Die Firma »Gloria«, bis vor kurzem ein Tochter-Unternehmen des Nestle-Konzerns, ist hier in der Region der einzige Milchabnehmer. Durch ihre Monopolstellung wurde die Selbstversorgung der kleinen Höfe zerstört. Heute leben nur noch halb so viele Familien in Wischuna wie vor dem Erscheinen der »Gloria«. Die Folgen dieser Situation in der Hauptstadt Lima: Unterernährung vieler Kinder und Bemühungen von Milch-Kommitees, mit der Abgabe von Instant-Milch in den Elendsquartieren zu helfen. (EZEF)

Bitterer Zucker **F 71**

Troeller, Gordian; Deffarge, Claude, BRD 1983
16 mm, Farbe, 43 min
s. Video
Con; EMZ 2; EZEF; LBS 4, 5; LFD 2; LZNW

Vor 20 Jahren galt Brasilien als das Wirtschaftswunderland der Dritten Welt. Es schien den Beweis zu liefern, daß technischer Fortschritt und wirtschaftliches Wachstum ausreichen, um die sogenannte Unterdrückung zu überwinden. Was ist daraus geworden? Die Wachstumsrate ist weit unter Null gefallen. Das angeblich beispielhafte Entwicklungswunderland Brasilien ist heute das höchst verschuldete Land der Dritten Welt. Über die Hälfte der Brasilianer leidet an Unterernährung. Am Beispiel des Zuckerrohrs, einer der wichtigsten Exportkulturen Brasiliens, beschreiben die Autoren die Folgen eines Entwicklungsmodells, das die Grundbedürfnisse der Bevölkerungsmehrheit ignorierte. (8. Duisburger Filmwoche)

Ökomedia-Bewertung: besonders wirksam

Information	Realisation	Motivation
4,0 Punkte	4,0 Punkte	4,0 Punkte

Der Zusammenhang von Weltwirtschaft, Monokultur, Hunger der Bevölkerung und Umweltzerstörung wird eindrucksvoll dokumentiert. In Brasilien wird gehungert, weil die landwirtschaftlichen Nutzflächen mit Zuckerrohr bebaut werden.

Black Hills **F 72**

SWF / Kuball, Michael, BRD 1985
16 mm, Lichtton, Farbe, 88 min
s. Video
zentralfilm

Dieser Dokumentarfilm unternimmt eine Expedition nach South-Dakota. Im geographischen Zentrum der USA liegen die Black Hills, Heimat und Heiligtum der Sioux und Cheyenne. Hier durften sich keine Weißen ansiedeln. Die schwarzen Berge, so der Vertrag von Laramie im Jahre 1868, sollten den Indianern vorbehalten bleiben. Doch nur fünf Jahre später strömten die Pioniere zu Tausenden herbei, weil General Custer in den Black Hills Gold entdeckte. Die Indianer wurden aus ihren ewigen Jagdgründen vertrieben.Seitdem fristen 18.000 Menschen vom Stamm der Oglala-Lakota ihr Dasein am Rande des Badlands, einer Mondlandschaft aus Ton und Mergel.
Der Film erzählt nicht die Geschichte der Kriege gegen die Indianer und nicht die Geschichte der gebrochenen Verträge. Er ist eine Bilderentdeckungsreise in das arme und reiche, in das rote und weiße Amerika. In den Black Hills liegt es dicht beieinander: Knapp 60 Meilen westwärts halten Cowboys und Kaufleute, Goldsu-

cher und Grubenbesitzer die Black Hills bis heute besetzt. Denn nirgendwo in den USA gibt es größere Vorkommen an Gold und anderen unersetzbaren Bodenschätzen. Den mobilen Weißen kann nichts Einhalt gebieten. (zentralfilm, gekürzt)
allg. Publikum

Ökomedia-Bewertung: wirksam

Information	Realisation	Motivation
2,5 Punkte	3,0 Punkte	2,5 Punkte

Ohne Kommentar und subtil beobachtend berichtet der Film vom Leben der Sioux. Er verlangt vom Zuschauer, daß er sich geduldig einläßt. Die vielfach faszinierenden Bilder können leider nicht immer über Längen hinweghelfen.

Blühender Heiratsschwindel **F 73**
Baumann, Karlheinz, BRD 1991
16 mm, Magnetton, Farbe, 45 min
Baumann

Die phantastischen Bestäubungsstrategien der Orchideen, in diesem Film speziell die einiger einheimischer Arten, bilden den großen Rahmen. Die vielfältigen, raffinierten Methoden einzelner Orchideenarten werden in kleinen Geschichten erzählt und miteinander verglichen. (Baumann)
allg. Publikum

Ökomedia-Bewertung: wirksam

Information	Realisation	Motivation
3,0 Punkte	3,2 Punkte	3,0 Punkte

Wunderbare Bilder - aber leider ein zu stark vermenschlichender Kommentar.

Blütenstaub - Der Weg zur Fruchtbarkeit **F 74**
Oxford Scientific Films Limited / Morris, Sean; Travers, Bill, Großbritannien 1987
16 mm, Lichtton, Farbe, 20 min
FWU; LBS 1-14

Der Film zeigt auf ungewöhnlich beeindruckende Weise die verschiedenen Arten von Blütenbestäubung, beispielweise durch Unterwasseraufnahmen die Befruchtung von Wasserpflanzen. Die gewählten Beispiele, die Qualität der Bilder, aber auch die knappe, lebendige Sprache gehen weit über die gewohnte kognitive Wissensansammlung hinaus. (FWU, gekürzt)
allg. Publikum, Sekundarstufe I, Jugend- und Erwachsenenbildung

Ökomedia-Bewertung: besonders wirksam

Information	Realisation	Motivation
3,7 Punkte	3,8 Punkte	3,5 Punkte

Eigentlich mehr ein Biologie-Film als ein Öko-Film. Er zeigt jedoch mit so hervorragenden Bildern, wie Pflanzen und Tiere auch in ihrer Fortpflanzung voneinander abhängen, daß er trotzdem fraglos hier aufgenommen wurde.

Blumenfrauen **F 75**
(Amor, Mujeres y Flores)
Silva, Jorge; Rodriguez, Marta, Kolumbien 1989
16 mm, Farbe, 52 min
s. Video
EMZ 2, 4-6, 8, 11-13; EZEF; KMZ 1, 3, 8, 11-13; LBS 13

Der Film enthüllt die Lebens- und Arbeitsbedingungen der Arbeiterinnen, die für geringen Lohn in Kolumbien in der Blumenindustrie beschäftigt sind. Der Einsatz vieler verschiedener Pestizide, die in den westlichen Industrieländern z.T. verboten sind, verursacht eine Vielzahl von Gesundheitsproblemen, von Erkrankungen der Atemwege und Hautkrankheiten bis hin zu Krebserkrankungen wie Leukämie. Diese Blumen werden unter anderem auch nach Europa exportiert und zieren dann hier die Kaffeetische. (Matthias)

Jorge Silva und Marta Rodriguez haben einen bewegenden Film gemacht. Keine Minute vergeht wirkungslos. Offenbar hatten die beiden engen, freundschaftlichen Kontakt zu den Arbeiterinnen, die offen und ungehemmt reden. Dieser Dokumentarfilm muß unbedingt auf Reisen. Ein Film, der nicht nur für die Programmkinos, sondern für die Bildungsarbeit - die ökologische wie die gewerkschaftliche - eminent wichtig ist. Ein Lehrstück über die gnadenlosen Gesetze des Welthandels. (w & m, Der Öko-Filmtip)
Der Film wurde auf der Ökomedia '90 mit dem Preis für die »Beste Darstellung internationaler Zusammenhänge« ausgezeichnet.

Ökomedia-Bewertung: besonders wirksam

Information	Realisation	Motivation
4,0 Punkte	3,2 Punkte	4,0 Punkte

Ein hervorragender, stellenweise ergreifender Film aus dem traurigen Lebensalltag kolumbianischer Frauen, die ihre Pesos in mit Pestiziden verseuchten Blumenbeeten verdienen müssen.

Bodenerosion in den Great Plains **F 76**
FWU / Engstfeld, Axel, BRD 1991
16 mm, Lichtton, Farbe, 15 min
FWU; LBS 5

Der Film zeigt die Ursachen der Bodenerosion in den südlichen Great Plains, Gegenmaßnahmen, um die Erosion einzuschränken und mögliche Konsequenzen der Erschöpfung der Grundwasservorräte für die Formen der Bodennutzung. Im Mittelpunkt stehen Formen von Erosionsschäden als Folge der großflächigen Erschließung für Viehwirtschaft und Ackerbau. Dabei beginnt der Film mit einer Sequenz, in der die natürliche Vegetation den durch Erosionsschäden bedingten Oberflächenformen gegenübergestellt wird, die durch Überweidung und den Anbau von Weizen, Mais und Hirse hervorgerufen werden. Filmausschnitte zeigen die Wirkung von Stürmen und Gewittern.
In einer Rückblende werden das Vordringen der Landwirtschaft in die Grasländer und die Bildung des »dust bowl« gezeigt, durch ein Interview mit einem Farmerehepaar wird der Bezug zur Gegenwart hergestellt. Der letzte Teil behandelt den Bewässerungsfeldbau westlich der agronomischen Trockengrenze. Er basiert auf fossilem Grundwasser des Ogalalla Aquifers. Eine Übernutzung läßt den Grundwasserspiegel schnell absinken. (FWU)

Ökomedia - Bewertung: wirksam

Information	Realisation	Motivation
3,0 Punkte	2,8 Punkte	2,8 Punkte

Informativer Beitrag, der auch die historische Entwicklung dieses Landes anschaulich beschreibt.

Bodenschutz und Ernährungssicherung in Nordchina **F 77**
Kanada 1980
16 mm, Farbe, 17 min
FWU; LBS 1-14

Der Film befaßt sich mit den landwirtschaftlichen Maßnahmen, die die Regierung der Volksrepublik China in den letzten 20 Jahren durchgesetzt hat, um die Ernährung der immer noch wachsenden Bevölkerung zu sichern. Um höhere Erträge aus dem Boden herauszuholen, wendet man gleichzeitig Methoden an, die den Boden erhalten. Terrassen verhindern die Erosion und vergrößern gleichzeitig die Anbaufläche. Talsperren verhindern Hochwasser und dienen der Bewässerung. Aufforstungen im Bergland bremsen den Wasserabfluß und regulieren langfristig den Wasserhaushalt. (FWU)

Der Boden und seine Fruchtbarkeit **F 78**
Praxis Unterrichtsfilm / Brucker, Ambros; Hahn, Rainer, BRD 1987
16 mm, Lichtton, Farbe, 14 min
mit Begleitmaterial
s. Video
LBS 4; Praxis Unterrichtsfilm

Der Film zeigt, wie der Mensch den Boden durch Ackerbau nutzt. Der Boden ist eine Lebensgemeinschaft, in dem Klein- und Kleinstlebewesen wie Regenwürmer und Mikroorganismen organisches Material zersetzen. Sie zerkleinern abgestorbenes Material, indem sie es verdauen und in seine Bestandteile zerlegen. Sie vermischen sie mit Erde und bilden so den Humus. Diese Bodenkrümel sind Nährstoffe, Luft- und Wasserspeicher. Der Kreislauf schließt sich: Humus und Bodenlebewesen sind Voraussetzung für eine leistungsfähige Landwirtschaft. (Praxis Unterrichtsfilm, gekürzt)
ab 4. Klasse

Ökomedia-Bewertung: wirksam

Information	Realisation	Motivation
3,0 Punkte	3,0 Punkte	2,7 Punkte

Ein guter Informationsfilm für die Schule mit teilweise beeindruckenden Aufnahmen, aber leider wenig motivierendem Kommentar.

Der Boden und seine Zerstörung **F 79**
Praxis Unterrichtsfilm / Brucker, Ambros; Hahn, Rainer, BRD 1989
16 mm, Lichtton, Farbe, 8 min
mit Begleitmaterial
s. Video
LBS 7; Praxis Unterrichtsfilm

Nachdem zunächst Bilder und Daten zum quantitativen (jährlichen) Verbrauch von Boden durch Wohnungs- und Straßenbau sowie Industrieansiedlung (in der BRD) gezeigt werden, verdeutlicht der Film in einer zweiten Phase Zusammenhänge zwischen Lockerheit des Bodens, Wurzelverzweigung und Wachstum (Gesundheitszustand von Pflanzen). Bodenverdichtung durch Einsatz schweren landwirtschaftlichen Geräts führt zur Zerstörung des Bodens. Im dritten Teil zeigt der Film die Folgen von Bodenerosion. (LBS 7)
ab 8. Klasse

Ökomedia-Bewertung: wirksam

Information	Realisation	Motivation
3,0 Punkte	2,8 Punkte	2,8 Punkte

Informativer Film mit anschaulichen Bildern, für Schüler gut nachvollziehbar.

Boden unter Druck **F 80**
FWU / Peter Stückl Film / Kölbing, Alexander, BRD 1989
16 mm, Lichtton, Farbe, 16 min
FWU; LBS 1, 6-8, 10, 13, 14

Boden ist Lebensgrundlage und Lebensraum. Der Mensch ist dabei, ihn und seine Fruchtbarkeit zu zerstören. Im Boden angereicherte Giftstoffe bedrohen letzten Endes auch die Gesundheit des Menschen. Bodenversiegelung, Bodenverdichtung und Erosion stören den Wasserhaushalt, zerstören die Struktur und verringern somit die Fruchtbarkeit des Bodens. Eindrucksvolle Aufnahmen stehen für die Fruchtbarkeit der Böden und seine Bedeutung als Lebensraum. Der Braunkohleabbau im Kölner Becken zeigt, mit welchen gewaltigen Maschinen ganze Landschaften verändert werden. (FWU)

Ökomedia - Bewertung: brauchbar

Information	Realisation	Motivation
2,5 Punkte	1,9 Punkte	2 Punkte

Der erste Teil des Films ist ein allgemeines Öko-Referat mit vielen pauschalen Sätzen über sämtliche Umwelt-Schrecknisse, mit denen kein Schüler etwas anfangen kann. Der zweite Teil ist erheblich besser und veranschaulicht gut, was Bodenverdichtung bedeutet.

Bonjour Capitaliste **F 81**
Grusch, Werner; Philombe, Rene, Österreich / Kamerun 1982
35 mm, 16 mm, Farbe, 88 min
Con (35 mm); EZEF (16 mm)

In den Mandarabergen leben Volksgruppen, die von den Reiseveranstaltern als noch besonders »urtümlich« angepriesen werden. Sie vor allem stellen neben den Tierparks die Hauptattraktion für Gruppenreisen dar. Der Film zeigt, was passiert, wenn Touristen aus der reichen, hochtechnisierten Verbrauchergesellschaft auf eine rein agrarisch strukturierte, von traditionellen Werten bestimmte Gesellschaft treffen. Solche Begegnungen der unheimlichen Art zwischen Schwarz und Weiß finden in dieser Gegend im Rahmen eines durchschnittlich viertägigen Urlaubs statt. Die Kamera zeigt und ist mit dabei, wenn die Touristen ihr Afrika suchen, und wenn die Afrikaner sich mit den Gästen und mit dem, was sie mitbringen, auseinandersetzen. (EZEF)

Der Bote des Fortschritts - Eine Flußfahrt auf dem Kongo **F 82**
Busse, Michael; Bobbi, Maria-Rosa, BRD 1990
16 mm, Farbe, 60 min
s. Video
EZEF; LFD 2, 5

Alle drei Wochen startet in Kinshasa, der Hauptstadt von Zaire, ein Schubschiff mit sechs Frachtkränen zu einer knapp dreiwöchigen Reise auf dem fünftlängsten Fluß der Welt. Mehrere tausend Menschen drängen sich auf den engen Decks der verrosteten Kähne. Touristen findet man selten auf ihnen. Die meisten Passagiere sind Händler; sie haben ihre Verkaufsstände auf den Schuten eingerichtet. Unmittelbar nach der Abfahrt verwandelt sich das Schiff in einen gewaltigen Basar, in dem alles, was im tropischen Regenwald gebraucht wird, zu finden ist. Knapp zweitausend Kilometer fährt es als »Leuchtfeuer« der fernen Zivilisation in den Dschungel hinein. Für die Menschen am Großen Fluß ist der »Bote des Fortschritts« die einzige Verbindung zur Außenwelt. Der Große Fluß, das ist aber auch die Geschichte einer mehr als 100jährigen Faszination. Hier fanden Abenteurer aller Länder die bedeutendsten Schätze des afrikanischen Kontinents: Elfenbein, Gold, Diamanten, später Kupfer, Zinn, Kobald und schließlich das Uran, aus dem die Bombe von Hiroshima wurde.

Ökomedia-Bewertung: wirksam

Information	Realisation	Motivation
3,2 Punkte	3,2 Punkte	3,1 Punkte

Schöne Idee, mit der Kamera eine Schiffahrt auf dem Kongo zu begleiten. Sie wird zu einer Fahrt durch die afrikanische Geschichte, durch den Regenwald und gleichzeitig demonstriert sie den unaufhaltsamen Fortschritt.

Bravo Papa 2040 **F 83**
Experimentalfilm
Susanne Fränzel, BRD 1989
16mm, Farbe, 6 min
s. Video
Fränzel; LBS 1, 14

Das Thema Tiefflug wird auf witzige Weise dargestellt: Eine Bäuerin recht Heu. Der Tiefflugpilot fliegt heute besonders tief. In seinem Fadenkreuz hat er Radfahrer, Fußgänger, Wiesen und Landschaft - bis er schließlich mit der Heugabel aufgespießt wird.

Ökomedia-Bewertung: wirksam

Information	Realisation	Motivation
	3,3 Punkte	3,5 Punkte

Dieser »sinnenfreudige« Film ist besonders geeignet als Auftakt zu Veranstaltungen zum Thema Tiefflug. Man duckt sich sogar im Zuschauersessel.

Briefe eines Toten **F 84**
(Pisma mertwogo tschelowjeka)
Lopuschanskij, Konstantin, UdSSR 1986
35 mm, Farbe, 87 min
Tobis

Der Film schildert die Zustände nach einem Atomschlag, vergleichbar der amerikanischen Produktion »The day after«. Er beschreibt dabei die letzten Tage einiger überlebender Männer, Frauen und Kinder in den Kellerräumen eines Museums.
Lopuschanskijs Endzeitvision, die die Welt nach einem Atomschlag zeigt, plädiert für eine neue Ethik der menschlichen Beziehungen. Denn wir stehen in einer historischen Situation, in der sich die Menschheit mit ihrem Vernichtungspotential weltweit selbst vernichten kann. (Kurzfilmliste)
allg. Publikum, ab 16 Jahren

Ökomedia-Bewertung: wirksam

Information	Realisation	Motivation
	3,0 Punkte	2,8 Punkte

Eine Horrorvision: Das grausame Danach wird wie ein Theaterstück inszeniert und bleibt dadurch für den Zuschauer unwirklich. Als Szenario ist er dennoch ergreifend, die Darstellung der noch immer funktionierenden Bürokratie ist erschrekkend.

Brokdorf **F 85**
DFFB, BRD 1976
16 mm, Magnetton, sw, 13 min
Stiftung Deutsche Kinemathek

Der Film entstand in Brokdorf/Unterelbe während einer Demonstration gegen ein Atomkraftwerk. Das Baugelände war zwei Tage zuvor von mehreren Hundertschaften besetzt worden, um den Baubeginn für das AKW »reibungslos«, d.h. gegen den erklärten Willen der Bevölkerung der Wilster Marsch (Schleswig Holstein) durchzusetzen. Der Film behandelt dabei nicht die Problematik der Kernkraftwerke schlechthin, sondern dokumentiert die Ereignisse des Tages, Demonstrationen, Platzbesetzung und gewaltsame Räumung durch die Polizei in der Art eines Wochenschauberichtes (DFFB)
allg. Publikum

Broken Treaty at Battle Mountain **F 86**
Freedman, Joel, USA 1974
16 mm, Lichtton, Farbe, 61 min, OmU
Freunde der deutschen Kinemathek

Die Schoschone-Indianer in New Mexiko sollen laut Entscheidung des »Bureau of Indian Affairs« in Washington ihr Land verlieren. Die Indianer bestreiten die Gültigkeit des Vertrages. Inzwischen werden rücksichtslos alle Pinienbäume der Region abgeholzt, die die Indianer zu ihrem Lebensunterhalt brauchen. Joel Freedman dokumentiert mit dem Film, der unter Beteiligung der Indianer entstand, ihren Kampf um die Erhaltung ihres Landes und ihrer Tradition. (Freunde der deutschen Kinemathek)

Ökomedia-Bewertung: wirksam

Information	Realisation	Motivation
3,7 Punkte	3,0 Punkte	3,0 Punkte

Guter Pro-Indianer-Film, der sich gegen weiteren Völkermord engagiert.

Brontosaurus **F 87**
Spielfilm
Plivova-Simkova, Vera, CSSR 1979
16 mm, Lichtton, Farbe, 79 min
BJF; Imbild; EMZ 4, 12; Filmothek NW; KMZ 3, 18; LBS 7, 8, 13; LFD 1, 2, 4, 7

Wer von uns hätte sich bei Waldspaziergängen nicht über fortgeworfenen Unrat

geärgert, über das gedankenlose, ja mutwillige Verschandeln der Natur. In diesem Film ist es der Schüler Thomas, der im Wald Tiere beobachtet und Abfälle beseitigt. Besonders ärgert es ihn, daß sein Mitschüler Frantek Singvögel schießt, mit denen er seine Eule füttert. Und als Thomas eines Tages mitansieht, wie Jäger ein Reh töten, dem eine Glasscheibe in den Fuß eingewachsen ist, erklärt er allen Umweltverschmutzern den Krieg. Er mobilisiert einige Klassenkameraden und karrt den Waldfrevlern ihren Müll wieder vor die Haustür. So kommt es zum Skandal, denn eines der beobachteten »Opfer« ist ausgerechnet der Schulinspektor. Thomas droht eine schlechte Note in Betragen - und Karzer. Er flieht in den Wald. Zu allem Unglück scheucht Frantek Thomas' exotische Vögel aus ihrer Voliere. Thomas macht sich mit Netzen auf die Suche. Dabei schließen sich ihm immer mehr Freunde an und sammeln dabei Abfall auf. Schließlich beteiligt sich auch eine junge Lehrerin an der Aktion, die das ganze zum Wochenendausflug erklärt. Die Schüler bauen aus dem Abfall einen Brontoraurus als Symbol ihrer guten Tat. So werden auch Frantek und Thomas wieder Freunde und fangen die Vögel gemeinsam ein. Und als die Lehrer die Kinder suchen und einen aufgeräumten Wald finden, sind sich alle einig, daß die Kinder keine Strafe, sondern eine Belohnung verdient haben. (Imbild)
ab 8 Jahren

Ökomedia-Bewertung: besonders wirksam

Information	Realisation	Motivation
	4,0 Punkte	4,0 Punkte

Ein spannender, witziger Kinderfilm, nicht nur für Kinder und Jugendliche. Er vermittelt humorvoll und ohne erhobenen Zeigefinger verantwortungsvolles Handeln gegenüber der Natur.

Das Brot des Siegers **F 88**
Filmkraft / Heller, Peter, BRD 1987
16 mm, Magnetton, Farbe, 100 min
Verleih der Filmemacher

Dieser Film erzählt die Geschichte einer Kulturrevolution. In Form einer dokumentarischen Groteske, herausgegriffen aus der Wirklichkeit unter Verknüpfung von authentischen und dokumentarischen Aufnahmen mit einer inszenierten Rahmenhandlung, geht es um die endgültige Rationalisierung des Essens und die weltweite Uniformierung unseres Geschmacks durch Fast Food-Institute, durch McDollars und Cie.
Thema ist die Schlacht um die Mägen der Welt, die Okkupation einer der letzten Intimsphären des Abendlandes durch die Gewalt von Industrie und Kapital: Der Grabenkrieg in der Küche. Der Imperialismus hat sich unseres Hungers angenommen - und die satirische, inszenierte Rahmengeschichte des Films weiß zu berichten, daß im Krisenstab der »Notavision« ein geheimer Feldzug zur Eroberung der Welt entwickelt wird: »Mästung statt Rüstung - der Hamburger als Tellermine.« SDI und Pershing sind insgeheim überflüssig geworden. In der Rolle des Chefagenten (General McDollar) sehen wir den US-Entertainer Ron Williams. Und seine überspitzten, satirischen Sketche - so wird dem Zuschauer im Film bald klar - haben die Wirklichkeit längst überholt.
»Das Brot des Siegers« ist kein didaktischer Film, vielmehr eine dokumentarische Groteske, die sich zunutze macht, was erfahrbar ist: Denn am frappierendsten ist immer noch die Wirklichkeit. (Verleih der Filmemacher, gekürzt)
allg. Publikum

Ökomedia-Bewertung: brauchbar

Information	Realisation	Motivation
2,2 Punkte	2,2 Punkte	2,0 Punkte

Die Kombination von Spielszenen und Dokumentation ist in diesem Film mißlungen. Die Spielszenen sollen witzig und satirisch sein, doch die Satire verkommt zur Polemik, der Witz bleibt flach. Außerdem ist der Film zu lang.

Die Brücke aus Gras **F 89**
Rosenthal, Kurt, Peru 1980
16 mm, Lichtton, Farbe, 43 min, 22 min
Con; EMZ 2, 12; EZEF; FWU (22 min); LBS 1-14 (22 min)

In Peru, im Departemehnt Cuzco, gibt es in etwa 4.000 Meter Höhe eine Hängebrücke, die den reißenden Fluß Apurimac überspannt. Ihre Geschichte, ihr Baumaterial und die sozialen Bedingungen, unter denen sie immer wieder entsteht, machen sie zu einem unvergleichlichen Zeugnis indianischer Kultur. Das Baumaterial ist eine zähe Art von Pampagras, das in der Puna in großen Mengen wächst und zu langen, zentnerschweren Kabeln und Zöpfen geflochten wird. Ohne jede finanzielle Hilfe von außen finden sich drei communidades zusammen, um in dreitägiger Gemeinschaftsarbeit das Gras zu flechten und die Brücke zu erneuern. Sie hat eine Gesamtlänge von 68 Metern, ihre Breite beträgt 80 Zentimeter. (EMZ 2)
ab 14 Jahren, Dritte-Welt-Gruppen

Brunskappel ist noch zu retten **F 90**
Helmut, Kölbach; Jacobi, Walter, BRD 1978
16 mm, Magnetton, sw, 26 min
Basis

Brunskappel, ein 400 Einwohner zählendes Dorf im Hochsauerland ist in seiner Existenz bedroht. Das Tal, in dem sich dieser malerische Ort befindet, soll in eine 1.900.000 qm große Talsperre verwandelt werden. Zusammen mit anderen, schon bestehenden Talsperren soll so die Wasserführung der Ruhr reguliert werden, um weiterhin die Wasserversorgung im Ruhrgebiet zu sichern. Der Film gibt einen Einblick in das Leben und die Arbeit der Brunskappeler, die sich zusammenschließen, um die Talsperre zu verhindern. (Basis)
allg. Publikum, Umweltgruppen

Der Büffel **F 91**
aus der Serie: Wunder der Prärie
Walt Disney, USA 1955
16 mm, Lichtton, Farbe, 12 min
AV-Film

Von den riesigen Büffel-Herden, die einstmals die Prärie im Herzen Amerikas bevölkerten, sind nur noch wenige in freier Wildbahn anzutreffen. Der Zuschauer wird Zeuge der Geburt eines Büffel-Kalbes und seiner ersten Gehversuche. Wenn die Kälber kräftig genug sind, zieht die Herde weiter - zu neuen Weidegründen und Wasserstellen. Während der Paarungszeit fechten die mächtigen Bullen erbitterte Kämpfe aus. Vor Einbruch des Winters wird die Herde von einem riesigen Steppenbrand bedroht. (AV-Film)
allg. Publikum

Ökomedia-Bewertung: wirksam

Information	Realisation	Motivation
2,5 Punkte	3,0 Punkte	3,0 Punkte

Ein schöner Tierfilm mit Bildern riesiger Büffelherden, wie es sie heute nicht mehr gibt. Die Kamera ist wie bei allen Walt-Disney-Filmen beeindruckend.

Bürger im Widerstand **F 92**
aus der Serie: Keine Startbahn West. Trilogie eines Widerstands
Arbeitsgemeinschaft HE-Film, BRD 1980
16 mm, Lichtton, Farbe, 25 min
s. Video
HE-Film; LBS 7; Verleih der Filmemacher

Der zweite »Flughafenfilm« der Trilogie »Keine Startbahn West« dokumentiert eine Aktion zum Bau einer neuen Hütte, von den Beteiligten selbst kommentiert. Auch in diesem Film liegt die Sympathie der Macher auf der Seite der Betroffenen. Kämpferische Lieder engagierter Liedermacher unterstreichen am Schluß, was die Bevölkerung einer ganzen Region empfindet. (Verleih der Filmemacher)

Ökomedia-Bewertung: wirksam

Information	Realisation	Motivation
2,8 Punkte	3,2 Punkte	3,2 Punkte

Dieser Film zeigt in lustiger und munterer Weise, mit welcher Phantasie und Kreativität und mit welchem Einsatz Bürger für ihre Widerstandsrechte eintreten, um ein umweltzerstörendes Großprojekt zu verhindern.

Der Butterbaum von Zambougou F 93
Spielmann, Peter, BRD 1987
16 mm, Lichtton, Farbe, 29 min
DFZ; LBS 1; LFD 1-3, 5, 7, 9, 10

Bericht über die Entwicklung und Verbreitung einer Karité-Presse für den ländlichen Raum in Mali. Durch diese neue einfache Presse werden die Dorffrauen in die Lage versetzt, mit weniger Anstrengung und in kürzerer Zeit mehr Karité-Butter herzustellen. Ein Beispiel für angepaßte Technologie. (LFD 9)
allg. Publikum, Dritte-Welt-Gruppen

Buttercup F 94
Trickfilm
Brown, Robert L., USA 1971
16 mm, Lichtton, Farbe, 11 min
EMZ 1, 4, 12; EZEF; KMZ 6, 10, 13; LBS 13

Leichter Nebel, ein glitzernder Gebirgsbach mit einer Butterblume, die auf einer silbrigen Oberfläche schwimmt. Die goldene Blüte gleitet an Wasserschneidern, einem Skunk und einem Waschbären vorbei. Sie wirbelt über einen Wasserfall und passiert langsam einen Nachtfrosch. Dämmerung. Der Bach wird ruhiger und breiter. Die Butterblume treibt weiter an weidenden Pferden vorbei und wird dann plötzlich von Gestank, Schlamm und Abfall des industriellen Menschen verschluckt. (LBS 13)
allg. Publikum

Cannibal Tours F 95
O'Rourke, Dennis, Australien 1987
16 mm, Farbe, 70 min
Cine Terz

Eine Touristengruppe aus Europa praktiziert mit primitiver Hemmungslosigkeit ihre Rituale: Der weiße Mann huldigt seinen modernen Zaubergerätschaften, den Kameras - für den Diaabend daheim. Die Verwunderung und das Unverständnis hierüber bei den Bewohnern der Dörfer in Neuguinea wirft die Frage auf, ob die Nachfahren der Menschenfresser oder aber die Eindringlinge aus der Fremde Exoten sind, und wie dieses Verhalten wirklichem gegenseitigem Begreifen im Wege steht. (Cine Terz)
Eine Stunde lang kombiniert O'Rourke Schwarze und Weiße ohne ein einziges Wort Kommentar. Diese O-Töne, diese Augen, diese Gesichter, vertragen keinen Kommentar. Die Kamera sieht alles. O'Rourke wertet durch Schnitt und Musik und läßt seinen Film in herrlicher Satire gipfeln: Er dreht den Touristen einfach den Ton ab. Wir sehen sie reden und lachen und hören nur Mozart. Perfekt sind die klassischen Töne auf die Bilder geschnitten. Und doch eine letzte Kostprobe aus deutschen Landen: »Wir bereuen nicht, den weiten Weg hierher gemacht zu haben, um uns von dem Leben der Menschen am anderen Teile Europas einen Eindruck zu verschaffen.« Wie weit doch Europa reicht. Der Film entstand in Papua-Neuguinea. (w & m, Der Ökofilmtip)

Ökomedia-Bewertung: besonders wirksam

Information	Realisation	Motivation
3,5 Punkte	3,8 Punkte	3,8 Punkte

Ein wunderbarer Film zum Thema Tourismus und Dritte Welt: trotz scheußlicher überall und alles fotografierender Touristen verliert O'Rourke nicht seinen Humor, ganz im Gegenteil.

Eine Chance für den Sahel **F 96**
Koch, Walter, BRD 1987
16 mm, Lichtton, Farbe, 22 min
FWU; LBS 1-14

Der Film stellt am Beispiel von Burkina-Faso ein Trockenzeitkulturprojekt vor, das in vier Ländern der Sahelzone begrenzte Hilfe zur Selbsthilfe leistet. Aus Material der Umgebung werden von Hand Staudämme errichtet, um das Wasser der Regenzeit in Speichern festzuhalten. Wo dies nicht möglich ist, wird durch gestaffelt angelegte Kleinstaudämme das Grundwasser aufgefüllt und mit Schachtbrunnen angezapft. Gemüsebeete werden angelegt und täglich bewässert. Die Produkte decken den Eigenbedarf. (FWU, gekürzt)
Sekundarstufe I und II, Oberstufe, Fachoberschulen, Dritte-Welt-Gruppen

Ökomedia-Bewertung: wirksam

Information	Realisation	Motivation
2,8 Punkte	3,0 Punkte	3,0 Punkte

Der Film bietet eine anschauliche und gute Darstellung der Dürreproblematik im Sahel und deren Lösungsmöglichkeiten. Über die Ursachen der Hungersnot erfährt man wenig.

Chaupi Mundi **F 97**
Grotjahn, Hans-Helmut, Starost, Antje, BRD 1992
16 mm, Lichtton, Farbe, 63 min
EZEF

Elena, die 12jährige Waise vom Indio-Stamm der Otavaleña, ist Hauptdarstellerin und Erzählerin des Films. Von ihrem Leben in 3.000 Metern Höhe berichtet der Film und vermittelt einen Eindruck von der archaischen Indiokultur. Menschen, Mythen und Natur sind auf geheimnisvolle Weise miteinander verwoben, wie die Lebenden mit den Toten.
Der Film zeigt Menschen, die trotz der Härte ihres Daseins im Einklang mit der Natur leben. Dabei verschweigt der Film die Bedrohung nicht, der dieses Leben ausgesetzt ist. Die Geldentwertung verteuert den Wollpreis, Touristen haben das kümmerliche und zugleich farbige Dasein der Indios längst als Objekt für die Kamera entdeckt. Der Coca-Cola-Transporter führt vor Augen, in welche Richtung der Prozeß der Zivilisation gehen wird. (EPD)
allg. Publikum, Jugend- und Erwachsenenbildung, Dritte-Welt-Gruppen

Chemie der Putzmittel **F 98**
Perraudin, René, BRD 1989
16 mm, Lichtton, Farbe, 15 min
FWU; LBS 8, 10, 13; LISA

Eine Persiflage auf die heute gängige Reinigerwerbung bildet den Einstieg ins Thema. Der Film setzt sich danach sehr kritisch mit den heute - Stand März 1989 - gebräuchlichen sauren WC-Reinigern, peroxidhaltigen Sanitärreinigern und den alkalischen Rohrreinigern auseinander. Basisrezepturen werden im Labor zusammengestellt, die Wirkungsweise durch chemische Versuche verdeutlicht. Auf die von diesen Reinigern ausgehenden Gefahren für die Hausinstallation, die Gesundheit und die Umwelt wird hingewiesen, ökologisch unbedenkliche Alternativen werden vorgestellt. (FWU)

Ökomedia - Bewertung: wirksam

Information	Realisation	Motivation
3 Punkte	3 Punkte	3 Punkte

Witzig und einfallsreich gemacht, mit guten Informationen, die kurzweilig dargeboten werden.

Chico Velho - Der große Fluß der kleinen Leute **F 99**

Pater, Siegfried, Strobusch, Franziska, BRD 1991
16mm, Farbe, 52 min, 30 min
s. Video
EMZ 2, 13; KFW; KMZ 7, 20

»Neues Californien« nennen Brasilianer ein Projekt, das in einer geheimen Studie vorliegt, ausgearbeitet von einer Kommission offizieller Wirtschaftsbehörden Brasiliens und der USA. Das Projekt zielt darauf ab, eine Fläche - doppelt so groß wie die BRD - im Nordosten Brasiliens für die Exportwirtschaft zu erschließen. Langfristige Befürchtungen scheinen wahr zu werden: Der kurzsichtige Raubbau der Ressourcen hat die Böden in den USA ausgelaugt. Nun verlagert die »Erste Welt« ihren aggressives, hochtechnisiertes Agrobusiness ungebrochen und mit direktem Zugriff in die »Dritte Welt«.
Die betroffene Bevölkerung beginnt sich zu wehren. Der Bischof von Juazeiro wandte sich mit einem dringenden Hilferuf an uns. Seit Jahren engagiert er sich für die Menschen in der Region.
Mittlerweile ist er zu einer Symbolfigur für die Selbstorganisation geworden. Doch angesichts der Dimensionen dieses Gigantenprojekts zweifelt er heute, ob die Kirche den betroffenen Menschen in der Region noch helfen kann, überzeugende Zukunftsperspektiven zu sichern. Große Hoffnungen setzt er auf gezielte Öffentlichkeitsarbeit im Ausland, vor allem in Europa.
ab 14 Jahren

Ökomedia - Bewertung: wirksam

Information	Realisation	Motivation
3,5 Punkte	2,7 Punkte	3,5 Punkte

Wichtiger Film, dem es gelingt, die Perversion zu verdeutlichen, daß ein Land wie Brasilien Spargel für die Europäer anbaut. In seiner Machart könnte er durchaus spannender sein - trotzdem ist er durch durch seine Informationen ein aufrüttelnder Beitrag zur Süd-Nord-Debatte.

China-Syndrom **F 100**

(The China Syndrome)
Bridges, James, USA 1979
16 mm, Lichtton, 35 mm, Farbe, 122 min
s. Video
atlas (16 mm); Warner Columbia (35 mm)

Der Film behandelt die Beinahe-Katastrophe in einem Atomreaktor. Atomkraftwerke sind theoretisch sicher, doch die Menschen, die sie bedienen, machen sie zu einer tödlichen Gefahr. So lautet die Botschaft in diesem Atomkraftwerk-Thriller, der einen Vorfall in einem Atomkraftwerk schildert, wie er vergleichbar in Harrisburg aufgetreten ist. (gep)
allg. Publikum

Ökomedia - Bewertung: wirksam

Information	Realisation	Motivation
	3,2 Punkte	3,3 Punkte

Ein brisanter Atomthriller mit Jane Fonda, Michael Douglas und Jack Lemmon in den Hauptrollen: dramatisch, kritisch, aktuell.

Chronik der Indianer aus dem Nordosten von Quebec **F 101**
(Chronique des Indiens du nord-est du Quebec)
Les Ateliers Audiovisuels du Quebec / Lamothe, Arthur, Kanada 1979
16 mm, Lichtton, Farbe, 533 min
7 Teile, indianischer Originalton, teilweise OmU
Freunde der deutschen Kinemathek

Die Reihe berichtet wahrheitsgemäß über die Entrechtung eines geächteten Volkes, das bis auf den Grund seiner selbst verwundet wurde und führt uns etappenweise in das Wesen einer Kultur ein, die von der unseren ganz und gar verschieden ist. Wir werden mit einem starken und zähen Volk konfrontiert, das den Verrat und die Feigheit der Regierung überleben will und immer nachdrücklicher Autonomie für sich fordert. (Freunde der dt. Kinemathek)
allg. Publikum

Concierto Evolución **F 102**
Siemens AG / Luna Film / Caesar, Richard A, BRD 1992
16 mm, Lichtton, 35 mm, Farbe, 16 min
s. Video
LUNA; Siemens

»Concierto Evolution« ist eine Parabel über unsere moderne Gesellschaft und die Möglichkeiten, ihren Problemen erfolgreich zu begegnen. Der Film bedient sich der Metapher eines klassischen Orchesters, das ein dreisätziges Klavierkonzert vorträgt. Nach einem durch individuelle Egoismen verursachten Chaos findet es seinen Weg zurück in die ursprüngliche Harmonie. Neue Technologien werden uns den Weg ebnen. (Luna Film)
allg. Publikum

Ökomedia - Bewertung: wirksam

Information	Realisation	Motivation
	3,6 Punkte	2,0 Punkte

Ein sehr glatt und formal perfekt gemachter Film, der - ohne Kommentar - eine kaum zu überbietende Technik-Euphorie und -Gläubigkeit vermittelt. Zuletzt wird die Intention auch deutlich: Es ist die Technik des Auftraggebers, die zum Wohl der Natur eingesetzt werden kann. Ein Film, der zum Streit anregt und über den gestritten werden muß.

Crazies **F 103**
(The Crazies)
Spielfilm
The Latent Image / Romero, George A., USA 1979
16 mm, Lichtton, Farbe, 103 min
atlas, Prokino

Ein Unfall mit bakteriologischem Kampfstoff verseucht eine amerikanische Kleinstadt. Die Regierung versucht den Vorfall herunterzuspielen und läßt das Gebiet von der Armee hermetisch abriegeln. Immer mehr Einwohner verfallen dem Wahnsinn. Eine Gruppe Verzweifelter wagt einen Ausbruch, während die Behörden mit dem Gedanken spielen, den Seuchenherd durch eine Atombombe zu vernichten. Gekonnt verpackt der Regisseur ein politisch explosives Thema in eine publikumswirksame Horrorgeschichte, deren Schrecken sich nach Seveso und Harrisburg niemand leicht entziehen kann. (atlas)
allg. Publikum

Curumins & Cunhantas **F 104**
Jehá, Regina, Brasilien 1981
16 mm, Farbe, 13 min
Con; EMZ 10; EZEF; KJF; LBS 1, 6, 9, 14

Curumins und Cunhantas sind alte indianische Worte für Jungen und Mädchen. Der Film erzählt von den Caboclo-Kindern, die in den Urwaldgebieten des Amazonas leben. Von Juci, dem Vogelhändler, der die Stimmen und indianischen Namen aller Vögel kennt, und von seinen Artgenossen. Der Film zeigt, wie die Kinder leben, lernen und arbeiten, wie sie spielen und wovon sie träumen. Er zeigt ihre tiefe traditionelle Verbundenheit mit der Natur und mit ihrer Familie. (Con)

Daedalus **F 105**
Medienwerkstatt Freiburg / Danquardt, Pepe, BRD 1990
35 mm, Farbe, 95 min
s. Video
Medienwerkstatt Freiburg; Unidoc

Das Jahr 2018. Die Welt in Agonie und der Konzern »HeliX Corporation« auf dem Weg zur absoluten Kontrolle. Auf ihrer Durchleuchtungsbank liegt ein Mann in aussichtsloser Lage: Professor Daedalus, ein ehemaliger Genetiker, der maßgeblich Verantwortung trug für die Entwicklung der biologischen Einheit Achthundert. Er wurde entlassen, als HeliX Corporation begann, sie in Serie zu produzieren: künstlich gezeugte, genetisch optimierte und in Lernmodulen geschulte Wesen. Khira ist eine von ihnen. In leitender Funktion wirbt sie für das Gen-Wash-Verfahren und gerät in Konflikt mit dem Machtanspruch von HeliX. Daedalus glaubt noch immer an die Veränderung der Wissenschaft durch Wissenschaft. Mittels Computer holt er sich historische Bilddokumente der wissenschaftlichen Genetik aus den gesperrten Archiven von HeliX. Er will sein Lebenswerk vollenden und wähnt sich seinem Ziel ganz nahe, als Khira in sein Leben eintritt. (MW Freiburg)

Ökomedia-Bewertung: wirksam

Information	Realisation	Motivation
3,5 Punkte	3,0 Punkte	3,2 Punkte

In die Spielhandlung eingeflochten sind Dokumentarpassagen: der Film soll Leute ansprechen, die eine klassische Dokumentation zum Thema Gentechnik nicht anschauen würden. HeliX Corporation als Köder, science fiction als Verpackung. Wer jedoch hauptsächlich an Informationen zu Gentechnik interessiert ist, ist besser bedient mit dem Film »Und andere Ergüsse...«, ebenfalls von der Medienwerkstatt Freiburg.

Daffy und der Wal **F 106**
Demers, Rock; Lord, Jean-Claude, Kanada 1988
35 mm, Lichtton, Farbe, 91 min
s. Video
atlas

Die zwölfjährige Daffy ist mehr unter Wasser als an Land anzutreffen. Das quicklebendige rothaarige Mädchen mit den wilden Locken hat die wunderbare Fähigkeit, mit den Königstieren der Meere, den Walen, sprechen zu können. Stundenlang lauscht Daffy ihren fantastischen Gesängen oder nimmt die geheimnisvollen Töne der sanftmütigen Riesen mit ihrem Kassettenrekorder auf. Das Leben hätte für Daffy immer so weitergehen können, doch da beschließt Großvater Hector, sein Haus und das Grundstück mitsamt dem Hotel zu verkaufen. Daffy will jedoch auf keinen Fall die idyllische Bucht verlassen und ihre springlebendigen Freunde, den Delphin Elvar und den Buckelwal B-Moll, vergessen. Niemals. Eine tiefe Ahnung sagt ihr, daß sie einander noch brauchen werden: Das Menschenkind und die Meeresriesen, Abgesandte einer großen, unauslotbaren Kraft. Und tatsächlich hört das Mädchen bald schon durchdringende Hilferufe aus der Tiefe des Meeres... (atlas)
Auf dem »6. Internationalen Jugendfilmfestival« in Lyon mit vier Preisen ausgezeichnet: »Großer Preis der internationen Erwachsenen-Jury«, »Großer Preis der

internationalen Jugend-Jury«, »Preis für den beliebtesten Film«, »Preis der C.I.F.E.J.-Jury«. Auf dem »7. Internationalen Festival für den ökologischen Film« in Teneriffa erhielt »Daffy und der Wal« den Hauptpreis.
ab 6 Jahren

Ökomedia-Bewertung: wirksam

Information	Realisation	Motivation
	3,0 Punkte	3,5 Punkte

Es ist alles ein bißchen zu sehr inszeniert, ein bißchen zu sehr auf »Hollywood« gemacht. Daffy ist ein Super-, ein Wunderkind. Wenn alles ein wenig natürlicher gestaltet worden wäre, hätte dies der Faszinationskraft keinerlei Abbruch getan. Der Film könnte auch mehr über Wale und Delphine erzählen. Trotzdem: Ein spannender und schöner Kinderfilm mit teilweise hervorragenden Bildern, wobei die faszinierendsten von Jacques Cousteau stammen.

Daheim sterben die Leut' F 107
Gietinger, Klaus; Hiemer, Leo, BRD 1985
16 mm, Lichtton, 35 mm, Farbe, 103 min
BJF; Kinowelt (35 mm); LBS 14

»A nei's Wasser« soll es bald geben im Dorf, wenn es nach dem Landrat geht. Bauer Hans Allgeier aber hat »a oigen's Wasser«. Er will nichts wissen von einer Fernwasserversorgung, schaltet stur und greift zur Mistgabel. Unverrichteter Dinge müssen die Vermesser wieder abziehen. Damit beginnt der Schlamassel aber erst: Seine Quelle wird zugemacht und plötzlich stirbt ein Kälbchen nach dem anderen. Liegt ein Fluch auf dem Hof oder liegt es am Wasser? Auf echt Allgäuer Art und mit Hilfe eines Gesundbeters versucht er nun, seine Probleme zu lösen.
»Daheim sterben die Leut'« ist ein Erzählfilm. Mythen schaffen Wirklichkeiten, Wirklichkeiten lösen sich in Träume auf. Hinter der Ironie des Films steckt allerdings bitterer Ernst: Wer sich vom gemütlichen Daheim nicht trennt, der läuft Gefahr, stehen zu bleiben und scheibchenweise zu sterben. (BAG, gekürzt)
allg. Publikum

Ökomedia-Bewertung: wirksam

Information	Realisation	Motivation
	2,8 Punkte	2,7 Punkte

Ein Heimatfilm, der für jeden Nicht-Schwaben aufgrund des Dialektes schwer verständlich ist. Die satirisch angelegte Geschichte verkommt am Ende zur Klamotte.

Delphine F 108
FWU / Terraqua Filmproduktion / Tins, Wolfgang, BRD 1990
16 mm, Lichtton, Farbe, 14 min
FWU; KMZ 6, 10; LBS 1, 5, 8, 10

Der Film vermittelt Basiswissen über die Wale, mit deutlichem Schwerpunkt auf der Familie der Delphine. Die Anpassung dieser schnellen Schwimmer an das Leben im Wasser wird erläutert. Die wichtigsten Säugetier-Eigenschaften (z.B. Lungenatmung) werden genannt. Die Unterschiede zwischen Fisch und Delphin werden betont. Breiten Raum nimmt die Erklärung der Echo-Ortung ein. Der Zuschauer lernt die Peiltöne von den komplexen Verständigungslauten zu unterscheiden. Höhepunkte sind die Geburt eines Delphinbabys, aber auch faszinierende Über- und Unterwasseraufnahmen von freilebenden Delphinen. Sie zeigen, daß das Interesse der Menschen an den Delphinen durchaus erwidert wird. (FWU)

Ökomedia - Bewertung: wirksam

Information	Realisation	Motivation
2,5 Punkte	2,5 Punkte	2,6 Punkte

Viel Wissenswertes über Delphine, ganz gut, aber keineswegs spektakulär.

Denn sie leben von der Erdnuß F 109
Otto C. Honegger, Schweiz 1977
16 mm, Farbe, 60 min
EMZ 1-4, 6-8, 10-13; EZEF; LBS 8

Mit Ausschnitten aus dem Tagesablauf eines US-Erdnußfarmers beginnt der Film. Gezeigt wird die hochtechnisierte, energieaufwendige Produktionsweise und die Vermarktung mit professioneller Werbung. Unter sehr einfachen Bedingungen produziert dagegen ein Sahelbauer Erdnüsse, wie dies der zweite Teil des Films zeigt. Durch Parallelprojektion wird der Kontrast der beiden Anbaumethoden noch verstärkt: Während z.B. der Sahelbauer mühsam sein Feld von Unkraut säubert, sieht man, wie das Flugzeug des US-Methoden Unkrautvernichtungsmittel versprüht. Weltmarktpreise liegen wegen der US-Farmer sehr niedrig. Den geringsten Verkaufspreis erhält der Sahelfarmer von der staatlichen Monopolgesellschaft. (EMZ 12)

Dorfentwicklung - Dorferneuerung
* Architektur und Straßenbau
* Lebensraum Dorfgemeinde
* Strukturwandel in der Landwirtschaft
* Zukunftgestaltung durch Selbstbestimmung

Dosige Zeiten F 111
Fränzel, Susanne, BRD 1985
16 mm, Farbe, Magnetton, 3 min
Fränzel

Trickfiguren und real gefilmte Personen werden auf unterschiedliche Weise von leeren Getränkedosen verfolgt. (Ökomedia)
allg. Publikum

Ökomedia-Bewertung: wirksam

Information	Realisation	Motivation
	3,3 Punkte	3,2 Punkte

Ein witziger Animationsfilm zum Thema »Müll«. Die Kombination von Trick- und Realaufnahmen ist gut gelungen.

Drei Wochen Nordost F 112
(Three Weeks North-East)
Känguruh-Film / Grumm, Detlef; Ullrich, Hans-Georg, BRD 1982
16 mm, Farbe, 80 min
Nickelodeon

Ralph ist 14 und Hauptschüler, sein Vater ist 40 und Gärtner. Beide planen einen anderen Urlaub. Sie wollen mit Pferden drei Wochen lang quer durch die Bundesrepublik reiten. Die Reiseroute ist nicht festgelegt, nur die ungefähre Richtung: Immer Nord-Ost.
Sie wollen ihre Heimat kennenlernen, die Umwelt beobachten, abseits der großen Straßen Menschen kennenlernen, denen man nicht begegnen würde, wenn man mit dem Auto vorbeirast. Wo sind die Grenzen der Belastung?. Können sich in einer Industriegesellschaft Mensch und Tier »natürlich« verhalten oder stoßen sie an unüberwindliche Autobahntrassen, Industrieansiedlungen, Fußgängerzonen, die einen Ritt durch die Bundesrepublik unmöglich machen? (Förderverein Deutscher Kinderfilm)
ab 12 Jahren

Dr. Vauk und die Vögel F 113
Landoff, Brita, Schweden 1986
16 mm, Farbe, 39 min
Con; KMZ 8, 11, 12

Auf Helgoland gibt es die alte Vogelwarte. Das Video handelt vom Verhältnis zwischen den Menschen und den Vögeln draußen auf dieser Insel. Von der Freude an der Schönheit der Natur. Von der Sorge um die Zukunft. Die Vögel machen mit ihrem Leben und ihrem Tod sichtbar, was heute in der Nordsee vor sich geht. Keine besonderen Vorkommnisse, sondern nur eine ganz gewöhnliche Kata-

strophe..., wie Dr. Vauk es ausdrückt. (Con)
allg. Publikum, Naturschutzgruppen

Ökomedia-Bewertung: wirksam

Information	Realisation	Motivation
3,0 Punkte	2,5 Punkte	3,0 Punkte

Das Video ist in der ersten Hälfte etwas zäh, jedoch inhaltlich ebenso interessant wie deprimierend. Die Bilder der verölten Vögel sind sehr eindrücklich.

Dschungelburger - Hackfleischordnung international **F 114**
Filmkraft / Heller, Peter, BRD 1985
16 mm, Lichtton, Farbe, 60 min
s. Video
BJF; EMZ 1-15; EZEF; KMZ 1-3, 5-8, 10-14, 16, 19-22; LBS 3, 4-9; LFD 1, 2, 4, 7; LZNW; Verleih der Filmemacher

Das Thema »Fleischimport« ist für die Hamburger-Konzerne heikel. Denn während die Zahl der Burger-Süchtigen in aller Welt wächst, nimmt der Urwald in den Lieferländern, vor allem Mittelamerikas, immer mehr ab. Am Fallbeispiel Costa Rica zeigt der Film Stationen des Teufelkreises, der am Ende zur Vernichtung des Urwalds, der Landwirtschaft und der Arbeitsplätze führt. Während zwischen 1960 und 1976 der US-amerikanische Pro-Kopf-Verbrauch von Rindfleisch von 38 auf 61 Kilogramm pro Jahr stieg, verringerte sich dramatisch der Regenwald in Mittelamerika, in Costa Rica zwischen 1950 und 1978 von 72 auf 34 Prozent der Landesfläche. Die Weidefläche verdoppelte sich im gleichen Zeitraum.
Zur Zeit exportiert Costa Rica 90.000 Tonnen Rindfleisch jährlich und 50.000 bis 70.000 Hektar Wald gehen Jahr für Jahr verloren: Der größte Teil wird nur zerstört, um Platz für die Viehwirtschaft zu gewinnen. Allein McDonald's verkauft in jeder Sekunde 140 Hamburger in einem seiner Fast Food-Stores...
Wissenschaftler in den USA haben unerwartete Folgen dieses Raubbaus festgestellt: In einigen Gebieten der USA stieg der Verbrauch an Insektiziden, weil bestimmte Schädlinge sich ungehindert ausbreiten konnten. Denn die Zugvögel, die von der Überwinterung zurückkamen, wurden immer weniger. Eben jene Singvögel, die von den Insekten lebten. Die traditionellen Nistplätze der Singvögel werden in den Regenwäldern durch Rodung für die Rinderzucht vernichtet. Milliarden Zugvögel verschwinden nun im gleichen Tempo, in dem der Urwald abgeholzt wird. Und weiter nördlich, in den USA, wird mehr Gift gebraucht... (Verleih der Filmemacher, gekürzt)
Dritte-Welt-Gruppen, Jugend- und Erwachsenenbildung, allg. Publikum

Ökomedia-Bewertung: wirksam

Information	Realisation	Motivation
3,8 Punkte	3,2 Punkte	3,3 Punkte

Dieser Film eignet sich besonders für die Bildungsarbeit. Es ist eine engagierte und kritische Dokumentation über den Zusammenhang unserer Konsumgewohnheiten mit der Umweltzerstörung in Mittelamerika.

Dschungelkatzen **F 115**
Walt Disney / Algar, James, USA 1959
16 mm, Lichtton, Farbe, 90 min, 22 min
AV-Film; LBS 1, 14

Ein ungemein eindrucksvoll gestalteter und zugleich sehr schöner Dokumentarbericht über die Tier- und Pflanzenwelt im Dschungel Südamerikas. Hier ist die Heimat der seltenen Tapire, der Riesenschlangen, der Krokodile, des Faultiers, des Ameisenbärs und exotischer Affenarten. Der König des Dschungels aber ist der Jaguar, der im Mittelpunkt des Films steht. Hautnah verfolgt die Kamera ein Jaguar-Paar, seine Spiele und gemeinsamen Beute-Züge, seinen Kampf ums

Überleben und die Aufzucht seiner Jungen. So entstand ein perfekt gemachter, abwechslungsreicher, informativer und unterhaltender Film. (AV-Film)
allg. Publikum

Ökomedia-Bewertung: wirksam

Information	Realisation	Motivation
2,5 Punkte	3,3 Punkte	3,3 Punkte

Ein spannender Tierfilm mit eigens komponierter Musik und faszinierenden Aufnahmen.

Dürre und Hunger im Sahel **F 116**
FWU / Front-Bergner, Nicole, BRD 1987
16 mm, Lichtton, Farbe, 19 min
FWU; LBS 1-14

In drei durch Zwischentitel gekennzeichneten Teilen erläutert der Film, warum Hunger heute häufiger auftritt als in früheren Jahrhunderten: Der Anbau von Exportprodukten hat den früher üblichen Vorratsanbau zum Erliegen gebracht. Die Städte und der klimatisch benachteiligte Norden können schon in »Normaljahren« nicht mehr mit landeseigener Hirse versorgt werden, so daß teure Getreideimporte nicht nur in Dürrejahren notwendig werden. (FWU, gekürzt)
Sekundarstufe I und II, Dritte-Welt-Gruppen

Ökomedia-Bewertung: wirksam

Information	Realisation	Motivation
3,0 Punkte	3,0 Punkte	3,0 Punkte

Ein informativer Beitrag mit gelungenen Grafiken und guten Bildern zur Dritte-Welt-Thematik.

Das Eigenheim im Schneckenhaus **F 117**
Baumann, Karlheinz, BRD 1987
16 mm, Licht- und Magnetton, Farbe, 13 min
Baumann; LBS 14

Die meisten der etwa 500 verschiedenen heimischen Bienenarten gehören zu den solitär, also einzeln lebenden Bienen. Bei ihnen versorgt jedes Weibchen für sich allein ein Nest mit meist mehreren Brutzellen. Diese Nestbauten gehören zu den interessantesten unter den Insektennestern. Als besonders eindrucksvolles Beispiel zeigt der Film die Lebensweise der zweifarbigen Mauerbiene (Osmia Bicolor): Nach der Begattung im März oder April sucht die weibliche Mauerbiene ein leeres Schneckenhaus, in dem sie ein Nest für ihren Nachwuchs einrichtet. Der Film zeigt die mühselige Kleinarbeit von den ersten Sammelflügen bis zum letzten Arbeitsgang, bei dem die Brutzelle unter einem faustgroßen Haufen aus Gräsern und Kiefernnadeln versteckt wird. (Baumann, gekürzt)
Sekundarstufe I und II, Naturschutzgruppen

Ökomedia-Bewertung: wirksam

Information	Realisation	Motivation
3,0 Punkte	3,0 Punkte	3,0 Punkte

Ein Naturfilm mit faszinierenden Aufnahmen, die die Einfühlsamkeit und Sorgfalt des Filmemachers verraten.

Die Elbe **F 118**
FWU, BRD 1992
16 mm, Lichtton, Farbe, 15 min
FWU; LBS 5; LFD 1

Gezeigt wird die Elbe als kultur- und wirtschaftsgeographische Leitlinie, die durch die Abwässer von Großstädten und Industriegebieten durch hohe Schadstoffbelastung gekennzeichnet ist. (FWU)
ab 8. Klasse

Elefant **F 119**
aus der Serie: Schweigende Safari
Chermayeff, P.u.J., USA 1971
16 mm, Lichtton, Farbe, 10 min
s. Video Schweigende Safari

Imbild; LFD 2, 3, 6

Riesige Elefantenherden durchstreiften einst den afrikanischen Kontinent, bis die Jagd nach dem begehrten Elfenbein zum Abschlachten der Tiere führte. Nahaufnahmen vermitteln eindringliche Bilder dieser mächtigen Dickhäuter. Der Film folgt dem Tagesablauf einer Herde durch den Tsavo-Nationalpark in Kenia. (Imbild)
ab 6 Jahren

Ökomedia-Bewertung: wirksam

Information	Realisation	Motivation
	3,0 Punkte	3,0 Punkte

Elefanten, Nilpferde und andere Tiere im Kampf ums Überleben
s. Geheimnisse der Steppe

Elektrolähmung **F 120**
Spielfilm
Wember, Bernward, BRD 1989
16 mm, Lichtton, Farbe, 108 min
atlas

In Form einer ausgetüftelten Collage, die dokumentarisches Material, kabarettistische Szenen und Spielfilmelemente miteinander verknüpft, beschäftigt sich der Film mit der Frage nach der Gewalt in der politischen Auseinandersetzung. Es geht um Atomstrom, inflationäre Anhäufung von Schreckensmeldungen in den Medien und die Resignation gegenüber ökologischen Katastrophen. Wembers Hauptanliegen: Gegenüber den allgemeinen Unterhaltungs-Überangeboten die Erfahrung zu vermitteln, daß auch ein gesellschaftspolitisches Nachdenken ein spannendes Abenteuer sein kann. (atlas)
allg. Publikum

Ökomedia-Bewertung: wirksam

Information	Realisation	Motivation
	3,3 Punkte	2,5 Punkte

Wie man von Bernward Wember gewohnt ist: ein akribisch durchdachter Film, der die Zuschauer in zwei streitende Lager teilt. Das belebt zwar die Medienlandschaft, doch die Mischung aus Satire (Jörg Hube ist hervorragend), Spielfilm und Dokumentation ist dieses Mal nur zum Teil gelungen. Das Gedankenkonstrukt über den bürgerlichen Ungehorsam gegen die Strom-Mafia ist zu gewollt, die Bedeutung der Rolltreppen übersteigert.

Energie aus Biomeilern **F 121**
aus der Serie: Landwirtschaft 2000
NDR / Weitzel, Hans-Ernst, BRD 1980
16 mm, Licht- und Magnetton, Farbe, 29 min
s. Video
AID; LFD 1; LZNW; Weitzel

Jährlich produzieren Land- und Forstwirtschaft in aller Welt Milliarden Tonnen an Pflanzenresten, die bisher kaum oder nur teilweise genutzt wurden. Dieses gewaltige Potential könnte einen beachtlichen Beitrag zur Bewältigung unserer Umwelt-, Energie- und Rohstoffkrise leisten.
Der Film zeigt, wie ein schweizer Bauer im Kanton Waadt mit dem Mist von 25 Kühen und mit anderen landwirtschaftlichen Abfällen energieautark geworden ist. Nur 400 km südlich von ihm, in Südfrankreich, demonstriert ein Forstwächter, wie man durch Abholzen von Unterholz katastrophale Waldbrände verhindern und darüber hinaus noch Energie und Pflanzendünger erzeugen kann.
Die beiden Beispiele machen deutlich, daß gerade der ländliche Raum bei besserer Nutzung seiner nachwachsenden Ressourcen energieunabhängiger werden kann. Es sind einfache Modelle, die auch für viele Regionen der Dritten Welt von Bedeutung sein können. (Weitzel)

Ökomedia-Bewertung: wirksam

Information	Realisation	Motivation
3,0 Punkte	3,0 Punkte	3,0 Punkte

Der Filmemacher zeigt anschaulich, wie neue Technologien helfen, Energie zu sparen. Es wird deutlich, daß Technik und Natur nicht zwangsläufig in einem unversöhnlichen Gegensatz zueinander stehen.

Energie aus Gletscherwasser F 122
Tauernkraftwerke, Österreich
16 mm, Lichtton, Farbe, 20 min
s. Video
DFS

Die österreichischen Tauernkraftwerke sind ein wichtiger Bestandteil des österreichischen Verbundsystems. Neben dem Kraftwerk Kaprun wurden im Zillertal zwei Kraftwerke gebaut. Planung, Bau und energiepolitische Aufgaben zeigt der Film, wobei es auch um den Schutz der Umwelt geht. (DFS)
allg. Publikum

Energiebewußt bauen F 123
aus der Serie: Sparsame und rationelle Energieverwendung
FWU / R.C.F. Film, BRD 1982
16 mm, Lichtton, Farbe, 17 min
FWU; LBS 1-14

In Real- und Trickaufnahmen verdeutlicht der Film, daß das Bauen immer auch Ausdruck ökonomischer Gegegebenheiten ist und daß energiesparendes Bauen besonders dann ansteht, wenn die Heizenergie teuer ist bzw. die Begrenztheit der Energievorräte bewußt wird. Darauf aufbauend, aktualisiert durch die Ölkrise bzw. die zunehmende Umweltverschmutzung, werden die zentralen Elemente energiebewußten Bauens aufgezeigt. (FWU)
ab 10. Klasse

Energieeinsparung durch Recycling F 124
aus der Serie: Sparsame und rationelle Energieverwendung
FWU / R.C.F. Film, BRD 1982
16 mm, Lichtton, Farbe, 16 min
s. Video
FWU; LBS 1-14; LFD 2

Hinter der Bezeichnung »Müll« verbirgt sich ein als unbrauchbar bezeichnetes Produkt, das aus Rohstoff und Energie entstand. In vielen Fällen kann Müll als Rohstoff oder Energieträger wiederverwendet werden. Zur Einsparung an Rohstoffen und zur Streckung der Vorräte kommt die Entlastung der Umwelt hinzu. Der Film zeigt dies an den Beispielen Kunststoff, Metall, Papier, Glas sowie Müllheizkraftwerk und Deponieentgasung. (FWU)
ab 8. Klasse

Ökomedia-Bewertung: wirksam

Information	Realisation	Motivation
2,5 Punkte	3,0 Punkte	2,3 Punkte

Der Film klammert Umweltbelastungen durch Müllverbrennen und den Anteil von Giftstoffen an Emissionen von Müllverbrennungsanlagen aus und geht nicht ausreichend auf Aspekte der Müllvermeidung (Einwegverpackungen, Verbraucherverhalten etc.) ein.

Energiesparende Heizsysteme F 125
aus der Serie: Sparsame und rationelle Energieverwendung
FWU, BRD 1984
16 mm, Lichtton, Farbe, 16 min
FWU; LBS 1-14

Gut ein Drittel des Energieverbrauchs in der Bundesrepublik Deutschland werden für die Wohnraumbeheizung benötigt. Die Heizungsanlagen sind also ein wichtiger Ansatzpunkt, um Energie einzusparen. Hierbei kommt es vor allem darauf an, durch verbesserte Technik sowohl die Energieverluste zu verringern, als auch durch Nutzung der Umweltwärme den Brennstoffverbrauch insgesamt zu senken. Der Film vermitteln diese Grundlagen und stellt drei energiesparende Heizsystem vor: die Gasmotorwärmepumpe

Ölheizkessel und den Brennwertkessel. (FWU)
allg. Publikum

Entdeckungsreisen im Reiche der Natur
* Wasservögel
* Die Bienenwelt

Entschwefelung - Abgasreinigung bei Kohlekraftwerken **F 126**
FWU / Träger, Wolfgang, BRD 1986
16 mm, Lichtton, Farbe, 16 min
FWU; LBS 1-14

Der Film demonstriert und erläutert die Abgasreinigung bei Kohlekraftwerken am Beispiel des Trocken-Additiv-Verfahrens und der Rauchgasentschwefelung. Die Notwendigkeit der Entschwefelung wird durch den Zusammenhang ersichtlich: Schwefeldioxid belastet durch »sauren Regen« unsere Umwelt. Deshalb muß sein Gehalt in der Luft unbedingt verringert werden. (FWU, gekürzt)
Sekundarstufe I und II

Ökomedia-Bewertung: wirksam

Information	Realisation	Motivation
3,0 Punkte	2,5 Punkte	2,7 Punkte

Eine informative und sachliche Einführung in die Entschwefelungstechnik.

Entsorgung **F 127**
aus der Serie: Kernfragen
Deutsches Atomforum / Proske, Rüdiger, BRD 1976 (1983 aktualisiert)
16 mm, Lichtton, Farbe, 15 min
Deutsches Atomforum; DFZ; HEA; LBS 1-14; LFD 1-9, 12

Der Film schildert die Wiederaufarbeitung abgebrannter Brennelemente in einem Karlsruher Versuchsbetrieb und zeigt, wie man die bestrahlten Abfälle durch Einhüllen in Beton bzw. durch Verschmelzen mit Glas zur Endlagerung vorbereitet. Sie geschieht z.Z. in der Schachtanlage Asse. (LFD 1)

Die Entstehung eines Kontinents
* Das Land der schlafenden Berge
* Der Preis des Goldes
* Die Schluchten des Feuers

Das Erbe **F 128**
(Ojcowizna)
Engler, Ireneusz, Polen 1986
16 mm, Lichtton, Farbe, 17 min
LZNW

Der Film erzählt die Geschichte einer Familie aus dem nördlichen Polen, die das Land ihrer Vorfahren verlassen muß, weil dort ein Kernkraftwerk gebaut werden soll. Mit den Bauarbeiten zu dem gigantischen Projekt wird begonnen. (Ökomedia)
Der Film wurde auf der Ökomedia '88 mit einer »Ökomedia-Auszeichnung« bedacht.
allg. Publikum

Ökomedia-Bewertung: besonders wirksam

Information	Realisation	Motivation
	3,8 Punkte	3,7 Punkte

Eine einfühlsame Dokumentation, die mit eindringlichen, symbolstarken Bildern die Geschichte von Menschen erzählt, die ihre Heimat verlieren. Die Stärke des Films liegt in seiner Nähe und Vertrautheit zu diesen Menschen und ihrem dörflichen Alltag.

Die Erdkröte: Laichwanderung und Schutz **F 129**
FWU, BRD 1985
16 mm, Lichtton, Farbe, 13 min
FWU; LBS 1-14

Der Film zeigt zunächst, daß Erdkröten während der Laichzeit von ihrem Jahreslebensraum zu ihrem Geburtsgewässer wandern, dort ablaichen und wieder zurückkehren. Dabei ist das Überqueren von Straßen für die Tiere eine tödliche Gefahr, zu deren Abwendung wirksame Gegenmaßnahmen gezeigt werden. Im zweiten Teil des Films werden Sexualverhalten und Ablaichen, außerdem Kaulquappen bei der Nahrungsaufnahme vorgeführt. Zum Abschluß kann man die Erdkröten in ihrem Jahreslebenslauf beim Beutefang beobachten. (FWU)
ab 5. Klasse, Tierschutzgruppen

Erschließung des Amazonas-Urwalds: Stirbt der tropische Regenwald **F 130**
WBF / Schulz-Kampfhenkel, O., BRD 1986
16 mm, Lichtton, Farbe, 15 min
LBS 4, 5, 10; WBF

Mit dem Beginn des Straßenbaus und der Erschließung von Bodenschätzen begann die Zerstörung des brasilianischen Regenwaldes. Ohne Rücksicht auf ein Ökosystem, das aus sich selbst lebt und das auf äußere Eingriffe äußerst empfindlich reagiert, wurden ausschließlich wirtschaftliche Interessen verfolgt. (LBS 4)
allg. Publikum, Dritte-Welt-Gruppen

Erst stirbt das Wasser - Greenpeace gegen Rheinverschmutzer **F 131**
WDR / Monheim, Gert, BRD 1985
16 mm, Farbe, 45 min
s. auch Medienpaket Stilles Wasser (Video)
s. Video
EMZ 3, 4; LBS 4, 7

Das Greenpeace-Schiff Beluga unternimmt eine Forschungsreise auf dem Rhein. Die Analyse der Rheinverschmutzung führt dabei auch auf die Spur der Verursacher. Bei der Blockade eines industriellen Abwasserkanals kommt es zu Auseinandersetzungen mit Unternehmensleitung und Betriebsrat. (Adolf-Grimme-Institut, gekürzt)
Bei den Papierwerken Waldhof-Aschaffenburg in Mannheim macht die Beluga zum ersten Mal fest. In einer spektakulären Aktion dichten die Greenpeacer das Abwasserrohr ab, so daß in Minuten die Produktion stillsteht. Unglaublich, was dann passiert: Aufgebrachte Arbeiter bleiben nicht nur beim Wortgefecht, sie gehen mit Holzlatten auf die Umweltschützer los. »Ausgemerzt, ausgerottet gehört ihr!« Szenen, die einem in Erinnerung bleiben: Greenpeacer hüfttief im sogenannten Stinkkanal und die »kochende Volksseele« am Geländer.
Dieser Film ist ein Juwel für die ökologische Bildungsarbeit, denn Gert Monheim gelingt, was einem guten Reporter gelingen soll: Auge und Ohr des Zuschauers zu sein. Das schafft Authentizität und Spannung. Brisante Umweltsituationen brauchen brisante Filme. (w & m, Öko-Filmtip)
allg. Publikum, Naturschutzgruppen, Jugend- und Erwachsenenbildung

Ökomedia-Bewertung: besonders wirksam

Information	Realisation	Motivation
3,5 Punkte	3,5 Punkte	4,0 Punkte

Eine brillante Reportage, die den Zuschauer an den Ort des Geschehens holt und ihn zum Zeugen in einem spannenden »Umweltkrimi« macht.

Es besteht kein Grund zur Beunruhigung **F 132**
Huy, Rafael, BRD 1979
16 mm, Lichtton, Farbe, 8 min
Huy, LZNW

Im Bereich eines Atomkraftwerks hat sich ein kerntechnischer Unfall ereignet. Die Bevölkerung wird durch die Massenme-

dien und durch die Polizei über die Sicherheits- und Schutzvorrichtungen unterrichtet. Die zitierten Texte sind dem »besonderen Katastrophenschutzplan des Kernkraftwerks Fessenheim, Elsaß«, entnommen. (gep)
ab 8. Klasse, Anti-AKW-Gruppen

Es geht um mehr als nur ums Überleben **F 133**
Schubert, Dietrich, BRD 1982
16 mm, Lichtton, Farbe, 15 min
LZNW; Schubert

Das Panorama von Bergen, Wiesen, Feldern der Vulkaneifel; dann im Gegenlicht, schemenhaft erkennbar, Gestein, abgetastet in einem langen Kameraschwenk. Bilder ohne Leben, die vermitteln wollen, wie nach einem Atomkrieg die Erde aussehen könnte. Bildmotive korrespondieren mit Filmtexten, die Kurzinformationen über die atomare Rüstung, über ein alles Leben auf dieser Erde tötendes Waffenarsenal, von dem die Menschheit hofft, daß es nie eingesetzt werde und das doch täglich vergrößert wird - in Ost und West. Von Widerstand ist die Rede, weil es um mehr geht, als nur ums Überleben. (LZNW)
allg. Publikum

Ökomedia-Bewertung: wirksam

Information	Realisation	Motivation
	3,0 Punkte	3,0 Punkte

Engagierter Anti-Atomkriegsfilm. In einer zerstörten Landschaft wird reflektiert, was zum Untergang geführt hat. Der Film will weniger über Ursachen informieren, als Ergebnisse demonstrieren.

Es war einmal... **F 134**
(Oridathu)
OmU
Aravindan, G., Indien 1986
Freunde der deutschen Kinemathek

Führt uns der technische Fortschritt wirklich aus dem Dunkel ins Licht? Und wenn ja, zu welchem Preis? »Es war einmal...« stellt diese Fragen mit sanftem Humor, in einer Erzählung mit überraschender Schärfe. Eine Satire auf unsere Zeit, erzählt mit entwaffnender Offenheit und trügerischer Einfachheit. Die Geschichte spielt in den Fünfziger Jahren, als die Staaten Indiens neu geordnet wurden. Ort der Handlung ist ein abgelegenes Dorf in Kerala: Elektrischer Strom soll dort eingeführt werden. Vorher herrschte Harmonie im Dorf. Nachdem allerdings der ausführende Ingenieur die Örtlichkeiten mit geziemender Ernsthaftigkeit inspiziert hat, kehrt nervöse Geschäftigkeit ins Dorf ein. In vielen kleinen Episoden zeigt der Film, wie die Befestigung der Elektromasten alte Freunde und Nachbarn auseinanderbringt. Erschreckende Omen, Vorzeichen des Todes treten auf, der junge José stirbt schließlich an einem elektrischen Schlag. So endet der Film als Mahnung gegen blinde Fortschrittsgläubigkeit mit dem eingefrorenen Schlußbild einer kopfüber herunterschwebenden Puppe, die Arme ausgestreckt, als wäre sie gekreuzigt. (Freunde der deutschen Kinemathek, gekürzt)
allg. Publikum

Es werde Licht **F 135**
Spielfilm
Hilgert, Hansjürgen, BRD 1989
16 mm, Lichtton, Farbe, 53 min
s. Video
LZNW

Der Film spielt nach Tschernobyl, Harrisburg und Brokdorf. Der GAU von Brokdorf, er war so vor ungefähr einigen Monaten. Das Unglücksgebiet ist abgesperrt, aber jetzt hat man wieder alles im Griff, hört man. Es hat wilde Demonstrationen gegeben in Bonn, über Wochen, weit über 11 Millionen Menschen waren da auf

den Straßen, hört man aus Gesprächen und Nachrichten des Rundfunks. Die Demonstrationen haben anscheinend den Politikern klargemacht, daß die Kernenergie in der Bundesrepublik keine Chance mehr hat. Alle Kernkraftwerke sind inzwischen stillgelegt - und werden auch nicht mehr anlaufen. Über Nachrichten hört man, daß allerdings in Frankreich die AKW's weiter in Betrieb sind.
Soweit die Vorgeschichte des Films, der kein Film über AKW's ist. Der Film beschäftigt sich mit einer Tochter des »ABC-Konzerns«, die im rheinischen Braunkohlerevier allmächtig ist. Sie sieht nun die unerwartete Chance, Braunkohle als sichere heimische Energiequelle weiträumig abzubauen und ohne langwierige Gerichtsverfahren zu nutzen: Pläne werden aus der Schublade geholt, wie sie jetzt, nach Brokdorf, »zur Sache gehen können«.
»Nicht nur einzelne Tagebaue, nein, das gesamte rheinische Braunkohlevorkommen muß jetzt zur Disposition stehen. Zu dumm, daß viele kleine Dörfer, kleine Städte, ja Großstädte wie MG-Stadt auf der Kohle - also im Weg - stehen.« Aber alles ist machbar. Nicht nur Kohle holt ABC aus dem Erdreich, bis zu 500 Meter tief, auch das Grundwasser wird abgepumpt, bis zu 500 Meter tief, damit die Bagger der ABC nicht absaufen. Weiträumig, bis in die Niederlande hinein, wird das Grundwasser abgepumpt. Die Folge: Trinkwasserbrunnen fallen trokken, Auwälder trocknen aus, Risse an den Häusern, ja sogar kleine Erdbeben werden ausgelöst.
Aber kein Problem für ABC: ABC liefert Ersatzwasser, denn: »Auch mit Kohle läßt sich Wasser machen.« Der Auwald wird künstlich bewässert, von ABC.
Zum Schluß des Films macht sich ABC Gedanken über die kritische Wasserversorgung des rheinischen Braunkohlereviers. Man besichtigt Täler im bergischen Land, wo Talsperren gebaut werden könnten. Wasser fürs Revier. Auch hier müßten Dörfer und Bauernhöfe weichen. Aber darin ist ABC ja erfahren. (Hilgert)
allg. Publikum, Jugend- und Erwachsenenbildung, Anti-Atomkraft-Gruppen

Ökomedia-Bewertung: wirksam

Information	Realisation	Motivation
	2,6 Punkte	2,8 Punkte

Eher mittelmäßiger Spielfilm mit vielen ironischen, satirischen Elementen zur Energiethematik.

Europas Paradiese **F 136**
Letzte Chancen eines gefährdeten Kontinents
Schumacher, Eugen, BRD 1973
35 mm, Farbe, 110 min
AV-Film

Ein Streifzug in unsere Umwelt und zu den entlegensten Winkeln unseres Kontinents. Ein Farbfilm von erschütternder Eindringlichkeit und beglückender Schönheit. Eugen Schumacher führt die Paradiese Europas und die seltensten Tiere unseres Erdteils vor. (AV-Film)
allg. Publikum

Die Familie der Marder **F 137**
FWU / Barth, Helmut, BRD 1992
16 mm, Lichtton, Farbe, 15 min
FWU; LBS 5

Die Marder sind weltweit mit rund 70 Arten vertreten. Im Laufe ihrer langen Stammesgeschichte haben sie sich die unterschiedlichsten Lebensräume erschlossen und eine Vielzahl von mehr oder weniger hoch spezialisierten land- und wasserlebenden Formen entwickelt. Ausgehend vom Steinmarder werden nacheinander Baummarder, Hermelin, Mauswiesel, Fischotter, Iltis und Dachs vorgestellt. Jede einzelne Art wird anhand meist arttypischer Verhaltensweisen kurz charakterisiert. (FWU)

Ökomedia - Bewertung: wirksam

Information	Realisation	Motivation
3,0 Punkte	3,0 Punkte	3,0 Punkte

Guter Tierfilm, der Zeit läßt, die Bilder anzuschauen.

Die Farbe der Indios **F 138**
Lautenbacher, Klaus, BRD 1987
16 mm, Lichtton, Farbe, 60 min
s. Video
AV-Film; FWU

Die Transamazonica, die Urwaldstraße durch die grüne Hölle Brasiliens wird weiter ausgebaut. Riesige Urwaldgebiete werden abgeholzt, das Leben der Indianer als Naturvolk ist durch die Rodungen bedroht. Der Film unternimmt den Versuch, hinter die Schlagzeilen zu sehen und vergleicht dazu die Lebensbereiche zweier Kinder aus verschiedenen Gesellschaften. Markus, der mit seiner Mutter in einem Wohnsilo in einer deutschen Großstadt lebt, und Dotsche, den Indiojungen aus einem abgelegenen Dorf Brasiliens. In der Phantasie lernen sich die beiden Jungen kennen, Markus wird selbst zum Indianer und erlebt nicht nur deren existentielle Bedrohung, sondern auch die alltäglichen Lebensgewohnheiten, den Zauber des brasilianischen Dschungels. (AV-Film, gekürzt)
ab 6 Jahren

Ökomedia-Bewertung: wirksam

Information	Realisation	Motivation
	3,3 Punkte	3,4 Punkte

Ein schöner Spielfilm für Kinder zum Thema Naturvölker. Die Kinder können sich gut identifizieren, ihrer Phantasie bleibt genug Raum.

Farben der Hoffnung - eine meditative Naturbetrachtung **F 139**
Umbreit, Bernd; Umbreit, Heidi, BRD 1986
16 mm, Lichtton, Farbe, 16 min
EMZ 4, 6, 8, 13; FWU; KMZ 2, 6-8, 10-12, 18-21; LBS 1-10, 12-14

Der Film, an einem kleinen Bach im Bottwartal entstanden, folgt dem Werden und Vergehen in der Natur. Heidi und Bernd Umbreit möchten die Empfindsamkeit des Betrachters für die Schönheiten der Natur wecken und Zeichen des Vertrauens in das Leben setzen. In beeindruckenden Aufnahmen von Blumen, Blättern, Bäumen, Wiesen und Wolken, Eiskristallen und Wassertropfen, Sonne und Licht werden die einfachen Dinge unserer Welt als »Schöpfung« dargestellt. (FWU, gekürzt)
Sekundarstufe I und II, Jugend- und Erwachsenenbildung, kirchl. Gemeindearbeit

Ökomedia-Bewertung: wirksam

Information	Realisation	Motivation
	3,0 Punkte	2,7 Punkte

Ein meditativer, religiös motivierter Film mit vielen schönen Naturbildern. Wer keine entsprechende »besinnliche Ader« hat, ist mit diesem Film falsch bedient.

Fast Food - Eßkultur von morgen? **F 140**
FWU / Heller, Peter, BRD 1987
16 mm, Lichtton, Farbe, 21 min
FWU; LBS 1-14

Für die meisten Kinder und Jugendlichen gehört ein Besuch bei McDonald's zu den begehrtesten Vergnügen. Warum Jugendliche Fast Food-Lokale und Produkte bevorzugen, mit welchen Werbemethoden Fast Food-Restaurants um ihre jugendlichen Kunden werben, wie Fast Food-Gerichte hergestellt werden - all diesen Fragen geht der erste Teil des Films nach. Der kürzere zweite Teil be-

handelt Ernährungsprobleme, die durch Fast Food hervorgerufen werden. Am Beispiel eines hyperkinetischen Kindes werden die schädlichen Folgen gezeigt. (FWU)
Sekundarstufe I und II, Jugend- und Erwachsenenbildung

Ökomedia-Bewertung: wirksam

Information	Realisation	Motivation
3,0 Punkte	2,5 Punkte	3,0 Punkte

Ein Film mit interessanten und wichtigen Informationen zu »Fast Food«, die jedoch eher mäßig vermittelt werden.

Ein fauler Bauer **F 141**
Illing, Fritz; Klett, Werner, BRD 1983
16 mm, Farbe, 9 min
EMZ 1, 4, 8, 10, 12; EZEF; KMZ 6, 8, 10, 11, 12; LBS 13; LFD 7

Sieben Feinde hat der Obstbauer: Blütenspanner, Frostspanner, Blattsauger, Apfelwickler, Mehltau, Rote Spinne und Schildlaus. Dagegen hilft nur Gift, heißt es. Aber ein technisch begabter Landwirt, schlau statt fleißig, hat herausgefunden, daß auch der Wind die Schädlinge vertreibt. Also nimmt er sich vor, regelmäßig und wohldosiert Wind zu erzeugen. Er baut sich selbst eine Windmaschine und fliegt mit ihr durch die Obstbäume.
ab 10 Jahren

Filmlexikon der Wirtschaft - Ökonomie und Ökologie **F 142**
16 mm, Lichtton, Farbe, 12 min
DFZ; LFD 1, 2, 4, 6, 7, 9

Ökonomie und Ökologie sind kein grundgegebenes Gegensatzpaar, aber ökonomische Interessen führen oft dazu, ökologische Erfordernisse zu vernachlässigen. Der Film zeigt Beispiele für das Fehlverhalten aus ökonomischen Interessen und im Gegensatz hierzu das zunehmende Umweltverständnis der Wirtschaft. Deutlich werden die ökologischen Erfolgs- und Gefahrenaspekte in der Bundesrepublik sowie die notwendigen staatlichen Eingriffe zum Schutz der Umwelt. (LFD 9, gekürzt)
Sekundarstufe I und II, Jugend- und Erwachsenenbildung

Ökomedia-Bewertung: brauchbar

Information	Realisation	Motivation
2,0 Punkte	2,5 Punkte	2,8 Punkte

In seinen Aussagen ein sehr fragwürdiger Film, der jedoch gut zur Diskussion des Themenkomplexes »Ökonomie - Ökologie« eingesetzt werden kann. Seine pauschalisierenden Thesen reizen zur Auseinandersetzung.

Die Fischer von Umboi **F 143**
GTZ / Reitz, Jürgen, BRD 1991
16 mm, Lichtton, Farbe, 22 min
s. Video
CRW; LFD 1, 2, 4, 5, 12, 13

Durch die Vernichtung des Regenwaldes und die Bodenerosion schwinden die Lebensgrundlagen der Fischer auf der Insel Imboi in Papua-Neuguinea. Junge Menschen ziehen deshalb in die Städte. (LFD 2)
Allgemeines Publikum, Dritte-Welt-Gruppen

Ökomedia-Bewertung: brauchbar

Information	Realisation	Motivation
2,2 Punkte	2,0 Punkte	2,0 Punkte

Ein Referatsfilm aus dem GTZ-Blickwinkel zum Thema »Ländliche Entwicklung« - zu spannungslos.

Flaschenkinder **F 144**
Krieg, Peter, BRD 1975
16 mm, Lichtton, Farbe, 26 min
EMZ 2, 4, 5, 6, 10, 12; EZEF; LBS 4; KMZ 6, 8, 10, 13, 16, 19; LFD 2, 4; LZNW

Ein Klassiker unter den Kampagnen-Filmen: Das Kenyatta-Nationalhospital in Nairobi: Prof. Bwibo berichtet von der wachsenden Zahl gesundheitlich auf das höchste gefährdeter Kleinkinder, die alle an Unterernährung und Austrocknung leiden. Was diese Kinder dahinsiechen läßt, ist die Flaschenernährung, die Tatsache, daß sie nicht von ihren Müttern gestillt, sondern mit Milchpulver versorgt werden. Der Film fragt nach den Ursachen der rapiden Änderung in der Säuglingsernährung. Es wird deutlich, daß eine aggressive Verkaufspolitik von Pulvermilchprodukten die Frauen und Mütter zu der irrigen Auffassung brachte, künstliche Ernährung sei für ihre Kinder gesünder. (LZNW)

Ökomedia-Bewertung: besonders wirksam

Information	Realisation	Motivation
4,0 Punkte	3,7 Punkte	3,7 Punkte

Ein engagierter Dokumentarfilm über die skandalöse Propagierung von Milchpulver statt Muttermilch in der Dritten Welt. Der Film ergreift Partei, ist aber nie agitatorisch. Er hat wie kaum ein anderer die entwicklungspolitische Arbeit in vielen Ländern der Dritten Welt beeinflußt.

Flurbereinigung auf Abwegen F 145
Bund Naturschutz Bayern / Hahn, Rainer, Weiger, Hubert, BRD 1984
16 mm, Lichtton, Farbe, 30 min
Hahn

Der Film behandelt Probleme, die moderne Flurbereinigungsverfahren nach sich ziehen und zeigt sie am Beispiel unterfränkischer Weinberge sowie normaler Flurbereinigung. Er zeigt die Folgen der Bereinigung: einfache Feldbestellung auf Kosten der Landschaftsverarmung.
Verschiedene Initiativen werden ergriffen, um der Verarmung an landwirtschaftlichen Elementen entgegenzuwirken. Es sind Initiativen von privater Seite und von Umweltschutzorganisationen. Gleichzeitig werden neue Biotope angelegt, aber dies reicht nicht aus: die Flurbereinigung ist nach wie vor Hauptverursacher des Artenrückgangs.
Der Film zeigt die Bedeutung der Artenvielfalt am Beispiel der Feuchtwiesen und der Hecken. Er zeigt weitere Folgen der Flurbereinigung: Erosion und immer gefährlichere Hochwasser. Nicht nur Naturschützer, sondern auch viele Bauern stehen deshalb der Flurbereinigung immer skeptischer gegenüber. Ein grundsätzliches Umdenken in der Agrarpolitik ist notwendig zur Erhaltung naturnaher Flächen. (Hahn / Weiger)
ab 7. Klasse, Landwirte, Naturschutzgruppen

Ökomedia-Bewertung: wirksam

Information	Realisation	Motivation
3,6 Punkte	3,0 Punkte	3,3 Punkte

Ein engagierter Film mit hohem Informationswert, empfehlenswert besonders für ein an Natur- und Landschaftsschutz interessiertes Publikum.

Fortpflanzungsbiologie am Wendepunkt F 146
WBF, BRD 1987
16 mm, Lichtton, Farbe, 17 min
EMZ 8, 11, 13; KMZ 8, 11, 12, 18, 20, 21; LBS 4, 7, 10; WBF

Der Film führt in die heutigen Probleme menschlicher Fortpflanzung ein. Die Möglichkeit, reife Eizellen der Frau zu entnehmen, mit Samen künstlich in vitro zu befruchten und den Embryo im Wärmeschrank zu entwickeln, führt den Menschen zur Frage, was ethisch vertretbar ist. Der Eingriff des Menschen in die Schöpfung wird in diesem Film an folgenden Beispielen behandelt: Retortenbaby - Tiefkühlbaby, künstliche Befruchtung, Samenspender und Leihmutter. Darüber hinaus zeigt der Film den neuesten Stand der Tierforschung: Aus einer Zelle züchtet

man vier identische Schafe. Ist die Gen technik eine Gefahr für die Menschheit? (EMZ 8, 11)
allg. Publikum, Jugend- und Erwachsenenbildung, kirchliche Gemeindearbeit

Ökomedia-Bewertung: wirksam

Information	Realisation	Motivation
3,0 Punkte	3,0 Punkte	3,0 Punkte

Ein sehr anschaulicher, informativer und gut gegliederter Film. Einschränkung: Er stellt scheinbar offene, objektive Fragen, doch gibt er subtil und untergründig bereits die Antworten. Die Fragen, die er stellt, sind jedoch zweifellos die Fragen, die man zur Biotechnologie stellen muß.

Frecher Frosch Freddy **F 147**
Trickfilm
Krátky Film / Jirhího, Yaroslav, CSFR 1989
16 mm, Lichtton, Farbe, 5 min
s. Video
KFW; LFD 13

Als der Frosch Freddy während eines Sonnenbads von einem Lehrer aufgehoben wird und als Anschauungsobjekt in die Schule kommt, beginnt er mit dem Lesen lernen. Frösche stehen unter Naturschutz, erfährt er dort. Doch sein Übermut wegen dieser Herausgehobenheit seiner Art wird ihm gefährlich. (KFW)
ab 6 Jahren

Ökomedia-Bewertung: wirksam

Information	Realisation	Motivation
	3,2 Punkte	3,0 Punkte

Schön gezeichneter Trickfilm über einen Frosch, dem es zu Kopfe steigt, daß er unter Naturschutz steht. Er will die Gesetze der Natur nicht mehr respektieren und wird übermütig. Das nützt ihm aber gar nichts: Das Gesetz des Fressens und Gefressenwerdens schlägt zu, der Storch macht ihn zur Beute - Schutz hin oder her.

Freizeit blau **F 148**
Umbreit, Heidi und Bernd, BRD 1990
16 mm, Lichtton, Farbe, 27 min
s. Video
EMZ 1, 2, 9; KMZ 2, 3, 7, 19; LFD 2; LBS 1-4, 7, 14

Ein Film über den Umgang mit der Natur in unserer freien Zeit: Unser Lebensgefühl zielt darauf ab, aus dem Alltag, aus der Unwirtlichkeit der Städte in die Natur zu fliehen. Die Natur soll erlauben, was wir nicht dürfen. Die Folge ist, daß die Natur sonst sehr viel verkraften muß: Unzählige Wanderer-Kolonnen, Mountain-Bike-Fahrer, Kletterer, Skifahrer. Wo früher an den Schilfsäumen Brutplätze für Vögel waren, sonnen sich heute die Städter. Der Film zeigt im Gegensatz dazu, wie eine Jugendgruppe versucht, die Natur mit ihren Sinnen wahrzunehmen und wie eine Jugendgruppe im Naturschutz tätig ist, indem sie an Alpenhängen Erosionsbremsen errichtet.

Ökomedia-Bewertung: wirksam

Information	Realisation	Motivation
3,0 Punkte	3,2 Punkte	3,2 Punkte

Gut und engagiert gemachter Film, der mit ganz konkreten, anschaulichen Beispielen zu naturgemäßem Freizeitverhalten motivieren will.

Die Fruchtgärten der Mayas **F 149**

aus der Serie: Ökoland
Weitzel, Hans-Ernst, BRD 1982
16 mm, Farbe, 29 min
s. Video
EMZ 2, 6, 9, 12; LBS 4, 5, 8, 11, 13, 14; Weitzel

Einer der letzten großen Lebensräume für zahlreiche Pflanzen und Tiere: der tropische Regenwald. Geplündert durch die Habsucht der Reichen und abgeholzt vom Hunger der Armen droht diese Schatzkammer vielfältiger Lebensformen zu landwirtschaftlichen Monokulturen zu degradieren. Am Beispiel der Maya-Familie May-Cruz wird gezeigt, wie sich, anknüpfend an traditionelle Anbaumethoden, die Lebenssituation einer wachsenden Bevölkerung auch mit angepaßten Mitteln verbessern läßt. Im Mittelpunkt stehen die im Dorf noch existierenden traditionellen Fruchtgärten der Mayas, unter deren abgestuftem Blätterdach Mischkulturen und eine systematische Kleinviehhaltung integriert werden. In so gestalteten vielfältigen Fruchtbaum- und Mischkulturgärten wird mit einer geregelten Kompostwirtschaft erreicht, daß die Böden vor weiterer Auszehrung geschützt bleiben. (Weitzel)

Ökomedia-Bewertung: wirksam

Information	Realisation	Motivation
3,2 Punkte	3,2 Punkte	3,2 Punkte

Eindrückliche Schilderung, wie die Mayas seit Jahrhunderten den Regenwald nutzen, ohne ihn zu zerstören.

Früchte ohne Gift - Heinz Erven und sein Paradies **F 150**

aus der Serie: Ökoland
NDR / Weitzel, Hans-Ernst, BRD 1988
16 mm, Lichtton, Farbe, 29 min
s. Video
EMZ 2, 4, 6-10, 12, 13; KMZ 6, 8, 10, 11, 12, 15, 16, 19; LBS 3, 4, 7, 11, 12; Weitzel

Hoch über dem fruchtbaren Ahrtal, zwischen Bad Neuenahr und Remagen liegt das Paradies des fast 90jährigen Landwirts Heinz Erven. Es ist ein außergewöhnlicher Obst- und Gemüsegarten, 6,5 Hektar groß. Zwischen uralten Hecken und Bäumen mulcht, sät, veredelt und erntet der betagte Bio-Gärtner. Gift und Kunstdünger braucht er nicht. Er läßt die Natur für sich arbeiten: Hühner, Katzen, Igel und Erdkröten, Marienkäfer, Spinnen und Libellen, die allesamt ihren Platz haben in Heinz Ervens Paradies. (Weitzel, gekürzt)
allg. Publikum

Ökomedia-Bewertung: wirksam

Information	Realisation	Motivation
3,0 Punkte	3,3 Punkte	3,3 Punkte

Ein informativer, gut verständlicher und anschaulicher Film zum Thema »Biogarten«.

Führen Sie Flüstermofas **F 151**

FWU / Bandmann, John Lionel, BRD 1988
16 mm, Lichtton, Farbe, 15 min
FWU; LBS 5, 8, 10, 13

Für viele Jugendliche gehört das motorisierte Zweirad zum Schritt in die Welt der Erwachsenen, es gibt die erwünschte Mobilität. Imponiergehabe spielt beim Gebrauch des Mopeds und Motorrads eine wichtige Rolle. Dabei werden sehr häufig die Auswirkungen dieses Gebrauchs nicht erkannt bzw. verdrängt.

Anhand von Beispielen werden die Umweltbelastungen durch das motorisierte Zweirad deutlich gemacht und gezeigt, wie diese Belastungen vermindert werden können. (FWU)
ab 9. Klasse

Ökomedia-Bewertung: wirksam

Information	Realisation	Motivation
3,0 Punkte	2,6 Punkte	2,6 Punkte

Die Jugendlichen sind selbst unterwegs, um sich über Abgase und Lärm zu informieren, die ihre Zweiräder machen. Für das »Mofa-wütige« Alter ist der Film in Ordnung.

45. Breitengrad **F 152**
45. Parallelo
Concari, Attilio, Italien 1986
35 mm, sw, 91 min, OmU
Freunde der deutschen Kinemathek

Hochsommer in der Poebene: Ein Fotograf, ein 12jähriges Mädchen, eine junge Frau, die in der örtlichen Trattoria arbeitet. Tom der Fotograf hat die Aufgabe, den ökologischen Niedergang des Gebietes zu dokumentieren. Andrea, der Junge, verbringt die Ferien bei seinen Tanten, denen die Trattoria gehört. Ein alter Landstreicher beobachtet und kommentiert das Geschehen.
Der »45. Breitengrad« ist die lineare Bestimmung eines Ortes, einer Landschaft. Die Hauptfigur des Films ist ein niederländischer Fotograf, der aufs Bild bannt, was zu verschwinden droht, die alte Bauernkultur der Emilia Romagna. Verlassene Fabriken, beschädigte Schönheiten: Diese Landschaft ist ein schon mythischer Raum der Leere. Der Film montiert das Zerfallende wie ein zerstreuter Bastler, dessen Liebe nicht der Schönheit der Erscheinung, sondern der materiellen Beschaffenheit der Elemente sich zuwendet. (Frankfurter Rundschau, gekürzt)
allg. Publikum

Für ein gesünderes Leben **F 153**
GTZ / Reitz, Jürgen, BRD 1985
16 mm, Lichtton, Farbe, 37 min
s. Video
CRW; DFS; LBS 5, 10; LFD 1-9

Umweltbewußter Pflanzenschutz soll langfristig Schäden an der Umwelt vermeiden. Weltweit werden aber chemische Mittel zur Ernte und Nacherntesicherung in vielen Ländern unkontrolliert angewendet. Die Zeitbombe »chlorierte Kohlenwasserstoffe« tickt. Der Film dokumentiert die Situation und zeigt auf, wo und wie die Arbeit des Pflanzenschutzdienstes ansetzt. Er veranschaulicht biologische Schutzmethoden, z.B. Neemfruchtwirkstoffe, Pilzkulturen gegen den Nashornkäfer. Ohne Zweifel wird chemischer Pflanzenschutz auch weiterhin unerläßlich sein. Der Film zeigt jedoch die vielen Ansätze, wie er umweltbewußt und parallel zu anderen Programmen eingesetzt werden kann. (LFD 9, gekürzt)
Landwirtschaftl. Fachseminare, Sekundarstufe II, Dritte-Welt-Gruppen

Ökomedia-Bewertung: wirksam

Information	Realisation	Motivation
2,7 Punkte	2,8 Punkte	2,7 Punkte

Ein informativer und anschaulicher Film, der jedoch manche Fragen vor allem zu Monokulturen und chemischen Mitteln außer acht läßt. Die Beispiele der biologischen Schädlingsbekämpfung sind interessant und gut vermittelt.

G **F 154**
Spielfilm
Huberth, John, USA 1971
16 mm, Lichtton, sw, 3 min
EMZ 1, 2, 6, 7, 10, 12; KMZ 19, 20, 22; LBS 1, 4, 7-9, 13, 14; LFD 4, 6, 7; LZNW

Amerikanischer Kurzspielfilm, der satirisch das Problem der Müllbeseitigung aufs Korn nimmt: Ein junger Mann versucht auf elegante Weise, den Berg sei-

ner Küchenabfälle loszuwerden. Doch hinter dieser »rettenden Idee« - vielleicht steht »G« für Gag - steckt ein ernstes Problem: die Müllbeseitigung. (LBS 14)
ab 12 Jahren

Galapagos **F 155**
Sielmann, Heinz, BRD 1962
16 mm, Lichtton, 35 mm, Farbe, 93 min
Globus (35 mm); AV-Film; KMZ 6, 10; LBS 7, 13; LFD 2 (alle 16 mm)

Der Film zeigt die Tierwelt auf den Galapagos-Inseln und versucht, die Entstehung der Inseln sowie die Ansiedlung der Tiere zu erklären. Eine deutsche Forschergruppe und Helfer aus Ecuador versuchen die Verhaltensweisen von Tieren auf den öden Inseln zu erforschen. (LBS 13)
Ein Film, der künstlerisch überdurchschnittlich gestaltet und von hohem Informations- und Erlebniswert ist. (KMZ 10)
allg. Publikum, ab 6 Jahren

Ökomedia-Bewertung: wirksam

Information	Realisation	Motivation
3,0 Punkte	4,0 Punkte	3,5 Punkte

Ein sehr schöner und interessanter Naturfilm in Kinoqualität. Auch die Musik ist effektvoll eingesetzt.

Garbage Tale **F 156**
Spielfilm
Jackson, Dan, USA 1990
16 mm, Lichtton, Farbe, 19 min
EZEF

Es ist Ernies Aufgabe, jede Woche den Müll hinauszutragen. Und nur soweit betrifft ihn das Müllproblem, an mehr denkt er nicht. Aber dann eines Nachts... Der Film zeigt eine vergnügliche Phantasie, in der Ernie lernt, wohin der Müll wirklich kommt. Zusammen mit einem humorvollen Müllmann reist Ernie zu Müllhalden, Müllverbrennungs-, Kompostierungs- und Recyclinganlagen. Er erfährt einiges über Recycling, Umweltbelastungen und Wege, den Müll zu reduzieren - Möglichkeiten, mit der Erde in Eintracht zu leben.
Ein Film, der seine Didaktik sehr spielerisch und mit großer Leichtigkeit in einer witzigen Spielhandlung aufbereitet hat. Für Kinder und Jugendliche unbedingt zu empfehlen. (Ökomedia)
Ausgezeichnet mit dem »Sonderpreis des Bundesumweltministers« auf der Ökomedia '91.

Ökomedia-Bewertung: besonders wirksam

Information	Realisation	Motivation
3,8 Punkte	3,5 Punkte	3,8 Punkte

Ein schöner, leichter Spielfilm, der jede Menge Wissenswertes zum Thema Müll bringt. Eine gelungene Mischung aus vergnüglich und informativ.

Der Garten als Lehrbuch: Ein Unterrichtsmodell in Tansania **F 157**
GTZ / Reitz, Jürgen, BRD 1986
16 mm, Lichtton, Farbe, 33 min
s. Video
CRW; DFS; EMZ 2; LBS 1, 2, 5, 10; LBS 14; LFD 1-9

Dieser Dokumentarfilm zeigt Schüler in einem Dorf Tansanias. Sie führen das »Baumspiel« vor. Sie demonstrieren damit die Bedeutung einer gesunden Vegetation und die möglichen Folgen von Holzraubbau und Brandrodung. Eine der Ursachen der Armut in Tansania ist nämlich die Überbeanspruchung der natürlichen Bestände, die am Beispiel des unkontrollierten Abholzens besonders deutlich wird. Die Vernichtung des Waldes führt zur Erosion und zieht letztlich die Zerstörung der Nahrungsgrundlagen nach sich. Im »Baumspiel« erkennen die Kinder diesen Zusammenhang und kom-

men zu dem Schluß, daß nur durch das Pflanzen neuer Bäume dieser Entwicklung entgegengesteuert werden kann. (LFD 9, gekürzt)
Dritte-Welt-Gruppen, Entwicklungshelfer

Ökomedia-Bewertung: wirksam

Information	Realisation	Motivation
3,0 Punkte	2,6 Punkte	2,8 Punkte

Eine gute Dokumentation eines sehr anschaulichen Projekt-Unterrichts. Das »Baumspiel« ist für die Schüler klar und motivierend.

G.A.S **F 158**
Kurzspielfilm
Birkl, Manfred; Steffen, Walter, BRD 1991
35 mm, Lichtton, Farbe, 18 min
Birkl

Europa in nicht allzu ferner Zukunft: Umweltkatastrophen sind alltäglich geworden. Die Bevölkerung hat sich glänzend darauf eingestellt. In keiner Tasche fehlen Gasmasken und Schutzanzug. Nur Gasmaskenfilter sind absolute Mangelware. Während eines Störfalls trifft sich ein Paar zu einem Rendevous. An einem stillen Platz verbinden sich ihre Masken zu einem Liebesschlauch. In dem Moment, als die beiden große Leidenschaft überkommt, werden ihre Gasmaskenfilter von einem Dieb entwendet. Das junge Paar schwebt in Lebensgefahr. Ihre atemberaubende Jagd durch die Welt von morgen beginnt. (Hamburger Filmbüro)
allg. Publikum

Das gefährliche Experiment mit der Atmosphäre **F 159**
10 Fragen zur Klimaveränderung
Rincovision, Schweiz 1987
16 mm, Lichtton, Farbe, ca. 20 min
s. Video
DFS

Umfassende Darstellung der Ursachen und Folgen des Treibhauseffekts mit vielen Tricktafeln und Informationen. Die verschiedenen Treibhausgase - Kohlendioxid, FCKW, Methan und Distickstoffoxid - werden in ihrer Wirkung dargestellt.

Ökomedia-Bewertung: wirksam

Information	Realisation	Motivation
3,0 Punkte	3,0 Punkte	3,0 Punkte

Ein gut recherchierter Kommentarfilm mit vielen Fakten zur Klimaveränderung auf der Erde. Am Ende plädiert er - neben Energiesparmaßnahmen - für nicht-fossile Brennstoffe, unter anderem auch für Kernkraft. Dies ist jedoch keine Lösung. Beim Einsatz dieses Films sollte diese Frage diskutiert werden.

Das Geheimnis **F 160**
Spielfilm
Karlsson, Ralf, Schweden 1989
16 mm, Lichtton, Farbe, 105 min
atlas

Eine Müllkippe. Was ist daran schon besonderes. Erst einmal nichts. Aber ein falscher Tritt und Sam und Amanda brechen durch Pappkartons, Plastiktüten und Blechdosen ein in eine verblüffende Unterwelt: In ein verborgenes Lager voller Trödel und Antiquitäten, das per Geheimgang mit einer leerstehenden Villa verbunden ist. Herr über die Schätze des Sperrmülls ist Waldemar, ehemals Rennfahrer, heute Rentner und Sonderling. Die Kinder versprechen, sein Geheimnis zu hüten und werden bald Stammgäste in diesem merkwürdigen Reich der Phantasie.
Schließlich bedroht eine Ladung Giftfässer den nichtsahnenden Waldemar und seine Welt. Das ist ein tolles, aktuelles Kino für Kids. Ein spannender Krimi, eine Kömodie voller unerwarteter Wendungen und nebenbei ein Lehrstück über unsere Welt. (atlas)
ab 8 Jahren

Geheimnisse aus der Pflanzenwelt
s. Eine Welt voller Rätsel: Die Pflanzenwelt

Geheimnisse der Steppe **F 161**
Walt Disney, USA
16 mm, Lichtton, Farbe, 74 min
s. Video
AV-Film; KMZ 6, 10

Teil I: Der afrikanische Löwe
Teil II: Elefanten und Flußpferde
Teil III: Vögel, Affen und andere Tiere
Zu den Füßen des Kilimandscharos, in der weiten afrikanischen Savanne ist die Heimat des Königs der Tiere, des Löwen. Leben und Tod, jagen und gejagt werden, ist das Gesetz der Wildnis, dem alle Tiere unterliegen: Antilopen und Zebras, Giraffen und Rhinozeros, Flußpferde, Elefanten und andere im Wechsel der Jahreszeiten: Regenzeit - Dürre. (AV-Film)
ab 6 Jahren

Ökomedia-Bewertung: wirksam

Information	Realisation	Motivation
2,5 Punkte	3,0 Punkte	3,5 Punkte

Schöner Naturfilm mit Witz und zum Teil faszinierenden Bildern, beispielsweise von Dutzenden faul herumlungernden Löwen. Er ist jedoch weniger informativ als unterhaltend: Sätze über die Giraffe wie: »entsprechend ihrem langen Hals, hat die Natur den Mittagstisch weit oben angerichtet« sind nichts für nüchterne Zoologen.

Der gekaufte Sommer **F 162**
Busse, Michael, BRD 1983
16 mm, Lichtton, Farbe, 94 min
EMZ 1-4, 6-13; EZEF

Die Dritte Welt schließt trotz steigender Hungerquote mit ihren exportierten Nahrungsmitteln Marktlücken für den Verbraucher aus den reichen Industrienationen. Michael Busse wählt ein Beispiel aus Obervolta: Dort werden Bohnen nach Europa verschickt, um als teure Winterware verkauft zu werden. Die Bauern sehen von diesem Geld wenig - sie haben im Film die Möglichkeit, ihre Marktsituation und ihre Lebensschwierigkeiten darzustellen. So wird der Film zu einer bitterbösen Betrachtung unseres europäischen Konsumverhaltens, unserer zivilisierten Sichtweisen und ihrer Auswirkungen für die Dritte Welt. Wir erleben einen einzigen Tag im Leben von fünf Menschen, ihren Alltag, ihre Sorgen, ihre Arbeit, ihre Freuden und die fatale Verkettung in ihrem Verhältnis zueinander, von der sie natürlich nichts ahnen... (barfuss film)

Ökomedia-Bewertung: wirksam

Information	Realisation	Motivation
3,7 Punkte	3,0 Punkte	3,2 Punkte

Schlüssige Darstellung unseres fragwürdigen Konsumverhaltens, das bittere Abhängigkeiten in der Dritten Welt schafft.

Gelobtes Land **F 163**
(Terra Prometida)
Gunten, Peter von, Schweiz 1992
16 mm, Lichtton, Farbe, 120 min, 46 min
s. Geraubte Erde
s. Video
LZNW (46 min)

1980 drehte Peter von Gunten im Nordosten Brasiliens den Film »Geraubte Erde«. Zwölf Jahre später entsteht praktisch an den gleichen Drehorten und z.T. mit den gleichen Interviewpartnern »Gelobtes Land«. Der Film zeigt an einer Dorfsituation die Veränderungen, die sich für die Menschen ergeben haben, die seit 12 Jahren im Schatten einer der riesigen Staumauern Brasiliens und am flächenmäßig größten Stausee der Welt leben. Er zeigt den Mikrokosmos der traditionellen Lebensweise und dessen Abhängigkeit von Großprojekten. Die soziale

Situation und das alltägliche Leben offenbaren einige Überraschungen: von versteckten Indianerzeichnungen an den naheliegenden Felsen über die Riesenzucht von malayischen Süßwassercrevetten bis hin zur eigenen Taubstummensprache, die von den Dorfbewohnern selbst entwickelt wurde. (Cinov Filmproduktion)

Genese einer Mahlzeit **F 164**
(Genèse d'un repas)
Mollet, Luc, Frankreich 1978
16 mm, sw, 117 min, OmU
Freunde der deutschen Kinemathek

Ein Essay in vergleichender Wirtschaftslehre: der Weg einer senegalesischen Thunfischdose, eines französischen Eis, einer Banane aus Ecuador sowie des Filmmaterials von der Produktion bis zur Verwertung. (Mollet)

Ökomedia-Bewertung: wirksam

Information	Realisation	Motivation
3,5 Punkte	2,7 Punkte	2,5 Punkte

Ein sehr ausführlicher Film, der Strukturen der Ausbeutung auf drei Kontinenten deutlich macht und ihre Ähnlichkeit dokumentiert. In allen Fällen geht es um Produktion, Transport und Verkauf von Nahrungsmitteln. Ökologische Fragen werden allerdings nur sehr indirekt behandelt.

Die genetische Verarmung **F 165**
Schwarzenbeck, Engelbert, BRD 1984
16 mm, Lichtton, Farbe, 2 Teile, je 22 min
EMZ 7; Imbild; KMZ 3, 19; LBS 4, 7, 10; LFD 2, 7

Ausgehend von der Tatsache, daß in der Bundesrepublik Tiere wiedereingebürgert werden (Wildkatzen, Auerhühner), fragt der Film, ob diese Maßnahmen helfen, die Artenvielfalt zu erhalten. Denn die »Rote Liste« gefährdeter Tiere wird immer länger. Der Film dokumentiert Ausmaß und Ursachen des Artenrückgangs. Der zweite Teil beschreibt Möglichkeiten, die derzeitige Situation zu verbessern. So lagert die Bundesforschungsanstalt für Landwirtschaft in Braunschweig das Genmaterial von rund 50.000 Pflanzen. Zuchtversuche werden durchgeführt. Im Gegensatz hierzu erläutert der Film, daß die Erhaltung der Artenvielfalt die beste Genbank ist. (Imbild, gekürzt)
allg. Publikum, Naturschutzgruppen

Das geopferte Land **F 166**
(Sacrifice Area)
Orthel, Rolf, Niederlande 1981
16 mm, Lichtton, Farbe, 63 min
Freunde der deutschen Kinemathek

Der Film handelt von den Opfern, die es überall gibt, wo Uran und Kohle abgebaut werden: In Namibia, Australien, Kanada, Europa und Amerika. Er konzentriert sich auf die USA, weil sich wahrscheinlich nirgendwo auf der Welt ein deutlicheres Beispiel für die gegensätzlichen Interessen von einheimischer Bevölkerung und westlicher Energielobby finden läßt. Erneut werden die Indianer den Interessen der Weißen geopfert, weil in ihren Gebieten große Energievorräte vorkommen. Erde und Wasser werden durch verantwortungslose Abbaumethoden zur Urangewinnung vergiftet. Immer mehr Indianer sterben an Krebs, Leukämie und anderen Krankheiten. (Freunde der deutschen Kinemathek)

Ökomedia-Bewertung: wirksam

Information	Realisation	Motivation
3,4 Punkte	3,0 Punkte	3,2 Punkte

Ein Film, der die Auswirkungen des Uran- und Kohleabbaus im Land der Sioux zeigt. Durch Stellungnahmen, Erzählungen, Lieder und Interviews mit den Betroffenen erlangt der Film eine beeindruckende Authentizität. Aufgrund der brutalen Verseuchung des Sioux-Landes erhalten die Städte »sauberen« Strom.

Gepard **F 167**
aus der Serie: Schweigende Safari
Chermayeff, P.u.J., USA 1971
16 mm, Lichtton, Farbe, 10 min
s. Video Schweigende Safari
Imbild; LBS 14; LFD 2, 3, 6

Geparden kommen heute nur noch in wenigen Teilen Afrikas vor. Das Geschäft mit den Fellen hat auch ihre Zahl bereits auf ein Minimum reduziert. Die Kamera konzentriert sich auf die besonderen Merkmale des Tieres, sein Fell, seine Gesichtszeichnung, seine Bewegung und folgt dann dem Tagesablauf einer Gepardenmutter mit ihren beiden halbwüchsigen Jungen (LFD 6)
ab 6 Jahren

Ökomedia-Bewertung: wirksam

Information	Realisation	Motivation
	3,0 Punkte	3,0 Punkte

Geraubte Erde **F 168**
(Terra roubada)
Gunten, Peter von, Schweiz 1980
16 mm, Lichtton, Farbe, 60 min
s. Gelobtes Land
s. Video
EMZ 1-13; EZEF; LBS 6, 9, 13; LFD 2; LZNW; Verleih der Filmemacher

Im Nordosten Brasiliens liegt einer der größten Stauseen der Welt, der Sobradinho-See. Er ist rund 300 km lang und 30 km breit. Die Bauarbeiten zur Stauung des Sao-Francisco-Flusses wurden 1973 in Angriff genommen und sollten 1981 vollendet sein. Die Gesamtkosten waren auf 650 Millionen Dollar veranschlagt. Kredite stammten unter anderem von der Weltbank und von westdeutschen Banken. Um den Stausee entstehen Bewässerungsprojekte zur Herstellung von Benzinersatz sowie zum Anbau exportorientierter Gemüseplantagen. Eindrückliche Modelle einer vollkommenen Fehlentwicklung. Die vorhandenen Gemeindestrukturen werden zerstört, die bescheidene, aber selbständige Existenz der Bewohner vernichtet. Nach offiziellen Studien wird das auf Monokultur umgestellte Land in spätestens 20 Jahren kaputt sein. »Terra roubada« zeigt die heutige entwicklungspolitische Wirklichkeit. (EMZ 1)

Das geraubte Meer - Hamasekine auf der Halbinsel Shimokita **F 169**
(Umi-Tori)
OmU
Tsuchimoto, Noriaki, Japan 1984
16 mm, Lichtton, Farbe, 103 min
Freunde der deutschen Kinemathek

Im Hafen der Halbinsel Shimokita ist ein atomgetriebenes Schiff stationiert worden. Für das Projekt einer riesigen Wiederaufarbeitungsanlage des hochgiftigen Plutoniums wird die Insel in Beschlag genommen. Das Meer wird zum militärischen Sperrgebiet erklärt. Menschen werden evakuiert, Fischer verlieren ihre Arbeit: Das Meer, ihre Existenzgrundlage, wird ihnen eines zweifelhaften Fortschritts wegen geraubt. Die Regierung bietet Entschädigungen an, aber die Fischer wollen sich nicht mit dem Skandal abfinden: »Jetzt können wir das Meer vielleicht noch zurückerobern.« (Freunde der deutschen Kinemathek)
allg. Publikum

Ökomedia-Bewertung: wirksam

Information	Realisation	Motivation
3,0 Punkte	2,6 Punkte	2,8 Punkte

Eine parteiische, aber dennoch sorgsame Dokumentation des ausweglosen Widerstandes der Fischer. Leider hat der Film einige Längen. Die authentische Nähe zu den Betroffenen macht diesen Mangel wieder wett.

Eine Geschichte aus dem Wald
s. Waldgeschichte

Das gespaltene Atom **F 170**
Walt Disney, USA 1981
16 mm, Lichtton, Farbe, 30 min
Deutsches Atomforum, EMZ 1; HEA; KWU Erlangen; KWU Offenbach; LBS 1-3, 14; LFD 1-9

Zunächst wird der Atomkernzerfall unter dem Aspekt der friedlichen Nutzung der Kernenergie unter Verwendung von anschaulichen Modellen dargestellt. Danach folgen Erläuterungen zu den verschiedenen Bauarten der Kernreaktoren einschließlich Sicherheits- und Risikobetrachtungen. Die vorgesehene Zwischenlagerung verbrauchter Brennelemente sowie die Entsorgung durch Wiederaufarbeitung werden angesprochen. Abschließend wird die Anwendung radioaktiver Isotope durch Beispiele belegt. (LFD 5)

Ökomedia-Bewertung: wirksam

Information	Realisation	Motivation
2,3 Punkte	4,0 Punkte	2,0 Punkte

Ein Pro-Atomenergie-Film, der mit Modellen, Tricks, Einfallsreichtum und bestem Bildmaterial die naturwissenschaftlichen Zusammenhänge der Atomspaltung veranschaulicht. Kritische Fragen werden psychologisch geschickt eingebaut. Die Informationen über das Atom sind oberflächlich, beschönigend und ständig Sicherheit suggerierend.

Gesundheit - eine Utopie? **F 171**
FWU / Spáta, Jan, BRD 1987
16 mm, Lichtton, Farbe, 16 min
FWU; LBS 1-12, 14

In der modernen Zivilisationsgesellschaft gerät die menschliche Gesundheit in Gefahr: Umweltverschmutzung, Lärm, falsche Ernährungsgewohnheiten, Bewegungsarmut sind nur einige der Faktoren, die sich zu einem bedrohlichen Geflecht äußerer Einwirkungen zusammenfügen. Schlaglichtartig beleuchtet der Film Aspekte individueller Gesundheit: Unterschiedliche Ernährungsweisen, der Gebrauch von Putz- und Waschmitteln, aber auch Beispiele alternativen Landbaus und eines naturbelassenen Hausgartens bieten vielfältige, motivierende Ansätze für weiterführende Diskussionen. (FWU, gekürzt)
Sekundarstufe II, Jugend- und Erwachsenenbildung

Ökomedia-Bewertung: wirksam

Information	Realisation	Motivation
2,5 Punkte	2,7 Punkte	2,8 Punkte

Der eigentlich recht ansprechende und motivierende Film verkommt leider zu einem Rundumschlag. Z.B. ist der Aspekt des »autofreien Lebens« viel zu oberflächlich behandelt. Als Animationsfilm dennoch geeignet.

Geti Tey **F 172**
Samba Felix N'Diaye, Senegal 1978
16 mm, Farbe, 41 min
Cine Terz; KMZ 13; LBS 3, 4

Der senegalesische Dokumentarfilm »Geti Tey« schildert die Auswirkungen der technischen Modernisierung und einer staatlichen Entwicklungspolitik, die die industrielle Produktion einseitig begünstigt, auf die Küstenfischer. Gezeigt wird der Tagesablauf eines Fischerdorfes. Wir sehen die Fischer bei der Arbeit, beim Trocknen der Fische und Reparieren der Netze. Währenddessen artikuliert der Bürgermeister die Sorgen der Fischer, die für ihre Produktionsmittel selbst aufkommen müssen und das Risiko ganz allein tragen und die den Fischhändlern mit ihrer Preiswillkür hilflos ausgeliefert sind. (Cine Terz)
Der Film wurde mit dem Adolf-Grimme-Preis in Silber ausgezeichnet.

Ökomedia-Bewertung: wirksam

Information	Realisation	Motivation
2,0 Punkte	3,5 Punkte	2,3 Punkte

Ein poetischer Film, der mit langen ruhigen Einstellungen den Alltag und das Leben der afrikanischen Fischer erzählt. Die Existenz der Fischer ist durch die industrielle Ausbeutung der Meere bedroht.

Giraffe **F 173**
aus der Serie: Schweigende Safari
Chermayeff, P.u.J., USA 1971
16 mm, Lichtton, Farbe, 10 min
s. Video Schweigende Safari
Imbild; LFD 2, 3, 6

Die Giraffe mit ihrem langen Hals und den schlanken hohen Beinen ist das größte Landsäugetier der Erde. Ausgewachsene Männchen können bis zu sechs Meter hoch werden. Giraffen leben in ganz Afrika, wo immer es genug Buschwerk und Bäume gibt. Allerdings hat die rücksichtslose Jagd auf die Tiere wegen ihres Fells ihre Anzahl stark reduziert. Mit Nah- und Großaufnahmen verdeutlicht dieser Film eindringlich die Eigenheiten dieser seltsamen Tiere. Er beobachtet in Zeitlupe die Art ihrer Fortbewegung und ihre umständlichen Freßgewohnheiten. (Imbild)
ab 6 Jahren

Ökomedia-Bewertung: wirksam

Information	Realisation	Motivation
	3,0 Punkte	3,0 Punkte

Gloria Mundi **F 174**
Trickfilm
Kovasznai, György, Ungarn 1973
16 mm, Lichtton, Farbe, 2 min
EMZ 13; KMZ 7, 12, 16, 19; LFD 7; LZNW

Ironisch-witzige Darstellung unserer »schönen« und »heilen« Welt. Zwei Engel besingen diese Welt. Dabei sitzen sie auf Atompilzen. (gep)
ab 14 Jahren

Gösgen **F 175**
Dubini, Donatello und Fosco; Hassler, Jürg, Schweiz 1979
16 mm, Magnetton, Farbe, 80 min
Verleih der Filmemacher

Der Film rekonstruiert fünf Jahre Widerstand gegen das AKW Gösgen, an dem sich über Altersgrenzen und Anschauungen hinweg große Teile der schweizer Bevölkerung beteiligt haben. Gewerkschaftler haben an diesem Kampf aktiv teilgenommen und zur Finanzierung des Films beigetragen. (Verleih der Filmemacher)
Die Filmemacher zur Entstehung: »Auslöser für den Film war der Pfingstmarsch 1977. 12.000 Leute waren vor das AKW Gösgen gekommen. Viele sahen zum ersten Mal den Kühlturm. Man beschloß die Besetzung der Zufahrtswege in einer gewaltfreien Aktion. Dank unserer aktiven Beteiligung an der AKW-Bewegung und dem kleinen Produktionsaufwand konnten wir den Ablauf des Widerstands gegen das AKW Gösgen dokumentieren.
allg. Publikum, Anti-AKW-Gruppen

Die goldene Robbe **F 176**
Spielfilm
Zuniga, Frank, USA 1983
16 mm, Lichtton, Farbe, 95 min
meteor

In einer alten Indianer-Saga kehrt die Goldene Robbe dann wieder zurück, wenn Mensch und Natur wieder im Einklang sind. Ein kleiner Junge entdeckt das Tier, muß sich aber zwischen den materiellen Interessen der Erwachsenen, die die goldene Robbe aufgrund ihres wertvollen Pelzes erschießen wollen und

der Sehnsucht nach einer heilen Umwelt entscheiden. Stimmungsvolle Bilder und die Filmerzählung aus der Sicht des Kindes verstehen es glänzend, uns über Ökologie und Zerstörung der Natur zum Nachdenken zu bringen. (atlas)
ab 6 Jahren

Gorillas im Nebel **F 177**
(Gorillas in the Mist)
Warner Bros / Apted, Michael, USA 1988
16 mm, Lichtton, Farbe, 130 min
s. Video
atlas; BJF; LFD 2

Dian Fossey war 31 Jahre alt und Therapeutin für behinderte Kinder in Kentucky, als ihr Leben durch die Begegnung mit einem berühmten Anthropologen in eine völlig neue Richtung gelenkt wurde. Sie ging nach Afrika und studierte jahrelang das Verhalten der vom Aussterben bedrohten Berggorillas. Der Film versucht ein Porträt der Anthropologin aus Leidenschaft: Dian Fosseys mühevolle Anpassung an das entbehrungsreiche Leben im Dschungel, ihre ersten Begegnungen mit den Gorillas, die Überwindung der Berührungsangst und das Erlebnis ihres Geduldetseins in der Affen-Gruppe. Dadurch gewinnt der Film an Authentizität. Er verdichtet sich immer mehr zu einem atmosphärisch echten, anrührenden Porträt eines modernen wissenschaftlichen Abenteuers. (atlas)
allg. Publikum, ab 12 Jahren

Gorleben **F 178**
Eikon / Seybold, Katrin, BRD 1978
16 mm, Licht- und Magnetton, Farbe, 17 min
s. Video
BJF; EMZ 1, 2, 4, 7, 12; FWU; KJF; KMZ 13; LBS 1-14; LFD 1, 2, 4, 7

In Gorleben soll die zentrale Atommülldeponie und Wiederaufarbeitungsanlage für die BRD gebaut werden. Es ist das bisher größte Bauvorhaben mit einem Kostenvoranschlag von 10 Milliarden Mark.
Die Grundeigentümer dieses Gebiets sind Bauern, ein Graf und die Kirche. Diese haben sich zu einem Verein zusammengeschlossen, um sich, wie sie sagen, zu wehren. Der Graf, dem der Großteil des Gebietes gehört, erklärt, warum er gegen die Anlage ist, der Pfarrer erklärt, warum der Kirchenvorstand beschlossen hat, das Land nicht zu verkaufen. Der Bauer erklärt, warum er entschiedener Gegner ist.
Der Film zeigt, daß sich Bauern aus ihrer »Bindung an die Scholle« zum Widerstand gegen eine unmenschliche Industrialisierung und Vernichtung der Natur zur Wehr setzen können. Der Film konzentriert sich auf diese Problematik und zeigt keine angrenzenden Problemfelder. Der Film motiviert in seiner Kürze gut zu Diskussionen. (barfuss film)
allg. Publikum, Anti-AKW-Gruppen

Ökomedia-Bewertung: wirksam

Information	Realisation	Motivation
2,3 Punkte	3,6 Punkte	3,0 Punkte

Der Film zeigt die persönliche Betroffenheit der ansässigen Bevölkerung angesichts des Großprojekts Gorleben. Obwohl der Film mittlerweile veraltet ist, bleibt er ein gutes Dokument.

Gossliwil **F 179**
OmU
Leuthold, Beatrice; Stürm, Hans, Schweiz 1985
16 mm, Magnetton, Farbe, 232 min
Verleih der Filmemacher

Die beiden Filmemacher haben sich von 1982 bis 1985 innerhalb von Zäunen und Marksteinen in dem nur 160 Einwohner zählenden solothurnischen Dorf aufgehalten, um dem Grundthema nachzugehen: Was ist eigentlich ein Bauer? Drei Familien werden dabei von der Kamera

durch die Jahreszeiten und ihre Geschichte begleitet. Dabei wird versucht, ihrem besonderen Verhältnis zu Arbeit, Besitz, Zeit bzw. dem anderen Lebens- und Zeitgefühl der Bauern nahezukommen. Der Abstand der städtischen Besucher wird dabei immer mitreflektiert und ist notwendig, um gerade die Verschiedenheiten herauszufinden.
Teil 1: Ankunft und Nachdenken über den Satz: »Selten stirbt ein Bauer unversöhnt.« (43 min)
Teil 2: »Bi us chline Büre.« Der Existenzkampf von Nachbar Althaus, einem Familienbetrieb, mit 10 Hektar eigenem Land und 14 Milchkühen. (53 min)
Teil 3: »D'Urproduktion het nie vil gulte.« Der Bauer als Überlebender, über bäuerliche und industrielle Landwirtschaft. (48 min)
Teil 4: »Mir si hie e Wält für üs.« Die Großfamilie (46 min).
Teil 5: Ankunft und Abschied. Über die Freiheit innerhalb von Zäunen und Marksteinen, über Heimischwerden und Fremdsein. (46 min) (Kurzfilmliste)
allg. Publikum, Landwirtschaftsschulen, landwirtschaftl. Gruppen

Ökomedia-Bewertung: wirksam

Information	Realisation	Motivation
3,2 Punkte	3,3 Punkte	3,0 Punkte

Dieser Film ist ein sehr subtiles Dokument des Niedergangs bäuerlicher Existenzen und deren Kultur. Die Kamera beobachtet sorgfältig und feinfühlig und schafft große Nähe zur Bevölkerung, die selbst zu Wort kommt. Man muß sich auf diesen Film einlassen, sonst erlebt man ihn als zu langatmig.

Gottes Schöpfung in unserer Hand **F 180**

Zink, Jörg, BRD
16 mm, Lichtton, sw, 2 x 30 min
EMZ 7; 11

Teil 1: Leiden der Natur. Jörg Zink zitiert im ersten Teil die biblische Schöpfungsgeschichte und versieht sie mit Bildern aus einer natürlichen Umwelt. Danach verdeutlicht er, daß der Mensch die von Gott übergebene Welt zurecht in die Hand nimmt und seine technische Welt baut. Doch der Mensch beginnt, die Welt und sich zugrunde zu richten. Deshalb konfrontiert der Regisseur die Schöpfungsgeschichte mit Bildern von Luftverschmutzung und überfahrenen Tieren.
Teil 2: Hoffnung für den Kosmos. Der zweite Teil merkt kritisch an, daß vom dreifachen Auftrag des Menschen, die Welt zu beherrschen, zu bebauen und zu bewahren, durch eigensüchtiges Anspruchsgehabe nur das Beherrschen und Bebauen, nicht aber das Bewahren verwirklicht wird. Am sogenannten »Schöpfungstag« soll der Mensch als Beauftragter Gottes tätig werden, »daß die Natur mit dem Menschen frei werde und ihr Ziel finde in der Herrschaft Gottes.« (EMZ 7, gekürzt)
ab 14 Jahren, Jugend- und Erwachsenenbildung, kirchl. Gemeindearbeit

Der Grasfrosch **F 181**

FWU / Schimanski, Georg; Theilacker, Georg, BRD 1989
16 mm, Lichtton, Farbe, 14 min
FWU; LBS 5, 8, 10, 13

Der Film behandelt in einer monographischen Darstellung den Grasfrosch in seinem Lebensraum und erklärt mit einem besonderen Schwerpunkt die Entwicklung der Tiere. Lebensraum, Lebensweise, Körperbau und Fortpflanzung der Tiere werden gezeigt, Prinzip und Ablauf der Metamorphose erarbeitet. (FWU)

Ökomedia - Bewertung: wirksam

Information	Realisation	Motivation
3 Punkte	3 Punkte	3 Punkte

Ein reiner Biologie-Film mit dem üblichen »Ist-gefährdet-Satz« am Schluß. Schöne Bilder, gute Informationen.

Greifvögel - laßt sie leben **F 182**
Latzke, Horst, BRD 1979
16 mm, Lichtton, Farbe, 27 min
AID; LBS 8; LFD 2

Zunehmende Umweltbelastung, Verfolgung durch den Menschen und chemische Gifte gefährden in zunehmendem Maße den Bestand heimischer Greifvogelarten. Der Film behandelt die Bemühungen von Vogelschützern und Wissenschaftlern, diesen Gefahren zu begegnen. Gezeigt werden Steinadler, Seeadler, Sperber, Habicht, Bussard, Weihe, Milan und Falke. (AID)
ab 8. Klasse, Tierschutzgruppen

Grohnde 19. März 1977 **F 183**
DFFB / Poppenberg, Fritz, Isenburg, Ulrike, BRD 1977
16 mm, Magnetton, sw, 13 min
Stiftung deutsche Kinemathek; Verleih der Filmemacher

In verschiedenen Regionen der BRD regt sich in der Bevölkerung Widerstand gegen den Bau von Atomkraftwerken. Der Film verfolgt hauptsächlich die Demonstration vom 19. März 1977 gegen das AKW Grohnde. Nachdem die AKW-Gegner den Bauplatz erreicht haben und bis zum Bauzaun vordringen, beginnt die Polizei mit Gegenaktionen. Mit Panzerfahrzeugen und durch den Einsatz einer Reiterstaffel werden die Demonstranten zum Rückzug gezwungen. (DFFB)
allg. Publikum, Anti-AKW-Gruppen

Der große Knall **F 184**
(Big Bang)
Trickfilm
Bozzetto, Bruno, Italien 1990
16 mm, Lichtton, Farbe, 4 min
EMZ 2, 4, 6, 7, 9-13; EZEF; KMZ 3, 5-7, 10, 15, 20; LBS 7, 13; LFD 2, 13; LISA

Die Menschheit produziert eine enorme Menge Abfall und genauso macht es das ältere Ehepaar, das einen Tag auf dem Lande verbringt. Abends wird der Abfall ordnungsgemäßt zu Mülltonne gebracht. Von da geht der Müll weiter zur Deponie, die schnell zu einem großen Abfallberg heranwächst. Als der Berg zu groß wird, wird ein riesengroßes Loch in die Erde gegraben, in dem der Müll der ganzen Welt Platz hat - eine Methode zur Abfallbeseitigung, die der heutigen Praxis sehr ähnlich ist. Im Film wissen nur die Außerirdischen einen Ausweg. (Kurzfilmliste)
Ausgezeichnet mit dem Sonderpreis des Bundesumweltministers auf der Ökomedia '91.
allg. Publikum, ab 6 Jahren

Ökomedia-Bewertung: besonders wirksam

Information	Realisation	Motivation
	4,0 Punkte	4,0 Punkte

Herrlicher Trickfilm zur Müllthematik mit »Knaller« am Schluß.

Große Tiere der Arktis **F 185**
aus der Serie: White Wilderness
Walt Disney, USA
16 mm, Lichtton, Farbe, 22 min
AV-Film; EMZ 12; LFD 4

Die grenzenlose Tundra in der Arktis ist Lebensraum für die grasfressenden Bisons und Rentiere, die ständig bedroht sind von den unruhig umherstreifenden Wolfsrudeln. Der Zuschauer erfährt Einzelheiten vom Leben der Wölfe, der Aufzucht und Belehrung der Jungtiere. Der zweite Teil des Films spielt im langen arktischen Winter, der nicht die majestätischen Eisbären, sondern vor allem die Rentiere bei der Nahrungssuche vor große Probleme stellt. Ein informativer Übersichtsfilm, der ausschließlich aus Dokumentaraufnahmen zusammengestellt wurde. (AV-Film)
allg. Publikum

Ökomedia-Bewertung: wirksam

Information	Realisation	Motivation
3,0 Punkte	3,8 Punkte	3,8 Punkte

Ein wunderschöner Naturfilm, der spannend erzählt und faszinierende Bilder zeigt.

Der grüne Berg **F 186**
Murer, Fredi M., Schweiz 1990
16 mm, Lichtton, Farbe, 125 min
Freunde der deutschen Kinemathek

Vor der Volksabstimmung über den Ausstieg aus der Atomenergie montiert Fredi M. Murer eine - wie er es nennt - »filmische Landsgemeinde über die Frage bei der Entsorgung von radioaktiven Abfällen«. Zu Wort kommen Experten, Politiker und vor allem die einzig wirklich Betroffenen, die Bauern rund um den Nidwaldner Wellenberg (Innerschweiz), wo möglicherweise ein Endlager für radioaktive Abfälle entstehen soll. Murers sorgfältig gebaute Filmreportage trägt zur demokratischen Auseinandersetzung und Meinungsbildung bei. Darüber hinaus stellt der Film Fragen an den Glauben an das technisch Machbare, zur Verantwortung für Umwelt und Zukunft und zur Demokratie, die durch sogenannte Sachzwänge bedroht ist. (Spielfilmliste)
allg. Publikum

Die grüne Stadt **F 187**
oder »vom menschlichen Maß«
Lötsch, Bernd, Österreich 1975
16 mm, Lichtton, Farbe, 38 min
Verfilmte Tonbildschau
IWF

Bäume mildern das großstädtische »Wüstenklima«: Grüne Innenhöfe als bioklimatische Frischzellen, lärmgeschützt und mit Sozialfunktion, gewachsene Stadtstrukturen als lebenswerte Außenräume; optimale Stadtbegrünung; Flächenvergleiche; Grünstraßennetz für Fußgänger und Radfahrer. (IWF)
allg. Publikum, Städteplaner

Grüne Tropen **F 188**
16 mm, Lichtton, Farbe, 30 min
IAB

Der Film schildert die Wirtschaftsweise auf einer biologisch arbeitenden Obstanlage in Thailand. Im Vergleich mit der konventionellen Landwirtschaft, die vor allem auf Chemie setzt, werden folgende biologische Methoden vorgestellt: Mischkulturen, Mulchen, Gründüngung, integrierte Fischhaltung, Selbstversorgung mit Lebensmitteln. Besondere Berücksichtigung findet das Problem der Rodung des immergrünen tropischen Regenwaldes und die Art und Weise, wie mit biologischen Ansätzen darauf reagiert werden kann. Exkurse zu den Themen integrierter Pflanzenschutz, Erosions-

schutz und Böden in den Tropen sind in den Film eingefügt. (IAB)
allg. Publikum, Dritte-Welt-Gruppen, Entwicklungshelfer

Ökomedia-Bewertung: wirksam

Information	Realisation	Motivation
3,0 Punkte	3,0 Punkte	2,7 Punkte

Ein informativer Beitrag über einen Öko-Landbauer in Thailand. Ein ruhiger Film, der überzeugend die Bedeutung des ökologischen Landbaus in der Dritten Welt darlegt.

Die Halde **F 189**
Pentagramma / Erler, Rainer, BRD 1975
16 mm, Farbe, 90 min
Imbild; Pentagramma

Auf seiner Wanderung durch die Welt, auf seiner Flucht vor der Zivilisation trifft der junge Tom, der reine Tor, das Mädchen Lizzi, ein seltsames, infantiles Geschöpf. Lizzi lebt mit ihren Eltern, mit Nachbarn und netten Leuten in den letzten Resten der Freizeitkolonie »Im Sonnengrund« mit angrenzendem Campingplatz. Dort macht man Ferien, genießt die Ruhe, die reine Luft, die Natur, freut sich am Werden und Vergehen in den kleinen Gärten, erholt sich vom Leben »da draußen« - und ist eigentlich nur geflohen vor der Zivilisation.
Aber dieses Paradies ist dem Untergang geweiht. Die Zivilisation hat es eingeholt und droht es zu verschlingen. Ein Gebirge eigener Art hat sich aufgetürmt, breitet sich über dem Tal aus, schiebt sich wie ein Lavastrom in diese Idylle, frißt Haus um Haus, Garten um Garten - eine gigantische Müllhalde.
Doch die Bewohner der Siedlung ignorieren das Unheil und nehmen die tödliche Bedrohung nicht zur Kenntnis, klammern sich an Klischees von Ordnung und Anstand, von Moral und Wohlverhalten, spielen weiter ihre hohl gewordenen ärmlichen Rituale, als sei nichts geschehen.
Unter der verdrängten, aber unaufhaltsamen Bedrohung brechen bei diesen lieben, netten Leuten die Konflikte auf, Aggressionen werden frei und damit Zwist, Haß, Streit, Neid, Mord und Totschlag... (ZDF)
allg. Publikum

Ökomedia-Bewertung: besonders wirksam

Information	Realisation	Motivation
	4,0 Punkte	4,0 Punkte

Ein äußerst beeindruckender und empfehlenswerter Spielfilm, der auf der Ökomedia '86 als »Der besondere Film« gezeigt wurde. Kleidung und Auftreten der Schauspieler entsprechen allerdings dem Stil der frühen 70er Jahre, so daß heute ungewollt Distanz zur Filmhandlung entsteht.

Half Life **F 190**
O'Rourke, Dennis, Australien 1985
16 mm, Lichtton, 35 mm, Farbe, 87 min
Cine Terz; EMZ 2; LBS 1, 4, 14

Von den Filmen, die über die Auswirkungen von Atombombentests gemacht wurden, ragt »Half Life« als einer der schokkierendsten heraus. Denn er handelt von Menschen, die offensichtlich einem unglaublichen Experiment ausgesetzt wurden: 1954 zündeten die USA auf dem Bikini-Atoll - inmitten einer paradiesischen Südseegegend - ihre erste Wasserstoffbombe. Entgegen der Praxis früherer Atombombentests wurden die Bewohner der umliegenden Atolle nicht evakuiert.
Bei den Bewohnern von Rongelap trat nach diesem Test eine steigende Zahl von Strahlenerkrankungen auf; steigend war auch die Zahl der Fehl- und Totgeburten sowie der Mißbildungen bei Neugeborenen. Die Kranken wurden in Spezialkliniken in die USA gebracht, wo ihnen Schilddrüsenteile, Knoten und in einigen

Fällen die ganze Schilddrüse entfernt wurde. Ein 19jähriger starb an Leukämie. Der Film zeigt, daß die Regierung der USA am Tag und in der Nacht vor dem Test davon wußte, daß der Wind in Richtung der bewohnten Atolle weht: Die Eingeborenen wurden als Versuchskaninchen in einem kontrollierten und überschaubaren Gebiet benutzt. Menschen, die den Rest ihres Lebens hier verbringen würden und an denen man die Kurz- und Langzeitwirkungen der Strahlung studieren konnte. (Cine Terz, gekürzt)
»Half Life« ist eine sehr behutsame Dokumentation, deren Sanftheit derjenigen der Inselbewohner entspricht, die den Amerikanern und ihren Tests so arglos und duldsam begegneten. O'Rourke geht es nicht in erster Linie darum, die USA anzuklagen, sondern vor allem um eine Warnung: »In gewissem Sinn sind die Bewohner der Marshall-Inseln die ersten Opfer des Dritten Weltkriegs.« Schurken als solche gibt es nicht, nur Wissenschaftler, Soldaten, Politiker und Bürokraten, die heute wie damals glauben, das Richtige getan zu haben.« (epd-Film)
»Film des Monats« (Jury der Evangelischen Filmarbeit)
allg. Publikum, Friedensgruppen

Ökomedia-Bewertung: besonders wirksam

Information	Realisation	Motivation
3,8 Punkte	4,0 Punkte	3,8 Punkte

Ein hervorragender Film, sowohl inhaltlich als auch in seiner formalen Umsetzung. Höchst engagiert klärt er die skandalösen Umstände der amerikanischen Atombombenversuche im Pazifik auf.

Der Hamstervogel **F 191**
Trickfilm
Lambert, Evelyn, Kanada 1969
16 mm, Lichtton, Farbe, 8 min
EMZ 4, 12; KMZ 1-3, 7-8, 10-13, 16, 18, 19; LBS 1, 9, 13, 14

Ein buntgefiederter Vogel sammelt übermäßigen Vorrat in seinem Bau. Seine Habsucht macht selbst vor den Sonnenstrahlen nicht halt. Folge: Die Erde erkaltet und mit ihr alles Leben. Erst als er die Sonnenstrahlen wieder zurückträgt, erwacht das Leben wieder auf der Erde. (KMZ)

Hatschipuh **F 192**
Spielfilm
König, Ulrich, BRD 1986
16 mm, Lichtton, Farbe, 95 min
atlas

Südlich von München liegt Schladerbach. Aber niemand im Ort ahnt, daß Schladerbach ein großes Geheimnis hat: Hilfreiche, meist unsichtbare Geister, die mitten im Ort ein kleines, unterirdisches Butzemännchendorf haben. Nur der Opa weiß von den geheimnisvollen Dingen, die im Ort vor sich gehen. Die Geschichte beginnt an dem Tag, an dem ein Bautrupp den Keller einer Super-Villa ausheben will, die der Bauunternehmer Otto Leder für sich und seine Frau erstellen will. Verzweifelt versuchen Opa und die Butzemännchen, den Bau zu verhindern... (atlas)
ab 6 Jahren

Ökomedia-Bewertung: wirksam

Information	Realisation	Motivation
	2,8 Punkte	3,0 Punkte

Ein schöner Kinderfilm, liebevoll und witzig gemacht. Zwar geht es in diesem Film auch um die Zerstörung einer bäuerlich-dörflichen Gegend durch das Geld neureicher Städter, man kann aber kaum von einem Öko-Film sprechen.

Haus der Götter **F 193**
Baumann, Karlheinz, BRD 1990
16 mm, Lichtton, Farbe, 15 min
LBS 1, 14

Aus dem Regenwald Venezuelas bis zu 3000 Meter hoch aufragende Tafelberge: »Haus der Götter« in der Indianersprache. Eine Forscherin erforscht Flora und Fauna, die durch die Abgeschlossenheit, ähnlich wie Galapagos, eine eigene Evolution aufweisen. (LBS 1)
ab 8 Jahren

Die Hausspitzmaus **F 194**
FWU / Huhn, Jürgen, BRD 1991
16 mm, Lichtton, Farbe, 15 min
FWU, LBS 5

Zu Beginn wird der typische Lebensraum vorgestellt, den die Hausspitzmaus bewohnt. Der Film zeigt ihre Lebensweise, die Suche nach Beute und das Zusammentreffen der Geschlechter. Neben charakteristischen Körpermerkmalen werden typische Verhaltensweisen der Tiere, u.a. beim Beutemachen und bei der Begegnung mit Artgenossen, vorgestellt. Eindrucksvolle Aufnahmen zeigen darüber hinaus das Verhalten von Mutter und Jungtieren im Nest und beim Wechsel zu einem neuen Unterschlupf. (FWU)

Ökomedia - Bewertung: wirksam

Information	Realisation	Motivation
2,6 Punkte	3 Punkte	3 Punkte

Reiner Tier- bzw. Biologiefilm mit zum Teil sehr schönen Bildern. Warum sie allerdings unter Naturschutz stehen, bleibt im Dunkeln.

Heide **F 195**
Eine uralte Kulturlandschaft
WBF, BRD 1991
16 mm, Lichtton, Farbe, 15 min
LBS 6, 7, 10; WBF

Der Film stellt die Heide als uralte Kulturlandschaft vor, die von Menschen durch Übernutzung und Zerstörung der natürlichen Laubwälder verursacht wurde. Heute sind nur noch Reste erhalten und unter Naturschutz gestellt: Lebensraum für bedrohte Tier- und Pflanzenarten. (LBS 10)
ab 8. Klasse

Ökomedia - Bewertung: brauchbar

Information	Realisation	Motivation
3,0 Punkte	2,2 Punkte	2,2 Punkte

Ein anschaulicher Lehrfilm mit durchgehendem Referat: viele Informationen, aber wenig Spannung.

Heimat statt Profit **F 196**
Vom Widerstand gegen ein Großprojekt
Hauschild, Waldemar, BRD 1984
16 mm, Magnetton, Farbe, 44 min
Basis, HFF

In Bayrisch-Schwaben liegt eine der größten Freiflächen Deutschlands, das Donauried. Seit mehr als zehn Jahren kämpft hier die Bevölkerung gegen die Ansiedlung von Großprojekten. Vom jüngsten Beispiel erzählt dieser Film.
Nicht nur das Für und Wider der Atomenergie beleuchtet der Film, sondern die betroffenen Menschen und die betroffene Natur.
Momentaufnahmen aus den umliegenden Gemeinden vermitteln etwas vom Charakter und Lebensgefühl der Bewohner. (Basis)

Ökomedia-Bewertung: wirksam

Information	Realisation	Motivation
3,0 Punkte	3,0 Punkte	3,0 Punkte

Engagierte Dokumentation des Kampfes von Landwirten gegen den Verlust ihrer Lebensgrundlage zugunsten eines AKWs. Der Film zeigt, wie die bedrohten Menschen für die Erhaltung ihrer Lebensweise kämpfen uns sich rechtzeitig zur Wehr setzen.

Herr Rossi beim Camping **F 197**
(Il signor Rossi al camping)
Trickfilm
Bozzetto, Bruno, Italien 1970
16 mm, Farbe, 12 min
EMZ 2, 6-8, 10, 12, 13; EZEF; KMZ 1, 5, 8, 19

Herr Rossi will Urlaub machen in der reinen, unverfälschten Natur. Doch diese erweist sich bald in vieler Hinsicht als unvollkommen. Ein Zeichentrickfilm, der von der vergeblichen Mühe berichtet, den Zwängen der Zivilisation zu entfliehen. (KMZ)

Herrscher des Urwalds **F 198**
Brandt, Henry; Sielmann, Heinz, Belgien 1958
35 mm, Farbe, 89 min
Globus

Der belgische König erteilt den Auftrag: »Angesichts der rasch fortschreitenden Entwicklung unserer Welt schien es mir wünschenswert, die vieltausendjährigen Überlieferungen des Kongo in Bild und Ton fortleben zu lassen.« Der Repräsentant einstiger Kolonialherrschaft, Mitverantwortlicher für die fortschreitende Entwicklung, läßt, bevor sie gänzlich zerstört ist, »die Oase der Unschuld« filmen. Der Filmemacher entdeckt bei den Watussi-Mädchen »die natürliche Anmut unschuldiger Geschöpfe«. (Globus)
allg. Publikum

Hessischer Herbst **F 199**
aus der Serie: Keine Startbahn West. Trilogie eines Widerstandes
Arbeitsgemeinschaft HE-Film / Frickel, Thomas; Oehme, Gunter; Schneider, Wolfgang, BRD 1981
HE-Film; LBS 7; Verleih der Filmemacher

28. Oktober 1980. Der Staat zeigt seine Zähne. Sie sind hart wie Schlagstöcke und scharf wie Stacheldraht. Zehn Hundertschaften der Polizei treiben die Bürger einer Region aus ihrem Wald. Unter dem Schutz der Staatsgewalt rücken die Holzfäller ein, die der Startbahn West eine Trasse schlagen sollen. Das ist der Hessische Herbst des Jahres 1980.
allg. Publikum, Umweltgruppen

Ökomedia-Bewertung: brauchbar

Information	Realisation	Motivation
2,0 Punkte	2,7 Punkte	2,5 Punkte

Nach gut gelungenem Anfang mit Montagen, ironisch und amüsant, fällt der Film inhaltlich und formal ab. Trotzdem ist er für Bürgerinitiativen interessant.

Hier spielen Kinder **F 200**
Appelt, Gisela; Harrich, Walter; Strigel, Claus; Verhaag, Bertram, BRD 1976
16 mm, Lichtton, Farbe, 17 min
EMZ 12; LBS 4, 9, 13; HFF; LZNW

In einer Sackgasse der Münchener Innenstadt spielen Kinder. Autofahrer nutzen sie als Parkplatz. Obwohl Spielstraße und nur für Anwohner freigegeben, blokkieren parkende Autos den ohnehin kleinen Freiraum. Die schwierige Situation ist deutlich: Kinder können nicht ungestört spielen. Die Kinder beginnen sich zur Wehr zu setzen. (LZNW)

Ökomedia-Bewertung: wirksam

Information	Realisation	Motivation
2,3 Punkte	2,6 Punkte	3,3 Punkte

Ein hoffnungsloser Kampf von Kindern gegen die Autowelt einer Großstadt. Guter Film als Einstieg zum Thema Kinder und Verkehr.

Dem Himmel untertan: Grasland **F 201**
(Depending on Heaven: The Grasslands)
Show & Tell Films / Entell, Peter, Schweiz 1987
16 mm, Lichtton, Farbe, 28 min
Cine Terz; EMZ 6; KMZ 19; LBS 1, 4, 13, 14

Eine Nomadenfamilie zieht mit ihrer Herde durch die riesigen Weiten der Mongolei. Peter Entell schildert das Leben dieser Nachfahren Dschingis Khans im Zyklus der Jahreszeiten. (Cine Terz)
allg. Publikum

Ökomedia-Bewertung: besonders wirksam

Information	Realisation	Motivation
3,0 Punkte	4,0 Punkte	4,0 Punkte

Eine hervorragende Filmdokumentation, die vor allem durch faszinierende Bilder besticht. Der Film vermittelt keine Zahlen und Fakten, er erzählt mit seinen Bildern das Leben dieser Nomaden, die im Einklang mit der Natur leben. Wenn man nicht verstanden hat, wie der Lebensraum Steppe und die nomadisierenden Völker zusammen harmonieren, kann man das Problem, das im zweiten Film »Die Wüste« dargestellt wird, nicht verstehen. Es ist deshalb sinnvoll, die beiden Filme zusammen einzusetzen.

Dem Himmel untertan: Die Wüste **F 202**

(Depending on Heaven: The Desert)
Show & Tell Films / Entell, Peter, Schweiz 1987
16 mm, Lichtton, Farbe, 28 min
Cine Terz; LBS 4

Die »Wüste« zeigt den Überlebenskampf einer Nomadenfamilie in der Mongolei. Es ist die Geschichte einer sich verändernden Umwelt, eines veränderten Lebens von einer Generation zur nächsten. Das Problem heißt Überweidung und Wüstenbildung des Landes durch die seßhaft gewordenen Nomaden. (Cine Terz)
allg. Publikum

Ökomedia-Bewertung: wirksam

Information	Realisation	Motivation
3,0 Punkte	3,3 Punkte	3,0 Punkte

Auch dieser Teil des Filmes ist sehr beeindruckend, wenn er auch nicht ganz so brillant ist wie »Grasland«. Auch hier schildert Peter Entell, er erklärt nicht. Es ist empfehlenswert, die beiden Teile gemeinsam zu zeigen.

Hiroshima - Erinnern und Verdrängen **F 203**

Leiser, Erwin, Schweiz 1985
16 mm, Lichtton, Farbe, 58 min
s. Video
BJF; DFZ; EMZ 7, 10, 12, 13, 14; KMZ 6, 10, 19; LBS 1-4, 7-11, 13, 14, 17; LFD 1-13; LZNW

Die Dokumentation knüpft an den ersten Film des Regisseurs aus dem Jahre 1962 mit dem Titel »Wähle das Leben« an. Ihm stellt er die Aufgaben von 1985 gegenüber und beschreibt so, was in den Jahren zwischen 1962 und 1985 aus jenen Menschen geworden ist, die - wenn auch teilweise furchtbar gekennzeichnet - den Abwurf der Atombombe überlebt haben. Einige, deren Schicksal Erwin Leiser 1962 vorstellte, fand der Regisseur wieder. Mit ihnen setzt er seinen Bericht fort. Andere sind verstorben. Und es gibt Überlebende, die als Atomopfer nicht mehr erkannt werden wollen, weil sie vergessen möchten, um leben zu können. So entstand ein Film über die sichtbaren und unsichtbaren Folgen der Katastrophe, über die Angst, die auf den Betroffenen, ihren Kindern und Enkeln als Folge der radioaktiven Strahlung vor mehr als 40 Jahren immer noch lastet. Ein Film über Opfer und Täter und den letztlich überall anzutreffenden verhängnisvollen Versuch, geschichtliche Katastrophen vergessen und verdrängen zu wollen, statt aus ihnen zum Wohle der Menschheit zu lernen. (LZNW)
allg. Publikum, Friedensgruppen

Hiroshima - Nagasaki, August 1945 **F 204**
Barnouw, Erik; Ronder, Paul, USA 1945
16 mm, Lichtton, sw, 18 min
Unidoc

Das Inferno von Hiroshima und Nagasaki ist nicht nur ein bloßes Anhängsel des 2. Weltkrieges. Es ist der Beginn einer bis heute dauernden Konfrontation zwischen den USA und der UdSSR. Der Film zeigt Dokumentaraufnahmen vom Abwurf der Bomben auf beide Städte. Man kennt vielleicht die Bilder der Zerstörung, weniger aber die Opfer: Sie zeigen ihre Schmerzen und ihre erfolglosen Bemühungen, diese Schmerzen zu lindern. (Unidoc)
allg. Publikum, Friedensgruppen

Hirschhagen **F 205**
Beck, Christine, BRD 1985
16 mm, Lichtton, Farbe, 47 min
LBS 14

Hirschhagen, ein verstecktes Dorf in Nordhessen, war bis 1945 Sitz einer der größten Munitionsfabriken der NS-Zeit. Dort leisteten aus den besetzten Gebieten verschleppte Frauen Zwangsarbeit, darunter auch Jüdinnen, die im Konzentrationslager Buchenwald gefangen waren. Heute spült die Natur mit dem aus den Rückständen dieser Munitionsfabrik verseuchten Trinkwasser buchstäblich die Folgen der geschichtlichen Verdrängung aus dem Berg. (Kurzfilmliste)
allg. Publikum

Ökomedia-Bewertung: wirksam

Information	Realisation	Motivation
2,5 Punkte	3,0 Punkte	2,5 Punkte

Eigentlich ein mehr politisch-historischer Film, die ökologischen Aspekte bleiben am Rande. Vor allem durch seine formale Eigenwilligkeit ein interessanter Beitrag.

Das Hochmoor **F 206**
FWU / Garberding, Karl-Heinz, BRD 1987
16 mm, Lichtton, Farbe, 19 min
m. Begleitmaterial
FWU; LBS 1-10, 12, 14

Der Film beschreibt das Hochmoor als einen Lebensraum mit extremen Bedingungen, durch die nur wenige Pflanzen- und Tierarten überleben können. Die Entstehung eines Hochmoors steht zunächst im Vordergrund. Die Zuschauer lernen die ökologische Bedeutung seiner Groß- (Moorweite, Randgehänge, Lage) und Kleingliederung (Bulten, Schenken) kennen und begreifen das Hochmoor als ein schützenswürdiges Ökosystem, das durch menschliche Eingriffe bedroht ist. Regenerationsmaßnahmen sind daher notwendig. (FWU, gekürzt)
Sekundarstufe I und II, Jugend- und Erwachsenenbildung, Naturschutzgruppen

Ökomedia-Bewertung: wirksam

Information	Realisation	Motivation
3,2 Punkte	3,0 Punkte	3,0 Punkte

Ein schöner, anschaulicher und informativer Film.

Hochwasser am Rhein **F 207**
FWU / Stanjek, Klaus, BRD 1991
16 mm, Lichtton, Farbe, 16 min
FWU; LBS 5

Der Film zeigt das Hochwasser vom Februar 1990 im Mündungsbereich der Mosel und vor allem am Rhein in Andernach bei Koblenz in der Auswirkung auf die betroffenen Menschen, die Bewohner und Helfer. Neben der Darstellung von Verlauf und Auswirkungen des Hochwassers und der passiven Schutzmaßnahmen wird der Blick auf die Entstehung und die Verschärfung des Hochwassers gerichtet. (FWU)

Ökomedia - Bewertung: wirksam

Information	Realisation	Motivation
3,0 Punkte	3 Punkte	2,7 Punkte

Ein Film ohne Kommentar mit zum Teil beeindruckenden Bildern. Etwas schneller dürfte er schon sein.

Die Hoffnung der Leute von Fogo und Brava - Ländliche Regionalentwicklung auf den Kapverdischen Inseln **F 208**
Hartmann, Peter / GTZ, BRD 1986
16 mm, Lichtton, Farbe, 45 min
LBS 1, 5, 10, 14; LFD 1-9

Die Kapverdischen Inseln leiden unter immer wiederkehrenden Dürreperioden. Es fehlt an Infrastruktur. Es gibt keine Arbeitsplätze, kaum Verdienstmöglichkeiten. Bereits 1976, ein Jahr nach der Unabhängigkeit von Portugal, entstanden integrierte Entwicklungsmaßnahmen für die Inseln Fogo und Bravo, die die GTZ mit dem Ziel verfolgt, die soziale und wirtschaftliche Lage der Inselbewohner nachhaltig zu verbessern. Viele Einzelmaßnahmen aus den Bereichen Landwirtschaft, Forst, Fischerei, Infrastruktur, Energie, Gesundheit und Bildung greifen dabei ineinander. Der Film veranschaulicht die einzelnen Komponenten des Gesamtprogramms. (LFD 9)
Dritte-Welt-Gruppen, Entwicklungshelfer

Die holden Weisen rauschen nicht mehr **F 209**
WDR / Wiehn, Karl, BRD 1973
16 mm, Lichtton, Farbe, 45 min
DFZ; EMZ 7, 10, 12, 14; KMZ 6, 10, 19; LBS 1-14; LFD 1-13; LZNW

Seit 180.000 Jahren fließt die Weser, aber wenige Jahrzehnte reichten aus, um sie zur Kloake zu machen. Salzkonzentrationen und Kaliablagerungen zerstörten ihre Selbstreinigungskraft. Im Sommer und Winter ist das Bild gleichermaßen deprimierend. Das Kamerateam fuhr stromaufwärts von Thüringen bis zur Mündung, einmal im Sommer und einmal im Winter, und wurde so zum Chronisten der Zerstörung. Es dokumentiert, daß die Weser zu den schmutzigsten Flüssen Deutschlands gehört und bat Anwohner, Politiker und Vertreter der Industrie zu Kommentaren vor die Linse. Aus unbeholfenen Klagen, kaschierten Ausflüchten oder unbeholfenem Zynismus kristallisiert sich das Problem der Umweltverschmutzung erneut als eines der Kernprobleme unserer Zeit heraus. (LFD 2)
ab 8. Klasse

Holz aus Niedersachsen **F 210**
aus der Serie: Einmal Dritte Welt und zurück
Spielfilm
Michel, Heiner; Puhl, Fritz, BRD 1974
16 mm, Farbe, 16 min
EMZ 1, 2, 5, 6, 8, 10; EZEF

Was wäre, wenn es umgekehrt wäre? Der Schwarze Alimandu interviewt den Chefeinkäufer von Holz in Niedersachsen. Das Holz reicht noch für acht Jahre. Gegen die wachsende Unruhe in der Bevölkerung über das Ausmaß des Abholzens empfiehlt der Einkäufer als Gegenmaßnahme, den Hahn der Entwicklungshilfe ein wenig zuzudrehen. Niedersachsen droht damit eine Versteppung. Ein Film, der uns das Verständnis für die Lage der Entwicklungsländer erleichtern möchte, indem er uns in ihre Lage versetzt. (EMZ 1)

Horizonte **F 211**
BRD 1988
16 mm, Lichtton, Farbe, 15 min
EMZ 4, 8; EZEF; KMZ 7

Mit faszinierenden Dokumentaraufnahmen von verschiedenen Horizontmotiven, die von Schönheit und Harmonie der Schöpfung zeugen, beginnt der Film.

Doch mit dem Eingriff des Menschen in die Natur zeichnet sich eine grundlegende Veränderung der Landschaft ab. Sie reicht von einer partiellen Zerstörung bis hin zur völligen Vernichtung des Lebens. (KMZ 7)
ab 14 Jahren

Hotet
s. Bedrohung

Die Hühner **F 212**
(Al Dajai)
Omar Amiraly, Syrien 1978, 35 mm, sw, 45 min
Freunde der deutsche Kinemathek

Der Film wurde in einem syrischen Dorf gedreht und beschreibt die sozio-ökonomischen und kulturellen Veränderungen, die durch die Einführung kapitalistischer Produktionsweisen hervorgerufen werden. (gep)
Amiraly über seinen Film: »Ich wollte einen Film machen, der nicht wie ein Pflasterstein ist, sondern der sich wie eine Kugel langsam seinen Weg bahnt. Man mußte sehen, wie man einen Film machen kann, der eine Wirklichkeit auseinandernimmt, ein Zeugnis über sie ablegt, der eine Analyse über sie bringt, eine Aussage, ohne dabei jemals zum bloßen Vergnügen die Strukturen des Staates anzugreifen, ohne vom Dröhnen der Militärstiefel, von der Religion oder von den Parteien zu sprechen, sondern indem man vom wirtschaftlichen Gefüge spricht, das nur diese Art von Regime hervorbringt.«
allg. Publikum

Die Hunde sind los **F 213**
Trickfilm
Rosen, Martin, USA 1982
16 mm, Lichtton, Farbe, 130 min
atlas

Zwei Hunde, Wuff und Snitter, fliehen aus einem Tierversuchslabor, in dem grausame Experimente durchgeführt werden. Da an ihnen die Wirkung biologischer Waffen erprobt worden war, werden sie nun als vermeintliche Seuchenträger von den Menschen erbarmungslos gejagt. Sie sind hungrig und ständig auf der Flucht. Dabei können sie sich nicht entscheiden, ob sie besser als wilde Tiere oder als Haustiere bei Menschen leben sollten. Von den Jägern gestellt, schwimmen sie schließlich aufs offene Merr hinaus, um eine sagenumwobene Insel zu finden. (atlas)
Martin Rosen zeigt eine der heute sinnvollen Möglichkeiten des Animationsfilms: Die Schilderung einer Wirklichkeit, die sich nicht einfach abfilmen läßt, weil sie entweder der Realfilmkamera nicht zugänglich ist oder für die Inszenierung unverantwortliche Opfer erfordern würde. (filmdienst)
ab 14 Jahren, Tierschutzgruppen

Hunger **F 214**
Trickfilm
National Film Board of Canada / Foldes, Peter, Kanada 1974
16 mm, Lichtton, Farbe, 12 min
s. Video
BJF; EMZ 1, 2, 4, 7-13; FWU; KMZ 2, 3, 5-7, 10, 13, 17, 20, 22; LBS 1-14; LFD 1, 2, 6-8

Der Film ist in einer neuen Animationstechnik über einen Computer hergestellt, wobei Personen und Gegenstände in Linien dargestellt sind und ständig zu neuen Konturen zerfließen: Ein vielbeschäftigter, schmalbrüstiger Managertyp, der seine Sekretärin wie die Telefone als Werkzeug handhabt, begibt sich nach Dienstschluß nacheinander in ein Delikatessengeschäft, ein Restaurant, einen Supermarkt und in seine Wohnung. Auf diesem Weg vertilgt er - dabei immer dik-

ker werdend - wahllos Nahrungsmittel, Frauen, Möbel, Einrichtungsgegenstände, bis er übersättigt und von Leibschmerzen geplagt, mit Hilfe von Tabletten einzuschlafen versucht. Im Traum stürzt er ins Bodenlose und sieht sich umgeben von einer unübersehbaren Menge ausgemergelter Gestalten, die einen immer enger werdenden Ring bilden und über ihn herfallen, um ihn zu verzehren. (FWU)
ab 9. Klasse

Ilha das Flores **F 215**
Furtado, Jorge, Brasilien 1989
35 mm, Farbe, 13 min, dt. und engl. Fass. mU
EZEF (dt. Fass.); New Urge Films (engl. Fass.)

Eine Tomate wird gepflanzt, geerntet, transportiert und in einem Supermarkt verkauft, aber sie verdirbt und endet auf dem Müll. Endet? Nein. »Ihla das Flores« folgt ihr bis zum wirklichen Ende zwischen Tieren, Müll, Frauen und Kindern. Und dann wird der Unterschied klar, der zwischen Tomaten, Schweinen und Menschen besteht. (New Urge Films)
allg. Publikum

Ökomedia - Bewertung: besonders wirksam

Information	Realisation	Motivation
3,0 Punkte	3,8 Punkte	3,8 Punkte

Ein hervorragender, satirischer, oder besser zynischer Film, oft hart an der Geschmacksgrenze, jedoch äußerst wirkungsvoll. Schauplatz: eine Müllhalde und die Ärmsten der Armen.

Im Land der Bären **F 216**
Walt Disney, USA 1958
16 mm, Lichtton, Farbe, 30 min
LFD 1, 4

Walt Disney beobachtet mit seiner Kamera das Leben einer Bärenfamilie. Die im Yellowstone-Nationalpark aufgenommenen schwarzen Bären sind heute nur noch selten anzutreffen. (LFD 1)
ab 6 Jahren

Ökomedia-Bewertung: wirksam

Information	Realisation	Motivation
2,5 Punkte	2,7 Punkte	2,8 Punkte

Im Vergleich zu anderen Disney-Naturfilmen ein eher mittelmäßiger Film mit schönen Bildern vom Bärenleben.

Immer langsam voran **F 217**
Studio Herkenrath / Ulrich, Bodo, BRD 1985
16 mm, Lichtton, Farbe, 29 min
s. Video
Planfilm

In einer stillgelegten und renaturierten Sandgrube in Niedersachsen werden alle Funde von Sumpfschildkröten gesammelt, registriert, gemessen und gewogen und hinter Maschendraht in eine begrenzte Freiheit entlassen. Ein Biologe erforscht hier die Lebensgewohnheiten dieser Tiere, um zu klären, unter welchen Bedingungen sich diese Tiere erfolgreich vermehren. Nur dann läßt sich entscheiden, ob Sumpfschildkröten unter Artenschutz gestellt werden müssen. (Planfilm, gekürzt)
Sekundarstufe I und II, Tierschutzgruppen

Ökomedia-Bewertung: wirksam

Information	Realisation	Motivation
2,5 Punkte	3,0 Punkte	2,7 Punkte

Sehr gute Kamera, schöner Schnitt. Wichtige Fragen werden aber nicht gestellt: Ist es überhaupt richtig, daß der Mensch als Geburtshelfer agiert und Schildkröteneier in erwärmten Plastikschalen ausbrütet? Diese Art des Tierschutzes erscheint fragwürdig, da die Schildkröten aus klimatischen Gründen in diesen Breiten nicht mehr leben, nicht also aufgrund menschlicher Eingriffe.

Im Tal der Biber **F 218**
Walt Disney / Algar, James, USA 1958
16 mm, Lichtton, Farbe, 30 min
AV-Film; KMZ 6, 10; LFD 1, 4, 8

Schauplatz dieses Walt Disney-Naturfilms ist ein für Menschen fast unzugängliches Tal in den Rocky Mountains der USA. Hier beobachtet die Kamera die Tierwelt des abgeschiedenen Gebirgstals während eines ganzen Jahres: Elche und Rehe, Fischotter und Lachse, Reiher und Wildgänse, Enten und Eulen, Frösche und Kröten, den Präriewolf und vor allem das Leben des Bibers, der im Mittelpunkt dieser Naturerzählung steht. (LFD 1)
ab 6 Jahren

Ökomedia-Bewertung: wirksam

Information	Realisation	Motivation
3,0 Punkte	3,0 Punkte	3,0 Punkte

Ein echter Walt-Disney-Naturfilm mit schönen Bildern einer intakten Landschaft und ihren Bewohnern.

Im Teufelskreis **F 219**
(Dark Circle)
Irving, John; Beaver, Chris; Landry, Ruth, USA 1982
16 mm, Farbe, 82
Arsenal; LBS 7

»Im Teufelskreis« ist ein anderthalbstündiger Dokumentarfilm, der ein dramatisches Porträt des Lebens im Atomzeitalter liefert, indem er eine Reihe von »atomaren Biomeilern« ineinanderschachtelt. Er zeigt anschaulich, was Bau, Test und Gebrauch von Wasserstoffbomben vom Standpunkt des einzelnen Menschen bedeutet. Er vermittelt, wie der Laie, der Durchschnitts-Bürger, selbst im Frieden von Atomwaffen bedroht ist. Der Film zeigt die von der Atomindustrie heruntergespielte Bedeutung von atomaren Waffen und atomarer Macht auf. »Im Teufelskreis« verbindet die friedliche Atomnutzung mit der atomaren Aufrüstung zu einer Einheit. Die ungleichartigen Teile sind durch Plutonium verbunden: Familien ziehen weg aus Rocky Flats, weil plötzlich Leukämie und Krebs zunehmen - aufgrund einer Plutonium-Verseuchung der Wasserreserven. (Arsenal)
allg. Publikum, Friedensgruppen

Im Urwald gibt's noch viel zu tun **F 220**
(En la silva hay mucho por hacer)
Spielfilm
Grupo Experimental de Cine, Uruguay 1974
16 mm, Magnetton, Farbe, 17 min
Con; Freunde der deutschen Kinemathek

Der Film erzählt die Geschichte von Tieren im Dschungel, von Elefanten, vom Tiger, von der Eule, von der Schildkröte, vom Seehund und sogar von den Schlangen - und wie sie zusammen arbeiten, um den Dschungel zu einem sicheren und angenehmen Wohnort zu machen. Eines Tages kommt ein Jäger in den Dschungel, der einige Tiere fängt und sie in den Zoo der Stadt bringt. Aber mit Hilfe eines kleinen Mädchens gelingt es ihnen zu fliehen und in den Dschungel, ihr Zuhause, zurückzukehren, wo noch eine Menge Arbeit auf sie wartet. (Freunde der deutschen Kinemathek)

Im Zauberwald **F 221**
Spielfilm
Eriksen, Skule, Norwegen 1986
16mm, Farbe, 20 min
s. Video
EMZ 6; KFW; KMZ 7, 8, 11, 12, 16, 18-20; LBS 1, 13; LFD 8

Im Norden Norwegens vor 100 Jahren. Rauni streift mit seinem Vater durch den Wald und entdeckt eine Fülle interessanter Tiere und Pflanzen. Als der Vater einen Vogel schießt, ist Rauni entsetzt.

So macht er sich, als der Vater eingeschlafen ist, alleine auf den Weg. (KFW)
ab 6 Jahren

Ökomedia - Bewertung: wirksam

Information	Realisation	Motivation
	3,0 Punkte	2,5 Punkte

Ein sehr sanfter, ruhiger Film. Das Verschwinden des kleinen Jungen steht aber für den Zuschauer mehr im Vordergrund als die Begegnung mit der Natur. Der Film läßt viel Raum für kindliche Fantasien und für eigene Formulierungen zum Thema Umgang mit Wildtieren.

Im Zeichen des Kreuzes F 222
Spielfilm
Boldt, Rainer, BRD 1983
16 mm, Lichtton, Farbe, 100 min
atlas

Die fiktive Geschichte eines Straßenverkehrsunfalls im Jahre 1990. Eine Katastrophe in der Nähe eines Dorfes wird dadurch ausgelöst, daß ein LKW, der Flüssiggas transportiert, mit einem anderen LKW zusammenstößt, der radioaktives Material zur Wiederaufarbeitung bringt. Die Katastrophe ist perfekt, da radioaktive Strahlungen freigesetzt werden. Der Röntgenarzt Dr. Bensch verbringt in dem Dorf seine Ferien, als die Katastrophe passiert. Er wird um Hilfe gebeten. Während er danach in seine Praxis zurückkehrt, werden die Bewohner des Dorfes evakuiert, die Unfallstelle wird hermetisch abgeriegelt. Das Arztehepaar wird aus der Praxis geholt und auf die Isolierstation eines großen Krankenhauses gebracht. Beide ahnen allmählich, was passiert ist. Ihre Ahnung wird Gewißheit, und sie fliehen schließlich aus dem Krankenhaus, um sich zu ihrem Sohn durchzuschlagen. (atlas)

Ökomedia-Bewertung: besonders wirksam

Information	Realisation	Motivation
	4,0 Punkte	3,5 Punkte

Ein hervorragender Film, der ohne Effekthascherei die entsetzlichen Folgen eines Atomunfalls illustriert. Ein Spielfilm, der es vielleicht noch am ehesten schafft, ein breites Publikum anzusprechen.

Industrielle Papierherstellung F 223
FWU / Blome, Konstantin, BRD 1992
16 mm, Lichtton, Farbe, 15 min
s. Video
FWU; LBS 5

Der Film zeigt nach einem kurzen Überblick über die Geschichte der Papierherstellung, welche Rohstoffe dafür erforderlich sind und wo diese herkommen. Bei der Beschreibung des Produktionsprozesses spielt die Umweltbelastung bzw. deren Vermeidung eine wesentliche Rolle. Die vielfältige Verwendung von Papier in unserer Gesellschaft wird an einigen Beispielen gezeigt. (FWU)
ab. 8. Klasse

Ökomedia-Bewertung: wirksam

Information	Realisation	Motivation
2,4 Punkte	2,8 Punkte	2,6 Punkte

Die Kontrastierung von historischer und moderner Papierherstellung ist gelungen. Ärgerlich: Weder bei der Herstellung von neuem Papier, noch beim Recyclingpapier wird über Emissionen informiert. Der Appell zum Papiersparen genügt nicht, es wäre dringend nötig, ein Wort über die Abwässer generell und die Ansammlung von giftigen Stoffen in Recyclingpapier zu verlieren. Blieben solche wesentlichen Punkte ausgespart, weil der Verband deutscher Papierfabriken den Film mitfinanziert hat?

Ingo's Interview **F 224**
Spielfilm
Schedereit, Karl, BRD 1983
16 mm, Farbe, 86 min
Cine Terz; LBS 4

Ein deutscher Fernseh-Reporter bereitet in Costa Rica einen Dokumentarfilm über den Alltag einer Tagelöhner-Familie vor. Zusätzlich soll er über den Besuch des US-Präsidenten berichten. Ingo, ein Journalist einer einheimischen Zeitung, gerät zufällig an den Reporter. Aus einem Interview entwickelt sich ein Streitgespräch der beiden über die Rolle der europäischen Medien in der sogenannten Dritten Welt. Dem Reporter wird im Laufe des Gesprächs seine eurozentrische Weltsicht vor Augen geführt und mit ihm den Zuschauern. (Cine Terz)

Inseln im Meer **F 225**
Walt Disney, USA
16 mm, Lichtton, Farbe, 28 min
AV-Film

Der Film gibt einen Einblick in eine bezaubernde Tierwelt: Die Landschildkröte, der Leguan, der Taschenkrebs, der Kormoran, die Pinguine - sie sind in diesem Film auf den Galapagos-Inseln, Guadalupe und den Falkland-Inseln aufgenommen worden. (AV-Film)
ab 6 Jahren

Inughuit - Die Menschen am Nabel der Welt **F 226**
Edenfilm / Julén, Staffan; Yulén, Ylva, Schweden 1985
16 mm, Lichtton, Farbe, 85 min
(zur Zeit nur in englischer Fassung)
s. Video
Con

Landschaft in bizarrer, kalter Schönheit, Winterfarben, Eisberge, Schneestille. Vögel kreisen und Eisschollen treiben. Walgesänge. So schön fängt selten ein Film an: Mit faszinierender und wortloser Ästhetik. Wir sind in Grönland, in Thule, dort, wo alle Straßen enden. Thule ist die nördlichste Siedlung der Erde. Hier wohnen die Inughuit, arktische Eskimos im ewigen Eis. Das Jahr in Nordgrönland hat fünf Monate hellen Tag und fünf Monate finstere Nacht mit Temperaturen von bis zu 50 Grad unter Null. Winter total. In diesem extremen Land hängt das Überleben von den Tieren ab, denn hier wächst nichts. Die Inughuit leben von Robben, Walen, Polarbären und Seevögeln.
»Ölgesellschaften sind an unseren Ressourcen interessiert. Wir sind ihnen egal.« Ein Inughuit erzählt in seiner Stammessprache. Wir erfahren, daß das Dorf, in dem er lebt, erst seit 1953 besteht, dem Geburtsjahr der amerikanischen Militärbasis. Denn die Soldaten bauten ihren Flugplatz just da, wo die Inughuit ihre Häuser hatten.
Dann fährt die Kamera mit dem Hundeschlitten hinaus in die eisige Weite. Sie dokumentiert das Leben der Inughuit, wie sie jagen und fischen, wie sie heiraten und singen. Sie macht es mit größter Sensibilität und Echtheit. Ein Dokumentarfilm comme il faut. Sehr eindrucksvoll: Der alte Mann, der mit der Kehrschaufel klappert und Lieder seines Vaters singt, Urgesänge der alten Eskimo-Kultur, die ihnen bei der Christianisierung ausgetrieben wurden. Oder die herrlichen Bilder der Inughuit-Hochzeit, wo Tradition und neues Zeitalter an einem Tisch sitzen.
Doch dann schildert ein Jäger, warum er nicht mehr »shop-keeper« ist, was so viele wurden: »Bis in die sechziger Jahre waren wir eine geschlossene Gesellschaft. Dann erreichte uns die Zivilisation. Schule war neu für uns, wir wurden Händler, Ladenbesitzer - aber ich will wieder Jäger sein.« Er konnte das Leben hinter Mauern nicht mehr ertragen und wollte hinaus ins Eismeer. Und mit ihm

viele andere auch, denen es gleich erging. Sie lernen wieder die Gesetze der Robbenjagd und des Walfangs, nach Art der Polar-Eskimos wie sie seit Tausenden von Jahren praktiziert werden. Sie sind keine industriellen Schlächter und haben keine Walfangflotten. »Doch was wissen die Europäer schon von Robben?« Die Tierschützer eingeschlossen. »Eine Dame in Paris dachte, wir sollten doch Vegetarier werden...« Im Eismeer, wo kein Gemüse wächst. (w & m: Der Öko-Filmtip, gekürzt)
allg. Publikum

Ökomedia-Bewertung: besonders wirksam

Information	Realisation	Motivation
3,5 Punkte	4,0 Punkte	3,5 Punkte

Ein herausragender Dokumentarfilm, einfühlsam und ruhig, ohne Kommentar. Ein ethnographischer Film in der Nachfolge von Flahertys »Nanook«. »Inughuit« wurde mit dem »Spezialpreis der Jury« auf den Ökomedia '87 ausgezeichnet.

Iracema **F 227**
Spielfilm
Bodanzky, Jorge; Senna, Orlando, Brasilien / BRD 1975
16 mm, Farbe, 96 min
s. Video
BJF; DFZ; LFD 1-9; LZNW

Die industrielle Erschließung Amazoniens durch in- und ausländische Konzerne, die Abholzung und Zerstörung des Regenwaldes, der Bau eines gigantischen Straßensystems quer durch den südamerikanischen Kontinent, die Vertreibung und Versklavung der Urbevölkerung durch rücksichtslose industrielle Expansion, das brasilianische Wirtschaftswunder mit seiner trüben Konjunktur der Spekulanten und Glücksritter bilden den Hintergrund der Geschichte der 15jährigen Iracema. Ihr Leidensweg als Prostituierte ist stellvertretend für ein Millionenheer von Besitz- und Rechtlosen in Brasilien. Vor allem die Lage der Frau ist demütigend. Sie kann weder entscheiden noch fordern. (DFZ)

Irmgard Gietl... kämpft um ihre Heimat **F 228**
Denkmal-Film / Strigel, Claus; Verhaag, Bertram, BRD 1987
16 mm, Lichtton, Farbe, 45 min
s. Video
Denkmal-Film; EMZ 2, 4, 7, 12; KMZ 2, 8, 11, 12, 14, 19; LZNW; Verleih der Filmemacher

Irmgard Gietl, gestandene Oberpfälzerin, 58 Jahre, verheiratet, Hausfrau, Mutter von drei erwachsenen Töchtern und gläubige Katholikin, ist ein sehr lebendiges Beispiel für den Oberpfälzer Aufbruch und Ausbruch aus traditionell geprägten Bahnen. Dieser Gesinnungswandel gegen die Wiederaufarbeitungsanlage in Wackersdorf ist typisch für viele Oberpfälzer. Ohne dezidierte Meinung zu Fragen der Kernenergie entsprach sie bisher dem Bild des duldsamen, heimatverbundenen Oberpfälzers, wie ihn Ludwig Thoma beschrieb: »Man braucht keine Angst zu haben, daß er nachdenkt, sondern er wählt bloß...«
Irmgard Gietls Widerstand gegen die Kernenergie ist kein wütendes Anrennen gegen den Zaun und die Anlage: Ihr gesamtes Denken ist grundlegend verändert. Scheinbar selbstverständliche Begriffe wie Demokratie, Recht, Gerechtigkeit, Umwelt, Ernährung, Gesundheit, Freundschaft usw. füllen sich für sie mit neuen Inhalten. Diese Veränderungen sind gerade zwei Jahre alt und gezeichnet von einer enormen Offenheit, von Engagement und manchmal auch von nicht zu bremsendem Übereifer. Begleitet wird ihre Veränderung aber auch von immer wieder neuen Zweifeln, ob das, was sie tut, auch richtig sei.

Manche Nacht liegt sie deshalb schlaflos... (Denkmal-Film)
allg. Publikum, Anti-Atom-Gruppen

Ökomedia-Bewertung: wirksam

Information	Realisation	Motivation
3,0 Punkte	3,2 Punkte	3,3 Punkte

Ein wirklich beeindruckendes Porträt einer Oberpfälzerin im Widerstand. Nie trocken, auch filmisch gelungen, wirkt dieser Film überzeugend und lebensnah.

Ein Jäger aus Kurpfalz **F 229**
Trickfilm
Ehmann, Jochen, BRD 1985
16 mm, Magnetton, Farbe, 2 min
Ehmann

Eine kleine Geschichte zum deutschen Wald, der in so vielen Volksliedern besungen wird.
allg. Publikum

Ökomedia-Bewertung: wirksam

Information	Realisation	Motivation
	3,5 Punkte	3,5 Punkte

Ein sehr origineller und gut gemachter Trickfilm.

Das Jahr der Kleinen Roten Waldameise **F 230**
(auch unter dem Titel: Der Ameisenstaat)
FWU / Barth, Helmut, BRD 1986
16 mm, Lichtton, Farbe, 20 min
AID; FWU; LBS 1-14

Der Film zeigt das Leben in einem Insektenstaat: Die Verständigung der Tiere untereinander, Nahrungsbeschaffung, Nestbau und Brutbiologie. Darüber hinaus wird die ökologische Bedeutung der Kleinen Roten Waldameise deutlich und die Notwendigkeit ihres Schutzes. (FWU, gekürzt)
Sekundarstufe I und II, Jugend- und Erwachsenenbildung, Naturschutzgruppen

Ökomedia-Bewertung: wirksam

Information	Realisation	Motivation
3,0 Punkte	3,2 Punkte	3,0 Punkte

Ein anschaulicher und informativer Film mit ruhigen und schönen Bildern. Für Schüler wie für ein allgemeines Publikum interessant.

Das Jahr der Machete **F 231**
Spielfilm
Schedereit, Karl, BRD 1990
35 mm, 16 mm, Farbe, 80 min
AV-Film; Globus Film

José, Sohn eines Tagelöhners in Zentralamerika, träumt viel vom Regenwald. Er sieht die großen Holztransporter, die er »Monster« nennt, schöne alte Bäume verschleppen. Er bringt seinen Vater dazu, auf eine Arbeit als Baumfäller im Regenwald zu verzichten. Stattdessen sucht der Vater Arbeit in der Hauptstadt. José ist jetzt von der Stadt begeistert und lernt Carlos kennen, der ihm hilft, als Schuhputzer in einem Park zu arbeiten. Sein Vater weiß davon nichts. Als der Vater seinen Sohn vor anderen knien und um Trinkgeld betteln sieht, ist sein Stolz tief verletzt. Er beschließt, nach Hause zurückzukehren. Zu seinem 12. Geburtstag schenkt er José eine Machete als Zeichen für das Ende der Kindheit. José träumt davon, wenn er erwachsen ist, wirklich gegen die »Monster« und die Zerstörung des Regenwaldes zu kämpfen.
ab 8 Jahren

Ökomedia-Bewertung: wirksam

Information	Realisation	Motivation
	3,0 Punkte	3,0 Punkte

Die Dialoge sind ein bißchen zu gewollt als Informationsvermittler eingesetzt, ein bißchen zu sehr angereichert mit Öko-Infos. Trotzdem guter, liebevoll gemachter Film.

Joghurtbecher machen Müll F 232

FWU / Trigon Film, Krause, Brigitte, BRD 1989
16 mm, Lichtton, Farbe, 16 min
s. Video
FWU; KMZ 6, 10, 12; LBS 1-3, 5-10, 13, 14; LFD 7; LISA

Ein junger Mann löffelt genüßlich einen Joghurtbecher aus und wirft ihn dann in den Abfalleimer. Der Joghurtbecher landet auf einer der vielen Müllkippen, wo dreiviertel des gesamten Mülls gelagert werden. Riesige Raupen verdichten den Müll. Trotzdem braucht eine Mülldeponie viel Platz, und der Kunststoffbecher bleibt 25.000 Jahre erhalten, wenn er nicht in einer Verbrennungsanlage landet.
Der Film zeigt, wie schon bei der Produktion des Bechers und dessen Deckel große Abfallmengen entstehen. In einer riesigen Fabrikanlage der chemischen Industrie erfolgt das Walzen der Aluminiumbarren, wobei eine weißliche Emulsion zurückbleibt. Sie wird wie die giftige Filtererde als Sondermüll deponiert. Der Film zeigt allerdings, daß sowohl Industrie- als auch Hausmüll wiederverwertet werden können und gibt darüber hinaus Anregungen, von vorn herein zur Müllvermeidung beizutragen. (FWU)

Ökomedia - Bewertung: wirksam

Information	Realisation	Motivation
3,0 Punkte	2,7 Punkte	2,9 Punkte

Informativer Beitrag zur Müllthematik, der Kommentar ist etwas trocken.

Jo und Anna im Rathaus F 233

Focus-Film / Schnatmann, Reinhold, BRD 1990
16 mm, Lichtton, Farbe, 21 min
LBS 7, 13

Nach der Kommunalwahl entscheidet sich die neue Mehrheit im Gemeinderat für den Bau einer Umgehungsstraße. Von dieser Entscheidung aber sind Anna, Jo und ihre Freunde betroffen, da die Straße genau durch ihr Spielgelände verlaufen soll. Gemeinsam mit ihren Eltern lernen die Kinder schrittweise, wie man handeln muß, um seine Interessen mit demokratischen Spielregeln zu wahren und sie gegebenfalls durchzusetzen. (LBS 13)
ab 8 Jahren

Ökomedia - Bewertung: wirksam

Information	Realisation	Motivation
2,9 Punkte	2,7 Punkte	3,0 Punkte

Eine Art Kinderspielfilm mit Grundkurs zum Thema »kommunale Demokratie« am Beispiel einer Umgehungsstraße, die einen Teich bedroht. Der Film bietet große Identifikationsmöglichkeiten für Kinder, und er zeigt, daß es lohnt, sich zu wehren. Allerdings wird Straßenbau als Heilmittel für das vom Durchgangsverkehr gebeutelte Dorf nicht infrage gestellt.

Juwelen und Paradiese des Meeres F 234

aus der Serie: Umwelt - Zur Gefährdung der Meere
WBF, BRD 1985
16 mm, Lichtton, Farbe, 17 min
KMZ 6, 10; LBS 4, 7, 10, 14; WBF

Diese Dokumentation informiert über die Zerstörung tropischer Lebensräume, insbesondere Korallenriffe. Sie gibt Denkanstöße zur Vermeidung bzw. Reduzierung bestehender Umweltbelastungen durch den Tourismus in den Tropen. Insbesondere werden folgende Themen behandelt: Biologisches Gleichgewicht im Korallenriff; Nahrungsketten im Meer; Gefährdung der Meere durch den Menschen; Urlaubserwartungen durch den Massentourismus. (LBS 4, 7)
allg. Publikum, Naturschutzgruppen

Ökomedia-Bewertung: wirksam

Information	Realisation	Motivation
2,8 Punkte	3,0 Punkte	3,0 Punkte

Eindrucksvolle Bilder unter Wasser demonstrieren anschaulich, was passiert, wenn Menschen Korallenriffe zerstören.

Kahlschlag - Der Waldreport 2010 **F 235**

Faulstich, Joachim, BRD 1989, 16 mm, Farbe, 28 min
s. Video
EMZ 1, 4, 6-8, 10-13; Imbild; KMZ 1, 3, 8, 11, 12, 19; LBS 1, 2, 5, 7, 10, 14; LFD 6

Schloß Neuschwanstein, weiße Türme und zinnenbewehrte Mauern auf einem kahlen Felsen, umgeben von erosionszerfressenen Bergen. Ein Bild aus der Zukunft. Deutschland 2010: In den Alpen und den Hochlagen der Mittelgebirge sind die Wälder tot, jetzt sterben die Bäume auch in den Tälern. Ein Feature, das die Entwicklung der Waldschäden aus der Perspektive des nächsten Jahrtausends betrachtet. Science-Fiction mit »Archivbildern« aus unseren achtziger Jahren und daneben der Report über die aktuelle Entwicklung 2010: Milliardenschäden in der Forstwirtschaft, in der Holzindustrie, im Tourismus. Eine ökologische Zeitreise in die Zukunft und ein Rückblick in eine Zeit, die noch Handlungsmöglichkeiten hatte - 1989, als es noch Wälder gab. (Hessischer Rundfunk)

Ökomedia-Bewertung: besonders wirksam

Information	Realisation	Motivation
3,8 Punkte	3,8 Punkte	3,8 Punkte

Videotricks und Computeranimation machen es möglich: Waldhänge werden vor unseren Augen kahl. Das Verdienst des Films sind diese Veranschaulichungen sonst nur schwer vorstellbarer Veränderungen unserer Umwelt.

Kaiseraugst **F 236**

Kollektiv der Filmcooperative Zürich, Schweiz 1975
16 mm, Lichtton, Farbe, sw, 25 min
BJF; EMZ 12; LBS 4; LFD 4; LZNW

Während der Besetzung des Baugeländes für das Atomkraftwerk Kaiseraugst ist dieser Film entstanden. Interviews mit Besetzern wechseln mit Szenen vom besetzten Gelände. Nicht die Problematik der Kernkraftwerke, sondern der Notwehrcharakter der breiten Volksbewegung und deren praktizierte Demokratie ist Gegenstand dieser Kollektiv-Realisation. (gep)
allg. Publikum, Anti-Atomkraft-Gruppen

Kakao - zwischen Bio und Börse **F 237**

Hartmann, Stefan, Schweiz 1990
16 mm, Farbe, 45 min
DFZ; EMZ 2, 5, 12; EZEF; KMZ 21; LBS 13; LFD 1-13

Fernando und seine Familie bei der Kakaoernte. Sie gehören zu den insgesamt 800 Mitgliedern der Genossenschaft El Ceibo. Nachdem die Bauern vor 25 Jahren vom Altiplano Boliviens ins fruchtbare Tiefland zogen und zunächst unerfahren und mittellos mit dem Anbau von Wildreis und Kakao begonnen hatten, schlossen sie sich vor einigen Jahren zu einer Kooperative zusammen, um sich vor allem von den Zwischenhändlern unabhängig zu machen. Seitdem vermarktet El Ceibo den Kakao, und seitdem dieser nach den Kriterien des biologischen Anbaus erzeugt wird, bestehen direkte Handelsverbindungen nach Europa, u.a. zu Organisationen für einen gerechteren Handel in der Schweiz und in Deutschland. Der biologische Kakao hat sich als Nische im Welthandel erwiesen und bringt den Produzenten bessere Erlöse als der konventionell erzeugte. Der Film gibt vielfältige Einblicke in die Arbeit der Genossen-

schaft und er zeigt, daß unser Konsumverhalten die Lebenssituation der Menschen in der Dritten Welt beeinflußt. (EZEF)
allg. Publikum, Dritte-Welt-Gruppen

Ökomedia-Bewertung: wirksam

Information	Realisation	Motivation
3,5 Punkte	3,3 Punkte	3,2 Punkte

Guter Beitrag für Süd-Nord-Diskussionen. Es stehen jedoch weniger Umweltaspekte im Zentrum als die genossenschaftliche Organisation der Kakaoanbauer. Sehr interessant: Die Darstellung der biologisch angebauten Schokolade als Marktnische im Netz des Welthandels.

Kamen-Süd **F 238**
Kalbe, Riki, Kasper, Barbara, BRD 1989
16 mm, Lichtton, Farbe, 7 min
EMZ 7, 12; KMZ 19; LBS 6, 13; LZNW

Ein Kurzfilm über die Entwicklung des Straßenverkehrslärms von 1945 bis heute - dargestellt am Beispiel eines Schlafzimmerfensters bei Nacht.
ab 14 Jahren

Ökomedia-Bewertung: wirksam

Information	Realisation	Motivation
	3,5 Punkte	3,5 Punkte

Die Vermittlung des von Jahrzehnt zu Jahrzehnt zunehmenden Verkehrslärms anhand eines Fensters und Herbert, den wir nie zu Gesicht bekommen, ist wunderschön. Der Film will keine Dezibel-Informationen an unser Gehirn vermitteln, sondern sinnliche Eindrücke. Als »Anreißer« für das Thema Lärm bestens geeignet.

Kann der Uhu bei uns überleben? **F 239**
WBF, BRD
16 mm, Lichtton, Farbe, 16 min
AID; LBS 7, 10, 13, 14; WBF

Die nächtlichen Rufe des Uhu leiten den Film ein, Nahaufnahmen zeigen ihn im Flug. Der Film zeigt die Brutplätze der Uhus und seine Beutetiere. Doch heute braucht der Uhu Hilfe. Ein brütendes Uhupaar ist verscheucht worden. Die angebrüteten Eier sollen gerettet werden. Im Brutschrank schlüpft später nur ein Junges. Es wird mit zahmen Altvögeln in Auswilderungsstationen groß gezogen. Hochspannungsleitungen, starke Bebauung und der Verkehr bedrohen in unserer Wirtschaftslandschaft das Überleben der Uhus. Zur naturnahen Landschaftsgestaltung trägt auch die Verbreiterung von Ufer- und Waldstreifen bei. (WBF)
ab 5. Klasse

Ökomedia-Bewertung: brauchbar

Information	Realisation	Motivation
2,7 Punkte	1,7 Punkte	1,8 Punkte

Braver Naturfilm mit trockenem Kommentar - darüber täuschen auch die fotogenen Uhus nicht darüber hinweg.

Katalysator **F 240**
Volkswagen, BRD
16 mm, Lichtton, Super 8, Magnetton, 5 min
s. Video
DFS; Intermedia; KMZ 6, 10

Die Luftverschmutzung bedroht immer mehr die Gesundheit von Menschen, Tieren und Pflanzen. Das Auto ist dabei zwar nur für einen geringen Prozentsatz verantwortlich, dennoch investiert die Autoindustrie große Summen in diesem Bereich: Als überaus wirksam hat sich der geregelte Katalysator erwiesen, der je nach System bis zu 90 Prozent der Schadstoffe unschädlich machen kann. (DFS)
allg. Publikum, Fachschulen

Ökomedia-Bewertung: wirksam

Information	Realisation	Motivation
3,0 Punkte	3,0 Punkte	3,0 Punkte

Sehr anschauliche Informationen mit gutem Zeichentrick.

Katastrophen **F 241**
Trickfilm
Kurzfilm Prag / Koutsky, Pavel, CSSR 1983
16 mm, Lichtton, Farbe, 8 min
FWU; LBS 1-10, 12, 14; LFD 2

Der Film setzt sich auf amüsante Weise mit der Frage auseinander, wie die Vielzahl kleinerer Katastrophen den Menschen allmählich gegenüber den tatsächlich großen Katastrophen und Gefahren abstumpft: Rohre, Schlote, Fahrzeuge, Roboter, Hochhäuser und Satelliten symbolisieren die bedrohliche Technik. Das Ganze wirkt letztlich wie ein schlimmer Traum, aus dem der Mann, die Hauptfigur, erschreckt aufwacht und »Hilfe« schreit. (FWU, gekürzt)
Sekundarstufe I und II, Jugend- und Erwachsenenbildung

Ökomedia-Bewertung: wirksam

Information	Realisation	Motivation
	3,0 Punkte	2,5 Punkte

Der Film baut zum Ende hin immer mehr ab und endet mit einer schwachen Pointe. Schade, er ist eigentlich schön gezeichnet.

Kein Platz für Hoppity **F 242**
Trickfilm
USA 1941
16 mm, Lichtton, Farbe, 90 min
atlas

Gerade 115 cm vom Broadway entfernt gibt es einen kleinen, unkrautbewachsenen grünen Fleck, inmitten einer Welt aus Stahl und Beton, bewohnt von den gefürchtetsten Wesen, den Menschen. Auf diesem kleinen erdigen Fleck wohnen kleine Leute, die Insekten. Da gibt es den Bösewicht C. Bagley Beetle, der unbändig verliebt ist in Honey Bee. Sie zeigt ihm aber nur die kalte Schulter, denn da ist noch Hoppity, der Grashüpfer, den sie liebt. Hoppity sucht einen neuen Lebensbereich, auf einem äußerst unwirtlichen Platz, wo gerade ein Wolkenkratzer in den Himmel wächst. Für Hoppity und seine Freunde ist das das Ende der Welt. Die Bauarbeiten gehen voran, die Tierchen rennen um ihr Leben. Doch auf dem Dach des Naturgartens finden die Tierchen einen prachtvollen Miniaturgarten, ihr gelobtes Land. (atlas, gekürzt)
ab 6 Jahren

Ökomedia-Bewertung: wirksam

Information	Realisation	Motivation
	2,8 Punkte	2,7 Punkte

Ein recht witzig gezeichneter Trickfilm mit viel Situationskomik. Die Gefahren, denen die Insekten in der Großstadt ausgesetzt sind, sind zwar auch Thema des Films, doch längst nicht nur. Es geht genauso um Liebe, Geld, Discos, Eifersucht. Die Insekten sind alle vollkommen vermenschlicht.

Kein Schwein gehabt **F 243**
Bund gegen den Mißbrauch der Tiere, BRD
16 mm, Magnetton, Farbe, 50 min
DFS

Die Massentierhaltung bringt enorme gesundheitliche Belastungen beim Schwein mit sich. Der Film dokumentiert die Notwendigkeit einer tiergerechten Haltung. (DFS)
allg. Publikum, Tierschutzgruppen

Ökomedia-Bewertung: wirksam

Information	Realisation	Motivation
3,5 Punkte	3,2 Punkte	3,2 Punkte

Ein gut recherchierter und informativer Beitrag über die schweinische Ausbeutung.

Kein Tag wie jeder andere **F 244**
BASF, BRD 1990
16 mm, Farbe
s. Video
BASF; KMZ 6, 10

Durch einen technischen Defekt in einem Chemiewerk der BASF in Ludwigshafen gelangen giftige Stoffe in das Abwassersystem. Der Film dokumentiert die Chronologie der Ereignisse und zeigt die Sicherheitsvorkehrungen, die eine Belastung der Umwelt ausschließen sollen. (KMZ 10)
ab 14 Jahren

Ökomedia-Bewertung: brauchbar

Information	Realisation	Motivation
2,3 Punkte	2,8 Punkte	2,0 Punkte

Trotz Umweltzentrale gibt es halt doch hie und da bei BASF eine Panne. Die PR-Abteilung hat für die Kamera einen Störfall inszeniert und mit Krimi-Anleihen angereichert. Die Zeiten sind vorbei, in denen die Chemie-Konzerne pannenlose Fabriken vorführen. Heute - nach den vielen bekannt gewordenen Unfällen - scheint es glaubhafter, mögliche Störungen einzuräumen. Solche Störungen eignen sich zudem gut, das komplexe Sicherheitsnetz vorzuführen. Alles in allem ein BASF-Werbefilm, der aber durchaus interessante Informationen über die Sicherheitstechniken gibt.

Keine Startbahn West
* Bürger im Widerstand
* Hessischer Herbst
* Meint ihr, damit läßt sich der Fortschritt aufhalten?

Keine Startbahn West: Eine Region wehrt sich **F 245**
Arbeitsgemeinschaft HE-Film, BRD 1982
16 mm, Lichtton, Farbe, 115 min
atlas; LBS 7; Verleih der Filmemacher

Der Film ist eingeteilt in sechs Kapitel; er versucht die Stufen der politischen Entwicklung, die Geschichte des Volkswiderstandes aufzuzeichnen. Dokumentation, Satire, kurze Spielhandlungen, Zeichentrick, Einblendungen von Aussagen der Politiker tragen zu dem Werk ebenso gelungen bei wie die Musik. Ein Benefiz-Konzert in der Frankfurter Hessenhalle mit Udo Lindenberg, den Bots, Frank Wolff, Inga Rumpf und Maximilian Kerner zieht sich wie ein roter Faden durch den Film. Der Zuschauer erfährt die Zusammenhänge um den Rhein-Main-Flughafen in all seiner Bedeutung. (atlas)
ab 14 Jahren, Umweltgruppen

Kellershof - vom Ende einer Landschaft **F 246**
WDR / Giefer, Thomas, BRD 1981
16 mm, Lichtton, Farbe, 43 min
Verleih der Filmemacher

»In zehn, fünfzehn Jahren da stehen die Ställe leer. Ich hoffe nur noch, daß we-

nen bleibt. Das ist die einzige Hoffnung, die ich noch hab.« Kaum ein Viertel der 1,2 Millionen Vollerwerbsbetriebe, die ihre Familien oft Jahrhunderte ernähren konnten, hat die Blütezeit des deutschen Wirtschaftswunders überlebt und noch immer verschwinden Jahr für Jahr Tausende von Bauernhöfen, meist kleinere Familienbetriebe. Kellershof in einem kleinen Eifeldorf gehört zu den Überlebenden ohne Zukunft, in der offiziellen Sprache als »Auslaufbetriebe« oder »Übergangsbetriebe« bezeichnet. Der Film thematisiert den Ausverkauf der dörflichen Kultur, die Industrialisierung der Landwirtschaft und Landschaft, die extreme Ausbeutung von Boden und Vieh, die Vergewaltigung der Natur. (Verleih der Filmemacher)
allg. Publikum, Landwirte

Kernfragen
* Entsorgung
* Reaktorsicherheit
* Strahlenschutz

Die Kiesgrube **F 247**
WBF, BRD 1989
16 mm, Lichtton, Farbe, 16 min
LBS 7, 10, 14; WBF

Eine Kiesgrube wird als Lebensraum für zahlreiche Tier- und Pflanzenarten vorgestellt. Der Film stellt Sequenzen zu folgenden Themen: Pflanzen und Insekten als Erstbesiedler; Lurche und Kriechtiere nutzen flache Tümpel und feuchten Sand; Seltene Vögel brüten an Steilwänden und auf Kiesbänken. (LBS 7)
ab 5. Klasse

Kinder des Sturms **F 248**
(Stormboy)
Spielfilm
Cine Vog / Safran, Henri, Australien 1976
16 mm, Lichtton, Farbe, 93 min
atlas; BJF; EMZ 12; LBS 9

Der zehnjährige Mike lebt mit seinem Vater in einem einsamen australischen Reservat. Er zieht drei junge Pelikane auf, deren Eltern von Wilderern erschossen wurden. Sie sind die einzigen Freunde, bis er eines Tages dem Eingeborenen Fingerbone begegnet, von dem er vieles lernt und der ihm den Namen »Stormboy« gibt. Eine ungewohnte Geschichte in ruhigen Bildern, die sich in der Spannung zwischen der exotischen Landschaft und den Einbrüchen moderner Zivilisation - Wilderer, Autoradios - bewegt. (BAG)
ab 8 Jahren

Kinder im Regenwald **F 249**
(Barna i Regnskogen)
Dokumentarischer Spielfilm
KUD / Alver, Kjersti, Peru / Schweden 1981
16 mm, Farbe, 23 min
EMZ 4-6, 10, 13; EZEF; Igelfilm; KMZ 7, 8, 11, 12, 20, 21; LBS 1, 4, 6, 7, 9, 14; LFD 1, 7

Peruanische Indianerkinder im Regenwald erzählen von ihrem Leben im Dorf, von der Arbeit ihrer Eltern, von ihrem Umgang mit Pflanzen und Tieren, von ihren Spielen. Sie beobachten aber auch die Fremden, die immer näher an ihr Dorf herankommen und machen sich Gedanken darüber. Wenn auch ihr Leben von der sogenannten Zivilisation offenbar noch unberührt ist, werden sie doch davon beeinflußt. (gep)
ab 6 Jahren

Ökomedia-Bewertung: wirksam

Information	Realisation	Motivation
2,3 Punkte	2,6 Punkte	3,0 Punkte

Der Film zeigt die naturnahe Lebensweise der Urwaldindianer Perus. Beinahe macht der Text das Bild kaputt: Die Kinderstimme wirkt unecht und gekünstelt.

Der kleine Apfel **F 250**
(Manzanita)
Trickfilm
Arce, Armando, Venezuela 1978
16 mm, Farbe, 20 min
Con; EMZ 2, 3, 5, 13; EZEF

Eine Geschichte über die Frage, ob es sinnvoll ist, in Agrarländer der Dritten Welt Agrarprodukte zu importieren: Mit dem Schiff wird eine Ladung Obst und Gemüse aus dem Norden in ein südamerikanisches Land geliefert. Auf dem Markt des kleinen Dorfes im Inland, wohin die Fracht mit dem Lastwagen weitergeliefert wird, entsteht unter den einheimischen Früchten Unruhe über die plötzliche Konkurrenz. Denn die Leute wollen jetzt nur noch ausländisches Obst kaufen, weil es schöner aussieht und weil es etwas Besonderes ist. Die einheimischen Früchte beraten, was zu tun ist. Vor Kummer stirbt der kleine Apfel. Er wird im Trauerzug auf den Friedhof gebracht und begraben. Als er von einem Wurm erfährt, daß die ausländischen Äpfel in der Hitze verfaulen, steht der kleine Apfel wieder auf. Mit den anderen Früchten tanzt er vor Freude einen Siegesreigen. (EZEF)
ab 8 Jahren

Klima im Koma **F 251**
Demmel, Hans, BRD 1987
16 mm, Lichtton, Farbe, 20 min
FWU; LBS 1-17

Der Himmel ist krank. Das ist die traurige Botschaft des Filmes. Wissenschaftler und Ärzte warnen eindringlich: Die Hautkrebsrate wird sprunghaft in die Höhe schnellen, wenn die Ozonschicht weiter abnimmt. Die FCKWs fressen jedoch nicht nur unsere Ozonschicht, sie heizen auch unserer Atmosphäre ein. Der Film zeigt, wie es in den USA im heiß-dürren Sommer 1986 zuging. Das gibt einen kleinen Vorgeschmack auf das zu erwartende Klima-Desaster. Er bringt Bilder von Flut-Katastrophen, damit wir ahnen können, wie es Küstenstädten und Inseln ergehen wird.
Jugend- und Erwachsenenbildung

Das kluge Dorf **F 252**
Trickfilm
Donve, Donyo, Bulgarien 1972
16 mm, Farbe, 9 min
EMZ 4, 5, 12, 13; KMZ 2-6, 10, 13, 16-19, 20, 22; LBS 12, 14; LFD 7

In einem Dorf tauchen Schlangen auf. Der Ältestenrat beschließt, Igel dagegen einzusetzen, später schafft man Füchse herbei, um sich vor den Igeln zu retten. Schließlich sind Jäger notwendig, um sich vor den Füchsen zu retten. Als die vielen Jäger dem Dorf zur Last werden, schlägt ein Schlaukopf vor, Schlangen unter ihren Bettdecken zu verstecken. So schließt sich der Kreis. (gep)
allg. Publikum

Knechtbauern **F 253**
Zinsberger, Edi, BRD 1986
16 mm, Lichtton, Farbe, 88 min
Pickert

»Knechtbauern« ist ein und dieselbe Geschichte an vier Schauplätzen. Der Film deutet die Machenschaften des Agrobusiness an und läßt Kleinbauern zu Wort kommen. Er zeigt ihre Situation zur Erntezeit im selben Herbst auf vier Kontinenten.
Der erste Auslandsteil beschreibt die Lage im Senegal gegen Ende der besten Regenzeit nach langen Dürrejahren: Die Bauern im senegalesischen Dorf Ngane wollen künftig keine Erdnüsse als europäisches Futtermittel oder für die Speiseölindustrie mehr anbauen, die Preise sind zu schlecht: »Die Fläche für den Erdnußanbau ist immer größer geworden. Es gibt keine Möglichkeit mehr, Felder brachliegen zu lassen. Sie erholen sich also nicht mehr. Früher konnte man mit

einer kleinen Fläche sehr gute Erträge erzielen«, klagt einer der Bauern.
In Südbrasilien werden Siedler und Kleinbauern von ihrem Land vertrieben, das für den Soja-Anbau benötigt wird. Allein in der Region Rio Grande do Sul mußten 40.000 Kleinbauern in den letzten zehn Jahren weichen. Doch der Absatz an Soja stagniert, der in Sao Paulo an der Getreidebörse festgelegte Preis ist am Weltmarkt kaum zu erzielen.
Auch in Thailand hat der Anbau für die europäische Futtermittelindustrie katastrophale ökologische Folgen. Zwei Drittel des Regenwaldes mußten in den letzten zwanzig Jahren für den Anbau von Maniok in Monokulturen weichen. Zwar wurde dadurch für acht Millionen Menschen Arbeit geschaffen, doch die Hälfte der Jugend ist inzwischen in die Hauptstadt aufgebrochen: Die Wucherzinsen der Zwischenhändler und die Preisschwankungen des Weltmarktes haben die Kleinbauern ruiniert.
In der BRD mußten allein 1985 11.700 Landwirte ihren Hof aufgeben. Ein Ende dieser Entwicklung ist nicht abzusehen. Der massenhafte Import von Futtermitteln trägt zu den Überschußbergen in der EG bei. Agraroppositionelle und der Bundeskongreß entwicklungspolitischer Aktionsgruppen fordern seit einiger Zeit, auf importierte Stärke und das Eiweiß aus den armen Ländern zu verzichten, da dieses Geschäft hier und dort zu Monokulturen und katastrophalen ökologischen Folgen führt. (Pickert, gekürzt)
allg. Publikum, landwirtschaftliche Seminare, Dritte-Welt-Gruppen

Ökomedia-Bewertung: brauchbar

Information	Realisation	Motivation
2,8 Punkte	2,2 Punkte	2,3 Punkte

Die Autoren haben vier Kapitel einer dramatischen Geschichte aneinander geklebt, ohne sie wirklich zu verbinden. Sie bleiben im Detail stecken. 88 Minuten präsentiert uns der Film ungezählte Einzelfakten aus vier Ländern dieser Erde, ohne den nötigen Bogen zu schlagen. »Knechtbauern« wurde zum Additionsstreifen.

König der Grizzlies **F 254**
(King of the Grizzlies)
Kelly, Ron, USA 1970
16 mm, Lichtton, Farbe, 90 min
AV-Film

Zweimal rettet ein auf einer Farm arbeitender Indianer einem Grizzly das Leben. Eingebettet in diese spannende Rahmenerzählung berichtet der Film anschaulich und informativ über das Leben der großen, gefürchteten Grizzly-Bären in den Bergwäldern der USA, wobei auch die Mythen der Indianer in die Erzählung einbezogen weden. Besonders hervorzuheben ist die eindrucksvolle Farbfotografie der Gebirgslandschaft der Rocky Mountains. (AV-Film)
ab 6 Jahren

Ökomedia-Bewertung: wirksam

Information	Realisation	Motivation
2,5 Punkte	3,0 Punkte	3,0 Punkte

Ein humorvoller und witziger Film, der Cowboy-Story und Tierfilm mischt. Der Zuschauer erfährt einiges über das Leben der Bären.

Kohlekraftwerke und Umwelt - Rauchgasreinigung **F 255**
FWU / IZE / Berger, Dieter, BRD 1989
16 mm, Lichtton, Farbe, 17 min
FWU; LBS 1, 5, 8, 10, 13, 14

In Kohlekraftwerken werden Braun- und Steinkohle in großen Mengen verbrannt. Die dabei entstehenden Rauchgase enthalten Schadstoffe, die für die Umwelt belastend sind: Vor allem Flugasche, Schwefeldioxid und Stickoxide. Durch den Einsatz moderner Rauchgasreinigungsverfahren ist es möglich, diese Schadstoffe weitgehend im Kraftwerk zurückzuhalten - ein bedeutender Beitrag zur Verbesserung der Luftqualität. Umweltschutz ist eine Aufgabe, die über die nationalen Grenzen hinaus gelöst werden muß. Die Reinigung der Rauchgase hat wesentlich dazu beigetragen, die Verschmutzung der Umwelt zu vermindern. (FWU)

Ökomedia - Bewertung: wirksam

Information	Realisation	Motivation
2,8 Punkte	2,3 Punkte	2,5 Punkte

Beitrag mit guten technischen Informationen zur Rauchgasreinigung und auch gute Erklärung des sauren Regens. Der Kommentar dürfte allerdings etwas spannender sein und der Werbecharakter für die E-Wirtschaft etwas weniger - man darf nur an diejenigen Kraftwerke erinnern, die Ausnahmegenehmigungen für mehr Dreck-Emissionen erhielten.

Konsequenz **F 256**
Trickfilm
Gehm, Hedda; Georgi, Klaus, DDR 1987
35 mm, Farbe, 2 min
voraussichtlich: Filmverband Sachsen

Vor der Bahnschranke stoppen die Autos mit qualmendem Auspuff. Der Hintermann hustet, der Hintermann des Hintermanns hustet, der letzte hustet mit Gasmaske. Dahinter hustet das Häschen und flüchtet in den Wald. Die Tiere im Wald husten. Erdbebenartig wackelt der Wald. Die Erde, sie hustet. Ende des Films. Die Zuschauer klatschen und stürzen nach draußen - in ihre hochtourig startenden Autos. (DEFA)

Ökomedia-Bewertung: besonders wirksam

Information	Realisation	Motivation
	3,6 Punkte	3,6 Punkte

Ein gelungenes, ironisches Selbstporträt der Autogesellschaft: wir wissen alles und tun nichts.

Konzert am Tümpel **F 257**
FWU / Schimanski, Georg, BRD 1990
16 mm, Lichtton, Farbe, 15 min
EMZ 1, 4; FWU; KMZ 6, 10; LBS 1, 5, 7, 8, 10, 13, 14

Der Film beginnt mit einer Morgenstimmung an einem Weiher. Eingebettet in den Ablauf eines Frühsommertages werden die verschiedenen Lebensrhythmen von Pflanzen, Vögeln und Froschlurchen an Tümpel und Weiher vorgestellt. Dabei liegt der Schwerpunkt des Films auf der Rufaktivität von Wasserfrosch, Gelbbauchunke, Laubfrosch und Wechselkröte. Tümpel und Weiher werden in ihrer Vielfalt an pflanzlichem und tierischem Leben als schützenswerte Lebensräume sichtbar. (FWU)

Ökomedia - Bewertung: wirksam

Information	Realisation	Motivation
2,1 Punkte	3,1 Punkte	2,8 Punkte

Ein Naturfilm mit vielen schönen Bildern und ruhigem Kommentar. Der Informationswert ist nicht besonders hoch, er beschränkt sich auf die Aufzählung der Tiere. Trotzdem schön anzuschauen.

Koyaanisqatsi **F 258**
Reggio, Godfrey, USA 1982
16 mm, Lichtton, Farbe, 87 min
s. Video
atlas; BJF; LBS 13; LFD 2; LZNW

Koyaanisqatsi heißt in der Sprache der Hopi-Indianer: Leben aus dem Gleichgewicht oder verrücktes Leben; Zustand, der eine Veränderung verlangt. Koyaanisqatsi hat keine Dialoge und keine herkömmliche Handlung. Der Film unternimmt es viel eher, die Geschichte der Zivilisation zu erzählen. Gezeigt werden Landschaften, Bilder einer unberührten

Natur, Wüsten und Felsküsten aus dem Süden der USA. Aber vor eine Bergkulisse schieben sich drohend Industrieanlagen, Freizeitmüll an überfüllten Stränden, trostlose Hochhäuser. Der Eingriff des Menschen in die Natur wird deutlich. Die Bilder in diesem Film zeigen, wie sehr das Leben in dieser Welt aus dem Gleichgewicht geraten ist: Zeitrafferaufnahmen lassen aus gehetzten New Yorker Passanten wuselnde Ameisen, aus rasenden Autos weiße und rote Blutkörperchen werden, Rolltreppen sehen plötzlich wie menschliche Wasserfälle aus. (atlas)

Ökomedia-Bewertung: besonders wirksam

Information	Realisation	Motivation
	4,0 Punkte	3,8 Punkte

Längst zum Ökofilm-Klassiker avanciert: das Filmkunstwerk des Italieners Reggio. Man sollte ihn gesehen haben.

Der Kreis **F 259**
Trickfilm
Georgi, Klaus, DDR 1989
16 mm, Farbe, 3 min
s. Video
KFW; KMZ 1-3, 5-7, 10, 16, 17; LBS 13

Ein ausgedehnter, heftig arbeitender Industriegigant. Im Rhythmus seiner Arbeltstätigkeit stößt er aus seinen zahlreichen Schornsteinen schwarzen Rauch aus, der als Decke über dem Ort liegt. Die Menschen im Ort tragen aus diesem Grunde alle Schutzmasken. Der Gigant arbeitet pausenlos. In seinem Inneren steht Maschine an Maschine. Sie alle produzieren - Schutzmasken. (DEFA)
Wurde auf der Ökomedia '90 mit dem Sonderpreis des Bundesministers für Umwelt ausgezeichnet.
allg. Publikum, ab 8 Jahren

Ökomedia - Bewertung: besonders wirksam

Information	Realisation	Motivation
	3,7 Punkte	3,7 Punkte

Der Kreis ist ein Teufelskreis und die Katze beißt sich in den Schwanz: aussagekräftiger, symbolhafter und gut gezeichneter Trickfilm über den Kreislauf zwischen Industrieproduktion und Umweltverschmutzung.

Kreislauf des Wassers **F 260**
FWU / Schnatmann, Reinhold, BRD 1988
16 mm, Lichtton, Farbe, 8 min
FWU; LBS 1-10, 12

Mit Hilfe von Real- und Trickaufnahmen wird der ewige Kreislauf des Wassers dargestellt: Es regnet, das Wasser versickert oder verdunstet, es bilden sich Wolken, es regnet wieder. Darüber hinaus werden Zustandsformen des Wassers gezeigt: fest (Schnee, Eis...), flüssig (Regen, Flußläufe...), gasförmig (im Trick Wassermoleküle).
Dort, wo noch nicht in die Natur eingegriffen wurde, fließt das Wasser in kleinen Rinnsalen zum nächsten Bach, von dort in den Fluß und ins Meer. Anderenorts allerdings fließt es von Dächern und Dachrinnen, von asphaltierten Straßen und Plätzen in Gullis und Kanäle und

kann nicht versickern. Als Einstieg in die Thematik Wasser gedacht, Vorkenntnisse sind nicht erforderlich. (FWU)
Primarstufe, Sekundarstufe I

Ökomedia-Bewertung: brauchbar

Information	Realisation	Motivation
2,5 Punkte	2,5 Punkte	2,3 Punkte

Ein etwas einfallsloser Beitrag, gerade wenn man kleinere Kinder ansprechen möchte. Recht schöne Bilder, gut dosierter Kommentar, aber zuwenig interessant gestaltet.

Krieg den Arsch hoch **F 261**
Umweltspot
Probst, Dominikus, BRD 1990
35 mm, Farbe, 1 min
Kimmel

Ein Umweltspot, der eine Reihe nackter Hintern zeigt und den Zuschauer fragt: »Und wann kriegen Sie den Arsch hoch?«
allg. Publikum

Ökomedia-Bewertung: besonders wirksam

Information	Realisation	Motivation
	3,6 Punkte	3,6 Punkte

Kurz und knackig, frech und munter.

Das Kriegsspiel **F 262**
(War Game)
BBC / Watkins, Peter, GB 1966
16 mm, Lichtton, sw, 50 min
s. Video
BJF; EMZ 1-4, 8, 10-13; KMZ 1-3, 5-8, 10-14, 16, 18-20; LBS 1-14; LFD 1, 2, 4; LZNW

Der Film geht von folgender internationalen Lage aus: Zur Unterstützung eines chinesischen Einfalls in Vietnam drohen die Sowjetunion und die DDR mit der Besetzung West-Berlins. NATO-Kräfte versuchen, die Stadt zu befreien, werden aber zurückgeschlagen. Da geben die USA der NATO taktische Atomwaffen frei. Um einem westlichen Angriff zuvorzukommen, schießen die Russen Mittelstreckenraketen auf militärische Ziele in Westeuropa.
Der Film hat vier Teile: Im ersten sind Ankunft und Aufnahme der Evakuierten sowie verschiedene Schutzmaßnahmen gegen den drohenden Angriff dargestellt. Der zweite zeigt die verheerenden Folgen der Explosion, der dritte befaßt sich mit den 48 Stunden nach der Explosion. Der Schlußteil schildert die Situation einen Monat danach: Rationalierung von Trinkwasser und Lebensmitteln, Zusammenbruch wichtiger Versorgungsnetze, Krankheit und Seuchen, Gesetzlosigkeit und allgemeiner moralischer Verfall.
Peter Watkins Vision der möglichen Folgen eines militärischen Angriffs ist so kompromißlos, daß die BBC den Film vom Programm absetzte. (LFD 1)

Ökomedia-Bewertung: besonders wirksam

Information	Realisation	Motivation
	4,0 Punkte	4,0 Punkte

Ein Klassiker des Anti-Kriegsfilms: Ergreifend und wirklichkeitsgerecht wird der Ablauf eines Atombombenabwurfs mit seinen verheerenden Folgen dargestellt.

Lagune zweier Zeiten **F 263**
(Laguna de dos Tiempos)
Maldonado, Eduardo, Mexiko 1982
16 mm, Farbe, 105 min, OmU
Freunde der deutschen Kinemathek

Der Film beginnt wie ein ethnographischer Film: Er beschreibt die Gemeinde von Papajan, ihre Lebensweise, ihre religiösen Feste, die Probleme mit dem Aufseher, der sich weigert, den Ortsheiligen auf die traditionelle Pilgerschaft gehen zu lassen. Es scheint so, als wolle man das festhalten und registrieren, was durch die Modernisierung verschwinden wird. Dann

wird der Konflikt angesprochen: Gemeindebauern gegen Viehzüchter, Indios gegen Mestizen, denn Mestizen beuten, geschützt von der örtlichen Staatsmacht, die Indios seit Jahrzehnten aus und nehmen ihnen ihr Land zur Viehzucht weg.
Die Industrialisierung hat die Lagune inzwischen erreicht: Auf einem Areal von 80 km Länge wird ein Industriekomplex mit einer Vielzahl petrochemischer Werke errichtet. Verelendung und schließlich Vertreibung der indianischen Bevölkerung sind die Folge, ihre Kultur wird beseitigt, die Natur zerstört. Das Paradies der Lagune, bestehend aus Krabben-, Austern- und Fischreichtum wird bald verschwinden. (Int. Filmfestspiele Berlin)

Land der Indios **F 264**
(Terra dos Indios)
Viana, Zelito, Brasilien 1979
16 mm, Farbe, 75 min, OmU
Freunde der deutschen Kinemathak

Fünf Millionen Indios lebten auf jenem Gebiet, das heute Brasilien umfaßt. Sie sprachen mehr als tausend verschiedene Dialekte. Heute leben noch 200.000 Indios in Brasilien und zwar in Reservaten, die nur einen Bruchteil der ursprünglichen Fläche einnehmen. Vor diesem Hintergrund zeigt Viana den Kampf der brasilianischen Indianer und ihrer wenigen Bundesgenossen ums Überleben. Eine Dokumentation, die diese Menschen zu Wort kommen läßt mit ihrem Anspruch auf Gerechtigkeit. Deshalb konzentriert sich der Film auf Gesichter, folgt mit der Kamera den Hinweisen der Indios auf das geraubte und zerstörte Land.
allg. Publikum, Dritte-Welt-Gruppen

Das Land der schlafenden Berge **F 265**
aus der Serie: Die Entstehung eines Kontinents
Andrews, Michael, Großbritannien 1983
16 mm, Lichtton, Farbe, 1.Teil 26 min, 2.Teil 18 min
Imbild

Die beiden Teile gehen insbesondere auf den Vulkanismus als landschaftsbildenden Faktor ein. Der erste Teil erklärt die Bildung des großen Beckens in Utah in den USA mit seinen riesigen Salzwüsten. Im Trick wird die Entstehung der Sierra Nevada und der Rocky Mountains gezeigt. Karten und Grafiken erläutern, welch ungeheure Kräfte durch Vulkanausbrüche freigesetzt wurden.
Der zweite Teil zeigt die allmähliche Besiedelung durch den Menschen. Bereits vor 11.000 Jahren lebten Jägergruppen in Höhlen am Lake Bonneville, Überreste von 1.000 Jahre alten Sommerdörfern sind noch zu sehen. Erst vor rund 100 Jahren kamen Weiße in das Gebiet des großen Beckens, das sie zunächst als Hindernis auf dem Weg nach Westen erlebten. Als Gold und andere Bodenschätze gefunden wurden, schossen Städte wie Pilze aus dem Boden und verfielen wieder. So geht die stärkste Gefährdung des großen Beckens vom Menschen aus: Wasserreserven wurden angezapft, Atombombenversuche durchgeführt.
Am Beispiel des Wintersportorts Mammoth Lake wird über die Folgen eines wahrscheinlichen Vulkanausbruchs nachgedacht: In einer Gegend, die die Indianer »Verbrannte Erde« nennen und von der sie glauben, daß die »Schlafenden Berge« eines Tages erwachen werden, um die Weißen zu vertreiben. (Imbild, gekürzt)
allg. Publikum, Sekundarstufe I und II, Jugend- und Erwachsenenbildung

Ökomedia-Bewertung: wirksam

Information	Realisation	Motivation
3,2 Punkte	3,3 Punkte	3,0 Punkte

Ein Film mit exzellentem Bildmaterial, spannend gemacht. Insgesamt eine sehr empfehlenswerte Reihe.

Landschaft als Lebensraum - Biotopvernetzung in der Kulturlandschaft **F 266**
Minister für Ernährung, Landwirtschaft und Forsten, Baden-Württemberg, BRD 1988
16 mm, Lichtton, Farbe, 22 min
s. Video
AID

Der Film zeigt, wie in ausgeräumten Teilen der Landschaft wieder neue Kleinstrukturen im Sinne einer Biotopvernetzung aufgebaut werden können. Ausgehend von den verschiedenen Landschaftstypen wird die Bedeutung von Hecken, Feldgehölzen, Hochstaudenfluren usw. für den Naturhaushalt aufgezeigt. (AID)
allg. Publikum, Naturschutzgruppen

Landschaft intakt **F 267**
Praxis Unterrichtsfilm, BRD 1991
16 mm, Lichtton, Farbe, 15 min
s. Video
Praxis Unterrichtsfilm

Der Film zeigt den raschen Wandel der Kulturlandschaft in den letzten Jahrzehnten und seine Folgen für den Naturhaushalt. Darüber hinaus die Möglichkeit, natürliche Lebensräume zu schützen oder neue zu schaffen. (Praxis Unterrichtsfilm)
allg. Publikum

Ökomedia-Bewertung: brauchbar

Information	Realisation	Motivation
3.0 Punkte	1,7 Punkte	2,0 Punkte

Langatmiger und braver Film mit teilweise guten Tierbildern, der lobenswerte Naturschutzprojekte vorstellt.

Landwirtschaft und Umwelt **F 268**
aus der Serie: Filmlexikon der Wirtschaft
Presse- und Informationsamt der Bundesregierung, BRD 1990
16 mm, Farbe, 12 min
LFD 1-13

Bericht über die Entwicklung der bundesdeutschen Landwirtschaft: Intensivierung als Reaktion auf eine zu große Kostensteigerung. Flurbereinigung mit einhergehender Zunahme der Umweltbelastung. Strukturbereinigung durch regulative EG-Agrarpolitik. Wandel vom intensiven zum integrierten Landbau. (LFD 5)
allg. Publikum

Ökomedia-Bewertung: brauchbar

Information	Realisation	Motivation
2,3 Punkte	2,2 Punkte	2,3 Punkte

Wie der Serientitel vermuten läßt, ist der Film ein unentwegtes Referat - wie ein Lexikonartikel. Die Informationen allerdings gehen nicht tief genug. Obwohl der Film die Probleme der modernen Agrarbetriebe in puncto Ökologie zunächst beim Namen nennt, erweckt er dann den Eindruck, daß mit ein bißchen weniger Gift, leichteren Maschinen, dem Einsatz von Computern etc. Natur und Landwirtschaft wieder zu versöhnen sind.

Landwirtschaft 2000
* Energie aus Biomeilern
* Milch und Fleisch aus Abfall
* Pflanzen nach Maß
* Schach den Schädlingsplagen
* Treibstoff vom Acker
* Von der Sonne leben
* Wo Öl und Gummi wachsen

Der lange Abstieg in den Fortschritt **F 269**
Bosboom, Martin; Müller-Hanpft, Susanne, BRD 1986
16 mm, Lichtton, Farbe, 103 min
EMZ 12; EZEF

Im Sahelgürtel - der Film wurde in Mali gedreht - breitet sich die Wüste aus. Die Geschichte dieser ökologischen und damit auch sozialen Katastrophe ist zugleich Beispiel für eine Entwicklung, die durch die Zerstörung traditioneller Lebensweisen und die Verhinderung einer angepaßten Weiterentwicklung gekennzeichnet ist. Der Film führt in die alten Königs- und Handelsstädte Djenné und Timbuktu, in Dörfer, in vom Sandsturm verschüttete Geisterstädte und in die sich rasch ausbreitenden Elendsquartiere rund um die wenigen größeren Städte, in die die Hungerflüchtlinge strömen.
Der Film endet mit einer sinnbildlich verdichteten Szene: Das Verhökern von afrikanischem Kunsthandwerk an Europäer erscheint als der kulturelle Ausverkauf Afrikas. (EZEF)
allg. Publikum, Dritte-Welt-Gruppen

Laßt sie leben **F 270**
Bellerive Foundation / CADAP, Schweiz 1987
16 mm, Lichtton, Farbe, 15 min
s. Video
LFD 2, 4

Die erbarmungslos fortschreitende Ausrottung vieler Tierarten, insbesondere durch die brutale Fallenjagd in den Jagdgebieten des Nordens, ausgelöst durch die Nachfrage nach hochwertigen Pelzen. (LFD 4)
Jugend- und Erwachsenenbildung, Tierschutzgruppen

Ökomedia-Bewertung: besonders wirksam.

Information	Realisation	Motivation
3,3 Punkte	3,8 Punkte	4,0 Punkte

Ein schockierendes Dokument über die grausame Pelztierjagd, formal hervorragend gestaltet, mit großer Überzeugungskraft.

Laßt uns zusammen ein Bäumchen pflanzen **F 271**
GTZ / BRD 1988
16 mm, Farbe, 45 min
s. Video
CRW; DFZ; LFD 2, 3, 5, 7, 8

Burkina Faso, am südlichen Rand der Sahara gelegen, ist von Dürrekatastrophen in den 70er und 80er Jahren besonders betroffen worden. Die Regierung bemüht sich mit Hilfe vieler Entwicklungshilfeorganisationen, das Land von Nahrungsmittellieferungen unabhängig zu machen. Eine vergebliche Anstrengung, wenn der Ausbreitung von Dürre und Wüstengebieten nicht Einhalt geboten werden kann.
allg. Publikum, Dritte-Welt-Gruppen

Der lautlose Tod **F 272**
film + tv enterprises / Walloch, Karl-Heinz, BRD 1982
16 mm, Farbe, 20 min
EMZ 6; Unidoc

Ausgehend vom Giftgasskandal in Hamburg 1979, der durch den tragischen Tod eines elfjährigen Schülers ausgelöst wurde, wird die Geschichte der Entwicklung chemischer Kriegsgifte und ihre Folgen dokumentiert. Gleichzeitig wird aufgezeigt, in welch ungebrochener Kontinuität die Interessengemeinschaft von chemischer Industrie und Militär vom deutschem Kaiserreich über die Weimarer Republik und den Hitlerfaschismus bis zur Bundesrepublik besteht. (Walloch)

Ökomedia-Bewertung: wirksam

Information	Realisation	Motivation
3,2 Punkte	2,7 Punkte	3,0 Punkte

Guter Informationsfilm über den Fall Stoltzenberg. Mittlerweile ist der Unfall zwar aus den Schlagzeilen verschwunden, aber am Beispiel der Firma Stoltzenberg werden die Sicherheitsrisiken deutlich, die mit der Produktion von chemischen Giftstoffen verbunden sind. Der Film hat deshalb nichts an Aktualität eingebüßt.

Lebe wohl, kleine Insel **F 273**
Trickfilm
Reisenbüchler, Sandor, Ungarn 1987
16 mm, Lichtton, Farbe, 12 min
s. Video
EMZ 13; KMZ 6, 10, 17; LBS 9, 13; LZNW

Ein Flußbett, darin eingebettet eine kleine Insel, in der Nähe ein Staudamm. Die Insel voller Leben. Häuser und Menschen, Tier- und Pflanzenwelt in voller Harmonie, Ruhe und Gelassenheit: Alles ist vollkommen im Sinne der Schöpfung. Dann Rotorengeräusche, Helikopter. Großfahrzeuge rollen hinaus und sammeln die Bewohner ein. Alles wird abtransportiert. Im Kraftwerk des Staudamms schließt man die Dammtore. Das Wasser steigt, die Insel versinkt.
Meist werden Ökosysteme rücksichtlos zerstört, Pflanzen- und Tierwelt irreparabel belastet und die natürlichen Lebensgrundlagen der Menschheit aus energie-, verkehrs-, wirtschafts-, freizeit- oder konsumpolitischen Erwägungen Schritt für Schritt preisgegeben. Die Harmonie der Schöpfung schwindet dahin. Formal bemerkenswert greift der Kurzfilm dieses Thema auf und erzählt am Beispiel der kleinen Insel die Geschichte des menschlichen Eingriffs in ein Paradies, das sich zur Hölle wandelt. (LZNW)
allg. Publikum

Ökomedia-Bewertung: wirksam

Information	Realisation	Motivation
	3,5 Punkte	3,0 Punkte

Ein künstlerisch anspruchsvoll gestalteter Zeichentrickfilm, der die gleiche Geschichte wie »Abschied von Matjora« erzählt.

Ein Leben **F 274**
Zizic, Bogdan, Jugoslawien 1985
16 mm, Lichtton, Farbe, 17 min
FWU; KMZ 19; LBS 1-14

Truthühner - vom Brutschrank über die automatische Mästung bis zur Schlachtung und Verwertung: Ohne Kommentar, dramaturgisch beachtenswert gestaltet, zeigt der Dokumentarfilm das Leben von Truthühnern in einer Legebatterie, abgekoppelt von allen natürlichen Lebensvorgängen. Ein gesellschafts- und zivilisationskritischer Film, der zur Auseinandersetzung herausfordert. (FWU, gekürzt)
Sekundarstufe I und II, Jugend- und Erwachsenenbildung, Tierschutzgruppen

Ökomedia-Bewertung: besonders wirksam

Information	Realisation	Motivation
	4,0 Punkte	3,8 Punkte

Ein faszinierender und zugleich deprimierender Film zum Thema »Massentierhaltung«. Mit hervorragenden Bildern und ohne jeglichen Kommentar eignet sich dieser Beitrag besonders als Einstieg in die Thematik.

Leben an der Transamazonika **F 275**
Vom Atlantik zu den Anden
1988
16 mm, Lichtton, Farbe, 19 min
LBS 4; WBF

Zwei Siedlerfamilien erläutern Brandrodung und Maniokanbau sowie Holzverarbeitung und Rinderzucht. In einem Profil wird die geringe Fruchtbarkeit des tropischen Bodens deutlich. Der Film zeigt die Transamazonika auf verschiedenen Abschnitten, ebenso Erschließungsmaßnahmen wie Erzabbau, Goldsuche und die Siedlungen an den Flußübergängen. (WBF)

Das Leben der großen Tiere in der Prärie **F 276**
aus der Serie: Wunder der Prärie
Walt Disney, USA 1955
16 mm, Lichtton, Farbe, 20 min
AV-Film

Die Gabelantilope gehörte einstmals zu den Ureinwohnern der amerikanischen Prärie. Sie ist heute vom Aussterben bedroht. Demgegenüber haben sich das Dickhornschaf und der König der Prärie, der Löwe, in die unzugänglichen Berge zurückgezogen und sich ihrer neuen Umgebung angepaßt. Im Mittelpunkt stehen selten gewordene Beobachtungen des majestätischen Berglöwen mit seinem Wanderleben, Jagdverhalten und der Aufzucht seiner Jungen. (AV-Film)
allg. Publikum

Das Leben der kleinen Tiere in der Prärie **F 277**
aus der Serie: Wunder der Prärie
Walt Disney, USA 1955
16 mm, Lichtton, Farbe, 15 min
AV-Film

Ein Film über das Leben der Präriehunde. Eindrucksvolle Großaufnahmen vom Querschnitt der Erdhöhlen, von der Aufzucht der Jungen und ihren ersten selbständigen Ausflügen in die nähere Umgebung, wobei sie Bekanntschaften mit Kaninchen, aber auch ihren natürlichen Feinden, den Klapperschlangen, machen. (AV-Film)
allg. Publikum

ALSO DIESE FILMLEUTE... KAUM IST MAN MIT EINEM TEAM FERTIG, KOMMT DAS NÄCHSTE. MEHREN 7/77

Das Leben hat auf Grün gesetzt F 278
BRD 1988
16 mm, Lichtton, Farbe, 24 min
Imbild; LBS 4, 7, 13

In einer Mischung aus Real- und Trickaufnahmen zeigt der Film, wie durch die Photosynthese die Grundlagen für unsere Ernährung geschaffen werden. Anhand einprägsamer Beispiele werden die verschiedenen Möglichkeiten der Energiegewinnung demonstriert. In Kohle und Öl ist chemisch gebundene Sonnenenergie seit Jahrmillionen gespeichert. Doch die Energieressourcen gehen zur Neige, während der Energiebedarf gleichzeitig wächst. Sanfte Energie aus Solarzellen könnte die Probleme lösen. (Imbild)
Sekundarstufe I und II, Jugend- und Erwachsenenbildung

Ökomedia-Bewertung: wirksam

Information	Realisation	Motivation
3,0 Punkte	2,7 Punkte	2,6 Punkte

Der Film erfordert eine hohe Konzentrationsleistung, seine Informationen - vor allem im Kommentar - sind teilweise so komplex und zahlreich, daß es dem Zuschauer schwerfällt, sie alle aufzunehmen.

Leben im Meer - F 279
Anpassung und Bedrohung
aus der Serie: Umwelt - Zur Gefährdung der Meere
WBF, BRD 1985
16 mm, Lichtton, Farbe, 17 min
LBS 4, 7, 10; WBF

Ein faszinierender Film über das Leben im Korallenmeer und die Bedrohung dieses Lebensraumes durch den Menschen: Die größte Gefahr geht von der zunehmenden Umweltverschmutzung aus. (LBS 7)
allg. Publikum, Naturschutzgruppen

Ökomedia-Bewertung: wirksam

Information	Realisation	Motivation
3,0 Punkte	3,5 Punkte	3,2 Punkte

Sowohl die Schönheit als auch die Bedrohung des Lebensraumes »Meer« werden beeindruckend ins Bild gesetzt. Die Unterwasserkamera ist faszinierend, die Verseuchung durch Atomfässer schockierend. Der Kommentar bleibt angenehm sachlich.

Leben in einer Schachtel F 280
Trickfilm
Bozzetto, Bruno, Italien 1967
16 mm, Lichtton, Farbe, 7 min
EMZ 1-13; KMZ 1-20; LBS 1, 3, 6, 8, 10, 13, 14; LFD 2, 4, 7; LZNW

Ein Großteil des menschlichen Lebens vollzieht sich in geschlossenen Räumen, Schachteln gleich. In Absonderung von Natur entfremdet sich der Mensch zunehmend. Städte- und Wohnungsbau verfahren nach diesem Prinzip. Licht, Luft und Sonne werden verstellt. Der Animationsfilm fordert dazu auf, Lebensräume für Menschen zu schaffen. (LBS 10)
allg. Publikum

Leben mit der Atomenergie F 281
Albisser, Kurt, Schweiz 1977
16 mm, Lichtton, Farbe, 50 min
EMZ 1, 2, 7, 12

Das Ziel des Films besteht darin, das öffentliche Gewissen wachzurütteln und die Gefahr zu vergegenwärtigen, die aus dem Bau von Atomkraftwerken für Mensch und Umwelt entsteht. Dazu werden nacheinander die Fragen der radioaktiven Schadstoffe und ihre Auswirkungen, der Überhitzung der Atmosphäre, der möglichen Unfälle und Katastrophen, aber auch einer alternativen Energiepolitik ins Feld geführt. Das reichhaltige Informationsmaterial wird im Spektrum einer unpolemischen, aber klaren Stellung-

nahme gegen die Atomkraftwerke dargelegt. (EMZ 1)
ab 16 Jahren, Anti-AKW-Gruppen

Ökomedia-Bewertung: wirksam

Information	Realisation	Motivation
3,0 Punkte	2,5 Punkte	3,0 Punkte

Ein engagierter, informativer Film über die Gefahren der Atomenergie. Der Film versucht mit Titeln und Namen zu überzeugen und stellt unentwegt Wissenschaftler vor die Kamera, die ihre Statements gegen die Atomenergie abgeben. Stellenweise langatmig.

Das Leben nach der Wolke - Seveso **F 282**
HFF / Fröhlich, Sabine, BRD 1980
16 mm, Magnetton, sw, 47 min
HFF; LBS 1; Verleih der Filmemacher

Der Film wurde in Seveso gedreht, wo im Sommer 1976 eine Giftgaswolke aus einer Chemiefabrik entwichen war und ein besiedeltes Gebiet verseuchte, das zum Teil immer noch gesperrt ist. Der Film zeigt, wie schwer es noch Jahre danach ist, die Folgen des Dioxins abzuschätzen. »Wer nach Seveso kommt, sucht vergeblich nach Zeichen von Aussatz und vernarbten Gesichtern. Der Alltag präsentiert sich hier gewöhnlich wie überall. Vielleicht hat es diese Wolke nie gegeben. Und Dioxin war im Grundwasser schon vor der Katastrophe, das ist bekannt. So wie es jetzt im Schlamm des Elbe-Seitenkanals liegt.« (HFF)

Ökomedia-Bewertung: wirksam

Information	Realisation	Motivation
3,0 Punkte	2,6 Punkte	2,6 Punkte

Der Film dokumentiert das Ausgeliefertsein der Menschen um Seveso nach der Giftgaswolke. Die Menschen wissen, daß sie von Behörden und Industrie betrogen werden, aber keine Handlungsmöglichkeiten haben.

Lebende Savanne **F 283**
16 mm, Lichtton, Farbe, 29 min
DFZ

In Ostafrikas Wildparks mit ihren riesigen Savannen-Grasflächen leben viele wilde Tiere - Antilopen, Nashörner, Elefanten und zahlreiche Vogelarten. Aber was ist der Hintergrund ihrer Existenz, wie sind die Fäden dieses Netzwerks des Lebens verknüpft? Was bewirkt die Regenzeit? Und wie bedeutsam sind die Brände, die jedes Jahr über die Savanne fegen? Dieser Film mit vielen schönen und erregenden Szenen aus dem Leben wilder Tiere zeigt aber auch, was geschieht, wenn die Ökologie aus dem Gleichgewicht kommt. (DFZ)
allg. Publikum

Der lebende Wald **F 284**
Wesslén, Stig, Schweden 1989
16 mm, Lichtton, Farbe, 29 min
EMZ 12; LFD 3

Ein Film über die Bedingungen der Tiere im Wald der Menschen. Ein hochinteressanter Film aus Schweden, der das Problem der zunehmenden Technisierung der Waldarbeit und die damit verbundene Belastung auf die Tierwelt untersucht. (LFD 3)

Ökomedia-Bewertung: wirksam

Information	Realisation	Motivation
2,8 Punkte	2,9 Punkte	2,9 Punkte

Naturfilm mit schönen Bildern, aber etwas monotonem Referatstext. Eigentlich geht es nicht um den Wald, sondern genereller um Schwedens Landschaft und die Tiere, die dort leben. Gegen Ende gibt es einige sehr allgemein gehaltene Sätze über die Bedrohung der Tiere durch die Eingriffe des Menschen.

Der Lebensbaum
s. Der Baum des Lebens

Lebensgemeinschaft im Garten: Wechselbeziehungen zwischen Nutz- und Schadinsekten **F 285**
Institut für Weltkunde (WBF), BRD 1976
16 mm, Lichtton, Super 8, Farbe, 16 min
AID; LBS 2, 4, 5, 7, 8, 11, 12; WBF (Super 8)

Der Film stellt exemplarisch am Beispiel einer Blattlauskolonie dar, wie der Mensch in ein ökologisches Gleichgewicht zwischen Nutz- und Schadinsekten eingreift und es zerstört. Ein Massenschutz von Nutzinsekten und ihr anschließender gezielter Einsatz wäre eine Möglichkeit, auf natürlichem Wege das Gleichgewicht wiederherzustellen. Der Film macht deutlich, welche Bedeutung die Biologie im Leben der gegenwärtigen Gesellschaft einnimmt, die sich mit Umweltgefährdung, Umweltplanung, Schädlingsbekämpfung, Naturschutz und ähnlichem auseinandersetzen muß. (LBS 1)
ab 6. Klasse

Ökomedia-Bewertung: wirksam

Information	Realisation	Motivation
3,5 Punkte	3,0 Punkte	3,6 Punkte

Ein Film, der das natürliche Gleichgewicht zwischen Nutz- und Schädlingen anschaulich zeigt und die verheerenden Eingriffe des Menschen anschaulich verdeutlicht.

Lebensraum Boden **F 286**
BRD 1988
16 mm, Lichtton, Farbe, 17 min
FWU; LBS 1-14

Der Film beschreibt die Entstehung des Bodens und die Bodenbestandteile, das Bodenleben sowie die biochemischen Vorgänge im Boden und ihre Beeinflussung durch den Menschen, durch die das ökologische Gleichgewicht gestört wird. (FWU)
Sekundarstufe I und II, Jugend- und Erwachsenenbildung

Ökomedia-Bewertung: brauchbar

Information	Realisation	Motivation
3,0 Punkte	2,2 Punkte	2,0 Punkte

Ein trockenes Filmreferat über den lebendigen Boden mit zum Teil recht gutem Filmmaterial, aber viel zu wenig motivierendem Kommentar.

Lebensraum Dorfgemeinde **F 287**
aus der Serie: Dorfentwicklung - Dorferneuerung
FWU / SWF / Stromeyer, Helmuth, BRD 1988
16 mm, Lichtton, Farbe, 14 min
FWU; LBS 1-14

An Beispielen aus Gemeinden verschiedener Gebiete wird geschildert, was »Leben auf dem Lande« bedeutet und wie sich das Dorf vom bäuerlichen Produktionsraum wegentwickelt hat durch Elemente der Verstädterung. (FWU)
Sekundarstufe I

Ökomedia-Bewertung: brauchbar

Information	Realisation	Motivation
2,0 Punkte	2,0 Punkte	2,0 Punkte

Der Film bleibt zu vage, seine Analysen sind dürftig, man weiß nicht recht, worauf die Argumentation hinausläuft.

Lebensraum für bestäubende Insekten in Städten und Kulturlandschaften **F 288**
BRD 1988
16 mm, Lichtton, Farbe, 17 min
LBS 1

Der Film zeigt den Lebensraum der bestäubenden Insekten. Die Fehler bei der Gestaltung von Parks, Wiesen, Vorgärten, Straßenrändern und Grünstreifen an den Straßen und Wegen. Er gibt Hinweise zur lebensgerechten Umgestaltung. (LBS 1)
ab 8. Klasse, Landschaftsplaner

Lebensraum Ngorongoro-Krater F 289
Zur Ökologie einer ostafrikanischen Naturlandschaft
Institut für Weltkunde (WBF), BRD 1977
16 mm, Lichtton, Super 8, Farbe, 13 min
LBS 6, 9; WBF

Der Ngorongoro-Krater gehört zum Hochland der Riesenkrater südöstlich des Serengeti-Nationalparks in Tansania. Mit seinen ca. 23.000 Tieren ist er der größte »natürliche« Tierpark der Welt. Der Film zeigt Anpassungserscheinungen einzelner Wildarten (Geier, Flußpferd) und klärt die Begriffe »ökologische Nische« und »Biologisches Gleichgewicht«. Die Schüler sollen erkennen, daß in einem abgegrenzten Lebensraum ein ökologisches Gleichgewicht durch ein sich selbst regulierendes Wirkungsgefüge zwischen den Lebensgemeinschaften und ihren Umweltbedingungen aufrecht erhalten wird. (WBF)
ab 4. Klasse

Lebensraum Wattenmeer F 290
FWU / Garberding, Karl-Heinz, BRD 1982
16 mm, Lichtton, Farbe, 17 min
FWU; LBS 1-14

Der Film zeigt die extremen Lebensbedingungen für Lebewesen im Wattenmeer und geht auf spezielle Anpassungsformen an diesen Lebensraum ein. Außerdem werden Nahrungsketten vom Plankton bis hin zu den Vögeln aufgezeigt. (FWU)

Ökomedia-Bewertung: wirksam

Information	Realisation	Motivation
2,6 Punkte	3,6 Punkte	2,0 Punkte

Ein informativer Film für den Biologie-Unterricht, der aufschlußreich die ökologischen Zusammenhänge der Tierwelt beschreibt, eines im Idealfall von Mensch und Industrie ungestörten Lebensraumes. Die Bedrohung dieses Lebensraumes kommt mit nur einem Satz am Ende des Films zu kurz.

Le Dernier Combat
s. Der letzte Kampf

Die Lemminge und das Leben arktischer Vögel F 291
aus der Serie: White Wilderness
Walt Disney, USA
16 mm, Lichtton, Farbe, 21 min
AV-Film; LFD 4

Die in den nordischen Ländern lebenden Lemminge, eine hamsterähnliche Wühlmaus, richten bei ihren Massenwanderungen großen Schaden an. Das Gleichgewicht der Natur wird durch ein seltsames, bisher noch wenig erforschtes Schauspiel wieder hergestellt: Alljährlich während der Paarungszeit stürzen sich tausende der Tiere auf der Flucht vor ihren natürlichen Feinden über schroffe Felswände ins arktische Meer. Als Ursache vermutet man, daß das ökologische Gleichgewicht gestört ist. Neben den Lemmingen beschäftigt sich der Film ausführlich mit dem Leben und Brutverhalten der Goldaugenente, die zu den interessantesten Vogelarten der Arktis zählt. (AV-Film)
allg. Publikum

Der Letzte der Babingas F 292
(Le Dernier des Babingas)
Batetana David Pierre Fila, Frankreich / Kongo 1991
16 mm, Farbe, 20 min
EMZ 2; EZEF; KMZ 6, 7, 10

Seit die Abholzung des Dschungels immer intensiver betrieben wird, siedeln sich mehr und mehr Pygmäen entlang der neuen Straßen an. Gazellen und Wild sind längst geflohen, Pilze und Heilpflanzen verschwinden. Die Pygmäen sind heute von Hunger und Krankheit ausgezehrt. Sie klagen die Weißen dafür an. (Images Sud Nord)

Ökomedia-Bewertung: wirksam

Information	Realisation	Motivation
3,2 Punkte	3,1 Punkte	3,0 Punkte

Anschaulicher Beitrag, der zeigt, daß nicht nur der Regenwald verschwindet, sondern auch seine Bewohner. Man bekommt einen guten Eindruck von der untergehenden Kultur der Pygmäen.

Der letzte Kampf **F 293**
(Le dernier combat)
Spielfilm
Besson, Luc, Frankreich 1982
35 mm, sw, 90 min
Arsenal

Gesprochen werden nur zwei Worte, und die kann man nicht verstehen. Die Zivilisation ist zusammengebrochen, die Menschen, die übriggeblieben sind, haben ihre Sprache verloren. Die befürchtete Katastrophe hat stattgefunden. Wie sieht es danach aus? Die wenigen Menschen leben vereinzelt in Ruinen und Betongewirr. Die Personen sind dabei psychologisch nicht ausgeformt, sondern auf primäre Verhaltensweisen beschränkt. Wirkungsvoll ist dieser Film durch die Reduktion von Form und Inhalt. Das Wesentliche wird sichtbar: Die Dinge des Alltags, der Umgang mit den Resten und Riten unserer Zivilisation, die Kommunikationsarmut und Aggression, die Zerstörung und Perspektivlosigkeit.
allg. Publikum

Ökomedia-Bewertung: wirksam

Information	Realisation	Motivation
	3,5 Punkte	3,0 Punkte

Endzeitphantasien werden in faszinierende Schwarz-Weiß-Bilder umgesetzt. Inhaltlich ist es jedoch nicht unbedingt eine ernsthafte Auseinandersetzung mit der Katastrophe. Es sind eher psychologisch motivierte Bilder von Gewalt, Grausamkeit und Wahnsinn, die aus Anlaß der Katastrophe gezeigt werden.

Die letzten Paradiese: **F 294**
Auf den Spuren seltener Tiere
Schumacher, Eugen, BRD 1967
35 mm, Farbe, 118 min
AV-Film; Globus

Ein Film über die aussterbende Tierwelt: Sieben Jahre lang bereiste Schumacher hierfür den Erdball, von der Arktis bis zur Antarktis, durch Nord- und Südamerika, Asien, Afrika, Australien bis nach Neuseeland und Neu-Guinea. Es geht aber nicht nur um eine Bestandsaufnahme oder um ästhetisch schöne Bilder, Schumacher ruft mit seinem Film zum Schutz der bedrohten Tierwelt ganz allgemein auf. (AV-Film)
Auch dieser Film gehört wie die alten Disney-Filme zu den »Museums-Filmen«, die eine Pflanzen- und Tierwelt zeigen, die es zum Teil nicht mehr gibt. (Ökomedia)

Die letzten sieben Tage **F 295**
Trickfilm
Zink, Jörg; Nitzinger, Julius, BRD 1974
16 mm, Lichtton, Farbe, 8 min
EMZ 1-4, 7-9, 11-13; Imatel; KMZ 6, 8, 10, 11-14, 22; LFD 7

Ironisch pointiert weist dieser Film auf die Verantwortung des Menschen für die Schöpfung hin. Adam träumt im Paradies von Macht und Untergang der Menschheit, wird aber noch rechtzeitig vom Schlaf aufgeweckt, um seiner Verantwortung nachkommen zu können. (EMZ 8)
ab 14 Jahren

Liana **F 296**
Senoussi, Toufic, Frankreich 1978
16 mm, Farbe, 28 min, OmU
Cine Terz; DFZ; LBS 4; LFD 1, 2, 4-9

Einst erstreckten sich um das Dorf am Rande des Wadi Weizen- und Gerstenfelder, soweit das Auge reicht: Liana war die Kornkammer dieser westafrikanischen Region. Die landwirtschaftliche Produktion und die Tradition des Volkes gaben diesem Dorf seine spezifische Identität. Während des Befreiungskrieges erfolgte zunächst eine regelrechte Deportation der Bevölkerung in sichere Gebiete. Der dadurch bewirkten Auflösung der Dorfgemeinschaft folgten die allgemeine Landflucht und die Emigration ins Ausland. Bei denen, die im Dorf geblieben sind, den Alten und Mittellosen, haben sich einerseits die Sitten und die Ausdruckskraft von Worten und Gestik erhalten; der Wassermangel, die fehlenden Arbeitskräfte für die Landarbeit und das Fehlen eines Hilfsprogramms verurteilten das Dorf bald zum Untergang. (Cine Terz)

Licht macht Strom **F 297**
FWU / Kölbing, Alexander, FWU 1988
16 mm, Lichtton, Farbe, 13 min
FWU; LBS 5, 8

Der Film geht von der Überlegung aus, wie das Sonnenlicht für unser Leben besser als bisher genutzt werden könnte. Dabei steht die Umwandlung von Licht in Strom im Mittelpunkt. Während die rein technischen Probleme nur als fachwissenschaftlicher Hintergrund beleuchtet werden, befassen sich die einzelnen Passagen des Films mit den praktischen Möglichkeiten der Nutzung der Sonnenenergie. Dabei werden fast durchweg Beispiele gewählt, die dem Alltag entnommen sind, wie Fernsehen, Telefonieren, Spielen mit Elektrospielzeug etc. (FWU)
ab. 4. Klasse

Ökomedia-Bewertung: brauchbar

Information	Realisation	Motivation
2,6 Punkte	2,0 Punkte	2,0 Punkte

Eher langatmiges Referat über Sonnenenergie. Es werden jedoch nur einzelne Beispiele aneinandergereiht, eine zusammenhängende Betrachtung im Rahmen eines Energiekonzeptes fehlt.

Licht ohne Schatten? **F 297**
Strom und Umwelt in Bayern
Verband bayerischer Elektrizitätswerke / Esser, Manuel, BRD
16 mm, Lichtton, Farbe, 20 min
s. Video
DFS

Strom ist aus dem modernen Leben kaum wegzudenken. Doch wie steht's mit dem Umweltschutz? Der Film zeigt die Anstrengungen der bayerischen Stromversorger auf dem Gebiet der Rauchgasreinigung ebenso wie die Erfolge naturschonender Maßnahmen beim Wasserkraftausbau. Darüber hinaus geht der Film auf den im internationalen Vergleich hohen Sicherheitsstandard der Kernenergie ein oder die Möglichkeiten rationeller Energienutzung, die Chancen regenerativer Energieträger und die Energieversorgung der Zukunft. (DFS)
Sekundarstufe I und II, Fachseminare

Ökomedia-Bewertung: wirksam

Information	Realisation	Motivation
2,5 Punkte	3,0 Punkte	2,7 Punkte

Ein gut gemachter Werbefilm der bayerischen Elektrizitätswerke. Trotz vieler Informationen bleibt der Film jedoch manche Antworten schuldig, vor allem was die AKW's und die Müllverbrennung betrifft.

Lieber heute aktiv als morgen radioaktiv **F 298**
Teldok-Film / Gladitz, Nina, BRD 1976
16 mm, Lichtton, sw, 62 min
Verleih der Filmemacher

1. Wie Elsässer und Badener in Marckolsheim ihre ersten gemeinsamen Erfahungen machen. 2. Die Bauern vom Kaiserstuhl haben beschlossen, den Platz des KKW Wyhl zu besetzen: Wie die Polizei den Platz räumt und selbst vom Platz geräumt wird. Die Polizei gibt auf. 3. Wie man durch eine Platzbesetzung so manches anders sehen kann. 4. Wie Solidarität Mut macht. 5. Wie man lernt, wo der Reichtum herkommt. 6. Wie man lernt, wo der Reichtum hingeht. 7. Wie die Regierung ihre neue Taktik ausprobiert. 8. Wie sich eine Gesundheitsministerin unters Volk mischt. 9. Wie Frauen ihre Kraft entdecken. 10. Wie schwer das Regieren ist, muß auch der Herr Späth entdecken. 11. Wie man sich Wissen verschafft. 12. Wie sich die Regierung das Ende des Kampfes vorstellt und dabei die Rechnung ohne den Wirt macht. (barfuss film)

Ökomedia-Bewertung: wirksam

Information	Realisation	Motivation
3,0 Punkte	3,5 Punkte	4,0 Punkte

Lehrstück und Filmklassiker der Anti-Atombewegung. Authentizität durch die Nähe zu Kaiserstühler und Elsässer Bevölkerung und die offene und engagierte Vertretung ihrer Ziele machen den Film zu mehr als einem Dokument des erfolgreichen Widerstands gegen das AKW Wyhl.

Das Lied des Kanarienvogels **F 299**
(Song of the Canary)
New Day Films / Davis, David, Hanig, Josh, USA 1979
16 mm, Magnetton (dt. Fassung), Lichtton (Originalfassung), Farbe, 30 min
zentralfilm

In diesem Film geht es um die physischen Schäden, die Produkte der chemischen Industrie bei Menschen verursachen können. Die Industrie mißachtet fortgesetzt Maßnahmen zum Schutz der Menschen und anderen lebenden Organismen und setzt sich über wohlbekannte, oft tödliche Gefahren hinweg, um

DER GELUNGENE VERSUCH MEHREN 5/90

ihre Gewinne nicht zu schmälern. Das zeigt sich in diesem Film am Beispiel von Di-Brom-Chlor-Propan, kurz DBCP genannt, einem landwirtschaftlichen Schädlingsbekämpfungsmittel. (zentralfilm)
allg. Publikum

Ökomedia-Bewertung: wirksam

Information	Realisation	Motivation
3,2 Punkte	3,0 Punkte	2,8 Punkte

Eine schockierende Dokumentation über den skrupellosen Umgang eines Chemiekonzerns mit der Gesundheit seiner Arbeiter, die nur noch die Alternative haben: arbeitslos oder durch Arbeit krank zu werden.

Local Hero **F 300**
Spielfilm
Forsyth, Bill, Großbritannien 1983
35 mm, Farbe, 106 min
s. Video
Tobis

Mit unterhaltender Leichtigkeit und subtiler Komik vermeidet Forsyth in seiner Konfrontation eines amerikanischen Industriekonzerns mit den Bewohnern eines schottischen Fischerdorfs jeden Schematismus. Ein Film über unser Verhältnis zur Natur, der tiefer schürft, als es seine vergnügliche Oberfläche auf den ersten Blick ahnen läßt. (Spielfilmliste)
allg. Publikum

Ökomedia-Bewertung: wirksam

Information	Realisation	Motivation
	3,2 Punkte	3,0 Punkte

Eine intelligente Komödie mit einem bekömmlichen Schuß britischen Humors, stellenweise aber etwas zäh. Burt Lancaster glänzt in der Hauptrolle.

Löwe **F 301**
aus der Serie: Schweigende Safari
Chermayeff, P.u.J., USA 1971
16 mm, Lichtton, Farbe, 10 min
s. Video Schweigende Safari
Imbild; LFD 2, 3, 6

Löwen sind im Gegensatz zu anderen Katzenarten gesellige Tiere. Sie leben in Rudeln. Innerhalb eines Rudels gibt es klare hierarchische Strukturen, die allerdings nur in Extremsituationen - z.B. wenn Nahrung knapp ist - zum tragen kommen. Höhepunkt des Films ist eine Jagdszene. Die Kamera verfolgt eine Löwin und ihr Opfer von den ersten beobachtenden Momenten bis zum dramatischen Wettlauf um Leben oder Tod. (Imbild)
ab 6 Jahren

Ökomedia-Bewertung: wirksam

Information	Realisation	Motivation
	3,0 Punkte	3,0 Punkte

Lovejoys Atomkrieg **F 302**
(Lovejoy's Nuclear War)
Green Mountain Post Films / Keller, Dan; Light, Charles, USA 1976
16 mm, Lichtton, Farbe, 60 min, OmU
BJF; LZNW; Stiftung deutsche Kinemathek

Am 22. Februar 1974, am Geburtstag George Washingtons, brachte Samuel Holden Lovejoy in Montague, Massachusetts, einen 170 m hohen Meßturm zum Einsturz. Der Turm war im Zusammenhang mit einem geplanten Atomkraftwerk errichtet worden. Nach der Tat fuhr Lovejoy per Anhalter zur nächsten Polizeistation und stellte sich. Er gab eine vier Seiten lange Erklärung ab, in der die Gefahren der Atomenergie geschildert und die amerikanische Regierung und die Elektrizitätsgesellschaften der Konspiration beschuldigt werden. Sechs Monate später fand der Prozeß gegen Lovejoy statt. Er verteidigte seine Tat des zivilen Ungehorsams als »Selbstverteidigung« und wurde schließlich von der Anklage freigesprochen, die auf »mutwillige und bösartige Zerstörung fremden Eigentums« lautete. Als Folge des Prozesses wurde der Bau des AKWs um Jahre verschoben. Das Jahr 1975 war, mit den Worten des Atomic Industrial Forum, »ein düsteres Jahr für die Kernenergie«. (evang. Studentengemeinde)
allg. Publikum, Anti-AKW-Gruppen

Die lustige Welt der Tiere **F 303**
Abenteuer in Afrika
Uys, James, Südafrika 1974
16 mm, Lichtton, Farbe, 92 min
atlas

Ein menschlich, allzu menschlicher Tierfilm mit tausend heiteren Abenteuern von kleinen und großen Tieren in Afrika. Sie werden gezeigt, wie man sie bisher noch nie kannte: ein Laufkäfer, der ein Luftkühlsystem ähnlich einem VW-Käfer besitzt, Paviane, die nie ihre strenge Hierarchie aus den Augen lassen, obwohl sie ausgelassen radschlagen: Einer der schönsten Tierfilme. (atlas)

Die Macht liegt woanders **F 304**
Remy-Richter, Nikolaus; Tolz, Stefan, BRD 1989
16 mm, Licht- und Magnetton, Farbe, 53 min
Verleih der Filmemacher

Die packende Geschichte von aktiv gewordenen Lübeckern und ihrem frischgewählten Bouteiller. Kein leichtes Amt in der alten Hansestadt, denn die Idylle von Holstentor und Marzipan trügt: Die Stadt kämpft mit dem Rücken zur Wand gegen Atomtransporte und Müll-Tourismus zur Sondermülldeponie Schönberg (DDR) vor den Toren der Stadt. Täglich donnern Giftmüllaster schwerbeladen durchs Stadtgebiet, und im Hafen wird trotz Nuklearskandalen und fehlendem Katastrophenplan Material nach Skandinavien verschifft.
Als ausgerechnet hier die deutsche Atomindustrie ihre Jahrestagung abhält, ist das für den Rentner Fritz und den Studenten Eckhart eine klare Provokation. Trotz aller Machtlosigkeit beschließen sie zu handeln. Gegenüber vom Tagungshotel kapern sie mit Gleichgesinnten das Museumsschiff Passat. Da bricht ein Brand auf der Sondermülldeponie aus. Der giftige Rauch zieht Richtung Stadt.
Die einzelnen Geschehnisse verschmelzen mit gescheitem Witz zu einer Realsatire der Lübecker Verhältnisse. Treffsicher und pointiert zeigt der Film den Aufstand von unten gegen die quasi festzementierte Macht in Parlament und Wirtschaft. Er entblößt auf ebenso unterhaltsame wie erhellende Weise Macht- oder vielmehr Ohnmachtstrukturen. (Verleih der Filmemacher)
Nichts ist aufregender als die Wirklichkeit: Da drehen zwei Filmemacher eine Dokumentation, in der sie am Beispiel von Bürgerprotesten die Frage thematisieren, wie im politischen System hierzulande Veränderung möglich ist. Und was dabei herauskommt, ist so mitreißend wie ein Action-Streifen, so lustig wie eine Komödie, so schlüssig inszeniert wie ein Drama. (Mannheimer Morgen)
allg. Publikum

Ökomedia-Bewertung: wirksam

Information	Realisation	Motivation
3,0 Punkte	2,9 Punkte	3,4 Punkte

Ein lebendiger Film zum Thema Bürgerprotest.

Made in Germany **F 305**
HFF / Kloska, Lorenz; Glaser, S., BRD 1990
16 mm, Magnetton, Farbe, 15 min
Verleih der Filmemacher

Vom Müll zu einer apokalyptischen und im wahrsten Sinne biblischen Version: Lorenz Kloska und Susanne Glaser fanden für ihren Film über einen Müllberg heraus, daß das Vorbild der biblischen Höllenvorstellung eine brennende Müllkippe im Hinnomtal bei Jerusalem war. Der Vergleich wäre nur halb gelungen, befände sich nicht neben dem stadtteilbedrohenden Müllberg die älteste romanische Kirche der heutigen Großstadt.

Über lokalpolitische Querelen hinaus vermittelt der Film eine bestürzende Vision von der Zerstörung unserer Lebensgrundlagen durch hemmungslosen Konsum. (Verleih der Filmemacher)

Ökomedia-Bewertung: wirksam

Information	Realisation	Motivation
2,7 Punkte	2,7 Punkte	2,7 Punkte

Interessanter Versuch, sich unserem Zivilisationsmüll zu nähern. Ein Film mit experimentellem Charakter, nicht immer leicht zu verstehen.

Madre Tierra **F 306**
(Mutter Erde)
Vásquez, Mónica, Ecuador 1984
16 mm, Lichtton, Farbe, 22 min, OmU
DFZ; EMZ 2-13; EZEF; LBS 11, 13; LFD 1-13

Der Film beschreibt in eindrucksvollen Bildern, wie durch Eingriffe des Menschen das ökologische Gleichgewicht gestört wird. Die Bauern der Sierra Ecuadors zeigen, wie sie mit der Erosion bzw. der Erhaltung ihrer Ackerböden zurechtkommen. Sie beschreiben die bisherigen Anbaumethoden, aber auch die aktuelle Situation, die gekennzeichnet ist durch ausgelaugte Böden, Überschwemmungen und Erosion. Den Weg, dem entgegenzuwirken, kennen sie: Gemeinsame Arbeit bei der Wiederaufforstung, Rückkehr zum Terrassenanbau, Abkehr von Monokulturen. Die Grenzen dieser Umkehr werden angesprochen: Der Landmangel der Kleinbauern durch frühere Enteignungen läßt gezielte Anbauvariationen nicht zu. (Matthias)
allg. Publikum, Dritte-Welt-Gruppen

Ökomedia-Bewertung: wirksam

Information	Realisation	Motivation
3,0 Punkte	3,5 Punkte	3,0 Punkte

Ein schöner und ruhiger Film zur Bodenerosion. Einige wichtige Fragen bleiben offen, z.B. wie diese so harmonisch wirkenden Gemeinschaftsaktionen zustandekommen. Wer hat aufgeklärt? Machen wirklich alle mit? Die Dokumentation der Aktion selbst ist sehr gut.

Märchenland **F 307**
(Sagolandet)
OmU
Troell, Jan, BRD / Schweden 1985-88
16 mm, Lichtton, Farbe, 185 min
Freunde der deutschen Kinemathek

Am 4. Mai 1983 wird Jan Troells Tochter Johanna geboren. Der Vater stellt sich die Frage, in welcher Welt seine Tochter wird leben müssen. Der Regisseur sucht mit Kamera und Tonband nach Antworten. Im Frühjahr 1985 führte Troell Gespräche mit dem amerikanischen Philosophen Rollo May über existentielle Probleme des Menschen. Sie wurden zum Leitfaden des Films.
Mit verschiedenen Szenen versucht Troell ein Gesamtbild über den Zustand der Menschheit zu vermitteln: Ein Mädchen schreibt Gedichte und versucht damit, der Wirklichkeit zu entfliehen. Ein Junge sieht seine Zukunft entweder als Krimineller oder als Rockstar. Ein alter und ein junger Holzfäller bedienen jeweils nur noch eine Maschine, die das Land kahlfrißt. Ein früherer Motorrad-Rennfahrer arbeitet heute als Hundetöter im Tierheim. Ein fanatischer Umweltschützer will die Herkules-Staude ausrotten, weil sie eine ausländische Pflanze ist. Ein alter Bauer darf auf das Grab seiner verstorbenen Frau keinen natürlichen Feldstein setzen. Einer Umgehungsstraße fällt ein Park mit altem Baumbestand zum Opfer. Eine alte Sommerpension muß schließen. Eine junge Familie lebt auf einem Einödbauernhof, übriggeblieben aus der Zeit der Landkommunen. Ein Legehennenzüchter läßt die männlichen Küken nach dem Ausschlüpfen von einem Ostasiaten aus-

sortieren. Eine Kunsthandwerkerin flüchtet in die Idylle. Ein Wolf soll unter dem Vorwand des Naturschutzes getötet werden.
Zum Schluß sind die Herkulesstauden nach chemischer Behandlung verdorrt. Die Einrichtung der Sommerpension wird versteigert, die neue Straße feierlich eröffnet. Der getötete Wolf wird ausgestopft. (Freunde der deutschen Kinemathek)
allg. Publikum

Märchen lügen nicht **F 308**
Leonaris-Film / Nöll, Günter, BRD 1985
35 mm und 16 mm, Lichtton, Farbe, 20 min
Leonaris-Film

Der Mensch hat im Laufe seiner relativ kurzen Geschichte auf diesem Planeten in ganz erheblichem Maße in das natürliche Geschehen eingegriffen, das sich seit vielen Millionen Jahren herausgebildet hat. Der Film zeigt Epochen der Evolution und mahnt uns vor dem möglichen, selbstverschuldeten Untergang der Erde. (Ökomedia)
allg. Publikum

Maiwies **F 309**
Valpurgys Film / Frey, Peter, BRD 1982
16 mm, 35 mm, Farbe, 10 min
s. Video
KMZ 17, 22; LBS 8; LZNW (16 mm); Valpurgys Film (35 mm)

Sonntagmorgen. Vogelgezwitscher. In sattem Löwenzahngelb liegt sie da: Die Maiwies. Ein schönes Stück Natur, von dem die »naturverbundenen« Mitglieder unserer Picknick/Wegwerfgesellschaft bis zum Abend nicht mehr viel übrig lassen werden. (Valpurgys Film)
allg. Publikum

Ökomedia-Bewertung: wirksam

Information	Realisation	Motivation
	3,7 Punkte	3,0 Punkte

Ein schöner Film, technisch perfekt gemacht.

Der majestätische Elch **F 310**
(The Olympic Elk)
Algar, James, USA 1951
16 mm, Lichtton, Farbe, 26 min
AV-Film; LFD 4

Der Film zeigt den Zug der Elche zu ihren Sommerweiden in die olympischen Berge Washingtons.
allg. Publikum

Mama, Papa, Auto **F 311**
Strigel, Claus; Verhaag, Bertram, BRD 1991
16 mm, Lichtton, Farbe, 55 min
s. Video
LFD 2; LZNW; Verleih der Filmemacher

50 Kilometer Stau hinter München. Stop-and-go auf allen Verkehrssendern im Rest der Republik. Vermehrt blutige Köpfe auf DDR-Kreuzungen. Chaos vor der schwankenden Inntalbrücke. Ozon-Warnung: Kinder und Greise bitte nicht bewegen. Die frische Luft meiden, denn was da frisch riecht, ätzt die Lunge.
Häuserfassaden bröckeln, die Wälder sterben, Autoabgase schließen den Kohlendioxid-Deckel über unseren Köpfen. Klimakatastrophe nennen wir das.
Längst sind aus den Fahrzeugen Stehzeuge geworden, längst sind die Autobahnen der größte Parkplatz der Republik, längst schon denken Kinder über die verdrängten Folgekosten nach, aber immer noch fordern wir »freie Fahrt für freie Bürger«. Mit Vollgas in den Stau, durch tote Wälder im ewigen Sommer? Das Auto als Suchtmittel, Autofahren irrational wie jede andere Drogenabhängigkeit? Konsequent bis zum letzten goldenen Schuß?

»Mama, Papa, Auto«, ein Film im Stil assoziativer Collagetechnik. Ein Essay ohne Worte, mit O-Tönen, aber ohne erklärende Texte und erhobenen Zeigefinger. Die Hände bleiben am Steuer.
Ähnlich wie ein Autofahrer erst im Stau stehend die Chance bekommt, über Sinn und Unsinn dieser Bewegungsart nachzudenken, soll der Film Erfahrungen vermitteln. Visuell, assoziativ. Ernst und zum Lachen. Realistisch und absurd. Ein Film wie die ersten Worte moderner Kinder: Mama Papa Auto. (Denkmal)
allg. Publikum

Ökomedia-Bewertung: besonders wirksam

Information	Realisation	Motivation
3,7 Punkte	3,7 Punkte	3,7 Punkte

Sehr guter Beitrag über unsere große Liebe »Auto«, der ganz verschiedene Facetten beleuchtet.

Man gewöhnt sich an alles F 312
Giefer, Rena und Thomas, BRD 1983
16 mm, Magnetton, Farbe, 20 min
s. Video
Con

Der Film informiert über die Möglichkeiten des Zivilschutzes. Er befragt Passanten, was sie im Ernstfall tun würden, zitiert den damaligen amerikanischen Vizepräsidenten George Bush und gibt Hinweise für den Ernstfall: Zivilschutz ist mit seinen teuren Bauten, in seiner ganzen Philosophie und Konzeption eine riesige Seifenblase, die uns vorschillern soll, wir könnten einen Atomkrieg einigermaßen überstehen. (Con)
allg. Publikum

Der Mann mit den Bäumen F 313
Spielfilm
Kubny, Werner, BRD 1989
16 mm, Lichtton, Farbe, 81 min
BJF; LBS 13

In der Provence lebte einmal ein Schäfer. Zu jeder Jahreszeit zog er einmal mit seinen Schafen über das Land. Aber das Land wurde immer karger. Die Wälder verschwanden und damit das Wasser. Auch die Menschen gingen fort, denn das Land wurde immer unfruchtbarer.
Der Schäfer sah das Land sterben und beschloß, im Herbst Eicheln, Bucheckern und Ahornsamen zu sammeln und bei seinen langen Wanderungen über das Jahr zu pflanzen. Und nach langen Jahren veränderte sich die Landschaft. Eichen, Buchen und Ahornbäume sprossen aus dem Boden, das Wasser kehrte zurück und damit auch die Menschen. Am Ende seines Lebens waren aus den vielen kleinen Bäumchen wieder große Wälder geworden, und es lohnte sich wieder, hier zu leben. Ein Film nach einer Erzählung von Jean Giono. (LBS 13)
allg. Publikum, ab 6 Jahren

Ökomedia-Bewertung: wirksam

Information	Realisation	Motivation
	3,2 Punkte	3,2 Punkte

Ein ruhiger, schöner Film für Kinder mit einem jungen Mädchen als Heldin, das sich zur Identifikation sehr eignet.

Die Maschine **F 314**
Trickfilm
Urchs, Wolfgang, BRD 1966
16 mm, Lichtton, 35 mm, Farbe, 10 min
EMZ 1-4, 12; KMZ 1-3, 5-10, 13, 17-19, 22; LBS 1, 3, 6, 8, 9, 13, 14; LFD 2, 4, 6-8; LZNW

Ein Mensch erfindet eine Maschine. Mit ihrer Hilfe lassen sich wenige Bedarfsgüter herstellen. Doch die Anforderungen steigen und der Erfindergeist entwickelt eine größere Maschine. Noch liefert sie gleiche Gegenstände. Sobald die Maschine Gegenstände unterschiedlicher Farbe und Größe produziert, geraten die Verbraucher in Streit. Für ihre Auseinandersetzung stellt die Maschine alles her: Kanonen und Särge. Ein unheimlicher, unkontrollierbarer Mechanismus steuert das Maschinenungeheuer, das sich schließlich der Befehlsgewalt des Erfinders entzieht und diesen vernichtet. (EMZ 2)
ab 14 Jahren

Maschinenträume **F 315**
NDR / WDR / barfuss / Krieg, Peter, BRD 1988
16 mm, Lichtton, Farbe, 90 min
s. Video
Basis; LZNW

Maschinenmenschen, Menschenmaschinen. Menschen, die wie Maschinen werden. Maschinen, die wie Menschen werden. Davon handelt der Film von Peter Krieg. 90 Minuten konfrontiert uns Krieg mit einem anspruchsvollen Puzzle für denkfähige Erwachsene. Seine These: Technik und Maschinen sind zuallererst Projektionen männlicher Fantasien, nicht etwa hilfreiche, nutzbringende Erfindungen. Der Mensch als erschaffender Gott, der Mann, der gebärt. Vorhang auf für ein Traumtheater: Wunderschön inszeniert liegt da ein Mensch auf einem Metallbett inmitten einer gigantischen Fabrikhalle. Er schläft. Vor allem aber ist er durch Kabel, Schläuche und Drähte mit Video-Monitoren verbunden. Der Träumer, verkabelt mit den Maschinen und Menschen des Films. Ein Kunstgriff, um fortan Fiktion und Dokumentation zu verwischen. Alles nur ein böser Traum?
Erste Darsteller im Traumtheater: Kriegs »Erzfeinde«, die wir aus »Vaters Land« bereits kennen, die Militärs, diesmal in Gestalt von US-Marines. Sie erläutern ihr »Maschinenkonzept«, wie sie es selbst nennen, um Rekruten ihre Individualität zu nehmen, um aus ihnen Militärmaschinen zu machen. Schnipselartig erscheinen mehrere Marine-Szenen in der ersten Hälfte des Films. Sie schaukeln sich hoch zum Höhepunkt des Films: Die Ober-Marines schreien in die Kamera, um lautstark zu demonstrieren, was sie bislang nur beschrieben hatten.
Eine hervorragende Montage voller Ausdruck, voller Schrecken, voller Symbolkraft: Die sogenannte »Vogelmaschine«, das Konstrukt eines amerikanischen Theatermaschinen-Machers zuckt und zappelt, preßluft-getrieben, wie ein Krake im Streß, eine Maschine im Todeskampf, zu den Schreien der Marines. Ein Alptraum. Die Maschine mit menschlichen Zügen, Menschen die zu Maschinen werden.
Über die Benediktiner-Klöster des 6. Jahrhunderts mit ihren immer gleichen Gebetsmühlen und die Textilfabriken des frühindustriellen England führt uns Krieg zu den Bostoner Labors zur Erforschung der »Künstlichen Intelligenz«. Vom Webstuhl zum Supercomputer.
Ein provozierender Film, nicht ganz einfach, und der Text manchmal mühsam. Und so mancher wird sich ärgern über Kriegs Stil der klugen Sicht: Er glättet die

Widersprüche und Vielfältigkeiten unserer Welt, indem er alles unter eine These biegt. Ein Film zum Streiten, mit viel Stoff zum Denken, mit faszinierenden Bildern. Eine hervorragende Kamera. Höchstes Lob auch für Rolf Riehms kunstvoll-künstliche Filmmusik. (w & m: Der Öko-Filmtip, gekürzt)
Ausgezeichnet auf der Ökomedia '88 mit einer »Ökomedia-Auszeichnung«.
allg. Publikum

Ökomedia-Bewertung: besonders wirksam

Information	Realisation	Motivation
3,6 Punkte	3,7 Punkte	3,5 Punkte

Ein origineller und eigenwilliger Film zum komplexen Thema »Mensch - Maschine«. Stellenweise ziehen die Bilder die Aufmerksamkeit so stark ab, daß man dem sehr theoretischen Kommentar nur mit großer Konzentration folgen kann.

Der Maulwurf **F 316**
FWU / IWF, BRD 1990
16 mm, Lichtton, Farbe, 14 min
FWU; KMZ 6, 10; LBS 1, 5, 10, 13

Nach einer kurzen Vorstellung des Maulwurfs werden die verschiedenen Anpassungen - kurze Extremitäten, Grabschaufeln, Sichelbeine, Fell, Augen, Ohren, Schwanz - an seinen Lebensraum aufgezeigt. Zahlreiche Einstellungen zur Nahrungsaufnahme machen deutlich, daß er ein reiner Fleischfresser ist. Nach einer kurzen Sequenz über die Jungtiere stehen seine natürlichen Feinde im Vordergrund. Ergänzende Trickaufnahmen erläutern sein weitverzweigtes unterirdisches Gangsystem. (FWU)

Ökomedia - Bewertung: wirksam

Information	Realisation	Motivation
3 Punkte	3 Punkte	3 Punkte

Reiner Biologiefilm mit sehr schönen, anschaulichen Bildern und guten Informationen.

Der Maulwurf im Traum **F 317**
Trickfilm
CSSR 1986
16 mm, Lichtton, Farbe, 30 min
Imbild

Der Maulwurf lernt einen Mann kennen, in dessen Haus alles automatisiert ist: Per Knopfdruck kommt das Essen angerollt, öffnen sich Türen, läuft Wasser in die Badewanne. Sehr schnell kommt der Maulwurf hinter diesen Trick und läßt sich auch von vorn bis hinten bedienen. Doch plötzlich scheint etwas schief gelaufen zu sein: Aus dem schwarzen Maulwurf wird ein weißer. Der Strom fällt aus, das Haus schneit zu, und der Mann im Sessel erstarrt zum Eiszapfen. Doch unser Maulwurf weiß sich zu helfen. So erlebt er noch einige spaßige Abenteuer. (Imbild)
Sekundarstufe I

Ökomedia-Bewertung: wirksam

Information	Realisation	Motivation
	3,0 Punkte	3,0 Punkte

Ein witziger und unterhaltsamer Animationsfilm für Kinder, der demonstriert, wie unser modernes Leben von Energie abhängig ist.

Der Maulwurf kommt in die Stadt **F 318**
Trickfilm
Zdenek, Miler, CSSR 1982
16 mm, Lichtton, Farbe, 31 min
EMZ 2-4, 10, 12; KIZ; KMZ 1-3, 5-7, 10, 16, 18, 20; FWU; LBS 1-14; LFD 4, 7

Der Zeichentrickfilm erzählt von Maulwurf, Igel und Hase, die glücklich in ihrem Wald leben, bis dort eine gigantische Stadt aus dem Boden gestampft wird. Das verbriefte Recht, zumindest auf ih-

rem hohlen Baumstrunk wohnen zu bleiben, hilft ihnen bald nichts mehr: Mit Lokkung und Zwang wird versucht, sie in die neue Welt einzugliedern. Die drei kosten in allerlei Abenteuern die Reize dieser Umgebung aus, empfinden sie letztlich aber als lebensfeindlich und entfliehen ihr. (FWU)
ab 5 Jahren

Ökomedia-Bewertung: wirksam

Information	Realisation	Motivation
	3,2 Punkte	3,2 Punkte

Ein Trickfilmklassiker mit Märchencharakter, schön anzuschauen.

Der Maulwurf und das Radio F 319
Trickfilm
Miler, Zdenek, CSSR 1969
16 mm, Lichtton, Farbe, 9 min
EMZ 2, 8, 12; Imbild; KMZ 2, 3, 5-8, 10-12, 16, 18; LBS 8, 9, 13, 14; LFD 1, 2, 4

Der Maulwurf findet ein Kofferradio. Begeistert über diesen Fund, läßt er es Tag und Nacht spielen, so daß nach und nach sämtliche Bewohner des Waldes, von der lauten Musik gestört, sehr verärgert fortziehen. Erst als durch den ununterbrochenen Gebrauch die Batterie leer ist und das Radio von selber aufhört zu spielen, kehren die Tiere wieder in die Ruhe des Waldes zurück. (Imbild)
ab 5 Jahren

Der Maulwurf und der Bulldozer F 320
Trickfilm
Miler, Zdenek, CSSR 1969
16 mm, Lichtton, Farbe, 7 min
EMZ 2, 8, 10, 12; Imbild; KMZ 2, 3, 5-7, 10, 11, 12, 13, 16, 18; LBS 8, 13; LFD 2, 4

Der Maulwurf arbeitet in seinem Garten auf einem Beet. Dabei stößt er auf irgendwelche Pflöcke, die bisher nicht dastanden und stellt fest, daß diese die Trasse einer zukünftigen Straße markieren. Von fern nähert sich bereits ein riesiger Bulldozer. Der kleine Maulwurf kann ihn zwar nicht aufhalten, aber mit einer List bringt er es fertig, daß der Bulldozer im letzten Moment von seiner ursprünglichen Trasse abweicht und so sein Beet vor der drohenden Vernichtung verschont bleibt. (Imbild)
ab 5 Jahren

Ökomedia-Bewertung: wirksam

Information	Realisation	Motivation
	3,0 Punkte	3,0 Punkte

Schöner Trickfilm aus der berühmten »Maulwurf«-Serie.

Mbogos Ernte F 321
oder die Teilung der Welt
Peter Heller, BRD 1980
16 mm, Farbe, 71 min
s. Video
DFZ; EMZ 1-8, 10-12; EZEF; LBS 6; LFD 1-9; LZNW; Verleih der Filmemacher

Der Film ist eine Fallstudie über das Leben und die Arbeit von Baumwollbauern in einem Dorf Afrikas. Er zeigt zwei Welten in ihren Beziehungen zum gleichen Rohstoff, der Baumwolle. Sie ist die wichtigste Naturfaser zur Herstellung von Kleidung rund um den Erdball. Der Weg der Baumwolle von den Feldern Ostafrikas über die Spekulationsmärkte zu den verarbeitenden Betrieben bei uns in der Bundesrepublik wird verfolgt. Die Vermarktung der Baumwollprodukte steht an zur Auseinandersetzung: Auch Afrikaner kaufen heute Baumwollkleider aus Europa ein. Die Austauschverhältnisse zwischen den exportierten Rohstoffen und importierten Waffen aus den Industrieländern verschlechtern sich aus der Sicht der Armen zunehmend. Mit ihrer Not subventionieren die Menschen des Südens den Reichtum des Nordens. Ihre Abhängigkeit von unserer Wirtschaft wächst zunehmend. In Tansania z.B. ist zwar eine nationale Textilindustrie im Wachsen, aber das Kräftespiel der Märkte beraubt dieses afrikanische Land seiner Chancen. (DFZ)

Mechanischer Freund **F 322**
Ledwig, Alfred, BRD 1987
16 mm, Lichtton, Farbe, 7 min
LBS 9, 13; LZNW

In diesem Animationsfilm dringt Lärm in die Idylle des Waldes. Ein bedrohlich wirkendes Fahrzeug erscheint am Horizont. Die Tiere des Waldes ergreift Panik. Da erblickt man einen kleinen Jungen, der mit einer Fernsteuerung ein Spielzeugauto lenkt. Eine Eule wird aus ihrem Schlafplatz aufgeschreckt. Sie sieht das Fahrzeug, stürzt hinab, greift es mit ihren Krallen und fliegt damit auf einen Ast. Da erkennt der Junge, was er angerichtet hat. Als er den Wald verläßt, erkennt der Zuschauer in der Überblende ein winziges Gehölz, das von einem vielbefahrenen Autobahnnetz umgeben ist. (LZNW)
ab 6 Jahren

Ökomedia-Bewertung: brauchbar

Information	Realisation	Motivation
	2,5 Punkte	2,0 Punkte

Ein Animationsfilm mit recht dürftigem Inhalt.

Mehr Atomkraftwerke **F 323**
Flip-Film / Mannstaedt, Per, Dänemark 1976
16 mm, Lichtton, Farbe, 50 min
EMZ 12; KMZ 13; LBS 4-6; LFD 2, 4, 6; LZNW; Verleih der Filmemacher

Atomkraft sei für die Zukunft der Energieversorgung unumgänglich, sei sauber und billig, Uran als Rohstoff unbegrenzt vorhanden und die Unabhängigkeit der Energieversorgung gesichert: Diese Behauptungen von Politikern und Wirtschaft nimmt der Film zum Ausgangspunkt. Er begleitet den Uranbrennstoff im KKW, während des Transportes zur Wiederaufarbeitungsanlage und zu den Atommülldeponien. Die Aufnahmen entstanden in den AKWs Stade, Biblis und Oldbury (England) und den Wideraufarbeitungsanlagen in Karlsruhe, Windscale und Mol, der Sammelstelle für radioaktiven Müll in Karlsruhe und der Endlagerstätte im Salzbergwerk Asse bei Braunschweig.
Schon der tägliche Umgang mit Radioaktivität zeigt: Die Arbeiter werden 50 mal mehr mit Radioaktivität bestrahlt als die normale Bevölkerung. Flüsse dienen zur Kühlung, werden übernatürlich erhitzt und »leicht« radioaktiv verseucht. Schon 1976 fielen in der BRD 12.000 Fässer radioaktiven Mülls an, die unter völlig umstrittenen Bedingungen gelagert werden.
Es gibt keinen Film, den man leichteren Herzens empfehlen kann zum Einstieg in die Diskussion über das Problem Atomenergie. (Verleih der Filmemacher)
allg. Publikum, Anti-AKW-Gruppen

Ökomedia-Bewertung: besonders wirksam

Information	Realisation	Motivation
3,7 Punkte	3,7 Punkte	3,7 Punkte

Ein besonders empfehlenswerter Film zur Problematik der Atomkraft. Der Film schafft ohne jegliche Agitation ein Höchstmaß an Betroffenheit, indem er detailliert die komplizierte Technik demonstriert, Lücken und Probleme nicht anprangert, sondern durch sorgfältigste Recherche und eindrucksvolle Kamera entlarvt.

Meint ihr, damit läßt sich der Fortschritt aufhalten **F 324**
aus der Serie: Keine Startbahn West. Trilogie eines Widerstands
Arbeitsgemeinschaft HE-Film, BRD 1979
16 mm, Lichtton, Farbe, 26 min
s. Video
EMZ 7, 12; EZEF; HE-Film; KMZ 12; LBS 7; Verleih der Filmemacher

Die Filmemacher kämpfen mit den Bürgern der Region gegen die geplante Flughafen-Startbahn »West«, die ein wichtiges Naherholungsgebiet zerschneidet. Sie wehren sich auch dagegen, Umweltschutz und Erhaltung von Lebensqualität gegen Arbeitsplatzsicherung auszuspielen. (Matthias)
ab 14 Jahren, Umweltgruppen

Ökomedia-Bewertung: brauchbar

Information	Realisation	Motivation
2,0 Punkte	2,7 Punkte	1,0 Punkte

Dieser Film ist heute nicht mehr aktuell und hat ziemliche Längen. Als historisches Dokument gibt er jedoch Einblick in den 1979 sich formierenden Widerstand.

Mikrofon **F 325**
Schkljarewski, George, UdSSR 1989
16 mm, 35 mm, Farbe, 20 min, OmU
s. Video
EMZ 2, 4, 12; EZEF (16 mm); Verleih der Filmemacher (35 mm)

Direkt in Sichtweite des Zauns, der die unbewohnbare Zone rund um das havarierte Kernkraftwerk Tschernobyl von der »bewohnbaren« Außenwelt trennt, leben Menschen, einer Strahlung von 2600 Mikroröntgen pro Stunde ausgesetzt. Sie erleben den unglaublichen Zynismus der Wissenschaftler, die regelmäßig anreisen und Meßwerte nehmen, hautnah. Sie äußern den Verdacht, als Versuchsobjekte mißbraucht zu werden. Doch wer hört sie... (Ökomedia)

Über eine halbe Hundertschaft Reaktoren des Tschernobyl-Typs im Osten und ich-weiß-nicht-wieviele westlicher Bauweise können jederzeit wieder den Atomtod bringen. Um auch in stillen Zeiten nicht nur ab und zu aufzuhorchen, sondern hellwach zu bleiben, dafür gibt es nun einen zutiefst beeindruckenden Film: »Mikrofon«. O-Ton: »Es ist vollbracht. Am Vorabend des 60sten Jahrestages der Großen Oktober-Revolution begann der Atomriese für die Sowjetunion zu arbeiten. Dieses Kraftwerk lebt, arbeitet, funktioniert für die Menschen.« Die Bilder von Spulen und Drähten: gigantisch. Die Bilder der Arbeiter: sozialromantisch. Die unterlegte Musik bläst zum Aufbruch.
Der erhabenen Größe voriger Bilder folgt die bittere Realität der Machtlosigkeit, der Sisyphus-Mühen, der Kleinheit der Menschen angesichts außer Rand und Band geratener Technologie. Die Botschaft am Ende: Die Bevölkerung rund um die Zone wird eines langsamen Todes sterben. Nur 19 Minuten lang ist dieser Film, aber er

wirkt lange nach. (agenda, Der Öko-Filmtip)
Ausgezeichnet mit dem Förderpreis der Stadt Freiburg auf der Ökomedia '90.

Ökomedia-Bewertung: besonders wirksam

Information	Realisation	Motivation
3,6 Punkte	3,3 Punkte	4,0 Punkte

Ein zutiefst beeindruckender und stellenweise ergreifender Film. Das Drama der Reaktorkatastrophe von Tschernobyl wird in kaum einem anderen Film in so kurzer Zeit so anschaulich vermittelt.

Milch aus Fleisch und Abfall F 326
aus der Serie: Landwirtschaft 2000
NDR / Weitzel, Hans-Ernst, BRD 1978
16 mm, Licht- und Magnetton, Farbe, 30 min
s. Video
IWF; Weitzel

Der Film zeigt, welche Möglichkeiten es gibt, aus Pflanzenresten und Blättern, Halmen und Strünken wertvolles Futter zu machen. Noch immer werden Rinder mit eiweißreichem Getreide gefüttert, das sie für ihre Ernährung eigentlich nicht brauchen. Der Film zeigt solche Experimente, die zum Ziel haben, Futtermittel zu erzeugen, die nicht in Konkurrenz zum Menschen stehen. (Weitzel)
allg. Publikum

Milch vom Biohof F 327
aus der Serie: Ökoland
NDR / Weitzel, Hans-Ernst, BRD 1988
16 mm, Lichtton, Farbe, 29 min
s. Video
EMZ 2, 7, 8, 12; LBS 2-4, 7, 9, 11, 13, 14; LFD 1; Weitzel

Mit Kompost, Jauche und Kleegras anstatt mit Kunstdünger und Herbiziden, mit Sonne und Blumenwiesen anstatt mit PS-starken Maschinen und Soja-Importen erzeugt der Talhof auf der Schwäbischen Alb seine Milch, sein Getreide, seine Eier und sein Brot. Vielfalt statt Einfalt lautet hier die Devise, und der Leuthold-Hof bei Zürich macht es ebenso. Beide Höfe haben Jahrzehnte an Erfahrungen im biologischen Landbau vorzuweisen. Sie setzen auf Fruchtwechsel und nicht auf Monokultur, auf artgerechte Tierhaltung anstatt auf Antibiotika und Hormone. (Weitzel, gekürzt)
allg. Publikum, landwirtsch. Gruppen

Ökomedia-Bewertung: wirksam

Information	Realisation	Motivation
3,5 Punkte	3,0 Punkte	3,0 Punkte

Informativer und flüssiger Beitrag, mit schöner Kamera und guten Grafiken. Schade, daß die Bauern selbst nicht zu Wort kommen.

Mit Bakterien gegen Stechmücken F 328
aus der Serie: Biologische Schädlingsbekämpfung
BASF, BRD 1988
16 mm, Farbe, 15 min
FWU; LBS 4, 5-7, 10

In den Rheinauen werden Stechmücken oft zur Plage. Beeindruckende Nahaufnahmen von den Entwicklungsstadien und dem Schlüpfen der Stechmücke zeigen die Schönheit dieser lästigen Insekten. Seit Jahrzehnten werden sie bekämpft. Eine neue, erfolgversprechende Methode zeichnet sich ab: der Einsatz von Bti. Es ist ein Bakteriengift, das die Larven der Mücken tötet. In den Tropen übertragen verwandte Arten - etwa die Kriebelmücken - gefährliche Krankheiten. Ihre Bekämpfung bekommt dadurch eine andere Dimension. Weil diese Krankheitsüberträger in vielen Gebieten gegen Insekte resistent geworden sind, verspricht man sich von Bti eine wirksame

Hilfe gegen die weitverbreitete Flußblindheit oder Onchozerkose. (FWU)

Ökomedia - Bewertung: wirksam

Information	Realisation	Motivation
3 Punkte	2,6 Punkte	2,3 Punkte

Ein Referatsfilm zur biologischen Schädlingsbekämpfung mit tollen Bildern vom Schlüpfen der Stechmücken. Angeblich sind die biotechnologisch hergestellten Bakterien völlig unschädlich - vielleicht stimmt es ja, und richtig ist natürlich auch, daß Pestizide vermieden werden müssen. Trotzdem es bleibt der Eindruck, daß dieser Film zu unkritisch ist.

Mit Lockstoffen gegen Insekten F 329
aus der Serie: Biologische Schädlingsbekämpfung
BASF, BRD 1988
16 mm, Farbe, 15 min
FWU; LBS 4-8, 10, 14

Spezifische Düfte helfen vielen Insektenarten bei ihrer Orientierung in ihrem Lebensraum: So sorgen Pheromone dafür, daß sich Männchen und Weibchen der gleichen Art zur Paarung finden, und Lockstoffe lassen Insekten die Futterpflanzen oder geeignete Plätze für die Eiablage erkennen. Der Mensch kann heute viele dieser Duftstoffe synthetisieren und für seine Zwecke - zur Schädlingsbekämpfung - einsetzen. Pheromone als »Verwirrstoffe« verhindern beispielsweise im Weinbau die Massenvermehrung des Einbindigen Traubenwicklers, und in den recht bekannten Borkenkäfer-Fallen wirken Lockstoffe als Köder. (FWU)

Ökomedia - Bewertung: wirksam

Information	Realisation	Motivation
3 Punkte	2,6 Punkte	2,6 Punkte

Laboratmosphäre und eine wissenschaftlich-referatsartige Sprache vermitteln viele Informationen zur biologischen Schädlingsbekämpfung mit Pheromonen.

Mittelmeerraum - F 330
Klima und Vegetation
Spirogyra, Norwegen 1989
16 mm, Lichtton, Farbe, 14 min
FWU; LBS 1, 5, 7

Die ursprünglichen immergrünen Wälder des Mittelmeerraums wurden infolge der Besiedlung durch Abholzen, Abbrennen und Beweidung fast vollständig vernichtet. Die heute vorherrschende »sekundäre Macchie« ist eine Buschlandschaft von großer Vielfalt, geprägt durch die Sonderstellung des mediterranen Klimas. Der Film gibt einen Einblick in die verschiedenen Degradationsstufen der ursprünglichen mediterranen Vegetation sowie einen Überblick über die Wechselbeziehungen von Mensch, Klima und Vegetation am Mittelmeerraum. (FWU)

Ökomedia - Bewertung: brauchbar

Information	Realisation	Motivation
2,1 Punkte	1,6 Punkte	1,6 Punkte

Ein braver, ziemlich langweiliger Schulfilm.

Mord im Maisfeld F 331
SFB, BRD 1984
16 mm, Lichtton, Farbe, 40 min
AID

Ertragssteigerung in der Landwirtschaft und Sicherung der Ernten werden durch den Einsatz von Pestiziden zur Schädlingsbekämpfung erreicht. Im Zeichen eines immer stärker werdenden Umweltbewußtseins erhält die biologische Schädlingsbekämpfung jedoch eine zunehmende Bedeutung. Nach den gleichen Prinzipien, mit denen die Natur ihr biologisches Gleichgewicht hält, werden Parasiten und Räuber gezielt ausgesetzt,

die den Schädlingen zu Leibe rücken. (AID)
allg. Publikum, landwirtschaftl. Gruppen

Ökomedia-Bewertung: wirksam

Information	Realisation	Motivation
3,3 Punkte	3,5 Punkte	3,0 Punkte

Ein informativer, anschaulicher und gut recherchierter Film zum Thema »biologische Schädlingsbekämpfung« mit teilweise hervorragendem Bildmaterial.

Müllkippe Nordsee **F 332**
WDR / Kaiser, Dieter; Meulen, Frans van der, BRD 1982
16 mm, Lichtton, Farbe, 45 min
LBS 4, 7, 13; LZNW

Wie sehr die Nordsee als Kehrrichteimer der Industrienationen mißbraucht wird, belegt dieser Film in zahlreichen Beispielen. Leichtsinn und Unwissenheit, auch kriminelles Verhalten, fordern ihren Preis. Urlauber infizieren sich in verdrecktem Wasser, Seevögel gehen durch Öl ein, Fische sind verseucht, die Meeresfauna stirbt ab. Amerikanische Forscher haben das Sterben der Meere noch für dieses Jahrzehnt angekündigt. Die Frage lautet, ob und wie diese Katastrophe noch abgewendet werden kann. (LZNW)
allg. Publikum

Ökomedia-Bewertung: wirksam

Information	Realisation	Motivation
3,5 Punkte	3,2 Punkte	3,5 Punkte

Gut recherchierter, eindrucksvoller Lagebericht über den Zustand der Nordsee - schon vor über 10 Jahren.

Die Müritz **F 333**
BRD 1992
16 mm, Lichtton, Farbe, 15 min
LBS 7

Die Müritz ist mit ca 120 km der zweitgrößte deutsche Binnensee und liegt inmitten der Mecklenburgischen Seenplatte. Um die vielen seltenen Tier- und Pflanzenarten in der am dünnsten besiedelten Region Mitteleuropas zu schützen, wurde das Gebiet im Oktober 1990 zum Nationalpark erklärt. (LBS 7)
ab 7. Klasse

Müssen unsere Moore sterben? **F 334**
aus der Serie: Lebensraum in Gefahr
Kubiak, Theo, BRD 1976
16 mm, Lichtton, Farbe, 45 min
s. Video
LFD 4; Kubiak

Das Moor ist neben dem Watt und dem Hochgebirge die einzige Urlandschaft, die wir noch haben. In faszinierenden Bildern zeigt der Film die urwüchsige Wildheit des Moores mit seinen typischen Pflanzen und Tieren. Er behandelt die Entstehung des Torfes, den Abbau per Hand und die Maschine, die Kultivierungsmaßnahmen und die notwendige Renaturierung. (Kubiak)
allg. Publikum, Naturschutzgruppen

Ökomedia-Bewertung: wirksam

Information	Realisation	Motivation
3,2 Punkte	3,5 Punkte	3,0 Punkte

Ein Film mit vielen schönen Bildern, der die Zerstörung des Lebensraumes Moor gut dokumentiert, aber auch Beispiele von Renaturierung gibt.

Die Mzima-Quellen in Kenia **F 335**
Beobachtungen in einem Ökosystem
Root, Alan, 1985
16 mm, Lichtton, Farbe, 20 min
FWU; LBS 1-14

Der Film dokumentiert das Leben im Mzima-Quellgebiet im Tsavo-Nationalpark in Kenia, einem oasenhaft isolierten

Ökosystem in der umgebenden Trockensavanne. Auf die besondere Schlüsselrolle der Flußpferde und der Krokodile wird hingewiesen. Das Ökosystem befindet sich in einem Endzustand, dessen Gleichgewichte sehr labil sind. Der Film demonstriert dies mit spannenden Bildern über die afrikanische Tierwelt in und um das Quellgebiet. (FWU, gekürzt)
Sekundarstufe I und II, Jugend- und Erwachsenenbildung, Naturschutzgruppen

Ökomedia-Bewertung: wirksam

Information	Realisation	Motivation
3,3 Punkte	4,0 Punkte	3,2 Punkte

Ein hervorragender Naturfilm mit ausgezeichneten Bildern und gut dosiertem Kommentar.

Nach Luft ringen **F 336**
Fuglevaag-Warsinski, Polen 1990
16 mm, Lichtton, Farbe, 18 min
s. Video
KFW; KMZ 6, 7, 10

Die Industrielandschaft Schlesiens zählt zu den am stärksten verseuchten Gebieten Europas. Nur die Hälfte der Frauen hat Aussicht, ein gesundes Kind zur Welt zu bringen. Bilder von Neugeborenen und Kleinkindern zeigen die Auswirkungen der Umweltzerstörung. Der Film stellt die Frage nach dem Recht auf Leben. (KFW)
ab 14 Jahren

Ökomedia - Bewertung: wirksam

Information	Realisation	Motivation
3,0 Punkte	3,2 Punkte	3,0 Punkte

Kommentarloser Film, der ganz auf die Montage seiner Bilder vertraut, Bilder von schwangeren Frauen, Kindern, rauchenden Schloten, einer Geburt. Ein Rolltitel am Schluß des Films bringt viele Fakten und Zahlen über den Zusammenhang von Umweltverschmutzung, Früh- und Fehlgeburten, Mißbildungen etc.

Natur auf einem halben Morgen Land **F 337**
(nahezu identisch mit: Rätsel der Natur)
Walt Disney, USA 1951
16 mm, Lichtton, Farbe, 33 min
LFD 4

Der Film zeigt die Welt der Insekten und Kleinlebewesen in einem überschaubaren Areal. (LFD 4)
allg. Publikum

Ökomedia-Bewertung: wirksam

Information	Realisation	Motivation
2,3 Punkte	3,0 Punkte	3,0 Punkte

Eine Art verfilmtes Tierbilderbuch mit Insekten, Vögeln, Raupen, Kolibris u.v.m. Die eigens komponierte Musik macht ein Großteil von Witz und Spannung aus. Ökologische Zusammenhänge werden so gut wie nicht dargestellt. Besonders filmhistorisch ist dieser Naturfilm von Wert.

Natur - Mensch - Gesellschaft **F 338**
Gesamtdeutsches Institut, DDR 1987
16 mm, Lichtton, Farbe, 43 min, 20 min
DFZ; LBS 4; LFD 2, 4, 5 (43 min), 9 (20 min); LISA

Ein Film über Umweltprobleme in der DDR, in dem Widersprüche zwischen Anspruch und Wirklichkeit in der DDR hinsichtlich des Umweltschutzes aufgezeigt werden. Darüber stellen die Autoren Vergleiche mit der Situation in der Bundesrepublik an. (LFD 5)
allg. Publikum

Ökomedia-Bewertung: wirksam

Information	Realisation	Motivation
3,0 Punkte	3,0 Punkte	3,0 Punkte

Der Film hat seinen Platz ausschließlich als politisches Dokument über die DDR-sozialistische Sicht ökologischer Probleme. Der gute Informationswert bezieht sich nur auf diese absolut linientreue Sichtweise. Alle anderen Fragen und Informationen bleiben ausgeblendet. Der

Film ist didaktisch sehr gut aufbereitet und interessant gestaltet, mit guten Tricks. Eine der Grundthesen lautet, daß der Sozialismus zuerst einmal mit dem kapitalistischen Dreck fertig werden mußte. Denn Naturverschleiß sei das Ergebnis kapitalistischen Gewinnstrebens. Ein Film für die politische Bildungsarbeit.

Netzwerk des Lebens F 339
Naturschutz und Landschaftspflege in Mittelfranken
Praxis Unterrichtsfilm / Hahn, Rainer, BRD 1991
16 mm, Lichtton, Farbe, 20 min
s. Video
Praxis Unterrichtsfilm; Landschaftspflegeverband Mittelfranken; LFD 2

Ausgeräumte Fluren; jedes Jahr länger werdende Listen der vom Aussterben bedrohten Tiere und Pflanzen; zunehmende Probleme durch fortschreitende Erosion. Der Film zeigt am Beispiel des Landschaftspflegeverbandes Mittelfranken, wie diesen Problemen begegnet werden kann. Der Landschaftspflegeverband ist ein Zusammenschluß von Bauern, Naturschützern und Kommunalpolitikern, die hier erstmals völlig gleichberechtigt die durchzuführenden Projekte beschließen: Großflächige Renaturierungen, Pflege naturnaher Flächen, Erhaltung und Anlage von Kiesbänken, Wiederherstellung Pflege von Feuchtwiesen, Aufbau eines Netzes von Biotopen. (Praxis Unterrichtsfilm)
allg. Publikum, Naturschutzgruppen

Neue Erde F 340
(Nieuwe Gronden)
Ivens, Joris, Niederlande 1934
16 mm, Lichtton, sw, 28 min, OmU
Freunde der deutschen Kinemathek

»Neue Erde« ist ein Beispiel für die filmische Auseinandersetzung mit dem Kampf des Menschen um die Nutzung der Natur vor dem Hintergrund ökonomischer Interessen. Unter filmhistorischen Gesichtspunkten eignet sich die Komposition Hans Eislers als hervorragendes Beispiel für Filmmusik. (KJF)
ab 14 Jahren

Ökomedia Bewertung: besonders wirksam
Der berühmte Filmklassiker über die menschlichen Versuche, die Natur zu beherrschen, ist sehr sehenswert.

Der Neuntöter F 341
Csordas, Elemar, BRD 1986
16 mm, Lichtton, Farbe, 16 min
FWU; LBS 1-14

Der Film zeigt zuerst einen Dornenbusch mit aufgespießten Beutetieren des Neuntöters. Sein Name wird erklärt, der Vogel selbst vorgestellt. Aufnahmen zur Paarbildung, zum Nestbau, zur Aufzucht der Jungen und zum Schlagen von Beutetieren vermitteln einen Einblick in das Leben dieses selten gewordenen Tieres. Auch die Bedeutung der Hecken im Brutbiotop wird verständlich. Die Beschreibung des Zugverhaltens und der Zugweisen des Neuntöters rundet das Bild ab. (FWU)
Sekundarstufe I, Jugend- und Erwachsenenbildung, Naturschutzgruppen

Ökomedia-Bewertung: wirksam

Information	Realisation	Motivation
3,0 Punkte	3,0 Punkte	3,0 Punkte

Ein sehr schöner und informativer Beitrag in der Tradition des Naturfilms.

News - Bericht über eine Reise in eine strahlende Zukunft
s. Singapore Connection

Nisthilfe für Hautflügler: F 342
Bienen, die keinen Staat machen
Baumann, Karlheinz, BRD 1987
16 mm, Licht- und Magnetton, Farbe, 45 und 12 min
Baumann; LBS 4, 7, 13, 14

Der Film verfolgt drei Schwerpunkte: Die Artenvielfalt der Insekten am Beispiel der Wildbienen und ihrer Verwandten, den Wespen und Hummeln. Dann die ökologische Bedeutung dieser Tiergruppe im Nahrungskreislauf und schließlich die Gefährdung dieser unscheinbar lebenden Hautflügler sowie die möglichen Schutzmaßnahmen, die man zur Erhaltung dieser Tiere ergreifen muß. (Baumann)
allg. Publikum, Sekundarstufe I und II, Naturschutzgruppen

Ökomedia-Bewertung: wirksam

Information	Realisation	Motivation
3,5 Punkte	3,2 Punkte	3,3 Punkte

Ein sehr informativer Film, der sehr anschaulich zeigt, was der einzelne zum Schutz der Hautflügler tun kann.

Noch einmal F 343
(Nog eens)
Trickfilm
Nassenstein, Hans, Niederlande 1982
16 mm, Lichtton, Farbe, 15 min
s. Video
LZNW

Dieser Animationsfilm zeigt eine weithin leere Landschaft. An einem kahlen Strand liegt ein primitives Floß. Alles deutet darauf hin, daß jemand über die Weite des Meeres eine andere Zukunft sucht. Auf der Suche nach dem fehlenden Tau verliert sich jemand im trostlosen Binnenland. Die Wanderung führt vorbei an Resten einer einstigen Zivilisation. Eine apokalyptische Stimmung liegt über der Erde. Das leere Floß löst sich vom Ufer, treibt vom Land hinweg über das Wasser und verläßt die unwirtlich gewordene Welt. (LZNW)
allg. Publikum

Ökomedia-Bewertung: wirksam

Information	Realisation	Motivation
	3,0 Punkte	2,5 Punkte

Ein formal interessanter Trickfilm über die »Welt danach«, über das öde Danach, das einer großen Katastrophe folgt. Düstere Untergangs- und Traumphantasien, die nur bedingt motivieren können.

Nordsee - F 344
Abfallgrube oder Badestrand
Brydesen, Lars, Dänemark 1985
16 mm, Lichtton, Farbe, 15 min
FWU; KMZ 3, 6, 10; LBS 1, 7, 8, 10, 13, 14

Der Film zeigt exemplarisch, in welcher Form und in welchem Ausmaß die Nordsee durch Verunreinigungen gefährdet ist und welche Folgen diese Verunreinigungen für das Ökosystem nach sich ziehen. Im einzelnen wird die Nordsee als Wirtschafts- und Verkehrsraum und als Ökosystem vorgestellt; Schadstoffeinleitungen in die verschiedenen Flüsse sowie die Dünnsäure-Verklappung in der Deutschen Bucht mit den Folgen für die Meerestiere folgen. (FWU)

Ökomedia - Bewertung: wirksam

Information	Realisation	Motivation
3,5 Punkte	2,9 Punkte	3 Punkte

Sehr informativer Film, der aber kaum eine Verschnaufpause läßt. Harte Kost mit vielen deprimierenden Fakten, trotzdem beeindruckend.

Novemberreise F 345
oder Wege der Zerstörung
Müller-Hanpft, Susanne, Bosboom, Martin, BRD 1981
16 mm, Magnetton, Farbe, 51 min
EMZ 12, 14, 15

Jahrhundertelang bot die Natur die Möglichkeit der Selbsterfahrung, wurde beschrieben, besungen, bemalt. Leitmotiv des Films ist eine Reise durch deutsche Landschaften im Herbst 1981, die das Sterben dieser natürlichen und kulturellen Umwelt den Liedern und Gedichten von Eichendorff, Mörike, Hölderlin und anderen gegenüberstellt. Gigantische Industriekomplexe, raumgreifende Schnellstraßen, Trabantenstädte und Wohnsilos bestimmen das heutige Landschaftsbild. Folgen der Umweltzerstörung sind Kultur- und Kommunikationsverlust. Stationen der Reise sind Frankfurt (Startbahn West), der Naturpark Röhn, das Altmühltal, der Schwarzwald, der Kaiserstuhl, der Rheingau, Köln, Duisburg, die Elbe, Brokdorf und Altenwerder. Experten und Politiker kommen nicht zu Wort, wohl aber Betroffene: Landwirte, Winzer, Fischer und Förster. (EMZ 12)
allg. Publikum

Ökomedia-Bewertung: besonders wirksam

Information	Realisation	Motivation
3,7 Punkte	4,0 Punkte	3,7 Punkte

Ein eindrucksvoller, engagierter, subjektiver Film, der den Zuschauer auf eine lohnende Reise durch die BRD mitnimmt. Eine alarmierende Anklage der immer mehr fortschreitenden Zerstörung unserer Umwelt. Die sensible Montage naturlyrischer Zitate mit aussagekräftigen Bildern der Gegenwart macht betroffen, ohne je schwülstig zu werden.

Nützlinge im Gewächshaus **F 346**
aus der Serie:
Biologische Schädlingsbekämpfung
FWU / Schimanski, Georg, BRD 1988
16 mm, Farbe, 15 min
AID; FWU; LBS 1, 4-8, 10, 13

Der Film zeigt bereits unter Praxisbedingungen erfolgreich durchgeführte Methoden der biologischen Schädlingsbekämpfung im Gewächshaus: die Anwendung der räuberischen Gallmücke gegen Blattläuse im Paprika, der Erz- bzw. Schlupfwespe gegen Weiße Fliegen an Tomaten und einer Raubmilbe gegen Spinnmilben. In jedem der drei Abschnitte werden folgende Aspekte dargestellt: Schädigung der Pflanzen, Biologie des Schädlings, Lebenszyklus des Nützlings, Einwirkung des Nützlings auf den Schädling, Massenvermehrung des Nützlings im Zuchtbetrieb und Anwendung bzw. Ausbringung des Nützlings im Gewächshaus. (FWU)

Ökomedia - Bewertung: brauchbar

Information	Realisation	Motivation
2,7 Punkte	1,7 Punkte	1,7 Punkte

Eher eine Anleitung für Gewächshaus-Betreiber als für Schüler. Die Sprache ist viel zu monoton, wissenschaftlich, trokken. Wer soll all diese Fakten in so kurzer Zeit aufnehmen?

Nützlinge in gärtnerischen Kulturen **F 347**
Pilz, Sabine, DDR 1989
16 mm, Farbe, 15 min
s. Video
IMAW

Der Film zeigt Möglichkeiten biologischer Schädlingsbekämpfung. Die Schädlinge und ihre Antagonisten werden in Makro- und Lupenaufnahmen gezeigt. Demonstriert wird die Eiparasitierung der Kohleule durch Trichogramma, die Blattlausvertilgung durch Marienkäfer, Florfliege und Schwebfliege sowie die Bekämpfung des Kohlweißlings durch die Schlupfwespe.

Ökomedia-Bewertung: brauchbar

Information	Realisation	Motivation
3,0 Punkte	2,5 Punkte	2,5 Punkte

Ein wissenschaftlich gehaltenes Filmreferat mit teilweise guten Bildern und vielen Informationen.

Nur eine Wiese **F 348**
Kubiak, Theo, BRD 1971
16 mm, Lichtton, Farbe, 30 min
s. Video
AID; Kubiak; LBS 3, 5, 12, 13

20.000 qm freie Landschaft verlieren wir in jeder halben Stunde. Der Film macht deutlich, was wir verlieren, und wenn es nur eine simple Wiese ist. Mit der morgendlichen Sonnenbalz des Birkwildes beginnt es. In einmaligen Bilddokumenten schildert der Film die Zusammenhänge in der Natur. Vom Rehwild, Hase und Greif, von Brachvogel, Uferschnepfe und der Balz der Kampfläufer dringt die Kamera in den Makrokosmos ein. Sie zeigt die Fülle des Lebens auf nur einem Quadratmeter. (Kubiak)
allg. Publikum, Naturschutzgruppen

Ökomedia-Bewertung: wirksam

Information	Realisation	Motivation
3,0 Punkte	3,0 Punkte	3,0 Punkte

Der Film zeigt anschaulich und schön den Lebensraum Wiese nut seinem Artenreichtum. Es handelt sich um einen Naturschutzfilm, der engagiert die Schönheit der Natur demonstrieren will und der appelliert, sie nicht zu zerstören. Er hat sich nicht zur Aufgabe gemacht, Ursachen der Zerstörung aufzuspüren.

Nutzung und Zerstörung des tropischen Regenwalds **F 349**
Praxis Unterrichtsfilm / Hahn, Rainer, BRD 1990
16 mm, Lichtton, Farbe, 12 min
s. Video
LBS 7; Praxis Unterrichtsfilm

Flugaufnahmen zeigen das durch Brandrodungsinseln durchlöcherte Blätterdach des tropischen Regenwalds. Auf einer der Inseln werden Bananen, Maniok und andere tropische Früchte angebaut. Formen selektiver Nutzung des Tropenwaldes sind die Gewinnung von Gerbstoffen, Harz und Gummi. Viehwirtschaft dagegen ist flächenintensiv und bedeutet einen schwerwiegenden Eingriff in das Natursystem. Großflächige Eingriffe führen zur Zerstörung. Durch die Anlage von Straßen werden Schneisen geschlagen. Der Film zeigt darüber hinaus die »Ausbeutung« des tropischen Regenwaldes durch uns, weil der Export tropischer Edelhölzer zur Vernichtung großer Waldgebiete führt. (Praxis Unterrichtsfilm)
ab 5. Klasse

Öffentlicher Verkehr und Umweltschutz **F 350**
FWU, BRD 1992
16 mm, Lichtton, Farbe, 15 min
FWU

Der Individualverkehr droht unsere Innenstädte zu ersticken und als Lebensraum für den Menschen unbrauchbar zu machen. Der Film stellt Beispiele vor, die zeigen, daß durch Planung und Aufklärung der Bevölkerung und durch den konsequenten Ausbau des öffentlichen Verkehrs ein aktiver Beitrag zum Umweltschutz in Ballungszentren geleistet werden kann. (FWU)
ab Sekundarstufe I

Ökoland
* Bauen mit Mutter Erde
* Früchte ohne Gift - Heinz Erven und sein Paradies
* Milch vom Biohof
* Säubern im Sumpf
* Salat vom Dach

Ökologie der Feuchtwiese **F 351**
FWU / Garberding, Karl-Heinz, BRD 1991
16 mm, Lichtton, Farbe, 16 min
FWU; LBS 5, 7

Feuchtwiesen sind durch Kultivierungsmaßnahmen der Menschen aus den Niedermooren entstanden. In den blütenrei

chen Wiesen dieser Feuchtstandorte haben sich Arten angesiedelt, die eng an diesen Lebensraum gebunden sind. Wegen der hohen Bodenfeuchtigkeit können Wiesen und Weiden nur extensiv bewirtschaftet werden. Pflanzen und Tiere sind den Nutzungen angepaßt. Sie sind durch die moderne Landwirtschaft bedroht, durch Entwässerung, hohe Düngerabgaben und häufiges Mähen. Um die artenreichen Feuchtwiesen zu erhalten, muß die Entwässerung rückgängig gemacht und die traditionelle Bewirtschaftungsweise wieder durchgeführt werden. (FWU)

Ökomedia - Bewertung: brauchbar

Information	Realisation	Motivation
2,6 Punkte	2 Punkte	2,1 Punkte

Zunächst ein aufzählender Referatsfilm, dann ein Plädoyer für extensive Landwirtschaft. Der Film ist zu wenig »sinnlich«, zu langatmig.

Ökologie der Meeresküste: Beobachtungen mit Maske und Schnorchel **F 352**

FWU /Tins, Wolfgang, BRD 1987
16 mm, Lichtton, Farbe, 17 min
FWU; LBS 1-12, 14

Der Film zeigt die Mittelmeerküste und lädt zu Beobachtungen am und unter dem Wasser ein. Von der Spritzwasser- und Gezeitenzone mit ihren stark schwankenden physikalischen Gegebenheiten führt die Kamera in den Flachwasserbereich. Verschiedene Überlebensstrategien und unterschiedliche Möglichkeiten des Nahrungserwerbs lassen die unendliche Vielfalt evolutiver Anpassungen ahnen. Beispiele von Parasitismus und Symbiose machen wechselseitige

Abhängigkeiten besonders deutlich. Der Film zeigt zwar nur einige der im Mittelmeer lebenden Arten. Er macht jedoch deutlich, daß die einzelnen Organismen wie in allen Ökosystemen nicht einfach nebeneinander leben, sondern in vielfältigen Wechselbeziehungen zueinander stehen: Jede kleine Veränderung in dem komplizierten Beziehungsnetz hat weitreichende Folgen für die gesamte Lebensgemeinschaft. (FWU, gekürzt)
Sekundarstufe I, Jugend- und Erwachsenenbildung

Ökomedia-Bewertung: wirksam

Information	Realisation	Motivation
2,8 Punkte	3,0 Punkte	3,0 Punkte

Das Bildmaterial ist faszinierend, der Kommentar dagegen eher trocken.

Ökologie der Meeresküste: Einfluß des Menschen **F 353**
FWU /Tins, Wolfgang, BRD 1987
16 mm, Lichtton, Farbe, 14 min
FWU; LBS 1-12, 14

Verschiedene Eingriffe des Menschen haben das Mittelmeer nachhaltig beeinflußt. Manche führen bereits zu spürbaren ökologischen Schäden. Viele Belastungen hängen direkt mit dem Tourismus zusammen, so die drohende Ausrottung der letzten großen Meeresschildkröten, die Folgen der ungeheuer großen Zahl von Yachten, die Probleme der Abwasserbeseitigung und die zunehmende Überfischung. Weitaus gravierender noch wirken sich Ölverschmutzung und die Einleitung industrieller Gifte aus. Unvorstellbar viele belastende Stoffe gelangen mit den Flüssen ins Mittelmeer. Dazu gehören auch Waschmittel. Sie sind an manchen Stellen in solchen Konzentrationen in der Gischt, daß bereits einige Quadratkilometer Wald entlang des Ufers vernichtet wurden. (FWU, gekürzt)
Sekundarstufe I, Jugend- und Erwachsenenbildung

Ökomedia-Bewertung: wirksam

Information	Realisation	Motivation
3,0 Punkte	3,0 Punkte	3,0 Punkte

Ein Film, der mit drastischen Bildern die Meeresverschmutzung vor Augen führt. Während der 1. Beitrag »Beobachtungen mit Maske und Schnorchel« die Schönheit dieses Lebensraumes zeigt, folgt mit diesem zweiten Beitrag ein regelrechter Schock.

Ölfresser **F 354**
(Ropaci)
Spielfilm
Sverák, Jan, CSSR 1988
16 mm, Lichtton, Farbe, 21 min
s. Video
EMZ 13; LZNW

Im Spätsommer des Jahres 1987 sucht eine Expedition Klarheit über ein bislang unbekanntes Lebewesen zu gewinnen, das im Braunkohlebecken Nordböhmens gesichtet und als »Ölfresser« bezeichnet wurde. Die Reportage enthält erste, authentische Angaben zu dem an Kobolde, Wichte und Zwerge erinnernden Wesen, dem nachgesagt wird, daß es gegenüber Stoffen, die Menschen und Tiere vergiften, unempfindlich sei.
Die Absicht, dem Phänomen mit der Kamera nahezukommen, um Aussehen, Verhalten und Freßgewohnheit verläßlich zu dokumentieren, erweist sich als schwierig. Die Obduktion eines zufällig gefundenen toten Exemplares führt zu näheren Erkenntnissen, die ermittelte Todesursache: akute Sauerstoffvergiftung. Auch ein danach entdeckter Findling bringt weitere Aufklärung, nachdem dieser mit Super-Benzin reanimiert werden konnte, obwohl die örtlich unzureichende Emission sein Weiterleben in Frage stellt.

Die absurd anmutende »dokumentarische Fiktion« stützt sich auf eine betrübliche ökologische Realität. Sie ist ein mahnender, wenn auch heiterer Aufruf zu einem die Natur endlich schützenden und bewahrenden Verhalten. (LZNW)
Jan Sverák hat mit diesem Film ein Meisterstück gestaltet. Ein tolles, absurdes und witziges Stück. Eine Filmsatire für Anfänger und Fortgeschrittene. Es ist so selten, daß in der traurig-deprimierenden Öko-Welt gelacht werden darf. Hier muß man einfach. Man lacht und es beißt. Scherz, Satire, Ironie und ihre tiefere Bedeutung... (w & m, 2/89, Öko-Filmtip)
allg. Publikum, Jugend- und Erwachsenenbildung

Ökomedia-Bewertung: besonders wirksam

Information	Realisation	Motivation
	3,8 Punkte	4,0 Punkte

Eine hervorragende Filmsatire mit hohem Animationswert. Witzig, geistreich, ironisch.

Opfer **F 355**
(Offret)
Tarkowskij, Andrej, Schweden/Frankreich 1986
16 mm, Lichtton, 35 mm, Farbe, 155 min
s. Video
atlas; Concorde (35 mm); KMZ 19

In einer Mitsommernacht feiern acht Menschen in einem alten Haus am Meer Herrn Alexanders Geburtstag, als sie von einer drohenden Katastrophe erfahren: Mit schreiendem Lärm jagen Cruise Missiles über die Insel. Im Fernsehen erklärt der Ministerpräsident, daß ein Atomkrieg ausgebrochen ist und jeder dort bleiben solle, wo er gerade ist. Es gibt keinen sicheren Ort mehr in Europa. Die Frau von Alexander schreit und weint, Alexander betet: Sollte Gott die Katastrophe verhindern, will er stumm werden und auf seinen geliebten Jungen verzichten und ebenso seine Habe opfern. Er geht zu der mysteriösen Magd Maria und schläft mit ihr. Am nächsten Morgen scheint alles vergessen zu sein. Alexander schickt die Gäste und seine Familie auf einen Spaziergang. Er zündet das Haus an und wird als Irrer eingefangen. (atlas)
1986 in Cannes Preis der Jury und Preis der internationalen Kritik, Preis der ökumenischen Jury, Preis für die beste künstlerische Gestaltung
allg. Publikum

Ökomedia-Bewertung: wirksam

Information	Realisation	Motivation
	3,3 Punkte	2,7 Punkte

Tarkowskys filmischer Versuch, mit dem Wahnsinn des Atomkrieges, mit dem Danach fertig zu werden, setzt eine große Bereitschaft des Zuschauers voraus, sich einzulassen. Einzulassen auf ein sehr schwieriges Werk mit sinnschweren und ausladenden Dialogen. Die Grenzen zwischen Traum und Wirklichkeit verschwimmen, manchmal sind sie aufgehoben. Der Film gleicht an vielen Stellen einer Theater-Inszenierung, was ihn manchmal zu kunstvoll-künstlich, zu bemüht erscheinen läßt. An anderen Stellen wiederum erweisen sich diese Inszenierungen gerade als die Stärken des Films. Leider hat der Film Längen. Vielleicht sind wir generell überfordert, diese Endzeit, unseren Untergang, das unvorstellbare Danach in Szene zu setzen. Diese Vorbehalte gelten für die anderen Filme zu diesem Thema, die hier im Medienkursbuch aufgenommen wurden, ebenso: »Wenn der Wind weht«, »Le dernier combat«, »Briefe eines Toten«.

Ein paar Beispiele - es geht auch anders
s. Umweltschutz: Ein paar Beispiele - es geht auch anders

Paarungsverhalten bei Stockenten **F 356**
FWU, BRD 1989
16 mm, Lichtton, Farbe, 10 min
FWU; LBS 1, 5, 6, 8

Systematische Beobachtung von Stockenten in einem Stadtteich: 1. Typische Verhaltensweisen bei der Paarfindung; 2. Differenzierte Darstellung des Paarungsrituals; 3. Ökologisch bedingte Problematik: Fehlverhalten (Massenvergewaltigung eines Weibchens); 4. Sicherung der Brut und der Jungen. (LBS 8)
ab 5. Klasse

Pappesatt **F 357**
DEFA / Schmidt, Thomas, DDR 1990
35 mm, Farbe, 29 min
s. Video
Con

Braunkohle in der DDR. Dort, wo sie gefördert wird, zerstört der Mensch das Gleichgewicht der Natur mit schwerwiegenden Folgen. Die Bürde derjenigen, die die Kohle aus dem Loch zerren, ist groß. Ohne ein kommentierendes Wort erzählt der Film von den tragischen Dimensionen dieses Konfliktes. Gleichzeitig setzt er Menschen ins Bild, die auf erschreckend niedrigem technischem Niveau Schwerstarbeit zu verrichten haben. Zunehmend sind diese Arbeiter gezwungen, sich kritisch mit dem auseinanderzusetzen, was sie tun. Sie fragen nach den Konsequenzen für die Zukunft. Zufällig fiel der 18. März 1990, der Tag der Volkskammerwahl, in die Drehzeit. (Con)
allg. Publikum

Ökomedia-Bewertung: wirksam

Information	Realisation	Motivation
2,5 Punkte	3,5 Punkte	2,0 Punkte

Der Film stellt den Braunkohlentagebau in seiner Umweltproblematik nur verkürzt dar.

Der parfümierte Alptraum **F 358**
Tahimik, Kidlat, Philippinen 1977
16 mm, Lichtton, Farbe, 93 min
EZEF; KJF

Als Kidlat noch in seinem Heimatdorf Balian arbeitete, war das Fliegen sein größter Traum. Als Vorsitzender des Wernher-von-Braun-Vereins schrieb er regelmäßig an die —Stimme Amerikas— und stellte Fragen über das US-Raumfahrtprogramm.
Das Angebot eines Amerikaners, für dessen Firma zu arbeiten und nach Paris zu fliegen, kam Kidlat wie die Erhörung seiner Gebete vor. In Paris merkte er jedoch langsam den Mechanismus des Fortschritts, der einfach über Menschen hinweggeht. Über die kleine Markthändlerin Lola zum Beispiel, mit der sich Kidlat angefreundet hatte. Sie konnte sich mit ihrem Eierhandel nicht mehr gegen den Supermarkt behaupten. »Ein Straßenhändler weniger ist ein Parkplatz mehr«, wertete Kidlats Chef die Sache.
Als der Unternehmer sein Geschäft in Paris auflösen und in den USA neu investieren will, rückt Kidlats Chance, ins Super-Paradies Amerika zu kommen, in greifbare Nähe. Doch bei einer Abschieds-Party, an der viele Repräsentanten des fragwürdig gewordenen Fortschritts teilnehmen, erkennt Kidlat, was mit Paradiesen dieser Art nicht in Ordnung ist, und wirft die Fessel seines Traumes ab. (KJF)
ab 14 Jahren

Parken oder spielen **F 359**
Largo Film / Hylkema, Hans, Niederlande 1977
16 mm, Lichtton, Farbe, 19 min
FWU; BJF; EMZ 7, 11; KJF; LBS 1-14; LFD 7

Amsterdam schläft. Die Straßen sind leer, an ihren Rändern parken lückenlos aufgereihte Autos, nichts bewegt sich.

Wenig später ist die Stadt zu ohrenbetäubendem und hektischem Leben erwacht. Autokolonnen nähern sich auf Zubringern, in rasendem Wechsel ändern sich die Besetzungen auf den Parkplätzen. In diesem Chaos sind drei Kinder unterwegs. Über die Schultern haben sie selbstgebaute Hockeyschläger gelegt und suchen nun nach einem Platz zum Spielen.
Immer wieder werden sie von Autos verjagt, bis sie schließlich eine freie Stelle finden: Einen freien Parkplatz an einer Parkuhr. Die drei kramen ihre Münzen zusammen und mieten die Box. In einem Traum läßt einer der Jungen alle Autos auf diese Weise aus Amsterdam verschwinden. Aber der Traum endet bald. (KJF)

Ökomedia-Bewertung: wirksam

Information	Realisation	Motivation
3,0 Punkte	3,0 Punkte	3,0 Punkte

Schöne Idee: die Kinder wehren sich gegen die Übermacht der Autos - wenn auch nur für eine Weile.

Ein Pater sieht grün F 360
aus der Serie: Ökoland
NDR / Weitzel, Hans-Ernst, BRD 1982
16 mm, Licht- und Magnetton, Farbe, 29 min
LBS 7, 12; LZNW; Weitzel

Er wettert gegen Atomstrom und Umweltzerstörung, und er fordert »Hausgas« statt Ferngas. Pater Flurin, ein Benediktinermönch im Schweizer Kanton Graubünden. Selbstversorgung heißt seine Devise für die Zukunft, hin zu erneuerbaren, dezentralen Energie- und Rohstoffquellen. Und so hat der 75jährige Doktor der Naturwissenschaften schon eine hauseigene Biogasanlage gebaut, die er mit Küchen- und Gartenabfällen speist. Mit dem Gas kann er sich sämtliche Mahlzeiten zubereiten.
Außerdem versucht er, mit einem Stirling-Motor, mit Solarzellen und Sonnenkollektoren Strom, Kraft und Wärme aus der Sonne zu gewinnen. Eine weitere Biogasanlage drunten im Dorf zeugt davon, daß die Ideen des Pater Flurin auch außerhalb seines Klostergutes zünden. (Weitzel)
allg. Publikum

Ökomedia-Bewertung: wirksam

Information	Realisation	Motivation
3,0 Punkte	3,0 Punkte	3,0 Punkte

Ein kritischer und engagierter Bericht über zukunftsträchtige Alternativen im Umgang mit unserer Umwelt, die Mut machen umzudenken und selbst aktiv zu werden.

Paul Jacobs und die Atombande F 361
(Paul Jacobs and the Nuclear Gang)
Willis, Jack; Landau, Saul, USA 1979
16 mm, Lichtton, Farbe, 60 min
s. Video
BJF; EMZ 4, 12; KMZ 19; LBS 1, 4-7, 13, 14; LFD 1, 2, 4; Verleih der Filmemacher

Paul Jacobs, ein amerikanischer Journalist, recherchiert 20 Jahre lang über die Folgen der Strahlenbelastung z.B. durch die Atomwaffentests in der Wüste von Nevada und über die Folgen einer andauernden Niedrigstrahlenbelastung in Plutonium-Fabriken. Paul Jacobs ist selber an Krebs erkrankt und führt dies auf die Folgen eines Kontaktes mit radioaktivem Material zurück. Er stirbt vor der Fertigstellung des Films. (LBS 1)
Solcher Macht der Fakten kann man sich kaum widersetzen. Jedes Argument, das man diesem Sterbenden entgegensetzen wollte, verblaßt angesichts dessen, was einem da vorgeführt wird. Fast unerträglich wird es, wenn man erfährt, daß Paul Jacobs selbst bei seinen Recherchen auf einem Testgelände in der Wüste von Ne-

vada sich radioaktiv vergiftet hat. (Süddeutsche Zeitung)
Der schier unglaubliche Zynismus der Militärs und Politiker entlarvt sich in diesen Filmausschnitten ebenso wie in den wachsweichen Statements von Regierungsbeauftragten; ein Zynimus, der in der Feststellung gipfelt, wer Atomwaffen wolle, müsse eben auch einen hohen Preis dafür bezahlen - wobei, wie die Erfahrung zeigt, stets die bezahlen, die man nach ihrem Willen erst gar nicht fragt. (Die Rheinpfalz)

Ökomedia-Bewertung: besonders wirksam

Information	Realisation	Motivation
4,0 Punkte	3,0 Punkte	4,0 Punkte

Mit welcher Skrupellosigkeit Regierende die Unwissenheit ihrer Bürger in der Zeit der ersten Atombombenversuche ausnutzten, erscheint heute fast unglaublich. Sicherlich eines der wichtigsten Dokumente zum Thema und sicherlich auch einer der wichtigsten Kampagnen-Filme.

Pestizide - Nur für Export **F 362**
(Pesticides - For Export Only)
Richter, Robert, USA 1982
16 mm, Farbe, 45 min
s. Video
EMZ 2, 6, 12, 13; EZEF; LZNW

In fünf Kontinenten hat der New Yorker Robert Richter gedreht, überall fand er die gleichen Bilder: Einheimische, die Gift gebrauchen, ohne von dessen Gefährlichkeit und spezieller Anwendungsweise zu wissen. Gifte, die bei Mißbrauch Krebs, Allergien, Knochenschäden, Blindheit, Impotenz, Schäden am Embryo und Körperlähmungen hervorrufen. Gifte, die in den USA entweder total verboten sind oder strengen Sicherheitsauflagen unterliegen, werden ohne Auflagen in die Dritte Welt verkauft und die Bevölkerung in den jeweiligen Anwendungsgebieten wird nicht aufgeklärt. An den Orten, die Richter aufsuchte, sind nicht eingehaltene Sicherheitsvorschriften und die gesundheitsgefährdende Anwendung der Pestizide der Normalzustand. (barfuss)

Ökomedia-Bewertung: besonders wirksam

Information	Realisation	Motivation
4,0 Punkte	3,7 Punkte	3,7 Punkte

Eine engagierte Dokumentation über das unglaubliche Ausmaß des Pestizid-Einsatzes in der Dritten Welt. Der Film verzichtet auf reißerische Effekte und Skandaljournalismus, ist aber dadurch umso überzeugender.

Pflanzenernährung - natürlich oder künstlich? **F 363**
Weitzel, Hans-Ernst, BRD 1980
16 mm, Farbe, 11 min
s. Video
AID; DFS; DFZ; LFD 1-9

Etwa 700 Landwirte in der BRD arbeiten nach einer Wirtschaftsweise, die sie biologisch-dynamisch oder organisch-biologischen oder organischen Landbau nennen. Sie wollen sich von der modernen Landwirtschaft unterscheiden, die neben den wirtschaftseigenen organischen Düngern weitgehend mineralische Dünger verwendet. Wie die Pflanze sich »natürlich« oder »künstlich« ernährt, erläutert der Film. (LFD 9)
allg. Publikum

Pflanzen nach Maß **F 364**
aus der Serie: Landwirtschaft 2000
NDR / Weitzel, Hans-Ernst, BRD 1978
16 mm, Lichtton, Farbe, 29 min
FWU; IWF; LBS 1-10, 12, 13; LFD 7; Weitzel

An Tomaten und Gurken wird die Selektion nach Resistenzeigenschaften durch Einkreuzung von resistenten Wildsorten demonstriert. »Archive pflanzlicher

Gene«, sogenannte Genbanken, garantieren ein reiches Angebot an Saat für Kreuzungsversuche, Protoplastenverschmelzung mit anschließender Kernverschmelzung verspricht eine neue Methode der Pflanzenzüchtung zu werden. Prof. Heß, Hohenheim, erläutert sein Ziel, Gene für Luftstickstoffverwertung auf Getreide zu übertragen. (IWF)
allg. Publikum

Das Pflaster **F 365**
Trickfilm
Kudla, Zdzislaw, Polen 1971
16 mm, Magnetton, Farbe, 8 min
EMZ 7, 11-13; KMZ 2-7, 13-16, 19-22; LBS 13, 14; LFD 7

Eine Parabel über die verheerenden Folgen der zunehmenden Industrialisierung. Die Zivilisation fordert gepflasterte Straßen, deren Ausbreitung den Menschen immer mehr der natürlichen Lebensbedingungen beraubt. Wir pflastern die Erde zu und werden am Ende das Opfer solcher Maßnahmen. (EMZ 13)
ab 8. Klasse

Photovoltaik - **F 366**
Strom direkt von der Sonne
FWU / Studio Hamburg / Behrens, Gerd, BRD 1989
16 mm, Lichtton, Farbe, 16 min
FWU; LBS 5, 8, 13

Der Film weist auf Bedeutung und Rolle der Sonne für die Planeten hin, die sie umkreisen und unter denen die Erde eine besondere Stellung einnimmt. Das nahezu unerschöpfliche Energiepotential der Sonne eröffnet die Möglichkeit, das Sonnenlicht als regenerative Energiequelle zu nutzen. Ein technisches Verfahren ist die Photovoltaik, bei der die Energie des Sonnenlichts direkt in elektrischen Strom umgewandelt wird. Der Film zeigt drei Beispiele: einen Einödbauernhof in Oberbayern, das Klärwerk der Stadt Burg und die Solar-Wasserstoffanlage im oberpfälzischen Neunburg vorm Wald. (FWU)

Ökomedia - Bewertung: brauchbar

Information	Realisation	Motivation
2,6 Punkte	2,0 Punkte	2,0 Punkte

Ein bebildertes Referat, das nicht tief genug geht, viele Fragen ausläßt. Stellenweise zu glatt, zu werbemäßig.

Plutonium **F 367**
Spielfilm
Erler, Rainer, BRD 1978
16 mm, Magnetton, Farbe und sw, 89 min
s. Video
Imbild; LBS 7; LFD 2; Pentagramma

Ein totalitäres Regime in Lateinamerika versucht, unter Täuschung der Weltöffentlichkeit aus seinen von der Bundesrepublik gebauten Atomkraftwerksanlagen das äußerst gefährliche Plutonium beiseite zu schaffen. Damit ist der Bau von Atombomben möglich. Mit politischen Finessen und mörderischer Skrupellosigkeit gelangt das Regime ans Ziel. Die Journalistin Anna Ferroli hat durch engagierte Recherchen die Machenschaften der Diktatoren durchschaut. Als sie auf einer Pressekonferenz im Fernsehen die Wahrheit erzählt, wird die Sendung sofort unterbrochen und Anna Ferroli und ihr Kameramann werden beim Verlassen der Fernsehanstalt erschossen. (KJF)
Zusatzmaterial: Rainer Erler: Plutonium. Ein fiktives Dokumentarspiel, Buch zum Film
allg. Publikum

Polarbären in der Arktis **F 368**
(The Arctic Region and its polar bears)
Walt Disney, USA
16 mm, Lichtton, Farbe, 28 min
LFD 4

Der Film zeigt das Leben der Polarbären in der Arktis. Das Leben in unbekannten Tälern und Gletschern wird so einsehbar. (LFD 4)
ab 6 Jahren

Poligon **F 369**
Rerich, Wladimir; Rymshanow, Oras, UdSSR 1990
35 mm, Farbe, 87 min, russ. Original
GNZ

Mehr als 60 Mal explodierten Atomsprengsätze auf dem »Poligon«, dem Atombombentestgelände bei Semipalatinsk in Kasachstan. Lange Zeit herrschte strengstes Stillschweigen über die Versuche und ihre Folgen für Mensch und Natur. Der Film erzählt die Geschichte der Entwicklung der sowjetischen Atombombe und der Bürgerbewegung »Nevada-Semipalatinsk«, die sich 1989 gegründet hat. Zu sehen sind Dokumentaraufnahmen der Tests, die bisher geheim gehalten wurden; Interviews mit den Wissenschaftlern, die am Projekt beteiligt waren, u.a. mit Andrej Sacharow. Vor allem aber gibt der Film den Opfern aus der Region eine Stimme. (GNZ)
Ausgezeichnet mit dem »Förderpreis der Stadt Freiburg« auf der Ökomedia '91: »Eine unabhängige Produktion, in der Filmemacher auf die Ereignisse in ihrem Land selbst reagieren. Auch unter schwierigsten Bedingungen gelang es ihnen, ihr Vorhaben zu realisieren. Die furchtbaren Auswirkungen der Atomtests in Kasachstan - von den sowjetischen Behörden immer wieder verdunkelt - deckt »Poligon« endlich auf und läßt uns die Katastrophe ahnen, die uns alle bedroht.« (Festivaljury)

Ökomedia-Bewertung: wirksam

Information	Realisation	Motivation
3,8 Punkte	3,0 Punkte	3,5 Punkte

Ein umfassend berichtender und engagierter Film über die Atombombenversuche in Kasachstan. Für westliche Augen teilweise zu ausführlich. Trotzdem: ein eminent wichtiger und authentischer Film.

Poof **F 370**
Trickfilm
McCall, Rod, USA 1971
16 mm, Lichtton, Farbe, 1 min
EMZ 12; KMZ 16, 19; LFD 6, 7; LBS 1, 7, 8

Ein Trickfilm über die zunehmende Verstädterung unseres Lebens. Der Planet Erde verflüchtet sich im Staub eines alles erstickenden »Lebens«. Die Unbedachtheit des Menschen bringt seine Welt aus dem Gleichgewicht und wirft den Planeten zurück in die Vernichtung. (LBS 7)
ab 12 Jahren

Die potemkinsche Stadt **F 371**
Pilotfilm / Bergmann, Thomas; Popp, Mischka, BRD 1988
16 mm, Lichtton, Farbe, 90 min
Pilotfilm

Der Film erzählt vom Leben und Überleben in den modernen Trabantenstädten Europas. In diesem Film gibt es Städte, die es schon nicht mehr gibt: Die Metastadt Wulfen im Ruhrgebiet, erbaut 1975, abgerissen 1987. Und es gibt Städte, die erst kommen werden; die Megastädte im Süden von Madrid. Es gibt die Betonstadt am Rande von Amsterdam, die das größte schwarze Ghetto in Europa verkörpert. Es gibt das Banlieu bei Paris, in dem Rassismus und Drogen das Leben bestimmen. Es gibt Häuser, aus denen das Leben herausgetrieben wurde. Es gibt den vitalen Lebenskampf derjenigen, die in diese Trabantenstädte vertrieben

wurden und keine Chance haben, ihnen noch einmal zu entrinnen. (Pilotfilm)
Die Erzählstruktur des Films verläuft nicht linear, sondern eher elliptisch und auf mehreren Ebenen. Es scheint, als ob die verschiedenen Vorstädte mit ihren unterschiedlichen Menschen, Sprachen und Lebenserfahrungen Teil einer einzigen riesigen Metropolis sind. Von allen Drehorten haben die Filmemacher altes Filmmaterial von den Anfängen und dem Bau dieser Städte zutage gefördert, Dokumente voller Fortschrittsgläubigkeit und Optimismus. Per Videoschirm in das neugedrehte Material integriert, erzeugen diese Bilder eigentümliche Spannungen und groteske Reibungen.
»Die potemkinsche Stadt« ist kein Film über Architektur im engeren Sinn, auch kein Film, der mit verbaler Information vollgestopft ist. Es ist eine Reise an die Peripherie der Industriegesellschaft und führt zugleich ins Zentrum einer Reihe von Fragen und ungelösten Problemen, die diese Gesellschaft hervorgerufen hat. Das Scheitern einer bestimmten Ideologie der Moderne, die Wohnen mit Käfighaltung gleichsetzt, die Fragwürdigkeit der Produktion des Fortschritts werden dabei ebenso deutlich wie der schäbige Umgang mit Menschen, die - abgeschoben in die modernen Mietkasernen unserer Zeit - rasch unter das Verdikt von Randgruppen und Minderheiten fallen. (W & M aktuell, Februar 1989)
Auf der Ökomedia '88 wurde der Film mit dem »Förderpreis der Stadt Freiburg« ausgezeichnet.
allg. Publikum

Ökomedia-Bewertung: besonders wirksam

Information	Realisation	Motivation
	3,8 Punkte	3,5 Punkte

Dieser Film verweigert sich der dem Dokumentarfilm sonst üblichen Vermittlung von Information. Dennoch gibt der Film sehr viele Informationen, jedoch indirekt und vermittelt, über Zitate, Collagen und Montagen. Kamera, Schnitt, Musik (Mangelsdorff) sind brilliant. Dennoch hat der Film stellenweise Längen.

Der Preis fürs Überleben F 372
Spielfilm
Noever, Hans, BRD 1979
16 mm, Lichtton, Farbe, 103 min
s. Video
atlas, KFW; LFD 7

Ein Prokurist in einer amerikanischen Kleinstadt läuft Amok und erschießt fünf seiner Chefs. Ein Prozeß findet nicht statt, da die Firma triftige Gründe hat, die Öffentlichkeit zu meiden. Ein Schweizer Reporter (Michel Piccoli) bemüht sich um Aufklärung und stößt auf einen Umweltskandal. Noever hat das Drehbuch nach zwei unabhängig voneinander geschehenen authentischen Fällen geschrieben. Gedreht wurde ausschließlich an Originalschauplätzen in den USA. (atlas)
ab 12 Jahren

Der Preis des Goldes F 373
aus der Serie: Die Entstehung eines Kontinents
Andrews, Michael, Großbritannien 1983
16 mm, Lichtton, Farbe, 1.Teil 25 min, 2.Teil 19 min
Imbild

Diese beiden Teile zeigen, wie einst - ausgelöst durch die Nachricht von riesigen Goldfunden - riesige Menschenmassen nach Kalifornien strömten. Das dünn besiedelte Land veränderte sich radikal. Ansiedlungen entstanden, ganze Berghänge wurden abgetragen, Gebirgsbäche umgeleitet. Der »Preis des Goldes« aber ist die Angst vor ständig wiederkehrenden Erdbeben in dieser Region. Viele Städte stehen auf der St. Andreas-Spalte. Dokumentaraufnahmen belegen, welche

Auswirkungen das Auseinanderrücken der beiden Kontinentalplatten hat. Heute verändert sich das Land noch immer. Früher kamen die Goldsucher, dann wurde Erdöl gefunden, jetzt dominieren Obst- und Gemüseanbau. Aufgrund der geologischen Lage stehen die Chancen nicht schlecht, daß der Rand des Kontinents irgendwann in ferner Zukunft abbricht und nach Norden abdriftet. (Imbild)
allg. Publikum, Sekundarstufe I und II, Jugend- u. Erwachsenenbildung

Ökomedia-Bewertung: wirksam

Information	Realisation	Motivation
3,2 Punkte	3,0 Punkte	3,0 Punkte

Eine anschauliche und gute Dokumentation über die »bewegte« Vergangenheit und Zukunft Kaliforniens.

Probleme Europas - zum Beispiel der Rhein **F 374**
Hilgert, Hansjürgen, BRD 1976
16 mm, Lichtton, Farbe, 24 min
KMZ 23; LBS 1, 4, 5, 7-13; LFD 1-9; LZNW

Der Film dokumentiert die besonders in der Nähe großer Städte und Industrieanlagen starke Verschmutzung des Rheins. Er kritisiert die unzureichende Zahl von Reinigungsanlagen in den Gemeinden des Rhein-Einzugsgebietes, die er neben der Landwirtschaft und Industrie in der Hauptsache für die Wasserverschmutzung verantwortlich macht. Die Autoren nennen eine Fülle von Fakten, Zahlen und Namen, etwa die französischen Kaligruben im Elsaß oder die Papier- und Zellstoffindustrie Mannheims. (LFD 2)
allg. Publikum

Prophezeiung **F 375**
Hiroshima und Nagasaki - eine historische Warnung für die Zukunft
Hiroshima Nagasaki Publishing Committee / Hani, Susumu, Japan 1982
16 mm, Lichtton, Farbe, 42 min
EMZ 15; Freunde der deutschen Kinemathek; KMZ 8, 11, 12, 20, 21; LBS 8; Verleih der Filmemacher

Der Film erzählt die Geschichte von Herrn Taniguchi, der als 16jähriger von der Atombombe verbrannt wurde und überlebt hat, und zeigt, was dieses »Überleben« heißt. Er erzählt die Geschichte von Eltern, die weiterleiden am Schmerz ihrer ungeborenen Kinder, von Herrn Kawasaki, der die letzten 25 Jahre im Krankenhaus verbringen mußte und wie durch ein Wunder zweimal die Atombombe überlebte, einmal in Hiroshima, dann in Nagasaki.
Der Film zeigt die wahnsinnigen Atombombenversuche der US-Armee in Nevada für eine zukünftige atomare Kriegsführung, bei denen wiederum Menschen an den Folgen der Strahlung sterben mußten oder heute noch leiden. Er fragt danach, ob es nicht schon genug Opfer, genug entsetzliche Erfahrungen gibt. (Verleih der Filmemacher)
allg. Publikum, Friedensgruppen

PSS **F 376**
Trickfilm
Bedrich, Vaclav, CSSR 1974
16 mm, Lichtton, Farbe, 4 min
EMZ 2, 7, 8, 11, 12; EZEF; KMZ 19; LBS 13

In drei Episoden schildert der Trickfilm, wie der Mensch mit der Natur verfährt und sie ausbeutet: 1. Auf einem Baum zwitschert ein Vogel und pfeift. Ein Mann fällt den Baum und stellt ein Kofferradio hin. 2. Eine Raupe kriecht an einem Birnbaum empor, wird aber mit einer Spraydose besprüht. Als der Mann eine Birne essen will, schrumpft die Birne zusammen. 3. Ein Mann erklärt einer Gans die Schönheit der Landschaft. Als sie am Picknickplatz angekommen sind, wird die Gans gebraten. (Matthias)
ab 10 Jahren

Qualität von Lebensmitteln - Was ist das? **F 377**
FWU / R.C.F.-Film, Petersen, Rüdiger, BRD 1989
16 mm Lichtton, Farbe, 15 min
FWU; LBS 1, 4, 5, 8, 14

Lebensmittelqualität ist eine Frage des Standpunktes. Der Film gibt Denkanstöße, gängige Qualitätskriterien zu überprüfen, und Informationen über Qualitätskontrollen. Der Verbraucher erhält Tips für die Beurteilung von Lebensmittelqualität und Hilfen, sich im »Bio-Markt« zurechtzufinden. (FWU)
Sekundarbereich I und II, Berufsschulen, Jugendbildung

Ökomedia - Bewertung: unbrauchbar

Information	Realisation	Motivation
1,3 Punkte	1,3 Punkte	1,1 Punkte

Ein langweiliger Film mit völlig unzureichenden Informationen, der seinen Zuschauern offenbar überhaupt nichts zutraut. Meistens erzählt der Kommentar, was man sowieso gerade sieht.

Quarup Sete Quedas **F 378**
Füllgraf, Federico, Brasilien 1982
16 mm, Farbe, 13 min, OmU
s. Video
EMZ 2

Quarup hieß das Widerstandslager der Umweltschützer in Guarira, als am 13. Oktober 1982 sich die Dammschleusen von Itaipu, dem größten Wasserkraftwerk der Welt schlossen. »Quarup« bezeichnet das Ritual der Bestattung des Häuptlings der Guarani-Indianer und den Glauben seiner Wiederkehr in einem der Anwesenden. »Quarup Sete Quedas« - 200 km oberhalb des 195 m hohen Staudammes von Itaipu tosten seit zehntausenden Jahren die größten Wasserfälle der Welt. Nur noch ein sanftes Kräuseln an der Wasseroberfläche läßt erahnen, daß eines der gewaltigsten Naturschauspiele dem größten Wasserkraftwerk der Erde geopfert wurde. Innerhalb von drei Wochen füllte sich der Stausee, der 18 mal größer ist als der Chiemsee und der die Existenzgrundlage von 40.000 Menschen, vor allem Guarani-Indianer, zerstörte. (EMZ 2)

Quer zur Landschaft **F 379**
Gattys, Fred J.; Mörsdorf, Rüdiger; Spitra, Helfried; Stanjek, Klaus, BRD 1980
16 mm, Magnetton, sw, 57 min
HFF; Verleih der Filmemacher

Ein Film zum Thema Großflughafen im Erdinger Moos bei München. Mehrere Aktionen vermitteln einen Eindruck über die Arbeit der Flughafengegner im Frühjahr und Sommer 1980. Allerdings liefert der Film keine detaillierte Chronologie. Er ist vielmehr geeignet, interessierten Außenstehenden einen Überblick über die Problematik der Flughafenplanung zu liefern und an Beispielen zu vermitteln, wie rücksichtslos diese Planung gegen die Betroffenen durchgesetzt wird. (Verleih der Filmemacher)
allg. Publikum, Umweltgruppen

Qattara Depression - Wasser will die Wüste tragen **F 380**
Dzuck, Klaus, BRD 1979
16 mm, Farbe, 48 min
Con; LBS 6; LZNW

Ägypten steht heute vor Problemen, wie sie für alle Entwicklungsländer typisch sind: Wachsende Bevölkerung, fehlende Arbeitsplätze, Landflucht. Ägypten betreibt deshalb die Industrialisierung des Landes. Doch dazu ist Energie notwendig, die aus dem geplanten Qattara-Kraftwerk gewonnen werden soll: 200 km westlich liegt in der Wüste die Qattara-Senke. Sie ist 19.000 km groß. Ihr tiefster Punkt liegt 134 m unter dem Meeresspiegel. So plant man die Senke mit dem Mittelmeer zu verbinden und die Kraft des einströmenden Wassers in Energie umzuwandeln. Der Film fragt, welche Auswirkungen das Großprojekt haben wird und geht am Beispiel des Assuan-Staudammes der Frage nach, welche Auswirkungen derartige Großprojekte für die überlieferten Wirtschafts- und Gesellschaftsformen haben. (LZNW)

Ökomedia-Bewertung: wirksam

Information	Realisation	Motivation
3,0 Punkte	3,0 Punkte	2,6 Punkte

Eine gut recherchierte Dokumentation über ein fragwürdiges Großprojekt. Der Film zeigt mit hervorragendem Bildmaterial die Situation Ägyptens.

Die Rache der Natur **F 381**
Jarl, Stefan, Schweden 1983,
16 mm, Lichtton, 35 mm, Farbe, 83 min
s. Video
BJF; EMZ 10, 12; EZEF; LBS 2, 8; LFD 4

Die Rache der Natur ist der Versuch, mit der Tatsache fertig zu werden, daß die Natur beginnt, ihre Feinde - die Menschen - aus ihrem Kreis auszustoßen. Was der Mensch der Natur angetan hat und noch antut, das gibt sie ihm wieder zurück - in Form von Giften, dem Entzug von Lebensgrundlagen. Kein Zweifel, die Natur wird den Menschen überleben, denn er selbst ist das schwächste Glied in der Kette. Stefan Jarls Film ist keine kühle distanzierte Bestandsaufnahme, sondern ein zutiefst betroffener, emotionaler Aufschrei. Man kann solche Themen, die man als Filmemacher selbst am eigenen Leibe verspürt, vielleicht nur so darstellen. Jedenfalls ist »Die Rache der Natur«, der bei der Berlinale 1984 stark beachtet wurde, ein beindruckender und diskussionswürdiger Beitrag zur Ökologiedebatte. (barfuss)

Schon im Filmtitel wird die Natur personifiziert. Die Fähigkeit zur Rache wird ihr zugewiesen, zum intelligent geplanten Zurückschlagen. Dieses Mißverhältnis löst dieser Dokumentarfilm aus. Er argumentiert gleichsam vom Standpunkt der Opfer aus, der rechtlos gewordenen Pflanzen und Tiere, und sucht, sehr moralisch, die mittlerweile banale Erkenntnis zu konkretisieren, daß Menschen im Begriff sind, die Lebensbedingungen aller Arten dieses Planeten zu zerstören. (taz)

Ökomedia-Bewertung: besonders wirksam

Information	Realisation	Motivation
3,3 Punkte	4,0 Punkte	3,6 Punkte

Die radikale Ästhetik des Films ist umstritten, die Subjektivität des Filmemachers löst Kontroversen aus.

Rätsel der Natur **F 382**
(s. Natur auf einem halben Morgen Land)
Walt Disney, USA 1961
16 mm, Lichtton, Farbe, 31 min
LFD 4

Der Film zeigt die Lebensgewohnheiten und die ökologische Bedeutung von Insekten und Kleinlebewesen. (LFD 4)
allg. Publikum

Ökomedia-Bewertung: wirksam

Information	Realisation	Motivation
2,3 Punkte	3,0 Punkte	3,0 Punkte

Eine Art verfilmtes Tierbilderbuch mit Insekten, Vögeln, Raupen, Kolibris u.v.m. Die eigens komponierte Musik macht einen Großteil von Witz und Spannung aus. Ökologische Zusammenhänge werden so gut wie nicht dargestellt. Besonders filmhistorisch ist dieser Naturfilm von Wert.

Raketen im Paradies **F 383**
(Voices from Baliapal)
Joshi, Vasudha; Palit, Ranjan, Indien 1988
16 mm, Farbe, 43 min
EZEF

»Dies ist unser Land, unser Meer... lieber sterben wir, als daß wir diesen Ort verlieren.« So der Aufschrei von 70.000 Bauern und Fischern aus der Region Baliapal im indischen Bundesstaat Orissa, als die Zentralregierung im August 1984 ihre Entscheidung bekanntgab, eine der fruchtbarsten, wirtschaftlich wohlhabendsten und am dichtesten besiedelten Flächen Indiens für die Errichtung eines nationalen Atombombentestgeländes zu räumen. Seit die Regierungspläne bekannt wurden, leisten die Bewohner dieses Küstenstreifens am Golf von Bengalen gewaltlosen Widerstand - bis heute ungebrochen. (EZEF)

Ökomedia-Bewertung: wirksam

Information	Realisation	Motivation
3,6 Punkte	3,2 Punkte	3,2 Punkte

Sehr informativer und gut recherchierter Film über mutige Bürgerproteste in Indien gegen ein völlig verrücktes Vorhaben der Regierung. Ausgezeichnet mit dem »Förderpreis der Stadt Freiburg« auf der Ökomedia '91

Die Ramme **F 384**
Trickfilm
Ilic, Aca, Jugoslawien 1977
16 mm, Farbe, 11 min
BJF; EMZ 2, 7, 8, 12, 13; KMZ 5, 7, 8, 11, 12, 16, 17, 19; LBS 4, 6, 9, 12, 13; LFD 4, 7

In einer Brutanstalt werden eben ausgeschlüpfte Küken sortiert. Die gesunden, hellen, der Norm entsprechenden Tiere dürfen weiterleben. Alle Küken, die der Norm nicht entsprechen, werden aussortiert, rutschen über ein Laufband in einen Container und werden zusammen mit den Eierschalen eingestampft. Ein dunkles Küken kann sich retten, es eilt davon - in die Freiheit? Eine Parabel, die sich gegen eine mechanisierte, an anonymen Normen orientierte Welt wendet. (LBS 6)
ab 16 Jahren

Raubtiere der Wüste **F 385**
Walt Disney, USA
16 mm, Lichtton, Farbe, 22 min
AV-Film; LFD 4

Der Film zeigt den Überlebenskampf der Raubtiere in der amerikanischen Wüste. (LFD 4)
allg. Publikum

Reaktorsicherheit **F 386**
Informationskreis Kernenergie / Proske, Rüdiger, BRD 1987
16 mm, Lichtton, Farbe, 22 min
s. Video
Deutsches Atomforum; LBS 4; LFD 1, 2, 4, 6, 9

Reaktorsicherheit ist der zentrale Punkt der Diskussion um die Kernenergie. Am Beispiel eines Druckwasserreaktors werden in diesem Film die Grundzüge der Sicherheitsphilosophie sowie die Funktion einzelner Anlagenteile anschaulich dargestellt.
allg. Publikum

Ökomedia-Bewertung: brauchbar

Information	Realisation	Motivation
2,0 Punkte	2,3 Punkte	2,3 Punkte

Der Spitzenstandard der deutschen AKW's garantiert Sicherheit, so der Tenor des Films. Die Informationen sind vollkommen einseitig. Ein Film der AKW-Befürworter.

Reaktorsicherheit **F 387**
aus der Serie: Kernfragen
Deutsches Atomforum / Proske, Rüdiger, BRD 1976
16 mm, Lichtton, Farbe, 15 min
s. Video
Deutsches Atomforum; HEA; LBS 4, 6, 7, 9, 10; LFD 7

Im ersten Teil zeigt der Film die Funktionsweise eines Druckwasserreaktors und anschließend die konstruktiven Maßnahmen zur Reaktorsicherheit. Thema des dritten Abschnitts ist »die Angst vor dem GAU«. Danach gibt der Film eine Übersicht über die bestehenden und geplanten Kernkraftwerke und verweist auf den Sicherheitsbericht des Bundesministers des Innern und die Rasmussen-Studie über Reaktorsicherheit. (LBS 6)
allg. Publikum

Die Rebellion der Vögel **F 388**
(La Rebellión de los Pájaros)
spanische Originalfassung
José, Luis, Spanien 1981
16 mm, Lichtton, Farbe, 90 min
KJF; LFD 7

Alex, Sohn eines Fabrikbesitzers, stellt eines Tages fest, daß alle Vögel Barcelona verlassen haben. Zusammen mit seinem Schäferhund Bayon fährt er in den Wald draußen vor der Stadt, um nachzusehen, ob es dort noch Vögel gibt. Aber auch im Wald ist kein einziger Vogel mehr zu sehen. Dafür trifft er eine Gruppe von Kindern, die für einen Gesangsauftritt im Fernsehen proben. Mit ihnen geht er gemeinsam zu Evas Opa. Er klärt die Kinder auf, daß die Vögel wegen der unglaublichen Luftverschmutzung die Stadt verlassen haben.
Inzwischen gibt es in der Fabrik von Alex' Vater eine kurze Diskussion darüber, ob eine Filteranlage in den Schornstein eingebaut werden soll. Alex' Vater steht jedoch auf dem Standpunkt, daß die Strafe für Luftverschmutzung viel niedriger ist.
Am nächsten Tag unterbrechen die Kinder ihren Gesangsauftritt im Fernsehen: Eva ruft alle Kinder Spaniens auf, zusammen gegen die Luftverschmutzung etwas zu tun. Der Aufruf hat einen riesigen Erfolg: Aus allen Schulen werden Vertreter gesandt und Aktionen gemacht. Wutentbrannt verbietet Alex' Vater seinem Sohn das Zimmer zu verlassen. Er jedoch beschließt auszureißen und wie alle Vögel auf einem Baum zu leben. Die anderen Kinder sind begeistert und beschließen neue Aktionen. Zwar fällt Alex irgendwann vom Baum und muß im Krankenhaus operiert werden, aber die Erwachsenen können sich dem nicht mehr entziehen, da selbst Radio und Fernsehen über die Ereignisse berichten und die Fußballspieler sich mit den Kindern identifizieren. Und siehe da, es ge-

schieht das, was keiner mehr erwartete: Die Vögel kehren zurück. (KJF, gekürzt)
ab 6 Jahren

Ökomedia-Bewertung: besonders wirksam

Information	Realisation	Motivation
	3,5 Punkte	3,8 Punkte

Ein sehr schöner und gut gestalteter Film, der allerdings in dieser spanischen Originalfassung für deutsche Kinder nicht zu brauchen ist. Leider ist der Film nicht synchronisiert.

Das Rebhuhn **F 389**
FWU / Urban, Helga und Werner, BRD 1986
16 mm, Lichtton, Farbe, 16 min
FWU; LBS 1-14

Der Film zeigt die Lebensweise des Rebhuhns und seine Lebensbedingungen: eine deckungsreiche Landschaft. Durch die realistische Darstellung der Gründung einer Rebhuhnfamilie und ihres Lebens im Jahresverlauf werden die Gefährdungen und die radikalen Veränderungen unserer Landschaftsstruktur verdeutlicht und damit Grundlagen zum Verständnis ökologischer Zusammenhänge geschaffen. (FWU, gekürzt)
Sekundarstufe I, Jugend- und Erwachsenenbildung, Naturschutzgruppen

Ökomedia-Bewertung: wirksam

Information	Realisation	Motivation
3,0 Punkte	3,0 Punkte	3,0 Punkte

Ein formal wie inhaltlich solider Film. Besonders geeignet für den Biologie-Unterricht und an Tierfilmen Interessierte.

Regenerative Energiequellen **F 390**
FWU; BRD 1984
16 mm, Lichtton, Farbe, 16 min
FWU; LBS 1-3, 5-14

Die in der Erde gespeicherten Energieträger Kohle, Erdöl, Gas und Uran sind nach menschlichen Maßstäben nicht erneuerbar. Sie werden in absehbarer Zeit aufgebraucht sein. Im Gegensatz dazu stehen die erneuerbaren Energiequellen, die dauerhaften Charakter haben. Auf die Verhältnisse der Bundesrepublik bezogen, sind es Sonnen-, Wind-, Wasser- und Bioenergie, die zur Energiebereitstellung genutzt werden können. Der Film zeigt exemplarische Möglichkeiten der Nutzung dieser Energien und ihre Bedeutung in der Zukunft. Es gibt vielfältige Nutzungsmöglichkeiten, die zur Einsparung der nicht erneuerbaren Energieträger beitragen können. (FWU)
allg. Publikum

Dem Regenwald eine Chance **F 391**
GTZ / Lingen, Michael von, BRD 1990
16 mm, Farbe, 32 min
s. Video
CRW; DFZ; LFD 1, 2, 4, 5, 9, 10, 12, 13

Der Film zeigt Wege und Möglichkeiten des Erhaltes der tropischen Regenwälder in Malaysia und Mexiko durch naturnahe Bewirtschaftung und nachhaltige Nutzung. D.h. nur so viel des Waldes darf genutzt werden, wie tatsächlich nachwächst. Beteiligung der einheimischen Bevölkerung an der Nutzung. Hilfen zu deren Existenzsicherung.
Dritte-Welt-Gruppen

Ökomedia-Bewertung: brauchbar

Information	Realisation	Motivation
2,7 Punkte	2,0 Punkte	2,0 Punkte

Wen sollen eigentlich solche Referatsfilme erreichen? Oder soll es nur Werbung für die GTZ sein? Sicherlich gehen sie niemand unter die Haut, auch wenn - wie hier - wenigstens teilweise interessante Fakten vermittelt werden.

Die Reise nach Melonia **F 392**
(Resan till Melonia)
Trickfilm
Ahlin, Per, Schweden 1989
16 mm, Lichtton, 35 mm, Farbe, 104 min
atlas (16 mm); Delta Film (35 mm)

Ein Trickfilm, der irgendwann zwischen damals und demnächst spielt: Ein Schiff segelt von der Insel Plutonia, wo es nur Maschinen, Schmutz und Sklaven und schon lange keine Tiere und Pflanzen mehr gibt, nach Melonia, einer Insel mit üppiger Natur, Frieden und Glück. Auf dem Schiff sind aber nicht nur Flüchtlinge, sondern auch Schurken, die nichts Gutes im Sinn haben. (Delta Film)
ab 8 Jahren

Ökomedia-Bewertung: wirksam

Information	Realisation	Motivation
	3,0 Punkte	3,0 Punkte

Schön gezeichneter, aber sehr schwarzweiß malender Kinderfilm, in Anlehnung an Shakespeares »Der Sturm«: das Gute und das Böse kämpfen gegeneinander.

Rekultivierung von Kies- und Sandgruben **F 393**
FWU / Wolf Studio / Wolf, J.G., BRD 1990
16 mm, Lichtton, Farbe, 14 min
FWU; LBS 1, 5-8, 10

Vor dem Hintergrund der Nutzung von Kies und Sand als Baustoff setzt sich der Film mit der Frage auseinander, wie rekultiviert werden soll. Nach einem kurzen Rückblick auf die früher überwiegende Praxis einer Rekultivierung für land- und forstwirtschaftliche Zwecke, stellt der Film die heute dominierenden Verwendungsarten als gesellschaftliches Konfliktziel zwischen Freizeitansprüchen und ökologischen Notwendigkeiten vor. (FWU)

Ökomedia - Bewertung: brauchbar

Information	Realisation	Motivation
2,3 Punkte	1,6 Punkte	1,6 Punkte

Ein braver Schulfilm, der aufzählt, statt das ökologische Gesamtsystem zu veranschaulichen.

Requiem für ein Maiglöckchen **F 394**
Weis, Aribert, BRD 1988
16 mm, Lichtton, Farbe, 140 min
Weis

In der niederrheinischen Bucht, zwischen Köln und Aachen, liegt das größte zusammenhängende Braunkohlegebiet Mitteleuropas. Hier entsteht seit zehn Jahren der Tagebau Hambach I. 85 Quadratkilometer Land wird dieses Projekt in den nächsten fünf Jahrzehnten in Anspruch nehmen. Die Erde wird bis in Tiefen von 500 Metern von riesigen Schaufelbaggern umgegraben.
An der Bundesstraße 55, einer alten Römerstraße, die in der napoleonischen Zeit »die große Straße von Paris nach Köln« genannt wurde, lag das Dorf Lich-Steinstraß. Es ist als erstes umgesiedelt wurden und schon dem Erdboden gleichgemacht. Der Film erzählt seine Geschichte der letzten zehn Jahre und die der Landschaft. (Weis)
allg. Publikum

Restrisiko oder die Arroganz der Macht **F 395**
Denkmal-Film / Strigel, Claus; Verhaag, Bertram, BRD 1989
16 mm, Lichtton, Farbe, 93 min
s. Video
Denkmal-Film; EMZ 2, 4; LZNW; Verleih der Filmemacher

Während hinter stacheldrahtbewehrten Sicherungsanlagen der zukünftigen Wiederaufarbeitungsanlage bei Wackersdorf die Bauarbeiten auf Hochtouren laufen, das Brennelementelager kurz vor seiner

Inbetriebnahme steht, lädt das Bayerische »Umweltministerium« als zuständige Genehmigungsbehörde zum Erörterungstermin zur zweiten atomrechtlichen Teilgenehmigung nach Neuburg am Wald.
Die 881.000 Menschen, die gegen den Bau der WAA schriftlich Einwendungen erhoben haben, sollen in einer Bierhalle des abgelegenen 8.000-Seelendorfes »angehört« werden. Hoch oben auf einer Tribüne die Herren von der Genehmigungsbehörde, zu ihrer Rechten die Herren von der Betreibergesellschaft, zu ihrer Linken die Herren vom TÜV und andere unabhängige Gutachter. Wachleute schirmen sie ab vom Volk in der überfüllten Halle.
Der Film dokumentiert, wie in dieser Demokratie-Schauveranstaltung das »Restrisiko«, das die Demokratie für die Atomlobby darstellt, ausgeschaltet wird. Er entlarvt, mit welcher Arroganz die Mächtigen die begründeten Ängste und Einwände von Bürgern und Wissenschaftlern ignorieren - nach Recht und Gesetz. Der Film ist ein historisches Dokument zum Thema Wiederaufarbeitung, Atomkraft und Demokratie. (Denkmal-Film)
Ausgezeichnet mit dem Förderpreis der Stadt Freiburg auf der Ökomedia '89.
allg. Publikum, Anti-Atom-Gruppen

Ökomedia-Bewertung: besonders wirksam

Information	Realisation	Motivation
4,0 Punkte	3,5 Punkte	4,0 Punkte

Dieser Film ist eine beeindruckende Leistung: Das nahezu endlose Material von 23 Tagen »talking heads« des Anhörungsverfahrens so spannend und erschütternd zu bündeln. Ein Material, was per se unfilmisch ist. »Restrisiko« erfordert Konzentration und ist manchmal schwer zu verstehen, weil die Sprache in solchen Verfahren bürokratisch-juristisch ist. Auch wenn man nicht jedes Detail versteht, das Wesentliche ist schreiend laut: 1. Daß dieses Verfahren eine Farce war und 2. was man von den einzelnen Rednern zu halten hat. Der Film ist ein dokumentarisches Meisterwerk.

Rettet den Wald - Aufforstung in Afrika **F 396**
Lingen, Michael von, BRD 1986
16 mm, Lichtton, Farbe, 30 min
DFZ; KMZ 8, 11, 12; LFD 1-9

Der weltweiten Zerstörung des Waldes kann nur durch internationale Zusammenarbeit entgegengewirkt werden. Deutsche Entwicklungspolitik unterstützt Aufforstungsprogramme, die landesspezifische Probleme zu lösen suchen: In Äthiopien ist das Anlegen und Aufforsten von Terrassen ein wirksamer Erosionsschutz; im Sudan wird eine maßvolle Rodung, Nutzung und Wiederaufforstung des Teakholzbestandes angestrebt; im Senegal werden Baumarten gezüchtet, die einerseits das Futterproblem der Viehzüchter lösen, andererseits das weitere Vordringen der Wüste verhindern. (LFD 9)
allg. Publikum, Dritte-Welt-Gruppen, Entwicklungshelfer

Ökomedia-Bewertung: wirksam

Information	Realisation	Motivation
3,0 Punkte	3,0 Punkte	3,0 Punkte

Ein gründlich recherchierter, anschaulicher und informativer Beitrag. Einschränkung: Er ist stark kommentarlastig. Mit Ausnahme des UNESCO-Mitarbeiters kommt niemand zu Wort.

Rettet den Wald - Aufforstung in Lateinamerika **F 397**
Lingen, Michael von, BRD 1986
16 mm, Lichtton, Farbe, 30 min
DFZ; LFD 1-9

Dem Raubbau am Wald folgt die Ausdehnung der Wüsten und damit eine Verschlechterung des Klimas. Um die Existenzgrundlage der Bevölkerung Lateinamerikas zu sichern und um die Bemühungen zum Schutze des Regenwaldes zu unterstützen, leistet die Bundesrepublik Hilfe. Diese Hilfe umfaßt unter Berücksichtigung landwirtschaftlicher und ökologischer Aspekte die Wiederaufforstung und die Ausbildung heimischer Fachkräfte. (LFD 9)
allg. Publikum, Dritte-Welt-Gruppen, Entwicklungshelfer

Ökomedia-Bewertung: wirksam

Information	Realisation	Motivation
3,0 Punkte	3,0 Punkte	3,0 Punkte

Ein gründlich recherchierter, anschaulicher und informativer Beitrag. Einschränkung: Er ist stark kommentarlastig. Mit Ausnahme des UNESCO-Mitarbeiters kommt niemand zu Wort.

Rettet die Wale **F 398**
(Salvad las ballenas)
Mariner, Toni, GB 1983
16 mm, Lichtton, Farbe, 20 min
s. Video
atlas; EMZ 4; KMZ 8, 11, 12, 20, 21; LBS 6; LFD 2

Im Juni 1980 wurde die Besatzung des Protestschiffes der internationalen Organisation Greenpeace »Rainbow Warrior« von der spanischen Marine in internationalen Gewässern vor der Küste Spaniens wegen des Widerstands gegen Massaker an Walen festgenommen. Die nächsten fünf Monate verbringt die »Rainbow Warrior« im Gewahrsam des spanischen Militärstützpunktes El Ferrlo in Nordwestspanien. Trotz der scharfen Bewachung kann die Rainbow Warrior aus dem Hafen entkommen und erreicht die Kanalinsel Jersey. Ein menschliches Abenteuer, dessen politische Resonanz die spanische Regierung zwang, ihre Walfangmethoden zu überprüfen. (atlas)
allg. Publikum, Umweltgruppen

Rettung für bedrohte Tiere: Des Jägers Auftrag **F 399**
Landesjägerschaft Niedersachsen / Kubiak, Theo, BRD 1986
16 mm, Lichtton, Farbe, 31 min
LBS 8

Anhand von Beispielen wird der Zusammenhang zwischen Umwelt- und Lebensraumzerstörung und der Gefährdung bestimmter Tierarten aufgezeigt. Die Nachzucht bedrohter Tierarten wird vorgestellt. Dieser Tierfilm ist gleichzeitig ein engagiertes Plädayer zur Lebensraumpflege bedrohter Tierarten. Beispiele sind Seehunde im Wattenmeer, Birkwild in Restmooren, Auerwild im Harz und Schutz von Ufergebieten der Wümme als Lebensraum für Otter. (Landesjägerschaft Niedersachsen)
ab 7. Klasse

Ökomedia-Bewertung: brauchbar

Information	Realisation	Motivation
2,5 Punkte	1,7 Punkte	1,7 Punkte

Ein braver, fader Referatsfilm, der belegen möchte, daß Jäger in erster Linie Natur- und Tierschutz betreiben.

Ried **F 400**
Bischoff, Pierre, Frankreich 1987
16 mm, Lichtton, Farbe, 23 min, franz. Originalfassung
LFD 4

Flora und Fauna des elsässischen Ried. Das Problem des ökologischen Gleichgewichts in der vom Menschen veränderten Landschaft.

WENN DAS JEDER TÄTE - WO KÄMEN WIR DANN HIN ? MEHREN 4/90

Rindfleischproduktion in Colorado **F 401**

aus der Serie: Industrialisierte Landwirtschaft in den USA
Engstfeld, Axel, BRD 1991
16 mm, Lichtton, Farbe, 17 min
s. Video
FWU; LBS 1, 5, 8

Gezeigt wird die Rindermast im nördlichen Colorado auf einer Familienfarm und bei dem vertikal integrierten Unternehmen Monfort of Colorado mit 200.000 Rindern pro Jahr. Darüber hinaus wird die Bedeutung von Klima, Bewässerungswirtschaft und Futtermittelanbau herausgestellt. Der letzte Teil des Films zeigt die Schlachterei von Montfort, die zu den modernsten der Welt zählt und in der in zwei Schichten 5.000 Rinder pro Tag geschlachet, in Einzelteile zerlegt und verkaufsfertig abgepackt werden. Rindermast, Schlachtung, verkaufsfertige Zerteilung und Auslieferung liegen in der Hand eines Konzerns. (FWU)

Ökomedia - Bewertung: wirksam

Information	Realisation	Motivation
3 Punkte	2,9 Punkte	2,9 Punkte

Informativer Film über ein völlig pervertiertes System industrieller Fleischproduktion. Z.B. wird den Rindern zweimal täglich warmes Futter serviert, damit sie keine Kalorien verbrauchen, um das Futter auf Körpertemperatur zu bringen.

Die Robbeninsel **F 402**

Walt Disney, USA
16 mm, Lichtton, Farbe 27 min
AV-Film

Auf einer einsamen Felseninsel nahe dem Polarkreis treffen sich alljährlich ungezählte Robben. Die Lebensgewohnheiten der Robben werden in diesem Film anschaulich dargestellt. (AV-Film)
allg. Publikum

Robozoff **F 403**

(Technical Threat)
Trickfilm
Kroyer, Bill, USA 1988
16 mm, Lichtton, Farbe, 5 min
KFW

Angestellte eines Großraumbüros werden bereits bei geringstem Fehlverhalten durch Roboter ersetzt, bis nur noch einer übrigbleibt: Es kommt zum erbitterten Kampf. (KFW)
ab 10 Jahren

Ökomedia - Bewertung: wirksam

Information	Realisation	Motivation
	3,0 Punkte	3,0 Punkte

Ein sehr amerikanischer Trickfilm. Er schafft eine laute, aggressive und hektische Atmosphäre und zeigt damit die Auswirkungen der Technisierung am Arbeitsplatz - mit technisch perfekten Trickfilm-Tricks.

Die Saat des Fortschritts oder das Ende der Entwicklung **F 404**
aus der Serie: Im Namen des Fortschritts
Deffarge, Claude; Troeller, Gordian, BRD 1984
16 mm, Lichtton, Farbe, 43 min
Con; EZEF

Aus der Schlußszene in der Armenküche: Diese Menschen sind bereits zahlungsunfähig. Sie haben ihre Arbeit verloren und stehen Schlange für eine Mahlzeit. Hier in San Franzisco gibt es 30 solcher Armenküchen. Diese versorgt täglich 3.000 Menschen. Das auf Kapital und Konkurrenz basierende Wirtschaftssystem fordert immer produktivere Technologien, doch diese verringern - weil sie Arbeitskräfte einsparen - die Zahl der kaufkräftigen Verbraucher. Dieser Widerspruch zwischen technischer Entwicklung, der auch zur Verarmung der Dritten Welt geführt hat, wird jetzt in den Industrienationen spürbar. Hier wie dort schrumpfen die Märkte. Und je geringer die Absatzchancen, desto wilder die Konkurrenz. Sie wiederum zwingt, immer mehr zu rationalisieren, und das geht nur auf Kosten der Arbeitsplätze. So verschleißt das System langsam seine gesellschaftliche Basis. 1983 war die Zahl der Amerikaner, die unter der Armutsgrenze lebten, von 28 auf 35 Millionen gestiegen.
Die amerikanische Landwirtschaft zeigt diesen Verarmungsprozeß in geradezu beispielhafter Form. Es geht um die Begriffe von Fortschritt und Entwicklung. Ob hier oder sonstwo in der Welt, die wachsende Zahl der Armen dokumentiert eine Weltwirtschaftslage, die man als »Krise« bezeichnet. Eine Krise also, eine vorübergehender Engpaß? Wohl kaum. Zu erwarten ist eher - das Ende der Entwicklung. (Con)

Ökomedia-Bewertung: wirksam

Information	Realisation	Motivation
3,6 Punkte	3,0 Punkte	3,0 Punkte

Eine kritische, informative Dokumentation über Methoden und Auswirkungen der US-Agrar-Industrie. Der Film ist beeindruckend und empfehlenswert.

Säubern im Sumpf **F 405**
aus der Serie: Ökoland
NDR / Weitzel, Hans-Ernst, BRD 1985
16 mm, Lichtton, Farbe, 29 min
s. Video
EMZ 2, 4, 10, 12; LBS 3, 4, 7, 11, 14; Weitzel

Immer mehr Dörfer und Städte, ja selbst entlegene Bauernhöfe werden an zentrale Klärwerke angeschlossen. Das kostet Milliarden. Die Abwasserkanäle werden immer länger und die Klärwerke immer größer. Dafür werden zwangsläufig mehr Rohstoffe und mehr Energie verbraucht. Energie, durch die die Umwelt verschmutzt und wertvolles Trinkwasser vergeudet wird. Es geht auch anders: Der Film stellt einzelne Familien und Gemeinden in der Bundesrepublik, den Niederlanden und der Schweiz vor, die mit kleinen dezentralen Klärsystemen arbeiten. Statt Beton und komplizierter Technik setzen sie die Natur für sich ein. Sie klären Abwasser im Wurzelraum von Sumpfpflanzen mit Hilfe der Sonne, des Bodens und zahlreicher Mikroben. Solche natürlichen Klärwerke können mehr Schadstoffe zurückhalten als die gewöhnliche Großkläranlage - und billiger sind sie auch noch. Ein Film, der nicht anklagt, sondern akzeptable Lösungen aufzeigt, auch für Großstädte und Ballungsgebiete. (Weitzel, gekürzt)
allg. Publikum, Wasserwirtschaft

Ökomedia-Bewertung: wirksam

Information	Realisation	Motivation
3,0 Punkte	3,0 Punkte	3,0 Punkte

Ein informativer und gut recherchierter Beitrag. Der Zuschauer erfährt viel Wissenswertes über »grüne« Kläranlagen als tatsächliche Alternative.

Safety First - Sicherheit geht vor F 406
BASF / Gesellschaft für bildende Filme, BRD 1980
16 mm, Lichtton, 35 mm, Farbe, 32 min
s. Video
BASF; DFS; DFZ; LFD 1-9

Eine Furcht geht um! Es ist die Furcht vor dem Geist aus der Flasche. Aber die Angst, menschlicher Erfindergeist könnte fremde Kräfte freisetzen, die sich nicht mehr kontrollieren lassen, ist so alt wie die Menschheit und damit noch älter als die Chemie. Doch wie sicher ist unsere Chemie heute? Wie belastbar sind ihre Produktionsbetriebe? Wie sauber die Abwässer? Wie zuverlässig Chemietransporte zu Land und zu Wasser? Wie erforscht sind unsere Agrarchemikalien? Und wie sicher ist schließlich der Verbraucher? Alle diese brennenden Fragen greift dieser Film auf. (BASF)
allg. Publikum

Ökomedia Bewertung:

Dieser Film ist ein interessantes Dokument, das wie wenige andere die Öffentlichkeitsarbeit der Chemieindustrie demonstriert: ein durch und durch von Werbestrategen komponiertes Propagandastück. Dieser Film hat schon beinahe historischen Charakter.

Salat vom Dach F 407
aus der Serie: Ökoland
NDR / Weitzel, Hans-Ernst, BRD
16 mm, Lichtton, Farbe, 29 min
s. Video
Weitzel

Obst und Gemüse, das viele Läden anbieten, haben oft lange Transportwege hinter sich. Das kostet viel Treibstoff und viele Rohstoffe. Und ganz frisch ist es dann auch nicht mehr.
Es geht auch anders: Der Film stellt Landschaftsarchitekten und Hobby-Gärtner vor, die ihr Gemüse auf kleinstem Raum erzeugen: Das gelingt ihnen auf Tiefbeeten und Hügelbeeten, die sie mit Wildkräutern und anderem organischem Abfall düngen. So wird gezeigt, wie eine Familie ihren Garten so umgestaltet hat, daß sie nun viel weniger Energie und Trinkwasser verbraucht: In ihrem solarbeheizten Gewächshaus kann sie genügend Obst und Gemüse für den eigenen Haushalt erzeugen.
Ihre Erkenntnisse sind bis nach Berlin gekommen, wo in lichten Innenhöfen, Wintergärten, Terrassen, Balkonen und Dächern von Mehr-Familien-Häusern Gemüse und Früchte gedeihen. (Weitzel)
allg. Publikum

Ökomedia-Bewertung: brauchbar

Information	Realisation	Motivation
2,5 Punkte	2,5 Punkte	2,7 Punkte

Schöne Bilder vom schönen Wohnen mit üppiger Vegetation. Ein eher mittelmäßiger Beitrag aus der sonst empfehlenswerten Reihe.

Der Samenkrieg F 408
Bobbi, Maria Rosa; Busse, Michael, BRD 1986
16 mm, Lichtton, Farbe, 44 min
s. Video
EMZ 1, 2, 4, 6-13; EZEF; KMZ 7, 8, 11-13, 19-21; LBS 5, 7, 8, 13, 14; LFD 2

An zwei Beispielen - dem Tomatenanbau in Italien und der Maisproduktion in Frankreich - zeigt dieser Film, welche Rolle Bioforschung und Gentechnologie bzw. die chemische Industrie in der modernen Landwirtschaft spielen. Es geht um Höchsterträge, Hochleistungssamen, rationelle Monokulturen. Dadurch steigen

die Risiken: Die Samen sind durch genetische Manipulationen empfindlich geworden. Dementsprechend wird heute versucht, Samen zu entwickeln, die von vorn herein gegen Parasiten und Krankheiten resistent sind. Das Agrobusiness setzt auf die Biotechnologie, die schon dabei ist, einen weltweiten Samenkrieg zu entfachen. (EZEF/Kurzfilmliste)
allg. Publikum, landwirtschaftl. Gruppen

Ökomedia-Bewertung: wirksam

Information	Realisation	Motivation
3,0 Punkte	2,7 Punkte	2,5 Punkte

Ein kritisches und informatives Fernseh-Feature über die Problematik der Agrarindustrie, das aber formale Mängel hat: leider etwas langatmig.

Samson & Sally **F 409**
Trickfilm
Hastrup, Janik, Dänemark 1984
16 mm, Lichtton, 35 mm, Farbe, 63 min
s. Video
Medienpaket mit Material für Lehrer
atlas (16 und 35 mm); BJF; Cinekid (35 mm); Filmothek NW; KMZ 22; LBS 4, 7, 9, 13; LFD 2, 4, 5

Samson ist ein übermütiger, junger Wal. Seine Mutter bringt ihm viele Tricks bei, damit er überleben kann. Als sie an einem versunkenen Schiff vorbeischwimmen, treffen sie Sally, ein junges Walmädchen, das seine Mutter verloren hat und sich nun Samson und Mom anschließt. Mom erzählt ihnen immer wieder die Geschichte von Moby Dick, der so stark war, daß alle Wale auf seine Rückkehr warteten. Nachdem Samsons Mutter von Walfängern getötet wurde, will Samson den legendären Wal finden, damit er ihnen hilft. Auf seinem Weg in die Südsee muß er viele Abenteuer überstehen. Z.B. werden von einem Schiff Fässer mit Atommüll im Meer versenkt. Schließlich findet er Moby Dick in einer untergegangenen Menschenstadt. Aber der ist alt geworden und sagt nur: »Ihr könnt euch nur selbst helfen.«
Dieser Film zeigt auf lustige Weise, welchen Gefahren die Wale ausgesetzt sind und daß der Mensch die größten Anteile an diesen Gefahren hat: Zuerst als Walfänger, dann als Verschmutzer der Gewässer durch radioaktiven Müll oder Ölbohrinseln. (atlas)
ab 6 Jahren

Ökomedia-Bewertung: besonders wirksam

Information	Realisation	Motivation
	3,8 Punkte	3,5 Punkte

Ein schön gezeichneter Trickfilm, der die Moby-Dick-Geschichte mit »harten Fakten« einer verseuchten Welt kombiniert. Das Schicksal der Walkinder hat für Kinder einen hohen Animationswert, die Kinder können sich mit den kleinen Walen gut identifizieren.

Samstag, 15 Uhr **F 410**
Spielfilm
Frey, Peter, BRD 1989
16 mm, Lichtton, 35 mm, Farbe, 12 min
s. Video
AID (16 mm); Frey (16, 35 mm); KMZ 8, 11, 12; LBS 1, 7, 10; LFD 7 (alle 16 mm)

Der Film ist eine Satire auf ein weit verbreitetes Umweltverständnis, das makellose Optik mit intakter Natur verwechselt: bei einem Rentnerehepaar wird die Gartenpflege zur Neurose. Angestachelt von seiner Frau verbohrt sich der Mann in einen absurden Kampf gegen Löwenzahn, Schnecken und Maulwürfe. (LBS 7)
allg. Publikum

Saurer Regen **F 411**
Die Spitze eines Eisbergs
Scandinature Film Production / Landin, Bo; Östbom, Hans, Schweden 1983
16 mm, Lichtton, Farbe, 28 min

s. Video
EMZ 12; LFD 3

In vielen europäischen Ländern stirbt der Wald. Seit Jahrzehnten verarmt die Tierwelt in den Gewässern Skandinaviens. Versauerung ist wahrscheinlich die größte Umweltkatastrophe, die der Menschheit und der Natur in unserem Teil der Erde droht.
Andreas ist ein Jugendlicher, der bemerkt, wie sich die Natur in seinem Heimatland Schweden allmählich verändert. Seen sind heute ausgestorben, Fische, Vögel und Insekten vergiftet. Er weiß, daß ein großer Teil der Luftverunreinigungen, die die Versauerung in Skandinavien ausmachen, aus den großen Industriegebieten des Kontinents kommt.
Andreas trifft Anke, die ihr ganzes Leben im Ruhrgebiet wohnte. Die beiden sprechen über die Umweltprobleme und beschließen, gegen Versauerung und sauren Regen vorzugehen.
allg. Publikum

Ökomedia-Bewertung: wirksam

Information	Realisation	Motivation
3,6 Punkte	3,3 Punkte	2,0 Punkte

Die Auswirkungen des sauren Regens werden anschaulich dargestellt; hinsichtlich der Zielgruppen bestehen Widersprüche: einerseits werden Begriffe verwendet und Sachverhalte dargestellt, die Vorwissen aus dem Chemieunterricht verlangen, andererseits führt die Rolle des Mädchens dazu, daß der Film sehr kindlich wirkt.

Saurer Regen ist tödlich **F 412**
BBC, Großbritannien 1982
16 mm, Lichtton, Farbe, 20 min
EMZ 2, 4, 6-8, 10-13; Imbild; KMZ 1, 3, 6-8, 10-13, 16, 19-21; LBS 1-14; LFD 1-8, 13; LZNW

Der Film beschreibt die umweltgefährdenden Auswirkungen des sauren Regens als Folge der Luftverschmutzung durch Industrieabgase. Ein Vergleich der Emissionen europäischer Industriestaaten zeigt, daß es sich dabei um ein internationales Problem handelt; Abgase sammeln sich in höheren Luftschichten und legen mit dem Wind weite Strecken zurück. An anderer Stelle fallen sie als saurer Regen nieder. Am Beispiel Norwegens zieht der Film eine erschreckende Bilanz: Übersäuerter Regen läßt im Boden giftige Verbindungen entstehen, die das biologische Gleichgewicht zerstören. Als Beispiel für das Waldsterben greifen die Autoren den Harz heraus, wo schwefelhaltiger Regen durch Auswaschen von Nährstoffen aus dem Boden schon beträchtliche Wurzelschäden hervorgerufen hat. Ein Beispiel, daß es auch anders geht: Im Kohlekraftwerk Bergkamen werden 85 % des Schwefeldioxids durch Filteranlagen zurückgehalten. (Imbild)

Ökomedia-Bewertung: wirksam

Information	Realisation	Motivation
3,3 Punkte	3,0 Punkte	3,0 Punkte

Ein informativer Film, der die katastrophalen Folgen des sauren Regens anschaulich und bedrückend darstellt.

Savannen - **F 413**
Grasländer der Tropen
Praxis Unterrichtsfilm / Hahn, Rainer, BRD 1990
16 mm, Lichtton, Farbe, 14 min
s. Video
LBS 7; Praxis Unterrichtsfilm

Der Film enthält mehrere Sequenzen mit Flugaufnahmen. Diese sollen jeweils verdeutlichen, daß die drei Savannentypen nicht scharf voneinander getrennt, sondern durch breite Übergangszonen miteinander verbunden sind. Feucht-, Troc-

ken- und Dornbuschsavanne werden in ihrer jeweils typischen Ausprägung vorgestellt. Auch savannen-typische Tiere werden gezeigt. Die Anzahl der Regenmonate und die Höhe der Niederschläge, die die Voraussetzung für die unterschiedlichen Savannentypen darstellen, werden im Kommentar genannt. (Praxis Unterrichtsfilm)
ab 5. Klasse

Schach den Schädlingsplagen F 414
aus der Serie: Landwirtschaft 2000
NDR / Weitzel, Hans-Ernst, BRD 1978
16 mm, Licht- und Magnetton, Farbe, 29 min
s. Video
AID; EMZ 12; IWF; LFD 1; LZNW; Weitzel

Der Film gibt Einblick, wie die Wissenschaftler bei der Ermittlung von Methoden der natürlichen Schädlingsbekämpfung vorgehen: Aufklärung der Wechselbeziehung von Insekten untereinander und zu ihrer Umwelt, Unterscheidung von Nützlingen und Schädlingen, Vermehrung und Einsatz von Gegenspielern, Erarbeitung von Voraussagen der Schädlingsvermehrung. (IWF)
thematisch interessiertes Publikum

Ökomedia-Bewertung: wirksam

Information	Realisation	Motivation
3,6 Punkte	3,6 Punkte	2,0 Punkte

Ein sachlich sehr guter Bericht mit zum Teil hervorragendem Bildmaterial. Er dokumentiert anschaulich die Bemühungen von Wissenschaftlern, neue Wege des Pflanzenschutzes zu finden; allerdings ist er aufgrund seiner sehr speziellen und detaillierten Information nur für ein am Thema interessiertes und biologisch vorgebildetes Publikum geeignet.

Schäfereigenossenschaft Finkhof E.G. F 415
Seybold, Katrin, BRD 1978
16 mm, Magnetton, Farbe, 9 min
EMZ 12

Über den Versuch junger Menschen, einen Ausweg aus Jugendarbeitslosigkeit und entfremdeter Arbeit zu finden. Sie hatten 1976 damit begonnen, verwahrlostes Land im Allgäu mit Schafzucht zu bewirtschaften. Sie mußten zu den wenigen Schäfern in die Lehre gehen, um diesen aussterbenden Zweig der Viehwirtschaft zu erlernen. Die Genossenschaft soll ein neues Verhältnis zur Arbeit herstellen. (Gruppe Ökologie)
allg. Publikum

Ökomedia-Bewertung: wirksam

Information	Realisation	Motivation
3,0 Punkte	3,0 Punkte	3,0 Punkte

Eine gute Dokumentation, der es gelingt, einen Eindruck in das alternative Leben der betreffenden Gruppe zu geben.

Schildkröten F 416
FWU, BRD 1991
16 mm, Lichtton, Farbe, 14 min
FWU; KMZ 6, 10; LBS 5

Viele Vertreter aus der Ordnung der Schildkröten werden in ihren jeweiligen Lebensbereichen vorgestellt. Vor allem durch den Menschen sind diese Tiere in ihrem Bestand bedroht. (KMZ 10)
ab 12 Jahren

Die Schleiereule F 417
FWU / Barth-Film, BRD 1982
16 mm, Lichtton, Farbe, 20 min
FWU; LBS 1-14

Diese Monographie über das Leben der Schleiereule (Tyto alba) wurde unter hohem technischem Aufwand, nach langer Gewöhnungszeit für die Tiere, in vielen Nächten bei schwacher Beleuchtung ge-

dreht. Vorgestellt werden die Paarbildung, das Brutgeschäft, die Aufzucht der Jungen, eventuelle Gefahren, ferner die nächtliche Jagd und die dazu nötige Ausrüstung. Da der Bestand an Schleiereulen in Mitteleuropa stark abgenommen hat, werden verschiedene Maßnahmen aufgezeigt, wie der Schleiereule Möglichkeiten zur Vermehrung und Verbreitung geboten werden können. (FWU)
ab 4. Klasse, Tierschutzgruppen

Ökomedia-Bewertung: wirksam

Wer noch kein Eulenfan ist, wird einer: ein interessanter Tierfilm über diese wunderbaren Vögel.

Die Schluchten des Feuers F 418
aus der Serie: Die Entstehung eines Kontinents
Andrews, Michael, Großbritannien 1983
16 mm, Lichtton, Farbe, 44 min
EMZ 12; Imbild; LBS 4

An der geologischen Beschaffenheit des Colorado-Plateaus im Südwesten der USA zeigt der Film den ständigen Wandel des Kontinents im Lauf der Erdgeschichte und das Wirken der Erosion als landschaftsbildender Faktor. Am Beispiel der Indianer wird die Anpassung des Menschen an die natürlichen Gegebenheiten demonstriert. Kritisch setzt er sich schließlich mit der seit 1969 begonnenen Ausbeutung der Kohle- und Kalisalzlager, der Bewässerung von Anpflanzungen in der Wüste aus uralten, unterirdischen Wasserreservoirs und der Aufstauung des Colorado-Rivers zur Elektrizitätsgewinnung für die Städte Los Angeles und Las Vegas auseinander. (EMZ 12)
allg. Publikum, Sekundarstufe I und II, Jugend- und Erwachsenenbildung, Naturschutzgruppen

Ökomedia-Bewertung: wirksam

Information	Realisation	Motivation
3,5 Punkte	3,3 Punkte	3,0 Punkte

Dieser Film läßt die Entstehungsgeschichte und Entwicklung eines Kontinents zum Erlebnis werden. Eindrückliche Bilder verbinden sich mit informativem Kommentar.

Schmeiß weg - F 419
Abfall vermeiden, Abfall trennen
Kreisbildstelle Aurich, BRD 1992
16 mm, Lichtton, Farbe, 14 min
LBS 8

Der Film zeigt Kinder als Vorbilder im Abfallkreislauf: Statt Coladosen und Joghurtbecher Glasflaschen und Brotbehälter. Mit guten Ideen wird der Abfallwahn vor Augen geführt: ein ganzer Berg von Aludosen wird ersetzt durch eine einzige Glasflasche. Zum Schluß plädieren die Kinder für Müll-Recycling und noch besser für Müll-Vermeidung.

Ökomedia-Bewertung: wirksam

Information	Realisation	Motivation
3,0 Punkte	3,0 Punkte	3,3 Punkte

Statt Kommentar haben sich die Autoren Bilder einfallen lassen. So wird das Thema Abfall sinnlich wahrnehmbar. Zum Beispiel, wie ein Akku tausend Batterien ersetzt. Der Film hat den Kindern, die mitmachen, Spaß gemacht und er wird auch den Schulklassen Spaß machen, die ihn anschauen. Mehr jedenfalls als alle Müll-Referatsfilme zusammengenommen.

Schmetterling F 420
Trickfilm
Brouwer, Peter, Niederlande 1972
16 mm, Lichtton, Farbe, 4 min
BJF; EMZ 2, 4, 10, 12, 13; LBS 1, 14

Lebhaft fliegt ein Schmetterling durch die Landschaft. Sein Freiheitsraum wird jedoch immer mehr eingeschränkt durch Neubauten, Fabriken, Straßen, bis er schließlich eingekreist, nur mehr als prä-

parierter Gegenstand auf eine Zeit hinweist, in der es solche Tiere noch in der Natur gab. Der Film zeigt mit einfachen Mitteln die Problematik der Umweltzerstörung auf. (EMZ 13)
ab 1. Klasse

Schmetterlinge **F 421**
Ledwig, Alfred, BRD 1986
16 mm, Lichtton, Farbe, 7 min
s. Video
EMZ 10; KMZ 8, 11, 12, 20, 21; LBS 10, 13; LZNW

Viele Blumen, lustig umherfliegende Schmetterlinge. Dann ein Schatten, ein Netz, ein Junge, der den Faltern nachjagt, sie fängt und in eine Dose steckt. Mit jedem gefangenen Insekt wird die Landschaft etwas dunkler. Als der Junge seine Sammlung anderen Kindern zeigen will, sind die Schmetterlinge tot, die Wiese ist jetzt farblos. Erst als die Kinder beschließen, keine Schmetterlinge mehr zu fangen, wird die Wiese wieder heller und farbenfroher. Ein Kinderfilm, der in heiterer und einfacher Weise die Mitverantwortung der Kinder anspricht. (LZNW/EMZ 10)
ab 6 Jahren

Ökomedia-Bewertung: brauchbar

Information	Realisation	Motivation
	2,5 Punkte	2,5 Punkte

Ein lieber und braver Trickfilm, nur für kleine Kinder brauchbar.

Der Schmetterlinge Liebesgrüße F 422
BASF / Gesellschaft für bildende Filme, BRD 1983
16 mm, Lichtton, 35 mm, Farbe, 26 min
s. Video
AID; BASF; DFS; DFZ; LFD 1-9

Insekten sind ebenso geniale Chemiker wie Schauspieler. In ihren Körperlaboratorien synthetisieren sie die unterschiedlichsten chemischen Verbindungen, um damit Spuren zu legen oder Feinde abzuwehren. Mit Pheromon-Ködern läßt sich der Flugverlauf von Schadinsekten kontrollieren und deren Duftorientierung nachhaltig stören und ihre Übervermehrung eindämmen. Indem es möglich geworden ist, sich aktiv in den Dialog zwischen Insekt und Insekt einzuschalten, eröffnen sich auch neue Möglichkeiten für eine ebenso umweltfreundliche wie nützlingsschonende Insektenbekämpfung. (BASF)
allg. Publikum

Ökomedia-Bewertung: wirksam

Information	Realisation	Motivation
3,5 Punkte	3,0 Punkte	2,0 Punkte

Anschaulicher und informativer Film über die Forschung auf dem Gebiet der Schädlingsbekämpfung mit Duftstoffallen.

Schmetterlinge sterben mit der Landschaft **F 423**
Baumann, Karlheinz, BRD 1984
16 mm, Lichtton, Farbe, 45 min
LBS 1, 14

Noch gibt es Schmetterlinge in unserer Landschaft, doch 40 Prozent der heimischen Tagfalter sind bereits ausgestorben. Die natürlichen Feinde sind nicht verantwortlich für den drastischen Rückgang in den letzten 40 Jahren. Hauptverursacher ist der Mensch, der ganze Biotope vernichtet und mit industriellen Anbaumethoden vor allem in der Landwirtschaft dafür sorgt, daß die heimischen Tagfalter in die Säume von Wald und Feld verdrängt werden. Doch nun werden auch dort Pestizide eingesetzt und vernichten ganze Populationen. (FWU)
allg. Publikum, Naturschutzgruppen

Ökomedia-Bewertung: wirksam

Information	Realisation	Motivation
3,3 Punkte	4,0 Punkte	3,0 Punkte

Ein Film mit faszinierenden Aufnahmen zum Thema aussterbende Arten. Beeindruckender kann wohl kaum demonstriert werden, welche Schönheit der Natur verloren geht.

Schmetterlinge - vom Aussterben bedroht? **F 424**
gekürzte Fassung von Schmetterlinge sterben mit der Landschaft
FWU / Baumann, Karlheinz, BRD 1987
16 mm, Lichtton, Farbe, 15 min
FWU; LBS 1-14

Sekundarstufe I, Jugend- und Erwachsenenbildung, Tierschutzgruppen

Ökomedia-Bewertung: wirksam

Information	Realisation	Motivation
3,0 Punkte	2,7 Punkte	2,8 Punkte

Ein guter Beitrag zum »Artensterben«, der aber zur Mitte hin Schwächen hat: Der Film bzw. sein Thema wird durch eine Art bebildertes Kurz-Öko-Referat auseinandergerissen. Bestechend ist die Kamera bei Naturaufnahmen.

Schnell zerstört - Langsam geheilt **F 425**
BRD 1979
16 mm, Lichtton, Farbe, 15 min
DFZ

Jeden Tag werden in der Bundesrepublik 150 Hektar Land für neue Bauvorhaben geopfert. Appelle, die Natur zu erhalten, bewirken wenig, wenn sie nicht als politische Programme verwirklicht werden. Der Film zeigt dies an drei Beispielen, an der Neuordnung der zersiedelten Industrielandschaft an der Ruhr, an der Rekultivierung eines durch Braunkohleabbau zerstörten Gebietes und an den Schwierigkeiten, die gefährdete Erholungslandschaft der Alpen zu erhalten. Landschaftsschutz, das vermittelt der Film, ist dringend erforderlich. (DFZ)

Naturschutzgruppen, Jugend- und Erwachsenenbildung

Das schöne Ende dieser Welt **F 426**
Spielfilm
Pentagramma / Erler, Rainer, BRD 1982
16 mm, Lichtton, Farbe, 97 min
s. Video
EMZ 7; Imbild; LBS 7, 8; LFD 2, 4, 6; Pentagramma

Der Chemiker Michael Brandt hat allen Grund, seine Reise nach Australien als Privatmann getarnt anzutreten. Er fährt nämlich im Auftrag eines internationalen Chemiekonzerns, der dort in Europa und den USA verbotene Pflanzenschutzmittel produzieren will.
Brandt ist mit dem Ankauf eines entsprechenden Grundstücks beauftragt. Doch schon bald nach seiner Ankunft gerät er in eine gefährliche Falle. In seinem Haus schlagen ihn drei Männer brutal zusammen. Als er mit der Stewardess Elaine eine Stadtrundfahrt unternimmt, treffen sie auch deren Bruder, und Brandt glaubt, in ihm einen der Schläger zu erkennen. Der macht dem Deutschen anhand der Industrielandschaften unverblümt klar, daß Australien nicht zur »Giftküche« werden soll. Als Michael und Elaine das in Aussicht genommene Gelände aufsuchen, geraten sie in Lebensgefahr. Beunruhigt durch diese Vorgänge drängt Brandt seine Firma zum Abschluß eines Kaufvertrages. Zu seiner Überraschung überbringt seine geschiedene Frau das Geld - allerdings zu spät. Auf der Suche nach einem weiteren Grundstück geraten sie erneut in die Falle eines anonymen Gegners. Sie werden wiederum gerettet, und Brandt sagt sich nun endgültig von seinem Auftrag los. (Imbild)
Zusatzmaterial: Rainer Erler, Das schöne Ende dieser Welt, Buch zum Film, 226 Seiten, 1984
allg. Publikum

Ökomedia-Bewertung: wirksam

Information	Realisation	Motivation
	2,6 Punkte	2,6 Punkte

Bißchen arg konstruiert und überzeichnet, aber schon spannend nach Rainer Erlers bekannter Krimi-Art.

Das schöne Land **F 427**
Trickfilm
Boschet, Michel, Frankreich 1973
16 mm, Farbe, 13 min
KMZ 16, 18, 19, 22; LBS 10, LFD 2, 6, 7

Der Film behandelt das gestörte Verhältnis des Menschen zur Welt und zu seiner eigenen Natur, wobei beides in enger Beziehung gesehen wird. Einem Mann gelingt in großer Mühe die Flucht aus einer hochtechnisierten Ruinenlandschaft. In einer Art Phantasie angelangt, hat er Schwierigkeiten mit dem paradiesischen Leben. Während die Frau offenbar darin glücklich ist, hat er selbst keine Ruhe, bis das Verhängnis von neuem beginnt, indem er Bäume fällt und Tiere züchtet. Ein Film, der eine vielschichtige Problematik anspricht. (KMZ 19)
allg. Publikum

Schrott **F 428**
HFF / Rajmann, Matthias, BRD 1990
16 mm, Lichtton, s/w, 7 min
HFF

Auf einem Schrottplatz wird Alteisen angeliefert und zu chargierfähigem Material verarbeitet. In einer Art Collage montierte Sequenzen sollen den Umgang mit Material und dessen Ausbeutung für unsere Industrie, die brutale Vergewaltigung des an sich harten, starken Elementes Metall durch die noch stärkeren und härteren von Menschen errichteten und bedienten Maschinen als eine mögliche Sichtweise vorführen. (Rajmann)
allg. Publikum

Ökomedia-Bewertung: wirksam

Information	Realisation	Motivation
	3,0 Punkte	2,7 Punkte

Ein kunstvoll-künstlicher Kurzfilm, man muß es mögen. Eher für ein Publikum, das Lust an der Form hat. Schon sehenswert.

Schützt die Greifvögel **F 429**
Latzke, Horst, BRD 1980
16 mm, Lichtton, Farbe, 14 min
FWU; LBS 1-14

Der Film stellt die Reichhaltigkeit der Greifvogelfauna vor, die unterschiedliche Erscheinung der einzelnen Arten, ihre Gefährdungsursachen, erforderliche Schutzmaßnahmen sowie die Probleme, die einzelne Arten schaffen. Er soll dem Verständnis biologischer und ökologischer Zusammenhänge dienen und damit einen Beitrag zum Schutz der Artenvielfalt der Natur leisten. (FWU)
ab 5. Klasse, Tierschutzgruppen

Schwarzer Regen **F 430**
(Kuroi Ame)
Spielfilm
Imamura, Shohei, Japan 1988
16 mm, Lichtton, 35 mm, Farbe, 123 min
s. Video
BJF; Concorde (35 mm); EZEF; EMZ 12

Hiroshima, 6. August 1945: Hiroshima ist das Ziel des ersten Atombombenabwurfs in der Geschichte der Menschheit. Aus Angst um ihre Verwandten macht sich Yasuka zusammen mit anderen in einem Boot auf den Weg nach Hiroshima. Plötzlich fallen dicke, ölige Tropfen vom Himmel. Schwarzer Regen. Die Tropfen verfärben Yasukas Bluse, ihre Gesicht, ihre Arme.
Fünf Jahre später. Ein Dorf in ländlicher Idylle. Das Mädchen Yasuko und ihre Pflegeeltern haben die Katastrophe

überlebt. Aber sie wissen, daß sie an den Folgen des Schwarzen Regens sterben werden. (atlas)
Ein Film, der an die Katastrophe und die grausamen Folgen des 1. Atombombenabwurfs erinnert, ein Film gegen das Vergessen. (Spielfilmliste)
allg. Publikum, Friedensgruppen

Ökomedia-Bewertung: wirksam

Information	Realisation	Motivation
	3,1 Punkte	3,1 Punkte

Die Inszenierung des Grauens und des Leids nach dem Atomschlag ist immer schwierig - es gibt viele Filmbeispiele, die dies belegen. Es bleibt die Frage - so auch hier - ob das »echte« Leid nicht doch »echter« wäre, als das Spielfilm-Leid. Trotzdem ein wichtiger japanischer Beitrag zum Hiroshima-Thema.

Der Schwarzwald **F 431**
Lazi, Franz, BRD 1991
16 mm, Lichtton, Farbe, 15 min
KMZ 6, 10

Der Film stellt die Vielfalt der Natur und Kultur in dieser deutschen Mittelgebirgslandschaft vor. Wichtige Industriezweige sind hier angesiedelt. Die Haupteinnahmequelle in dieser Region stellt der Fremdenverkehr dar, der jedoch auch negative Auswirkungen mit sich bringt. (KMZ 10)
ab 10 Jahren

Schweigende Safari
* Elefant
* Gepard
* Giraffe
* Löwe
* Zebra

s. Video: Schweigende Safari

Sechs Minuten vor zwölf **F 432**
BRD 1971
16 mm, Farbe, 45 min
DFZ; LBS 10; LFD 1-9

»Umweltverschmutzung ist das Problem Nr. 1 des neuen Jahrzehnts« (Nixon am 1.1.70). Die Qualität unserer Umwelt verschlechtert sich in einem noch nicht dagewesenen Maße. Luft und Wasser sind gefährdet. Über 200 verschiedene Abgasarten werden an die Luft abgegeben. Der Smog macht die Menschen krank. Die selbstreinigende Kraft der Flüsse und Binnengewässer wurde gebrochen. Wir brauchen eine völlig neue Einstellung zu unserer Umwelt. Jeder muß begreifen, wie eng sein Leben mit der Umwelt verbunden ist. (LFD 1)
allg. Publikum

Ein See kippt um **F 433**
WfW-Film, BRD 1989
16 mm, Lichtton, Farbe, 18 min
LBS 1, 4, 7, 11

Real- und Trickaufnahmen erklären die Abhängigkeit des natürlichen Wasserlebens von der Sauerstoff- und Nährstoffversorgung. Überdüngung - z.B. durch häusliche Abwässer - führt zum Umkippen des Sees. Gegenmaßnahmen werden kurz dargestellt. (LBS 1)
ab 8. Klasse

Seevögel von Galapagos **F 434**
Rüppell, Georg, BRD 1987
16 mm, Lichtton, Farbe, 17 min
FWU; LBS 1-10, 12, 14

Die ökologische Ausgangssituation auf den Galapagos-Inseln ist einmalig. Der Film zeigt die Flug- und Ernährungsweisen der dort heimischen Seevögel. Bei den wechselnden Ernährungsbedingungen haben die Seevögel, die weit ins Meer hinausfliegen und ihre Nahrung aus der Tiefsee erreichen können, einen

großen Besiedlungserfolg. Trickaufnahmen erläutern diesen Zusammenhang für einige Seevogelarten. Der Film eignet sich deshalb dazu, den ökologischen Zusammenhang darzustellen. (FWU, gekürzt)
Sekundarstufe I, Jugend- und Erwachsenenbildung

Ökomedia-Bewertung: wirksam

Information	Realisation	Motivation
3,0 Punkte	3,0 Punkte	3,0 Punkte

Ein informativer Film, der mit schönem Bildmaterial und guten Grafiken sein Thema veranschaulicht.

Sehnsucht nach Bitterfeld **F 435**
Freundner, Thomas; Höpfner, Ralf, BRD 1992
16 mm, Lichtton, Farbe, 98 min
s. Video
Freundner

Ein Film über das erste Jahr der deutschen Einheit in Bitterfeld. Es ist den Filmemachern gelungen, die Stadt und die regionalen Probleme aus der Perspektive der Bitterfelder zu zeigen. Ohne gesprochenen Kommentar, sondern durch die Kraft der Bilder und Erzählungen der Menschen ist ein eindringlicher Film entstanden, der zeigt, daß Bitterfeld als ökologisches Krisengebiet allein nicht ausreichend zu beschreiben ist. (Hamburger Filmbüro)
allg. Publikum

Señor Turista - Begegnung am Titicacasee **F 436**
Böhm, Gerlinde, BRD / Peru 1985
16 mm, Lichtton, Farbe, 86 min bzw. 59 min
FWU; LBS 1-14 (alle 59 min); KMZ 6, 7, 10; LFD 2; Verleih der Filmemacher (86 min)

Der Titicacasee in den Anden zwischen Peru und Bolivien ist der höchstgelegene schiffbare See der Welt. In der Bucht von Puno liegen die schwimmenden Schilfinseln der Urus, ein ganz besonders exotisches Reiseziel, das sich kaum einer der Peru-Touristen entgehen läßt. Bis zu 15 mal am Tag fallen hier Boote mit Touristen ein, Latein- und US-Amerikaner, Deutsche, Franzosen, Japaner... Sie fotografieren jeden Kochtopf und freuen sich, wenn ihnen die einheimischen Kinder »Alle meine Entchen« auf deutsch vorsingen.
Die einheimischen Indianer, die bei Tagesbeginn noch ganz gemächlich ihren verschiedenen Tätigkeiten nachgegangen waren, dem Fischfang, der Vogeljagd, der Essenszubereitung usw., sind mit der Ankunft des ersten Bootes wie umgewandelt: Das Lachen der Kinder erstirbt, und rundum wird gefeilscht. Erst mit der Abfahrt des letzten Bootes kehrt wieder Ruhe auf den Inseln ein.
Zwei Bootsstunden weiter liegt Taquile, eine fünf Kilometer lange karge Insel. Hier organisiert das indianische »Komitee für Tourismus« das Geschäft mit den Fremden. Die Kooperative regelt den Verkauf des Kunsthandwerks, die Reisenden werden ohne gefragt zu werden bei ihrer Ankunft auf die verschiedenen Hütten verteilt.
So zeigt der Film zwei sehr unterschiedliche indianische Gemeinschaften und geht der Frage nach, wie die Einheimischen den Tourismus mit ihrer Kultur und ihrer Tradition in Einklang bringen. (Verleih der Filmemacher, gekürzt)
allg. Publikum, Dritte-Welt-Gruppen

Ökomedia-Bewertung: wirksam

Information	Realisation	Motivation
3,0 Punkte	3,5 Punkte	3,5 Punkte

Ein subtil beobachtender Film ohne moralisierende Töne mit sehr schöner Kamera. Zum Thema »Tourismus und Dritte Welt« ein wirklich empfehlenswerter Film. Die 86-Minuten-Fassung hat allerdings Längen.

Septemberweizen **F 437**
Krieg, Peter, BRD 1980
16 mm, Farbe, 90 min
s. Video
BJF; Basis; EMZ 1-13; EZEF; KMZ 7, 13, 19; LBS 6-8, 13; LFD 1, 4, 7; LZNW

Septemberweizen ist ein Film über und gegen die Mythen, die sich um Weizen, Hunger und um die ranken, die damit umgehen. Josef von Ägypten ist die erste dieser mythischen Figuren um den Weizen. Seinen Ruf als Ernährer verdankt er im Grunde einer gutorganisierten Spekulation gigantischen Ausmaßes. Selbst in der Darstellung der Bibel ist unschwer erkennbar, daß Josef die Hungersnot, der er seinen Ruf verdankt, selbst erzeugte. Josef der Ernährer ist die einzige durchgehende Figur in Septemberweizen, und seine Legende, in den Kontext unserer Zeit gestellt, erweist sich im Laufe des Films als aktuelles Vorbild für viele moderne Josefs - Weizenhändler, Spekulanten, Politiker.
Septemberweizen ist ein Film über amerikanischen Weizen, der heute fast 50 Prozent des Weltmarktweizens ausmacht. Aber die Methoden sind international, die Auswirkungen global. Gleichzeitig ist Septemberweizen ein Film über Hunger - in den reichen Ländern der ersten Welt wie in den armen Ländern der Dritten Welt. Am Beispiel des Nahrungsmittels Weizen wird nach den Ursachen des Hungers geforscht, wird nach den Motiven gefragt, die Weizen zur Ware und zur Waffe, Menschen zu Opfern des Wohlstandes und Natur zum Feind werden lassen. Der Film ist in sieben voneinander unabhängige Kapitel eingeteilt, die vor allem Fragen stellen und Widersprüche aufzeigen: Winterweizen - Hybridwei-

zen - Kassaweizen - Papierweizen - Brotweizen - Blutweizen - Hungerweizen. (barfuss)
Septemberweizen erhielt 1981 den Adolf-Grimme-Preis in Gold

Ökomedia-Bewertung: besonders wirksam

Information	Realisation	Motivation
4,0 Punkte	4,0 Punkte	3,5 Punkte

Ein Klassiker der Filme zum Thema »Umwelt und Entwicklung«: Er besticht nicht nur durch seine künstlerische Qualität; Engagement und Informationsdichte machen ihn auch heute noch für die Bildungsarbeit besonders wertvoll.

Serengeti darf nicht sterben **F 438**
Bernhard und Michael Grzimek, BRD 1959
16 mm, Lichtton, 35 mm, Farbe, 84 min
AV-Film; Globus; Katholisches Filmwerk; Paikert

Ein Klassiker des Naturfilms, der sehr früh bereits auf die Bedrohtung der Natur und ihrer Artenvielfalt hinweist: Schauplatz des Films ist die Serengeti, ein in Tanzania gelegener Naturpark von der Größe Schleswig-Holsteins. Die Autoren des Films verfolgen die Wanderungsbewegungen der Tiere teilweise vom Flugzeug aus und zeigen in wunderschönen Bildern, wie die Tiere nach einer geheimnisvollen, noch nicht erforschten Ordnung wandern. (Kath. Filmdienst)
ab 12 Jahren

Ökomedia-Bewertung: besonders wirksam

Information	Realisation	Motivation
3,5 Punkte	4,0 Punkte	4,0 Punkte

Ein wundervoller Film, der immer wieder und immer noch besticht. Ein echter Klassiker.

Serengeti: Klima und Vegetation im Lebensrhythmus der Savannenlandschaft. Afrikas gefährdete Tierwelt **F 439**
Institut für Weltkunde (WBF), BRD 1976
16 mm, Lichtton, Farbe, 13 min
LBS 6, 9; WBF

Der Film zeigt, daß der Serengeti-Nationalpark keine ökologische Einheit ist. Er zeigt die Gesetze der Tierwanderung am Beispiel der Gnu-Antilopen: Das ökologische Gleichgewicht wird durch den Wechsel von Regen- und Trockenzeit und die Abhängigkeit der Pflanzenfresser vonUttergräsern und Wasserstellen und die daraus resultierende Wanderung riesiger Gnu-Herden live und an einer Karte verdeutlicht. Beschreibung der »Regenzeitweide« und der »Großen Fünf«: Löwe, Leopard, Kaffernbüffel, Elefant und Nashorn. Zu ihrem Instinktverhalten gehört es, auch den Menschen anzugreifen und zu töten, wenn sie sich von ihm bedroht fühlen. (WBF)
ab 5. Klasse

Das siebte Zeichen **F 440**
Schultz, Carl, USA 1987
16 mm, Lichtton, Farbe, 97 min
atlas

Sieben Zeichen - so steht es geschrieben - kündigen das Jüngste Gericht und das Ende der Menschheit an. Einige Katastrophen sind bereits eingetreten, bevor der mysteriöse Fremde als Untermieter bei dem jungen Ehepaar Quinn eine Bleibe findet. Abby Quinn ist mit der Geburt ihres Kindes beschäftigt, wird aber durch düstere Träume und Vorahnungen mit den sieben Plagen der Johannes-Apokalypse konfrontiert. Der düstere Fremde läßt sie verstehen, daß ihr und ihrem ungeborenen Kind eine Schlüsselrolle zukommt, wenn es eine Umkehr und damit eine Rettung der Menschheit geben soll. - Carl Schultz versteht es, aktuelle

Gegenwartsprobleme mit grundlegenden Mythen zu einem packenden Thriller zu verarbeiten. (atlas)
allg. Publikum

Sie zerstörten unsere Häuser und pflanzten Zuckerrohr **F 441**
(A classe que sobra)
Overbeck, Peter, Brasilien 1985
16 mm, Farbe, 35 min
EMZ 1-7, 10-14, 15; EZEF

Ein Bericht über brasilianische Tagelöhner. Auf dem gleichen Land, das sie früher für ihren eigenen Lebensunterhalt bebaut haben, stehen sie nun im Dienst von Konzernen, die riesige Zuckerrohrplantagen betreiben. Freiwillig sind sie natürlich nicht in die Abhängigkeit gegangen. Mit massivem Druck und Zwang wurde das Regierungsprogramm »Pro Alkohol« durchgesetzt: Es geht um das große Geschäft mit Treibstoff, gewonnen aus dem vergorenen und destillierten Zuckerrohr. Plantagenarbeiter und Bewohner der Elendsquartiere berichten über ihre Lage, ihre Pläne und Aktionen, die miserable Situation zu verbessern.

Silkwood **F 442**
Spielfilm
Nichols, Mike, USA 1983
16 mm, Lichtton, 35 mm, Farbe, 128 min
s. Video
atlas; LBS 8, 13; LFD 4

Die Chemiearbeiterin Karen Silkwood arbeitet in einer Fabrik, die Brennstäbe für Brüterreaktoren herstellt. Die Arbeiter sind über die Gefahren, denen sie im täglichen Umgang mit Plutonium ausgesetzt sind, nicht aufgeklärt - ihre Angst um den Arbeitsplatz ist größer als ihr Mut zu kämpferischem Heldentum. Silkwood beginnt mißtrauisch zu werden, als die Anfänge einer Plutoniumvergiftung sichtbar werden. Mit belastendem Material will sie einen Zeitungsreporter treffen. Auf dem Weg dorthin verunglückt sie tödlich.
Der Film stützt sich auf tatsächliche Vorfälle in einer US-Brennstabherstellerfirma in den 70er Jahren und zeigt die Verantwortungslosigkeit der gewinnorientierten Firmenbetreiber und die damit verbundene Hilflosigkeit der betroffenen Arbeiter. (atlas)
Zusatzmaterial: Karen Kohn: Wer tötete Karen Silkwood, Buch zum Film
ab 16 Jahren

Ökomedia-Bewertung: besonders wirksam

Information	Realisation	Motivation
	3,8 Punkte	4,0 Punkte

Berühmt gewordener, sehenswerter Spielfilm mit Meryl Streep in der Hauptrolle.

Singapore Connection **F 443**
(News - Bericht über eine Reise in eine strahlende Zukunft)
Pentagramma / Erler, Rainer, BRD 1985
35 mm, Lichtton, Farbe, 90 min
s. Video
Cinestar

Der Anruf kam zwei Stunden nach Mitternacht: David McGhee, ein junger britischer Reporter, meldet sich bei seiner Freundin Susan Galloway, atemlos und offenbar schockiert. Sein erstes Lebenszeichen seit sechs Wochen. Seine Nachricht ist ebenso kurz wie schockierend: Er hat Beweise für einen unglaublichen Skandal, der die ganze zivilisierte Welt erschüttern müsse. Er sei in Lebensgefahr und bräuchte Hilfe. Mehr ist in dieser Nacht nicht zu erfahren.
Nun macht sich Susan zusammen mit ihrer kleinen Tochter auf den Weg, ihren Freund zu suchen. Ihre Recherchen in Europa bleiben erfolglos. Als sie ihre Suche jedoch auf andere Erdteile ausdehnt, wird ihre Reise zum Alptraum. Zu einem

Horrortrip von Bedrohung, Verfolgung, Todesangst und Mord. Denn Susan ist dem bestgehütetsten Geheimnis einer militanten Macht auf die Spur gekommen - und das hat sehr viel mit Radioaktivität und Umweltbedrohung zu tun.
Rainer Erler legt Wert auf die Feststellung, »daß die in Buch und Film erwähnte fiktive Firma, die illegal abgebrannte Brenn-Elemente aus Kernkraftwerken in der Wüste Australiens endlagert, nichts mit der in Hanau ansässigen Firma zu tun hat, die legal abgebrannte Brenn-Elemente aus Kernkraftwerken in der Volksrepublik China - Wüste Gobi - endlagern will.« (atlas)
Buch zum Film erhältlich
allg. Publikum

Ökomedia-Bewertung: wirksam

Information	Realisation	Motivation
	3,5 Punkte	3,5 Punkte

Ein klassischer und spannender Thriller mit allen Tricks. Für einen Action-Film bietet er enorm viele Fakten über die internationale Atomwirtschaft. Leider fällt er am Schluß stark ins Klischeehafte ab.

Der Smaragdwald **F 444**
Borrman, John, Großbritannien 1985
35 mm, Farbe, 115 min
Neue Constantin

Die (authentische) Geschichte vom weißen Jungen, der im Amazonaswald verschollen ist und von Indianern aufgezogen wird, beginnt erst richtig, als er nach zehn Jahren wieder auf seinen Vater, einen Ingenieur, trifft. Er erkennt dadurch, daß die Welt der Weißen mit ihren Betonstädten und Planierraupen brutal, tot und zerstörerisch ist. John Boorman formuliert seine Kritik der vernichtenden kapitalistischen Expansion als Kinomärchen. Sein wirksamstes Mittel ist die Beschwörung einer harmonisch-mythischen Dschungelwelt.
allg. Publikum

Ökomedia-Bewertung: brauchbar

Information	Realisation	Motivation
	2,5 Punkte	2,5 Punkte

Klischees, Trivialität, Sex, Crime, Exotik, glückliche Wilde, Kriegsspiel mit Pfeil und Bogen und Maschinengewehre sind die entscheidenden Stichworte für diesen Spielfilm. Daß der Vater am Ende den Staudamm sprengt, sozusagen auf die Seite der guten Wilden überläuft, macht die Pointe der Geschichte aus. Das an sich wichtige Thema »Naturvolk contra Zivilisation« wird nur benutzt, um nach den Regeln des amerikanischen actionfilms eine spannende Story zu haben.

Söhne der Erde **F 445**
(Home)
Stevens, John C., USA 1973
16 mm, Lichtton, Farbe, 22 min
s. Video
BJF; EMZ 1-13; EZEF; FWU; KMZ 1-7, 8, 10-13, 15-21; LBS 1-14; LFD 2, 4, 7; LZNW

1855 warnte der Indianerhäuptling Seattle mit beschwörenden Worten vor der Vernichtung dessen, was man heute Umwelt nennt. Bilder aus dem heutigen Amerika lassen erkennen, wie sich seine prophetischen Worte erfüllt haben. (gep)
ab 14 Jahren

Der Soja-Komplex oder die phantastische Geschichte der eisernen Kuh **F 446**
Pater, Siegfried; Terpinc, Boris, BRD 1988
16 mm, Lichtton, Farbe, 60 min
Brot für die Welt; EMZ 2, 5, 6, 8, 12; EZEF; KMZ 5, 6, 10, 13; Verleih der Filmemacher

Die »Vaca Mecanica« (Eiserne Kuh) dient in Brasilien der Umwandlung von Überschuß-Soja in Milchersatz für die Armen. Der Film bedient sich der Eisernen Kuh

als Symbolfigur für Agrobusiness. Auch bei uns werden immer mehr Kühe in Eisen gelegt. Sie sind zu Milchmaschinen und bewegungslosen Fleischhaufen degradiert. Der Film zeigt auf, was die Agro- und Nahrungsmittelindustrie aus der »Wunderbohne« gemacht hat. Auch der Direktkonsum von Soja ist (leider) keine Alternative, um aus dem Dilemma von Armut und Überfluß herauszukommen. Soweit das Auge reicht - Soja, nichts als Soja. Mittlerweile sind rund ein Fünftel der Ackerfläche Brasiliens mit dieser eiweißhaltigen Bohnenpflanze besetzt. Mit Billig-Soja aus Brasilien werden bei uns Fleischberge und Milchseen produziert. Bis zu drei Kilo Soja bekommt ein Rind täglich in den Futtertrog. Opfer sind die Kleinbauern in Brasilien ebenso wie die in der EG, wo alle zweieinhalb Minuten ein Bauer seinen Arbeitsplatz verliert. In Brasilien verhungern die Menschen, weil die arbeitsintensive Nahrungsmittelproduktion verdrängt wird. Hinzu kommt die uferlose Umweltzerstörung, verursacht durch Soja-Monokulturen. (Verleih der Filmemacher)
allg. Publikum, Dritte-Welt- u. landwirtschaftl. Gruppen

Ökomedia-Bewertung: brauchbar

Information	Realisation	Motivation
2,5 Punkte	2,0 Punkte	2,0 Punkte

Eine recht langweilige Dokumentation über ein wichtiges Thema. Der Kommentar wirkt schleppend, manchmal schwer nachvollziehbar. Auch die Bilder sind von eher mäßiger Qualität.

Solarzellen - Strom aus Sonnenlicht **F 447**
FWU / EV-Filmproduktion / Kohl, Wolfgang, BRD 1990
16 mm, Lichtton, Farbe, 16 min
FWU; LBS 1, 8, 13

Eine Tricksequenz gibt Einblick in die atomare Struktur einer Siliziumsolarzelle und zeigt, wie bei Einstrahlung von Licht ein gerichteter Strom von Ladungsträgern zustande kommt. Die Vorstellung einer ganzen Palette photovoltaischer Systeme führt die vielfältigen Anwendungsmöglichkeiten von Solarzellen vor Augen. (FWU)

Ökomedia - Bewertung: brauchbar

Information	Realisation	Motivation
2,8 Punkte	2,1 Punkte	2,2 Punkte

Bißchen trockene, technische Erklärung von Solarzellen. Für speziell Interessierte ist der Betrag sicher informativ.

Der Sommer des Falken **F 448**
Agthe, Arend, BRD 1988
16 mm, Lichtton, 35 mm, Farbe, 104 min
atlas (16 und 35 mm); Cinekid; EMZ 2; Filmothek NW; KMZ 2, 6, 10, 13, 22; LBS 1, 2, 4, 7, 9; LFD 2, 4

Am Fuße der Gamskogelwand treffen vier Personen aus verschiedenen Welten aufeinander. Dort werden sie im Sommer, dem »Sommer des Falken«, in ein spannendes Abenteuer verwickelt: Da sind Marie, ein Mädchen, das in den Bergen lebt und einen Falken zum Freund hat, und Rick, ein junger Punker aus Berlin, der hier seine Ferien verbringt. Als komische Figur ein kauziger Taubenzüchter aus Bottrop, der mit einem Funkpeilgerät seine preisgekrönte Taube sucht, die jedoch längst ein Opfer des Falken geworden ist. Und zuletzt Marek Czerny, eine undurchsichtige Gestalt, die in dem verträumten Ort auftaucht und geradewegs den Horst des Falken ins Visier nimmt. Denn Czerny ist ein Gangster, der für 10.000 Dollar das Gelege des Falken erbeuten soll. Ein spannender Abenteuerfilm vor der Bergkulisse der Alpen. Über allem kreist der Falke, bis er von Czerny erlegt wird. Rick und Marie bieten dem

Eindringling Paroli und retten, wenn nicht den Falken, so doch sein Gelege. (atlas, gekürzt)
ab 10 Jahren

Ökomedia-Bewertung: besonders wirksam

Information	Realisation	Motivation
	3,8 Punkte	3,8 Punkte

Ein spannender Kinderfilm, der mit viel Witz inszeniert wurde und auch Erwachsenen Spaß macht. Die Bedrohung einzelner Tierarten, hier der Falken, wird den Kindern und Jugendlichen mit Hilfe einer fesselnden Geschichte nahegebracht. Drehbuch und Schauspielerleistung, Kameraführung und Regie sind stimmig, ein echtes Filmerlebnis.

Sonne der Hyänen **F 449**
(Le Soleil des Hyènes)
Ridha, Behi, Niederlande / Tunesien 1977
16 mm, Farbe, 100 min, OmU
atlas; BJF; Cine Terz; DFZ; EMZ 2, 6, 7, 10, 12, EZEF; Kath. Filmwerk; KMZ 6, 10; LBS 1, 4, 14; LFD 1-9

Der Film zeichnet den Weg eines nordafrikanischen Fischerdorfes nach, das schließlich zu einem Touristenzentrum wird. Im Mittelpunkt stehen drei Personen, die die alltäglichen Begebenheiten des Dorfes auf unterschiedliche Art und Weise repräsentieren: der Fischer Tahar, der ein eigenes Boot besitzt, der Dorfschmied Lamine, der in der französischen Armee in Syrien und Indochina Dienst getan hat und wegen seiner Erfahrung und Klugheit von den Dorfbewohnern verehrt wird, und Hai Ibrahim, der reichste Mann des Dorfes, dem Boot und Bauernhöfe gehören. Seine Interessen stimmen nicht mehr mit den Interessen der Dorfbewohner überein. Das Dorf lebte vor allem von einem ausgewogenen und traditionellen Handel, bis eines Tages ein deutscher Konzern auftaucht, um ein Touristenzentrum einzurichten. Das Projekt wird schnell realisiert, und das Dorf verändert sich mehr und mehr. Aus Fischern werden Bauarbeiter und aus dem Wochenmarkt werden kleine Läden. Als die Bauarbeiten beendet sind, stehen viele Dorfbewohner arbeitslos da. Die Frauen werden vom Strand vertrieben, der nun den Touristen vorbehalten ist. (EZEF)

Souvenir **F 450**
Degryse, Luc, Ungarn 1985
16 mm, Lichtton, sw, 10 min
s. Video
KMZ 6, 10; LZNW

Aus einer sonderbaren Stadt ziehen Pflanzen und Tiere jeglicher Art aus. Sie verlassen den menschlichen Siedlungsplatz, weil dieser seine Natürlichkeit verloren hat und ökologisch zerstört worden ist. Der lange Zug der Tiere und Pflanzen in die weit draußen liegende Natur bleibt ziellos. Bald werden sie von Stadtbewohnern in einem Bus eingeholt. Wie Touristen fotografieren diese die Flora und Fauna aus dem Fenster heraus. Ihre Versuche, damit wenigstens durch Bilder wiederzugewinnen, was durch menschliches Unvermögen, durch Gleichgültigkeit und falsch verstandenes Fortschrittsdenken verloren ging, schlagen fehl. Was sich im Sucher zeigt, verwandelt sich im Augenblick der Fotografie in einen weißen Fleck. (LZNW)
allg. Publikum

Ökomedia-Bewertung: wirksam

Information	Realisation	Motivation
	3,8 Punkte	3,2 Punkte

Ein surrealistischer Film, der zum Teil schwer verständlich ist. Seine künstlerische Qualität ist beeindruckend.

ENTSORGUNG (4 VORSCHLÄGE) MEHREN 5/90

Spaltprozesse Wackersdorf 001 F 451
Denkmal-Film / Strigel, Claus; Verhaag, Bertram, BRD 1987
35 mm und 16 mm, Lichtton, Farbe, 95 min
s. Video
atlas; BJF; EMZ 2, 4, 12; KMZ 8, 11, 12, 19-21; LBS 1, 8, 13, 14; LFD 2; LZNW; Verleih der Filmemacher

»Spaltprozesse« kennzeichnen das Leben in der Oberpfalz, Spaltprozesse voll ziehen sich unter den Menschen in der ländlichen Region um die geplante Wiederaufarbeitungsanlage (WAA): Ein Kind malt Demonstranten gegenüber von Polizisten, Molotowcocktails und Gasgranaten, schießende Hubschrauber über Natodrahtzaun. Ungewöhnliche Themen für Kinderzeichnungen. Seit der endgültige Standort am 4. Februar 1985 bekannt wurde, haben viele Oberpfälzer ihre gewohnten Bahnen verlassen.

Dieser Film eröffnet in seiner Kontinuität und Themenvielfalt einen tiefen Einblick in die landschaftliche und ökologische Zerstörung und schildert die mit dem Bau einer WAA verknüpften atompolitischen Absichten. Dabei zeigt er, wie die Bevölkerung durch radioaktive Strahlung belastet wird. Bei dieser Schilderung stehen die Menschen der Region in ihren persönlichen und politischen Veränderungsprozessen eindeutig im Vordergrund.
Ehemals staatstreue Bürger wandeln sich in zaghafte Radikale, Beamtinnen, Hausfrauen, Mütter zeigen ein politisches und gesellschaftliches Verantwortungsbewußtsein, das über ihre anfängliche Empörung weit hinausreicht. Männer in lokaler Honoratiorenposition scheuen weder offene Worte noch aktive Solidarität mit »Chaoten« bei CS-Gaseinsätzen am Zaun.
Eine ruhige Kameraeinstellung verdichtet die sachlichen und emotionalen Vorgänge um die WAA. Die poetischen Bilder schaffen eine nur Spielfilmen vergleichbare Identifikationsebene. (Verleih der Filmemacher, gekürzt)
Ausgezeichnet mit dem »Preis für die beste journalistische Leistung« sowie dem »Sonderpreis der Stadt Freiburg« auf der Ökomedia '87; »Bester Dokumentarfilm 1987« (epd-Film); »Preis der Deutschen Filmkritik«; »Dokumentarfilmpreis der Stadt München« - und viele andere Preise
allg. Publikum, Anti-Atom-Gruppen

Ökomedia-Bewertung: besonders wirksam

Information	Realisation	Motivation
3,3 Punkte	3,8 Punkte	4,0 Punkte

Ein lebendiges, sehr gutes Dokument des WAA-Widerstandes, überzeugend und echt.

Sparsame und rationelle Energieverwendung
* Abwärme als Energiequelle
* Energiebewußt bauen
* Energieeinsparung durch Recycling
* Energiesparende Heizsysteme
* Stop - wie fährt man heute
* Verluste bei der Energieumwandlung
* ... zum Beispiel Stromverbrauch, Energiesparen im Haushalt

Sperber und Habicht **F 452**
Institut für Weltkunde (WBF), BRD 1978
16 mm, Lichtton, Farbe, 13 min
LBS 1, 3, 4, 6, 9, 14; WBF

Der Film ist das Ergebnis einer fünfjährigen Feldbeobachtung und Verhaltensforschung. Er beinhaltet schwerpunktmäßige Beobachtungen an zwei Habichthorsten: Verhaltensweise des Sperbers - Brutzyklus - Gefährdung der Greifvögel. (LBS 3)
ab 5. Klasse

Spielen anderswo **F 453**
Osterried, Susanne; Strobel, Rolf, BRD / Tanzania 1978
16 mm Lichtton, Farbe, 20 min
BJF; EMZ 6, 8, 10, 12; EZEF; FWU; KJF; KMZ 3, 19; LBS 1-14; LFD 7

Das können sich Kinder im Kindergarten kaum vorstellen, wie man sehnsüchtig darauf wartet, daß die Erwachsenen etwas wegschmeißen, weil man sich aus dem »Müll« ein herrliches Spielzeug bauen kann. Aber der Gast aus Tanzania erzählt anschaulich davon, daß es in seiner Heimat gerade so ist und daß die Kinder dort oft mehr Spaß haben als die deutschen mit ihren vorgefertigten perfekten Spielsachen. (KJF)
für Kinder ab Vorschulalter

Sport und Naturschutz **F 454**
FWU / Latzke, Horst, BRD 1989
16 mm, Lichtton, Farbe, 16 min
FWU; LBS 1, 4-8, 10, 13, 14

Der Mensch hat das Bedürfnis, Sport in der freien Natur auszuüben. Dabei gerät er häufig in Konflikt mit den an den Naturschutz gestellten Anforderungen. Der Film zeigt diese Problematik am Beispiel einzelner Sportarten auf: Orientierungslauf, Reiten, Skilanglauf, alpiner Skilauf, Bergwandern, Mountainbike, Geländemotorrad, Segeln, Surfen, und Kanu. Er regt dazu an, nach Lösungen für ein ausgewogenes Miteinander von Sport und Naturschutz zu suchen. (FWU)

Ökomedia - Bewertung: brauchbar

Information	Realisation	Motivation
1,8 Punkte	1,8 Punkte	2,1 Punkte

Ziemlich langweiliger filmischer Appell, sich als Sportler in der Natur »naturgemäß« zu verhalten. Schlechte filmische Umsetzung: die Schäden werden viel zu wenig anschaulich.

Sport und Umwelt - am Beispiel Naturschutz **F 455**
16 mm, Lichtton, Farbe, 28 min
s. Video
DFZ; LBS 5, 8; LFD 1, 2, 4-7, 9

Der Film »Sport und Umwelt« zeigt neue Wege, wie Naturschützer und Sportler miteinander auskommen: Der Sportler hat ein elementares Interesse an einer intakten Umwelt, in einer verschmutzten Umwelt macht Sporttreiben keinen Sinn. Die Absicht des Films liegt darin, den Zuschauer auf von ihm oftmals unbewußt herbeigeführte Schäden aufmerksam zu machen, die er durch ein unbekümmertes und fahrlässiges Verhalten beim Sporttreiben in der Natur herbeiführen kann. (LFD 1)
Sekundarstufe I und II

Ökomedia-Bewertung: wirksam

Information	Realisation	Motivation
3,0 Punkte	3,0 Punkte	3,0 Punkte

Ein instruktiver und anschaulich gemachter Film, den man zum Themenfeld »Sport und Umwelt« sehr empfehlen kann.

Sprache von Eisen und Feuer **F 456**
(Langage du Fer et du Feu)
Fathi Karrat, Tunesien 1988
16 mm, Farbe, 18 min
s. Video
Brot für die Welt; EMZ 6, 12; EZEF

Der tunesische Dokumentarfilm führt mitten hinein in das Leben und Treiben auf einem Markt von Zinnhandwerkern. Hier werden aus alten Schrotteilen neue Gebrauchsgegenstände hergestellt. Ölfässer werden recycelt zu Metallwannen, andere Metalle zu Schüsseln und Küchengeräten. Der Regisseur fängt die Atmosphäre von Eisen, Feuer und ohrenbetäubendem Lärm ein in Bildern, die einen sinnlichen Eindruck hervorrufen von einer Welt in einem Handwerk, das vom Aussterben bedroht ist: Plastikartikel verdrängen die Metallwaren zunehmend vom Markt, und ohne Kunden ist die Zukunft der Handwerker ungewiß. (EZEF)

Ökomedia-Bewertung: wirksam

Information	Realisation	Motivation
3,0 Punkte	3,2 Punkte	3,2 Punkte

Der Film zeigt am Beispiel alter Ölfässer sehr schön, wie die Weiterverarbeitung der Fässer in das Alltagsleben der Handwerker integriert ist.

Der Steinbock und sein Lebensraum **F 457**
FWU, BRD 1987
16 mm, Lichtton, Farbe, 13 min
FWU; LBS 1, 5, 8

Der Film zeigt die Anpassung des Steinwilds an das Hochgebirge, das Verhalten im sozialen Verband, die Pflege des Nachwuchses, Störungen der Lebensumwelt durch den Menschen, Möglichkeiten der Hege. Ergänzungen: Vom Leben der Murmeltiere und des Gamswildes in der Hochalpenregion. (LBS)
ab 12 Jahren

Der steinerne Fluß **F 458**
Spielfilm
Näter, Thorsten; Ziegler, Regina, BRD 1982
35 mm, Farbe, 91 min
Nickelodeon

Anna und Mario, zwei zwölfjährige Kinder, verpassen bei einem Schulausflug zu einer Autobahnbaustelle den Anschluß an ihre Klassen und verlaufen sich im Wald. Sie entdecken einen Mann, der allein mit seinen Tieren im Wald auf einem Gelände eines alten Bahnhofs lebt. Als sich herausstellt, daß die Existenz des Mannes - er ist ein ehemaliger Zauberkünstler - und die Natur um ihn durch einen Autobahnbau gefährdet ist, beschließen die Kinder ihm zu helfen. Doch zuhause gibt es einen großen Streit, denn Annas Vater, der selbst als Ingenieur am Bau einer Autobahn beteiligt ist, verweigert seine Hilfe. Die beiden Kinder reißen aus und irren durch die Stadt, bis sie schließlich den Weg zu Rudi, dem Mann im Wald, finden. Seine Zaubertricks bringen sie auf eine Idee, wie sie ihm vielleicht helfen können. (Nickelodeon)
ab 6 Jahren

Ökomedia-Bewertung: besonders wirksam

Information	Realisation	Motivation
	3,6 Punkte	3,6 Punkte

Ein sehr schöner, empfehlenswerter Kinderfilm.

Der Steinmarder **F 459**
Fuchs, Cheetah Renate; Stössel, Gerhard A., BRD 1990
16 mm, Lichtton, Farbe, 15 min
FWU; KMZ 6, 10; LBS 5, 8

Der Steinmarder wird in seiner natürlichen Umgebung beobachtet. Gehör-, Geruchs- und Gesichtssinn helfen ihm bei der Orientierung. In eindrucksvollen Aufnahmen sehen wir den Steinmarder bei der Beutejagd und der Aufzucht der Jungen. Es werden auch die natürlichen, bei uns noch vorkommenden Feinde der Steinmarder vorgestellt. Besonders faszinierende Nachtaufnahmen zeigen den Steinmarder als Kulturfolger. Er erobert immer mehr die Stadt als Lebensraum. Zum Ärger der Stadtbewohner nutzt er dabei die Motorräume des Autos als Schlupfwinkel und Spielzimmer. (FWU)

Ökomedia - Bewertung: wirksam

Information	Realisation	Motivation
2,6 Punkte	2,5 Punkte	2,6 Punkte

Ein Tierporträt durchschnittlicher Qualität.

Stirbt ein Stamm für einen Damm? **F 460**
Peitz, Marietta, BRD 1977
16 mm, Lichtton, Farbe, 28 min
EMZ 10, 12; KMZ 8, 19; LZNW

Ein filmisch formulierter Brief an den philippinischen Ministerpräsidenten Marcos, mit dem sich Bischof Claver gegen die von einem Staudamm ausgehende Bedrohung der Lebensbasis vieler Menschen in den Bergen Nordluzons wendet. Das Staudamm-Projekt im Tal des Chico-

Flusses wird das größte Asiens genannt. Von der Überflutung wird der seit altersher bewohnte Siedlungsraum zweier Minderheiten, der Bontok und der Kalinga, vernichtet. Reisterrassen und kunstvoll angelegte Gemüsegärten erlauben diesen Völkern auch in einer sonst unwirtlichen Bergregion zu überleben. Nun sollen beide Völker umgesiedelt werden. Aber es gibt kein Land und keinen akzeptablen Ersatz. Die Regierung versucht, mit Drohungen, Lügen und Erpressung den Menschen die Zustimmung zu ihrem eigenen Untergang abzuringen. Vor der Kamera beklagen sie das drohende Leid. Es ist, wie Bischof Claver sagt, der Todesschrei eines Volkes. (LZNW)
allg. Publikum, Dritte-Welt-Publikum

Die Stockente **F 461**
FWU / BRD 1990
16 mm, Lichtton, Farbe, 14 min
FWU; LBS 1, 5, 6, 8

1. Unterscheidung von Erpel und Weibchen; Körperbau, Anpassungen an den Lebensraum. 2. Nahrungssuche, Konkurrenzanschluß zur Reiherente. 3. Paarbildung, Kopulation, Gelege, Brut, Aufzucht der Jungtiere. Störungen beim Brutgeschäft. 4. Fortbewegung zu Wasser und an Land, Schwimmfüße. 5. Problem der Fütterung durch Menschen, Übervermehrung, ökologische Auswirkungen. (LBS 8)
ab 5. Klasse

Stop **F 462**
Trickfilm
Vardar Film, Jugoslawien 1975
16 mm, Lichtton, Farbe, 9 min
EMZ 13; FWU; KMZ 3; LBS 1-14

Der Trickfilm weist in vielen kurzen Sequenzen auf Gefahren hin, die die weitere Entwicklung der Menschheit bedrohen. Er ist gewissermaßen die Verfilmung der 6. Weltausstellung der Karikatur, die in Skopje (Jugoslawien) stattfand und auf der über 100 Karikaturisten aus aller Welt satirische Zeichnungen zum Thema »Stop« vorlegten. Der Film will zeigen, wo der Mensch »Halt« machen müsse, damit die Menschheit weiter vorankommt: Verstädterung, Umweltverschmutzung, Überbevölkerung, Rüstung. (FWU)
ab 8. Klasse

Stop - wie fährt man heute **F 463**
aus der Serie: Sparsame und rationelle Energieverwendung
FWU, BRD 1984
16 mm, Lichtton, Farbe, 18 min
s. Video
FWU; KMZ 6, 10; LBS 1-14

In drei kurzen Episoden behandelt der Film das Problem »Energiesparen« unter den Aspekten: Wahl des richtigen Verkehrsmittels, energiesparender Fahrstil und richtige Behandlung und Pflege des Kraftfahrzeugs. Der Film soll zur Dikussion darüber anregen, warum so viele Kraftfahrer entgegen besseren Wissens nach wie vor Benzin verschwenden. (FWU)
ab 10. Klasse

Ökomedia-Bewertung: wirksam

Information	Realisation	Motivation
3,5 Punkte	3,5 Punkte	3,2 Punkte

Didaktisch überzeugender, guter und übersichtlich in drei Abschnitte gegliederter Film. Der Schlußappell an die Verantwortung des einzelnen ist leider mißverständlich und kann demotivierend wirken, da Politik und Industrie aus ihrer Verantwortung entlassen werden.

Stormboy
s. Kinder des Sturms

Strahlende Zukunft **F 464**
Beyeler, Susanne; Sochynski, Andreas, BRD 1979
16 mm, Licht- und Magnetton, Farbe, 115 min
Basis; Stiftung deutsche Kinemathek

Der Film befaßt sich in umfassender Weise mit dem Thema Atomenergie. Sein Ziel ist es, die Gefahren aufzuzeigen, die mit ihrem Ausbau verbunden sind, und auf mögliche Alternativen hinzuweisen. Einmal kommen betroffene Einzelpersonen und Gruppen zu Wort. Dagegen werden Argumente und Haltungen von Befürwortern der Atomenergie aus Politik und Wirtschaft verdeutlicht. (DFFB)
allg. Publikum

Strahlenschutz **F 465**
aus der Serie: Kernfragen
Deutsches Atomforum / Proske, Rüdiger, BRD 1976
16 mm, Lichtton, Farbe, 15 min
Deutsches Atomforum; HEA; LBS 1, 4, 6, 7, 9, 10, 14; LFD 1, 2, 4, 7, 8

Funktionsweise von Kernkraftwerken, ihre Sicherheitseinrichtungen und die radioaktive Strahlung im Vergleich mit sonstigen Strahlenquellen (LBS 14)
ab 11. Klasse

Ökomedia-Bewertung: brauchbar

Information	Realisation	Motivation
2,0 Punkte	2,0 Punkte	1,0 Punkte

Völlig unkritischer Film, der die technischen Aspekte der Funktionsweise eines Kernkraftwerks erläutert. Die Aussage des Films lautet: Wir haben alles im Griff, das ist wissenschaftlich erwiesen.

Strahlung - Grundlagen, Messung, Wirkungen ionisierender Strahlen **F 466**
Informationskreis Kernenergie / Proske, Rüdiger, BRD 1987
16 mm, Lichtton, Farbe, 22 min
s. Video
Deutsches Atomforum; LBS 4; LFD 1, 2, 4, 5, 6, 9-13

Der Mensch ist ständig von radioaktiver Strahlung aus Natur, Medizin und Technik umgeben. Wo kommt diese Strahlung her und wie reagiert der menschliche Organismus darauf? Von den physikalischen Grundlagen bis zur medizinischen Wirkung beleuchtet der Film alle Facetten dieses Themas. (LFD 1)
allg. Publikum

Ökomedia-Bewertung: wirksam

Information	Realisation	Motivation
2,5 Punkte	3,0 Punkte	2,7 Punkte

Ein gut gemachter Pro-AKW-Film, der viele Informationen über Strahlung generell bietet. Er rollt das Thema raffiniert von der Seite der natürlichen Strahlung her auf und verharmlost Atomkraft.

Streitfall Babynahrung **F 467**
Heise, Wilrun, BRD 1982
16 mm, Farbe, 29 min
EMZ 2, 6, 10, 12; EZEF

Am Beispiel der Philippinen wird gezeigt, wie Baby-Nahrungs-Produzenten die Muttermilch immer mehr verdrängt haben. Der Film stellt die Frage, warum Mütter die teure Babynahrung dem eigenen Stillen vorziehen. Er zeigt, welche Folgen für die Kleinkinder, die z.T. mit völlig verdrecktem Wasser angerührte Milch nach sich zieht. Die Verbraucherorganisationen auf den Philippinen und in anderen Ländern der Dritten Welt verlangen von den Behörden konsequente Vorschriften zum Schutz der Säuglinge und zur Förderung des Stillens gemäß dem WHO-Kodex. Sie werfen den Konzernen vor, ihnen gehe der Profit über Gesundheit und Sicherheit der Kinder. (EZEF)
allg. Publikum, Dritte-Welt-Gruppen

Streuobst-Anbau **F 468**
Baumann, Karlheinz, BRD 1989
16 mm, Lichtton, Farbe, 14 min
AID; Baumann; LBS 7

Der Film zeigt den Lebensraum der Streuobstwiese mit all ihren Pflanzen und Tieren. Er macht deutlich, wie wichtig es ist, alte Bäume stehen zu lassen, wie wichtig auch, junge Bäume zu pflanzen. Die Kamera hat - ganz in der Tradition der Naturfilmer - die verschiedensten Blumen und Gräser, Insekten, Vögel und Fledermäuse eingefangen. (Ökomedia)
allg. Publikum, Naturschutz- und landwirtschaftl. Gruppen

Ökomedia-Bewertung: wirksam

Information	Realisation	Motivation
3,0 Punkte	2,8 Punkte	3,0 Punkte

Ein Film mit schönen Bildern, die die Bedeutung der Streuobstwiese belegen.

Strom aus der Sonne **F 469**
BRD 1992
16 mm, Lichtton, Farbe, 14 min
LISA

Die Sonne ist unsere wichtigste Energiequelle. In Trickaufnahmen wird der photovoltaische Effekt erklärt. In der Raumsonde »Helios« werden mit Solargeneratoren wissenschaftliche Geräte versorgt und die Meßdaten zur Erde gefunkt. Der Film zeigt im Trick, wie die einzelne Solarzelle funktioniert und Strahlungsenergie (Licht) direkt in elektrischen Strom umwandelt. Anwendungsbereiche für Solargeneratoren bieten die elektrizitätsarmen, aber sonnenreichen Länder der Dritten Welt. (LISA)
ab 8. Klasse

Strukturen in der Landwirtschaft **F 470**
FWU / Stromeyer, Helmuth, BRD 1988
16 mm, Lichtton, Farbe, 20 min
FWU; LBS 1-14

Mit Beispielen aus verschiedenen Gebieten der Bundesrepublik werden die Prozesse angesprochen, die das Bild des Bauern verändert haben: Zuerwerb, Mechanisierung, Flurbereinigung, Überschußproduktion, biologischer Landbau. (FWU)
Sekundarstufe I

Ökomedia-Bewertung: wirksam

Information	Realisation	Motivation
2,8 Punkte	2,7 Punkte	2,8 Punkte

Vor allem in der ersten Hälfte ein formal wenig attraktives Filmreferat. In der zweiten Hälfte jedoch steigert sich der Beitrag. Die Alternative zwischen Agro-Industrie und bäuerlicher Landwirtschaft wird gut gezeigt.

Das stumme Licht **F 471**
Weigert, Dedo, BRD 1977
16 mm, Lichtton, 18 min
EMZ 1-4, 8, 12, 13; FWU; KMZ 2, 3, 6, 8, 11-13, 16, 19, 20; LBS 1-14

Beschrieben werden die Folgen des Abwurfs der Atombombe über Hiroshima durch die USA im August 1945. Der erste Teil enthält Dokumentarmaterial und Augenzeugenberichte, im zweiten Teil wird das heutige, wieder aufgebaute Hiroshima gezeigt. (FWU)
allg. Publikum

Sudesha **F 472**
aus der Serie: As women see it
Dhanraj, Deepa, Indien 1983
16 mm, Farbe, 103 min
BJF; DFZ; EMZ 4, 6, 7, 10, 12; EZEF; LFD 1-13; KMZ 15, 21; LBS 9; LFD 1-12; LZNW

Sudesha erzählt die Geschichte einer Frau, die in einem Dorf im unteren Himalaya lebt. In dieser Gegend sind die Menschen für ihre täglichen Bedürfnisse an Brennholz, Futter und Wasser völlig auf den Wald angewiesen. Aber die Wälder wurden von mächtigen Holzhändlern zerstört. Mit dem Wald wurde die Lebensgrundlage der Menschen empfindlich verändert. Die Frauen dieser Region spielten eine aktive Rolle in der »Chipko-Bewegung«. Sudesha kam für ihren Protest ins Gefängnis (EZEF)
allg. Publikum, Dritte-Welt- und Frauengruppen

Ökomedia-Bewertung: wirksam

Information	Realisation	Motivation
3,0 Punkte	3,0 Punkte	3,0 Punkte

Ein engagierter Dokumentarfilm über den Alltag indischer Frauen im Kampf gegen dem Raubbau der Wälder. Im Zentrum jedoch steht die Frauenfrage in der Dritten Welt.

Ta Dona **F 473**
(Das Feuer)
Spielfilm
Drabo, Adama, Mali 1991
35 mm, Farbe, 100 min
Cine Terz

In seinem Debütfilm verbindet der Malier Adama Drabo mehrere Themen zu einem der spannendsten Filme Schwarzafrikas: Auf der einen Seite die behutsame Aufklärung über die Probleme der Brandrodung, die in Kultur und Tradition der Menschen tief verankert ist, weiterhin die Suche eines jungen Mannes nach einer vollkommenen Welt, die allen dienen soll. Sein mystischer Weg, den er beschreitet, verbindet den Reichtum der traditionellen Kultur mit der Moderne. Im Gegensatz dazu steht die autoritäre und korrupte regierende Oberschicht: Ihr repressiver Kampf gegen die Brandrodung erfolgt ohne jeden Respekt vor der Landbevölkerung.
Noch selten ist die Realität Afrikas so geschmeidig und bildstark umgesetzt worden, noch nie hat man im afrikanischen Kino so ausdrucksstarke, überzeugende Darsteller und Darstellerinnen gesehen. Der vielfach ausgezeichnete Film bricht zugleich mit vielen Konventionen westlicher Dramaturgie und öffnet sich am Schluß nach zwei Seiten, die gemeinhin als unvereinbar gelten: zum Magischen und zum Satirischen. So konfrontiert der Film die ideelle Kraft des ländlichen Lebens mit dem brüchigen Luxus der neuen Machthaber, die Stärke des alten Zaubers mit der politischen und materiellen Korruption, die ihrerseits auf tradierte Stammeshierarchien und europäische Muster verweist. (Trigon)

Ökomedia-Bewertung: wirksam

Information	Realisation	Motivation
	3,2 Punkte	3,3 Punkte

Interessanter Spielfilm, der Einblicke nicht nur in afrikanische Verhältnisse, sondern auch in die afrikanische Filmkultur gibt.

Tahoua **F 474**
Ein Entsorgungsmodell im Sahel
GTZ / Lingen, Michael von, BRD 1989
16 mm, Lichtton, Farbe, 20 min
s. Video
CRW; LFD 4

Probleme nigerianischer Mittelstädte: Abwasser und Müll. Arbeiten deutscher und nigerianischer Forstleute zur Entsorgung der Stadt. (LFD 4)
allg. Publikum

Ökomedia-Bewertung: wirksam

Information	Realisation	Motivation
3,0 Punkte	3,0 Punkte	3,0 Punkte

Anschaulicher, informativer Film über ein interessantes Entwicklungsprojekt im Sahel.

Talfahrt der Alpen **F 475**
WfW-Film, BRD 1989
16 mm, Lichtton, Farbe
AV-Film; LBS 1, 4, 7, 14

Der Film hat die geologischen und biologischen Probleme, die sich durch den Strukturwandel in den Alpen ergeben, zum Inhalt. Er zeigt die Folgen der Überweidung der Alpen, die Auswirkungen der Waldweide, die Schädigung und Veränderung durch den Sport und veranschaulicht, wie es zur Murenbildung kommt. Die Probleme des Schalenwildbestandes in Zusammenhang mit Tourismus werden aufgezeigt. (LBS 7)
ab 8. Klasse

Tausend Kraniche mußt Du falten **F 476**
Ein Film für die Kinder von Tschernobyl
Bauermeister, Thomas, BRD 1991
16 mm, Magnetton, Farbe, 86 min
s. Video
Nil Film

Sechs Jahre nach der größten Katastrophe der Menschheit in Friedenszeiten, der Reaktorkatastrophe von Tschernobyl, müssen über 5 Millionen Menschen noch immer in den radioaktiv verseuchten Gebieten leben. Der Staat, der sie jahrelang über das wahre Ausmaß belogen hat, steht am Rand des wirtschaftlichen Ruins und erklärt sich außerstande zu helfen.
Dramatisch ansteigende Krankheitsraten haben die Weltöffentlichkeit alarmiert: Schilddrüsenkrebs, Tschernobyl-Aids, Leukämie. Wieder einmal sind es die Kinder, die besonders zu leiden haben, mehr als 800.000 allein in der »Zone der ständigen radioaktiven Kontrolle« Belorußlands.
Im Verzicht auf Bilder des Schreckens stellt dieser Film in persönlichen Porträts das alltägliche Leben der Kinder dar, deren Zukunft mit einer niederschmetternden Hypothek belastet ist. Unterstützt aus Deutschland zeigt der Film den Kampf gegen den schleichenden Tod eines Volkes, gegen die Umwandlung ihrer Heimat in eine gigantische Leprastation. (Nil Film)
allg. Publikum, Anti-AKW-Gruppen

Ökomedia-Bewertung: wirksam

Information	Realisation	Motivation
3,2 Punkte	3,0 Punkte	3,5 Punkte

Guter, unspektakulärer, trauriger Tschernobyl-Film, hauptsächlich über die Lebenssituation der Kinder in den verstrahlten Gegenden und die Verzweiflung ihrer Eltern.

Der Teich im Park - ein labiles Ökosystem **F 477**
(Stadtparkteich)
J.G. Wolf Studio, BRD 1989
16 mm, Lichtton, Farbe, 13 min
FWU; LBS 1, 4, 5, 7, 8, 10, 13, 14

Der typische Parkteich dient als Naherholungsraum und unterscheidet sich deshalb in seiner gesamten Anlage von naturnahen Gewässern. Im Sommer kommt es im Parkteich häufig zu Massenvermehrungen von Planktonalgen, zur »Wasserblüte« - sichtbares Anzeichen für die Störung des ökologischen Gleichgewichts. Der Vergleich mit einem Teich in einer Feldflur - dessen Wasser klar ist - zeigt den Zusammenhang zwischen nährstoffreichem Wasser, Phyto-/Zooplankton und Fischbesatz. (FWU)

Ökomedia - Bewertung: brauchbar

Information	Realisation	Motivation
2,3 Punkte	2 Punkte	1,6 Punkte

Ein ziemlich langweiliger Beitrag mit unklaren Aussagen. Der rein deskriptive Kommentar ist nicht gerade motivierend.

Tempel der Zeit **F 478**
(Temples of Times)
Canning, William, Kanada 1973
16 mm, Lichtton, Farbe, 27 min
Imbild

Der anspruchsvoll gestaltete Film zeigt in einer Fülle von Einstellungen, variierend im Rhythmus, Impressionen kreatürlichen Lebens mit all seinen Schönheiten, vermittelt aber auch dessen natürlichen Kreislauf von Leben und Tod. Wesentlichen Anteil am Stimmungsgehalt des Werkes hat die getragene, oft verfremdete Musik.
Die Weite der kanadischen Rocky Mountains. Vor einem Morgenhimmel ein Möwenschwarm. Eine weite Bucht. Im Gegenlicht ein gewaltiges Gebirgsmassiv. In Wäldern, auf weitem Brachland, der ganze Reichtum kanadischer Tierwelt. Eine Frau, die sich sonnt. Der Mensch harmoniert hier mit der Natur, stört nicht, ist nicht Feind. Bilder und Musik sprechen ganz für sich selbst und mahnen, die Reservate reiner Natur zu erhalten. (Imbild)
allg. Publikum

Tenside - Grenzflächenaktive Stoffe **F 479**
FWU / Henkel / Huschert Realfilm / Leonaris-Film, BRD 1989
16 mm, Lichtton, Farbe, 16 min
FWU; LBS 1, 5, 8, 13, 14

Am Beispiel der Seife erläutert der Film den Aufbau und die Wirkungsweise grenzflächenaktiver Stoffe. Nachteile der Seifen führten zur Entwicklung moderner Tenside. Anhand weiterer Realfilmteile und im Zeichentrick werden Vertreter der drei wichtigsten Tensidklassen exemplarisch vorgestellt. Außerdem wird der Unterschied zwischen harten und weichen Tensiden anhand der biologischen Abbaubarkeit verdeutlicht. (FWU)

Ökomedia - Bewertung: brauchbar

Information	Realisation	Motivation
2,2 Punkte	2,3 Punkte	3,3 Punkte

Die Geschichte der Seife ist recht interessant, dann folgt die moderne Entwicklung von Tensiden, die biologisch abbaubar sein sollen. Es fehlen wichtige ökologische Informationen.

Teufelsmoor **F 480**
Beschreibung einer Landschaft
Kuball, Michael; Behrens, A., BRD 1982
16 mm, Magnetton, Farbe, 44 min
s. Video
Basis; EMZ 12; LBS 4, 6

Eine Kameraexpedition in die Restflächen zwischen den Asphaltbändern der Landstraßen. Ein Film, in dem es keinen Kommentar gibt und keine Musik, keine Erklärungen und keine Verklärungen. Die

Kamera nimmt den Beobachter mit in die Bilder, in die Geräusche, in das Licht dieser Landschaft hinein. In die stummen Gesichter der Menschen, die hier leben und arbeiten. Ein Dokumentarfilm, der bewußt zu den Anfängen der Filmgeschichte zurückkehrt: Ruhige, statische Bilder, der Film als ein fotografisches Medium. (Basis)
allg. Publikum

Ökomedia-Bewertung: besonders wirksam

Information	Realisation	Motivation
	3,8 Punkte	3,8 Punkte

Ein wunderschöner, stiller und sinnlicher Film, eine Liebeserklärung an das Teufelsmoor.

The Atomic Cafe
s. Atomic Cafe

The Olympic Elk
s. Der majestätische Elch

The Tree of Life
s. Der Baum des Lebens

Tiere aus dem südamerikanischen Urwald **F 481**
Walt Disney, USA 1960
16 mm, Lichtton, Farbe, 26 min
LFD 4

Der Film zeigt die Tiere im Regenwald des Amazonas-Gebietes. (LFD 4)
allg. Publikum

Ökomedia-Bewertung: wirksam

Information	Realisation	Motivation
2,7 Punkte	3,3 Punkte	3,5 Punkte

Ein Naturfilm von sprichwörtlicher Disney-Qualität: Natur als Unterhaltung, es wird spannend erzählt und in Szene gesetzt. Z.T. ist der Film sehr witzig, unterstützt durch den Einsatz von Musik. Und wie immer mit faszinierendem Bildmaterial.

Tiere in der Agrarlandschaft **F 482**
Sielmann, Heinz, BRD 1973
16 mm, Lichtton, Farbe, 16 min
FWU; LBS 1-14

Der Realfilm zeigt innerhalb der vom Menschen gestalteten Agrar- und Produktionslandschaft verschiedene Tierarten und ihre Anpassung an das veränderte Biotop. Im einzelnen werden vorgestellt: Feldreh und Feldhase, Jagdfasan, Rebhuhn, Wachtel, Kiebitz und Feldlerche als Beispiel für Arten in demselben Raum (ökologische Nische); Lachmöve als Kulturnachfolger; Raub- und Rotrückenwürger als Beispiele für geschädigte Arten; Hamster und Iltis (natürliche Auslese). Besonders angesprochen wird die Frage der Schädigung der Nachkommen und die Bedeutung von Jagd und Hege (angelegte Jungtiere, Vogelnest bei Bodenbrütern), die letzte besonders während der Wintermonate. (FWU)
ab 7. Klasse

Tiere in unserem Wald **F 483**
WBF, BRD 1988
16 mm, Lichtton, Farbe, 14 min
LBS 7; WBF

Der Film stellt Säugetiere und Vögel des Waldes in ihren elementaren Beziehungen zu ihrem Lebensraum vor: Wald als Speisekammer, Kinderstube und Wohnraum für Tiere. Im Schlußteil zeigt der Film Waldtiere, die in unseren Wäldern ihren Lebensraum bereits verloren haben: Wisent, Bär, Wolf, Luchs. (WBF)
ab 2. Klasse

Ökomedia-Bewertung: wirksam

Information	Realisation	Motivation
3,0 Punkte	3,0 Punkte	3,0 Punkte

Guter Naturfim für Kinder mit schönen Tierbildern und ruhigem, angenehm erzählendem Kommentar.

Tiere der Wüste **F 484**
Walt Disney, USA
16 mm, Lichtton, Farbe, 23 min
AV-Film; LFD 4

Der Film zeigt Tiere der amerikanischen Wüste und ihre Anpassung an die Umwelt. (LFD 4)
allg. Publikum

Der Tierfilm **F 485**
Alaux, Myriam; Schonfeld, Victor, GB 1982
16 mm, Lichtton, Farbe, 136 min
s. Video
Verleih der Filmemacher

»Der Tierfilm« ist der erste Film, der die Massenausbeutung der Tiere in unserer Gesellschaft untersucht - ihre Ausschlachtung in Labors der Kosmetik- und Arzneimittelindustrie, der medizinischen Fakultäten, der Verhaltensforscher und der Militärs.
»Der Tierfilm« ist mehr als eine Ansammlung von Grausamkeiten. Er will provozieren. Er will uns durcheinanderbringen in unserer Haltung Tieren gegenüber. Er will Alternativen anbieten und zu Veränderungen anregen.
»Der Tierfilm« dokumentiert, wie sich Menschen gegen die Tierausbeutung stellen. Er stellt die wachsende Bewegung der »Animal Liberation«, also die Tierbefreiungs-Bewegung, zur Diskussion.
»Der Tierfilm« ist ein kompromißloser Angriff auf das Wissenschafts-Establishment, das Tiere wie leblose Dinge benutzt, quält, verzweckt und foltert - und das auch für militärische Zwecke. Der Film enthält bisher unveröffentlichtes Filmmaterial über Atomwaffentests. Er untersucht in teils heimlich aufgenommenen Bildern und Interviews auch die Rolle der multinationalen Pharma-Unternehmen.
»Der Tierfilm« ist eine vernichtende Kritik an der modernen Landwirtschaft und Massentierhaltung. Er zeigt das traurige Leben und schnelle Sterben der Tiere, zeigt, wie die Wissenschaft die Kreatur nur noch als Produktionshindernis betrachtet und in das gewinnorientierte Massenverkaufssystem hineinzüchtet. Fleischernährung und Massenkonsumgesellschaft wird damit grundsätzlich in Frage gestellt.

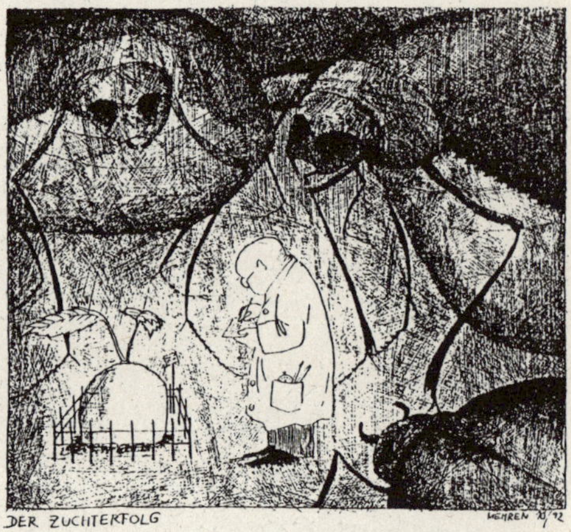

»Der Tierfilm« führt uns vor Augen, wie weit wir uns schon von der Natur entfernt haben, wie sehr wir den Respekt vor ihr verloren haben. Unsere Kinder kennen Hühner und Küken nur aus dem Kühlschrank. Gleichzeitig müssen Tiere für Kosmetik, Kleidung und Medikamente, für unzählige Produkte unseres Alltags sterben. (Verleih der Filmemacher)
Das Monster in diesem Film ist der Mensch. Und der Horror ist die Rücksichtslosigkeit unserer Generation, mit der sie das Gleichgewicht und die vernetzten Beziehungen unserer Natur zerstört. Ein außergewöhnliches, ein erschreckendes Dokument. Viel wurde heimlich gedreht, weil die, die Vivisektion betreiben, zu einer pathologischen Ge-

heimhaltung neigen. Der Punkt, der uns immer wieder vor Augen gehalten wird, ist der, daß Tiere für Profit leiden müssen. Es ist ein Film, den man gesehen haben sollte. (The Times)
allg. Publikum, Tierschutzgruppen

Ökomedia-Bewertung: besonders wirksam

Information	Realisation	Motivation
3,7 Punkte	3,3 Punkte	3,7 Punkte

Man braucht starke Nerven für diesen Film: grausame Szenen von Tierversuchen und Massentierhaltung werden gezeigt. Ein hervorragend recherchierter Film, wohl der umfassendste zu dieser Thematik.

Tiznao **F 486**
Spielfilm
Cassuto de Bonnet, Dominique; Bonnet, Salvador, Venezuela 1983
35 mm, Farbe, 90 min
Freunde der deutschen Kinemathek

In ihrem ersten Spielfilm beschreiben die Autoren mit großer Sensibilität die Atmosphäre des Dorfes San Franzisco de Tiznao. Das Dorf stirbt langsam vor sich hin, seine Bewohner, meist alte Leute, müssen es verlassen, weil es in den Fluten eines neuen Staudammes versinken wird. Die Jugend ist längst aus dieser Gegend ausgewandert. Nur ein kleines Mädchen ist bei seiner Großmutter geblieben und belebt nun, während alles zerfällt, eine alte Puppentradition von neuem. Das Lamento der Alten, die am Ende ihres Lebens noch einmal entwurzelt werden, mischt sich mit dem rüden Ton eines Mannes, der die Entschädigung für ihre Behausungen taxiert. (Freunde der deutschen Kinemathek)
allg. Publikum, Dritte-Welt-Gruppen

Tod durch Entwässerung **F 487**
aus der Serie: Lebensraum in Gefahr
Kubiak, Theo, BRD 1979
16 mm, Lichtton, Farbe, 45 min
Kubiak; LBS 4

Natürliche Wiesenbäche sind selten geworden. Urwüchsige Flüsse gibt es kaum noch. Tümpel und Teiche werden zugeschüttet oder trockengelegt. Seen werden vergiftet. Aber noch gibt es sie: Wildteiche. Nur, wir müssen sie schützen. Der Film zeigt nicht nur die Belastung und Vergiftung der Gewässer auf, er behandelt auch die Wichtigkeit von schlichten Feuchtgebieten und zeigt, wie man Gewässer retten kann. Dazu die reichhaltige Tier- und Pflanzenwelt in einem gesunden Gewässer. (Kubiak)
allg. Publikum

Ökomedia-Bewertung: wirksam

Information	Realisation	Motivation
3,0 Punkte	3,0 Punkte	2,5 Punkte

Mit schönen Bildern dokumentiert der Film die Rekultivierung eines Feuchtgebietes. Ökologische Zusammenhänge werden nur sehr allgemein angesprochen.

Togo 1960 und heute - ein Vergleich **F 488**
BRD 1986
16 mm, Lichtton, Farbe, 2 x 18 min
WBF

Die beiden Filme stellen Merkmale des Entwicklungslandes sowie verschiedene Entwicklungsprojekte im räumlichen und zeitlichen Vergleich dar. Die Rolle von Tradition und Fortschritt wird schwerpunktmäßig in folgenden Bereichen gezeigt: Film I: Transport und Verkehr; Fischerei und Fleischversorgung; Bodenschätze und Industrie; Film II: 2 Entwicklungsprojekte; Handwerk und Kleinindustrie; Regenwald im Gleichgewicht;

Raubbau an der Natur; Glaube und Heilkunst. (WBF)
allg. Publikum, Dritte-Welt-Gruppen

Tomaten aus Kalifornien **F 489**
aus der Serie: Industrielle Landwirtschaft in den USA
FWU / Engstfeld, Axel, BRD 1990
16 mm, Lichtton, Farbe, 16 min
FWU; LBS 1, 5, 8

Der Film zeigt Erzeugung, Be- und Verarbeitung von Gemüse- und Industrietomaten im Kalifornischen Längstal. Im Mittelpunkt stehen industrialisierte Produktionsformen, deren Auswirkungen auf Menschen und die Rolle der Wissenschaft für die Tomatenproduktion. Am Beispiel eines Farmers, der insgesamt 4.400 Hektar bewirtschaftet, wird die mechanische Ernte von Industrietomaten dargestellt. Die Mechanisierung war nur möglich durch die Züchtung hartschaliger Tomaten. Sorte, Menge, Liefertermin und Preis sind mit der Verarbeitungsindustrie längst festgelegt. In einer nächsten Einstellung wird das Spritzen der Tomaten vom Hubschrauber aus mit den daraus resultierenden ökologischen Problemen gezeigt. Ein kurzer Rückblick zeigt die Entwicklung des mechanischen Vollernteertrags seit den fünfziger Jahren. (FWU)

Ökomedia - Bewertung: besonders wirksam

Information	Realisation	Motivation
3,8 Punkte	3,3 Punkte	3,5 Punkte

Der Wahnsinn industrieller Landwirtschaft wird sehr deutlich. Der Film ist informativ und engagiert.

Tongpan **F 490**
Spielfilm
Chantimathorn, Surachay, Thailand 1977
16 mm, sw, 60 min, OmU
EMZ 12; Verleih der Filmemacher

Tongpan ist einer von tausend armer Bauern in Isan, dem Nordosten Thailands. Ein Viertel der thailändischen Bevölkerung lebt hier unter dem Existenzminimum vom schlechten Reis, den die Menschen dem unfruchtbaren Boden abringen. Viele verlassen Isan und sind die Ärmsten der Armen in den Slums von Bangkok.
Ein Damm, der den Bauern reichlich Wasser, besseren Boden und gute Ernten versprach, zwang Tongpan seine Felder zu verlassen. Während der Trokkenzeit blieb jeder Tropfen Wasser im Staubecken, während der Regenzeit mußte der Überschuß abgelassen werden. Die Hochspannungsleitungen führten über sein Haus hinweg in die Hauptstadt Bangkok. (Verleih der Filmemacher)
allg. Publikum, Dritte-Welt-Gruppen

Ökomedia-Bewertung: wirksam

Information	Realisation	Motivation
	3,2 Punkte	3,2 Punkte

Sehr anschauliche Darstellung fehlgeleiter Entwicklung.

Trapper im Schnee **F 491**
1981
16 mm, Farbe, 18 min
LFD 2, 4, 5, 7-9

Im Laufe dreier Jahrhunderte wurden mehr als 300 Tierarten für immer ausgerottet. 600 anderen droht das gleiche Schicksal in den nächsten zehn Jahren. Weiß man, daß 24 Millionen Wildtiere jedes Jahr nur ihrer Felle wegen grausam verenden? Der Film zeigt das Leben von Tieren auf freier Wildbahn und dann die Gier der Menschen, sich ihrer Felle zu bemächtigen. Er prangert eine der wohl schrecklichsten Tierquälereien auf dieser Welt an: Die brutale Jagd nach Pelztieren mit Hilfe von Fallen und Fangeisen. Es ist ein Film, der harte Tatsachen zeigt, den man aber gesehen haben muß, um bereit

zu sein, alle Maßnahmen zum Schutz dieser Tiere zu unterstützen. (LFD 2)
allg. Publikum, Tierschutzgruppen

Traumwelt **F 492**
(Vysneny svet)
Deitch, Gene, CSSR 1971
16 mm, Lichtton, Farbe, 9 min
EMZ 4, 7, 11, 12; KMZ 6, 10, 12, 22; LBS 9, 13; LZNW

Zwei Jungen sitzen auf einem grünen Hügel inmitten einer rauchverpesteten Stadt und träumen von einer schönen sauberen Welt. In ihren Gedanken durcheilen sie das All und finden endlich den Platz ihrer Träume. Als sich schließlich auch die zu ihren Füßen liegende Stadt in Schönheit, Ruhe und Sauberkeit verwandelt, ist der Traum zu Ende. Alles zeigt sich wie zuvor, trist und öde. Der Film endet mit einem Ausspruch des amerikanischen Astronauten James Lowell (Apollo 8): »Wenn du in das Weltall kommst, begreifst du, daß auf diesem kleinen Planeten alles ist.« So lehrt die Geschichte des Films, daß es müßig ist, von fernen Welten und Paradiesen zu träumen. Besser ist es, mit Phantasie und Ausdauer alle Fähigkeiten einzusetzen, unsere Welt zu erhalten. (EMZ 12)
ab 14 Jahren

Traurige Ernte **F 493**
(Bitter Harvest)
Chechick, Michael, Kanada 1983
16 mm, Lichtton, Farbe, 35 min
atlas

Es geht um die Herausforderung des traditionellen Fangs von Seehundbabys, die im Normalfall zum Konsumenten-Statussymbol verwandelt werden. Mit Hilfe von Archiv-Materialien wird die Grausamkeit des Tötens von Seehundbabys gezeigt. Argumente von beiden Seiten kommen werden vorgebracht, als Greenpeace-Mitglieder die Seehundfänger auf dem Eis herausfordern. (atlas)
allg. Publikum, Tierschutzgruppen

Treibstoff vom Acker **F 494**
aus der Serie: Landwirtschaft 2000
NDR / Weitzel, Hans-Ernst, BRD 1978
16 mm, Licht- und Magnetton, Farbe, 29 min
s. Video
LFD 1; Weitzel

Der Film zeigt am Beispiel der Energieplantage »Zuckerrohr« in Brasilien - es könnten auch Maniok, Zuckerrüben oder Getreide sein -, wie sich große Mengen Alkohol, Elektrizität, Nahrung, Futter und Dünger gewinnen lassen, ohne dabei die Umwelt zu belasten. Das brasilianische Modell könnte nicht nur Millionen neuer Arbeitsplätze schaffen, sondern es kann auch dazu beitragen, die Wirtschaft wieder zu dezentralisieren und Devisen zu sparen. Diese Vorteile dürfen allerdings nicht dazu führen, daß die einheimische Bevölkerung mit Nahrungsmitteln unterversorgt wird. (Weitzel)
allg. Publikum, Dritte-Welt-Gruppen

Der tropische Regenwald: **F 495**
Natürliche Schatzkammer der Erde
Praxis Unterrichtsfilm / Hahn, Rainer, BRD 1989
16 mm, Lichtton, Farbe, 13 min
s. Video
LBS 7; 14; Praxis Unterrichtsfilm

Vom Flugzeug aus blickt der Beobachter auf das Blätterdach des tropischen Regenwalds im Amazonasgebiet. Der Landeanflug zeigt ausgedehnte Überschwemmungslandschaften im Bereich des Rio Negro. Eine Bootsfahrt gibt einen Einblick in den »Stockwerksbau« des Tropenwaldes und führt in den Überschwemmungsbereich mit seinen typischen pflanzlichen Ausprägungen. Es

werden einige Pflanzen und Tiere vorgestellt, die sich an die Umweltbedingungen dieses Lebensraumes optimal angepaßt haben. (Praxis Unterrichtsfilm)
ab 5. Klasse

Tropischer Regenwald: Ein Ökosystem in Zentralafrika **F 496**
FWU, BRD 1982
16 mm, Farbe, 20 min
FWU; LBS 1-14

Nach einem Flug über den tropischen Regenwald Zentralafrikas werden zunächst einige der Baumriesen mit Brettwurzeln und Laubschüttung gezeigt. Anschließend folgt ein Durchgang durch die verschiedenen Stockwerke von oben nach unten mit jeweils typischen Pflanzen und Tieren. Im Kampf um das Licht entwickeln sich verschiedene pflanzliche Anpassungsformen: Lianen, Spreizklimmer, Würger, Luftwurzeln, Epiphyten. Ameisen und Termiten sind nahezu allgegenwärtig. An Großsäugern sind im Film Waldelefant, Guereza-Affe, Schuppentier und Riesenwaldschwein zu sehen. Der Tagesablauf mit mittäglichem Gewitterregen ist in stimmungsvollen Bildern festgehalten. (FWU)
ab 7. Klasse

Tschernobyl - Die Schwelle I + II **F 497**
Sergijenko, Rollan, UdSSR 1988
16 mm, Lichtton, 35 mm, Farbe, Teil I: 50', Teil II: 44'
s. Video
EMZ 10, 12; FWU; LBS 1-5, 7-14; LFD 1, 2 (alle 16 mm)

Diese künstlerische Auseinandersetzung mit den Folgen der Reaktorkatastrophe ist ein leidenschaftlicher Aufruf wider das Vergessen. Überlebende gedenken derer, die sich ohne zu zögern opferten und damit verhinderten, daß große Teile Europas so unbewohnbar wurden wie Pripjat, der Hauptschauplatz des Films. Diese Siedlung für Angestellte des KKW Tschernobyl wurde zur Geisterstadt. Der Film klagt an: Behördenschlendrian und menschenverachtende Beschwichtigungsversuche angesichts der schleichenden Symptome der lautlosen Strahlenschäden. Die bedrückenden und erschütternden Bilder werden von aufrüttelnden Texten begleitet und zeigen, welche Sprengkraft die Havarie für die innenpolitische Veränderung in der Sowjetunion hatte. (FWU)

Ökomedia - Bewertung: wirksam

Information	Realisation	Motivation
3,7 Punkte	3 Punkte	3,5 Punkte

Ein großes, trauriges Dokument zur Tschernobyl-Katastrophe. Man braucht Zeit und Ruhe, sich auf diesen wichtigen Film einzulassen.

Turumba **F 498**
Spielfilm
Tahimik, Kidlat, Philippinen 1982
16 mm, Farbe, 90 min, OmU
BJF; EZEF; LFD 1

Kadu und seine Familie leben in Pakil, einem philippinischen Dorf. Sie verdienen ihren täglichen Lebensunterhalt durch selbstgefertigte Figuren aus Pappmaché, die sie beim Turumbafest verkaufen. Die Turumba ist eine jährlich siebenmal stattfindende Prozession zu Ehren der Mutter der sieben Schmerzen von Pakil, ein Fest mit einer 200jährigen Tradition. In die familiäre Idylle bricht eines Tages eine deutsche Einkäuferin: sie kauft alle vorhandenen Figuren und beschafft immer größere Aufträge aus Deutschland. Die Familie gelangt zu immer mehr Wohlstand. Zeit ist plötzlich Geld. Kadu erlebt und durchleidet die Veränderungen. Er ist aufgefordert, persönliche Entscheidungen zu treffen. (EZEF)
allg. Publikum, Dritte-Welt-Gruppen

Tu was - Müll **F 499**
BRD 1990
16 mm, Lichtton, Farbe, 15 min
LISA; LBS 6

Aus der Sicht des 15jährigen Joachim werden die gedankenlose Müllproduktion sowie deren ökologische und gesundheitliche Folgen geschildert. Eine Bürgerinitiative zeigt, daß jeder etwas für eine gesunde Umwelt tun muß. (LISA)
ab 8. Klasse

Tu was - **F 500**
Das gesunde Federmäppchen
BRD 1990
16 mm, Lichtton, Farbe, 15 min
LISA

Uli, der Ökorabe, bringt Caroline und Christian dazu, aus ihrem Federmäppchen ein umweltfreundlicheres zu machen: das Mäppchen aus Leder, die Buntstifte und Spitzer aus Holz, Kautschuk-Radiergummi, Füller zum Nachfüllen und keinen Tintenkiller. (LISA)
Grundschüler

Tu was - **F 501**
Der gesunde Schulranzen
BRD 1990
16 mm, Lichtton, Farbe, 10 min
s. Film
LISA

Uli, der Ökorabe, tauscht Carolines alten Plastikschulranzen gegen einen neuen aus Leder, mit Recycling-Heften und -Umschlägen, ohne Plastik für Schulfrühstück und Federmäppchen. (LISA)
Grundschüler

Tu was - **F 502**
Der Müllberg im Kindergarten
BRD 1990
16 mm, Lichtton, Farbe, 10 min
LISA

Uli, der Ökorabe, hilft Kindergartenkindern zur erleben, was eigentlich Müll ist: am Beispiel des Frühstücks. (LISA)
Vorschüler

Tu was - **F 503**
Müllvermeidung in der Schule
BRD 1990
16 mm, Lichtton, Farbe, 15 min
LISA

Am Gymnasium Wertingen wurde vor Jahren eine Recycling-AG gegründet, der es innerhalb von zwei Jahren gelang, den Schulmüll zu halbieren - durch die Einrichtung von Wertstoffsammelstellen, die »stählerne Milchkuh«, PE-Flaschen, durch fleißiges Informieren und Werben für Recycling und Müllvermeidung. (LISA)
ab 8. Klasse

Tu was - Wohin mit dem Dreck **F 504**
AG-Medien, BRD 1990
16 mm, Lichtton, Farbe, 15 min
LBS 1; LISA

Weder durch Müllverbrennung noch durch die Mülldeponie, nur mit Hilfe von Vermeidung und Wiederverwertung von Müll kann die Abfallflut bewältigt werden: wenn jeder einzelne dafür etwas tut. (LISA)
ab 8. Klasse

Überleben? **F 505**
Über die Wirkung der Atombombe
(A Guide to Armageddon)
Jackson, Mick, GB 1982
16 mm, Lichtton, Farbe, 30 min
EMZ 2, 4, 6, 10-13; Imbild; KMZ 1, 6, 8, 10-13; 19-21; LBS 1, 3-8, 11, 13, 14; LFD 1, 2, 4, 5, 7; LZNW

Der Film gibt Antworten auf die Fragen: Was passiert, wenn eine Megatonnenbombe eineinhalb Kilometer über der St. Pauls Katedrale in London explodiert. Welche Auswirkungen haben die Hitze-

und Lichtstrahlen, die Druckwelle, die radioaktive Strahlung? In welcher Entfernung werden die Menschen direkt betroffen sein? Was kann getan werden, um sich zu schützen? (LFD 1)
ab 12 Jahren

Ökomedia-Bewertung: wirksam

Information	Realisation	Motivation
3,3 Punkte	3,3 Punkte	3,6 Punkte

Schonungslose Darstellung der Folgen eines Atombombenabwurfs über London. Der Film zeigt, daß bei einem atomaren Angriff keine Hilfe möglich ist und alle angebotenen Schutzmaßnahmen eine Farce sind.

Umstellen - Alternativen im Landbau **F 506**
Bundesministerium f. Ernährung, Landwirtschaft u. Forsten / Kalden, Freimut, BRD 1987
16 mm, Lichtton, Farbe, 39 min
s. Video
AID; DFS; DFZ; Intermedia; LFD 1-9

Im Anschluß an eine kurze Betrachtung der gegenwärtigen Umweltverhältnisse und der Existenzsituation in der Landwirtschaft stellt der Film Methoden der »biologisch-dynamischen Wirtschaftsweise« und des »organisch-biologischen Land- und Gartenbaus« vor. Landwirte, die ihre Betriebe umgestellt haben, berichten über ihre Erfahrungen. (AID)
allg. Publikum, landwirtsch. Gruppen

Ökomedia-Bewertung: wirksam

Information	Realisation	Motivation
3,2 Punkte	2,5 Punkte	3,0 Punkte

Ein informativer und praxisorientierter Beitrag, der formal aber recht brav ist.

Umwelt **F 507**
Staatliche Akademie der bildenden Künste / Bayerl, Bettina, BRD
16 mm, Magnetton, Farbe, 7 min
A.K.A.; Verleih der Autoren

In sieben verschiedenen Einzelspots werden Umweltprobleme wie Verkehr, Luftverschmutzung, Pflanzenschutzmittel, Bebauung und Wasserverschmutzung angesprochen. Die Spots sind im Phasentrick gezeichnet und durch einen klatschenden Affen (real) verbunden. Der Film behandelt Umweltprobleme auf witzig ironische Art und ist vor allem eine Parodie auf die Engstirnigkeit und das Kurzzeitdenken so mancher »Hauptsache-wir-haben-Arbeit«-Bürgerchen.
allg. Publikum

Ökomedia-Bewertung: wirksam

Information	Realisation	Motivation
	3,5 Punkte	3,0 Punkte

Witziger Animationsfilm über die Zerstörung unserer Umwelt.

Umwelt schützen - Ressourcen schonen **F 508**
GTZ / Reitz, Jürgen, BRD 1989
16 mm, Farbe, 34 min
s. Video
CRW; LFD 1-6, 9

Unser Globus ist in Gefahr: Die Zerstörung der Umwelt und der natürlichen Ressourcen gefährden das Überleben der Menschen. Industrie- und Entwicklungsländer sind gleichermaßen betroffen, auch wenn Ursachen und Auswirkungen der Katastrophe unterschiedlich sind. Die Reichen der Erde leben in einer Schicksalsgemeinschaft mit den Armen. Weltweite Abhängigkeiten und die Not der Staaten des Südens haben verheerende Folgen. Es ist höchste Zeit umzudenken. (LFD 5)
allg. Publikum

Ökomedia-Bewertung: brauchbar

Information	Realisation	Motivation
2,2 Punkte	2,3 Punkte	2,1 Punkte

Alle Öko-Probleme der Dritten Welt werden emotionslos im Referatsstil heruntergenudelt. Dann folgen positive Beispiele aus verschiedensten Ländern dieser Erde, die - dank GTZ - verwirklicht werden konnten. Ein additiver Film ohne wirklichen Tiefgang.

Umwelt und Klima **F 509**
FWU / Studio Hamburg, BRD 1989
16 mm, Lichtton, Farbe, 18 min
s. Video
FWU; KMZ 1; LBS 1, 5-8, 10, 13, 14; LFD 2

Der Film zeigt, wie der Mensch durch seine Aktivitäten natürliche Stoffkreisläufe empfindlich stört und damit die Zusammensetzung der lebensnotwendigen Atmosphäre verändert. Dem natürlichen Treibhauseffekt wird dadurch ein anthropogener, d.h. vom Menschen verursachter Treibhauseffekt überlagert. Mögliche Folgen für Klima und Umwelt werden angedeutet. Zur Veranschaulichung schwieriger Zusammenhänge und Entwicklungen dienen neben eindrucksvollen Realaufnahmen auch mehrere Trickszenen. (FWU)
ab 8. Klasse

Ökomedia - Bewertung: wirksam

Information	Realisation	Motivation
3,1 Punkte	2,3 Punkte	3 Punkte

Informativer, etwas trockener Film mit sehr vielen Fakten.

Umwelt - Zur Gefährdung der Meere
* Juwelen und Paradiese des Meeres
* Leben im Meer - Anpassung und Bedrohung

Umweltschutz - Ein paar Beispiele - es geht auch anders **F 510**
Pharmatel-Film, BRD 1986
16 mm, Lichtton, Farbe, 30 min
s. Video
DFZ; LFD 1-5, 7-9

Beinahe täglich erfahren wir von Umweltkatastrophen überall in der Welt. Ölverschmutzte Meere, Chemikalien in den Flüssen, verpestete Luft. Tschernobyl hat halb Europa monatelang in Schrecken versetzt.
Trotzdem gibt es unendlich viele Möglichkeiten für jeden von uns, an der Erhaltung der Umwelt mitzuwirken. Und sei es nur in ganz kleinem Umfang im alltäglichen Geschehen. Hier setzt der Film an: Beim Einkauf von Konserven, beim Wegwerfen alter Medikamente, die eigentlich in den Sondermüll gehörten. Er will den Zuschauer dazu anregen, umweltbewußter zu denken und zu handeln. (LFD 9, gekürzt)
Sekundarstufe I und II, Jugend- u. Erwachsenenbildung

Ökomedia-Bewertung: wirksam

Information	Realisation	Motivation
3,0 Punkte	2,5 Punkte	2,5 Punkte

Zwar bietet der Film viele Informationen, doch von allem zu wenig. Ein Rundumschlag zu Lärm, Wasser, Müll, Medikamenten..., der den Zuschauer motivieren möchte, umweltbewußter zu handeln.

Umweltschutz - Fünf Variationen eines Themas **F 511**
BRD 1986
16 mm, Lichtton, Farbe, 15 min
LZNW

Der Film faßt fünf Kurzfilme zusammen, die Studenten der Staatlichen Akademie der Bildenden Künste in Stuttgart erstellt und im Rahmen eines Wettbewerbs eingereicht haben:
Teil 1 - Traumreisen (4 min): Bilder von Urlaubserwartungen, Urlaubszielen, Urlaubsorten und Freizeittätigkeiten jeglicher Art. Dazu Bilder zugebauter Landschaften, Zersiedelung und Massentourismus. Die Natur wird gestört und zerstört.

Teil 2 - Letzte Nachrichten (4 min): Abendnachrichten. Von zunehmender Umweltverschmutzung ist die Rede, von der wachsenden Bedrohung durch übergroße Ratten als Folge der total verschmutzten Landschaft. In gedankenloser Gleichgültigkeit wirft der Zuschauer dieser Nachrichten seinen Abfall zum Fenster hinaus - bis er schließlich eine Ratte in seinem Zimmer erblickt.
Teil 3 - Die grüne Lunge (2 min): Ein wunderschöner Baum auf einer bunten Wiese. Die Umgebung wirkt intakt. Doch durch eine Kamerafahrt in die Totale zeigt sich das Gegenteil: Riesige Häuserschluchten und dazwischen - wie verloren - die grüne Insel.
Teil 4 - Fliegenfalle (2 min): Ein Mensch wird von einer Fliege belästigt. Er versucht, sie mit Pestiziden aus einer Spraydose zu vernichten. Die Fliege weicht aus, der Mensch sprüht immer heftiger: Bis er schließlich selbst leblos am Boden liegt.
Teil 5 - Der Rauch der anderen (3 min): Im Kaffeehaus sitzen Menschen zusammen und diskutieren von Leben, Umwelt und Umweltschutz. Dabei wird geraucht und geraucht. Das Gerede geht weiter, das Rauchen auch. (LZNW, gekürzt)
allg. Publikum, Jugend- und Erwachsenenbildung

Ökomedia-Bewertung:

Fünf kurze Trickfilme unterschiedlicher Qualität. Keiner ist wirklich überzeugend, obwohl manche zumindest schön gezeichnet sind. Insgesamt eher durchschnittliche Arbeiten.

Und es ward Licht **F 512**
(Et la lumiere fut)
Spielfilm
Iosseliani, Otar, BRD / Großbritannien / Frankreich 1989
35mm, Farbe, 106 min
TiMe endfilm

Tief in einem geheimnisvollen Dschungel im Herzen Afrikas lebt ein glückliches Volk, dessen Tagesablauf geprägt ist vom geruhsamen Rhythmus uralter Traditionen. Begleitet vom Rhythmus des Tam-Tam stehen einige Männer am Strom und waschen Wäsche. Die alte Zauberin verpflanzt einen abgeschlagenen Kopf wieder auf den Körper zurück. Im Dorf entsteht Aufruhr, als eine Frau beschließt, ihren faulen Ehemann zu verlassen. Zu Füssen der mächtigen Bäume versammeln sich Frauen und Männer zum großen Palaver. Die Frau erhält einen anderen Ehemann. Das Leben geht weiter. Die jungen Mädchen werben um die jungen Männer und gehen wie eh und je auf die Jagd.
Eines Tages wird das Dorf von einem Lastwagen mit Waldarbeitern aufgescheucht. Zurück bleibt ein bunter Katalog mit Bildern der Errungenschaften der Zivilisation. Der Lastwagen kehrt zurück und ergießt eine Schar von Holzfällern über das Dorf. Von diesem Tag an hat sich das Leben im Dorf verändert. Es entsteht Streit um Besitz, und schließlich packen die Bewohner ihre Sachen. Frauen, Männer, Kinder, sie tragen Kummer in ihren Gesichtern, denn sie verlassen ihr Dorf, das kurz darauf in Flammen steht. Die Landvermesser freuen sich über die wilde Schönheit des Feuers. Die Dorfbewohner finden wir kurze Zeit später in der Stadt wieder. Sie verkaufen kleine Statuen, Kopien der allmächtigen Gottheit des zerstörten Dorfes. (endfilm)

Ökomedia-Bewertung: besonders wirksam

Information	Realisation	Motivation
	3,8 Punkte	3,9 Punkte

Wunderbarer Spielfilm mit phantastischen Elementen, eine wahre Freude zum Zuschauen.

... und hobeln alles gleich **F 513**
Reitz, Jürgen, BRD
16 mm, Magnetton, Farbe, 43 min
Hessische Landesforstschule; LBS 2, 3; LFD 4; Reitz

Der Film zeigt die »Sucht« des Menschen, in der Natur alles gleich zu machen und ihre Vielfalt in eine biologisch tote Landschaft zu verwandeln: Trabantenstädte mitten in landwirtschaftlich genutzte Gebiete »gepflanzt«, gewachsene, abwechslungsreich gegliederte Landschaft in monoton genutzte Ackerflächen umgewandelt, all dies führt zum Nachteil von Menschen, Tieren und Pflanzen. (LFD 4)
allg. Publikum

DER SÜSSE REGEN

Unkraut **F 514**
Trickfilm
Stellmach, Thomas, BRD 1990
16 mm, Lichtton, Farbe, 5 min
s. Video
EMZ 4; KFW; KMZ 5-7, 10, 20; LFD 13

Das Leben einer Schnecke auf einem winzigen Unkrautflecken inmitten grauer Steine. Was ihr wundersam und paradiesisch erscheint, ist Steinbauern Anlaß zu letzten Ausbesserungsarbeiten an einer riesigen Plattenfläche. (LFD 13)

Ökomedia-Bewertung: wirksam

Information	Realisation	Motivation
	3,5 Punkte	3,5 Punkte

Aussagekräftiger Trickfilm über eine Platten-Landschaft, in der alles niedergeplättet wird - auch die letzte Schnecke. Künstlerisch eindrucksvoll.

Unser Freund das Atom **F 515**
Walt Disney, USA 1957
16 mm, Lichtton, Farbe, 55 min
AV-Film; KMZ 6, 10; LBS 1, 3, 6, 9, 12, 14; LFD 1, 2, 4

Walt Disney hat sein Vorhaben, die friedfertigen Verwendungsmöglichkeiten der Atomenergie anschaulich zu schildern, unter Verwendung vielseitiger filmischer Mittel gestaltet. Er geht aus von der Geschichte vom Flaschenkobold, der Böses zu tun imstande ist, aber dem Menschen zum Guten dienstbar sein kann, wenn der ihn dazu zwingt. Dann zeigt er die lange Ahnenreihe naturwissenschaftlicher Forscher, die immer tiefer in die Geheimnisse der Natur eindringen, bis es endlich gelang, die Bausteine der Materie zu erkennen. In hervorragenden Real- und Trickaufnahmen veranschaulicht der Film allgemeinverständlich das Prinzip der Kettenreaktion, kehrt zum Schluß zur Fabel vom Flaschengeist zurück und zeigt die Möglichkeiten, die das Atom zum Nutzen der Menschheit bereit hält. Der Film setzt keine Grundkenntnisse voraus. (Imbild)
allg. Publikum

Ökomedia Bewertung:

Ein historisches Dokument aus den atombegeisterten 50er Jahren: Ein Pro-Atom-Werbefilm von Walt Disney mit der berühmt gewordenen Sequenz der Mausefallen und Tischtennisbälle, mit denen die Kettenreaktion erläutert wird. Sehenswert.

Unser Garten **F 516**
Trickfilm
Remenyik, Lajos, Ungarn 1977
16 mm, Lichtton, Farbe, 12 min
EMZ 1-13; FWU; KMZ 1-3, 5-8, 10-13, 16, 17, 20, 21; Katholisches Filmwerk; LBS 1-14; LFD 2, 7

Es wird die Verwandlung einer Naturlandschaft in eine Industrielandschaft geschildert. Ein Baggerfahrer, der frühmorgens zur Arbeit hetzt, erhält den Auftrag, das Gelände für einen Fabrikbau vorzubereiten. Auf diesem Gelände befinden sich Haus und Garten eines Gärtners. Als dieser von dem Plan hört, rast er in die Computerzentrale, um den Fabrikbau zu verhindern. Aber der verantwortliche Technokrat weist ihn ab. Die Fabrik wird gebaut, das Flußwasser verdorben. Um diesem Übel abzuhelfen, plant der Technokrat eine größere Kläranlage. Der Baggerführer macht sich auftragsgemäß an die Arbeit. Es ist der Technokrat, der erst jetzt merkt, daß er sein eigenes Grundstück verplant hat. (EMZ 2)
ab 9 Jahren

Ökomedia-Bewertung: wirksam

Information	Realisation	Motivation
	3,2 Punkte	3,2 Punkte

Ein gelungener Trickfilm, der zur Auseinandersetzung anregen will und kann. Er eignet sich ausgezeichnet für die Einführung des Themas Umweltzerstörung.

Unser täglich Gift... **F 517**
Füllgraf, Federico, Brasilien 1985
16 mm, Lichtton, Farbe, 44 min
EMZ 1, 2, 4-13; EZEF; KMZ 8, 11, 12, 19-21; LBS 3; LFD 2

In Brasilien werden große Mengen an Insektiziden, Pestiziden und Fungiziden auf den Plantagen versprüht. Kleine Flugzeuge verteilen das Gift auf den Feldern - ohne Rücksicht darauf, ob dort Menschen arbeiten. Vielfach werden die Anwendungshinweise aufgrund des hohen Analphabetismus nicht beachtet. Immer mehr Menschen erkranken an den Folgen des Giftes. Die Behörden bagatellisieren das Ganze; Firmenvertreter, auch von deutschen Pharmaunternehmen, waren nicht bereit, vor der Kamera auszusagen. Was bleibt, ist die Verwüstung der Landschaft, der schleichende Tod von Mensch und Tier, irreparable Schädigungen an den Erbanlagen. (EZEF)
allg. Publikum, Dritte-Welt-Gruppen

Ökomedia-Bewertung: wirksam

Information	Realisation	Motivation
3,0 Punkte	2,5 Punkte	3,3 Punkte

Ein wichtiger und informativer Film, der jedoch phasenweise ziemlich konfus wirkt. Die recherchierten Beispiele sind so erschreckend, daß der Beitrag trotz der genannten Schwächen sehr motivierend ist.

Unser Wasser **F 518**
(In Our Water)
Foresight Films / Switzgable, Meg; Davis, Mona, USA 1981
16 mm, Farbe, 58 min, OmU
Freunde der deutschen Kinemathek

Es gibt in den USA schätzungsweise 50.000 Giftmülldeponien. Die meisten abgelagerten Schadstoffe versickern im Boden. South Brunswick, New Jersey, Frühjahr 1975. Franz Kaler und seine Familie sind überzeugt, daß mit ihrem Wasser etwas nicht in Ordnung ist: Das Gemüse verfärbt sich beim Kochen und nach dem Baden bekommen sie Hautausschläge. Die Gesundheitsbehörden behaupten, das Wasser sei trinkbar, wie sich später herausstellt, ist es hochgradig verseucht.

Ein großer Teil des Giftmülls in New York wird in illegalen Giftmülldeponien gelagert, sei es auf Parkplätzen, in Abwässerkanälen oder auf Feldern. Solche Praktiken führen im ganzen Staat zur Verseuchung des Grund- und Oberflächenwassers. (Foresight-Films)
allg. Publikum, Umweltgruppen

Ökomedia-Bewertung: wirksam

Information	Realisation	Motivation
2,8 Punkte	2,0 Punkte	3,0 Punkte

Ein deprimierender Film von bestürzender Aktualität: Er zeigt die Auswirkungen einer undichten Sondermülldeponie auf das Trinkwasser der Anwohner sowie Verschleierungsversuche der Behörden. Leider hat der Film Längen.

Unter dem Dachsfelsen **F 519**
Spielfilm
Gajer, Vaclav, CSSR 1978
16 mm, Lichtton, Farbe, 80 min
AV-Film

Ein Stadtjunge lernt bei seinem Großvater, einem Wildheger, die Schönheit der Natur und das Abenteuer des Lebens in freier Natur kennen. Nach anfänglichen Schwierigkeiten entwickelt sich zwischen Enkel und Großvater eine echte Freundschaft, die sie zu Verbündeten gegenüber dem Jagdaufseher macht. Ein liebenswerter Kinderfilm, der durch die Schönheit seiner Aufnahmen, durch Frische und Natürlichkeit überzeugt. (AV-Film)
ab 6 Jahren

Ökomedia-Bewertung: brauchbar

Information	Realisation	Motivation
	2,5 Punkte	2,5 Punkte

Ein Kinderfilm mit schönen Naturaufnahmen, aber etwas langatmig erzählt.

Das Uran gehört der Regenbogenschlange **F 520**
Gladitz, Nina, BRD 1979
16 mm, Farbe, 45 min
EZEF; Verleih der Filmemacher

Eine Sage der australischen Ureinwohner handelt von der großen Regenbogenschlange, die den Berg Djibidjibi bewacht und jedem verbietet, die Gegend zu betreten. Würde die Schlange gestört, würde sie jedes Leben vernichten. Am Fuß des Berges wurden große Uranvorkommen entdeckt. Und die Führer der Aborigines nutzen die Sage in ihrem Kampf gegen den Abbau des Erzes. Der Abbau wird von internationalen Minenkonzernen betrieben, unter ihnen auch die Deutsche Urangesellschaft. Die australischen Gewerkschaften haben sich - im Gegensatz zu ihren deutschen Kollegen - gegen die Atomenergie und für den Boykott der Uranexporte entschieden. So ist der Kampf gegen die Ausbeutung des Landes gleichzeitig ein Kampf der Aborigines für die Rechte an ihrem Land. Denn den Ureinwohnern Australiens sind bereits 98 % ihres Landes geraubt. Da in ihren Reservaten die Uranvorkommen liegen, macht die australische Regierung auch vor ihren »Sterbezimmern« nicht halt. (Verleih der Filmemacher)

Ökomedia-Bewertung: wirksam

Information	Realisation	Motivation
3,0 Punkte	2,6 Punkte	3,0 Punkte

Gut recherchierter und sorgfältig dokumentierter Film über das Verhältnis der australischen Gewerkschaften zur Kernenergie und die Situation der australischen Ureinwohner. Ohne zu indoktrinieren, bezieht der Film eindeutig Stellung.

Urga **F 521**
Spielfilm
Michalkow, Nikita, GUS 1991
16 mm, Farbe, 113 min
s. Video
BJF; EZEF

Gombo, ein junger mongolischer Viehzüchter, lebt mit seiner Familie in einer Jurte mitten in der Steppe. Sein Leben verläuft in vollkommener Harmonie mit der Natur. Sergeij, ein russischer Fernfahrer, hat eines Tages in der Nähe von Gombos Jurte mit seinem Lastwagen eine Panne. Er wird bei ihm mit großer Gastfreundlichkeit aufgenommen und bewirtet.
Zwischen den beiden Männern, die vollkommen verschieden sind und nicht die gleiche Sprache sprechen, entwickelt sich langsam eine Freundschaft. Zusammen reisen die Männer in die Stadt. Gombo soll auf Wunsch seiner Frau, die sich ihm beharrlich verweigert, Kondome besorgen.
Als er in die Einsamkeit der Steppe zurückkehrt, hat er zwar einen Fernseher und ein Fahrrad mitgebracht, aber zum Kauf der Kondome fehlte ihm der Mut. So trotzt Gombo dem Gesetz der Geburtenkontrolle. War nicht Dschingis Khan das vierte Kind in einer Sippe? (Concorde Video)

Ökomedia-Bewertung: besonders wirksam

Information	Realisation	Motivation
	3,8 Punkte	3,8 Punkte

Welch ein Meisterwerk der Filmkunst: humorvoll und zugleich tiefsinnig wird der Konflikt zwischen Tradition und Moderne greifbar.

Usambara: Das Land, wo der Glaube Bäume versetzen soll **F 522**
Heller, Peter, BRD 1980
16 mm, Lichtton, Farbe, 71 min
s. Video
EMZ 1, 2, 4, 6-8, 10-12; EZEF; LBS 4, 11; LFD 2; Verleih der Filmemacher

Im Mittelpunkt stehen vier Personen, die alle im Dorf Mlalo in den Usambara-Bergen Sambias leben. Dort stand eine der ersten deutschen Missionsstationen. Um die Jahrhundertwende wurden Frieda Wohlreb und Agnes Rösler als Missionarstöchter in Tanzania geboren. Über 70jährig kamen sie nach Mlalo zurück, um zu einer Entwicklungshilfe mit einem neuartigen, christlichen Selbstverständnis beizutragen und Hilfe zur Selbsthilfe zu leisten. Auf der anderen Seite die beiden Afrikaner Andrea Magissa, 89jährig, und Lenard Mkufya, 30jährig. Während die ältere von der Unterdrückung der deutschen Kolonialherren erzählt, wird im Sprechen und Handeln von Lenard Mkufya das Selbstbewußtsein der jungen Generation deutlich. (EZEF)
allg. Publikum, Dritte-Welt-Gruppen

Uzala, der Kirgise **F 523**
(Dersu Uzala)
Spielfilm
Kurosawa, Akira
35 mm, Farbe, 139 min
Pahl-Film

In epischer Breite wird die Geschichte der Freundschaft zwischen einem zaristischen Offizier und einem alten Jäger erzählt, der in vollkommener Harmonie mit der Natur lebt. Zwei Berichte dienten Akira Kurosawa als Vorlage für seinen monumentalen, aber dennoch verhaltenen Film, der die Stellung des Menschen zur Natur zum Thema hat. (Der deutsche Verleihtitel ist irreführend: Dersu ist kein Kirgise). (gep)
allg. Publikum

Ökomedia-Bewertung: besonders wirksam

Information	Realisation	Motivation
	3,8 Punkte	3,8 Punkte

Ein wundervoller Spielfilm aus der wilden Taiga, wo die Natur den Ton angibt. Kein Ökofilm im engeren Sinne, wohl aber zeigt er den Zusammenprall zweier Kulturen. Der Nomade Uzala bekommt in der Stadt keine Luft...

Verarmungshilfe **F 524**
aus der Serie: Im Namen des Fortschritts
Deffarge, Claude; Troeller, Gordian, BRD 1975
16 mm, Farbe, 43 min
s. Video
Con; DFZ; EMZ 2, 12; LBS 4; LFD 1-9

Gabun - ehemalige französische Kolonie - ist heute ein unabhängiger Staat. Seine Wirtschaft wird jedoch mehr denn je von ausländischen Firmen und multinationalen Konzernen kontrolliert. Deren Interessen bestehen aber lediglich darin, Gabuns Rohstoffe möglichst billig zu fördern und möglichst profitabel in die Industrieländer zu schaffen. In Gabun selbst entwickelt sich dadurch keine eigene Wirtschaft. Wenn die Rohstoffe erschöpft sein werden, bleiben dem Land nichts weiter als Industrieleichen. Die Investitionen aus den reichen Industrieländern sind keine Entwicklungshilfe - sie sind Verarmungshilfe. (gep)
allg. Publikum, Dritte-Welt-Gruppen

Verbrannt - Verstrahlt - Vernichtet **F 525**
Schwan, Heribert; Steininger, Rolf, BRD 1982
16 mm, Magnetton, Farbe, 72 min
s. Video
KMZ 8, 11, 12, 20, 21; LBS 2, 4-7, 9-12; LFD 2, 4; Verleih der Filmemacher

Der Film ruft die Ereignisse des 2. Weltkriegs, vor allem die im Pazifik, in Erinnerung und zeigt die militärische Situation, aus der heraus die Amerikaner damals die Notwendigkeit ableiteten, die Atombombe abzuwerfen. Der Film zeigt das Ausmaß der Zerstörung, die verbrannten Menschen, die medizinischen Merkmale der Strahlung und ihre Spätfolgen, die zum Tod führen.
Die Argumente der amerikanischen Politiker und Wissenschaftler und die Entwicklung gegen Ende des 2. Weltkriegs machen deutlich, daß es allein die Existenz der Atombomben war, die zu ihrem Einsatz zwangen. Japan war bereits durch konventionelle Waffen besiegt, als Militärs, Politiker und Wissenschaftler beschlossen, die Bomben einzusetzen: aus militärtaktischen Gründen, aus Gründen der politischen Vormachtstellung, aus Gründen wissenschaftlicher Anwendung. (Verleih der Filmemacher)
allg. Publikum, Friedensgruppen

Der vergiftete See **F 526**
(The Battle of Billies Pond)
Spielfilm
Mark Forstater Productions / Cockliss, Harley, GB 1978
16 mm, Lichtton, Farbe, 60 min
atlas; LBS 13

Billie und sein Freund Gobby entdecken in dem Teich, den sie zum Angeln benutzen, von Chemikalien verseuchte Fische. Ein großes Fischsterben hat in diesem Teich begonnen. Gobbys Vater, von Beruf Erfinder, bestätigt ihren Verdacht und rät ihnen, die Finger davon zu lassen. Doch die beiden wollen der Ursache auf die Spur kommen. In einem alten Steinbruch entdecken sie einen Lastwagen, aus dem gerade offensichtlich gefährliche Stoffe abgeladen werden. Sie melden ihre Beobachtungen der Polizei, die sich jedoch nicht sonderlich für die

Meldung interessiert. So machen sich die beiden selbst auf die Jagd nach den Verbrechern. Als sie sie schließlich in einer gefährlichen Situation stellen, trifft die Polizei gerade rechtzeitig ein, um die beiden Umweltverbrecher festnehmen zu können. (atlas)
ab 8 Jahren

Ökomedia-Bewertung: wirksam

Information	Realisation	Motivation
	3,0 Punkte	3,0 Punkte

Klassisches Muster eines Kinderabenteuerfilms mit viel Spannung und Aufregung. Kinder identifizieren sich erfahrungsgemäß schnell mit den Hauptpersonen. Eine Nachbesprechung ist sinnvoll, damit neben dem Abenteueraspekt die Umweltproblematik nicht untergeht, die in der Wirklichkeit selten so glatt lösbar ist wie im Film.

Vergiftet oder arbeitslos **F 527**
ZDF / Wember, Bernward, BRD 1982
16 mm, Lichtton, Farbe, 100 min
s. Video
atlas; LBS 1, 8; LFD 1; LISA

Der Film thematisiert am Beispiel des Einsatzes von Chemie in der Landwirtschaft den Zusammenhang zwischen Industrie und Umweltzerstörung. Es geht um eine ökologische Zeitbombe, und deshalb muß Klartext geredet werden. Ein älterer Herr (Gustl Bayrhammer) verkündet in bayerischer Mundart, daß von nun an mit dem Partei- und Fachchinesisch etablierter Politik aufgeräumt wird. Aufgebracht zieht er gegen die Wirtschaftsapostel und Industrieanbeter vom Leder und wettert gegen den »organisierten Wahnsinn« mit der »Giftbrühe«. Anfangs erhebt seine Tochter (Eva Mattes) gegen diese Horrorgeschichten Einspruch und vertritt munter den Standpunkt der Sachzwangtechnokraten und Fortschrittsoptimisten. Doch auch ihr bleibt schließlich die Spucke weg, denn in das Streitgespräch zwischen Vater und Tochter ist eine Bildgeschichte montiert, in der mit plastischen Symbolen und einer eindringlichen Bildsprache der Teufelskreis einer auf Wachstum versessenen Agrarwirtschaft dargestellt wird. Der Fortschritt, den die Industrie proklamiert, wird als »fortschreitender Wahnsinn« sichtbar gemacht. (atlas)
Formal revolutionär, didaktisch brillant, rabiat einseitig in Mache und Tendenz - ein erfrischendes öffentliches Ärgernis, das hinter der Frage »Vergiftet oder arbeitslos?« den Streit zwischen Wirtschaftsinteressen und Umweltschutz aufrollt. (Der Spiegel)
Zusatzmaterial: Bernward Wember: Vergiftet oder arbeitslos. Ein Sachbilderbuch zum Streit zwischen Umweltschutz und Wirtschaftsinteressen
allg. Publikum

Ökomedia-Bewertung: besonders wirksam

Information	Realisation	Motivation
4,0 Punkte	4,0 Punkte	2,8 Punkte

Ein nach lerntheoretischen Modellen montierter Film, dem es in hervorragender Weise gelingt, komplexe Zusammenhänge zu verdeutlichen. Gefahr: Das didaktische Übergewicht droht die Motivation des Zuschauers zu beeinträchtigen.

Verkehrsinfarkt - nein danke! **F 528**
Lisson, Manfred D., BRD 1991
16 mm, Lichtton, Farbe, 15 min
LFD 1, 9, 10

Statistisch besitzt in den alten Bundesländern jeder dritte Bundesbürger ein Auto. Städte, Straßen und Autobahnen sind verstopft. Der Film zeigt durch eine Spielhandlung, welche psychischen Erleichterungen sich durch Umsteigen auf

die Öffentlichen Verkehrsmittel ergeben. (LFD 10)
allg. Publikum

Ökomedia-Bewertung: unbrauchbar

Information	Realisation	Motivation
1,5 Punkte	1,2 Punkte	1,2 Punkte

Dieser Film wird sicherlich kaum jemanden zum Umsteigen auf Bus oder Bahn bewegen können. Die Spielszenen sind einfach zu öde.

Der Verliererclub **F 529**
Trickfilm
Phillips, Derek, GB 1974
EMZ 1, 4, 7, 12; EZEF; KMZ 6, 10

Der Film schildert einen Zeitgenossen, der von frühmorgens bis spätabends Opfer der ihn umgebenden, völlig zerstörten Umwelt ist. Nicht nur, daß er in einer durch Umweltschäden verseuchten Welt wandeln muß. Auch alle mit menschlichen Beziehungen sind dem Moloch Hektik, Turbulenz und Erfolgsdenken geopfert worden. (EMZ 12)
ab 16 Jahren

Die verlorene Generation **F 530**
Hiroshima Nagasaki Publishing Committee / Tachibana, Yuten, Japan 1982
16 mm, Lichtton, Farbe, 20 min
Con; EMZ 10, 15; KMZ 6, 8, 10-13, 19-21; LBS 8, 13; LFD 1; Verleih der Filmemacher

Noch heute (1982) leben in Japan 370.000 Menschen, Hibakusha genannt, die an den Auswirkungen der Atombombenabwürfe leiden. Ihre Erinnerungen und Zeugenaussagen wollen den Betrachter bewegen, sich für den Frieden und die totale Abrüstung atomarer Waffen einzusetzen. (Verleih der Filmemacher)
Der leidenschaftliche und eindrucksvolle Anti-Atomfilm wurde nicht von einem

STOCKENDER VERKEHR AUF DER A8 — MEHREN 1/93

Hollywood-Produzenten oder einem unabhängigen Filmemacher gedreht, er wurde von einem speziellen Militär-Filmteam gemacht, das unter direktem Befehl des amerikanischen Präsidenten Harry S. Truman stand. Vier Monate nach den Atombombenabwürfen im August 1945 war eine militärische Filmeinheit nach Hiroshima und Nagasaki geschickt worden, um das Ausmaß der Zerstörung zu dokumentieren. Das dabei aufgenommene Material enthüllt den Blutzoll der Bombardierung auf solch dramatische Weise, daß die gesamten 30.000 Meter Farbfilm, genug für 30 abendfüllende Kinofilme, im Jahr 1946 als »streng geheim« klassifiziert und vor der Öffentlichkeit verborgen wurden. (Con)
allg. Publikum, Friedensgruppen

Verurteilt zum Erfolg **F 531**
(Condamnés à réussir)
Cine information documents / SNPE-ACFDT, Frankreich 1976
16 mm, Lichtton, Farbe, 55 min
LBS 4; zentralfilm

Die Wiederaufbereitungsanlage von Atombrennstoffen in La Hague (Frankreich) verwertet die ausgebrannten Brennelemente von Atomkraftwerken aus Frankreich und dem Ausland. Nach dem Ausscheiden des Urans und Plutoniums werden die nichtwiederverwertbaren radioaktiven Abfälle auch dort gelagert. Die Arbeiter versuchten bereits 1975 auf die Verschlechterung ihrer Arbeitsbedingungen aufmerksam zu machen.

Ökomedia-Bewertung: wirksam

Information	Realisation	Motivation
3,0 Punkte	2,8 Punkte	2,8 Punkte

Ein guter Mängelbericht über die nukleare Wiederaufarbeitungsanlage La Hague. Der Film gibt Einblicke in den Arbeitsalltag einer Atomfabrik. Der gesamte Zusammenhang mit der Atomindustrie kommt zu kurz.

Vier Jahreszeiten **F 532**
Bajog, Bernd, BRD 1990
16 mm, Lichtton, Farbe, 84 min
Verleih der Filmemacher

Um die Existenz des 30-Hektar-Hofes zu sichern, hat Josef, der junge Bauer, den Hof vom herkömmlichen auf biologischen Anbau umgestellt. Als er dann den Hof von seinen Eltern übernehmen will, kommt es zu Spannungen, weil der Sohn und die potentielle Schwiegertochter eigene Vorstellungen über eine Reihe von Dingen haben.
Über ein Jahr verfolgt der Filmemacher die Ereignisse auf dem nahe Erding (Oberbayern) gelegenen Bauernhof und zeichnet die Strukturen nach, die das Spannungsfeld zwischen den beiden auf dem Hof lebenden Generationen beschreiben.
Es geht dabei nicht nur um ökologischen Landbau, es geht vielmehr um einen umfassenderen Begriff von Ökologie, bezieht man ein intaktes familiäres und soziales Umfeld darin ein. (Verleih der Filmemacher)
allg. Publikum

Vögel, Affen und andere Tiere **F 533**
(Birds, baboons and other animals)
s. Geheimnisse der Steppe
Walt Disney, USA 1954
16 mm, Lichtton, Farbe, 19 min
AV-Film; KMZ 6, 10; LFD 4

Der Film zeigt das Zusammenleben und den Überlebenskampf der Tiere im Dschungel und in der Ebene Afrikas. (LFD 4)
ab 6 Jahren

Ökomedia-Bewertung: wirksam

Information	Realisation	Motivation
2,5 Punkte	3,0 Punkte	3,5 Punkte

Ein packender und faszinierender Naturfilm mit exzellenten Bildern. Ein historisches Zeugnis von Walt Disneys hoher Filmkunst.

Vom Aufstieg, vom Abfall und vom Wert der Dinge **F 534**
Umlandverband Frankfurt / Kosmidis, Paris, BRD 1991
16 mm, Lichtton, Farbe, 20 min
s. Video
LBS 7; LFD 2, 6

In der Art eines filmisches Essays, der völlig ohne kommentierende Sprache auskommt, reflektiert der Film auf verschiedenen Ebenen Herstellung, Verbrauch und letztlich Schicksal von industriellen Massenprodukten. Durch die Gegenüberstellung von dokumentarischen Sequenzen in Industriebetrieben mit Lebensstil-Phantasien und Gesten des Wegwerfens entstehen aufregende assoziative Querverbindungen. Aufnahmen von zeitgenössischen Kunstwerken belegen die schöpferische Kraft, die auch in scheinbar wertlosen Abfallprodukten steckt. Das Abfallproblem erscheint im Licht einer ganzheitlichen Betrachtung als Frage unseres grundsätzlichen Werteverständnisses. (Umlandverband Frankfurt)
Allgemeines Publikum

Ökomedia-Bewertung: brauchbar

Information	Realisation	Motivation
1,7 Punkte	3,0 Punkte	2,2 Punkte

Vom Flachlegen und Aufstehen **F 535**
Hessischer Rundfunk / Bergmann, Thomas; Popp, Mischka, BRD 1986
16 mm, Lichtton, Farbe, 45 min
s. Video
EMZ 12

»Vom Flachlegen und Aufstehen«: Durch die Flurbereinigung werden abwechslungsreiche Landschaften zu eintönigen, mit Hilfe von Computern geplanten agrarisch-funktionalen Produktionswüsten. Einer immer mehr technisierten Landwirtschaft müssen ökologisch wertvolle Gebiete weichen. Aber neben Landschaft und Natur sind auch die vermeintlichen Nutznießer dieser Maßnahmen zu deren Opfer geworden. Unter den Bauern regt sich heftiger Widerstand. Der Film dokumentiert diese Auseinandersetzung und zeigt an Beispielen, in welch unglaublichem Ausmaß einzelne Bauern unter den Folgen der Flurbereinigung zu leiden haben. (Adolf-Grimme-Institut, gekürzt)
Flurbereinigung, ein gräßlich langweiliges Thema, denkt man. Ein 45-Minuten-Feature: Fernsehnorm, befürchtet man. Weit gefehlt. Bereits mit den ersten Bildern verfliegen alle Ängste. Dieser Film ist ein Glücksfall und schrecklich unausgewogen. Die Mischung aus Dynamik und Stille, Poesie und Musik, Baggerzähnen und Landschaftsidylle, Dokumentation und Provokation macht dem Zuschauer die Information zur Lust. Eine hervorragende Dokumentation. (w & m: Der Öko-Filmtip, gekürzt)
Der Film wurde mit dem »Adolf-Grimme-Preis« in Silber prämiert.
allg. Publikum, landwirtschaftl. und Naturschutzgruppen, Landschaftsplaner

Ökomedia-Bewertung: besonders wirksam

Information	Realisation	Motivation
3,5 Punkte	3,8 Punkte	3,8 Punkte

Mit diesem »Heimatfilm« - so der Untertitel - ist den beiden Autoren eine herausragende Dokumentation gelungen. Zum Thema »Flurbereinigung« ein sehr empfehlenswerter Film.

Vom Regenwasser zum Trinkwasser **F 536**
FWU / Schnatmann, Reinold, BRD 1988
16 mm, Lichtton, Farbe, 12 min
FWU; LBS 1-10, 12-14

Der Film beginnt mit der Feststellung, daß der größte Teil der Erde mit Wasser

bedeckt ist, allerdings mit Salzwasser. Nur ein kleiner Teil des Wasserreservoirs steht als Süßwasser zur Verfügung. Jeder Bundesbürger verbraucht pro Tag durchschnittlich 150 Liter Wasser. Die Meere, Seen und Flüsse sind jedoch verschmutzt, so daß ein langer Weg notwendig ist, sauberes Wasser zu erhalten: Im Film wird gezeigt, daß Regenwasser im Boden versickert und sich Grundwasser bildet. Dieses Grundwasser wird hochgepumpt, im Wasserwerk zu Trinkwasser aufbereitet und danach über einen Hochbehälter in die Haushaltungen geleitet. Durch die Umweltverschmutzung sind Regen-, Grund- und Trinkwasser heute stark belastet. (FWU, gekürzt)
Primarstufe, Sekundarstufe I

Ökomedia-Bewertung: wirksam

Information	Realisation	Motivation
3,0 Punkte	2,5 Punkte	2,7 Punkte

Ein didaktisch klar strukturierter Lehrfilm mit anschaulichen Tricks und Grafiken. Er könnte formal noch »spannender« sein. Inhaltlich wird viel zu wenig deutlich, daß die Wasserverschmutzung ein ungelöstes Problem ist.

Einer von Millionen **F 537**
Umweltschutz geht jeden an
VW, BRD 1990
16 mm, Lichtton, Farbe, 20 min
s. Video
Intermedia; LFD 2

Der Weg ist weit zum Umweltprofi. Wenn alle mitgehen, bringen uns auch scheinbar kleine Schritte weiter. Diese kritische Auseinandersetzung beleuchtet unser aller (Fehl-)Verhalten und zeigt, welche Anstrengungen bei Volkswagen unternommen werden, um Belastungen für Mitarbeiter und Natur zu minimieren. Dieser Film geht jeden an. (Intermedia)
allg. Publikum

Ökomedia-Bewertung: wirksam

Information	Realisation	Motivation
3,0 Punkte	3,1 Punkte	3,1 Punkte

Der lebendige Film von VW stellt das Auto als solches zwar nicht infrage, aber er plädiert fürs Radfahren in der Stadt, für Park & Ride usw. Vor allem aber kombiniert er mit dem Thema Autoproduktion und dadurch bedingte Umweltbelastungen Ökotips für den Alltag, wie Wassersparen, Mülltrennen, Energiesparen etc. Diese gut gemachte Kombination verdeutlicht, daß die Industrie *und* jeder einzelne »umweltaktiv« sein muß, daß es nicht reicht, mit dem Finger auf die Industrie zu zeigen. Es macht Spaß, diesen Film anzuschauen.

Von der Sonne leben **F 538**
aus der Serie: Landwirtschaft 2000
NDR / Weitzel, Hans-Ernst, BRD 1978
16 mm, Licht- und Magnetton, Farbe, 29 min
s. Video
AID; IWF; LFD 1; LZNW; Weitzel

Sieben Brennstoffkalorien, vorwiegend Erdöl, werden aufgewendet, um eine Nahrungskalorie auf unseren Küchentisch zu bekommen. Treiben wir einen zu hohen Aufwand und verfressen wir die Zukunft unserer Kinder? Muß sich die Landwirtschaft nicht gerade angesichts der permanenten Ölkrise umstellen? Der Film zeigt, welcher Aufwand betrieben wird, um unsere Nahrung zu erzeugen. Daß es auch anders geht, beweist eine Modellfarm der NASA. Diese Farm erzeugt in einem geschlossenen Kreislauf neben Nahrung auch Futter, Treibstoff und Dünger. Um Pflanzen besser nutzen zu können, geht es zunächst darum, Arten zu finden oder zu züchten, die das Sonnenlicht optimal umsetzen. Neu entwickelte Turmgewächshäuser, mit Sonnenenergie betrieben, können für den sy-

stematischen Anbau solcher Pflanzen dienen.
Die Landwirtschaft der Zukunft könnte nicht nur mehr Nahrung für die steigende Weltbevölkerung liefern, sondern über die Pflanze Treibstoff für unsere Autos liefern. Und unsere heutigen Energieträger - Erdöl, Kohle, Uran - sind bald erschöpft. Die Sonne aber, mit deren Hilfe Pflanzen produziert werden können, ist unerschöpflich. (Weitzel)
allg. Publikum

Ökomedia-Bewertung: wirksam

Information	Realisation	Motivation
3,6 Punkte	2,6 Punkte	2,0 Punkte

Ein informativer, gut recherchierter Film zum Thema Energiegewinnung aus Pflanzen. Er berichtet sehr detailliert und spricht auch Fachleute an.

Vorsicht Grundwasser **F 539**

FWU / Peter Stückl Film / Kölbing, Alexander, BRD 1989
16 mm, Lichtton, Farbe, 16 min
EMZ 2; FWU; KMZ 6, 10, 12, 14; LBS 1, 5-8, 10, 13; LFD 2

Nach einer Bildfolge über die Grundwasserbildung werden die derzeit aktuellen Negativeinflüsse abgehandelt. Hierzu zählen die Umweltversauerung durch Luftverschmutzung, die Düngung und Schädlingsbekämpfung in der Landwirtschaft sowie die Folgeerscheinungen von Unfällen mit wassergefährdenden Stoffen. Gefahr droht auch von den sogenannten Altlasten, nicht ordnungsgemäß angelegten Mülldeponien also und Bereichen, wo etwa Giftfässer begraben wurden, die jetzt durchrosten und damit das Grundwasser verseuchen. Vorgestellt werden Methoden, wie belastetes Grundwasser in den Wasserwerken gereinigt wird, damit es als Trinkwasser Verwendung finden kann, und Verfahren, die nach Unfällen zur Boden- und Grundwassersanierung eingesetzt werden. (FWU)

Ökomedia - Bewertung: wirksam

Information	Realisation	Motivation
3 Punkte	2,3 Punkte	2,3 Punkte

Ein Kommentarfilm mit sehr vielen Informationen, die aber teilweise schlampig recherchiert sind. Sätze wie »Es gilt als erwiesen, daß Aluminium im Wasser bestimmte Krankheitsbilder fördern«, sind, ohne daß näher darauf eingegangen wird, ärgerlich.

WAAhnsinn - Der Wackersdorf Film **F 540**

Cramer, Helge; Heitkamp, Uwe; Herl, Michael; Wagner, Christian, BRD 1986
16 mm, Lichtton, 35 mm, Farbe, 94 min
atlas (16 mm); Delta (35 mm)

Nach Woodstock kam Wackersdorf. Was in der deutschen Rock-Szene Rang und Namen hat, traf sich in Wackersdorf, um auf einem Rockfestival gegen die Wiederaufarbeitungsanlage und den atomaren Wahnsinn überhaupt zu protestieren. Über 120.000 Menschen feierten das »WAAhnsinnsfest«. »WAAhnsinn ist kein belehrender Polit-Film, gleichberechtigt neben der politischen Dimension steht der musikalische Aspekt. Ein Stück deutscher Rockgeschichte. Zum Beispiel läßt sich Udo Lindenberg von BAP begleiten oder Wolf Maahn präsentiert seinen »Tschernobyl-Song«. (atlas)
allg. Publikum, Anti-Atom-Gruppen

Ökomedia-Bewertung: wirksam

Information	Realisation	Motivation
	3,3 Punkte	3,2 Punkte

Interessant gestaltete Dokumentation des Rock-Konzertes mit guter Kamera und kurweiligem Schnitt.

Wachstum im Verborgenen **F 541**
Studio Herkenrath / Ulrich, Bodo, BRD 1985
16 mm, Lichtton, Farbe, 30 min
s. Video
Planfilm

Viele tausend Jahre war ein Bach ein sauberes, kristallklares Fließgewässer in einer gesunden Landschaft. Die weitgehend konstanten Lebensbedingungen prägten das Milieu, der sich hochspezialisierte Pflanzen- und Tierarten angepaßt haben. Doch solche Oasen der Gewässergüte sind inzwischen eine Rarität.
Der Film beschreibt die Lebensweise der Flußperlmuscheln, streift die Geschichte der Flußperlfischerei, der die genaue Kenntnis der Weichtiere in deutschen Gewässern zu verdanken ist. Dann schildert er den Versuch, die größte lebensfähige Muschelbank Mitteleuropas vor der Vernichtung zu retten. (Planfilm)
Wirtschaftsfilmpreis 1986: 1. Preis der Kategorie Umweltschutz
Sekundarstufe I und II

Ökomedia-Bewertung: wirksam

Information	Realisation	Motivation
3,0 Punkte	3,0 Punkte	2,5 Punkte

Ein informativer Film mit guten Aufnahmen, die allerdings zeitweise vom etwas technisch-bürokratischen Kommentar übertönt werden.

Die Wärme, die aus dem Mist kommt **F 542**
Herbst, Helmut, BRD 1980
16 mm, Lichtton, Farbe, 28 min
s. Video
LZNW

Die deutsche Gesellschaft für technische Zusammenarbeit fördert in Kamerun ein landwirtschaftliches Großprojekt, das auch auf den kapitalintensiven Einsatz von Maschinen in der Landwirtschaft abgestellt ist. Das Biogas-Projekt fällt aus diesem Rahmen. Es kann den Weg zur Unabhängigkeit afrikanischer Bauern begünstigen. Der Film läßt Reiner Wesenberg, der 1976 als landwirtschaftlicher Berater nach Kamerun kam und das Biogas-Projekt entwickelt hat, zu Wort kommen. Auf seine Initiative geht der Bau von Anlagen in verschiedenen Regionen Kameruns zurück. Beispiele belegen seine Ausführungen. Wirkliche Unterstützung der Menschen in der Dritten Welt setzt Geduld und Einfühlungsvermögen voraus. (LZNW)
allg. Publikum, Dritte-Welt-Gruppen

Ökomedia-Bewertung: wirksam

Information	Realisation	Motivation
3,0 Punkte	2,6 Punkte	2,3 Punkte

Plädoyer für die sanfte Technik in der Entwicklungshilfe. Der Film hat stellenweise langatmige Dialoge.

Das wahrhaftige Wort des klugen Bauern aus dem Tal des Großen Flusses nach der Befreiung seiner irdischen Hülle bei der Rechtfertigung seiner Lebenstaten durch den KA vor der jenseitigen Halle der Wahrheit - Gerechtigkeit **F 543**
A. Wahed Askar, Ägypten 1985
16 mm, Lichtton, Farbe, 130 min
EZEF

In psalmodierender Sprache verantwortet sich die Seele eines ägyptischen Bauerns vor ihrem Schöpfer, während der von ihr verlassene Körper ganz nach altem Brauch auf einem Floß den Nil heruntertreibt. Die Klage über Umweltzerstörung und Verelendung der Landbevölkerung, Profitstreben und Korruption bestimmt den Lebensbericht des Bauern. Die Fahrt des »Totenschiffes« wird zu einer Reise durch die Zeit. Noch intakte Landstriche mit tradierten Bewirtschaftungsformen wechseln ab mit der »großen Pyramide des Assuanstaudammes«, neben den verkommenen Städten Symbol der tiefgreifenden Zerstörung durch ein fragwürdiges Konzept von Fortschritt. Der Lebensbericht des Bauern zeichnet ein deprimierendes Bild. Dennoch, die einzige Hoffnung liegt in der Kraft der Dritten Welt und ihrer Besinnung auf sich selbst. (barfuss)

Ökomedia-Bewertung: wirksam

Information	Realisation	Motivation
3,4 Punkte	3,4 Punkte	3,3 Punkte

Ein ungewöhnlicher Film mit starken Bildern und fast biblischer Sprache. Ein sehenswertes Dokument ägyptischer Kultur, der vom Zuschauer verlangt, daß er sich in Ruhe einläßt.

Der Wald lebt **F 544**

Eine Einführung in die Ökologie des Laubwaldes
WBF, BRD 1988
16 mm, Farbe, 15 min
AID; KMZ 3; LBS 7, 14; WBF

Für die Biologie des Laubwaldes sind Kleinlebewesen bedeutsamer als die großen Tiere. Der Film zeigt exemplarisch Beziehungen zwischen Pflanzen und Tieren im Laubwald. Auf dieser anschaulichen Grundlage werden zentrale Begriffe wie Nahrungskette, Stoffkreislauf entwickelt. Der Abbau eines Tierkadavers zeigt, daß alle Lebewesen des Waldes Glieder eines Stoffkreises sind.
ab 2. Klasse

Ökomedia-Bewertung: wirksam

Information	Realisation	Motivation
3,0 Punkte	3,0 Punkte	3,0 Punkte

Ein gelungener naturkundlicher Film für Kinder mit schönen Bildern. Der Kommentar hat einen guten Rhythmus, überschüttet die Kinder nicht mit zu vielen oder zu schnellen Informationen.

Waldgeschichte **F 545**

Spielfilm
Röed, Jan; Bohlin, Lasse, Schweden 1985
16 mm, Lichtton, Farbe, 15 min
EMZ 2; FWU; KJF; LBS 1-14

Der Kurzspielfilm erzählt von den ausgedehnten Streifzügen eines etwa zehnjährigen Jungen durch die einsame Waldlandschaft Skandinaviens, in der er mit seinen Eltern lebt. Nur mit Originalgeräuschen, sparsamer Musik und eindrucksvollen Naturbildern gelingt es dem Film, eine spannende Geschichte aufzubauen: Die Beziehung zwischen dem Jungen und einem Luchs: Der Junge schmust mit dem Luchs, als wäre es eine Hauskatze. Er spielt mit dem Raubtier und drückt es zärtlich an sich. Aber das geschieht nur im Traum. Tagsüber, wenn der Junge durch den Wald streift, halten die beiden respektvollen Abstand voneinander. Dann läßt sich der Luchs ab und zu einmal blicken, streift um den Jungen herum und beobachtet aufmerksam, was die einsame kleine Gestalt in seinem Revier treibt: Z.B. als der Junge eines Tages einen toten Vogel findet und ihn auf einem blumengeschmückten Floß den Fluß hinabtreiben läßt.
Der Junge geht mit wachen Augen durch den Wald. Er erlebt intensiv diese Welt, die nach ihren eigenen Gesetzen lebt und in der er sich trotzdem nicht als Fremder fühlt. So folgt er der Raubkatze, als sie eines Tages von Hunden aufgeschreckt wird. Er entdeckt ihre Höhle und bemerkt, wie verstört sie ist, als später die Sägen von Waldarbeitern die Ruhe stören. Motorsägen als Zeichen der Bedrohung, der die Welt des Waldes, der Natur ausgesetzt ist. (KJF)
ab 8 Jahren

Ökomedia-Bewertung: wirksam

Information	Realisation	Motivation
	3,5 Punkte	3,3 Punkte

Ein schöner Film für Kinder, der viel Raum für eigene Phantasien läßt.

Waldsterben **F 546**
Baumann, Karlheinz, BRD 1984
16 mm, Licht- und Magnetton, Farbe, 15 min
Baumann; Deutsche Umwelthilfe; EMZ 4, 7-11, 13; KMZ 1, 5-7, 10, 20; LBS 1, 4, 5, 9, 11-14; LFD 1, 2, 4, 7

Allgemeines zum Wald, Erkennungsgeschichte von kranken Tannen, Schadbilder bei der Weißtanne mit nachlassender Jahresringbreite, absterbende Fichtengipfel mit Erklärung des Lamettaeffekts, gesunder und kranker Fichtenzweig, Demonstration gegen das Waldsterben in Stuttgart anläßlich des EG-Gipfels am 17. Juni 1983, die Hauptemissionsquellen (Kraftwerke, Industrie, Verkehr und Hausbrand), Verbreitung der Schadstoffe durch Wind und Wolken, besonders stark gefärdete Landschaften, Bäume mit jährlichem Wechsel von Blättern und Nadeln; Schadbilder bei Lärche und Buche; Sekundärschädlinge, Borkenkäfer und Pilze; Zustand von Waldgebieten im Erzgebirge. (Baumann)
allg. Publikum

Ökomedia-Bewertung: wirksam

Information	Realisation	Motivation
2,5 Punkte	3,0 Punkte	2,6 Punkte

Der Filmemacher versuchte nicht, das Waldsterben wissenschaftlich objektiv darzustellen, sondern aus subjektiver Sicht zu begreifen. Die Darstellungsweise spricht beim Zuschauer Gefühle an, sie schmälert aber durch ihren gelegentlich moralischen Unterton das, was sie zu erreichen sucht.

Waldsterben **F 547**
Symptome - Ursachen - Folgen - Maßnahmen
FWU / Schimanski, Georg, BRD 1984
16 mm, Lichtton, Farbe, 24 min
s. Video
AID; EMZ 2, 4, 6, 9, 13; FWU; KMZ 2, 3, 7, 13; LBS 1-14; LFD 2, 4, 7, 8, 13; LISA

Dieser Film über das Waldsterben bringt die neuesten Ergebnisse der Forschung sowie den aktuellen Stand des Schadensausmaßes. Der Film zeigt in eindrucksvollen Aufnahmen verschiedene Krankheitssymptome und das Ausmaß der Flächenschäden in einigen Hauptschadensgebieten Mitteleuropas. Anschließend werden die möglichen Ursachen des Waldsterbens aufgezeigt, wobei die in den verschiedenen Hypothesen der Wissenschaftler genannten Schadstoffe in der Luft und ihre Herkunft angesprochen werden. Es folgt eine Darstellung der möglichen Gegenmaßnahmen. (FWU)
ab 7. Klasse

Ökomedia-Bewertung: wirksam

Information	Realisation	Motivation
2,5 Punkte	3,0 Punkte	2,5 Punkte

Die Schadbilder der verschiedenen Baumarten sind sehr anschulich und einprägsam dokumentiert. Leider fällt der Film dann erheblich ab: Ursachen und

Maßnahmen gegen die Luftverschmutzung werden zu oberflächlich behandelt.

Wale **F 548**

FWU / Terraqua Filmproduktion / Tins, Wolfgang, BRD 1990
16 mm, Lichtton, Farbe, 16 min
FWU; KMZ 6, 10; LBS 1, 5, 8, 10

Der Film informiert allgemein über Wale. Das Schwergewicht liegt auf den Bartenwalen; Zahnwale werden zu Beginn vorgestellt. Danach sind Buckelwale bei den Paarungsspielen und Blauwale zu sehen. Historische Aufnahmen geben einen Rückblick auf die Methoden des Walfangs. »Whale watching« wird als etablierter Teil des Tourismus vorgestellt. Wale und ihre Hauptnahrung, der Krill, werden in ihren Weidegründen, der Antarktis, gezeigt. Es wird über Atmung, Wärmeschutz und Parasiten gesprochen. Unterwasseraufnahmen zeigen Taucher dicht bei den Walen. Neugeborene sind mit ihren Müttern über und unter Wasser zu sehen. (FWU)

Ökomedia - Bewertung: wirksam

Information	Realisation	Motivation
2,8 Punkte	2,5 Punkte	2,6 Punkte

Recht informativer Film, aber ziemlich lieblos gemacht. Auch die Bilder sind nicht gerade herausragend.

Wallers letzter Gang **F 549**

Wagner, Christian, BRD 1988
16mm, Lichtton, 35 min, Farbe / sw, 100 min
Arsenal (35 mm); BJF; EMZ 7, 10, 12, 13; EZEF; KMZ 2, 6, 7, 9, 10, 13, 18, 19; LBS 1-14; LFD 1-9 (alle 16 mm)

Ein alter Streckengeher erinnert sich beim letzten Gang über seine Strecke Station für Station an sein Leben. Ein idyllisches Seitental im Allgäu. Hier soll eine Bahnlinie stillgelegt werden. Und mit ihr der alte Streckengeher Waller, dessen Lebensgeschichte eng mit der Geschichte dieser Eisenbahnstrecke verwachsen ist. Die Spuren der Erinnerung führen zum Menschen. Ins Vergnügen, ins Vergessene. Gras überwuchert das Gedächtnis. Am Ende, als Waller den letzten Prellbock passiert, sind die Schienen in hüfthohem Gras versunken. Nur der Bahndamm zieht sich noch als schmaler Streifen durch die Landschaft. (Arsenal)
Christian Wagners Spielfilm »Wallers letzter Gang« ist eine poetische Einmischung in die Zukunfts-Diskussion. Er zeigt berauschende Bilder einer vergehenden Welt. Die Erstaufführung faszinierte bei den Hofer Filmfestspielen 1988 Kritiker wie Wolfram Schütte von der Frankfurter Rundschau durch eine »nahezu traumsichere Erzählweise«. Hans-Dieter Seidel schwärmte in der FAZ von diesem »stilistisch entschiedensten, formal wie inhaltlich überzeugendsten Film«, den es dort zu sehen gab. Ausgezeichnet mit dem renommierten »Bayerischen Filmpreis« sowie dem Prädikat »Besonders wertvoll«, könnte Wagners stilles Kunstwerk ein Kult-Ereignis werden, so diskret wie es vom Umbau einer Region aus dem Blickwinkel des Streckenläufers erzählt, der vom wütenden Modernismus überrollt worden ist. (natur, 3/1989)
allg. Publikum

Ökomedia-Bewertung: besonders wirksam

Information	Realisation	Motivation
	3,8 Punkte	3,8 Punkte

Kein Öko-Film im engeren Sinne, wohl aber ein Spielfilm über eine vergehende Zeit parallel erzählt zum Altersprozeß eines Menschen. Sehr sehenswert.

Die Wanderung der Erdkröte F 550
HWF-Film, BRD 1989
16 mm, Lichtton, Farbe, 18 min
LBS 1

Der Film zeigt Allgemeines über die Erdkröte, berichtet über ihre Fortpflanzung, Metamorphose und Jugendentwicklung.
ab 8. Klasse

Wanderung der Gnus F 551
USA 1989
16 mm, Lichtton, Farbe, 17 min
FWU; LBS 1, 4-8

Ein Film mit Real- und Kartentrickaufnahmen aus dem Serengeti-Nationalpark: Die den geographischen und klimatischen Bedingungen angepaßte jährliche Wanderung der Gnus wird mit Luftaufnahmen dokumentiert und in gesamtökologischen Zusammenhängen gesehen. (LBS 8)
ab 7. Klasse

War Lab - Kriegslabor F 552
Maurer, Monica, BRD 1983
16 mm, Farbe, 28 min
s. Video
Unidoc

In diesem Film wird die These aufgestellt, daß die Israelis im Libanon-Krieg die neuesten US-Waffen an der Zivilbevölkerung ausprobieren. Ausgehend von der Zerstörung Hiroshimas und Nagasakis über die Napalm- und Giftgaseinsätze in Vietnam werden die Verbrechen der US-Army an unschuldigen Opfern aufgezeigt und die Auseinandersetzungen in Beirut nur als Testfall für größere Angriffe charakterisiert. Die Darstellung in diesem Film ist bewußt auf Effekt abgestellt: Die Szenen aus Beirut beschönigen nichts und zeigen den Krieg, wie er wirklich ist. (Unidoc)
allg. Publikum, Friedensgruppen

Ökomedia-Bewertung: wirksam

Information	Realisation	Motivation
2,5 Punkte	3,0 Punkte	3,5 Punkte

Grauenvolle Bilder von Hiroshima, Nagasaki, aus Vietnam und dem Libanon dokumentieren eindrücklich die Perversion der Kriegsmaschinerie. Der Film prangert einseitig die USA an, über die UdSSR wird kein Wort verloren.

Warum überquert der Käfer die Straße? F 553
(Why'd the beetle cross the road)
Skrentny, Jan, USA 1984
16 mm, Lichtton, Farbe, 8 min
EMZ 4; KJF

Ein paar Schritte für einen Menschen, aber eine gewaltige Strecke für einen Käfer: Warum nur will das kleine Krabbeltier unbedingt über die Straße, dies fürchterliche Stück Asphalt voller Gefahren? Jedes Schrittchen birgt das Risiko überfahren, zertreten, weggefegt zu werden. Und doch: Der Protagonist dieses Dokumentarfilms erweist sich als echter Filmheld und meistert das Abenteuer bravourös. Und warum? Der Film verrät's, wir nicht. (KJF)
ab 6 Jahren

Was geschieht im Kompost? F 554
Zersetzung organischer Substanz
Praxis Unterrichtsfilm / Hahn, Rainer, BRD
16 mm, Farbe, 8 min
s. Video
Praxis Unterrichtsfilm

Der Film zeigt einen Komposthaufen, wie er in den meisten Gärten zu finden ist. Nachdem das obere Material entnommen ist, werden einige Schaufeln Kompost entnommen. Eine große Anzahl von unterschiedlichen Lebewesen bearbeitet die Bestandteile des Komposts.
ab 5. Klasse

Ökomedia-Bewertung: brauchbar

Information	Realisation	Motivation
	2,2 Punkte	2,0 Punkte

Langatmiger Lehrfilm über das vielfältige Leben im Komposthaufen. Der sogenannte »Mineralisierungsprozeß« wird in minutenlangen Zeitrafferaufnahmen ohne erklärende Worte gezeigt. Das heißt, alles hängt bei diesem Film vom begleitenden Unterricht ab.

Was ist Radioaktivität? **F 555**
BRD 1988
16 mm, Lichtton, Farbe, 16 min
FWU; LBS 1, 5, 8, 14

Der Film informiert über natürliche Radioaktivität, Kernzerfälle als Quelle der Radioaktivität, Strahlungsarten und den Begriff Halbwertszeit. Schließlich werden Anwendungen und Risiken der Radioaktivität / Kernenergie gezeigt. (LBS 14)
ab 8. Klasse

Was übrig bleibt, wird Museum **F 556**
Prockl, Hans, BRD 1989
16 mm, Magnetton, Farbe, 75 min
Verleih der Filmemacher

Im Erdinger Moos nordöstlich von München werden 2000 Hektar Moorland entwässert, gerodet und planiert. Die technische Landschaft eines Großflughafens entsteht. 50 km weiter südlich werden Touristen und Spaziergänger im Naturschutzgebiet »Hochmoor am Kesselsee« von Ökosheriffs ausgespäht, zur Kasse gebeten oder sogar festgenommen. Über das Schutzgebiet war von den Behörden ein generelles Betretungsverbot verhängt worden. In einer Mischung aus Dokumentation und Spielszenen zeigt der Film Aspekte der Kultivierungsgeschichte des Moores vom Torfstich bis hin zur Transformation in eine Flughafenlandschaft. Er versucht die These zu belegen, daß auch noch so gut gemeinte akribische Naturschutzmaßnahmen sehr widersprüchlich sind und letztlich der Legitimation massiver Landschafts- und Naturzerstörung dienen. (Prockl).
allg. Publikum, Naturschutzgruppen

Washingtoner Artenschutzabkommen **F 557**
Bundesminister für Ernährung, Landwirtschaft und Forsten / Kraus, Uwe, BRD 1983
16 mm, Lichtton, Farbe, 27 min
s. Video
AID; DFS; DFZ; Intermedia; LFD 1-9, 11, 12

Der Film behandelt die Entwicklung des Washingtoner Artenschutzabkommens, beginnend 1972 in Stockholm bis zum Inkrafttreten 1976 in der Bundesrepublik. Erläutert werden besonders gefährdete Tier- und Pflanzenarten, die Arbeit der Vollzugsbehörden (Im- und Exportkontrollen) wird gezeigt. Der einzelne ist dazu aufgerufen, durch sein Verhalten mit dazu beizutragen, daß der Ausrottung gefährdeter Tier- und Pflanzenarten Einhalt geboten wird. (AID)
allg. Publikum

Ökomedia-Bewertung: brauchbar

Information	Realisation	Motivation
2,5 Punkte	2,2 Punkte	2,0 Punkte

Der Film verdeutlicht den Inhalt des Washingtoner Artenschutzabkommens. Die Umsetzung des Abkommens in der Praxis durch Zollbehörden steht im Vordergrund der Darstellung. Zweifel an der Verwirklichung des Gesetzes spricht der Film zu wenig an.

Das Wasser - Ein Erlebnis **F 558**
FWU / Kammermeier, Steffi; Stanjek, Klaus, BRD 1990
16 mm, Lichtton, Farbe, 15 min
EMZ 13; FWU; LBS 1, 3, 4-7, 9, 10, 13, 14

Wasser in seiner Vielfalt, seinen faszinierenden Formen, seiner Gefährlichkeit und seiner elementaren Bedeutung für den Menschen ist das Thema des Films. Er operiert mit einer fiktiven Rahmenhandlung in der Form eines modernen Märchens und eingeschobenen Realteilen an authentischen, vom Wasser geprägten Schauplätzen. Zwei Kinder entdecken auf einem Rummelplatz ein merkwürdiges Zelt. In seinem Innern steht ein geheimnisvoller Kristall, aus dem Bilder hervorwachsen können. So sehen sie nacheinander neun Episoden, die von der Vielfalt, Schönheit und Kraft des Wassers erzählen: einen Wasserfall, Wassertropfen, das Meer, vertrocknete Pflanzen, die sich nach einem Regen wieder aufrichten, eine Taufe, das Abwasser und zu Eis und Schnee gefrorenes Wasser. (FWU)

Ökomedia - Bewertung: wirksam

Information	Realisation	Motivation
2,5 Punkte	3 Punkte	2,8 Punkte

Für kleinere Kinder ein schöner, liebevoll gemachter Film. Es geht um das Element Wasser allgemein, nicht um ökologische Aspekte.

Wasser für die Wüste **F 559**
Lingen, Michael von; Keller, Horst, Mali 1985
16 mm, Lichtton, Farbe, 17 min
DWH

Die Hungerkatastrophen der Sahelländer haben die Problematik dieses Films auf grausame Weise bestätigt: Die wachsende Umweltzerstörung und Verwüstung des Sahel verringern die Chancen der Bevölkerung, sich aus eigener Kraft zu ernähren. In Mali versuchen verschiedene unabhängige Organisationen durch angepaßten Brunnenbau und traditionelle Bewässerung sowie Erosionsschutzmaßnahmen diese Entwicklung aufzuhalten. (DWH)
allg. Publikum, Dritte-Welt-Gruppen

Wasser / Ganges **F 560**
(Eau / Ganga)
Viswanadhan, Indien / Frankreich 1985
16 mm, Lichtton, Farbe, 158 min
Freunde der deutschen Kinemathek

Der Film »Wasser / Ganges« ist zu einem bewegenden Bild geworden: Zwei Stunden ohne Text, nur mit dem Rauschen von Wasser und Wind und den Stimmen der Menschen unterlegt, die am Fluß ihrer Arbeit nachgehen. Viswanadhan beobachtet dokumentarisch genau, aber mit Einstellungen von großer Eindringlichkeit den Fluß mit seinen Veränderungen und das wechselnde Geschehen am Rande. Die Bewegung geht flußaufwärts, von der Mündung im Golf von Bengalen bis zur Quelle hoch oben im Himalaya. Es ist ein Film über einen Fluß, der zur Meditation über das Leben wird. (Freunde der deutschen Kinemathek, gekürzt)
allg. Publikum

Wasser ist Leben **F 561**
Hessisches Ministerium für Landesentwicklung, Umwelt, Landwirtschaft und Forsten / Woll, Rudolf, BRD
16 mm, Magnetton, Farbe, 32 min
s. Video
DFZ; DFS; DIZ; LBS 7, 14; LFD 6

Der Film zur Problematik der Trinkwasserversorgung ist in viele Detailinformationen zergliedert. Die aufschlußreichen Fakten - z. B. Aufgliederung des Trinkwasserkonsums von Privathaushalten und einzelnen Industriebranchen, Verschwendung von Trinkwasser etc. - werden nicht in einen schlüssigen Argumen-

tationszusammenhang gestellt. Bei der Darstellung der Lösungsmöglichkeiten beschränkt sich der Film darauf, gesetzgeberische Maßnahmen aufzulisten und zu betonen, daß alle zu einer Lösung beitragen müssen. (LBS 7)
ab 9. Klasse

Wasser - Leihgabe der Natur F 562
aus der Serie: Praktische Tips
Presse- und Informationsamt der Bundesregierung, BRD 1989
16 mm, Lichtton, Farbe, 15 min
s. Video
DFZ; LFD 1-13

Trinkwasser ist unser wichtigstes Lebensmittel, doch weil es so einfach zu haben ist, gehen wir zu sorglos damit um. Am Beispiel der Trinkwassergewinnung aus dem Rhein werden die einzelnen Filterschritte gezeigt und Empfehlungen zum Wasserschutz gegeben. (LFD 5)
ab 7. Klasse

Ökomedia-Bewertung: brauchbar

Information	Realisation	Motivation
3,0 Punkte	1,7 Punkte	1,7 Punkte

Typischer Lehrfilm mit Kopfbotschaften, sehr schulmäßig und brav.

Wasser - Quell des Lebens F 563
Schweizer Verkehrsbüro / Schneider, Marc W., Schweiz 1990
16 mm, Farbe, 21 min
s. Video
LFD 4

Aspekte der Wassernutzung: Regulierung, Trinkwasser und Brauchwasser, Fischerei, Wärmenutzung, Gewässeruntersuchung, Aufgaben für Gewässerschutzpolitik. (LFD 4)
allg. Publikum

Ökomedia-Bewertung: brauchbar

Information	Realisation	Motivation
1,7 Punkte	3,0 Punkte	1,5 Punkte

Der Film setzt auf gute Bilder. Aber seine Botschaft, daß Korrekturen von Bächen und Flüssen nötig sind und menschliche Eingriffe nicht schaden, wenn man nur exakte Messungen vornimmt, sind doch zweifelhaft.

Das Wasser - F 564
Ein Rohstoff in Gefahr
FWU / Henkel, Huschert Realfilm, BRD 1991
16 mm, Lichtton, Farbe, 15 min
s. Video
FWU; LBS 5; LFD 2

Ausgehend von den Ursachen der Störungen im natürlichen Wasserkreislauf wird auf Trink-, Brauch- und Abwasserkreisläufe sowie deren Zusammenhänge und Bedeutung näher eingegangen. Gleichzeitig werden entsprechende Wasseraufbereitungsverfahren exemplarisch vorgestellt, die erkennen lassen, wie groß heute der technische Aufwand sein muß, um unsere Trinkwasserversorgung zu sichern. (FWU)

Ökomedia - Bewertung: wirksam

Information	Realisation	Motivation
3 Punkte	2,3 Punkte	2,5 Punkte

Viele Informationen werden gegeben, aber der Stil dürfte spannender sein.

Die Wasserherren F 565
Ein Film über die Vorboten des Mangels
Stanjek, Klaus, BRD 1984
16 mm, Magnetton, Farbe, 58 min
s. Video
LFD 2; Verleih der Filmemacher

Unser Lebenselement Wasser ist genauso von Vergiftung und Verseuchung bedroht wie die Luft, der Boden oder der Wald. Unsere Selbstverständlichkeit, Wasser aus dem Hahn zu beziehen, wird immer fraglicher. Wir haben uns das Element auf vielfältige Art nutzbar ge-

macht, und es ist letztendlich zum Handelsobjekt geworden. Der Film skizziert diesen Weg der Verfügbarmachung des Wassers - eine Entwicklung, die nie geradlinig und ungebrochen verlaufen ist. Aber trotz moderner Dammsysteme gibt es wieder verstärkte Hochwasser, und immer gefährlichere Gifte gelangen in die Gewässer. Ein natürliches Verhältnis zum Wasser existiert kaum noch, und stattdessen wächst die Gefahr, daß große Privatunternehmen die Verfügungsgewalt über unsere Wasserversorgung gewinnen. (Neugart)
allg. Publikum

Ökomedia-Bewertung: wirksam

Information	Realisation	Motivation
3,5 Punkte	3,0 Punkte	3,2 Punkte

Historische und kulturkritische Auseinandersetzung um die Besitznahme der Ressource Wasser. Der Film führt zu grundsätzlichen Überlegungen über Art und Weise, wie wir mit unseren Lebensgrundlagen umgehen.

Wasserkreislauf **F 566**
FWU, BRD 1986
16 mm, Lichtton, Farbe, 11 min
FWU; LBS 1-13; LFD 2

Der Film dient als Einstieg in hydrographische und daraus ableitbare Fragestellungen im Bereich der Ökologie und des Umweltschutzes. Im Wechsel von Trick- und Realfilmsequenzen werden folgende Sachverhalte erläutert: Zirkulation des Wassers in einem Großkreislauf zwischen Meer und Land; Teilkreisläufe des Wassers über dem Meer und dem Land, dann der Einfluß der Vegetation auf Verdunstung und Abfluß und zuletzt die Eingriffe des Menschen in den Wasserkreislauf. (FWU, gekürzt)
Sekundarstufe I

Ökomedia-Bewertung: brauchbar

Information	Realisation	Motivation
2,5 Punkte	2,5 Punkte	2,0 Punkte

Ein mäßiger Schulfilm, der das Thema zu oberflächlich behandelt.

Wasserverschmutzung und Uferfiltration **F 567**
(auch unter dem Titel: Wasserverschmutzung in der Bundesrepublik Deutschland)
FWU / Kölbing, Alexander, BRD 1986
16 mm, Lichtton, Farbe, 20 min
FWU; LBS 1-10, 12, 14; LFD 2

In Real- und Trickaufnahmen wird die Wasserversorgung von Ballungsgebieten an vier Beispielen aus der Bundesrepublik dargestellt: München, Hamburg, Ruhrgebiet und Neckargebiet. (FWU, gekürzt)
Sekundarstufe I

Wasservögel **F 568**
aus der Serie: Entdeckungsreisen im Reiche der Natur
Walt Disney, USA 1951
16 mm, Lichtton, Farbe, 32 min
AV-Film; LFD 4

Der Film zeigt die Lebensgewohnheiten verschiedener Wasservögel, z.B. den in den steilen Felsen am St. Lorenz-Strom nistenden Tölpel, Pelikane, Teichhühner, Löffelreiher und Kormorane etc. Jedes Tier ist seinem Lebensraum angepaßt, um überleben zu können. (AV-Film)
ab 6 Jahren

Das Wattenmeer - Lebensraum, Gefährdung, Schutz **F 569**
FWU / Garberding, Karl-Heinz, BRD 1990
16 mm, Lichtton, Farbe, 17 min
FWU; KMZ 6, 10; LBS 1, 6-8, 10, 13

Der Film zeigt die Vernetzung der drei Ökosysteme Düne, Salzwiese und Watt zu einem Gesamtsystem, dem »Wattenmeer«. Diese vom Einfluß der Nordsee geprägte Landschaft ist der Lebensraum zahlreicher, zum Teil hochspezialisierter Pflanzen und Tiere und von besonderer Bedeutung für die Vogelwelt der nördlichen Hemisphäre. Das Wattenmeer ist zahlreichen Gefährdungen ausgesetzt, denen man u.a. durch die Einrichtung von Nationalparks begegnen möchte. (FWU)

Ökomedia - Bewertung: brauchbar

Information	Realisation	Motivation
2,5 Punkte	2 Punkte	2 Punkte

Ein aufzählendes Referat, in dem manches unklar bleibt. Die Hintereinanderreihung von Einzelaspekten ergibt noch kein Gesamtbild.

Wege der Entwicklung **F 570**
Technische Zusammenarbeit in Thailand
GTZ, BRD 1988
16 mm, Farbe, 45 min
s. Video
CRW; DFZ

Der Film berichtet über die konkrete Projektarbeit in den Bereichen Pflanzenschutz, medizinische Versorgung und Tiergesundheit. Auch regionale Entwicklungsprojekte wie das Siedlungsprogramm in der Provinz Ubon-Ratchathani oder das Hochlandentwicklungsprojekt im Nordwesten des Landes werden vorgestellt. (DFZ)
allg. Publikum, Entwicklungshelfer, Dritte-Welt-Gruppen

Ökomedia-Bewertung: wirksam

Information	Realisation	Motivation
3,0 Punkte	2,5 Punkte	2,5 Punkte

Nach einem Porträt über Land und Leute in Thailand referiert der Film GTZ-Projekte.

Wege und Holzwege **F 571**
Hilgert, Hansjürgen; Lähdesmäki, Tuulikki, BRD 1985
16 mm, Lichtton, Farbe, 45 min
s. Video
EMZ 12, 13; KMZ 5, 19; KMZ 5; LFD 2, 4, 7; LBS 1, 3, 4-9, 13, 14; LFD 2; LZNW

Die größten Luftverschmutzer sind Kraftwerke, Autos und Industrie. Vor allem Schwefeldioxide, Stickoxide und Kohlenwasserstoffe belasten weltweit die Atmosphäre in kaum noch vorstellbarem Ausmaß. Schädigungen und Krankheiten bei Menschen, Tieren und Pflanzen sind die Folgen. Zerfressen werden Stein, Metall und Glas.
Im Schwefeldioxid beispielsweise sieht man die Hauptursache für das Waldsterben. Mit dem Wald, vor allem seinem Dahinsiechen, mit Maßnahmen zu seinem

Schutz und zur Reinhaltung der Luft, mit alternativen Formen der Energiegewinnung zur Abwehr weiterer Luftbelastungen befaßt sich der Film.
Eine immer wiederkehrende häusliche Szene, in der eine Familie in ihrem Wohnzimmer mit Waldtapete vor dem - nur hörbaren - Fernseher ihre Assoziationen zur Umweltsituation äußert, ist die gestalterische Klammer, mit der diese satirisch zugespitzte Dokumentation zusammengehalten wird. Nähe und Distanz zum Thema sollen den Zuschauer dazu anregen, Wald und Waldsterben nicht nur vordergründig zu betrachten. (LZNW, gekürzt)
Es ist wie bei Dieter Hildebrandt: Das Lachen kommt von Herzen und bleibt einem im Halse stecken. In diesem Fall ist es ein Öko-Kabarett zum Thema Luftverschmutzung und Waldsterben. Und doch ist es zweifellos ein Dokumentarfilm. Wie wohltuend ist es, daß das Strickmuster unzähliger Öko-Filme hier durchbrochen ist: diese langatmige Reihung von Fakten, Zahlen, Interviews mit Betroffenen und Wissenschaftlern in ihren weißen Kitteln und dies alles im Glanzlicht der Ausgewogenheit - oder was man dafür hält. »Wege und Holzwege« ist parteilich und sorgt für Spannung. Spannung schafft Wirkung. Parteilich nicht im Sinne von Parteipolitik, sondern als offenkundig wertende Beziehung zum Thema. So läßt der Film keine Zweifel, welches die Holzwege sind. Alles in allem: Statt dröger Sachlichkeit Witz, Geist und Humor und eine Menge gut aufbereiteter Informationen. (w & m: Der Öko-Filmtip, gekürzt)
Ausgezeichnet mit dem »Preis des Europäischen Parlaments« auf der »ecovision 87«.
allg. Publikum, Jugend- und Erwachsenenbildung

Ökomedia-Bewertung: besonders wirksam

Information	Realisation	Motivation
4,0 Punkte	3,7 Punkte	3,8 Punkte

Ein phantasievoller, witziger, satirischer Film, den man von Herzen empfehlen kann. Das Verhältnis von Spaß und Sachinformation ist bestens gelungen.

Weise Meister, kluge Mechanismen **F 572**
Ungarn
16 mm, Lichtton, Farbe, 16 min
Imbild; LFD 2

Die ingeniöse Nutzung von Wind und Wasser durch einfachste, aber höchst sinn- und wirkungsvolle mechanische Bauelemente in allen Wind- und Wassermühlen ist Thema des Films. Da richtet ein Müller, nur mit einer Winde, ohne Motor, seine Mühle in den Wind und immer läßt ein System von hölzernen Zahnrädern den schweren Mühlstein rotieren. Ein anderer, seine Mühle steht an einem Bergbach, öffnet eine Schleuse und Wasser flutet auf das große Triebrad des Mahlwerks, das allerlei Gerät in Gang setzt. Dabei zeigt der Film die überraschend einfachen und doch effektiven Techniken der alten Meister. (Imbild)
allg. Publikum

Das weiße Loch **F 573**
Trickfilm
Haacks, Jürgen, BRD 1989
16mm, Farbe, 11 min
s. Video
FWU; KMZ 7; LBS 1-14; Haacks

Eines Tages erscheint auf der Erde aus dem Nichts ein medizinballgroßes schwarzes Loch, das sämtliche Formen von Materie und Energie, die ihm zugeführt werden, restlos verschluckt. Auch gründliche Nachforschungen erbringen keine Klärung des Phänomens. Da kommen die Menschen auf eine grandiose Idee: All der Müll und Sondermüll, der nirgendwo mehr unterzubringen ist, läßt sich so problemlos »entsorgen«, nach dem Motto »Aus den Augen, aus dem Sinn«. Doch plötzlich erscheint ein weißes Loch, und das verschluckt nichts, sondern spuckt alles wieder aus...

Ökomedia-Bewertung: besonders wirksam

Information	Realisation	Motivation
	4,0 Punkte	4,0 Punkte

Ein herrlicher, humorvoller und tiefsinniger Trickfilm. Für jede »Müll-Veranstaltung« der ideale Anreißer und Muntermacher.

Weiße Wildnis
* Die Arktis und der Eisbär
* Große Tiere in der Arktis
* Die Lemminge und das Leben arktischer Vögel

s. Video

Der Wels **F 574**
FWU, BRD 1990
16 mm, Lichtton, Farbe, 14 min
FWU; LBS 1, 5, 8, 13

Beispielhafte Dokumentation eines ökologischen Systems, in dem der Wels eine zentrale Bedeutung hat: 1. Körperbau des nachtaktiven Raubfisches; 2. Beutefang; 3. Fortpflanzung, Entwicklung des Laichs, Schlüpfen der Larven, Entwicklung zum Jungfisch; 4. Das ökologische Gleichgewicht. (FWU)
ab 7. Klasse

Die Welt der Bienen
s. Die Bienenwelt

Die Welt jenseits der Welt **F 575**
Herbrich, Oliver, BRD 1986
16 mm, Lichtton, Farbe, 44 min
Verleih der Filmemacher

Durch die Entwicklungen der Mikroelektronik stehen wir heute vor der dritten technischen Revolution. Dem Film geht es um das neue Verhältnis Mensch - Maschine. Um das Phänomen der sogenannten Superprogrammierer, die das Maschinendenken soweit verinnerlichen können, daß sie in der Lage sind, hochgradig komplexe Computerprogramme wie Partituren aus dem Kopf niederzuschreiben.
Es geht aber auch um das Verhältnis Maschine - Mensch. Um die Möglichkeiten und Grenzen künstlicher Intelligenzforschung. Darum, wie mit Echtzeitsimulation eine synthetische Wirklichkeit erzeugt werden kann: »Gegenüber der Realität hat das digitale, rein vom Rechner erzeugte Bild gravierende Vorteile...«
Und es geht um das Selbstverständnis der »Väter«: »Dennoch bleibt der Mensch das Maß aller Dinge, die menschliche Eigenschaft wird deutlich in seinen Eigenschaften...« Etwa in denen des auf der japanischen Weltausstellung gezeigten Orgelspielers, der mit seinen stählernen Fingern ausgerechnet »Die Schöpfung« spielt. (Verleih der Filmemacher, gekürzt)
allg. Publikum

Ökomedia-Bewertung: wirksam

Information	Realisation	Motivation
3,2 Punkte	3,0 Punkte	3,3 Punkte

Der Film bietet eine Art Bestandsaufnahme, was Computer bereits alles machen, bereits können und was noch zu erwarten ist. Gut gewählte Beispiele machen diesen Beitrag interessant und anschaulich. Allerdings gibt es keinerlei Reflexion, keinerlei Analyse der Thematik »Mensch - Maschine«.

Weltmacht Kaffee **F 576**
1. Café de Costa Rica
2. Die Goldenen Bohnen
Sanchez, Roberto, BRD 1991
16 mm, Farbe, 2 x 26 min
s. Video
DFZ; EMZ 2, 6, 7, 12, 13; EZEF, LBS 13; KMZ 2, 3, 6, 7, 10, 15, 19 (Teil 1); LBS 6, 13, 14; LFD 2, 6, 11, 12; LISA

Der zweiteilige Dokumentarfilm zeigt im ersten Teil die wirtschaftlichen, sozialen und politischen Verhältnisse in Costa Rica, einem Land, dessen Deviseneinnahmen in hohem Maße vom Kaffee-Export abhängen. Er zeigt die harten Lebensbedingungen derjenigen, die in der Kaffee-Produktion oder im Kaffee-Handel beschäftigt sind. Der zweite Teil thematisiert die internationalen Handelsstrukturen und beschäftigt sich mit der Weiterverarbeitung und dem Verkauf des Kaffees in die Bundesrepublik Deutschland. Denn der hochwertige Costa-Rica-Kaffee wird vor allem hierher ausgeführt. (EZEF)

Ökomedia-Bewertung: brauchbar

Information	Realisation	Motivation
2,5 Punkte	2,0 Punkte	2,0 Punkte

Ein Film mit endlosem Kommentar, ohne Punkt und Komma. Ein wichtiges Thema langatmig und spannungslos dargeboten.

Weltpark Antarktis **F 577**
Kontinent der Superlative
Lazi, Franz, 1989
16 mm, Lichtton, Farbe, 43 min
s. Video
LBS 1, 14

Faszinierende Bilder der Antarktis und ihrer Fauna aber auch die Bemühungen der Nationen um die Schätze des 6. Kontinents werfen die Frage auf, ob dieses letzte, nahezu unberührte Ökosystem der Erde als Weltpark erhalten werden kann oder unwiederbringlich zerstört wird. (LBS 1)
allg. Publikum, ab 8. Klasse

Eine Welt voller Rätsel: Ameisen und andere Insekten **F 578**
Walt Disney, USA 1954
16 mm, Lichtton, Farbe, 12 min
s. Video
Imbild; KMZ 6, 10; LBS 14; LFD 2

Die Ameise zählt zu den artenreichsten Tiergattungen: etwa 5000 Arten leben auf der Erde. Der Film zeigt einige von ihnen, die Honig-Ameise, die Blattschneider-Ameise Mittel- und Südamerikas, die sich von Pilzkulturen nährt. Die Jagd-Ameise hält die Zahl von Termiten und anderen Schadinsekten klein. Allein Ameisen gemein ist die Geschicklichkeit, mit der sie unterirdische Gänge und Gräben anlegen und dabei oft Steine bewegen, deren Gewicht das ihre vielfach übertrifft. (Imbild)
ab 6 Jahren

Ökomedia-Bewertung: wirksam

Information	Realisation	Motivation
2,7 Punkte	3,5 Punkte	3,5 Punkte

Tolle Bilder, zum Teil höchst dramatisch, aus dem Leben verschiedenster Ameisenarten. Ein typisches Produkt der Disney-Studios.

Eine Welt voller Rätsel: Geheimnisse des Wassers **F 579**
Walt Disney, USA
16 mm, Lichtton, Farbe, 16 min
s. Video
AV-Film, KMZ 6, 10

Die einfachsten Formen des Lebens werden sichtbar, wenn man einen Tropfen Wasser unter dem Mikroskop betrachtet. Im Aquarium beobachten wir dann den Stichling beim Nestbau, bei der Brautwerbung, bei der Eiablage und der Aufzucht der Brut. Nächste Stationen sind der Teich und das Meer, wo Teufelsfische, Seespinnen und Quallen vorgestellt werden. (AV-Film)
allg. Publikum

Ökomedia-Bewertung: wirksam

Information	Realisation	Motivation
2,5 Punkte	3,0 Punkte	3,0 Punkte

Wieder einmal die Faszination der Unterwasser-Kamera, die eine Wasserwelt zeigt - vor allem im Meer -, die es so schon gar nicht mehr gibt.

Eine Welt voller Rätsel: Die Pflanzenwelt **F 580**
Walt Disney, USA 1954
16 mm, Lichtton, Farbe, 15 min
s. Video
AV-Film; Imbild; KMZ 6, 10; LBS 14; LFD 2

Der Film zeigt u.a. wie Samen von Wolfsmilch und Baumwollstauden vom Wind fortgetragen werden und die Samen des Wilden Hafers und des Reiherschnabels mit Hilfe ihrer licht- und feuchtigkeitsempfindlichen Grannen auf dem Erdboden voranbewegt werden. Der Film zeigt ferner in Zeitrafferaufnahmen, wie Keimlinge das Erdreich durchbrechen und heranwachsen. (Imbild)
ab 6 Jahren

Ökomedia-Bewertung: wirksam

Information	Realisation	Motivation
2,5 Punkte	3,5 Punkte	3,2 Punkte

Zeitraffer in extenso! Samen, die weggeschleudert werden, Blüten, die aufgehen, Keimlinge, die aus der Erde kommen. Ein schöner Erlebnisfilm aus dem Reich der Pflanzen.

Eine Welt voller Rätsel: Die Welt der Bienen **F 581**
auch unter dem Titel: Die Bienenwelt
Walt Disney, USA 1954
16 mm, Lichtton, Farbe, 12 min
s. Video
AV-Film; KMZ 6, 10; LBS 14; LFD 2

Der Film zeigt in Makroaufnahmen das Leben im Bienenstock. Den Kampf der neuen Königinnen bis hin zu einem Waldbrand, der den Stock der Bienen bedroht.
ab 6 Jahren

Ökomedia-Bewertung: wirksam

Information	Realisation	Motivation
2,7 Punkte	3,0 Punkte	3,0 Punkte

Eine Art Disney-Schulfilm, dem es dieses Mal mehr um Wissensvermittlung als um spektakuläre Bilder oder dramatische Inszenierung der Tierwelt geht.

Wendezeit **F 582**
Spielfilm
Capra, Bernd, Frankreich / USA 1991
35 mm, Lichtton, Farbe, 112 min
Impuls-Film

Umweltverschmutzung, Waldsterben, Atomkraft, Super-Gau, Arbeitslosigkeit, Streß. Schlüsselworte, die alle unsere Zukunft und die des menschlichen Individuums wie überhaupt unseres Planeten beinhalten. Autor Fritjof Capra gilt als Hauptvertreter einer neuen ideologischen, menschlicheren Weltanschauung. Der Film seines Bruders Bernd ist Anregung zum Aufbruch zu einem neuen Bewußtsein in Wissenschaft und Gesellschaft. Er setzt die Thesen seines Bruders um in beeindruckende Filmbilder und bewegende Dialoge. (Impuls-Film)
allg. Publikum

Wenn Moskitos baden gehn **F 583**
BASF / Baier, Manfred, BRD 1987
16 mm, Lichtton, Farbe, 26 min
s. Video
AID; BASF; KMZ 6, 10

Die Stechmücke ist ein Überträger von gefährlichen Krankheiten. Ein neu entwickeltes biologisches Mittel wird zur Bekämpfung der Moskitos in Afrika ebenso wie am Oberrhein eingesetzt.
ab 12 Jahren

Wenn Sie diesen Planeten lieben **F 584**
(If You Love This Planet)
Nash, Terri, Kanada 1982
16 mm, Lichtton, Farbe, 21 min
s. Video
EMZ 1, 2, 4, 7, 8, 10, 12, 13; Freunde der deutschen Kinemathek; KMZ 1-3, 5, 8, 11-14, 16, 18, 19; LBS 4, 9, 13; LFD 2; LZNW

Die australische Wissenschaftlerin und Kinderärztin Dr. Helen Caldicott spricht über die Gefahren der atomaren Rüstung. Ausschnitte aus ihrer Vorlesung wechseln mit historischen Bilddokumenten und anderen Filmaufnahmen. Frau Dr. Caldicott beschreibt u.a. den Ablauf eines Atomangriffs und seine medizinischen Folgen. Die individuellen und sozialen Konsequenzen einer von Atombomben zerstörten Zivilisation und Kultur lassen sich kaum vorstellen. Wir leben, so Frau Dr. Caldicott, auf einem todkranken Planeten. (LBS 4)
allg. Publikum, Friedensgruppen

Ökomedia-Bewertung: wirksam

Information	Realisation	Motivation
3,5 Punkte	3,2 Punkte	3,7 Punkte

Es handelt sich um die Wiedergabe einer sehr guten Rede gegen den Waffenwahnsinn unserer Welt, montiert mit eindrucksvollen historischen Aufnahmen. Der Appell der Rednerin ist deutlich: »Wenn Sie diesen Planeten lieben, gibt es nur eine Konsequenz: aktives politisches Handeln.«

Wenn der Wald stirbt, stirbt die Seele **F 585**
aus der Serie: As women see it
Breitel, Heidi; Hammel, Eva, BRD 1983
16 mm, Farbe, 30 min
s. Video
EMZ 7; EZEF; KMZ 7, 19; LBS 9; LFD 1-9; LZNW

Dollo Stankowski, 39 Jahre alt, ist Lehrerin und hat eine Tochter. Seit Jahren arbeitet sie in einer Umweltgruppe und jetzt in der Aktionsgemeinschaft Robin Wood gegen die Zerstörung der Wälder durch sauren Regen. Der Film zeigt, mit welchen Widerständen Lollo zu kämpfen hat. (gep)
allg. Publikum, Umweltgruppen

Ökomedia-Bewertung: wirksam

Information	Realisation	Motivation
2,3 Punkte	2,6 Punkte	3,0 Punkte

Eine Frau in ihrer Umwelt: privat - beruflich - als Mitglied von Robin Wood. Ihr Selbstverständnis wird deutlich vermittelt. Die Gesprächsteile im Film sind oft klischeehaft. Die Dokumentation der Schornsteinbesteigung ist gelungen.

Wenn der Wind weht **F 586**
(When the wind blows)
Trickfilm
Murakami, Jimmy, Großbritannien 1986
16 mm, Lichtton, 35 mm, Farbe, 77 min
s. Video
Filmwelt (35 mm); BJF; EMZ 2, 4, 6-8, 12; KMZ 2, 8, 11, 12, 19; EZEF; LBS 7, 9; LFD 4, 6, 7; meteor (alle 16 mm)

Dieser Trickfilm zeigt die Reaktionen eines Rentnerehepaares, das einem Atomkrieg ausgesetzt ist. Mit schwarzem Humor schildert der Film die Uninformiertheit der Menschen und die propagandistischen Verschleierungsversuche der Regierung. Er macht dabei deutlich, daß es keine Zukunft gibt, wenn eine Atombombe explodiert ist. (Spielfilmliste)
Betroffenheit kann »Wenn der Wind weht« allerdings erst gegen Ende auslösen, dann nämlich, wenn das qualvolle Sterben von Jim und Hilda in allen Stadien, beginnend mit Müdigkeit, Erbrechen, Haarausfall und Hautauschlag, gezeigt wird, wenn die Augenränder dunkler

WEISST DU, SCHATZ, MAN DARF EINFACH NICHT IMMER DRÜBER NACHDENKEN - DA WIRD MAN JA VERRÜCKT
MEHREN 1/93

und die Stimmen schwächer werden, wenn die Wasservorräte erschöpft sind und die letzte Pastille gegessen ist. (epd-Film, gekürzt)
allg. Publikum

Ökomedia-Bewertung: wirksam

Information	Realisation	Motivation
	2,8 Punkte	2,7 Punkte

Ein Endzeit-Trickfilm, der durch ein Zuviel an Zynismus Distanz bewirkt. Man kann sich mit den Figuren schlecht identifizieren und fühlt sich dadurch zu wenig angesprochen. Außerdem ist die verdummende Darstellung der »armen, kleinen Spießer«, mit denen man im besten Falle Mitleid haben kann, zu oberflächlich.

Wettlauf um die Antarktis **F 587**
Kurzfassung von: Antarctica Project
Engstfeld, Axel, BRD 1990
16 mm, Lichtton, Farbe, 17 min
FWU; KMZ 6, 10; LBS 1-3, 6-8, 10, 12, 13; LFD 1

Vor dem Hintergrund einer Antarktis -Expedition der Umweltschutzorganisation Greenpeace, die mit der symbolischen Erklärung der Antarktis zum »Weltpark« die Öffentlichkeit auf die Bedrohung dieses letzten intakten Ökosystems der Erde aufmerksam machen will, zeigt der Film die Interessenlage der Antarktisvertragsstaaten an einer Ausbeutung der Rohstoffe dieses Kontinents und gibt Beispiele, wie weit der Mensch bereits in dieses sensible ökologische Gleichgewicht eingegriffen hat. (FWU)

Ökomedia - Bewertung: wirksam

Information	Realisation	Motivation
3,1 Punkte	3,1 Punkte	3 Punkte

Auch als Kurzfassung noch ein guter, informativer Film.

Wie die Luft zum Problem wurde **F 588**
aus der Serie: Meine Umwelt - Deine Umwelt
Bundesminister des Innern / Berliner Filmladen, BRD 1980
16 mm, Lichtton, Farbe, 14 min
EMZ 4, 11, 12; FWU; KMZ 16, 19; LBS 1-14; LISA

Auf einem umgebauten Grundstück inmitten einer städtischen Wohngegend, das mit Gerümpel volliegt, haben sich die Kinder Felix, Sascha, Regina und Astrid ein Spielhaus gebaut. Beim Spielen im Haus und auf dem Grundstück entstehen Konflikte in der Kindergruppe als Folge der kindlichen Auseinandersetzung mit den auftretenden Problemen, die durch Wasser, Luft, Müll und Umweltgestaltung thematisiert werden. (LBS 1)
3.-6. Klasse

Ökomedia-Bewertung: besonders wirksam

Information	Realisation	Motivation
3,7 Punkte	3,7 Punkte	3,5 Punkte

Der Film ist für die angestrebte Altersgruppe sehr gut geeignet, da die Kinder ernst genommen werden und an ihren Spieltrieb, ihre Neugier und Erfindungsgabe appelliert wird.

Wie der Müll zum Problem wurde **F 589**
aus der Serie: Meine Umwelt - Deine Umwelt
Bundesminister des Innern / Berliner Filmladen, BRD 1980
16 mm, Lichtton, Farbe, 13 min
EMZ 4; FWU; KMZ 16, 19; LBS 1-14; LISA

Auf einem umgebauten Grundstück inmitten einer städtischen Wohngegend, das mit Gerümpel volliegt, haben sich die Kinder Felix, Sascha, Regina und Astrid ein Spielhaus gebaut. Beim Spielen im Haus und auf dem Grundstück entstehen Konflikte in der Kindergruppe als Folge der kindlichen Auseinandersetzung mit den auftretenden Problemen, die durch Wasser, Luft, Müll und Umweltgestaltung thematisiert werden. (LBS 1)
3.-6. Klasse

Ökomedia-Bewertung: besonders wirksam

Information	Realisation	Motivation
3,7 Punkte	3,7 Punkte	3,5 Punkte

Der Film ist für die angestrebte Altersgruppe sehr gut geeignet, da die Kinder ernst genommen werden und an ihren Spieltrieb, ihre Neugier und Erfindungsgabe appelliert wird.

Wie das Wasser zum Problem wurde **F 590**
aus der Serie: Meine Umwelt - Deine Umwelt
Bundesminister des Innern / Berliner Filmladen, BRD 1980
16 mm, Lichtton, Farbe, 14 min
EMZ 4, 11, 12; FWU; KMZ 16, 19; LBS 1-14; LISA

Auf einem umgebauten Grundstück inmitten einer städtischen Wohngegend, das mit Gerümpel volliegt, haben sich die Kinder Felix, Sascha, Regina und Astrid ein Spielhaus gebaut. Beim Spielen im Haus und auf dem Grundstück entstehen Konflikte in der Kindergruppe als Folge der kindlichen Auseinandersetzung mit den auftretenden Problemen, die durch Wasser, Luft, Müll und Umweltgestaltung thematisiert werden. (LBS 1)
3.-6. Klasse

Ökomedia-Bewertung: besonders wirksam

Information	Realisation	Motivation
3,7 Punkte	3,7 Punkte	3,5 Punkte

Der Film ist für die angestrebte Altersgruppe sehr gut geeignet, da die Kinder ernst genommen werden und an ihren Spieltrieb, ihre Neugier und Erfindungsgabe appelliert wird.

Wie wirkt Radioaktivität **F 591**
FWU / Gesellschaft für bildende Filme / Eisenmenger, Roland; Kafka, Wolf A., BRD 1989
16 mm, Lichtton, Farbe, 17 min
FWU; LBS 1, 5, 6, 8, 10, 13, 14

Radioaktive Strahlen verändern die Elektronenhüllen von Atomen und Molekülen. In Lebewesen beeinflussen die dabei entstehenden Ionen und Radikale auf direktem und indirektem Weg den geregelten Ablauf (bio)chemischer Reaktionen. Körpereigene (Abwehr-)Mechanismen können in der Regel diese

Schäden beheben. Gelingt dies nicht vollständig, entstehen bleibende physiologische Störungen. Abhängig von Alter, Lebensweise, Gesundheitszustand, Veranlagung, körpereigenen Abwehrkräften und Geschlecht können diese dann, oft erst nach Jahren, zu Immunschwäche, Krebs und auch zum Tod führen. Beeinflussungen des Erbmaterials äußern sich meist erst in späteren Generationen. Außer bei hohen Belastungen sind exakte Aussagen zur tatsächlichen Schadwirkung jedoch bislang nicht möglich. (FWU)

Ökomedia - Bewertung: brauchbar

Information	Realisation	Motivation
2,6 Punkte	2,1 Punkte	2,3 Punkte

Recht informativer Film mit vielen technisch-wissenschaftlichen Fakten. Der Film fordert, daß die Strahlung so niedrig wie möglich gehalten werden muß, enthält sich aber der Stimme, wie das zu bewerkstelligen ist.

Wie wir unsere Umwelt besser geplant haben **F 592**

aus der Serie: Meine Umwelt - Deine Umwelt
Bundesminister des Innern / Berliner Filmladen, BRD 1980
16 mm, Lichtton, Farbe, 12 min
EMZ 4; FWU; KMZ 19; LBS 1-14

Auf einem umgebauten Grundstück inmitten einer städtischen Wohngegend, das mit Gerümpel volliegt, haben sich die Kinder Felix, Sascha, Regina und Astrid ein Spielhaus gebaut. Beim Spielen im Haus und auf dem Grundstück entstehen Konflikte in der Kindergruppe als Folge der kindlichen Auseinandersetzung mit den auftretenden Problemen, die durch Wasser, Luft, Müll und Umweltgestaltung thematisiert werden. (LBS 1)
3.-6. Klasse

Ökomedia-Bewertung: besonders wirksam

Information	Realisation	Motivation
3,7 Punkte	3,7 Punkte	3,5 Punkte

Der Film ist für die angestrebte Altersgruppe sehr gut geeignet, da die Kinder ernst genommen werden und an ihren Spieltrieb, ihre Neugier und Erfindungsgabe appelliert wird.

Die Wiese im Jahreslauf **F 593**

FWU / Csordas, Attila, BRD 1991
16 mm, Lichtton, Farbe, 13 min
FWU; LBS 5

Wiesen sind von Menschenhand geschaffene Ökosysteme. Sie unterliegen zwei- bis mehrfacher Mahd und zeigen einen typischen jahreszeitlichen Rhythmus, dessen Erscheinungsformen der Film vom Frühling bis zum Herbst verfolgt: Bearbeiten des Bodens, erste Frühlingsboten, erste (Löwenzahn) und zweite (Hahnenfuß) gelbe Welle, Grasblüte, erste Mahd im Hochstand der Wiesenpflanzen. Es folgen Heuernte, Nachwachsen der Pflanzen zum zweiten Hochstand, Herbst und Einbruch des Winters. (FWU)

Ökomedia - Bewertung: brauchbar

Information	Realisation	Motivation
2,1 Punkte	1,8 Punkte	1,7 Punkte

Ein ziemlich langatmiger, aufzählender Film, der Pflanzen aneinanderreiht.

Wind und Sonne **F 594**

Energie für die Zukunft
GTZ, BRD 1989
16 mm, Lichtton, Farbe, 20 min
s. Video
CRW; DFZ

Im Film wird die Frage gestellt, ob wir einer globalen Katastrophe im Energiebereich entgegenzusteuern. Es wird an einigen Beispielen gezeigt, wie weiterentwickelte und moderne Technologien hel-

fen können, die Energiekrise in der Dritten Welt zu mindern und ihre Folgen nach Möglichkeit zu beheben. In Niger z.B. entstehen aus alten Ölfässern Öfen, in der Elfenbeinküste werden Biogas-Kleinanlagen verbreitet. Letzte Station der Reise sind verschiedene Projekte für erneuerbare Energien in Jordanien. (DFZ)
Entwicklungshelfer, Dritte-Welt-Gruppen

Ökomedia - Bewertung: brauchbar

Information	Realisation	Motivation
2,5 Punkte	2,0 Punkte	2,0 Punkte

Der Film präsentiert Beispiele alternativer Energienutzung. Ein nur mäßiger Kommentarfilm.

Wir müssen wieder lernen, Bäume zu pflanzen **F 595**
Schulz, Bernd, BRD 1979, 16 mm, Farbe, 45 min
s. Video
DFZ; EMZ 7,12; LBS 1, 3, 4, 7, 9, 12, 14; LFD 1-9

Nepal, das kleine Königreich im Himalaya, liegt zwischen den beiden Riesen Indien und China. Es verfügt kaum über Rohstoffvorkommen und hat keinen direkten Zugang zum Meer. Kohle auf den Märkten von Katmandu ist deshalb teuer. Obwohl das Holzschlagen verboten ist, kommen täglich Hunderte von Holzträgern in die Stadt, mit großen Bündeln auf dem Rücken. Holz ist die einzige Energiequelle des Landes, und da die Bevölkerung jährlich um zwei Prozent wächst, wurden in den letzten Jahrzehnten immer mehr Wälder abgeholzt. Die Folgen: Erosion, Absinken des Grundwasserspiegels und Versteppung. Eine zunehmende Verarmung der Bevölkerung ging damit einher. Seit Mitte der siebziger Jahre versuchen neun Experten verschiedene Gegenmaßnahmen durchzusetzen: Junge Bäume werden gepflanzt, angehende Forstwarte in der Aufforstung des Waldes unterrichtet, das Handwerk wird gefördert, damit ein Teil der landwirtschaftlich genutzten Flächen für die Wiederaufforstung zurückgewonnen werden kann. Durch Straßenbau- und Verkehrseinrichtungen sollen Absatzmöglichkeiten erschlossen werden, und in Bildungsmaßnahmen wird die Alphabetisierung vorangetrieben und Verständnis für ökologische Zusammenhänge geweckt. (DFZ)

Ökomedia-Bewertung: besonders wirksam

Information	Realisation	Motivation
4,0 Punkte	3,5 Punkte	4,0 Punkte

Ein hervorragender Film über ökologisch sinnvolle Entwicklungshilfe. Die wirtschaftlichen, sozialen, politischen und ökologischen Zusammenhänge in Nepal werden anschaulich dokumentiert.

Wir sind alle Versuchskaninchen **F 596**
(We are the guinea pigs)
englische Originalfassung
Harvey, Joan, USA 1980
16 mm, Lichtton, Farbe, 90 min
Freunde der deutschen Kinemathek

Ein noch immer aktueller Film über den Unfall im Atomkraftwerk Harrisburg und seine Hintergründe. Bewohner der Umgebung, Wissenschaftler und Politiker sagen aus. Der Film untersucht die Verflechtung zwischen der privaten Atomindustrie und der Regierung der USA vor dem Hintergrund des internationalen Wettrüstens. (Freunde der deutschen Kinemathek, gekürzt)
allg. Publikum, Anti-Atom-Gruppen

Wir wollen Blumen und Märchen bauen **F 597**
Hartwig, Thomas; Moign, Jean-Francois le, BRD 1970
16 mm, Lichtton, Farbe, 108 min
atlas; LBS 4

Blumen und Märchen wollen sie bauen, die Siedlungsmacher des Märkischen Viertels in Berlin. Der Prototyp einer modernen Trabantenstadt sollte geschaffen werden. Das Ergebnis: Eine seelenlose Wohnmaschine für 60.000 Unterprivilegierte, in der die wichtigsten sozialen Einrichtungen und sogar der Friedhof einfach vergessen wurden. Der Film schildert die Entwicklung des Jugendzentrums »Die Brücke« im Märkischen Viertel, in dem Jugendliche in Selbsthilfe und Selbstverwaltung unter Mitarbeit von Studenten ihre Freizeit zu organisieren versuchten. Das Experiment scheiterte.
Die Berliner Architekten wollten Blumen und Märchen bauen, es entstand eine bedrückende, für die Rendite der Unternehmer geplante Betonwelt, hochaufragende Wände, festungsähnlich. So wuchs, weil sich die Erwachsenen schon in eine unbewältigte Realität versetzt sahen, auch in den Kindern Aggressivität. (atlas)
allg. Publikum

Wo die grünen Ameisen träumen **F 598**
Spielfilm
Herzog, Werner, BRD 1984
16 mm, Farbe, 103 min
s. Video
atlas

Werner Herzogs Film über den selbstmörderischen Umgang mit der Natur: Zwei uralte Stämme bewahren in einem verlorenen Flecken Erde irgendwo in Australien ihre Legenden, ihre Lieder und ihre Gesetze der Schöpfung. Es ist ein verzweifelter Kampf um ihre Kultur, ihre Mythen und Gesetze, die aus 40.000 Jahren Leben in der Wüste resultieren. Sie geraten in Konflikt mit den modernen Gesetzen Australien und den Interessen einer Bergwerksgesellschaft, die in ihrem Gebiet Uran abbauen will. Als Dokumentation mit fiktiver Spielhandlung erzählt Herzog vom passiven Widerstand der Ureinwohner gegen die Planierraupen und bürokratischen Winkeladvokaten, vom Zusammenprall zweier unvereinbarer Kulturen und der reuevollen, verbitterten Umkehr des Hauptprotagonisten Macket vom sachlich-funktionalem Schreibtischtäter zu einem Verbündeten der Aborigines. (atlas)
allg. Publikum

Ökomedia-Bewertung: besonders wirksam

Information	Realisation	Motivation
	3,6 Punkte	3,6 Punkte

Ein interessanter Film des deutschen Regisseurs, der wie in seinen anderen Filmen äußerst bildstarke Sequenzen bietet.

Der Wolf ist mein Bruder **F 599**
(The Wolf is my Brother)
Bardischewski, Marie, BRD 1984
16 mm, Farbe, 84 min
Verleih der Filmemacher

Jeder kennt die Indianer, so wie sie Karl May beschrieben hat. Aber wie leben die Indianer Nordamerikas heute? Nachdem man sie fast ausgerottet hat, ist ihre Lage heute sehr schwierig. Beispielhaft zeigen uns Clyde, Nancy und Charly, wie verschieden die Umwelten und Lebensweisen der Indianer heute sein können. In der »Roten Schule« werden die Kinder gemäß der überlieferten Tradition und den Werten der Indianer erzogen. Sie leben in einer Gemeinschaft und in der freien Natur im Bewußtsein, eins zu sein mit der Mutter Erde und dem Bruder Wolf. Sie glauben an die Verwandtschaft aller Lebewesen und die Abhängigkeit von ihrer Umwelt. In den Reservaten wird diese Lebensweise auch heute noch angestrebt, aber durch wirtschaftliche Not gehen die Indianer in die großen Städte.

Das bedeutet für sie Anpassung an die Welt der Weißen, Business, Konsumdenken und Großstadtprobleme. (Förderverein deutscher Kinderfilme)
ab 6 Jahren

Wolfsblut **F 600**
(White Fang)
Spielfilm
Walt Disney / Kleiser, Randal, USA 1991
16 mm, Lichtton, Farbe, 116 min
BJG

Trotz eines furiosen Anfangs ist Wolfsblut kein Abenteuerfilm, sondern ein Märchen, die Geschichte einer Liebe zwischen Mensch und Tier. Wolfsblut ist eine Geschichte mit kalkuliert eingesetzter Spannung und Emotionen, die sich vor dem gewaltigen Bergpanorama Alaskas zum Drama steigert, ohne dem Zuschauer je die Gewißheit des guten Endes zu verweigern. Gleichwohl reflektiert Wolfsblut, wie die Romanvorlage Jack Londons, ein verändertes Naturverhältnis. Doch anders als im Roman bleibt der Held am Ende mit dem Wolf in der Wildnis zurück. Dies ist vielleicht eine falsche Versöhnung, aber immerhin zu den Bedingungen des Wolfes. (BJF)
ab 6 Jahren

Die Wüste ist anders **F 601**
1986
16 mm, Lichtton, Farbe, 16 min
WBF

Der Film stellt die wichtigsten Großlandschaften der Wüste vor: Gebirgs-, Tafelland, Becken- und Dünenwüste mit ihren typischen Oberflächenbedeckungen. Eindrucksvolle Aufnahmen von Menschen und Tierarten, die speziell an ihre Lebensräume angepaßt sind, vervollständigen das Bild der Wüste. Auch das Eindringen fremder Interessen (Ölgewinnung), das Zerstören unberührter Naturlandschaften wird angesprochen. (WBF)

Die Wüste lebt **F 602**
Walt Disney / Algar, James, USA 1953
16 mm, Lichtton, Farbe, 67 min
AV-Film; EMZ 2; KMZ 6, 10; LBS 14

Ein Naturfilm, der das Leben der kleinen Wüstentiere mit seinen großen Aufregungen beobachtet und dabei nie gesehene Aufnahmen aus unbekannten Naturbereichen zeigt. Aufnahmen von bekannten und weniger bekannten Tieren, daneben grandiose Landschaftsbilder, humorvolle und belehrende Passagen in wohldosiertem Verhältnis. Eine bestechende Kameraführung. (AV-Film)
allg. Publikum, ab 6 Jahren

Ökomedia-Bewertung: wirksam

Information	Realisation	Motivation
2,5 Punkte	4,0 Punkte	3,5 Punkte

Ein Naturfilm erster Güte, dessen Kamera wieder - wie bei fast allen Walt-Disney-Filmen - höchst witzige und originelle Situationen eingefangen hat. Typisch auch die eigens komponierte Musik und die dramatische Erzählweise, die - was manch einen stören wird - die Tiere stark vermenschlicht.

Wüstenbewässerung - Formen und Probleme **F 603**
(unter Verwendung von »Wasser für Arabien«)
FWU / Dubied, Jean-Pierre, BRD 1986
16 mm, Lichtton, Farbe, 16 min
FWU; LBS 1-14

Im ersten Teil werden traditionelle Bewässerungstechniken aus Trockengebieten der Alten Welt, aus Nordafrika und Arabien, gezeigt: Ziehbrunnen, Qanat und Gebirgswasserleitung. Im zweiten Teil demonstriert der Film moderne Beregnungstechniken und weist zum Schluß auf die Gefahren einer falschen Nutzung hin: Boden- und Grundwasserversalzung und schließlich Grundwasserschwund.

Die gesamten Agrarsysteme sind dadurch gefährdet. (FWU, gekürzt)
Sekundarstufe I

Ökomedia-Bewertung: wirksam

Information	Realisation	Motivation
3,0 Punkte	2,8 Punkte	2,7 Punkte

Ein sachlicher, anschaulicher Film, der deutlich macht, daß moderne Technik nicht den erhofften Wasserreichtum bringt, sondern im Gegenteil zur Austrocknung alter Oasenkulturen führt.

Wüstentiere
s. Tiere der Wüste

Eine Wunde, die nicht heilt - Kahlschlag in Papua-Neuguinea **F 604**
Dost, Bernd, BRD 1990
16 mm, Farbe, 43 min
EMZ 2

Eindrucksvoll berichtet dieser Dokumentarfilm über den Kahlschlag wichtiger Wälder durch oft japanische Holzverarbeitungsfirmen in Papua-Neuguinea. Den dort lebenden einheimischen Menschen und Christen wurde durch die Firmen Entwicklung und besseres Leben versprochen, wenn sie ihre Wälder zum Abholzen freigeben und verkaufen. Statt Entwicklung kam aber durch die rabiaten Abholzmethoden ein Niedergang für das Land und die Menschen. Die Ökologie und damit auch die Lebensgrundlage der Papuas wurde zerstört. Sie sind zutiefst verunsichert. Alternativer Anbau von Kaffee und Kakao greift nicht wegen der nicht kostendeckenden Weltmarktpreise. Viele Menschen und Gemeinden sind ratlos und auch darin zeigt sich eine »Wunde, die nicht heilt«. (EMZ 2)
allg. Publikum, Dritte-Welt-Gruppen

Ökomedia-Bewertung: wirksam

Information	Realisation	Motivation
2,8 Punkte	2,8 Punkte	2,8 Punkte

Beredtes Zeugnis über die Machenschaften von Abholzfirmen, die ganze Regenwälder kleinhäxeln, damit Videorekorder u.a. in Pappe verpackt werden können. Die missionierende Rolle der Kirche, die den Film mitfinanziert hat, wird leider mit keinem Wort diskutiert.

Wunder der Prärie
* Das Leben der kleinen Tiere in der Prärie
* Das Leben der großen Tiere in der Prärie
* Der Büffel

Wunder der Prärie **F 605**
Walt Disney / Algar, James, USA 1955
16 mm, Lichtton, Farbe, 70 min
AV-Film; KMZ 6, 10

Ein Naturfilm über die Tiere des Mittelwestens der USA. Perfekt in der Darbietung, kurzweilig, humorvoll, lehrreich. Als ein reichhaltiges Vergnügen für alle Jahrgänge sehenswert. (AV-Film, gekürzt)
ab 6 Jahren

Ökomedia-Bewertung: wirksam

Information	Realisation	Motivation
3,0 Punkte	3,3 Punkte	3,5 Punkte

Wieder einmal wundervolle Aufnahmen der bekannten Disney-Qualität. Es ist übrigens einer der wenigen Disney-Filme, in denen die Bedrohung einzelner Tierarten angesprochen wird. Es gibt in diesem Film herrliche »Auftritte« von Gänsen, Enten und Schwänen, wie sie landen und auf dem Wasser tanzen.

Wunder der Tiefe F 606
(Mysteries of the Deep)
Walt Disney, USA 1959
16 mm, Lichtton, Farbe, 24 min
s. Video
Imbild; KMZ 6, 10; LFD 2, 3, 9

Erstaunliche Bilder: Hier tummeln sich Delphine, da Riesenwale. Schwärme von farbenschillernden Fischen durchziehen die Meere, Dschungel von Tangfeldern treiben dahin, und auf jeder Sandbank regt sich Leben. Tiere, die wie Pflanzen aussehen oder ihre Farbe ändern können, um ihre Feinde zu täuschen. Höhepunkt des Films ist die Geburt eines Delphins. Die Eltern schützen ihn im Schwarm vor einem Hai. Dann ein Kampf jedes gegen jeden: Tintenfisch, Wasserschnecke, Schlangenstern, Krabbe, Drückerfisch und Muräne kämpfen ums Überleben. (Imbild)
ab 6 Jahren

Ökomedia-Bewertung: wirksam

Information	Realisation	Motivation
2,7 Punkte	3,4 Punkte	3,4 Punkte

Faszination unter Wasser. Ein Film zum Staunen mit herrlichen Bildern.

Xunan The Lady F 607
Gunten, Peter von; Keller, Margrit, Schweiz 1983
16 mm, Farbe, 90 min, OmU
s. Video
EZEF; LFD 2; LZNW; Verleih der Filmemacher

Der Film ist im weitesten Sinne ein Porträt von Gertrude von Düby-Blom, 1901 im Kanton Bern geboren, die sich im 2. Weltkrieg in der Widerstandsbewegung engagierte. Durch ihre Flüchtlingsarbeit kam sie nach Mexiko, wo sie sich in Chiapas niederließ. Hier kämpfte sie während Jahrzehnten um das Überleben der Lacondonen, dieser »letzten direkten Nachkommen der Maya«. In den vergangenen Jahren mußte sie erkennen, daß auch sie nicht imstande war, den Niedergang der Indianerkultur aufzuhalten. Als »Projekt meines Lebens« bezeichnet sie ihre Baumschule, die der Wiederaufforstung dienen soll. Chan K'in, der alte Weise von Lacondon zur heutigen Situation: »Die Lacondonen haben sich verändert. Die Chicleros, die Missionare, die Mahagonyfäller waren es, die diese Veränderungen in Gang setzten.« Der Film wird zu einem Zeugnis der fortdauernden Kolonisation der Indianer, der Zerstörung ihrer eigenen Lebensformen. (EZEF)
allg. Publikum

Yap... Woher wußten Sie, daß wir Fernsehen lieben? F 608
(Yap... How Did You Know We'd Like TV)
O'Rourke, Dennis, Australien 1980
16 mm, Farbe, 57 min
Cine Terz

Die kleine Insel Yap gehört zum »Trust Territory« der pazifischen Inseln, einem Gebiet das den USA nach dem Zweiten Weltkrieg durch die Vereinten Nationen als strategisches Treuhandgebiet zugeteilt wurde. Nach den Satzungen des Treuhandstatuts sind die USA verpflichtet, das Prinzip anzuerkennen, daß die Interessen der Einwohner über allem anderen stehen und daß das Wohlergehen der Einwohner gesichert werden muß.
Zweiunddreißig Jahre später haben die USA eine Gesellschaft initiiert, die von Regierungsämtern und -vorteilen abhängig ist. Die Bevölkerung wird so mit Reklame-Produkten überschwemmt, daß sie ihre Kultur aufgibt und sich amerikanischen Werten und Institutionen zuwendet. Anstelle des Dorflebens, des Fischfangs in der Lagune und der Gartenarbeit auf den Taro-Feldern treten Büchsennahrung, Bier und Budenstädte.
1979 installierte eine in Los Angeles ansässige Fernsehgesellschaft ein Fern-

sehsystem in Yap, zu dem auch Werbung für »Ihren lokalen Ford-Händler in Südkalifornien«, für Big-Macs und Ferien auf Barbados gehört. Viele Bewohner von Yap lehnen das Fernsehen ab. Sie sehen es als eine weitere Bedrohung ihrer Kultur. Sie sagen, daß die Einführung des Fernsehens mit vielen anderen Dingen, die die USA liefern, dazu dient, ihre Abhängigkeit zu verstärken. (Cine Terz)

Zan Boko **F 609**
Kaboré, Gaston, Burkina Faso 1988
35 mm, Farbe, 92 min
Freunde der deutschen Kinemathek

Der Film erzählt die Geschichte einer Entwurzelung: Tinga, ein Bauer, weigert sich, sein kleines Stück Land, das von der Großstadt »gefressen« wurde, zu verlassen. Einem reichen Nachbarn gelingt es schließlich, ihn von seinem Grund und Boden zu vertreiben. Er will auf dem Grundstück des Bauern ein Schwimmbad bauen. »Zan Boko« bedeutet soviel wie »Verwurzelung« oder »Identität«. (Spielfilmliste)
allg. Publikum

IM FRÜHSTAU ZU BERGE MEHREN 5/90

Zebra **F 610**
aus der Serie: Schweigende Safari
Chermayeff, P.u.J., USA 1971
16 mm, Lichtton, Farbe, 10 min
s. Video Schweigende Safari
Imbild; LBS 14; LFD 2, 3, 6

Der Film zeigt das Kommunikationsverhalten der Zebras und ihr komplexes Signalsystem, das sich in bellenden Lauten äußert, Begrüßungszeremonien, Kampfspiele und ihre Lebensgemeinschaft mit Vögeln, die sie von Insekten freihalten. Die Kamera beobachtet eine Herde, die sich äußerst vorsichtig einem Wasserloch nähert, während im hohen Gras verborgen ein Löwe lauert. (LFD 6)
ab 6 Jahren

Ökomedia-Bewertung: wirksam

Information	Realisation	Motivation
	3,0 Punkte	3,0 Punkte

Die Zugspitze **F 611**
Kurzfassung von: Der geschundene Berg - Beobachtungen auf der Zugspitze
FWU / Engstfeld, Axel, BRD 1991
16 mm, Lichtton, Farbe, 15 min
FWU; KMZ 6, 10; LBS 5, 13

Der Film zeichnet die Erschließung der Zugspitze bis in unsere Zeit nach, versucht ein Bild von der vielfältigen Nutzung des Berges zu geben und weist auf die Belastung der Natur hin, die letztlich zur Zerstörung dieses attraktiven Fremdenverkehrsgebietes führen kann. Der Film beginnt mit der Erstbesteigung 1820, der Errichtung eines Gipfelkreuzes 1851, dem Bau der Zahnradbahn 1828-30 sowie der Inbetriebnahme der Eibseeseilbahn 1963: Wichtige Etappen, um die Zugspitze dem Tourismus zugänglich zu machen. Heute gibt es allein auf der deutschen Seite des Berges 16 Bahnen und Lifte, die aber an manchen Tagen dem Ansturm der Touristen nicht gewachsen sind.

Die Kehrseite dieser Entwicklung ist die immer stärkere Zurückdrängung und Schädigung der Natur. Die Verletzung der Vegetationsdecke durch die Klauenränder der Weideschafe und der Wildverbiß durch Rehe und Gemsen sind zusätzliche Faktoren. Doch die größeren Gefahren drohen dem Berg durch die zunehmende Luftverschmutzung und die Vergiftung des Bodens. Der Ausbau des Straßennetzes und der touristischen Einrichtungen in und um Garmisch steigern die Aufnahmekapazitäten, was immer wieder weitere Schäden für die schon schwer belastete Natur nach sich zieht. (FWU)

Ökomedia - Bewertung: wirksam

Information	Realisation	Motivation
3,0 Punkte	3,0 Punkte	3,0 Punkte

Informativer Film zur Geschichte der Zugspitz-Bezwingung, mit deutlichen Worten zu den Waldschäden.

Zu ihrem Vergnügen F 612

Trickfilm
Phillips, Derek, Großbritannien 1970
16 mm, Lichtton, Farbe, 4 min
EMZ 1, 2, 4, 6-8, 10, 12, 13; KMZ 6, 10, 19; LFD 6, 7; LZNW

Im Zeitraffertempo werden die zerstörenden Eingriffe des Menschen in die Natur gezeigt. »Zu ihrem Vergnügen« schufen sich die Menschen - bedacht oder unbedacht - die Umweltprobleme unserer Tage. (gep)
allg. Publikum

... Zum Beispiel Stromverbrauch F 613

aus der Serie: Sparsame und rationelle Energieverwendung
FWU, BRD 1984
16 mm, Lichtton, Farbe, 16 min
s. Video
FWU; LBS 1-14

Seit mehreren Jahren bestimmt das Wort Energiekrise die öffentliche Diskussion, bei der vor allem die Notwendigkeit der Energieeinsparung durch den Verbraucher betont wird. Davon ausgehend beschreibt der Film einige Möglichkeiten des Energieeinsparens im privaten Haushalt. Resümee des Films: Durch erhöhte Umsicht bei der Nutzung elektrischer Geräte im Haushalt kann jeder Verbraucher bei der Einsparung von Energie mitwirken. (FWU)
ab 8. Klasse

Ökomedia-Bewertung: wirksam

Information	Realisation	Motivation
2,7 Punkte	4,0 Punkte	3,2 Punkte

Der Film ist didaktisch sinnvoll aufgebaut und motiviert den Zuschauer zum Energiesparen.

Zum Heulen - Die Umwelt unserer Kinder F 614

WDR / Joachimsen, Luc; Böhmer, Lucas Maria, BRD 1972
16 mm, Lichtton, Farbe, 42 min
LZNW

Für 2,50 Mark pro Stunde wollten sich Kinder einen Spielplatz kaufen. Sie fütterten Parkuhren mit Groschen und funktionierten hundert Quadratmeter eines Parkplatzes zum Spielplatz um, bis sie von der Polizei verjagt wurden. Dieses provozierende Beispiel aus dem WDR-Film über »Die Welt unserer Kinder« zeigt deutlich, daß überall dort, wo Boden vorwiegend nach wirtschaftlichen Überlegungen genutzt wird, Kinder in der Regel keinen Platz finden. Der Film fragt, ob unser Land kinderfeindlich ist, er läßt aber auch erkennen, daß man der Welt der Kinder nicht allein mit bürokratischen Aktivitäten und Forderungen an den öffentlichen Etat, sondern wohl nur durch Umdenken gerecht werden kann. (LZNW)
allg. Publikum

Zu wenig für alle: F 615
Verlust bäuerlicher Kultur
am Beispiel der Philippinen
FWU / Yuiges, Roberto, BRD 1987
16 mm, Lichtton, Farbe, 30 min
FWU; LBS 1-10, 12, 14

Auf den Philippinen ist - wie in allen Ländern der Dritten Welt - der Prozeß des Untergangs der ländlichen Kultur deutlich erkennbar. Der Dokumentarfilm vermittelt in Landschaftsaufnahmen die eindrucksvolle Leistung des Terrassenbaus und beschreibt den bäuerlichen Jahresrhythmus mit seinen unterschiedlichen Arbeiten. Während der Wachstumszeit der Pflanzen wandern aber fast alle Bauern in die Stadt ab, um die Existenzgrundlage ihrer Familien zu sichern. Damit beginnt die Entfremdung vom Land, häufig gefolgt von Landflucht und der Ansiedlung in der Stadt. In den Armenvierteln geht die kulturelle Tradition allmählich unter und weicht dem Existenzkampf einer anonymen Massengesellschaft. (FWU, gekürzt)
Sekundarstufe I und II, Jugend- und Erwachsenenbildung

Ökomedia-Bewertung: wirksam

Information	Realisation	Motivation
2,0 Punkte	3,2 Punkte	2,8 Punkte

Dieser Film zeigt sehr anschaulich die naturnahe Lebensweise und Religion auf den Philippinen und deren Veränderungen. Er versagt leider, was die Begründungen betrifft. Politische und ökonomische Aspekte bleiben völlig ausgeklammert. So ist unverständlich, woher das Bevölkerungswachstum rührt. Dennoch aufgrund seiner filmischen Qualität empfehlenswert.

Zwielicht F 616
Die Ökologie der künstlichen Helligkeit
Stanjek, Klaus, BRD 1990
16 mm, Lichtton, Farbe, 72 min
s. Video
Verleih der Filmemacher

Licht gehört zu den vernachlässigten Aspekten der menschlichen Umwelt. Um Luft und Wasser hat man sich gesorgt, aber das Licht gilt weiterhin als unversehrt und grenzenlos verfügbar. Dabei hat das alltägliche Licht einen dramatischen Wandel durchgemacht: Tageslicht wird immer häufiger durch Kunstlicht ersetzt - vor allem in der Arbeitswelt, aber auch in Schulen und Krankenhäusern.
Dabei wird völlig außer acht gelassen und von Vertretern der Lichtindustrie häufig geäußert, daß Tageslicht eine immense Aufgabe hat: Es schützt den Körper vor zahlreichen Krankheiten und sorgt auf diese Weise für psychisches und physischen Wohlbefinden. Im Gegensatz dazu sind die gesundheitlichen Auswirkungen der häufigsten Kunstlichtarten nicht zu überschätzen. Das Knochengerüst wird davon ebenso in Mitleidenschaft gezogen wie die Augen, der Haarwuchs und eine emotionale Ausgeglichenheit.
»Zwielicht« unternimmt eine Reise durch künstlich beleuchtete Welten, spricht mit Betroffenen, mit Industrievertretern, mit Medizinern. Die Kehrseiten des Kunstlichts werden deutlich. Stanjek macht uns lichtbewußt. Er verschärft unsere Sinne für die Einsicht, daß Licht weit mehr ist als Helligkeit, daß natürliches Licht den menschlichen Organismus über die Augen mit wertvollen Impulsen für Stoffwechsel und Hormone versorgt. (Verleih der Filmemacher)
allg. Publikum

Zwischen Biotop und Müllberg F 617
ZDF / Dahn, Gerwin, BRD 1991
16 mm, Lichtton, Farbe, 25 min
s. Video
DFZ; LFD 6, 9, 12

In welchem Beruf kann man zum Schutz der Umwelt beitragen? Der Film zeigt den Landschaftsgärtner, aber auch Vertreter handwerklicher Berufe in einem Klärwerk. In der Abfallbranche nutzen Ver- und Entsorger die Möglichkeiten der Abfallsortierung und der Wiederverwertung. (LFD 9)
Schulabgänger

Ökomedia-Bewertung: wirksam

Information	Realisation	Motivation
2,7 Punkte	2,7 Punkte	2,7 Punkte

Recht informative Beiträge im Magazinstil mit Studiogästen, die für berufsuchende Schulabgänger sicherlich hilfreich sein können.

Videos

Abgeholzt, verbrannt, verwüstet **V 1**
Video
LFD 2, 11
s. Film

Die Abholzer **V 2**
Dietz, Heinz; Roloff, Georg, BRD 1992
Video, Farbe, 30 min
Atelier Screen TV

In Kanada, dem Klischeeland für endlose Wälder und unberührte Natur, fällt alle 12 Sekunden die Fläche eines Fußballfeldes der Säge zum Opfer. In der Provinz Alberta z.B. haben multinationale Konzerne eine Waldfläche von 221.000 qkm unter sich aufgeteilt. Mit einer modernen Maschine, die gleich vier Stämme auf einmal packt, fällt ein Mann pro Tag bis zu 3.000 Bäume. Ein Großteil des Holzes wird vor Ort zu Zellstoff für die Papierherstellung verarbeitet und gebleicht, oft mit der längst veralteten Chlorbleichmethode. Die giftigen Abwässer gelangen in Flüsse und Seen. Die Wildbestände sind drastisch zurückgegangen, Fische sind z.T. nicht mehr genießbar. (Film Medienbörse Niedersachsen)
allg. Publikum

A breath of fresh air **V 3**
WWF-UK, GB
Video, Farbe, 20 min, engl. Orig.
WWF

Produktion zum Thema Luftverschmutzung und Energienutzung. (WWF)
allg. Publikum

Abschied vom Wasserklo **V 4**
Video
EMZ 9; FWU; KMZ 19; LBS 1-14; LFD 7
s. Film

Abschied von Garzweiler **V 5**
HFF / Seipp, Wolfram; Serawan, Louay, BRD 1989
Video, Farbe, 15 min
LBS 13; LZNW

Garzweiler, ein Dorf nahe bei Jüchen im Rheinischen Braunkohlegebiet: Dieser alte Siedlungsplatz, umgeben von fruchtbaren Feldern, steht auch auf Braunkohle. Der Abbau von Braunkohle bedeutet nicht nur die Beseitigung von Deckschichten über der Kohle, sondern Verlegung von Wegen, Straßen, Bächen und Flüssen. Auch Häuser, Bauernhöfe, Handwerksbetriebe, ganze Dörfer werden dem Erdboden gleichgemacht. Am Beispiel von Garzweiler versucht der Film Gedanken und Empfindungen deutlich zu machen. (LBS 13)
allg. Publikum

Ökomedia-Bewertung: wirksam

Information	Realisation	Motivation
3,0 Punkte	3,0 Punkte	3,0 Punkte

Dieser Film wirkt sehr authentisch. Ohne Effekthascherei und ohne Kommentierung läßt er alte Menschen ihre Trauer ausdrücken angesichts der «Beseitigung« ihres Dorfes.

Abschied von Matjora **V 6**
Video
atlas; EMZ 15; KMZ 6, 10; LFD 2
s. Film

Das achte Gebot **V 7**
Video
Denkmal-Film
s. Film

18 Jahre danach - die Nordsee damals und heute **V 8**
NDR / Adolf-Grimme-Institut / Widuch, C., BRD 1985
Video, Farbe, 45 min
s. auch Medienpaket Stilles Wasser
EMZ 1, 2, 4, 5, 7, 8, 10, 12, 13; KMZ 13; LBS 4, 7, 8, 10, 14; LFD 4

Ein Unterwasser-Kamerateam ist den eklatanten Veränderungen in der Nordsee buchstäblich auf den Grund gegangen, indem es wiederum an genau jenen Drehorten filmte, an denen es vor 18 Jahren schon einmal Filmaufnahmen machte. Dort, wo vor 18 Jahren noch gesundes, sonnendurchflutetes Wasser zu sehen war, ist heute die Sicht überall getrübt. Bereits in 30 Metern Tiefe ist die Sauerstoffgrenze zwischen Leben und Tod erreicht. (Adolf-Grimme-Institut)
Eindrücklicher geht es wohl kaum. Damals und heute: 18 Jahre sind vergangen, ein winziger Augenblick, denkt man erdgeschichtlich. Damals sauberes, klares Wasser, gute Sicht für das Unterwasserteam, die Kamera verfolgt, wie der Strudelwurm schwebt und die Schnecke am Halm klebt, wie die Feuerqualle leuchtend ihre Tentakeln bewegt. Heute: Brühe, miserable Sicht, glibberig grüne Algenteppiche, Pferdemuschelfriedhöfe, schwarzer Schlick und leere Schalen, massenweise Borstenwürmer und klebriger Tang. Überall schwebt Plankton und trübt die Sicht. Die Nordsee ist überdüngt. Waschpulver, Düngemittel, Kot und Urin verwandeln ein gesundes Meer in eine Nährbrühe, deren Sauerstoffgehalt rapide sinkt. Die Beweise, die das Kamerateam eingefangen hat, lassen keinen Zweifel mehr: Es herrscht Friedhofsatmosphäre. »18 Jahre danach - Die Nordsee damals und heute« ist ein pädagogisch sehr wertvoller Film: Die Schönheit der kleinen roten Flohkrebse bleibt genauso in Erinnerung wie die getrübte Sicht im zu Tode gedüngten, dreckigen Meer. Anschaulicher geht es wohl kaum. (w & m: Der Öko-Filmtip)
allg. Publikum, Naturschutzgruppen

Ökomedia-Bewertung: besonders wirksam

Information	Realisation	Motivation
3,8 Punkte	3,5 Punkte	3,8 Punkte

Zum Thema »Meeresverschmutzung« gibt es derzeit keinen besseren Beitrag. Eine sehr empfehlenswerte Dokumentation für den Wasserspezialisten ebenso wie für ein allgemein interessiertes Publikum.

Adler über Mecklenburg **V 9**
DFF, DDR 1986
Video, Farbe, 35 min
LaUB

Sagen und Vorurteile, Märchen und Legenden ranken sich um ein Tier, das häufig genug auch als Wappen Symbolkraft demonstriert: der Adler. Daß der Adler auch in der DDR beheimatet ist, wo und wie er lebt, davon berichtet dieser Film, der Brutgeschehen, Aufzucht und Fütterung von Jungvögeln zeigt. (LaUB)
allg. Publikum

Ätzende Luft **V 10**
SFB / Funke, Wolfgang; Teutloff, Gabriele, BRD 1988
Video, Farbe, 15 min
LBS 4

Die Berliner Luft ist so schlecht, daß für die Pinguine im Zoo ein Haus mit Luftfilteranlage gebaut werden mußte, da die Tiere sonst ernsthaft erkrankt wären. Aufgeschreckt durch diese Nachricht gehen Schüler den Problemen der Luftverschmutzung nach. (LBS 4)
ab 7. Klasse

Affen **V 11**
aus der Serie: Zauber der Tierwelt
Kramer, Christel; Kramer, Karl-Heinz, BRD
Video, Farbe, 30 min
Kaufkassette: Falken-Video

So unterschiedlich die zahlreichen Affenarten auch sind, besitzen sie dennoch wichtige Gemeinsamkeiten: das Leben in Verbänden, die Festlegung der Rangord-

nung und die lange Kindheitsphase. Vergleichende Verhaltensstudien der einzigen Affenhorde Europas in Gibraltar und verschiedener Affenarten Asiens sind das Thema dieses Video-Films. (Falken-Verlag)
allg. Publikum

Ökomedia-Bewertung: brauchbar

Information	Realisation	Motivation
2 Punkte	2,2 Punkte	2 Punkte

Schwer zu ertragender Kommentar, der durch seine gewollten Vermenschlichungen witzig sein will. Der zweite, weniger »komische« Teil ist besser, aber immer noch mittelmäßig.

Afrikanische Tierwelt im Ökosystem der Savannenlandschaft **V 12**
4 Filme auf einer Kassette
Institut für Weltkunde (WBF), BRD 1978
Video, Farbe, je 5 min
WBF

1. Lebensraum im ökologischen Gleichgewicht. Die Naturlandschaft des Ngorongoro-Kraters mit ihrer Tierwelt. Hier wird durch ein sich selbst steuerndes Wirkungsgefüge ein ökologisches Gleichgewicht zwischen Lebewesen und Umweltfaktoren aufrechterhalten.
2. Gesetze der Tierwanderung: Die Gnuherden der Serengeti - Wildschutz und Weideanspruch der Massai. Die Regenzeitweide der Serengeti-Gnus im südöstlichen Nachbarraum wird gleichzeitig von den Massai als Viehweide benutzt. Die Doppelnutzung führt zu Überweidung und damit langfristig zur Zerstörung der Naturlandschaft.
3. Afrikanische Savannentiere in ihrer Umwelt: Fleischfresser wie Löwe, Gepard und Hyäne bevorzugen als Beutetiere Zebras, Gnus und Gazellen. Erbeutet werden meist die alten und kranken Tiere und Neugeborene und Jungtiere.
4. Kaffernbüffel, Löwe, Geier: ein Beispiel für die Beziehungen zwischen Pflanzenfressern, Fleischfressern und Aasfressern.

Agrarindustrie in den USA **V 13**
gekürzte Fassung von: Die Saat des Fortschritts oder das Ende der Entwicklung
FWU / Troeller, Gordian; Deffarge, Claude, BRD 1987
Video, Farbe, 30 min
FWU; LBS 1-10, 12-14

Nach einer Mahnung George Washingtons zum sorgsamen Umgang mit dem Boden zeigen Gordian Troeller und Claude Deffarge die Aufnahmestation eines Viehmastbetriebes in Texas und vergleichen den heutigen Fütterungsbetrieb mit der früheren Weidewirtschaft. Nach der Viehwirtschaft beschreiben sie den Ackerbau in Texas: Unterirdisch verlegte Bewässerungsleitungen, Getreidesilos für die Überschußproduktion und Grundwasserprobleme. Der Gemüseanbau in Kalifornien geschieht in weitflächigen Plantagen, Setz- und Pflanzmaschinen vergrößern die Kapazität, die Ernte wird zu großen Teilen zu Tiefkühlkost verarbeitet. Rationalisierung und Ertragssteigerung sind oberstes Ziel der Produktion: Bewässerung, Flurbereinigung, Düngung, Pestizide und Monokulturen prägen das Bild der Agrarindustrie. Auch in den USA können immer weniger Bauern dem Konkurrenzdruck standhalten: Farmer gehen bankrott, die Arbeitslosen und Armen werden in San Fransisko in Armenküchen gespeist. (FWU)
Sekundarstufe I und II, Jugend- u. Erwachsenenbildung

Ökomedia-Bewertung: wirksam

Information	Realisation	Motivation
3,5 Punkte	3,0 Punkte	3,0 Punkte

Eine kritische, informative und anschauliche Darstellung des Agrobusiness in den USA.

Agriculture in the USA **V 14**
aus der Serie: Worldnet Segments
USA 1988
Video, Farbe, 81 min, engl. Original
LBS 1

Einblicke in Geschichte und gegenwärtige Situation der amerikanischen Landwirtschaft mit Beiträgen zum Einsatz von Datensystemen in der Landwirtschaft, zur Lage im Farmerstaat Iowa, zur Bodenerosion und zum Einsatz von Pestiziden. (LBS 1)
ab 11. Klasse

Agrochemistry for the Future **V 15**
Gesellschaft für bildende Filme, BRD 1991
Video, Farbe, 19 min
BASF

Innovation für Landwirtschaft und Umwelt in Magazinform aufbereitet. Safety first: Wo bleiben die Rückstände von Pflanzenschutzmitteln in Boden, Wasser, Luft? From Nature's Laboratory: Ein biologischer Wirkstoff, aus einem Waldpilz isoliert, macht als Fungizid von sich reden. Oil is not the only answer: Nachwachsende Rohstoffe werden schon heute zu Vitaminen, Pharmaka und Druckfarben veredelt. For Water's Sake: Ein denkender Dünger hilft, die Nitratbelastung im Trinkwasser zu reduzieren. (BASF)
allg. Publikum, landwirtschaftl. Fortbildung

Alpen im Zwielicht: Probleme durch Massentourismus **V 16**
Video
Kommission der EG; LBS 7; LFD 2
s. Film

Das alte Neue **V 17**
Video
LFD 2, 3, 5, 9
s. Film

Alternative Energiegewinnung in Kalifornien **V 18**
ARD / Wiegand, Hans-Gerd, BRD 1987
Video, Farbe, 9 min
LFD 2; LZNW

Ein Bericht über verschiedene Formen alternativer Energiegewinnung in Kalifornien. Im einzelnen werden Windturbinen, Wasserkraft, vulkanische Energie und Biomasse-Kraftwerke vorgestellt. Kalifornien will in den kommenden zehn Jahren dreiviertel des gesamten Energiebedarfs durch alternative Systeme dekken. Die Atomenergie läuft mehr und mehr aus. Beispielsweise verarbeiten 20 Biomasse-Kraftwerke jährlich rund 250.000 Tonnen sog. Abfälle zu Elektrizität - billiger und vor allem umweltfreundlicher als Atomkraftwerke. (LZNW)
allg. Publikum, Energiewirtschaft

Ökomedia-Bewertung: brauchbar

Information	Realisation	Motivation
2,5 Punkte	2,2 Punkte	2,5 Punkte

Der Film ist kaum mehr als eine Aneinanderreihung einzelner Kapitel über alternative Energien. Er bietet einen Überblick, geht aber nicht ins Detail. Der durchlaufende Kommentar bietet wenig tiefergehende Informationen.

Altölaufbereitung - zum Nutzen der Umwelt **V 19**
aus der Serie: Aus Alt mach Neu
Hatee-Film, BRD 1988
Video, Farbe, 17 min
LBS 1, 4, 6, 14

Altöl aus Motoren wird oft umweltschädlich beseitigt. Im Film werden die umweltschonende Entsorgung, die Kontrolle und die Aufbereitung des Altöls ge-

zeigt. Die Endprodukte der Erdölfraktion werden der Wiederverwendung zugeführt. (LBS 1)
ab 8. Klasse

Amazonien - verlorenes Paradies V 20
aus der Serie: Die Welt im Wandel
Monitor TV / Pro 7 / Gillam, Martin; Scheef, Roland, 1990
Video, Farbe, 52 min
Kaufkassette: Taurus Video

Die Regenwälder des Amazonasgebiets sind in Gefahr, bis zum Jahr 2000 völlig vernichtet zu werden. Seit etwa 15 Jahren werden sie in großem Stil niedergebrannt, um Ackerland und Viehweiden, Straßen- und Eisenbahntrassen, Plätze für Industrieansiedlung zu schaffen. Durch die Brandrodung werden jährlich eine Milliarde Tonnen Kohlendioxid in die Atmosphäre geblasen. (Taurus)
allg. Publikum

Ökomedia-Bewertung: wirksam

Information	Realisation	Motivation
3,5 Punkte	3,5 Punkte	3,5 Punkte

Ein informatives, umfassendes Bild von Amazonien zu geben, gelingt diesem Film. Die Autoren berichten spannend und engagiert.

Am Tag als das Wasser kam - V 21
Großprojekte und kleine Leute
aus der Serie: Wenn aber das Salz schal wird...
Stingl, Georg, BRD 1989
Video, Farbe, 30 min
KMZ 2, 6, 8, 10, 14

Der Film ist eine Momentaufnahme. Er beschreibt den Zustand des Projektes »Staudamm Gallito Ciego« in Peru Anfang 1989. Weiterhin wird beschrieben, wie eine katholische Kirchengemeinde sich für die Opfer des Großprojekts engagiert. Eine örtliche Pfarrgemeinde setzt sich mit Experten des Bundesministeriums für wirtschaftliche Zusammenarbeit und der Kreditanstalt für Wiederaufbau auseinander. (KMZ 10)
ab 16 Jahren, kirchl. Gemeindearbeit

Ökomedia-Bewertung: brauchbar

Information	Realisation	Motivation
2,8 Punkte	2,3 Punkte	2,3 Punkte

Endloser, zum Teil diffuser Kommentar macht den Film ziemlich anstrengend.

Angepaßte Technologie V 22
Video
Basis; EMZ 2, 13
s. Film

Anima Mundi V 23
Video
WWF
s. Film

An Krebs gestorben V 24
B.O.A.
Video, Farbe, 18 min
B.O.A.; Medienzentrum Ruhr

1955 wurde in der Wüste von Utah nahe der Stadt San George der Spielfilm »Der Eroberer« mit John Wayne, Rita Hayworth u.a. gedreht, 150 Kilometer östlich jenes Platzes, an dem die USA zwischen 1952 und 1957 rund 150 überirdische Atombombentests durchführten. Bis auf eine Akteurin sind sämtliche Mitglieder der Filmcrew an Krebs gestorben. Der Wüstensand war radioaktiv verseucht. In San George liegt die Leukämierate viermal höher als in anderen Gebieten. Doch die amerikanische Regierung leugnet jeden Zusammenhang. (Medienzentrum Ruhr)
allg. Publikum

Ökomedia-Bewertung: wirksam

Information	Realisation	Motivation
3,0 Punkte	2,5 Punkte	3,0 Punkte

Ein informativer Film, der Erschreckendes zu Tage fördert. Formal könnte er einfallsreicher gestaltet sein: zu viele redende Leute, zu wenig bildhafte Umsetzung.

Antarctica Projekt - Der Versuch der Industrienationen, den letzten Kontinent unter sich aufzuteilen **V 25**
Video
atlas; LBS 6; LFD 2, 5; LZNW
s. Film

Antilopen statt Kühe **V 26**
(African Wildlife: Trapped between History and Oblivion)
Jozefowicz, Jürgen, BRD 1988
Video, Farbe, 45 min
Jozefowicz

Viel zu viele Rinder fressen auch die letzten Halme in Afrika ab und verwandeln die Landschaft in Wüste. Im Wildreservat Pilanesberg im südlichen Afrika wird jetzt eine neue Art des Wildschutzes versucht: Wild muß sich bezahlt machen. Und der schwarzen Bevölkerung muß beigebracht werden, daß nicht nur Rinder, sondern auch das Wild kommerziellen Wert hat. (Jozefowicz)
allg. Publikum, Naturschutzgruppen

Ökomedia-Bewertung: wirksam

Information	Realisation	Motivation
2,8 Punkte	3,0 Punkte	2,7 Punkte

Ein streitbarer Film über Nationalparks im südlichen Afrika. Interessant gemacht, informativ, mit guten Bildern. Allerdings bleiben wesentliche Fragen unbeantwortet, vor allem was die Öffnung für den Tourismus und die weißen Trophäenjäger betrifft. Der Mensch erscheint zudem als allmächtiger Verwalter der Natur. Dieser Tonfall läßt die positiven Aspekte des Rekultivierungsprojektes eines an sich eindrucksvollen Anti-Erosionsprogramms wieder ein wenig zweifelhaft erscheinen. Dennoch ein wichtiger Diskussionsbeitrag zum Thema »Naturmanagement«.

Apokalypse - Der große Sündenfall II **V 27**
Gubalke, Bianka, BRD 1986
Video, Farbe, 24 min
KMZ 7, 8, 11, 12, 20, 21; LBS 4, 13; LZNW

»Und die sieben Engel machen sich bereit, die sieben Posaunen zu blasen: denn die Zeit ist nahe!« (Off. 8,1) Dieser Offenbarung entsprechend begreift der Film die atomare Entfesselung als zweiten Sündenfall, als größte Bedrohung der Menschheit seit Schöpfungsbeginn. Schüler eines Aachener Gymnasiums brachten ihre Gefühle und Gedanken in einem Wandbild zu diesem Thema zum Ausdruck. Seine Elemente bilden die Struktur dieser Videoproduktion. (LZNW)
Sekundarstufe I und II, Jugend- und Erwachsenenbildung

Ökomedia-Bewertung: wirksam

Information	Realisation	Motivation
	2,8 Punkte	2,5 Punkte

Ein Untergangs-Video mit bedrückendem Inhalt. Die Schülerarbeiten in Ton sind beeindruckend, das Requiem zu den Atompilzen zu ästhetisch, zu grausamschön, der Text zu tragend. Es ist schwierig, diesem Beitrag gerecht zu werden.

Arktis **V 28**
NDR / Quilici, Brando, BRD / Italien 1992
Video, Farbe, 3 x 60 min
Kaufkassette: Screen Entertainment

Folge 1: Die letzte Chance dem Eis / Der weiße König
Die Arktis ist eines der letzten Naturreservate der Erde. Doch sie wird bedroht. Sie befindet sich in einem Prozeß der Umwandlung. Diese Entwicklung wird

durch eine bedrohliche Ausbreitung moderner Technologie vorangetrieben, die wie ein Damoklesschwert über der Arktis und ihrer Zukunft liegt.
Weit weg von den Menschen, im kalten Zauber des Eises, beansprucht der Polarbär sein Reich als König der Arktis. Von ihm sagen die Eskimos, er wandere in endenden Kreisen um den Pol und gäbe allen Lebewesen Kraft.
Folge 2: Zauber des Nordlichts / Im Reich der sanften Riesen
Bis vor kurzem glaubte man noch, das Nordlicht, die Aurora Borealis, entstünde durch Luftspiegelungen vom arktischen Eis. Doch heute haben die fortlaufenden wissenschaftlichen Untersuchungen viele Geheimnisse der Aurora enthüllt.
Die Eskimos nennen sich selbst "das Volk des Wals". Mit dem Grönland-Wal fühlen sich die Ureinwohner der Arktis seit Generationen verbunden. Doch die sanften Riesen sind in Gefahr.
Folge 3: Arktische Dörfer / Kolosse der See
Mit seinen 400 Einwohnern ist Amerikas nördlichste Stadt Barrow in Alaska die größte und auch modernste Inuit-Siedlung. Mitten in einem Gebiet des ewigen Eises gibt es einen örtlichen Supermarkt, und die Ureinwohner können sich Fernsehgeräte in ihrem Dorf kaufen. Da bleibt nur die Frage: Wie kommen die Ureinwohner der arktischen Region mit dem Kulturschock zurecht?
Zwei Giganten der nördlichen Breite sind das Walroß und der Killerwal. Tausende von Walrössern werden jedes Jahr wegen ihrer Stoßzähne getötet. Einmal im Jahr, im Frühling, treffen sich Walroßgruppen und Killerwale in der Beringsee, wo einzigartige Aufnahmen entstanden. (Screen Entertainment)
allg. Publikum

Artenschutz im Acker **V 29**
AID / Olderog Agrar Video / Kessel, Gabi; Sackis, Dirk, BRD 1990
Video, Farbe, 17 min
AID

Der Film will über das Ackerrandstreifen-Programm informieren, das seinen Beitrag zum Schutz wildlebender Pflanzen und Tiere leisten kann. 3 bis 6 Meter breite Ackerränder werden herbizidfrei bewirtschaftet. Der Minderertrag wird entschädigt. Auf diesen Randstreifen zeigt sich eine Vielfalt von Pflanzen und Tieren, die in der intensiv genutzten Agrarlandschaft nicht mehr oft zu finden sind. (AID)
Landwirte

Ökomedia-Bewertung: brauchbar

Information	Realisation	Motivation
2,0 Punkte	2,0Punkte	2,0 Punkte

Filmreferat, das der Landwirtschaft kein Haar krümmen will und trotzdem Ackerkräuter schützen möchte. So kommt es zur »Sowohl-als-auch-Haltung«, die »Ackerrandstreifenprogramme« und »Teilbreitenabschaltung« bei den Giftspritzmaschinen propagiert.

Arten- und Biotopschutz 1 + 2 **V 31**
Video
LFD 2
s. Film

Arten- und Biotopschutz **V 32**
Video
LBS 2; LFD 2
s. Film

Artists in Poland **V 33**
WWF
Video, Farbe, engl. Orig., 18 min
WWF

Dokumentation über eine Initiative zur Einrichtung eines Schutzgebietes in Polen. (WWF)
allg. Publikum

Asphaltkreuze **V 34**
Video
EMZ 3-5, 8-11, 13; KMZ 2, 3, 6, 10, 13, 14, 16, 17, 20; LBS 1, 4, 6, 7, 13, 14; LFD 1
s. Film

Atom-Angst **V 35**
Die Kirche und der Konflikt um die Kernenergie
Evang. Fernsehen / Puls, Joachim, BRD 1989
Video, Farbe, 30 min
EMZ 2, 4, 9, 13; Evang. Fernsehen; LBS 1, 14

Das Image der Kernenergie ist so schlecht wie nie zuvor. Nach dem Aus für die Wiederaufbereitungsanlage in Wakkersdorf im Frühjahr 1989 geht der Film der Frage nach, wie es zu diesem Vertrauensverlust kommen konnte. Umstritten ist, welche Rolle die Kirche in der Auseinandersetzung um diese Technologie führen kann. Einerseits erwarten viele, daß sie klarer und eindeutiger Stellung bezieht - andererseits wird vor allem der evangelischen Kirche schon heute Einseitigkeit und unerwünschte Einmischung unterstellt. Im Film wird Pro und Contra gegenübergestellt. (EMZ 9)
ab 11. Klasse, Jugend- und Erwachsenenbildung

Das atomare Restrisiko und die Alternativen zur Kernenergie **V 36**
B.O.A., BRD 1986
Video, Farbe, 20 min
B.O.A.

Ein Dokumentarfilm, der auf Störfälle in Atomreaktoren und die von ihnen ausgehende Gefährdung der Bevölkerung eingeht und die Möglichkeiten vorstellt, wie ohne größere ökologische, ökonomische und energetische Probleme aus der Kernenergie ausgestiegen werden kann. Der Beitrag zeigt die Vielzahl von Störfällen, die sich in deutschen Atomreaktoren ereigneten und kommt zu dem Ergebnis: »Nur der sofortige Ausstieg aus der Kernenergie beseitigt das unmenschliche Risiko, das uns die Atomindustrie zumutet.« (B.O.A.)
allg. Publikum, Anti-Atom-Gruppen

Die atomare Wäscherei **V 37**
(Nuclear laundry)
Yorkshire-TV / Cutler, James, Großbritannien 1983
Video, Farbe, 45 min (deutsch eingesprochene Übersetzung)
B.O.A.

Die skandalösen Zustände in der atomaren Wiederaufarbeitungsanlage »Windscale« werden auf der Basis gründlicher Recherchen und Aussagen von Sachverständigen beweiskräftig vorgeführt. Ergebnis: Die gesundheitlichen Auswirkungen für die Beschäftigten und die ansässige Bevölkerung lassen sich nicht mehr verbergen. Eine von der Regierung eingesetzte Kommission schätzt, daß 33 Tote bzw. genetisch Geschädigte sowie 247 Fälle von Schilddrüsenkrebs als Folge der über 300 Störfälle anzusehen sind. Der Küstenstrich bei Windscale mit seinen Badestränden ist inzwischen eine der radioaktiv verseuchtesten Gegenden der Welt. (B.O.A.)
Ausgezeichnet mit dem »Grand Prix« der »3. Ecovision 1985«.
allg. Publikum, Anti-Atom-Gruppen

Ökomedia-Bewertung: besonders wirksam

Information	Realisation	Motivation
3,8 Punkte	3,3 Punkte	4,0 Punkte

Ein glänzendes Beispiel für den sogenannten »investigativen Journalismus«. Cutler hat mit diesem Film einen riesigen Recherche-Aufwand betrieben und Unglaubliches zutage gefördert. 24 Stunden nach der Sendung in Yorkshire-TV hat die britische Regierung eine Untersuchungskommission eingesetzt, um Windscale zu überprüfen. Ein schockierender Dokumentarfilm.

The Atomic Cafe **V 38**
Video
atlas; B.O.A.; EMZ 3-6, 8, 11-13; KMZ 6, 10; LBS 6, 7, 9, 13; LFD 4
s. Film

Atommacho **V 39**
Video
atlas; B.O.A.; LBS 7; LFD 2
s. Film

Auf dem Feuerball **V 40**
aus der Serie: Der wunderbare Planet
1990
Video, Farbe, 45 min
EMZ 2; LFD 2; LBS 1, 7; Kaufkassette: DuMont; Schauinsland

Unter dem Urkontinent der Erde staute sich die Hitze des glühenden Erdinnern und drückte die Erdkruste nach oben und zerriß sie. Bei Vulkaneruptionen werden auch heute noch solche Energien freigesetzt. (LFD 2)
allg. Publikum

Auf lauten Sohlen kommt der Tod **V 41**
Brettschneider, Bernd, BRD 1992
Video, Farbe, 23 min
Con; Tele Potsdam

Über das Dörfersterben im mitteldeutschen Braunkohlengebiet.
allg. Publikum

Aufruhr im Zauberwald **V 42**
Trickfilm
Video, Farbe, 80 min
Kaufkassette: Schauinsland

Peter Palette spaziert durch den Zauberwald und schläft unter einer Zauberblume ein. Als er aufwacht, bemerkt er, daß er die Sprache der Tiere verstehen kann. Kinder und Erwachsene werden von originellen Figuren in den Zauberwald entführt und gelehrt, die Natur zu achten. (Schauinsland)
ab 6 Jahren

Augen der Landschaft **V 43**
Bergmann, Siegfried; Halle, Karl-Heinz, DDR 1983
Video, Farbe, 24 min
Unidoc

»Sölle« nennen die Bauern kleine Wasserflächen, auch »Augen der Landschaft«. Anfangs als störende Elemente für den großflächigen Ackerbau angesehen und trockengelegt, offenbaren sie ihre wichtige Funktion für den Wasserhaushalt der Region. Inmitten von Feldern und Weiden gelegen - vor allem um Neubrandenburg und Schwerin und Frankfurt/Oder - bieten sie vielen Tieren Lebensraum, wie Unterwasseraufnahmen beweisen. (Unidoc)
allg. Publikum

Ökomedia-Bewertung: wirksam

Information	Realisation	Motivation
3,0 Punkte	3,0 Punkte	3,0 Punkte

Ein anschauliches Dokument zu den Möglichkeiten der Dokumentarfilmarbeit in der ehemaligen DDR: Die Notwendigkeit, Sölle zu erhalten, wurde nicht ökologisch, sondern ökonomisch begründet. Dennoch ein sehenswerter Film.

Aus alt mach Neu
* Altölaufbereitung zum Nutzen der Umwelt
* Autorecycling
* Batterierecycling
* Reifenrecycling - dringende Notwendigkeit
* Werkstattabfälle

Aus den Augen - aus dem Sinn **V 44**
s. Video
EMZ 8; Greenpeace; LBS 7, 13; LFD 2
s. Film

Aus dem Familienleben der Grizzly-Bären **V 45**
aus der Serie: Tiere vor der Kamera
BR / Arendt, Ernst; Schweiger, Hans, BRD
Video, Farbe, 45 min
BUND; Kaufkassette: Screen Entertainment

In einer wilden, rauhen Gebirgslandschaft Alaskas beobachteten die mehrfach preisgekrönten Tierfilmspezialisten Ernst Arendt und Hans Schweiger die mächtigen und klugen Grizzly-Bären einen Sommer lang.
Furcht und Bewunderung mischten sich bei der ersten Begegnung mit diesen Raubtieren, die keineswegs blutrünstig und hinterhältig, sondern eher friedliebend sind und sich hauptsächlich von Pflanzen ernähren. Eine Bärenmutter und ihre zwei drolligen, verspielten Jungen sind die Hauptdarsteller dieses Films, der mit komischen Szenen und prachtvollen Landschaftsaufnahmen begeistert. (Screen Entertainment)
allg. Publikum

Aus dem Innern der Erde **V 46**
aus der Serie: National Geographic Video
National Geographic Society / Kane, Dennis B.; Reavely, Linda; Skinner, Thomas, USA 1983
Video, Farbe, 60 min
Kaufkassette: Concorde Video

National Geographic reist nach Island, Afrika, Japan und Kalifornien, um zu zeigen, wie die mächtigen Platten der Erdoberfläche zusammenprallen, sich wieder auseinanderziehen und sich schließlich gegenseitig überlappen. Daraus entstehen furchterregende Erdbeben und gewaltige vulkanische Ausbrüche. Wissenschaftler rund um die Erde suchen den Auslöser dieser erschütternden geologischen Ereignisse. Der Film zeigt, daß, obwohl sich der Mensch diese ungeheuren Kräfte bereits zu Nutzen gemacht hat, man trotzdem auf eine vernichtende Katastrophe vorbereitet sein muß. (Concorde Video)
allg. Publikum

Ökomedia-Bewertung: wirksam

Information	Realisation	Motivation
3,0 Punkte	2,8 Punkte	2,8 Punkte

Ein eher mittelmäßiger Film der National Geographic-Reihe, der mehr geologisch als ökologisch argumentiert.

Aus meinem Leben **V 47**
Robocke, Martin, BRD 1992
Video, Farbe, 30 min
Con; Tele Potsdam

Begegnung mit der 11jährigen Ira aus dem Dorf Vetka in Bjelorußland, das durch die Tschernobylkatastrophe schwer getroffen ist.
allg. Publikum

Aus unserer Tierwelt: Im Revier von Damhirsch und Mufflon **V 48**
DFF / Taubert, Wolfram, DDR 1980
Video, Farbe, 45 min
LaUB

Der Film zeigt in der DDR eingebürgerte Tierarten: Damwild, Muffelwild, Bisamratte, Kanadagans, Gemse, Türkentaube, Mandarinente, Fasan, Fleckschnabelente. Probleme grundsätzlicher Art bei der Einbürgerung von Tieren und Versuche in der DDR. Die Bisamratte betrat 1905 bei Prag erstmals europäischen Boden. Seitdem breitet sie sich aus. Deshalb sind auch in der DDR viele Bisamjäger mit Fallen unterwegs. (LaUB)

Ökomedia-Bewertung: brauchbar

Information	Realisation	Motivation
2,5 Punkte	2,5 Punkte	2,5 Punkte

Ziemlich langatmiger Film mit Zwischenmoderationen über die Ansiedlung von Tieren in der ehemaligen DDR. Es wird die Meinung vertreten, daß der Mensch im Sinne eines Naturmanagements entscheiden muß, ob und wo Tiere anzusiedeln sind und wo nicht.

Aus unserer Tierwelt: Seevögel an der Küste **V 49**

DFF / Taubert, Wolfram, DDR 1980
Video, Farbe, 35 min
LaUB

An der Küste der DDR befinden sich 13 Seevogelschutzgebiete. Durch besonderen Schutz konnten einige Arten in den letzten Jahren wieder gute Brutergebnisse bringen. (LaUB)

Ökomedia-Bewertung: brauchbar

Information	Realisation	Motivation
2,5 Punkte	2,0 Punkte	2,0 Punkte

Ein eher langatmiger, braver Beitrag mit Zwischenmoderationen über Vogelpflegemaßnahmen.

Australien - Die Schlucht der Felsenkänguruhs **V 50**

aus der Serie: Tiere vor der Kamera
BR / Arendt, Ernst; Schweiger, Hans, BRD
Video, Farbe, 45 min
BUND; Kaufkassette: Screen Entertainment

Eine Felsenkänguruh-Kolonie in einer Schlucht der Macdonnell-Range entdeckten die Autoren während ihrer dreimonatigen Expedition im unwegsamen zentralaustralischen Gebirge. Zwischen steilen Berghängen und unzugänglichen Felswänden, dem Lebensraum der Bürstenschwanz-Felsenkänguruhs, entstanden einzigartige Aufnahmen von der Nahrungssuche und von spektakulären Boxkämpfen um Revier und Weibchen. Höhepunkt des Films sind Bilder der niedlichen Jungen im Bauchbeutel der Mutter. (Screen Entertainment)
allg. Publikum

Der Ausverkauf der Paradiese - zum Beispiel: Goa **V 51**

Vering-Pirron, Yasmina und Th., BRD 1990
Video, Farbe, 22 min
Brot für die Welt; EMZ 2, 3, 6, 7, 11, 13-18; EZEF; KMZ 19

Lange Zeit galt Goa, das im Südwesten Indiens liegt, als Geheimtip für zivilisationsmüde Aussteiger. Die Hippie-Touristen hatten Mitte der sechziger Jahre Goas Strände entdeckt, aber der Traum der Touristen hat sich schnell zum Alptraum der Einheimischen entwickelt. Zunächst Drogen und freizügige Strandparties, dann nachdem die Touristikindustrie Goa als Charterziel entdeckt hatte: Wasserknappheit infolge des Verbrauchs in den großen Hotels, Landverbrauch und Umweltzerstörung für den Luxustourismus. Aus den anfangs noch sanften Protesten der Bevölkerung hat sich eine Bewegung formiert, die ihr Anliegen selbstbewußt und mit teils drastischen Aktionen vortrug. Mit dem Slogan »Chartertouristen, geht nach Hause«, empfing die Bürgerinitiative »Vigiland

UND DENNOCH TREIBT ES DIE GROSSEN SCHWÄRME JEDEN SOMMER IN DEN SÜDEN...

Goans« (wachsame Goaner) die erste Chartermaschine auf dem Flughafen.

Ökomedia-Bewertung: wirksam

Information	Realisation	Motivation
3,2 Punkte	2,6 Punkte	3,0 Punkte

Informativer Film zum Thema Tourismus und Dritte Welt, formal eher durchschnittlich. Interessant sind die Informationen über die Proteste der Bevölkerung vor Ort.

Auto und Umwelt **V 52**
Hatee-Film, BRD 1987
Video, Farbe, 34 min
EMZ 15; Kommission der EG; LBS 1, 4, 14

Der Film zeigt auch für den Nichtfachmann das Auto und seine Auswirkungen auf die Umwelt. Teil 1: Abgase und geregelter 3-Wege-Katalysator, Teil 2: Nachrüstung, ASU, Lärm, Entsorgung, Ruß, Autowäsche, Fahrgewohnheiten. Der Film regt zum Nachdenken und zur Diskussion an. (LBS 1)
ab 11. Klasse

Auto und Umwelt **V 53**
Video
EMZ 15
s. Film

Der Autoabgas-Katalysator **V 54**
Video
FWU; LBS 1-14
s. Film

Autorecycling **V 55**
aus der Serie: Aus Alt mach Neu
Hatee-Film, BRD 1987
Video, Farbe, 17 min
LBS 1, 4, 14

Informationen über den Weg des Autorecyclings: Entsorgung und Wiederverwendung gebrauchter Teile, Zerkleinerung, Trennung der Leichtmaterialien sowie der magnetischen und nichtmagnetischen Teile. Der Film spricht insbesondere die Probleme der Weiterverwendung von Kunststoffteilen an. (LBS 1)
ab 11. Klasse

Der Bär **V 56**
Video
atlas (alte Bundesländer); EMZ 2; KMZ 6, 10; LFD 2; LISA
s. Film

Balance **V 57**
Video
EMZ 2; KFW; KMZ 3, 8
s. Film

Die Barther Oie: Eine Vogelinsel **V 58**
DFF / Bergmann, Siegfried, DDR 1980
Video, Farbe, 30 min
LaUB

Die Oie, eine winzige Insel vom Land kaum zu erkennen. Sie ist fast nur ein Strich im Wasser. Aber gerade sie ist die vogelartenreichste von 12 unter Schutz gestellten Inseln an der Küste der DDR. Über 1000 Vogelpaare seltener und vom Aussterben bedrohter Tiere brüten jährlich auf der kaum 100 Hektar großen Insel. Der Film berichtet von Wissenschaftlern, Vogelwärtern, Naturschutzhelfern und Mitgliedern der ehemaligen LPG Tierproduktion Barth, die jedes Jahr neu beraten, welche Maßnahmen notwendig sind, um dieses wertvolle Eiland zu erhalten. (LaUB)

Ökomedia-Bewertung: wirksam

Inormation	Realisation	Motivation
2,8 Punkte	2,8 Punkte	2,8 Punkte

Naturfilm mit schönen Bildern aus der ehemaligen DDR.

Batterierecycling **V 59**
aus der Serie: Aus Alt mach Neu
Hatee-Film, BRD 1988
Video, Farbe, 19 min
LBS 1, 4, 6, 14

Verbrauchte Autobatterien sind eine Belastung für die Umwelt. In dem Film werden die Neutralisation der Batteriesäure sowie das Recycling der Bleiplatten und des Kunststoffs anschaulich dargestellt. (LBS 1)
ab 11. Klasse

Bauen mit Mutter Erde **V 60**
Video
EMZ 8, 13; FWU; LBS 1-10, 12-14
s. Film

Bauen und Energie **V 61**
Ratgeberreihe
Fön e.V. / Greschner, Uta; Hasselmann, Martina; Hiller, Martina; Müller, Ernst-Alfred, BRD 1992
Video, Farbe, 6 x 10 min
FÖN; LaUB

Die Serie enthält sechs Ratgeber zu den Themen: Wärmedämmung, Heizungsmodernisierung, Fenstererneuerung, thermische Solarnutzung, Niedrigenergiehaus, Bauen mit Lehm. Jeder Ratgeber gibt ganz praktische Tips für den Eigenheimbauer bzw. -besitzer, wobei besonders umweltfreundliche Techniken und Materalien empfohlen werden. Die Beiträge zeigen Möglichkeiten und Grenzen neuer Verfahren und berichten über Experimentalbauten. Sie haben starken lokalen Bezug zum Raum Brandenburg/Berlin, blicken aber auch über den »provinziellen Gartenzaun«. (Fön)
allg. Publikum, Bauherren, Architekten

Ein Baum fürs Leben **V 62**
Das Kokosnuß-Projekt auf Sansibar
Video, Farbe, 22 min
GTZ / Sommerkorn, Christopher, BRD 1989
CRW; DFZ

Auf der Tropeninsel Sansibar nennt man die Kokospalme auch Baum des Lebens, denn sie sichert dem Menschen das Überleben. Es gibt kaum eine Pflanze, die so universell zu verwenden ist wie die Kokospalme. Die tansanische Regierung bemüht sich seit einigen Jahren, den Niedergang der Kokoswirtschaft aufzuhalten. Die Bundesregierung hilft ihr dabei. (DFZ)
Entwicklungshelfer

Ökomedia-Bewertung: brauchbar

Information	Realisation	Motivation
2,5 Punkte	2,0 Punkte	2,0 Punkte

Ein langweilig gemachter GTZ-Film über ein Kokospalmen-Projekt. Es geht um Züchtungen, um die »Bewahrung lokalen Materials«, um Felderhebungen u.ä.

Der Baum des Lebens **V 63**
Video
DFZ; LFD 2, 3
s. Film

Baumeister einer grünen Umwelt **V 64**
Video
EMZ 2, 12; LBS 7
s. Film

Bedrohte Tierwelt
* Der Fischotter
* Der Seehund
* Der Steinkauz

Die Bedeutung des Waldes **V 65**
BRD 1990
Video, Farbe, 18 min
LISA

Der Wald als Nahrung für Tier und Mensch. Holz ein wichtiger Rohstoff. Forst- und Waldarbeiter und ihre Aufgaben: Saat, Pflanzung mit Hilfsmitteln und per Hand. Wie alt wird ein Baum? Harzgewinnung für die Industrie. Ein Baum wird 5-6 Jahre geharzt, danach wird er gefällt. Holzschlag mit Weiterverarbeitung. (LISA)
ab 8. Klasse

Beef Production in California **V 66**
Video, Farbe, 16 min
engl. Fass. von **Rindfleischproduktion in Colorado**
FWU; LBS 1
s. Film

B 31 - Neu **V 67**
Straßenbaumaßnahmen im Bodensee-hinterland
Kretschmer, Martin und Roland, BRD 1990
Video, Farbe, 27 min
Medienwerkstatt Freiburg

Grundidee der Filmemacher war, eine Art negatives »Road Movie« zu machen, einen Straßenfilm ohne Autos und Asphalt, in dem jeder Zuschauer sich selbst seine B 31 baut und so zum Täter wird. Am Beispiel der geplanten Umgehung von Kressbronn, die bisher nur als abgesteckte Trasse erscheint, wird ein Dilemma dargestellt, das so in jeder anderen Region stattfinden könnte: hier die Bewohner der bedrohten Landschaft, dort die durch Verkehr genervten Bewohner der Stadt. Zu Wort kommen betroffene Landwirte, aus deren Sicht der Konflikt geschildert wird. (Medienwerkstatt Freiburg)
allg. Publikum, Verkehrsgruppen

B 31 - Straße des Leidens **V 68**
Video
LBS 1; Sharara Film
s. Film

Das Beispiel Ölpalme **V 69**
Margarine-Institut für gesunde Ernährung, BRD 1987
Video, Farbe, 19 min
Intermedia; LFD 1, 2, 6, 9, 11, 12

Eine Öllieferantin mit wachsender Bedeutung ist die Ölpalme. Der Film schildert, wie in Malaysia durch bessere Bestäubung mit Hilfe eines aus Kamerun importierten Rüsselkäfers sowie durch Gewebekulturtechnik (Kloning) wesentlich höhere Erträge erzielt werden können. Außerdem werden die ökologischen und ökonomischen Konsequenzen für dieses Entwicklungsland gezeigt. (Intermedia)
Entwicklungshelfer

Belauschte Natur **V 70**
BRD 1988
Video, Farbe, 16 min
Kubiak

Mai, vier Uhr morgens. Junghasen bei Spiel und Asung, Wildkaninchen, Kukkuck, Neuntöter, Dorngrasmücke, Bussard, Kiebitz und Wildgänse am Wiesen-

rand. Auf der morgendlichen Maiwiese eine Ricke mit ihren Kitzen. Ein Beispiel dafür, wie artenreich unsere Tierwelt sein kann, wenn wir ihr Raum, Nahrung und Ruhe geben. (Kubiak)
allg. Publikum

Beobachtungen im Gülleland V 71
Kurzfassung von: Und ewig stinken die Felder, aus der Serie: Unter deutschen Dächern...
Eimler, Wolf-Michael; Kleinschmidt, Nina, BRD 1985
Video, Farbe, 25 min
EMZ 2, 13; FWU; KMZ 8, 11, 12, 14, 19-21; LBS 1-10, 12-14

Der Film dokumentiert am Beispiel der Regionalentwicklung Süd-Oldenburgs die Verdrängung der traditionellen bäuerlichen Landwirtschaft durch die Agrarindustrie: Fabrikähnliche Anlagen zur Massentierhaltung und riesige Maismonokulturen auf stinkenden Güllefeldern prägen das äußere Bild der Landschaft. Engagiert zeigen die Filmautoren ökonomische, ökologische und soziale Konsequenzen auf. Sie verweisen auf die Wirkungslosigkeit des Tier- und Landschaftsschutzes und bemängeln die Agrarpolitik der Region. (FWU)
Sekundarstufe II, Jugend- und Erwachsenenbildung

Ökomedia-Bewertung: wirksam

Information	Realisation	Motivation
3,0 Punkte	3,0 Punkte	3,0 Punkte

Eine engagierte, kritische und informative Reportage über das Agrobusiness.

Bergsenkungsgewässer im Ruhrgebiet - eine Chance im Naturschutz V 72
LBS 13, BRD
Video, Farbe, 26 min
LBS 13

Feuchtgebiete und kleinere Stillgewässer sind keine Seltenheit im Revier. Enstanden sind die meisten in Bergsenkungsgebieten, in denen sich die Erdoberfläche durch den Untertagebau mehrere Meter gesenkt hat. Wenn auch häufig Schäden an Bauwerken oder der landwirtschaftlichen Nutzfläche die Folge sind, so entwickeln sich doch viele dieser Gebiete zu wertvollen Feuchtbiotopen.
Der Film zeigt verschiedene Bergsenkungsseen in Gelsenkirchen, Bochum, Dortmund, Waltrop, Bergkamen und Hamm, an denen die unterschiedlichen Aspekte des Themas exemplarisch behandelt werden. Im Mittelpunkt steht das Naturschutzgebiet Hallerey in Dortmund-Dorsfeld mit seiner Tierwelt. (LBS 13)
ab 8. Klasse

Beringte Boten V 73
aus der Serie: Aus unserer Tierwelt
DFF / Hennig, Horst, DDR 1985
Video, Farbe, 24 min
LaUB

Der Film zeigt die wichtigsten Methoden des wissenschaftlichen Vogelfangs und der Vogelberingung. Vom kleinsten bis zum größten Vogel wird die Praxis der Vogelberingung erläutert; verbunden mit der zentralen Registrierung der Beringungsergebnisse durch die Vogelwarte Hiddensee. (LaUB)
allg. Publikum, Vogelschützer

Ökomedia-Bewertung: brauchbar

Information	Realisation	Motivation
2,0 Punkte	1,9 Punkte	1,6 Punkte

Der Film begnügt sich damit, verschiedene Fangmethoden und die Beringung unterschiedlichster Vogelarten zu zeigen. Weitergehende ökologische Fragen werden nicht gestellt.

Berührungen **V 74**
Video
KMZ 7
s. Film

Bewegung und Kommunikation **V 75**
Daimler-Benz, BRD 1992
Video, Farbe, 16 min
LFD 4

Beispiel innovativer Forschungen und Entwicklungen: Ausgehend von mangelnder Abstimmung der einzelnen Verkehrssysteme entwickelt Mercedes-Benz Energiespar-Konzepte, beständigere Produkte und Möglichkeiten der Einsparung von Rohstoffen. (LFD 4)
allg. Publikum

Biber in der Mark **V 76**
Fön / Bergmann, Christine und Siegfried, BRD 1992
Video, Farbe, 30 min
FÖN

Der Biber, der ursprünglich weit verbreitet war, und in großen Populationen lebte, wurde in der zweiten Hälfte des 19. Jahrhunderts durch Bejagen in Eurasien fast völlig ausgerottet. Alles von ihm war verwendbar, der Markt war unersättlich. In ganz Deutschland blieb nur in einem einzigen Bereich ein urtümliche autochthone Ansiedlung erhalten: an der mittleren Elbe, von der »unser Biber« auch seinen Namen hat: Elbebiber. Daß es ihn heute in der Mark Brandenburg wieder gibt, ist dem Engagement einiger weniger Menschen zu verdanken. Der Film ist ein Porträt über den Biber und seine Betreuer in der Mark Brandenburg. (Fön)
allg. Publikum

Ökomedia-Bewertung: wirksam

Information	Realisation	Motivation
3,0 Punkte	3,0 Punkte	2,5 Punkte

Schöne Bilder von der Lebensweise und natürlichen Umgebung des Bibers.

Bikini, mon amour **V 77**
Video
EMZ 2
s. Film

Biodiversity News Feat **V 78**
WWF
Video, Farbe, engl. Orig., 18 min
WWF

Bedeutung des südamerikanischen / afrikanischen Regenwaldes für die Medizin / Ernährung. (WWF)
allg. Publikum

Biogas aus dem Meer **V 79**
Video
EMZ 10; FWU; LBS 1-14; LFD 2
s. Film

Biologische Schädlingsbekämpfung **V 80**
Fachhochschule Weihenstephan
Video, Farbe, 14 min
AID

Teil 1 des Videofilms behandelt die Bekämpfung von Spinnmilben durch Raubmilben. Teil 2 zeigt den Einsatz von Erzwespen gegen die Weiße Fliege. Dem Film liegt eine Liste von Bezugsadressen von Nützlingen in der Bundesrepublik bei. (AID)
Landwirtschaft- und Gartenbau

Die Biosphäre **V 81**
Kreislauf des Lebens
National Film Board of Canada, Kanada
Video, Farbe, 43 min
Kaufkassette: Komplett-Video

Die Biosphäre enthält die Elemente, die das Leben auf dem Planeten Erde erst ermöglichen. Land, Wasser und Atmosphäre gehören ebenso dazu wie Kleinstlebewesen, Pflanzen, Tiere und der Mensch. Dieser ist seit Millionen Jahren Nutznießer dieses Zirkulationssy-

stems. Ein Spiegelbild der Biosphäre sind die Regenwälder des Amazonas, der Lunge der Erde. Das Beispiel eines lebenden Waldes enthält das umfangreichste genetische Material unseres Planeten. Kontrapunkt ist die Antarktis mit der Tundra und dem ewigen Eis der Gletscher. Trotz Dauerfrost gibt es während der zwei Monate des Sommers eine Explosion des Lebens. (Komplett-Video)
Allg. Publikum

Ökomedia-Bewertung: wirksam

Information	Realisation	Motivation
3,0 Punkte	3,3 Punkte	3,0 Punkte

Informativer und anschaulicher Film über die Biosphäre, über das Leben auf unserer Erde, das Zusammenspiel von Land, Wasser, Luft und in diesem Zusammenhang auch über das Wetter.

Biosphärereservat Schorfheide-Chorin **V 82**
Fön / Rupnow, Ira, BRD 1992
Video, Farbe, 18 min
FÖN; LaUB

Im Video wird das größte Biosphärereservat der neuen Bundesländer vorgestellt. Das geschützte Gebiet wurde in das UNESCO-Programm »Mensch und Biosphäre« aufgenommen.
Im Film wird bisher Geschaffenes durch die Naturschützer ebenso benannt, wie auch jenes, das es noch aufzubauen gilt.
Im Biosphärereservat wollen die Einwohner eine neue Existenz gründen, Touristen sollen angezogen werden, und dies ohne die Natur noch mehr in Mitleidenschaft zu ziehen. Der Film schildert die Bemühungen der Naturschützer unter den gegenwärtig schwierigen Bedingungen in Ostdeutschland ein eigenes Nationalparkprogramm zu verwirklichen.
Im Reservat sind noch alle Folgen der Weichseleiszeit zu sehen. Von der Uckermark im Norden bis hin zum Choriner Endmoränenbogen im Süden kann man Hügellandschaften, Kesselmoore, Sölle und Trockenrasen finden. (Fön)
allg. Publikum

DER TIERFOTOGRAF MEHREN 2/93

Biosphärereservat Vessertal **V 83**
DFF / Bergmann, Siegfried, DDR 1987
Video, Farbe, 30 min
LaUB

Der Film stellt das Vessertal vor, das zu den größten und bekanntesten Naturschutzgebieten im Süden der DDR gehört und von der UNESCO als Biosphärenreservat bestätigt wurde. Viele seltene und bestandsbedrohte Tiere und Pflanzenarten leben hier. Das Vessertal bietet für Lehre und Forschung die besten Voraussetzungen. (LaUB)
allg. Publikum, Naturschützer

Ökomedia-Bewertung: wirksam

Information	Realisation	Motivation
3,0 Punkte	2,9 Punkte	2,5 Punkte

Der Film zeigt mit ausgezeichneter Kamera die unterschiedlichen Tier- und Pflanzenarten des Naturreservats Vessertal, geht jedoch auf die Zusammenhänge eine gefährdeten Ökosystems nicht näher ein.

Biotechnologie: V 84
Gene für Grünes -
Selbst oder Nicht-selbst - Quo vadis?
ZDF / Fonds der chemischen Industrie, BRD 1986
Video, Farbe, 61 min
FWU, LBS 1-14

Drei verschiedene Beiträge auf einer Kassette:
1. Gene für Grünes: Einführung neuer Gene in Pflanzen - ein Beitrag zum Umweltschutz? (FWU)
Sekundarstufe I und II, Jugend- und Erwachsenenbildung

Ökomedia-Bewertung: wirksam

Information	Realisation	Motivation
3,0 Punkte	3,3 Punkte	3,0 Punkte

Der erste Teil zeigt sehr anschaulich gentechnologische Eingriffe in Pflanzen am Beispiel der Tabakpflanze im Sinne des biologischen Pflanzenschutzes: Statt Pestizide zu versprühen, um die Tabakpflanze vor Raupen zu schützen, produziert die Tabakpflanze nach dem gentechnischen Eingriff selbst einen für Raupen tödlich wirkenden Stoff. Der Informationswert bezieht sich lediglich auf die Funktionweise solcher Gentechnologie. Die grundsätzliche Frage, ob solche Eingriffe in die Natur überhaupt zu verantworten sind, wird nirgendwo gestellt.

2. Selbst oder Nicht-selbst: Antikörper in der Forschung. (FWU)
Sekundarstufe I und II, Jugend- und Erwachsenenbildung

Ökomedia-Bewertung: wirksam

Information	Realisation	Motivation
3,5 Punkte	3,5 Punkte	3,5 Punkte

Sehr anschaulicher und gut verständlicher Beitrag zur Gentechnologie. Doch auch hier kein kritisches Wort zu deren Gefahren. Der hohe Informationswert bezieht sich lediglich auf die Darstellung der biotechnischen Möglichkeiten.

3. Quo vadis?: Biotechnologie und ihre Aussichten in Energieversorgung, Umweltschutz und Medizin. (FWU)
Sekundarstufe I und II, Jugend- und Erwachsenenbildung

Ökomedia-Bewertung: wirksam

Information	Realisation	Motivation
2,7 Punkte	2,8 Punkte	2,7 Punkte

Ein vollkommen unkritischer Beitrag über die unendlichen Möglichkeiten der Gentechnologie. Alles zu schön und glatt, um wahr zu sein.

Biotechnologie: V 85
Raum zum Leben,
Raum zum Schaffen:
Bioreaktoren - Klar wie Abwasser
ZDF / Fonds der chemischen Industrie, BRD 1986
Video, Farbe, 43 min
FWU, LBS 1-14

Zwei Beiträge zum Thema »Gentechnologie«.
1. Raum zum Leben: Die Bioverfahrenstechnik entwickelt heute industrielle Produktionsbedingungen nach dem Vorbild der Natur. (FWU)
Sekundarstufe I und II

Ökomedia-Bewertung: brauchbar

Information	Realisation	Motivation
2,5 Punkte	1,5 Punkte	1,2 Punkte

Ein reines Filmreferat über biochemische Prozesse, wenig motivierend, ohne didaktische Einfälle. In der Art einer Unterrichtsstunde gehalten.

2. Klar wie Abwasser: Bei der Bewältigung des Abwassers in modernen Kläranlagen wirken Natur und Technik zusammen. (FWU)
Sekundarstufe I und II

Ökomedia-Bewertung: wirksam

Information	Realisation	Motivation
2,7 Punkte	2,7 Punkte	2,7 Punkte

Der zweite Teil des Videos demonstriert mit guten Grafiken und Tricks anschaulich die Funktionsweise von Kläranlagen. Es bleiben jedoch wichtige Fragen offen, z.B. was nach der »Klärung« im Wasser zurückbleibt an chemischen Verunreinigungen, an Industriegiften, wenn die aeroben und anaeroben Bakterien ihren fleißigen Dienst getan haben.

Bis zum letzten Level **V 86**
Medienwerkstatt Freiburg / Rotermund, Bertram, BRD 1992
Video, Farbe, 23 min
EMZ 2; Medienwerkstatt Freiburg

Der Shredder ist kurzerhand aus dem Gameboy gesprungen und hat Farina in die Dimension X entführt. Klare Sache - sie muß wieder befreit werden. Dutzende von Kindern kämpfen sich wild entschlossen durch die Welt der Computerspiele - in der Schule, im Hort und selbst des Nachts, unter der Bettdecke läßt sie der Gameboy nicht mehr los, und wenn seine Mission erfüllt ist, steht schon die nächste an. Realität und Phantasie geraten dabei ziemlich durcheinander. Ein 23 Minuten langes Computer-Video-Bildschirm-Abenteuer. (Medienwerkstatt Freiburg)
allg. Publikum

Bis zum sauren Ende **V 87**
Wasserforschung als ökologisches Alibi
BR / Kölbing, Alexander, BRD 1989
Video, Farbe, 45 min
LBS 4

Nur wenige Menschen wissen, wie saurer Regen zustande kommt. Noch viel weniger ist bekannt, in welcher dramatischen Weise die Auswirkungen der Versauerung die vernetzten Lebensräume bedrohen. Ein Untersuchungsprogramm sollte das Schadensausmaß feststellen. (LBS 4)
ab 8. Klasse

Bitte nicht füttern **V 88**
Video
KFW; KMZ 6, 10
s. Film

Bitterer Zucker **V 89**
Video
Con; LZNW
s. Film
s. Hunger durch Entwicklung

Bitteres aus Bitterfeld **V 90**
Arche / Hällfritzsch, Rainer; Miosga, Margit; Neumann, Ulrich, DDR 1988
Video, Farbe, 30 min
Arche; DMZ; Neumann; WIM

Der Film wurde im Frühjahr 1988, also eineinhalb Jahre vor der Wende, gedreht, als es unmöglich war, offiziell erlaubt die Umweltzerstörung in der DDR bildlich festzuhalten. Umweltdaten unterlagen in der DDR der absoluten Geheimhaltung.
Die Autoren des Films haben mit Hilfe eines ortskundigen Bitterfelders die katastrophale Situation in Bitterfeld, der drekkigsten Stadt Europas, festgehalten. Bitterfeld, das heißt Braunkohletagebau, Mondlandschaften, die, nachdem sie ausgeweidet sind, mit giftigen Abfällen zugeschüttet werden. Bitterfeld heißt Chemieindustrie, heißt veraltete Energiegewinnung, heißt Giftmülldeponien unter freiem Himmel, heißt Schrebergärten, durch die die dampfenden Abwässer der Industrie fießen. Bitterfeld heißt Alkoholismus, kulturelles Ödland, heißt Kin-

derkrankheiten, und wer kann, zieht hier weg. Der Ort ist verwahrlost, rußgeschwärzt und voll tiefer Depression. Das Unternehmen war riskant, aber heute, da die Bilder aus Bitterfeld schon oft über die Bildschirme flimmerten, ist der Film vor allem ein Dokument für die Schritte zur Demokratisierung von Information in der DDR.
Der Filme wurde auf der Ökomedia '90 mit dem Sonderpreis der Jury für besonderes mutige Filmarbeit ausgezeichnet.
allg. Publikum

Ökomedia-Bewertung: wirksam

Information	Realisation	Motivation
3,0 Punkte	2,5 Punkte	2,8 Punkte

Das Video wurde noch zu DDR-Zeiten im Untergrund gedreht und macht auf die Verseuchung durch die Industrie in Bitterfeld aufmerksam. Da die Autoren sowohl ihre Informanten als auch sich selbst vor dem Zugriff der Staatssicherheit schützen mußten und nur heimlich drehen konnten, wird in dem Video vieles nicht gezeigt, was im Kommentar angesprochen wird. Der Film ist vor allem dafür ein Beleg, daß die Umweltsituation in der DDR schon lange vor der Wende als dramatisch schlecht erkannt wurde.

Der Blattlausjäger **V 91**
Beck, Wolfgang, BRD
Video, Farbe, 13 min
Tobifo

Zur Familie der Marienkäfer zählen in Mitteleuropa 88 Insektenarten. Der Film dokumentiert den Entwicklungskreislauf von der Paarung der Eltern, über die Eiablage, das Larven- und Puppenstadium bis hin zum fertigen Insekt. Makroaufnahmen zeigen den Marienkäfer bei der Nahrungsaufnahme. (Tobifo)
5.-10. Klasse

Ökomedia-Bewertung: brauchbar

Information	Realisation	Motivation
2,7 Punkte	2,2 Punkte	2,0 Punkte

Informatives Tierporträt mit schönen Bildern, aber monotonem wissenschaftlichem Kommentar. Die Bedrohung der Art wird nicht angesprochen, ökologische Zusammenhänge nicht hergestellt.

Bleibende Werte **V 92**
Beobachtungen aus den Randzonen einer Katastrophe
Jahn, Hartmut, BRD 1989
Video, Farbe, 60 min
Panta-Film

Sieben Porträts von Berliner Kindern und Jugendlichen, die - in einem Zeitraum von vier Jahren (1986-1989) - über ihre Träume und Erfahrungen nach dem Super-GAU in Tschernobyl erzählen. Dies ist der erste Teil des als dokumentarischer Langzeitbeobachtung angelegten Filmprojekts. Es ist eine audiovisuelle Reflexion über Information und Wahrnehmung einer nicht sichtbaren Katastrophe. Der Film gibt den Kindern und Jugendlichen die Möglichkeit, ihre elektronischen Abbilder und ihre damaligen Äußerungen zu kommentieren. (Jahn)
allg. Publikum, AKW-Gruppen

Blumenfrauen **V 93**
Video
EMZ 2; LZNW
s. Film

Der Boden und seine Fruchtbarkeit **V 94**
Video
Praxis Unterrichtsfilm
s. Film

Der Boden und seine Zerstörung **V 95**
s. Film
LBS 4, 7, 14; LISA; Praxis Unterrichtsfilm
s. Film

Bodenkultur - V 96
Neue Wege der Landwirtschaft
Österreichisches Fernsehen /
Guggenberger, Elisabeth; Voitl, Helmut,
Österreich 1983
Video, Farbe, 60 min
Medienwerkstatt Freiburg

Der Film beschreibt den organisch-biologischen Landbau nach den Konzepten des Schweizers Dr. Hans Müller. In Gesprächen mit ihm und biologisch anbauenden Bauern sowie mit Hilfe dokumentarischer Aufnahmen werden Fragen nach Bodenpflege, Düngung, Schädlingen und Nützlingen, Tierfutter und Tiergesundheit gestellt. Dabei werden Konzeption und Probleme des biologischen Landbaus insgesamt unter die Lupe genommen. (MW Freiburg)
allg. Publikum, landwirtschaftl. Gruppen

Ökomedia-Bewertung: wirksam

Information	Realisation	Motivation
3,5 Punkte	2,5 Punkte	3,0 Punkte

Ein sehr gut und sorgfältig recherchierter Film, der jedoch stellenweise Längen hat. Für nicht direkt am biologischen Landbau Interessierte ist er in seiner ganzen Länge zu ausführlich.

Bodenschutz durch V 97
konservierende Bodenbeabeitung
AID, BRD 1992
Video, Farbe, 18 min
AID

Der Film weist zunächst auf die wichtigsten Problembereiche des Bodenschutzes durch Wind oder Wasser sowie Verschlämmung, Nährstoffverlagerung und Bodenverdichtung. Anhand der Arbeitsabschnitte Stoppelbearbeitung, Grundbodenbearbeitung, Saatbettbereitung und Saat werden dann die Unterschiede in der Gerätetechnik dargestellt. Drei Beispiele aus der Praxis verdeutlichen, daß die konservierende Bodenbearbeitung auch bei verschiedenen Märkten gute Voraussetzungen dafür bietet, die ökologischen Funktionen unserer Böden langfristig zu sichern. (AID)
landwirtschaftl. Gruppen

Der böhmische Nebel V 98
Lippmann, Günter, BRD 1992
Video, Farbe, 23 min
Con; Tele Potsdam

Eine Umweltreportage über das Notstandsgebiet Erzgebirge.
allg. Publikum

Börsenwasser oder die ganz V 99
legalen Machenschaften des
Gelsenwasserkonzerns
B.O.A. / Stanjek, Klaus; Benker, Sigi, BRD 1983
Video, Farbe, 22 min
B.O.A.

Wasser ist erstens naß, zweitens lebensnotwendig. Ohne Wasser geht, wie sich jeder leicht am Beispiel der Sahara überzeugen kann, nichts. Wasser ist drittens schmutzig, viertens knapp. Immer häufiger bohren die Wasserwerke in der Bundesrepublik Deutschland auf Grund: Kein Wasser. Eine fatale Situation, die sich ein im Ruhrgebiet operierender privatwirtschaftlicher Wasserkonzern, die Gelsenwasser AG, zunutze macht. Der Film beschreibt die Ordnung, die der Konzern in den Wasserhaushalt des Ruhrgebiets gebracht hat: Die finanziell Verbündeten Großabnehmer bekommen das Wasser billig, die 2,5 Millionen Kleinabnehmer bekommen das Wasser teuer, sie zahlen die höchsten Trinkwasserpreise in der Bundesrepublik. Die Trinkwasserqualität bewegt sich am Rande des Ungenießbaren. Und wo die Gelsenwasser AG pumpt, sinkt der Grundwasserspiegel. Bächer trocknen

aus, Wälder bekommen kein Wasser mehr, Kirchen stürzen ein. (B.O.A.)
allg. Publikum

Der Braunbär: V 100
Meister Petz in den Karpaten
WDR / Laszlo Beier, BRD 1990
Video, Farbe, 45 min
Kaufkassette: Komplett-Video

In Europa ist der Braunbär nur noch in Waldgebieten Skandinaviens, der Abruzzen, der Pyrenäen und den Karpaten in freier Wildbahn anzutreffen. Mit bis zu 1,70 Meter Länge und 70 Kilogramm Körpergewicht zählt er zu den größten Landraubtieren. Der Allesfresser ernährt sich überwiegend von Pflanzen, jagt aber auch meist altes und krankes Wild.
Im Kontakt mit dem Menschen, der immer weiter in seinen Lebensraum eindringt, verändert der Bär schnell seine Lebensweise. Meist nicht zu seinem Vorteil - wie dieser beeindruckende Tierfilm auch abschließend zeigt. (Komplett - Video)
allg. Publikum

Ökomedia-Bewertung: wirksam

Information	Realisation	Motivation
2,7 Punkte	2,7 Punkte	2,5 Punkte

Bärenporträt mit Schwächen. Teilweise schöne Bilder - teilweise zu langatmig.

Das braune Gold V 101
Stadt und Landkreis Göttingen / Lichtenborner Medienwerkstatt, BRD
Video, Farbe, 20 min
Stadtreinigungsamt Göttingen

Der Film stellt in unterhaltsamer Weise die wichtigsten Daten des Modellversuchs Komposttonne vor. Durch Spielszenen werden die Zuschauer über Sinn und Zweck der getrennten Müllsammlung und Kompostierung informiert und zur Beteiligung angeregt. Ablauf der Einsammlung, Transport und Kompostierung der organischen Abfälle werden exemplarisch am Beispiel von Radieschenblättern dargestellt. Darüber hinaus spricht der Film die Abfallproblematik im allgemeinen an und gibt Hinweise zur Verringerung der Müllmengen, beispielsweise durch Kompostierung im eigenen Garten. (Stadtreinigungsamt)
allg. Publikum

Ökomedia-Bewertung: wirksam

Information	Realisation	Motivation
3,0 Punkte	2,5 Punkte	2,5 Punkte

Ein informativer, aber formal zu langatmiger Film.

Bravo Papa 2040 V 102
Video
Fränzel
s. Film

Brokdorf V 103
Stadtjournal Hamburg, BRD 1981
Video, sw, 4 Teile, 120 min
Stadtjournal Hamburg

1. Zerbrochene Scheiben auf dem Sonderparteitag der Hamburger SPD zu Brokdorf - 15 min.
2. Alle Gewalt geht vom Volke aus. Chronologie der Demonstration der Hunderttausend am 28.2.1981 - 20 min.
3. Brokdorf - Fragment: Fragmentarische Darstellung von Erfahrungen und Schwierigkeiten während der Dreharbeiten. - 40 min.
4. Angeklagt: wir alle! - Zwei Wochen nach der Demonstration am 28.2.82 leitete die Staatsanwaltschaft eine bundesweite Fahndung nach drei Demonstanten ein wegen »Verdachts auf Mordversuch an einem Polizeibeamten«. - 45 min. (das andere Video)

Anti-AKW-Gruppen

Brokdorf - und bist du nicht willig, so brauch ich Gewalt **V 104**
Medienpädagogik Zentrum (MPZ), BRD 1976
Video
MPZ

Der Videofilm schildert die aktuellen Ereignisse in Brokdorf (erste und zweite Großkundgebung im Okt. und Nov. 1976) und stellt diese den Aussagen von Presse und Politikern gegenüber. (MPZ)
Anti-AKW-Gruppen

Bungalow **V 105**
Trickfilm
Georgi, Klaus, DDR 1976
Video, Farbe, 10 min
LaUB

Aus dem Neubaughetto ins Bungalowghetto: Der Wald bleibt leider auf der Strecke. (LaUB)

Ökomedia-Bewertung: wirksam

Information	Realisation	Motivation
	3,2 Punkte	3,2 Punkte

Schöner Trickfilm über die »Dummheit« der Menschen, die in Scharen ihre Balkone verlassen und ihre Ruhe in Waldbungalows suchen. Aus dem ehemals stillen Wald wird eine öde, aber laute Siedlung, aus dem ehemals lauten »Balkonien« ein leises verlassenes Hochhaus. Wunderbares Bild zum Schluß: die Tiere des Waldes haben auf dem Hochhausrasen Zuflucht gesucht.

Die bunte Welt der Falter **V 106**
DFF / Krause, Reiner, DDR 1988
Video, Farbe, 29 min
LaUB

Vorgestellt werden die Falter in ihrer Vielfalt, ihrem Lebensraum sowie deren Fortpflanzungsverhalten. Bemühungen der Fachgruppe Entomologie um die Erhaltung der Artenvielfalt in der DDR. Vorgestellt werden u.a. Zitronenfalter, Tagpfauenauge, Schwalbenschwanz, Schwarzer Apollo, Spanner, Admiral, Kleiner Fuchs, Ochsenauge und Kohlweissling. (LaUB)
allg. Publikum

Ökomedia-Bewertung: brauchbar

Information	Realisation	Motivation
2,2 Punkte	2,4 Punkte	2,0 Punkte

Trotz z.T. sehr schöner Aufnahmen unterschiedlicher Schmetterlinge ist der Film wenig befriedigend, weil er sich damit begnügt, die unterschiedlichen Schmetterlingsarten nur aneinanderzureihen. Die Bedrohung einzelner Arten wird nur kurz erwähnt, ohne Ursachen und Zusammenhänge aufzuzeigen.

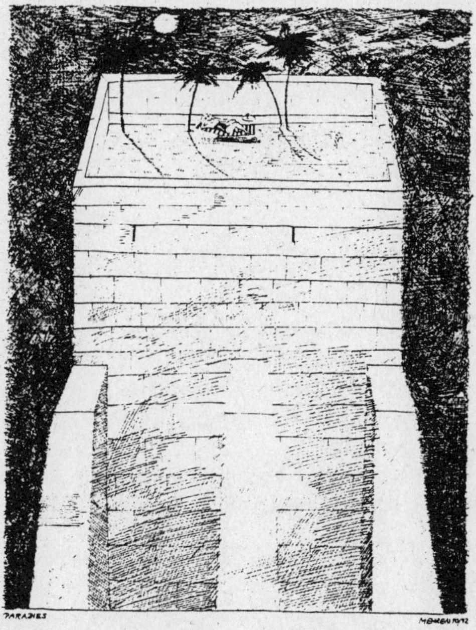

Caring for the Earth **V 107**
WWF
Video, Farbe, engl. Orig., 27 min
WWF

Natur- und Umweltschutzziele zur Rettung der Erde. (WWF)
allg. Publikum

Carmanah Valley **V 108**
Western Wilderness Committee, Kanada 1988
Video, Farbe, engl. Original, 25 min
Pro Regenwald

Carmanah Valley ist eines der letzten intakten Ökosysteme seiner Art. Dieses noch unberührte Tal wird von der Holzindustrie bedroht. Dort wachsen z.B. die höchsten und ältesten Bäume Kanadas. Ausführliche Beschreibung des Ökosystems und der Aktivitäten von Menschen, die diesen Wald erhalten wollen. (Pro Regenwald)
allg. Publikum

Chemie im Haushalt **V 109**
aus der Serie: Umwelt - Handeln im Alltag
Ifage-Filmproduktion / WDR, BRD 1987
Video, Farbe, 30 min
DFZ; EMZ 7; KFW; KMZ 1-22; LFD 1-13; Kaufkassette: Schauinsland

Gibt es den sauberen Haushalt dank Chemie, dank Saubermachern und Scheuermitteln? Das Video gibt Tips gegen zuviel Chemie im Haushalt und plädiert vor allem für weniger Chemie in der Küche. (KFW)
Methodisch-didaktische Hinweise zum Einsatz dieser Reihe gibt es bei der Kath. Bundesarbeitsgemeinschaft für Erwachsenenbildung, Réné-Schickele-Str. 10, 53123 Bonn.
allg. Publikum, Jugend- und Erwachsenenbildung

Ökomedia-Bewertung: brauchbar

Information	Realisation	Motivation
2,5 Punkte	2,0 Punkte	2,0 Punkte

Ein bemühter und langatmiger Beitrag zu einem wichtigen Thema. Das, was er möchte, nämlich zum Handeln animieren, dürfte nur schwerlich gelingen. Die gesamte Machart ist wenig »ansteckend«.

Chemischer Pflanzenschutz: Probleme und Alternativen **V 110**
aus der Serie: Globus
WDR, BRD 1985
Video, Farbe, 45 min
s. auch Medienpaket Kein schöner Land
EMZ 1, 2, 8, 12, 13; KMZ 13; LBS 4, 7, 8, 10, 14; LFD 4

Anschaulich und gut verständlich werden die Folgen und Gefahren der Pestizid-Anwendung aufgezeigt und darüber hinaus Alternativen zur herrschenden Praxis: Der biologische Pflanzenschutz ist ein Fortschritt auf dem Weg zu einer geringeren Belastung der Umwelt und damit der menschlichen Gesundheit.
Das Video ist dabei in drei Einzelbeiträge gegliedert: Der erste Beitrag »Umgang mit Pflanzenschutzmitteln« zeigt die Leichtfertigkeit, mit der Pestizide benutzt werden. Der zweite Teil »Leben in gesundem Boden« zeigt die verheerende Wirkung von Unkrautvernichtungsmitteln. Und der letzte Teil »Auswege aus den Problemen der chemischen Pflanzenbehandlung« demonstriert schließlich Ansätze, Pflanzenschutz unter ökologischen Gesichtspunkten zu betreiben. (Adolf-Grimme-Institut)
allg. Publikum, landwirtschaftl. Gruppen

Ökomedia-Bewertung: wirksam

Information	Realisation	Motivation
3,0 Punkte	2,7 Punkte	2,7 Punkte

Nach einem schönen und gelungenen Auftakt und einer guten Einführung ins Thema ist der Beitrag sehr informativ, aber formal eher brav. Spannender wird es wieder, als es um das Bodenleben und die Pestizidwirkungen auf Insekten geht.

Chico Velho - V 111
Der große Fluß der kleinen Leute
Video
EMZ 1, 2, 15; KFW; KMZ 14, 20; LFD 11
s. Film

China-Syndrom V 112
Video
atlas; B.O.A.; LBS 6
s. Film

Chips? Aber sicher! V 113
Umweltschutz und Sicherheit in der Chipfertigung
Siemens, BRD
Video, Farbe, 17 min
Siemens

Der Film soll aufklärend und überzeugend nachweisen, daß die Chipfertigung bei Siemens Menschen und Umwelt in keiner Weise belastet. (Siemens)
allg. Publikum

Ökomedia-Bewertung: brauchbar

Information	Realisation	Motivation
1,5 Punkte	2,2 Punkte	1,2 Punkte

Siemens sei Dank: die Chipsfertigung krümmt weder der Umwelt noch den Menschen ein Härchen. Werbefilm, von dem man wohl keinen Tiefgang erwarten darf.

Climate Change and Biodiversity V 114
WWF
Video, Farbe, engl. Orig., 17 min
WWF

Die Gefahren der weltweiten Erwärmung der Erdoberfläche und deren Folgen für Fauna und Flora. (WWF)
allg. Publikum

Concierto Evolución V 115
Video
LFD 1, 9, 10; Siemens
s. Film

Conservation Crisis V 116
WWF
Video, Farbe, engl. Orig., 23 min
WWF

Dokumentation zur Umweltzerstörung; Möglichkeiten zur Erhaltung der Natur.(WWF)
allg. Publikum

Daniel G. - Mein Leben nach dem Verkehrsinfarkt V 117a
SWF / Faltin, Sigrid; Ohlendorf, Peter, BRD 1992
Video, Farbe, 30 min
Kaufkassette: Focusfilm

Eine Reportage aus der Zukunft: Der Film spielt im Jahr 2012 und versucht ein Szenario zu entwerfen, wie unsere Mobilität in 20 Jahren ausschauen wird: Ausgehend davon, daß 2012 der heute drohende Verkehrskollaps schon stattgefunden hat. Dabei zeigt der Film heute schon funktionierende Alternativen zum Straßenverkehr, den Ausbau von Stadtbahnen, Verkehrsberuhigung und alternative Verkehrskonzepte.
Der Film wurde auf der Ökomedia '92 mit dem Preis für die »Beste künstlerische Leistung« ausgezeichnet.
allg. Publikum

Ökomedia-Bewertung: wirksam

Information	Realisation	Motivation
3,2 Punkte	3,5 Punkte	3,5 Punkte

Ein mit viel Leichtigkeit gedrehter Fernsehfilm, der mit vielen Ideen und guten - schon heute praktizierten -Verkehrsvermeidungskonzepten und -Beispielen für eine andere Form von Mobilität wirbt. Als Anstieg in Diskussionen zum Thema »Verkehr« unbedingt empfehlenswert.

Daedalus **V 117**
Video
Medienwerkstatt Freiburg
s. Film

The Day after **V 118**
Spielfilm
Meyer, Nicholas, USA 1983
Video, Farbe, 121 min
EMZ 10

Der Film zeigt am fiktiven Beispiel der Stadt Kansas City und ihrer weiteren Umgebung, die für jede andere Region in Ost und West stehen kann, die verheerenden Folgen eines Atomschlages. Wenn auch der Einwand berechtigt scheint, der Film bleibe hinter der apokalyptischen Realität eines atomaren Holocaust weit zurück, vermag er doch, in der Kombination von Szenen aus dem vertrauten Alltag mit Bildern von dokumentarischer Kraft das Grauen, wenn nicht greifbar, so doch begrifflich zu machen und eine heilsame Angst zu erzeugen. (EMZ 10)
allg. Publikum, Friedensgruppen

Death Town **V 119**
(Zone Rouge)
Spielfilm
Enrico, Robert, Frankreich 1985
Video, Farbe, 110 min
atlas

Eine fürchterliche Detonation zerreißt die Stille der Nacht. Ein Tankwagen ist explodiert. Den Bewohnern des kleinen Ortes Le Guilloz bleibt keine Chance. Das Dorf brennt bis auf die Grundmauern nieder. Nur Claire Rousset überlebt das Inferno. Sie hat genug gesehen, um zu wissen: das war kein Unfall! Claire und der abgehalfterte Detektiv Jeff entdecken eine schreckliche Wahrheit. Und bald sind ihnen Killer auf den Fersen, die sie zum Schweigen bringen wollen. (atlas)
allg. Publikum, ab 16 Jahren

Die Denox-Story **V 120**
Spielfilm
Siemens AG / BRD 1989
Video, Farbe, 23 min
LFD 2, 4-6, 10-13; Siemens

Ökologie und Ökonomie hängen in starkem Maße voneinander ab. Die Industrie wird ohne einen wirksamen Schutz der Umwelt nicht überleben können. Im Film werden einige Beispiele gezeigt, in denen die Wirtschaft bereits dementsprechend handelt. Als Beispiel wird auf die Fertigung von Kraftwerks-Katalysatoren, den Denox-Katalysator, ausführlich eingegangen. (LFD 10)
allg. Publikum

Ökomedia-Bewertung: brauchbar

Information	Realisation	Motivation
2,0 Punkte	2,3 Punkte	1,5 Punkte

Werbe-Spielfilm mit dokumentarischen Interviews. Eine leicht zu durchschauende Journalisten-Story soll Spannung erzeugen und die »kritischen« Fragen der »engagierten« Journalistin sollen den Eindruck von »Objektivität« erwecken. Mag sein, daß die vorgestellten Siemens-Katalysatoren wirklich prima sind - aber die Filmstory ist einfach zu platt.

Die Deponie **V 121**
BRD 1991
Video, Farbe, 21 min
LISA; L.I.S.A.

Der Film gibt einen Überblick über eine Mehrbereichsdeponie in Mecklenburg-Vorpommern. In einzelnen Schritten wird anschaulich dargestellt: die Schaffung der technischen Vorausssetzungen nach internationalen Standards, Aufnahme und Kontrolle der Abfallstoffe, Lagerung und Entsorgung, beginnende Landschaftsgestaltung. (LISA)
ab 8. Klasse

Dicke Luft **V 122**
Theaterstück
Grips Theater Berlin / Ludwig, Volker; Lücker, Reiner, BRD 1983
Video, Farbe, 90 min
atlas; EMZ 3; LBS 7, 13

Smog-Alarm, Waldsterben, Müllberge, Lärm und Gestank - wer wie Mai und Alex in einer Stadt wohnt, hat unter der Gedankenlosigkeit der Menschen im Umgang mit ihrer Umwelt ganz schön zu leiden. Doch die beiden wissen sich zu helfen. Unterstützt von ihrem neuen Nachbarn, dem witzigen Kaspar Sonnenschein, gehen sie den Ursachen für die »dicke Luft« auf den Grund. Mai und Alex schaffen es sogar, daß zumindest einige Erwachsene vernünftiger werden und einsehen, daß unsere Erde nicht weiter verpestet werden darf. (atlas)
Medienpaket: Videokasette und Begleitmaterial
ab 8 Jahren

Ökomedia-Bewertung: wirksam

Information	Realisation	Motivation
	3,2 Punkte	3,2 Punkte

Schönes Kinder-Theater-Stück, das zeigt, wie Kinder in ihrer eigenen, nahen Umwelt »umweltaktiv« werden können.

Das Dreckstück **V 123**
Der Minister für Umwelt des Saarlandes / Planfilm / Gemballa, Gero, BRD 1987
Video, Farbe, 23 min
LBS 11; LZNW; Planfilm

Der Film gibt Anregungen und Informationen zum Thema Abfall. Er beleuchtet, wie der heutige Müllberg entstand und welche Möglichkeiten es gibt, ihn zu verringern. Alle Methoden werden ausführlich dargestellt. So erfährt der Zuschauer einerseits, welche Vor- und Nachteile eine Müllverbrennungsanlage hat, andererseits aber auch, welche Möglichkeiten es gibt, das Müllvolumen durch verschiedene Formen des Recyclings zu verringern. (Planfilm)
allg. Publikum

Ökomedia-Bewertung: wirksam

Information	Realisation	Motivation
2,5 Punkte	3,0 Punkte	3,0 Punkte

Teilweise fehlen wichtige Informationen, aber als Einstieg in das Thema Müll ist dieser Beitrag recht gut geeignet.

3 + 6 = Insekten **V 124**
DFF / Halle, Karl-Heinz, DDR 1990
Video, Farbe, 28 min
LaUB

Der Film lädt zu einer Kamera-Safari in die heimische Natur ein. Mit Zeitraffer wird z.B. die Verpuppung und das Schlüpfen eines Marienkäfers gezeigt. Der Zeitraffer läßt uns auch miterleben, wie der Ameisenlöwe seinen Fangtrichter baut. Die Welt der Insekten wird sichtbar: Wie schützen sich manche Larven vor anderen Insekten? Wie finden Taumelkäfer und Wasserläufer ihre Beute? Wie melken Ameisen die Blattläuse? Wie hören Heuschrecken und Grillen? Und was verbirgt sich im Kuckucksspeichel? (LaUB)
allg. Publikum

Ökomedia-Bewertung: wirksam

Information	Realisation	Motivation
3,0 Punkte	3,0 Punkte	3,0 Punkte

Gute (Nah-)Aufnahmen und ein informativer Kommentar über einige der über eine Million Insektenarten belegen vor allem die Bedeutung der einzelnen Art im Ökosystem. Unerwähnt bleibt ihre Gefährdung durch den Einsatz von Pestiziden.

Droht eine globale Erwärmung? V 125
aus der Serie: Die Welt im Wandel
Monitor TV / Pro 7 / Cheatham, Tom, 1990
Video, Farbe, 52 min
Kaufkassette: Taurus Video

Wenn alles auf der Erde so weiterläuft wie bisher, werden im Jahr 2050 die Temperaturen um 5 Grad höher liegen als heute - mit allen sich daraus ergebenden Konsequenzen: Überflutung von Küstengebieten, Verschiebung von Klimazonen, Entstehung von Wüsten und daraus resultierenden Hungersnöten. Was kann der Mensch dagegen tun? (Taurus)
allg. Publikum

Ökomedia-Bewertung: brauchbar

Information	Realisation	Motivation
3,0 Punkte	2,3 Punkte	2,3 Punkte

Etwas konzeptloser Film, der nicht stringent genug bei seinem Thema bleibt. Außerdem landet er, nach recht eindrücklichen Bildern, beim Referatsstil, wodurch seine Aufrufe zum sparsamen Umgang mit Energie und andere gute, konkrete Tips zu versanden drohen.

Dr. Vauk und die Vögel V 126
Video
Con
s. Film

Dschungelburger V 127
Video
EMZ 3, 8, 13; KMZ 1, 6, 10, 13, 14; LBS 2, 4, 6, 11, 13; LFD 1, 2; LZNW
s. Film

Echt ätzend V 128
Claus, Uta, BRD 1992
Video, Farbe, 9 x 2 min
Claus, Uta

In jedem der Umwelt-Spots wird der Zuschauer auf ein alltägliches Müllproblem aufmerksam gemacht. Es wird erklärt, warum dieser Abfall für die Umwelt schädlich ist, wie er gar nicht erst entstehen würde, d.h. vermieden werden könnte, bzw. was der Zuschauer tun kann, damit er recycelt wird. (Claus)
allg. Publikum

Ökomedia-Bewertung: wirksam

Information	Realisation	Motivation
3,0 Punkte	2,5 Punkte	2,5 Punkte

Leider ziemlich geschmacklose Stories als Rahmen»handlung« dieser Umweltspots: ein Mann hechelt hinter einer Frau her, die nichts von ihm wissen will. Sonst ganz gut gezeichnet und auch inhaltlich okay.

Einer von Millionen V 129
Video
LFD 2; Intermedia
s. Film

Elche in Alaskas Wildnis V 130
aus der Serie: Tiere vor der Kamera
BR / Arendt, Ernst; Schweiger, Hans, BRD
Video, Farbe, 45 min
BUND; Kaufkassette: Screen Entertainment

Den Lebenszyklus der Elche, der größten Hirschart der Welt, beobachteten die Autoren auf ihren Expeditionen durch Kanada. In prachtvollen Aufnahmen wird das Heranwachsen eines Elchkalbes gezeigt, das Mitte Mai in den tief verschneiten Bergen zur Welt kam. Zum Lachen wirken die piepsigen Töne der Elchbullen bei der Brunft im September. Höhepunkt ist der Kampf eines Elchbullen gegen einen mächtigen, jungen Rivalen, der ihm sein Revier und seinen Harem streitig macht. (Screen Entertainment)
allg. Publikum

Der Elefant **V 131**
aus der Serie: Bedrohte Tierwelt
NDR, BRD 1992
Video, Farbe, 15 min
FWU; LBS 4, 5, 7

Ein weltweiter Elfenbeinhandel ist der Grund dafür, daß die Elefanten vom Aussterben bedroht sind. Neben dem illegalen Handel beschreibt der Film die katastrophalen Auswirkungen, die die Wilderei auch auf die Lebensweise dieser majestätischen Tiere hat. (FWU)
ab 8. Klasse

Ökomedia-Bewertung: wirksam

Information	Realisation	Motivation
3,0 Punkte	3,0 Punkte	3,0 Punkte

Informativer Film über Elefantenjagd und Elfenbeinhandel mit schockierenden Bildern, aber etwas monoton gesprochenem Kommentar.

Elefanten **V 132**
aus der Serie: Zauber der Tierwelt
Kramer, Christel; Kramer, Karl-Heinz, BRD
Video, Farbe, 30 min
Kaufkassette: Falken-Verlag

Von den zahlreichen wildlebenden Elefantenherden, die einst den indischen Subkontinent durchstreiften, haben nur wenige überlebt. Im Wildreservat Peryar, im indischen Bundesstaat Kerala, ist ihnen ein letzter, geschützter Lebensraum erhalten geblieben. Dieser Videofilm beobachtet das außergewöhnliche Sozialverhalten der indischen Elefanten von Peryar und die liebevolle Aufzucht der Jungen. (Falken-Verlag)
allg. Publikum

Ökomedia-Bewertung: brauchbar

Information	Realisation	Motivation
2,2 Punkte	2,1 Punkte	2,2 Punkte

Recht braver, teilweise sogar langatmiger Film mit durchgehendem Kommentar.

Elektrolähmung **V 133**
Video
atlas
s. Film

Elephant **V 134**
WWF
Video, Farbe, engl. Orig., 13 min
WWF

Elfenbein und dessen Verarbeitung; Leben der Elefanten, Elefantenjagd. (WWF)
allg. Publikum

Endstation - **V 135**
Keine S-Bahn für Lütgendortmund
Dortmunder Medienzentrum, BRD 1986
Video, Farbe, 26 min
DMZ

Das Video dokumentiert, welche Schäden durch den Bau der S-Bahnlinie in Wohn- und Naherholungsgebieten Lütgendortmunds entstehen würde: Die S-Bahnlinie ist überflüssig, da Dortmund ausreichende Verkehrsverbindungen zur City hat. (DMZ)

Ökomedia-Bewertung: unbrauchbar

Information	Realisation	Motivation
1,5 Punkte	1,2 Punkte	1,2 Punkte

Mittlerweile kann mancher Homevideo-Fan spannendere Filme machen. Dieses Video ist langweilig und technisch schlecht gemacht. Abgesehen davon ist nicht einmal das Thema Öffentlicher Nahverkehr richtig aufgearbeitet - also auch inhaltlich mangelhaft.

Energie **V 136**
aus der Serie: Umwelt - Handeln im Alltag
Ifage-Filmproduktion / WDR, BRD 1987
Video, Farbe, 30 min
DFZ; EMZ 7; KFW; KMZ 1-22; LBS 4; LFD 1-13

Ein Video, das den Energieverbrauch und die vielfach damit einhergehende Energieverschwendung verdeutlicht. Bessere Energienutzung ist in vielen Fällen möglich, genauso wie Energiesparen im Haushalt. Darüber hinaus werden alternative Energien vorgestellt. (KFW)
Methodisch-didaktische Hinweise zum Einsatz dieser Reihe gibt es bei der Kath. Bundesarbeitsgemeinschaft für Erwachsenenbildung, Réné-Schickele-Str. 10, 53123 Bonn.
allg. Publikum

Ökomedia-Bewertung: wirksam

Information	Realisation	Motivation
3,0 Punkte	2,5 Punkte	2,5 Punkte

Der Beitrag enthält viele wichtige Informationen, könnte jedoch formal noch spannender sein.

Energie aus Biomeilern **V 137**
Video
EMZ 10; KMZ 6, 8, 10-12; LBS 13, 14; LZNW; Weitzel
s. Film

Energie aus Gletscherwasser **V 138**
Video
DFS
s. Film

Energie sparen - Umwelt schonen: Erdgas **V 139**
Bundesverband der deutschen Gas- und Wasserwirtschaft, BRD 1990
Video, Farbe, 9 min
DFS; DFZ; DIZ; LBS 11; LFD 1, 2, 4-6, 9-13

Erdgas ist eine Energie, die effizient und wirtschaftlich ist und zugleich die Umwelt wenig belastet, vor allem dann, wenn man möglichst sparsam mit ihr umgeht. (LFD 2)

Ökomedia-Bewertung: wirksam

Information	Realisation	Motivation
2,7 Punkte	2,8 Punkte	2,8 Punkte

Ein Werbefilm für den emissionsärmsten fossilen Brennstoff Erdgas. Der Film wirbt für seine umweltfreundlichen Eigenschaften und ruft zum Energiesparen auf. Es tritt immer wieder ein Puppenspieler auf, damit das Thema nicht zu trocken gerät - ganz nett.

Energiebewußt bauen **V 140**
Video
FWU; LBS 1-14
s. Film

Energieeinsparende Heizsysteme **V 141**
Video
FWU; LBS 1-14
s. Film

Energieeinsparung durch Recycling **V 142**
Video
FWU; LBS 1-14
s. Film

Energiehaushalt unserer Atmosphäre **V 143**
Context-Film, BRD
Video, Farbe, 15 min
LBS 1

Der Film behandelt von den Klimaschwankungen der Erde ausgehend den Energiehaushalt in der Atmosphäre. Besondere Bedeutung kommt dabei dem Treibhauseffekt zu. (LBS 1)
ab 8. Klasse

Entsorgung **V 144**
Video
LBS 13; LFD 2, 9
s. Film

Die Erde lebt **V 145**
BBC / Attenborough, David, GB 1990
Video, Farbe, Teil I + II, 2 x 120 min
Kaufkassette: DuMont

Dieses zweiteilige Video beruht auf einer preisgekrönten Naturdokumentation, in der Regisseur David Attenborough und einige der weltbesten Kameraleute für Naturfotografie verschiedenste Lebensformen im Tier- und Pflanzenreich zeigen. Die Entdeckungsreise führt in alle Regionen der Erde und enthüllt in zum Teil einzigartigen Aufnahmen, mit welch verblüffendem Erfindungsreichtum sich Fauna und Flora an die jeweiligen Umweltbedingungen angepaßt haben. So hat sich im Laufe der Evolutionsgeschichte eine geradezu unglaubliche Artenvielfalt entwickelt, von der zahlreiche, auch bisher kaum bekannte Spezies vorgestellt werden. Um ihre Lebensweise besser zu veranschaulichen, wurden spezielle Filmtechniken eingesetzt wie Makro- und Mikroskopaufnahmen, Zeitlupe und Zeitraffer sowie computeranimierte Trickdarstellungen. Darüber hinaus vermittelt Attenborough mit fachkundigem Kommentar wissenswerte Detailinformationen und ökologische Zusammenhänge.
Teil 1 dringt in die entlegensten Bereiche der Tier- und Pflanzenwelt vor. Wir sehen die unterschiedlich ausgeprägte Natur aller Vegetationsgürtel der Erde: Von den Eiswelten der Hochgebirge und Pole bis zur Wüste, von der lebensfeindlichen Welt der Vulkane bis zur Üppigkeit der tropischen Regenwälder.
Teil 2 setzt die Expedition fort und beobachtet die besonderen Lebensweisen von Lebewesen in der Luft, in Flüssen und Seen, im Wattenmeer, im Ozean und schließlich im Dschungel der Großstädte. Dabei verdeutlicht sich, welch ungeheuren Einfluß der Mensch auf die Umwelt ausübt und wie leicht das ausgewogene Kräftespiel der Natur aus dem Gleichgewicht gebracht werden kann. (DuMont)
allg. Publikum

Ökomedia-Bewertung: besonders wirksam

Information	Realisation	Motivation
4 Punkte	4 Punkte	4 Punkte

Vier Stunden lang - und keine Minute langweilig: hervorragende Filme mit vielen Informationen und guten Bildern. Wie meistens in seinen Filmen, erzählt Attenborough selbst in seiner sympathischen und guten Art.

Die Erde lebt - Einführung in den natürlichen Landbau **V 146**
Murayama, Masami, Japan 1984
Video, Farbe, 40 min (deutsch eingesprochene Übersetzung)
B.O.A.

Der Beitrag schildert sehr anschaulich und für Laien verständlich, wie der Bauer Suka in der Nähe Tokios biologische Landwirtschaft betreibt. Dabei benützt er traditionelle Erfahrungen, die darauf beruhen, daß die Abläufe in der Natur einem höchst komplizierten und weitumspannten Zusammenspiel unterliegen. Es kann nicht ohne tiefgreifende Schädigungen von Umwelt und Lebewesen gestört werden. Die moderne Landwirtschaft ignoriert diesen Zusammenhang und zerstört das ökologische Gleichgewicht. (B.O.A.)
allg. Publikum, landwirtschaftliche Gruppen

Ökomedia-Bewertung: wirksam

Information	Realisation	Motivation
3,3 Punkte	3,0 Punkte	3,2 Punkte

Nach einem etwas unglücklichen und langatmigen Anfang gewinnt der Film enorm. Vor allem die Sequenzen über das Bodenleben sind faszinierend. Eine sehr anschauliche Darstellung.

Erdrutsch - 20 Jahre Rebflurbereinigung im Kaiserstuhl **V 147**
Klein-Hering, H.; Reber, T.; Schledding, T., BRD 1986
Video, Farbe, 43 min
Medienwerkstatt Freiburg

Seit ca. 20 Jahren werden am Kaiserstuhl großflächig Rebumlegungen und Großterrassierungen durchgeführt. Ziel ist es, die Wirtschaftlichkeit zu erhöhen und den Arbeitsaufwand zu verringern. Die über Jahrtausende gewachsene Landschaftsform am Kaiserstuhl ist heute nicht mehr wiederzuerkennen. Neben der unübersehbaren Radikalkur im Erscheinungsbild sind zwar weniger auffällige, dafür aber umso einschneidendere Veränderungen und Auswirkungen festzustellen: Böschungsrutschungen, Hochwasser, Rebschäden, Flurverödung, Trinkwasserverseuchung sind Schlagworte in diesem Zusammenhang. Aber auch Betriebsaufgaben, Arbeitslosigkeit und Industrialisierung. Mensch und Natur sind gleichermaßen von den Veränderungen betroffen. (MW Freiburg)
allg. Publikum, landwirtsch. und Naturschutzgruppen

Ökomedia-Bewertung: wirksam

Information	Realisation	Motivation
3,0 Punkte	2,7 Punkte	2,8 Punkte

Sehr detailliertes und sorgfältig recherchiertes Video. Für am Thema Interessierte eine Fundgrube an Fakten und Einsichten.

Erinnerungen an eine Landschaft **V 148**
DEFA / Tetzlaff, Kurt, DDR 1983
Video, Farbe, 79 min
LBS 4; LZNW

Der Film befaßt sich mit dem Braunkohleabbau im Süden von Leipzig und den damit einhergehenden Folgen für Landschaft, Siedlungsräume, Umwelt und die seit Generationen hier lebenden Menschen. Im Mittelpunkt steht der Ort Magdeborn. Die Mehrheit seiner Einwohner hat ihn bereits vor Jahren verlassen. Sie wurden umgesiedelt und in neuen Wohnquartieren untergebracht. 1943 verschwanden die ersten Häuser des Ortes, nach dem Krieg ging es immer schneller. Bald werden die letzten Spuren des einst großen und stattlichen Ortes verschwunden sein...
Etwa 10 Kilometer von Magdeborn entfernt liegt Eythra, das kürzlich sein tausendjähriges Bestehen feiern konnte. Noch leben hier 4.000 Einwohner, doch in 4 bis 5 Jahren wird auch dieser historische Siedlungsplatz ausgeräumt worden sein. Der Braunkohletagebau Zwenkau umfaßt eine Fläche von vielen tausend Hektar. Seinetwegen müssen Flüsse und Straßen verlegt, Dörfer und Orte aufgegeben und Bahnlinien neu gebaut werden.
Auch wenn die sozialistische Gesellschaft vorgibt, unnötige Nachteile auszuschließen: Der Verlust der Heimat, die Einweisung in Trabantenstädte bleiben für die Betroffenen gravierend. Der Preis ist hoch, den einzelne aus energiewirtschaftlichen und nationalökonomischen Gründen der Allgemeinheit zahlen müssen. So erweist sich der Film als ein bemerkenswertes Dokument einer Lebenswirklichkeit, die von unserer westdeutschen nicht allzu sehr entfernt ist. (LZNW)
allg. Publikum

Ökomedia-Bewertung: wirksam

Information	Realisation	Motivation
3,0 Punkte	2,5 Punkte	2,5 Punkte

Leider etwas zu lang geratener Film, der dem Zuschauer zu viel Geduld abverlangt. Und doch ist es ein »wirksamer« Film, der ein hohes Maß an Authentizität erreicht. Die Bevölkerung des untergehenden Magdeborns kommt dem Zuschauer recht nahe.

Ernährung **V 149**
aus der Serie: Umwelt - Handeln im Alltag
Ifage-Filmproduktion / WDR, BRD 1987
Video, Farbe, 30 min
DFZ; EMZ 4, 7; KFW; KMZ 1-22; LFD 1-13

Der Beitrag zeigt die falschen Ernährungsgewohnheiten der meisten Bundesbürger und gibt Ratschläge, wie man gesünder kochen und essen kann. Gesunde Ernährung beginnt bereits beim gezielten und bedarfsgerechten Einkauf, bei der Frage »Gemüse oder Fleisch«? Die Verantwortung des einzelnen für eine sinnvolle Ernährung wird angesprochen. (KFW)
Methodisch-didaktische Hinweise zum Einsatz dieser Reihe gibt es bei der Kath. Bundesarbeitsgemeinschaft für Erwachsenenbildung, Réné-Schickele-Str. 10, 53123 Bonn.
allg. Publikum

Ökomedia-Bewertung: brauchbar

Information	Realisation	Motivation
2,0 Punkte	2,0 Punkte	2,0 Punkte

In diesem Beitrag wird viel zu viel und vor allem drum herum geredet. Der Zuschauer erfährt zu wenig, was Vollwertkost überhaupt ist. Formal ist der Film recht einfallslos; die Informationen bleiben insgesamt zu allgemein.

Erst stirbt das Wasser - Greenpeace gegen Rheinverschmutzer **V 150**
Video
EMZ 1-5, 8, 10-13; KMZ 4, 13; LBS 4, 7, 8, 10, 13, 14; LFD 2, 4
s. auch Medienpaket Stilles Wasser
s. Film

Es werde Licht **V 151**
Video
EMZ 12; LFD 6; LZNW
s. Film

Europa - Die Brücken des Vogelzugs **V 152**
aus der Serie: Sielmann 2000 - Rückkehr in die Zukunft
Sielmann, Heinz, BRD 1992
Video, Farbe, 48 min
Kaufkassette: Sony Music Entertainment

In dieser Folge läßt Heinz Sielmann frühe Stationen Revue passieren und wendet gleichzeitig sein Augenmerk nach vorn: So versucht er eine Bestandsaufnahme der landschaftlichen Schätze, die seit der Öffnung der neuen Bundesländer nun zu betrachten sind. Gerade im Bereich der ehemaligen Grenze nämlich haben sich viele seltene Tier- und Pflanzenarten ungestört entwickeln können und sind nun Naturparadiese für so gefährdete Tierarten wie z.B. den Fischotter und den Seeadler. (Sony Music Entertainment)
allg. Publikum

Ökomedia-Bewertung: wirksam

Information	Realisation	Motivation
3,0 Punkte	3,0 Punkte	3,0 Punkte

Engagierter Beitrag Sielmanns zum Natur- und Vogelschutz. Schöne Bilder von Kranichen, Adlern, Kormoranen usw.

E-Werk Sonne - Ökologische Aspekte der Solarenergie **V 153**
Bayerischer Rundfunk / Holleder, Lutz, BRD 1986
Video, Farbe, 30 min
FWU; LBS 8, 10, 12-14; LFD 2

Die gewaltige Energie der Sonne würde theoretisch ausreichen, die Energieprobleme unseres Planeten zu lösen. Aber bisher nutzen wir die Sonnenenergie kaum. Der Film zeigt den neuesten Stand der Solarforschung und beleuchtet die Fakten, die einer breiten Einführung der Sonnentechnologie im Wege stehen. An vielen Beispielen weist er nach, daß die Nutzung der Sonnenenergie bei uns schon heute wirtschaftlich sein kann. Er arbeitet ökologische Aspekte heraus und gibt darüber hinaus einen Ausblick auf eine Energiequelle der Zukunft. (FWU)
Sekundarstufe I und II

Ökomedia-Bewertung: wirksam

Information	Realisation	Motivation
3,5 Punkte	3,0 Punkte	3,0 Punkte

Ein informativer, aktueller und gut recherchierter Bericht mit anschaulichen Beispielen.

Ex voto **V 154**
Langjahr, Erich, Schweiz 1986
Video, Farbe, 110 min
LZNW

Erich Langjahr spricht von einem Filmgedicht über Heimat und Tradition. Sein Film »Ex voto« umschließt für ihn Glaube, öffentliches Bekenntnis, Rettung, Dank und Einhaltung des Versprechens. Abgedeckt damit sind Identität, Freiheit, der Wille zur Verteidigung, Geborgenheit und Zukunftssicherheit.
Heimat: Ort der Kindheit, Familie, Gemeinschaft, Geborgenheit, Vertrautheit und Tradition; aber auch Ort der Veränderung, Herausforderung, des Verlustes, der irritierenden Gegensätze. Gezeigt wird das hügelige Gelände rund um den Gubel zwischen Aegerisee und Hirzel. Es ist die voralpine Gegend an der Sihl, mit dem vom Gletscherfluß geformten runden Hügel aus Grundmoränenschutt. Was hier lebt, bewahrt, verändert und erneuert wird, ist voller Gegensätze und Widersprüche. Der Filmemacher sieht sich konfrontiert mit Entwicklungen, die weder mit gutem Willen noch mit ehrfurchtsgebietenden Gefühlen harmonisiert werden können. Und schließlich die Frage nach seiner Beziehung zur Landschaft und Natur, nach dem Umgang mit ihnen, ihrem Gebrauch und Mißbrauch. Noch gibt es sie - stellenweise, die Harmonie zwischen Mensch und Natur. Doch weltweit sind Veränderungen im Gange, die einschneidend und unwiderruflich sind. »Heimat« ist ein verletzlicher und leicht zu mißbrauchender Begriff. Er sollte von falschen politischen und kulturellen Interpretationen befreit bleiben. In diesem Sinne lädt der Film ein, über Heimat nachzudenken, damit aber auch über die Gefühle und Konflikte, die in der Bewahrung von Traditionellem liegen können. (LZNW)
allg. Publikum

Ökomedia-Bewertung: wirksam

Information	Realisation	Motivation
2,5 Punkte	3,0 Punkte	2,5 Punkte

Der Film lebt ganz von der Originalität und Echtheit der Bäuerin, der man spontan Sympathie entgegenbringt. Eine Art Heimatfilm mit sensiblen Bildern. Die Kamera hat viel Sinnliches und Originelles aus diesem schweizer Landstrich eingefangen. Allerdings hat der Film Längen. Der ökologische Konflikt um den Kiesabbau bleibt im Hintergrund.

The Faceless Ones **V 155**
Kanada
Video, Farbe, engl. Original, 5 min
Pro Regenwald

Eine musikalisch lyrische Anklage derer, die aufgrund ihrer Ignoranz verantwortlich für die Ölkatastrophe in Alaska, den Kahlschlag in Kanada und das Ausrotten bedrohter Tierarten sind. Ein Spot zur Motivation von Aktivisten. (Pro Regenwald)
allg. Publikum

Fässer ohne Boden **V 156**
Medienpädagogik Zentrum / Lübecker Initiative gegen Atomanlagen, BRD 1988
Video, Farbe, 75 min
Medienpädagogik Zentrum

Die Unmöglichkeit, radioaktiven Müll zu entsorgen, und die daraus resultierende rege Transporttätigkeit werden nur kurz angerissen. Der Schwerpunkt des Videos dokumentiert die von der Lübecker Initiative gegen Atomanlagen ausgehenden Sensibilisierungsversuche, die Einbeziehung und letztlich die aktive Beteiligung von weiten Bevölkerungskreisen an verschiedenen Protest- und Widerstandsformen. (MPZ)
allg. Publikum, Anti-Atom-Gruppen

Ökomedia-Bewertung: wirksam

Information	Realisation	Motivation
3,0 Punkte	3,0 Punkte	3,0 Punkte

Ein informierender, umfassender und gut recherchierter Beitrag. Der Zuschauer erfährt sowohl von Bürgeraktionen, als auch die nötigen Fakten und Hintergründe. Der Kommentar ist stellenweise etwas monoton.

Faith and Nature **V 157**
WWF
Video, Farbe, engl. Orig., 20 min
WWF

25. WWF-Jubiläum. Eine Pilgerreise zum Geburtsort von Franz von Assisi, um für die Erhaltung der Natur zu demonstrieren. (WWF)
allg. Publikum

Die Farbe der Indios **V 158**
Video
AV-Film; FWU; KMZ 8; LBS 1, 13; LFD 2
s. Film

Die Farbe der Zukunft **V 159**
(Happy Families)
Großbritannien, Norwegen, BRD, USA, Japan 1992
Video, Farbe, 3 x 30 min
Medienpaket »Eine Welt für alle«
mit umfangr. Begleitmaterial
AGI

Im Rahmen der »One World '92«-Serie versuchte jeweils eine »typische« Familie in fünf Industrieländern der Welt (Großbritannien, Norwegen, BRD, USA, Japan), für die Dauer von fünf Wochen umweltfreundlicher zu leben als bisher.
Ziel war es zu zeigen, daß auch der einzelne durch Änderungen im Lebensstil und mehr Bewußtsein für die Umwelt die globalen Umweltprobleme angehen kann. Zu Beginn des Experiments wurde jede Familie gefragt, in welchen Bereichen sie glaubte, Veränderungen durchsetzen zu können. Alle erhielten einen Ziele-Katalog, an dem sie ihren persönlichen Erfolg messen konnten.
Vier Schlüsselbereiche wurden definiert: Müll und Wasser im Haushalt, Energie in Haushalt und Transport, Einkauf und Konsum, die lokale Umwelt. Die Familien wurden in regelmäßigen Abständen gefilmt, damit man ihre Fortschritte dokumentieren konnte. Die sechs Filme wurden dann zusammengeschnitten zu drei halbstündigen Episoden einer »Familienserie«, die die Fortschritte aller Familien im Vergleich darstellen. (Moving Pictures Bulletin)

Ökomedia-Bewertung: brauchbar

Information	Realisation	Motivation
2,5 Punkte	2,0 Punkte	2,0 Punkte

Dadurch, daß jeweils fünf Familien vergleichend betrachtet werden, erhalten die drei Filme additiven Charakter. Auch die graphische Gestaltung mit gerahmtem Bildschirm und der Wettbewerb der Familien um grüne Blätter - wer am meisten einheimst, ist Umweltsieger - sind nicht dazu angetan, die drei Dokumentationen interessanter zu machen.

Der Feldhase **V 160**
Zimmermann, Hans-Jürgen, BRD 1985
Video, Farbe, 21 min
FWU; LBS 1-14

Das Videoband schildert das Leben des Feldhasen vom frühen Vorfrühling bis zum tiefen Winter. Dabei zeigt der Beitrag, wie aus dem Feldhasen durch die einseitigen Veränderungen der Umwelt ein Kulturverfolgter geworden ist, dessen Population immer weiter zurückgeht, vor allem durch die Verarmung der Landschaft durch Monokulturen und die Verödung der Feldfluren. Herbizide und Insektizide vergiften die Bestände. Und nicht zuletzt werden jährlich rund 100.000 Hasen überfahren. (FWU)
Sekundarstufe I, Naturschutzgruppen

Ökomedia-Bewertung: wirksam

Information	Realisation	Motivation
3,0 Punkte	2,8 Punkte	3,0 Punkte

Ein sehenswerter und informativer Film. Leider fast pausenloser Kommentar.

Die Felsen der Papageientaucher **V 161**
aus der Serie: Tiere vor der Kamera
BR / Arendt, Ernst; Schweiger, Hans, BRD
Video, Farbe, 45 min
BUND; Kaufkassette: Screen Entertainment

Die Felseninseln des Nordmeeres sind im Frühjahr Paarungs- und Brutstätte der Papageitaucher, jener Hochseevögel, die den größten Teil ihres Lebens auf dem offenen Meer verbringen. In beeindruckenden Bildern haben die Autoren das Sozialverhalten dieser geselligen, in Kolonien lebenden Vögel eingefangen. Wir erleben, wie flügge gewordene Jungvögel bei Nacht die schützende Bruthöhle verlassen und ihr Eigenleben beginnen, und werden Zeugen der verblüffenden Technik, mit der Papageitaucher Fische jagen und fangen. (Screen Entertainment)
allg. Publikum

Feuersalamander **V 162**
Studio Herkenrath / Ulrich, Bodo, BRD 1982
Video, Farbe, 17 min
Planfilm

Das Video veranschaulicht Morphologie und Verhalten der Feuersalamander. Exemplarisch und detailliert schildert Bodo Ulrich die Schutzmaßnahmen, die Mitglieder des B.U.N.D. vornehmen, um die Tiere zu retten: Die Tiere werden nachts vermessen und gezählt, um eine Bestandsaufnahme zu erhalten. Biologische Gewässeranalysen und die Einrichtung von Gumpen helfen, ihr Überleben zu sichern. (Planfilm)
allg. Publikum, Tierschutzgruppen

Die Fischer von Umboi **V 163**
Video
CRW; DFZ; LFD 1, 2, 5, 9-13
s. Film

Fisch-Hochzeit **V 164**
DFF / Bergmann, Siegfried, DDR 1984
Video, Farbe, 30 min
LaUB

Der Film zeigt die besonderen Verhaltensweisen bei der Fortpflanzung von zwei heimischen Fischarten, dem Bitterling und dem Stichling. Der Bitterling ist eine schon selten gewordene Fischart: Er legt seine Eier in eine Muschel. Der Stichling, der noch häufiger vorkommt, baut zur Pflege seiner Eier ein regelrechtes Nest unter Wasser. Die Beispiele im Film zeigen, daß die Interessen des Angelsports und die Aufgaben der Landeskultur nicht im Widerspruch zueinander stehen. (LaUB)

Ökomedia-Bewertung: brauchbar

Inormation	Realisation	Motivation
2,0 Punkte	1,8 Punkte	1,8 Punkte

Abgesehen davon, daß die meisten Aufnahmen im Aquarium gedreht wurden, ist der Film ein Referat ohne Biß. Der Biologe beschreibt die Natur, stellt dann zwar fest, daß es mit den Fischen und Bächen nicht mehr so richtig stimmt, getraut sich aber nicht, die Gewässerverschmutzung konkret zu benennen und schon gar nicht die Verschmutzer. Es bleibt bei allgemeinen Appellen.

Der Fischotter **V 165**
aus der Serie: Bedrohte Tierwelt
NDR / Barth-Film, BRD 1991
Video, Farbe, 15 min
FWU; LBS 5, 13

Der Film gibt Einblick in das Verhalten und die Lebensweise des Fischotters, einer vom Aussterben bedrohten Tierwelt. Anhand der Darstellung seines Lebensraumes werden die Ansprüche dieses Wassermarders an seine Umwelt deutlich. Jahrelange Verfolgung hat den Fischotter beinahe ausgerottet. Heute ist sein Bestand vor allem durch den Mangel an geeigneten Wohngewässern gefährdet. Am Beispiel des Otter-Zentrums Hankensbüttel werden die Bemühungen zur Erhaltung und Wiederansiedlung des Fischotters aufgezeigt und die ökologischen Voraussetzungen dafür diskutiert. (FWU)
Sekundarbereich I (5.-9. Schuljahr), Jugendbildung

Ökomedia - Bewertung: wirksam

Information	Realisation	Motivation
3,0 Punkte	3,0 Punkte	3,0 Punkte

Guter, informativer Beitrag, der anschaulich aus dem bedrohten Otterleben berichtet.

Flaschenkinder **V 166**
Video
EMZ 2; KMZ 6, 7, 10; Medienwerkstatt Freiburg
s. Film

Fließendes Gift **V 167**
Wetternachrichten zum Umdenken
SPD / Engstfeld, Axel, BRD 1985
Video, Farbe, 26 min
SPD

Der Film zeigt in Form einer fiktiven Tagesschau die wichtigsten Problembereiche unserer Wassersituation auf: Giftige Müllablagerungen, bedrohtes Grundwasser und Einleitungen von Chemikalien wie Cadmium und Nitrat oder Schwermetallen, sorgloser Verbrauch von Waschmitteln und Haushaltsreinigern etc. Durch die Summe der alarmierenden Nachrichten wird deutlich, daß jeder betroffen ist. (SPD)
allg. Publikum, Umweltgruppen

Ökomedia-Bewertung: wirksam

Information	Realisation	Motivation
3,0 Punkte	3,0 Punkte	3,0 Punkte

Gut gemachter Informationsfilm zum Thema Wasser. Obwohl die SPD diesen Film produziert hat, spielt Parteipolitik keine Rolle. Die außergewöhnliche Art der Darstellung hebt sich wohltuend von den üblichen Formen der Dokumentation ab.

Das Flötenlied im Luch **V 168**
DFF / Schroeder, Hans, DDR 1981
Video, Farbe, 24 min
LaUB

Der Film zeigt das Wechselverhältnis zwischen intensiver Grünlandbewirtschaftung und Naturschutz am Beispiel des Havelluchs sowie Aktivitäten der Forstwirtschaft, von Genossenschaftsbauern und Arbeitsgemeinschaften zur Erhaltung seltener Tierarten, z.B. der Großtrappe, dem Kampfläufer, dem Brachvogel und der Uferschnepfe. (LaUB)
allg. Publikum

Ökomedia-Bewertung: brauchbar

Information	Realisation	Motivation
2,4 Punkte	2,5 Punkte	2,1 Punkte

Der Film zeigt zwar unterschiedliche Tierarten, die durch land- und forstwirtschaftliche Nutzung betroffen sind, problematisiert die Zerstörung ihres Lebensraumes aber nicht, sondern betont ständig, wie umsichtig von Land- und Forstwirtschaft Tierschutz betrieben wird. Ein Dokument alter DDR-Ideologie.

Fluch der Wale **V 169**
Spielfilm
Rees, Clive, Großbritannien 1989
Video, Farbe, 90 min
Kaufkassette: Fox-Video

1844: Ein schreckliches Unwetter vernichtet die Insel Samson, die zu den Scilly-Inseln gehört. Ein kleiner Junge und seine Mutter sind die letzten, die die Insel lebend verlassen. 1914: Auf der Nachbarinsel Bryher spielen die Kinder Daniel und Gracie am Strand. Sie werden von einem unheimlichen alten Mann beobachtet, der allein und zurückgezogen auf einer Hütte auf den Klippen lebt. Die Dorfbewohner meiden ihn. Man munkelt, er habe Zauberkräfte und ihn umgebe ein dunkles Geheimnis. Daniel und Gracie aber freunden sich heimlich mit ihm an. Eines Tages verirrt sich eine Walherde in den Küstengewässern. Die Dorfbewohner wollen sie zusammentreiben und schlachten. Von dem Einsiedler erfahren die Kinder jedoch, daß dieses Vorhaben großes Unglück über die Insel bringen würde, umso mehr, da ihre Väter mittlerweile in den Krieg ziehen mußten. Verzweifelt warnen sie die Inselbewohner.

Der Film vermittelt in nicht ganz geradliniger Weise den Glauben an das Gute im Menschen und einen nahezu bedingungslosen Respekt vor der Natur. (CBS)
allg. Publikum, ab 8 Jahren

Der Flug des Adlers **V 170**
Norwegische Botschaft, Norwegen
Video, Farbe, 16 min
DFS

Norwegen, umgeben vom Nordatlantik und der Barentsee, das Land der unberührten Naturschönheit. Trotz der Fülle der Bodenschätze Eisenerz, Erdöl, Erdgas, trotz Wasserenergie und Fischreichtum verloren die Norweger den Umweltschutz nie aus den Augen. Denn Fortschritt ist mehr als nur wirtschaftliches Wachstum. Dies zeigt der Film an zahlreichen Beispielen. (DFS)
allg. Publikum

Fluchtwege aus dem Treibhaus **V 170a**
Energien für das nächste Jahrhundert
SWF / HR, Alt, Franz; Faulstich, Joachim, BRD 1993
Video, Farbe, 45 min
Kaufkassette: Focusfilm

Sturmfluten überschwemmen die Küstenländer der Erde. Schäden in Milliardenhöhe nach Überschwemmungskatastrophen in Norddeutschland. Orkane verwüsten die Waldgebiete der Mittelgebirge. Im Süden der Bundesrepublik vernichtet langanhaltende Dürre die gesamte Ernte. Das Szenario der Klimakatastrophe ist bekannt - nur über das Ausmaß streiten die Experten. Ist die Katastrophe überhaupt noch zu verhindern?
Der Film entwickelt Zukunftsmodelle und zeigt, wie in wenigen Jahrzehnten Strom und Wärme fast ausschließlich mit Sonne, Wind, Wasser und Biomasse gewonnen werden können. Ein Film als Modell für eine neue Energiepolitik. (Focusfilm)
allg. Publikum

Der Fluß **V 171**
(The River)
Jozefowicz, Jürgen, BRD 1988
Video, Farbe, 60 min
Jozefowicz

Die Flüsse Afrikas werden durch den enormen Bevölkerungszuwachs mehr und mehr beansprucht. Der Film zeigt, welche Auswirkungen die Eingriffe der Menschen haben: Das Wasser wird zur Bewässerung oder für industrielle Zwecke abgezweigt, aus dem großen Fluß wird ein schmales Rinnsal. An den klein gewordenen Wasserstellen lauern nun die Krokodile, die Herrscher des Flusses, auf die verschiedenen Tiere, die an der einzigen Wasserstelle ihren Durst löschen müssen. Früher konnten Zebras und Gazellen ausweichen, sie konnten dort trinken, wo der Fluß breiter und für sie weniger gefährlich war, weil sie dorthin gehen konnten, wo die Krokodile gerade nicht lauerten. Jetzt, da der Fluß zu einem Rinnsal verkümmerte, müssen sie trinken, während in einem Meter Abstand die Krokodile darauf lauern, zuzuschnappen und sie aufzufressen. Sie scheinen die einzigen zu sein, die die ökologische Katastrophe überleben können. Grauenerregende Bilder belegen dies: Eine Gazelle verschwindet vor der Kamera im Rachen eines Krokodils. Eine andere verliert ihr Bein. Das Gleichgewicht der Natur ist empfindlich gestört. (Ökomedia)
allg. Publikum

Ökomedia-Bewertung: besonders wirksam

Information	Realisation	Motivation
3,8 Punkte	3,5 Punkte	4,0 Punkte

Ein äußerst beeindruckender Naturfilm mit großer Spannung und tollen Bildern.

Es ist sehr anschaulich, wie durch menschliche Eingriffe ein ganzes Ökosystem aus den Fugen gerät.

Die Flußauen **V 172**
BRD 1990
Video, Farbe, 29 min
LISA

Der Film behandelt die Flußauenlandschaften längs der Elbe und Saale auf dem Gebiet Sachsen-Anhalts, insbesondere das Biosphärenreservat »Mittlere Elbe«. Die Folgen unterlassener Schutzmaßnahmen werden ebenso gezeigt wie die einzigartige Flora und Fauna (Schwarzstorch, Elbebiber, Sumpfschildkröte usw.), die es, wie die Flüsse, zu erhalten gilt. (LISA)
ab 8. Klasse

Forests are your Business **V 173**
WWF-UK
Video, Farbe, engl. Orig., 15 min
WWF

Bedrohung und Schutz des Regenwaldes; Konzepte der Erhaltung; Stellungnahmen von WWF-Vertretern. (WWF)
allg. Publikum

Fortschritt mit Rücksicht **V 174**
Integrierter Pflanzenbau
Ges. zur Förd. d. Integr. Pflanzenbaus, BRD 1992
Video, Farbe, 22 min
EMZ 2; LFD 4

Die Landwirtschaft strebt danach, mit Hilfe des integrierten Pflanzenbaus umweltschonende Techniken und Erzeugungsmethoden weiterzuentwickeln. Die einzelnen Schritte des integrierten Pflanzenbaus am Beispiel des Zuckerrübenanbaus. (LFD 4)
landwirtschaftl. Gruppen

Frankfurt säuft **V 175**
EDN, BRD 1983
Video, sw, 60 min
B.O.A; EDN

Wasser - eine Selbstverständlichkeit für die privaten Haushalte und für die Industrie. Daß die jahrelange Ausbeutung von Wasserreservoirs Schäden nach sich zieht, wird weitgehend von den Verantwortlichen ignoriert. Am Beispiel des Ballungsraumes Frankfurt zeigt das Video, wie die Natur auf den Entzug von Grundwasser reagiert und welche irreversiblen Schäden entstehen können. Jeder Haushalt verbraucht durchschnittlich 200 Liter Wasser am Tag, der Industriegigant Hoechst allein sechsmal soviel wie alle Haushalte Frankfurts zusammen. Während »Frankfurt säuft« sinkt der Grundwasserspiegel, Quellen versiegen, Feuchtbiotope trocknen aus, Häuser bekommen Risse und Bäche werden zu Kloaken verwandelt. (Film-Spektrum)
allg. Publikum, Umweltgruppen

Ökomedia-Bewertung: wirksam

Information	Realisation	Motivation
4,0 Punkte	3,0 Punkte	3,0 Punkte

Geschichtliche Entwicklung und Probleme der Wasserversorgung einer Großstadt werden am Beispiel Frankfurts umfassend, engagiert und phantasievoll dokumentiert. Die heutige Verschwendung der Ressource Wasser wird mit den Augen der Betroffenen dargestellt und mit den Auffassungen von Politikern und Betreibern von Wasserwerken kontrastiert.

Fragen an Nyabisindu **V 176**
GTZ / Bayerischer Rundfunk / Terra Media / Lorenz, Rüdiger, BRD 1986
Video, Farbe, 44 min
DFZ; LFD 1-9

Die Anstrengungen der Industrieländer, das Hungerproblem in den Griff zu bekommen, sind beträchtlich. Doch trotz

massivem Einsatz von Technik und chemischem Dünger verschlechtert sich die Ernährungslage auf der Erde von Jahr zu Jahr. Der Film fragt danach, ob ein Entwicklungskonzept richtig ist, das die hochtechnisierten Methoden der Ersten Welt auf die Dritte Welt überträgt. Der Film »Wissen ist ihr Brot von morgen« stellte ein Entwicklungsprojekt in dem zentralafrikanischen Staat Ruanda vor. Dieser Beitrag zeigt, was fünf Jahre später erreicht wurde: Hervorgehoben wird dabei vor allem der mehrstufige Pflanzenanbau, der zu einer deutlichen Verbesserung der Ernteerträge führte. (LFD 9)
Sekundarstufe I und II, Dritte-Welt-Gruppen, Entwicklungshelfer

Ökomedia-Bewertung: wirksam

Information	Realisation	Motivation
3,0 Punkte	2,5 Punkte	2,5 Punkte

Recht guter und informativer Beitrag, jedoch etwas monoton in der Darstellung. Z.B. ist der deutsche Landwirt zu blaß, zu zaghaft.

Frecher Frosch Freddy **V 177**
Video
EMZ 1, 4; KFW; KMZ 6, 10; LFD 11, 13
s. Film

Freiheit verboten **V 178**
aus der Serie: Im Namen des Fortschritts
Deffarge, Claude; Troeller, Gordian, BRD 1978
Video, Farbe, 43 min
Con

In Somalia sind zwei Drittel der Bevölkerung Nomaden. Obgleich 90 Prozent des Bodens für die Landwirtschaft ungeeignet sind und ohne Nomaden zur Wüste werden würden, plant die Regierung die schrittweise Seßhaftmachung der Stämme als Bauern und Fischer. Der Film zeigt das Leben der Nomaden, ihre Bedeutung für das ökologische Gleichgewicht und die Konsequenzen einer forcierten Seßhaftmachung. (Con)
allg. Publikum, Dritte-Welt-Gruppen

Freizeit blau **V 179**
Video
EMZ 2, 8, 10, 11, 13; KMZ 2, 3, 5, 7, 8, 13, 14, 16, 17, 19, 20; LFD 2; LBS 1, 6, 7
s. Film

Freizeit im Revier **V 180**
LBS 13, BRD
Video, Farbe, 19
LBS 8, 13

Das »Revier« ist oftmals nur als hochverdichtete Industrieregion bekannt. Doch neben der Arbeit haben andere Lebensbereiche zunehmend an Bedeutung gewonnen. Die Schaffung, Erweiterung und Förderung attraktiver Freizeitangebote bilden ein zentrales Element des Versuchs, die allgemeine Lebensqualität zu steigern. Über Schrebergärten, Stadt-, Revier-, Gruga- und Westfalenpark werden zunehmend größere Freizeiträume aufgezeigt bis hin zu den Stauseen im Ruhrtal und den Naturpark Hohe Mark. Neben der kulturellen Vielfalt und den sportlichen Aktivitäten mit seinen über 3.500 Sportvereinen wird auch der Nutzungskonflikt »Freizeit - Naturschutz« thematisiert. (LBS 13)
allg. Publikum

Freizeit und Naturschutz **V 181**
BRD 1990
Video, Farbe, 12 min
LBS 13

Der Videofilm zeigt anhand alltäglicher Beispiele aus dem Raum Westfalen, wie Freizeiterholung am Wasser oder Wandern im Mittelgebirge, die Konflikte zwischen Freizeit und Naturschutz auf. Zurückbleibender Müll, aber auch Lärmbe-

lästigungen durch Besucher und an- und abfahrenden Verkehr sowie massive Trittschäden sind als Probleme zu nennen. (LBS 13)
allg. Publikum

Das fremde Ei im Mövennest V 182
DFF / Bergmann, Siegfried, DDR 1988
Video, Farbe, 25 min
LaUB

Das fremde Ei im Mövennest war von einem Säbelschnäbler. Wie kam das Ei hinein? Wird es bebrütet? Was geschieht mit dem fremden Küken, wenn es schlüpft? Fragen, die der Film beantwortet. Siegfried Bergmann zeigt dabei auch die Paarbildung bei Lachmöwen, ihre besonderen Verhaltensweisen bei der Brut und demonstriert mit klassischen und neuen Experimenten, was den Vogel zum Brüten zwingt bzw. vom Brüten nicht abhalten kann. (LaUB)
allg. Publikum

Ökomedia-Bewertung: wirksam

Information	Realisation	Motivation
2,9 Punkte	2,9 Punkte	2,9 Punkte

Ein schönes Tierporträt von Lachmöwen mit gutem Bildmaterial und ruhigem, informativem Kommentar.

Die Fruchtgärten der Mayas V 183
Video
EMZ 9-12; LBS 2, 3, 5-11, 13, 14; LBS 3, 5-8, 10, 13; LFD 5, 8; Weitzel
s. Film

Früchte im Dschungel V 184
terra media / Gulde, Johannes; Landgraf, Stefanie; Lorenz, Rüdiger, Kamerun/BRD 1986
Video, Farbe, 30 min
KMZ 6-8, 10-12, 14, 19-21; Misereor; terra media

Der Film führt in die Nordwest-Provinz Kameruns, in der die Bamiliké noch heute eine traditionelle Anbaumethode betreiben, die ökologisch orientiert ist und sich über Jahrhunderte entwickelte. Dieser Stamm lebt in einer tropischen Bergregion zwischen 1.500 und 2.000 Metern Höhe. Mit 1,3 Millionen Einwohnern ist es das am dichtesten besiedelte Gebiet von ganz Kamerun. Mit ihrem Landbausystem sind sie in der Lage, über ihre Selbstversorgung hinaus beträchtliche Überschüsse zu erwirtschaften.
Diese Landbaumethoden wurden vor einigen Jahren zum Vorbild eines neuen, ökologischen Ansatzes in der ländlichen Entwicklung. Sie zeigen, wie bereits vom Hunger bedrohte Gebiete Afrikas zur Selbstversorgung geführt werden können. (terra media)
allg. Publikum, Dritte-Welt-Gruppen, Entwicklungshelfer

Ökomedia-Bewertung: wirksam

Information	Realisation	Motivation
3,0 Punkte	2,5 Punkte	2,5 Punkte

Der Film gibt wichtige Informationen, doch bleibt der Kommentar zu sehr im Referatsstil und beeinträchtigt oft die an sich guten Bilder.

Früchte ohne Gift - V 185
Heinz Erven und sein Paradies
Video
EMZ 7-9; LBS 4, 13; LFD 1, 5; LISA; Weitzel
s. Film

Für ein gesünderes Leben V 186
Video
CRW; DFS; LFD 2, 4, 12
s. Film

Gänsegeier V 187
der spanischen Sierra
Arendt, Ernst / Schweiger, Hans, BRD 1988
Video, Farbe, 20 min
FWU; LBS 1-14; LFD 11

Die Monographie zeigt Gänsegeier in ihrem typischen Lebensraum, am Horst bei der Aufzucht eines Jungtieres, auf der Nahrungssuche im Segelflug und in einer Freßgemeinschaft am Aas. Ihre Bedeutung als Hygienevogel und ihre Bestandsbedrohung werden angesprochen. (FWU)
Sekundarstufe I

Ökomedia-Bewertung: wirksam

Information	Realisation	Motivation
3,0 Punkte	2,7 Punkte	3,0 Punkte

Ein typischer Biologiefilm, formal recht konventionell gehalten. Ökologische Aspekte tauchen so gut wie nicht auf.

Der Garten als Lehrbuch **V 188**
Video
CRW; DFS; LBS 8; LFD 4, 11, 12
s. Film

Garten ohne Gift **V 189**
NDR / Allmer, Frank, BRD 1984
Video, Farbe, 9 min
EMZ 10; FWU; LBS 1-14

Dieser Magazin-Beitrag aus der Reihe ARD-Ratgeber-Technik kann den ideologischen Streit zwischen Amateur-Bio-Gärtnern und Chemie-Anhängern durch die Vorstellung von einigen Fakten versachlichen und zeigt dem Zuschauer, daß der Biogarten auch ohne Glaubenskämpfe funktionieren kann. (FWU)
allg. Publikum

Gebirge türmen sich auf **V 190**
aus der Serie: Der wunderbare Planet
1990
Video, Farbe, 45 min
EMZ 2; LFD 2; LBS 1, 7; Kaufkassette: DuMont; Schauinsland

Nachdem der Urkontinent in mehrere Teile auseinandergebrochen war, kollidierten die Kontinentalplatten und stauten den dazwischenliegenden Meeresboden zu Gebirgsketten zusammen. (LFD 2)
allg. Publikum

Die Geburt des Planeten **V 191**
aus der Serie: Der wunderbare Planet
NHK / Ono, Naoji, Japan 1990
Video, Farbe, 45 min
EMZ 2; LFD 2; Kaufkassette: DuMont; Schauinsland

Der Film führt in die Urgeschichte unseres Planeten zurück, indem er die Entstehungstheorie unseres Sonnensystems entwickelt. Staub und Gase, vermutlich die Reste eines gigantischen, explodierenden Sterns, wurden ins Universum gewirbelt und ballten sich zu Meteoriten zusammen. Einige wuchsen durch ständige Kollisionen an Masse, bis sie die Größe der heutigen Planeten erreichten. Die Energie weiterer Meteoriteneinschläge ließ unsere Erde zu einem Feuerball schmelzen. Während er Jahrmillionen abkühlte, entstanden Atmosphäre, Erdkruste und Ozeane. Diesen spannenden Prozeß veranschaulicht der Film mittels Computertricks, Satellitenfotos, Experimenten der NASA und Reisen zu den bekanntesten Meteoritenkratern der Welt. (DuMont)
allg. Publikum

Das gefährliche Experiment mit der Atmosphäre **V 192**
Video
DFS
s. Film

Gefiederte Wintergäste zwischen Witte und Binz **V 193**
DFF / Hennig, Horst, DDR 1986
Video, Farbe, 18 min
LaUB

Zu einem erlebnisreichen Winterausflug in die heimische Natur an der Küste der

Insel Rügen lädt dieser Film die ganze Familie ein. Neben reizvollen Impressionen dieses Landstriches lernen die Zuschauer Vogelarten kennen, die nur auf Zeit zu unserer Tierwelt zählen, wie die Kanadagans, den Gänsegeier oder die Goldammer. Aus verschiedenen Ländern kommend, haben diese Tiere die Insel Rügen zu ihrem Winterquartier erkoren. (LaUB)
allg. Publikum

Ökomedia-Bewertung: brauchbar

Information	Realisation	Motivation
2,1 Punkte	2,7 Punkte	1,9 Punkte

Der Film reiht verschiedene, z.T. sehr schöne Vogelbilder aneinander, ohne die einzelne Arten vorzustellen oder auch nur im geringsten ökologische Fragen anzusprechen.

Gefühle der Ohnmacht und die Kraft zum Widerstand liegen oft dicht beieinander **V 194**
Delphin-Film / Jung, Wolfgang, BRD 1985
Video, sw, 67 min
Delphin-Film; Medienwerkstatt Freiburg

Anders als in Seveso kam es am 17. November 1953 bei der BASF in Ludwigshafen nicht zu einer Explosionskatastrophe. Dem Werkmeister Richard Berger gelang es gerade noch rechtzeitig, die Kühlwasserventile aufzudrehen. Damit bewahrte er Ludwigshafen vor jenem Schicksal, das 23 Jahre später Seveso ereilte. Lediglich ein Werkraum wurde von einem weißlichen Nebel überzogen, dem Seveso-Gift Dioxin. Damals wußte das niemand.
12 Tage nach dem Unfall ging Willi Werz mit seiner Schlosserkolonne an die Arbeit, um den dioxinverseuchten Druckbehälter zu reparieren. Wie viele andere Kollegen wurde er nach viertägigen Schlosserarbeiten und mit einer schweren Chlorakne ins Ludwigshafener Krankenhaus eingeliefert. Acht Monate lag er dort, und er ist nie wieder gesund geworden.
Willi Werz und seine Kollegen erfuhren erst später durch Presseberichte über Vietnam und Seveso, daß ihre Leiden auf eine Dioxinvergiftung zurückgehen. Andere erfuhren es nie, denn sie sind inzwischen an Krebs oder anderen Folgeerkrankungen gestorben. (Delphin-Film)
allg. Publikum

Ökomedia-Bewertung: wirksam

Information	Realisation	Motivation
3,5 Punkte	3,0 Punkte	3,0 Punkte

Die Video-Dokumentation verzichtet bewußt auf den Einsatz filmischer Mittel. Im Zentrum steht das Opfer Willi Werz, dessen Leidensgeschichte mit viel Einfühlungsvermögen durch die Kamera protokolliert wird.

Gegen Hunger und Armut in der Dritten Welt: Großprojekte am Beispiel von Assuan **V 195**
FWU / Ketzer, Günther, BRD 1986
Video, Farbe, 36 min
FWU; LBS 1-10, 12-14

Großprojekte wie der Assuan-Staudamm werden in ihren Wirkungen zumeist auf der gesamtwirtschaftlichen Ebene analysiert. Das Videoband versucht demgegenüber zu zeigen, daß der Staudamm vor allem für ökonomisch stärkere Gruppen Vorteile brachte. Kleinbauern und Pächter leiden nicht nur unter den ökologischen Folgen stärker, sie werden auch von den Mehrkosten am härtesten getroffen, beispielsweise durch den nun notwendigen Düngemittelkauf oder die Miete von Motorpumpen. Landflucht ist die sichtbarste Folge einer Politik, bei der die Kleinen auf der Strecke bleiben. (FWU)
Sekundarstufe I und II, Dritte-Welt-Gruppen, Entwicklungshelfer

Ökomedia-Bewertung: wirksam

Information	Realisation	Motivation
3,0 Punkte	2,5 Punkte	2,5 Punkte

Ein informativer Beitrag, der aber mit der Zeit recht langweilig wird, zum Teil mit gutem Bildmaterial, doch zu sehr im trokkenen Stil eines didaktischen Filmreferats.

Gegen Hunger und Armut in der Dritten Welt: Kleinprojekte **V 196**

FWU / Ketzer, Günther, BRD 1986
Video, Farbe, 36 min
FWU; LBS 1-10, 12-14

Kleinprojekte in der Dritten Welt verfolgen nur lokal begrenzte Ziele. Dank ihrer Überschaubarkeit läßt sich die immer wieder geforderte Mitsprache der Zielgruppen leichter verwirklichen. Der Gegensatz von angepaßter und nicht angepaßter Technologie wird an Brunnen und Tiefbrunnen im Sahel, der Verbesserung der Lebensbedingungen in einer Oase, der Ansiedlung von Nomaden sowie den Möglichkeiten des Energiesparens in der Dritten Welt gezeigt. Entwicklungen aus vorhandenen Strukturen, Fähigkeiten und Ressourcen lassen sich bei begrenzten Projekten eher in Gang setzen. (FWU)
Sekundarstufe I und II, Dritte-Welt-Gruppen, Entwicklungshelfer

Ökomedia-Bewertung: brauchbar

Information	Realisation	Motivation
2,8 Punkte	2,2 Punkte	2,3 Punkte

Mehr oder weniger ein bebildertes Referat mit zu wenig Animationskraft und zu monotonem Kommentar.

Geheimnisse der Steppe **V 197**

Teil I: Der afrikanische Löwe
Teil II: Elefanten und Flußpferde
Teil III: Vögel, Affen und andere Tiere
Video
KMZ 6, 10

s. Film

Geiseln des Krieges **V 198**

(Suspended Dreams)
Chamoun, Jean; Masri, Mai, Libanon 1992
Video, Farbe, 50 min
Medienpaket »Eine Welt für alle«
mit umfangr. Begleitmaterial
AGI

16 Jahre lang war der Libanon ein Schlachtfeld für gegensätzliche religiöse, ideologische und nationalistische Splitterparteien. Tausende von Libanesen wurden getötet, verstümmelt, entführt oder vertrieben. Und viele Teile des Landes - einst das intellektuelle, kulturelle und kommerzielle Zentrum der arabischen Welt - wurden in einen riesigen Schutthaufen verwandelt.
Wälder wurden abgebrannt, Meere und Flüsse verunreinigt, Sand von den Küsten wurde verkauft, giftige Abfälle von ausländischen Firmen illegal abgeladen und Wasser vom Südlibanon abgepumpt.
Am Beispiel des Lebens von vier Libanesen aus sehr unterschiedlichen Milieus erzählt der Dokumentarfilm einfühlsam die Geschichte vom Kampf der Beiruter Bürger, die Trümmer ihres Lebens nach dem Krieg wieder aufzubauen. Der Film stellt die verheerenden Auswirkungen moderner Kriegsführung auf die Umwelt und die menschliche Seele heraus. (Moving Pictures Bulletin)

Ökomedia-Bewertung: wirksam

Information	Realisation	Motivation
3,2 Punkte	3,2 Punkte	3,2 Punkte

Mitten aus dem kaputten Libanon heraus kommt diese Anti-Kriegs-Botschaft: eine eigenwilliger Film, der versucht, die komplexe libanesische Realität zu vermitteln. Im engeren Sinne kein Öko-Film.

Geisterfahrer **V 199**
Politiksatire
Medienwerkstatt Freiburg, BRD 1986
Video, Farbe, 72 min
Medienwerkstatt Freiburg

Es geht um Politik, um solche, die es sich bequem gemacht hat. Nicht um die hinter dem berühmten Ofen, sondern um die, bei der man lebendig scheint und doch nichts bewegt: Um die Institutionen der Politik. So dreht sich »Geisterfahrer« um den Wandel von oppositioneller Politik, von der selbstbewußten Kraft utopischer Entwürfe zu den kleinen Schritten der Realpolitik. Aus der großen Sehnsucht wird eine kleine Anfrage. »Geisterzeit« - so dachten wir. Wir unternahmen deshalb den Versuch, der politischen- und alternativ- wirtschaftlichen Geschäftigkeit in die Karten zu schauen. Wir sind in eine Geisterbahn eingestiegen, hinter uns saßen Ernst Bloch und Rudi Dutschke, nicht aufhörend, eine bessere Welt zu predigen. Wir haben Jo Leinen, den Öko-Märchenprinzen der SPD, im Wahlkampf begleitet, sind den Grünen und ihren Strategen auf den Pelz gerückt, haben uns im Parlament umgesehen, durften die Gründung einer alternativen Bank miterleben und hätten uns fast in der Geschichte der SPD verirrt. (Medienwerkstatt Freiburg)
allg. Publikum

Ökomedia-Bewertung: wirksam

Information	Realisation	Motivation
3,0 Punkte	3,8 Punkte	3,0 Punkte

Formal überaus gelungenes und inhaltlich streitbares Video. Manchmal schwer verständlich und komplex, hält es aber bis zum Schluß die Spannung.

Der gekaufte Sommer **V 200**
Video
Verleih: Basis
s. Film

Gelobtes Land **V 201**
Video
LZNW
s. Film

Gen-Ethik **V 202**
Chancen und Risiken der Gentechnologie
Puls, Joachim, BRD 1988
Video, Farbe, 25 min
EMZ 1, 4; Evang. Fernsehen; KMZ 7

Die Genforschung ist Hoffnungsträger im Kampf gegen Krankheiten, beinhaltet aber auch unvorstellbare Möglichkeiten für den Mißbrauch. Es ist bereits möglich, das genetische Material von Lebewesen gezielt zu verändern. Die Chancen und Risiken der Gentechnologie werden im Film von Prof Winnacker (Genzentrum München) und Prof. Altner (Öko-Institut Freiburg) diskutiert. Dabei nimmt Altner eine christlich-ethische Beurteilung der Gentechnologie ein. (EMZ 4)
allg. Publikum

Geraubte Erde **V 203**
Video
EZEF; LBS 5, 6, 9, 13; LZNW
s. Film

Geschundenes Moor **V 204**
DFF / Bergmann, Siegfried, DDR 1990
Video, Farbe, 35 min
LaUB

Fast alle großflächigen Niedermoore sind, um sie intensiv landwirtschaftlich nutzen zu können, stark entwässert worden. Das hatte zur Folge, daß die Moore degenerierten. Der Lebensraum für viele Tier- und Pflanzenarten und die natürliche Speicherfähigkeit der Moore schwand. Es bildete sich kein neuer Torf mehr, im Gegenteil: Der Boden wurde zu Staub und Mull. Es sind irreversible bzw. nur mit hohem Aufwand reparable Schäden. Die Renaturierung der Moore wird eine Auf-

gabe sein, die über Generationen hinwegreicht. (LaUB)
allg. Publikum

Gesucht wird... V 205
sauberes Trinkwasser
WDR / Hertel, Volker; Schultze, Hans-Carl, BRD 1988
Video, Farbe, 44 min
KMZ 6, 10; LBS 13; LFD 6; LZNW

Die Suche nach sauberem Trinkwasser ist ergebnislos. Es läßt sich nicht mehr finden. Eine Gülle- und Kunstdüngerflut verseucht das Land, die Oberflächengewässer, die Seen, die Nord- und Ostsee. Was da jährlich tonnenweise auf die Felder gebracht, gespritzt und verstäubt wird, was als giftiger Regen auf Felder und Fluren niederfällt, versickert und in die Grundwasserbereiche eindringt, erweist sich als lebensbedrohende Gefahr von ungeahnter Größe. Längst sind Millionen von Kubikmetern Trinkwasser zu Abwasser geworden. Öffentliche wie private Brunnen müssen geschlossen werden, weil Nitratkonzentration und Pflanzenschutzmittel das Wasser ungenießbar machen. Schadstoffe im Grundwasser belasten dieses auf lange Zeit und lassen sich auch nicht mehr restlos eliminieren. Neue Grenzwerte für Pestizide sollen den Kampf um reines Wasser unterstützen. Werden sie gültig, dann müssen die Wassergewinnungsanlagen reihenweise geschlossen werden. Dabei ist man bislang nur wenigen der zahlreichen Giftstoffe auf die Spur gekommen. Das zentrale Problem wird durch Brunnenschließungen nicht gelöst. Im Grunde müssen alle Mittel, die sich im Trinkwasser wiederfinden, sofort verboten werden. (LBS 13)
Was sollen wir machen, wenn unser Trinkwasser zu Abwasser wird? Wir werden das Abwasser trinken müssen, denn wir haben keine Wahl. Lieber langsam vergiftet als schnell verdurstet. Am Ende des Films bleibt dem Zuschauer nur übrig, sich diesem Urteil anzuschließen. (w & m, Der Öko-Filmtip)
ab 14 Jahren

Ökomedia-Bewertung: wirksam

Information	Realisation	Motivation
4,0 Punkte	3,0 Punkte	3,5 Punkte

Dieser Film wühlt den Zuschauer auf und bietet sehr gute Informationen: ein hervorragender Beitrag zur Trinkwasser-Diskussion.

Gewässer ohne Lebensraum V 206
(Rivières sous Haute Surveillance)
Mailliet, Michèle, Schweiz 1987
Video, Farbe, 28 min
Schüly

Gewässer sind nicht nur Lebensraum vieler Pflanzen und Tiere, sondern Ursprung und Lebensgrundlage überhaupt. Flußnivellierungen und Flußbegradigungen, die oftmals übereilt geplant und durchgeführt werden, greifen zerstörerisch in diese Zusammenhänge ein. In diesem poetischen Film klagt der Fluß, daß ihm sein Lebensraum genommen wird. Eine dokumentarische Studie über unser Verhältnis zum Wasser, der Hauptquelle des Lebens. (Ökomedia)
allg. Publikum

Ökomedia-Bewertung: wirksam

Information	Realisation	Motivation
3,0 Punkte	3,3 Punkte	3,2 Punkte

Eine einfühlsame Dokumentation, die ganz davon lebt, daß sich die Filmemacherin in den Fluß hineinversetzt. Das kann für den einen oder anderen zu poetisch, zu pathetisch sein.

Gewandte Jäger und pfeilschnelle Flieger **V 207**
DFF, DDR 1986
Video, Farbe, 29 min
LaUB

Der Falke galt im Altertum als Gottheit und Glücksbringer. Durch seine gewandte und pfeilschnelle Jagdmethode wurde er zum begehrten Jagdgefährten des Menschen. Gegenwärtig ist es intensiven Bemühungen zu verdanken, daß der Wanderfalke in der DDR wieder angesiedelt wird. Er galt als so gut wie ausgestorben. Eindrucksvolle und seltene Naturbeobachtungen vom Wanderfalken werden ergänzt durch Aufnahmen vom Turm- und Baumfalken. (LaUB)
allg. Publikum

Giganten der Meere: Wale **V 208**
aus der Serie: National Geographic Video
National Geographic Society / Kane, Dennis B.; Skinner, Thomas; Noxon, Nicolas, USA 1978
Video, Farbe, 60 min
Kaufkassette: Concorde Video; Schauinsland

Einst gefürchtet und bis zur fast völligen Ausrottung gejagt, steht der Wal jetzt im Mittelpunkt des weltweiten Interesses. Wissenschaftler und Tierschützer studieren und dokumentieren Anatomie, Kommunikation und Verhaltensweisen der Wale. Darunter so interessante Arten wie den Pilot-, Buckel- und Killerwal. Der Film zeigt neben der dramatischen Geburt eines Killerwals auch das Verhalten von gefangenen Walen bei wissenschaftlichen Experimenten. (Concorde Video)
allg. Publikum

Ökomedia-Bewertung: wirksam

Information	Realisation	Motivation
3,0 Punkte	3,0 Punkte	3,0 Punkte

Informativer Film von der Geschichte des Walfangs bis zu dem ungeklärten Phänomen strandender Wale. Nicht spektakulär, aber gut und interessant.

Der Glanz ist weg **V 209**
Kopytziok, Norbert; Martzloff, Simone; Nes, Bettina van, BRD
Video, Farbe, 23 min
Institut f. ökol. Recycling

In Berlin haben engagierte Umweltschützer jahrelang ein Sammelprojekt für Aluminiumabfälle aus Hausmüll betrieben. Kurz bevor dieses Projekt konsequenterweise eingestellt wurde, weil die Aluminium-Industrie die Recycling-Aktivitäten für eine Mehrproduktion mißbraucht, wurde dieser Film gedreht. Er dokumentiert das konkrete Sammel- und Recycling-Verfahren und liefert das oft unbekannte Hintergrundwissen über die Aluminium-Produktion. (Inst. f. ökol. Rec.)
allg. Publikum

Ökomedia-Bewertung: wirksam

Information	Realisation	Motivation
3,0 Punkte	2,5 Punkte	3,0 Punkte

Recht witzig gemachtes Amateur-Video mit Spielszenen, kurzweilig und informativ. Es wird deutlich, daß Müllvermeidung und nicht Recycling die Lösung des Müllproblems ist.

Glasnost und Ökologie **V 210**
Altekruse, Jörg, BRD 1989
Video, Farbe, 45 min
EMZ 9; Stadtjournal Hamburg

Der Film basiert auf einer ungewöhnlichen Reise in die Sowjetunion, die deutsche Umweltschützer von Robin Wood über B.U.N.D. bis zum Deutschen Naturschutzring auf Einladung des sowjetischen Schriftstellerverbandes unternahmen. Die entvölkerte Zone um Tschernobyl, ein gigantisches Dammbauprojekt in Leningrad und der gefährdete sibiri-

sche Baikalsee sind die wichtigsten Stationen auf der Fahrt durch das weite, oft ferne Land. (EMZ 9)
allg. Publikum

Die Glocke von Tschernobyl V 211
Sergijenko, Rollan, UdSSR 1988
Video, Farbe, 88 min
LBS 13; LZNW

26. April 1986: Die große Angst ist Wirklichkeit geworden. Eine verheerende Explosion im Atomkraftwerk Tschernobyl schockiert Millionen Menschen. Nach offiziellen Angaben kommen 31 Menschen am Unglücksort ums Leben, mindestens 2337 erleiden durch die radioaktive Strahlung schwerste Gesundheitsschäden. Tausende von Einwohnern der Gefahrenzone rund um das Atomkraftwerk werden in andere Gebiete der Ukraine evakuiert. Fast 250.000 Kinder aus der 130 km nördlich liegenden ukrainischen Hauptstadt Kiew finden in ferner liegenden Sommerlagern für die nächsten Monate eine neue Bleibe.
Der sowjetische Film befaßt sich mit dem Geschehen in Terschernobyl in den Tagen zwischen dem 23. Mai und 26. Juni 1986 sowie danach in der ersten Septemberwoche. Er vermittelt kein erschöpfendes, wohl aber ein bedrückendes Bild der Lage und der Aktivitäten am Katastrophenort. (LBS 13)
Einer der frühesten sowjetischen Beiträge, direkt am Ort des Geschehens gedreht. Die Heldentöne sind gemäßigt, die Schilderungen aus der Bevölkerung echt. Gleich die ersten Sequenzen, in denen die alte Frau von ihrem Sohn erzählt, der irgendwo im Sarkophag liegt. Sie möchten ein möglichst unverfälschstes Bild der Menschen zeichnen, die von dieser Katastrophe überrascht und überwältigt wurden. (w & m, Der Öko-Filmtip)

Ökomedia-Bewertung: wirksam

Information	Realisation	Motivation
3,5 Punkte	3,5 Punkte	3,7 Punkte

Ein eindrucksvolles, authentisches Dokument zur Tschernobyl-Katastrophe.

Gloriabamba V 212
Ein Indianerdorf, eine Urwaldstraße und der sogenannte Fortschritt
1987
Video, Farbe, 44 min
LBS 13

In die Idylle des peruanischen Urwalddorfes Gloriabamba bricht der Fortschritt ein. Doch ist es noch eine heile Welt, in der die Ashanika-Indianer seit Jahrhunderten lebten, nachdem die Regierung in Lima beschloß, eine Autostraße an ihrem Dorf vorbeizuführen? Wie haben sich Leben und Denken der Dorfbewohner verändert? In unvergeßlichen Bildern schildert der Film das Leben der Indianer vor und nach dem Straßenbau. (LBS 13)

Die goldene Robbe **V 213**
Video
atlas; KMZ 6, 10; Kaufcassette: VCL
s. Film

Goldrausch in Amazonien **V 214**
Brög, Wolfgang, 1989
Video, Farbe, 42 min
Pro Regenwald

Im Norden Brasiliens begann vor zwei Jahren im Bundesstaat Roraima eine Invasion tausender von Goldsuchern in das Gebiet der Yanomani Indianer. Die Lebensgrundlagen der Yanomani wurden zerstört. Der Film zeigt, wie es den deutschen Journalisten Rüdiger Nehberg und Wolfgang Brög gelingt, zu einer erst vor wenigen Monaten eröffneten Piste mitten im Land der Yanomani zu gelangen. Rüdiger Nehberg überquerte bereits 1988 mit einem Tretboot den Atlantik von Afrika nach Brasilien, um dem brasilianischen Präsidenten eine Bittschrift für die Gründung des Yanomani-Parks zu übergeben. (Pro Regenwald)
allg. Publikum

Gorillas **V 215**
aus der Serie: National Geographic Video
National Geographic Society / Kane, Dennis B.; Skinner, Thomas; Jambel, Barbara, USA 1981
Video, Farbe, 60 min
Kaufkassette: Concorde Video

National Geographic gibt Ihnen einen spannenden und informativen Einblick in die mysteriöse Welt der Berggorillas Zentralafrikas. Einst lebte diese Spezies dort zu Tausenden, wurde aber im Laufe der Zeit bis auf wenige dezimiert. Entgegen ihrem »King Kong«-Image sind diese Tiere scheue, zurückhaltende Geschöpfe. Die bekannte Forscherin Dian Fossey kämpfte in der vulkanischen Berglandschaft Ruandas gegen die Ausrottung durch Wilderer. In England zähmte der Zoodirektor John Aspinall 20 Berggorillas auf seinem Landsitz. Und in der Nähe von San Franzisko demonstriert die bekannte Gorilla-Dame »Koke« ihre überragenden Kenntnisse der amerikanischen Zeichensprache. (Concorde Video)
allg. Publikum

Ökomedia-Bewertung: wirksam

Information	Realisation	Motivation
3,0 Punkte	3,0 Punkte	3,0 Punkte

Erst rotten die Menschen die Gorillas beinahe aus, dann bemühen sie sich, sie in Zoos zu züchten. Der Film demonstriert, wie sie gehegt und gepflegt werden, zeigt Gorilla-Forschung, zeigt, wie die Tiere in Gefangenschaft neurotisch und aggressiv werden.

Gorillas im Nebel **V 216**
Video
atlas; Kaufkassette: Warner Home Video
s. Film

Gorleben **V 217**
Video
LFD 4
s. Film

Die Gottesanbeterin **V 218**
Beck, Wolfgang, BRD
Video, Farbe, 13 min
Tobifo

In den trocken-warmen Klimazonen Mitteleuropas lebt die Gottesanbeterin, eine der seltensten Insektenarten. In ihrer unersättlichen Freßgier überwältigt sie alles, was schwächer ist. Der Film gewährt einen atemberaubenden Einblick in ihre Beutefangtechnik und ihren Lebenszyklus. (Tobifo)
5.-10. Klasse

Ökomedia-Bewertung: brauchbar

Information	Realisation	Motivation
2,7 Punkte	2,2 Punkte	2,0 Punkte

Informatives Tierporträt mit schönen Bildern, aber monotonem wissenschaftlichem Kommentar. Die Bedrohung der Art wird nicht angesprochen, ökologische Zusammenhänge werden nicht hergestellt.

Graphit - Widerstand rund um das AKW Hamm-Uentrop **V 219**
Dortmunder Medienzentrum, BRD 1988
Video, Farbe, 55 min
DMZ

Der Film zeigt verschiedene Aktionen gegen den Betrieb des AKWs Hamm-Uentrop: In der Nacht zum 14./15. Juli 1985 wird der Kühlturm besetzt, im Mai / Juni 1986 besetzen Bauern die Zufahrtswege. Unter dem Motto »Abschalten und Entspannen« treffen sich AKW-Gegner aus Nordrhein-Westfalen in einem Widerstands-Camp. Auf dem 9. Landesparteitag der SPD beschreibt Johannes Rau die Kernenergie als Übergangslösung. (DMZ)

Ökomedia-Bewertung: unbrauchbar

Information	Realisation	Motivation
2,0 Punkte	1,2 Punkte	1,2 Punkte

All die Widerstandsaktionen in Ehren: dieses Video ist eigentlich kein Film, sondern eine Aneinanderreihung langweiliger Bilder.

Grattler und die Liebe zur Umwelt **V 220**
Spielfilm
Kaiser, Bodo, BRD 1992
Video, Farbe, 40 min
Galama Film

Geschichte eines älteren, etwas sonderbaren Mannes, der sich mit alten Sachen und Gerümpel umgeben hat. Drei neugierige Kinder wollen dieses Geheimnis ergründen, während Polizei und Nachbarn argwöhnisch reagieren. Fragen nach Müllvermeidung und Umweltschutz durchziehen die Handlung des Films wie ein roter Faden, ohne dabei belehrenden Charakter anzunehmen. (Galama Film)
allg. Publikum

Gratwanderung **V 221**
WWF, BRD
Video, Farbe, 20 min
WWF

Filmbericht über Umwelterziehung in Deutschland. (WWF)
allg. Publikum

Die Grauwale: Balz, Begattung und Geburt **V 222**
Lazi, Franz; Matthey, Heinz von, BRD
Video, Farbe, 44 min
Kaufkassette: Komplett-Video

Jedes Jahr wandern die Grauwale von der Antarktis 10.000 Kilometer bis zur Küste Kaliforniens. Hier beobachtet man das Phänomen der »freundlichen Wale« im flachen Wasser der Lagune von San Ignazio vor der mexikanschen Pazifikküste. Einmalige Bilder zeigen das Liebesleben der riesigen Säugetiere und die Aufzucht der Walbabys. Die Kamera ist hautnah dabei. Beim Fressen und Schlafen ebenso wie bei ihren bis zu 20 Meter hohen Sprüngen. Besondere Höhepunkte sind die Flugaufnahmen von der Wanderung der Wale, seltene Unterwasseraufnahmen von der Begattung und von Walbabys. In Zeitlupenstudien faszinieren die »Breecher« - die springenden Wale. (Komplett-Video)
allg. Publikum

Ökomedia-Bewertung: brauchbar

Information	Realisation	Motivation
2,5 Punkte	2,2 Punkte	2 Punkte

Ein braves Referat mit recht vielen Informationen. Auch Walbilder können langweilig sein.

The Greenhouse Effect **V 223**
WWF-UK
Video, Farbe, engl. Orig., 20 min
WWF

Filmbericht über die möglichen Auswirkungen des Treibhausheffekts sowie Schutzmaßnahmen. (WWF)
allg. Publikum

Grizzlybären **V 224**
aus der Serie: National Geographic Video
National Geographic Society / Kane, Dennis B.; Skinner, Thomas; Thomas, Theodore, USA 1987
Video, Farbe, 60 min
Kaufkassette: Concorde Video

Herrscher der Wildnis, das mächtige Ungetüm, das Monster unserer Phantasien - der Grizzlybär spielt die verschiedensten Rollen in zahlreichen Sagen und Legenden. Die Ironie: der von den Menschen gefürchtete und fast ausgerottete Riesenbär kann heute nur durch eines überleben: durch den Menschen.
Begleiten Sie uns auf dieser faszinierenden Reise - von den unendlichen Weiten Alaskas bis in den Yellowstone Nationalpark. (Concorde Video)
allg. Publikum

Ökomedia-Bewertung: wirksam

Information	Realisation	Motivation
3,0 Punkte	3,0 Punkte	3,0 Punkte

Schöne Bärenbilder in einem anschaulichen und interessanten Film, der auch vom menschlichen Umgang mit Bären berichtet.

Das größte Solarmobilrennen der Welt **V 225**
Schweiz 1989
Video, Farbe, 45 min
LBS 1

Dokumentation des Solarmobilrennens »Tour de Sol« 1989 in der Schweiz. Nach kurzen Werbeeinblendungen der Sponsoren zeigt das Video die Freuden und Leiden der Fahrer und Fahrzeuge bei der Alpenüberquerung von Süd nach Nord. Informationen über Solar- und Elektromobile werden angeboten. (LBS 1)
ab 11. Klasse

Die großen Wälder **V 226**
aus der Serie: Der wunderbare Planet
NHK Enterprises, Japan 1990
Video, Farbe, 45 min
EMZ 2; LBS 1; LFD 2; LISA; Schauinsland

Der Film analysiert die Entstehung und die lebenserhaltende Funktion der großen Wälder unseres Planeten. Er führt zu den größten aller Bäume, den Sequoias in Kalifornien, zu einem versteinerten Wald in Arizona, in Sumpfwälder und in den Dschungel. Satellitenkarten verdeutlichen den Stoffwechsel der Vegetation, und mittels Computer werden jene katastrophalen Auswirkungen simuliert, die eine totale Abholzung der Regenwälder zur Folge hätte. (LISA)
allg. Publikum, ab 8. Klasse

Grüne Brücken - Gehölze in Feld und Flur **V 227**
DFF / Bergmann, Siegfried, DDR 1986
Video, Farbe, 25 min
LaUB

Hecken und Einzelgehölze bereichern das Gesicht einer Landschaft. Sie machen das Bild der Fluren schön und abwechslungsreich. Hecken haben auch eine größe ökologische Bedeutung. Sie regulieren den Wasserhaushalt, wirken als Filter und bieten vielen seltenen Tier- und Pflanzenarten einen Raum zum Leben und Überleben. Sie bringen der Landwirtschaft einen Mehrertrag ohne Mehraufwand an Arbeit. Der Film erläutert diese Zusammenhänge. (LAUB)
allg. Publikum

Grüne Hölle - Grüne Lunge **V 228**
Die Problematik der wirtschaftlichen Nutzung der Regenwälder
Presse- und Informationsamt der Bundesregierung / Blum, Robert, BRD 1989
Video, Farbe, 16 min
DFZ; DIZ; LFD 1-13

Der tropische Regenwald, die grüne Lunge der Welt, Sauerstoffproduzent und Klimaregulator zugleich, ist extrem gefährdet. Am Beispiel der Situation des tropischen Regenwaldes in Zaire, Afrika, werden die Probleme, die zur Waldvernichtung führen, dargestellt und mögliche Strategien zur Abwehr dieser verheerenden Entwicklung aufgezeigt. (LFD)
allg. Publikum

Ökomedia-Bewertung: brauchbar

Information	Realisation	Motivation
2,5 Punkte	2,4 Punkte	2,4 Punkte

Die Aussagen gegen Tropenwaldvernichtung und Holzimport sind nicht radikal genug. Das Plädoyer für den intensiven Gartenbau, damit der Wanderfeldbau und damit das Niederbrennen des Regenwaldes gestoppt wird, ist zumindest zu hinterfragen. Die Nachteile der Eukalyptusmonokulturen werden zwar angesprochen, aber nach Meinung der Autoren überwiegen die Vorteile.

Grüne Tropen **V 229**
Video
LBS 4, 13
s. Film

Grün in der Stadt **V 230**
BRD 1990
Video, Farbe, 25 min
LBS 13

Nordrhein-Westfalen ist mit 500 Einwohnern pro Quadratkilometer das Industrieland mit der höchsten Besiedlungsdichte, und es ist besonders stark von großstädtischen Strukturen geprägt: Von 66 Städten mit mehr als 100.000 Einwohnern in der Bundesrepublik Deutschland liegen 29 in Nordrhein-Westfalen. In ihnen wohnt fast die Hälfte der Landesbevölkerung.
Viele Bewohner der Städte leiden unter dem Mangel an Grün in ihrer näheren Wohnumgebung. Es ist aber kein Naturgesetz, daß Städte graue Steinwüsten sein müssen. Wie viele Möglichkeiten es gibt, Straßen, Plätze, Blockinnenbereiche, Hinterhöfe, Dächer und Fassaden zu begrünen und wieviel schöner und wohnlicher unsere Städte dadurch werden, zeigt der Film an verschiedenen Beispielen nordrhein-westfälischer Städte. (LBS 13)

Ökomedia-Bewertung: brauchbar

Information	Realisation	Motivation
2,2 Punkte	2,1 Punkte	2,1 Punkte

So wie früher für Straßenbau geworben wurde, wird heute begrünt: das Stadtbürokratie-Verwaltungsdeutsch, das beschreibt, wie »Gründefizite abgebaut werden«, verrät die Haltung. Es ist derselbe leichte Werbeton. Heute ist man eben für Stadtbegrünung. Ist ja auch gut und richtig - aber grundlegende Gedanken oder Analysen bietet dieser Film nicht. Die Stadt soll einfach »grün-repariert« werden.

Haben Kornblumen noch eine Chance? **V 231**
Studio Hamburg / Stahf, Jürgen, BRD 1988
Video, Farbe, 15 min
FWU; LBS 1-10, 12-14; LFD 2

Die herkömmliche Landwirtschaft mit ihrer intensiven Bodennutzung läßt den Wildblumen keine Überlebenschance, obwohl sich in Kleinbiotopen, in Hecken und Säumen eine Lebensgemeinschaft aus vielen Tieren und Pflanzen entwic-

keln kann. Der biologische Landbau weist einen Weg in die Zukunft. (FWU)
Sekundarstufe I und II, landwirtsch. Gruppen

Ökomedia-Bewertung: brauchbar

Information	Realisation	Motivation
2,5 Punkte	2,0 Punkte	2,0 Punkte

Leider kaum mehr als ein bebildertes Öko-Referat. Trotz gutem Bildmaterial kein guter Film. Es fehlt ein klares Konzept.

Haie **V 232**
aus der Serie: National Geographic Video
National Geographic Society / Kane, Dennis B.; Skinner, Thomas; Noxon, Nicolas, USA 1982
Video, Farbe, 60 min
Kaufkassette: Concorde Video

»Haie« ist die aufregendste, die berühmteste Episode in der Geschichte der »National Geographic Society«. Spätestens seit dem Actionsstreifen »Der weiße Hai« zählen diese Raubfische zu den gierigsten Menschenfressern. Aber ihr Ruf ist schlechter, als sie tatsächlich sind. Diese außergewöhnliche Expedition will den Mythos »Hai« entlarven. Nur geschützt durch Stahlanzüge und in Käfigen, wagen sich die berühmten Haiforscher Ron und Valerie Taylor in die Tiefen des Ozeans. Das ist die Gelegenheit für sie, die Wahrheit über diese lebenden »Killermaschinen« herauszufinden. (Concorde Video)
allg. Publikum

Ökomedia-Bewertung: wirksam

Information	Realisation	Motivation
3,5 Punkte	3,5 Punkte	3,5 Punkte

Spannender Film mit sehr guten Aufnahmen, der nicht in das altbekannte Horn bläst, Haie seien blutgierige Killer.

Hai-Society **V 233**
In den Korallenriffen der Malediven
Sigl, Angelika und Walter, BRD 1988
Video, Farbe, 45 min
Sigl

Der Film dokumentiert die Lebensgemeinschaft Korallenriff am Beispiel der Malediven. Der Film zeigt sowohl die großen Räuber des Riffs, die Haie, als auch die vielen anderen Fische im Korallenriff, die mit ihnen in Wechselbeziehung stehen. Zum Schluß zeigt der Film den zunehmenden »Haitourismus« mit all seinen Gefahren für das lebendige Riff. (Sigl)
allg. Publikum

Ökomedia-Bewertung: wirksam

Information	Realisation	Motivation
3,0 Punkte	3,5 Punkte	3,5 Punkte

Herrliche Bilder aus dem bunten und exotischen Leben im Korallenriff. Aber auch die Informationen - sowohl über die Tiere und Pflanzen als auch über die Bedrohungen durch den Tauchertourismus - kommen nicht zu kurz.

Haus der 18 Häuser: das Ökohaus in Berlin **V 234**
VideoVox / Lottmann, Eckart; Ris, Alexander, BRD 1990
Video, Farbe, 60 min
EMZ 12; Medienoperative

Das Ökohaus im Berliner Bezirk Tiergarten ist in zweierlei Hinsicht ein Experiment: ein ökologisches, weil hier eine Vielzahl ökologischer Maßnahmen erprobt werden konnten, die bislang im Rahmen des sozialen Wohnungsbaus nicht zu realisieren waren, und ein soziales, weil die 18 Familien von Anfang an an der Planung beteiligt waren. Jeder konnte hier sein Haus so planen, wie es seinen Bedürfnissen und Anforderungen entsprach.

Der Film begleitet zwei der Familien, die sich besonders stark für ökologische Maßnahmen engagiert hatten, über den gesamten Zeitraum von vier Jahren - von der Planung bis zum Einzug in ihre Wohnungen. (Medienoperative)
allg. Publikum

Ökomedia-Bewertung: brauchbar

Information	Realisation	Motivation
2,8 Punkte	2,0 Punkte	2,0 Punkte

Recht informativ und für bauwillige Menschen oder Archtekten auch von Interesse. Sonst eher mäßig.

Haushaltshygiene **V 235**
SFB / Bauer, Armin; Götz, Ina; Schaaf, Ines, BRD 1986
Video, Farbe, 44 min
FWU; LBS 1-10, 12-14

Im Mittelpunkt des Films steht der Umgang mit Lederspray und natriumhyperchloridhaltigen Haushaltsreinigern. Übertriebene Haushaltshygiene wird in Frage gestellt. Die Thematik wird aus der Sicht von Werbung, Fachleuten, Bakterien und Produkthersteller beleuchtet. Dabei lernen die Zuschauer die Bedeutung von positiven und negativen Bakterien für den menschlichen Organismus kennen. (FWU)
Sekundarstufe I und II, Fachschulen

Ökomedia-Bewertung: wirksam

Information	Realisation	Motivation
2,7 Punkte	3,0 Punkte	3,0 Punkte

Leider geht der Beitrag nicht so weit, Sprays generell in Frage zu stellen. Sonst gut gemacht.

Hausmüll **V 236**
Vermeiden - Verwerten - Entsorgen
Bundesminister für Umwelt, BRD 1990
Video, Farbe, 35 min
Intermedia

Abfall belastet unsere Umwelt ganz erheblich. Wir Bürger füllen die Mülltonnen und sind so auch für die Müllberge mitverantwortlich. Mit neuen Techniken, mit neuen Konzeptionen und vor allem mit neuem Denken müssen wir den Müllbergen zu Leibe rücken. Jahr für Jahr gleichbleibende Müllmengen sind ein Rückschritt. Jeder Haushalt produziert über 600 kg Hausmüll pro Jahr.
Die Industrie muß überflüssige Verpakkungen vermeiden und der Verbraucher muß bewußte Entscheidungen beim Einkauf treffen. Wir erfahren mehr über die Verwertung und Entsorgung von Altglas, Papier und organischen Abfällen. Alle sind in die Verantwortung eingebunden, der Staat, die Industrie und wir Bürger. (Intermedia)
allg. Publikum

Ökomedia-Bewertung: wirksam

Information	Realisation	Motivation
3,0 Punkte	3,0 Punkte	3,0 Punkte

Informativer, anschaulicher, lebensnaher Film zur Hausmüllthematik. Deutliches Plädoyer zur Müllvermeidung und erst in zweiter Linie für Recycling.

Helga kommt **V 237**
Spielfilm
Hertling, Peter K., BRD 1989
Video, Farbe, 15 min
LFD 9, 10

Was tut ein Strohwitwer, bevor seine Frau wieder nach Hause kommt? Er wirbelt durch den Haushalt und will noch tausend Dinge erledigen. Daß auch in solchen Streßsituationen das Verständnis für sinnvolles Energiesparen und machbaren Umweltschutz nicht auf der Strecke bleiben muß, zeigt der Hausmann wieder willen - mit vielen praktischen Tips.
allg. Publikum

Ökomedia-Bewertung: brauchbar

Information	Realisation	Motivation
2,5 Punkte	1,5 Punkte	1,5 Punkte

Die Sprüche über das Strohwitwerdasein und die haushaltsbeflissene Ehefrau sind albern. Die »Identifikationsfigur« dieses Öko-Spielfilmchens wirkt eher lächerlich. Die praktischen Tips zielen zwar in die richtige Richtung, aber sie sind wenig überzeugend präsentiert.

Hinterlassenschaften **V 238**
DFF, DDR 1990
Video, Farbe, 24 min
LaUB

Ein Film über die rücksichtslose Verschmutzung der Landschaft durch Abfälle aus der Produktion, die nicht wieder aufbereitet in die Landschaft gekippt wurde. Die Umweltkatastrophe ist schon der ehemaligen faschistischen Chemiewaffenfabrik bei Halle vorausgeplant, wo heute noch hunderte Liter chemischer, hochgiftiger Kampfstoffe in verschütteten Bunkern lagern. (LaUB)
allg. Publikum

Hiroshima - Erinnern und Verdrängen **V 239**
Video
FWU; LBS 1-10, 12, 14; KMZ 21; LFD 2, 12
s. Film

Hito-Hito **V 240**
Ertl, Hans, BRD 1958
Video, Farbe, 90 min
LFD 4

Der Film zeigt Aufnahmen über eine Expedition in die Regenwälder des Amazonas-Gebiets. (LFD 4)
allg. Publikum

Ökomedia-Bewertung: wirksam

Information	Realisation	Motivation
2,8 Punkte	3,5 Punkte	3,5 Punkte

Ein spannender Expeditionsfilm, der imposante Naturaufnahmen bietet. Ein historisches Filmdokument, ein Naturfilm der fünfziger Jahre, der von Pioniergeist nur so sprüht. Von Bedrohung der Regenwälder ist noch mit keinem Wort die Rede.

Hochzeit der Schwäne **V 241**
DFF / Schroeder, Hans, DDR 1980
Video, Farbe, 45 min
LaUB

Der Film berichtet über die in der DDR brütenden Höckerschwäne und die Wintergäste Singschwan und Zwergschwan. (LaUB)
allg. Publikum

Ökomedia-Bewertung: brauchbar

Information	Realisation	Motivation
2,4 Punkte	2,3 Punkte	2,0 Punkte

Ein braver Informationsfilm über die Schwäne in der ehemaligen DDR. Die Moderation ist trocken und viel zu lang.

Hoffnung für eine sterbende Kultur **V 242**
Indianeruniversität Mato Grosso
Lorenz, Rüdiger, BRD 1990
Video, Farbe, 30 min
Lorenz

Die Auslöschung der Indianer Südamerikas hat in letzter Zeit die Weltöffentlichkeit immer wieder aufgeschreckt. Das stille Sterben der indianischen Kultur, das in den Reservaten, den Städten und vor allem in den Menschen selbst sich abspielt, wird dabei oft vergessen. Der Film führt zu dem Stamm der Mynky, die noch fast unberührt im Einklang mit der Natur leben, und zu den Irantjes am Ende einer großen Straße. Hoffnung könnte eine Initiative von 36 Stämmen bedeuten: die Gründung der ersten Indianderuniversität. (Lorenz)
allg. Publikum, Dritte-Welt-Gruppen

Ökomedia-Bewertung: wirksam

Information	Realisation	Motivation
3,0 Punkte	3,0 Punkte	3,0 Punkte

Ruhiger, stiller Film, der zeigt, wie eine Straße den Fortschritt und damit gleichzeitig den Untergang für eine Indianerkultur bringt.

Eine Hoffnung lernt laufen **V 243**
Medienstelle Freiburg, BRD 1990
Video, Farbe, 34 min
EMZ 7, 12; KMZ 14

Der Film berichtet von der Europäischen Ökumenischen Versammlung in Basel im Mai 1989 und greift aus der Fülle der Themen fünf heraus: Frauen, Jugend, Umweltschutz, Dialog Christentum - Marxismus, Rüstung. (KMZ 14)
christl. Gemeindearbeit, ab 14 Jahren

Hunger **V 244**
Video
EMZ 2, 10; FWU; KMZ 6, 10, 16; LBS 1-14; LFD 2
s. Film

Hunger durch Entwicklung **V 245**
gekürzte Fassung von Bitterer Zucker
Deffarge, Claude; Troeller, Gordian, BRD 1987
Video, Farbe, 30 min
EMZ 2; FWU, LBS 1-14; LFD 2

Das Videoband zeigt die Folgen für die Landwirtschaft, die sich aus der Verschuldung des Staates Brasilien ergeben und dem Versuch, Erdöleinfuhren durch Alkohol aus Zuckerrohr als Autotreibstoff zu ersetzen. (FWU)
Sekundarstufe I

Ökomedia-Bewertung: wirksam

Information	Realisation	Motivation
3,3 Punkte	3,2 Punkte	3,3 Punkte

Ein überzeugender und anschaulicher Film über die trostlose Armut in Brasilien. Es geht vornehmlich um soziale Fragen, kaum um die ökologischen Folgen der Zuckerrohr-Monokultur.

Ich fühlte mich wie in einem fremden Land **V 246**
DFFB / Fricke, Annegret; Meert, Michael, BRD 1979
Video, Farbe, 78 min (3 Teile, je 26 min)
MW Freiburg; Stiftung deutsche Kinemathek

Der Dokumentarfilm zeigt am Beispiel einer Bäuerin, wie eigene Betroffenheit in politisches Engagement umschlägt, wie sich die staatlichen Organe (von der Polizei bis zur Justiz) durch ihr kompromißloses Eintreten für die Atomindustrie und durch die Mißachtung der Bevölkerung ihre Gegner selbst schaffen.

1. Arbeit und Alltag der Bäuerin Liesel Fricke. 2. Wie sie die Schlacht um Grohnde erlebte und was sich dadurch für sie veränderte. 3. Gedanken der Landfrau Liesel Fricke über den Atomstaat und die Atomindustrie. (DFFB)
Anti-AkW-Gruppen

Ich habe den Reaktor bedient V 247
Altekruse, Joerg
Video, Farbe, 43 min
KMZ 7; Medienwerkstatt Freiburg; Stadtjournal Hamburg

»Super-GAU in russischem Atomkraftwerk, Reaktor explodiert« lauteten die Schlagzeilen, als am 28. April 1986 die Weltöffentlichkeit von der bisher größten atomaren Katastrophe der Geschichte erfuhr. Tagelang schleuderte der brennende Reaktor von Tschernobyl seinen radioaktiven und hochgefährlich strahlenden Inhalt über das fruchtbare Kernland der Sowjetunion zwischen Moskau, Minsk und Kiew.
Filmautor Joerg Altekruse bereiste das verschneite Land zwischen Moskau und Kiew und fand Zeugen, die die Nuklearkatastrophe aus unmittelbarer Nähe miterlebt haben. Einige von ihnen sprechen zum ersten Mal über das, was sie damals gesehen und getan haben und das ihr Leben veränderte.
Angesichts dieser erschütternden Augenzeugenberichte zeichnet der Film ein Bild der Ereignisse und zeigt, unter welchen Bedingungen diese Menschen heute leben und wie sie mit ihrem Schicksal umgehen. Längst sind die sozialen und psychischen Folgen von Tschernobyl ebenso katastrophal wie die medizinischen und wirtschaftlichen. (Stadtjournal Hamburg)
allg. Publikum, Anti-AKW-Gruppen

Ich lebte still und harmlos... V 248
Wandlungen im Vorfeld der WAA
Denkmal-Film / Strigel, Claus / Verhaag, Bertram, BRD 1987
Video, Farbe, 45 min
Denkmal-Film

Am 4. Februar 1985 fiel die Entscheidung, in Wackersdorf eine Wiederaufarbeitungsanlage für abgebrannte Kernelemente zu errichten. Seither prallen im sonst eher vergessenen »Zonen«-Randgebiet die gegensätzlichen »Wahrheiten« aufeinander: »Kerngesunde Familien und strahlende Kinder« prophezeien die WAA-Gegner als Folge der Plutonium-Fabrik. Das bayerische Umweltministerium spricht dagegen gerne von dem strukturfördernden »Atomaren Entsorgungspark Oberpfalz«.
Diese Dokumentation beobachtet über fast zwei Jahre hinweg am Beispiel eines Arztes, wie bei bislang staatstreuen Oberpfälzern angesichts der Bedrohung Charakterzüge zu Tage treten, die bislang nur im Verborgenen schlummerten: Die Auseinandersetzung um die Wahrheit wird dabei so heftig geführt, daß die ansässige Bevölkerung, quer durch Parteien und Familien, in zwei Lager gespalten zu werden droht. (Denkmal-Film)
allg. Publikum, Anti-Atom-Gruppen

Ökomedia-Bewertung: brauchbar

Information	Realisation	Motivation
2,8 Punkte	2,5 Punkte	2,5 Punkte

Am Anfang gut und interessant, doch nach und nach wird der Film mühsam und erweckt damit Langeweile.

Illegal Timber Trade V 249
WWF
Video, Farbe, engl. Orig., 17 min
WWF

Reportage über den illegalen Holzhandel in Südostasien und dem pazifischen Raum. (WWF)
allg. Publikum

Im Felsen versiegelt **V 250**
aus der Serie: Der wunderbare Planet
1990
Video, Farbe, 45 min
EMZ 2; Kaufkassette: DuMont; LFD 2; LBS 1, 7; Schauinsland

In Jahrmillionen bauten die Korallen aus Calcium und Kohlendioxid ihre Kalkskelette auf und verringerten so den hohen Anteil an Kohlendioxid in der Atmosphäre. (LFD 2)
allg. Publikum

Im Land der Riesenkakteen **V 251**
aus der Serie: Tiere vor der Kamera
BR / Arendt, Ernst; Schweiger, Hans, BRD
Video, Farbe, 45 min
BUND; Kaufkassette: Screen Entertainment

Bis zu 20 Meter hoch werden die Saguaro- oder Säulenkakteen, die in Südarizona das Landschaftsbild prägen und in manchen Gegenden ganze Wälder bilden. Dornige Kakteensträucher bieten den Vögeln Schutz vor Feinden, Greifvögel haben ihre Horste auf die Kakteen gesetzt, deren Blüten und Früchte für die Tiere eine wichtige Nahrungs- und Wasserquelle sind. Ein einzigartiges Naturschauspiel ist die Blüte der Kakteen. (Screen Entertainment)
allg. Publikum

Im Namen des Fortschritts
* Bitterer Zucker
* Freiheit verboten
* Kein Platz für Indianer
* Die Saat des Fortschritts oder das Ende der Entwicklung
* Verarmungshilfe

Im Reich des Schreiadlers **V 252**
DFF, DDR 1986
Video, Farbe, 24 min
LaUB

Die scheuen Schreiadler nisten in abgeschiedenen Feuchtgebieten. Sie kommen in geringer Zahl im Verhältnis zu anderen Arten vor und kehren im Frühjahr aus Zentralafrika zurück. Der Film zeigt den Beginn der Balz, Schlupf und Aufzucht der Jungen bis zum Vogelzug in den Süden. Eine seltene Beobachtung ist der Kainismus der Jungvögel. (LaUB)
allg. Publikum, Vogelschutzgruppen

Im Reich der Seeschwalben **V 253**
BRD 1986
Video, Farbe, 28 min
Kubiak

Mit Sondergenehmigungen drehte Theo Kubiak zwischen Strand und Düne in den Vogelschutzgebieten des Wattenmeeres, in den Brutkolonien der Seevögel. In seltenen Großaufnahmen beobachtet die Kamera Brandgans und Sumpfohreule, Brut und Aufzucht beim Austernfischer, bei der Küstenseeschwalbe und beim winzigen Seeregenpfeifer. Aber auch andere ungewöhnliche Küstenbewohner wurden von der Kamera eingefangen: Das Wattenmeer, unsere letzte Urlandschaft. (Kubiak)
allg. Publikum

Im Schuldenturm **V 254**
(Life & Debt)
Dokumentarfilm mit Spielszenen
Bezerra, Octavio, Brasilien 1992
Video, Farbe, 50 min
Medienpaket »Eine Welt für alle«
mit umfangr. Begleitmaterial
AGI*; Medienwerkstatt Freiburg*

Ein Lastwagen hält mit kreischenden Reifen auf einem verlassenen Stück Land. Maskierte bewaffnete Männer schleppen eine Handvoll schwarzer Teenager aus dem Wagen, stellen sie gegen eine Wand und erschießen sie. Diese

grausame Szene wiederholt sich täglich in den Städten in ganz Brasilien. In Rio allein wurden 1991 mehr als 500 Straßenkinder umgebracht. Ihr einziges Verbrechen war es, daß sie arm waren und nicht wußten, wohin sie gehen sollten.
»Brasilien ist nicht mehr das Land des Karnevals, des Kaffees oder des Fußballs«, berichtet der Erzähler und Sozialaktivist Herbert de Souza in diesem schockierenden Dokumentarfilm. »Brasilien ist heute das Land, das Kinder tötet.«
Das Problem der Straßenkinder ist nicht neu. Es resultiert aus der gleichen Not, argumentiert der Regisseur Octavio Bezerra, die zu dem weitverbreiteten Raubbau des Amazonas-Regenwaldes geführt hat. Letztendlich gehe diese Not zurück auf Brasiliens massive 130 Milliarden US Dollar Schulden und die spanische Eroberung der »Neuen Welt«, eine Eroberung, die Völkermord und Unterdrükkung nach sich zog.
Die Folgen sind unüberschaubar für das Land: Brasiliens Schulden haben zu einem Teufelskreis aus Verarmung und Verschmutzung der Umwelt, gewaltigen Kürzungen in Sozial-, Gesundheits- und Erziehungsprogrammen, zu steigender Inflation, zum Zerfall von Familien und zu steigender Kriminalität und weitverbreiteter Korruption geführt. (Moving Pictures Bulletin)
allg. Publikum

Ökomedia-Bewertung: wirksam

Information	Realisation	Motivation
3,0 Punkte	2,6 Punkte	3,2 Punkte

Der ungemein symbolbeladene Beginn des Films und das Charisma des erzählenden Herbert de Souza wecken Erwartungen, die der Film nicht durchhält. Über die im Stile des reality-TV nachgestellten Erschießungsszenen läßt sich kontrovers diskutieren. Der Mittelteil des Films wird beherrscht von durchgängigem Kommentar, dem bisweilen zufällige, bisweilen geradezu voyeuristische Bilder unterlegt sind.

Im Tierparadies der Arktis: Nordamerika - An den Küsten des Eismeeres **V 255**
aus der Serie: Sielmann 2000 - Rückkehr in die Zukunft
Sielmann, Heinz, BRD 1992
Video, Farbe, 47 min
Kaufkassette: Sony Music Entertainment

Folgen Sie Heinz Sielmann in die Welt nördlich des Polarkreises mit ihrem ewigen Eis und der arktischen Steppe, der Tundra, in die jedes Jahr Tausende von Karibus eine für Säugetiere einmalige Wanderung unternehmen, um ihre Jungen zur Welt zu bringen. Erleben Sie die selten gewordenen Eisbären, Beluga-Wale und Walrösser, die nach dem See-Elefanten größte Robbenart der Erde, in ihrer natürlichen Umgebung. (Sony Music Entertainment)
allg. Publikum

Ökomedia-Bewertung: wirksam

Information	Realisation	Motivation
3,2 Punkte	3,2 Punkte	3,2 Punkte

Informativer Film über diesen eisigen Teil der Welt mit guten Bildern und deutlichen Worten zur Exxon Valdez - Ölkatastrophe.

Im Zauberwald **V 256**
Video
EMZ 4; KFW; KMZ 7; LBS 14; LFD 1
s. Film

Im Zeichen der Eule - geschützte Natur - die Flußauen **V 257**
DFF, DDR 1990

Video, Farbe, 32 min
LaUB

Die Schönheit der Natur, aber auch ihre Zerstörung durch die Menschen und das aufopferungsvolle Engagement von Umweltschützern werden besonders im Gebiet der mittleren Elbe geschildert. Der Film zeigt sowohl am Beispiel der Fauna als auch der Flora, wie wichtig es ist, unsere Umwelt zu schützen und zu erhalten. (LaUB)
allg. Publikum

Immer langsam voran **V 258**
Video
Planfilm
s. Film

In Sorge um das Trinkwasser **V 259**
BRD 1989
Video, Farbe, 29 min
AID

Seit dem 1. Oktober 1989 gelten für das Trinkwasser praktisch Nullwerte bezüglich Pflanzenwirkstoffen. Die EG-Normen können allerdings nur von einem Teil der Wasserwerke in der BRD eingehalten werden. Der Film möchte deshalb Orientierungshilfe sein und Antwort geben auf die Fragen: Ist chemischer Pflanzenschutz überhaupt notwendig? Wie giftig sind die Mittel? Wo landen die Chemikalien letztendlich und wie stark ist unser Trinkwasser belastet? Welchen Beitrag leisten Landwirte, Gerätehersteller und chem. Industrie zur Reinhaltung des Trinkwassers? (AID)
allg. Publikum

Indio **V 260**
Spielfilm
Dawson, Anthony M., USA 1989
Video, Farbe, 90 min
Kaufkassette: Highlight

West-Point, die Eliteschule der US-Marines. Daniel Morell ist der 200%ige Offizier. Mutig, zäh und überlegen. Doch in seinen Adern schlägt das Blut brasilianischer Indios, denn er wurde nur durch Adoption US-Bürger. Als er von seinem sterbenden Vater Abschied nehmen muß, macht er eine entsetzliche Feststellung: Ein Großkonzern vernichtet sinnlos den Regenwald. Jeder, der sich dem Bau widersetzt, wird rücksichtslos getötet. Wie durch ein Wunder überlebt Morell und schwört Rache. (Highlight)
ab 18 Jahren

Industrielandschaft - **V 261**
Lebensraum für unser Wild
aus der Serie: Tiere in der Industrielandschaft
Kubiak, Theo, BRD 1989
Video, Farbe, 25 min
LBS 7, 10; Kubiak

Folge 3 der Trilogie klärt die Frage, welche Zusammenhänge zwischen Lebensraum und Tierwelt bestehen und verdeutlicht die Notwendigkeit der Zusammenarbeit vieler Gruppen zur Erhaltung einer artenreichen Tier- und Pflanzenwelt. Auf die widersprüchlichen Forderungen an die Jäger geht der Film ein. (LBS 10)
ab 5. Klasse

Ökomedia-Bewertung: wirksam

Information	Realisation	Motivation
2,5 Punkte	2,7 Punkte	2,7 Punkte

Kritiker von Jägern kommen überhaupt nicht zu Wort, das liegt vielleicht daran, daß der Film im Auftrag des Deutschen Jagdverbandes produziert wurde. Dadurch verkommt er beinahe zum Werbefilm für Jäger, die in vollkommener Harmonie mit ökologischen Belangen die Tierwelt hegen und pflegen und bejagen. Sonst gute Informationen und recht gute Bilder

Industrielle Papierherstellung V 262
Video
FWU
s. Film

Insekten V 263
nützlich oder schädlich?
DFF / Halle, Karl-Heinz, DDR 1989
Video, Farbe, 22 min
LaUB

Zu einem intakten Naturhaushalt gehören nun einmal die von manchem Kleingärtner so hartnäckig verfolgten Blattläuse. In einer blattlausfreien Welt gäbe es keine Marienkäfer, keine Florfliegen und keine Schwebfliegen. Denn sie bzw. ihre Larven leben nun einmal von Blattläusen. Das Leben vieler Insekten ist oftmals an die Existenz bestimmter Pflanzenarten gebunden, z.B. an die Brennessel. Wollten wir dieses »Unkraut« ausrotten, würden 25 verschiedene Insektenarten aussterben. (LaUB)
allg. Publikum

Ökomedia-Bewertung: wirksam

Information	Realisation	Motivation
2,4 Punkte	3,3 Punkte	2,1 Punkte

Mit hervorragenden (Nah-)Aufnahmen verschiedener Insekten und ihrer Larven zeigt der Film die Bedeutung einzelner Arten für die natürliche Vertilgung von Pflanzenschädlingen. Dennoch wird der Einsatz von Pestiziden beispielsweise gegen den Kohlweißling oder den Apfelwickler als unabwendbar befürwortet.

Das Inselkonzept Helgoland V 264
Strom - Wasser - Fernwärme
Schleswag AG / Hertling, Peter K., BRD 1990
Video, Farbe, 10 min
LFD 9, 10

Was vermag moderne Technik heute zu leisten, um 2000 Inselbewohnern in isolierter Lage mitten in der Nordsee ein menschenwürdiges Leben zu garantieren? Auf diese Frage antwortet dieser Film: Technik dient dem Menschen.
allg. Publikum

Ökomedia-Bewertung: brauchbar

Information	Realisation	Motivation
2,2 Punkte	2,5 Punkte	2,0 Punkte

Tieflader, Rohrleitungen, Kräne: ein rein technisch orientierter Film, eine Art »Ingenieursfilm«, der mit viel Stolz ausdrückt, wie leistungsfähig die Technik heutzutage ist. Keine Frage: Umwelttechnik ist nötig und richtig, aber sie gehört eingebettet in größere Zusammenhänge (z.B. Energie- oder Verkehrskonzepte), sie sollte nicht nur auf der Funktionsebene der Filteranlage betrachtet werden.

Iracema V 265
Video
LBS 9; LZNW
s. Film

Irmgard Gietl... V 266
kämpft um ihre Heimat
Video
B.O.A.; Denkmal-Film; EMZ 7, 8, 10, 13; KMZ 6, 10 13, 20; LZNW
s. Film

Iveco: Nutzfahrzeug und V 267
Umwelt - Zum Thema
Schadstoff-Emission
Iveco / Helber, Bernd, BRD
Video, Farbe,
DFS

Der Film zeigt zunächst die Zusammensetzung der Atmosphäre und die Bedrohung durch Ozonloch und Treibhauseffekt. Danach zeigt der Film, welche Emissionen bei Iveco-Fahrzeugen vorkommen.

Ökomedia-Bewertung: brauchbar

Information	Realisation	Motivation
2,3 Punkte	2,0 Punkte	2,0 Punkte

Bevor der Iveco-Werbefilm einsetzt, kommt ein Öko-Referat über Schadstoffe in unserer Luft, wer was emittiert und was diese Gifte mit der Atmosphäre machen. Man ist dann richtig froh, daß Iveco soviel unternimmt, um die LKW's immer noch schadstoffärmer zu bauen. Natürlich ist es wichtig und richtig, daß LKW's weniger Dreck in die Luft pusten, aber nicht nur die Weiterentwicklung von Motoren ist gefragt, sondern intelligente Gesamt-Verkehrskonzepte. Das interessierte die Filmautoren überhaupt nicht.

Iveco: Nutzfahrzeug und Umwelt - Zum Thema Geräuschemission **V 268**
Iveco / Faude, Rainer, BRD
Video, Farbe, 15 min
DFS

11 % des Verkehrslärms werden durch den Schwertransport verursacht. Durch Motor- und Getriebegeräuschkapsel, Aufladesysteme, optimierte Drehzahlabsenkung konnte der Nutzfahrzeughersteller zahlreiche Verbesserungsmaßnahmen vornehmen. Leiser abrollende Reifen und geräuschabsorbierende Straßen, ebenso ein optimaler Gesamtzustand des Fahrzeugs wären eine sinvolle Ergänzung. (DFS)

Ökomedia-Bewertung: brauchbar

Information	Realisation	Motivation
1,8 Punkte	2,0 Punkte	1,8 Punkte

Langatmige Imagepflege für den Lastwagen-Hersteller. Danke IVECO, daß die LKW's nun weniger laut sind, denn Lärm ist eine große Umweltbelastung. Aber vielleicht wäre es noch besser, mehr Güter auf die Bahn zu verladen?

Jäger im Verborgenen **V 269**
Beck, Wolfgang, BRD
Video, Farbe, 13 min
Tobifo

Florfliegen gehen bevorzugt in Blattlauskolonien auf Nahrungssuche. Ein ausgewachsener Jäger kann bei einem einzigen Beutezug mehrere Dutzend Schädlinge vertilgen. der Film zeigt ihn bei seinen Beutezügen. Darüber hinaus wird die Kopulation der Eltern, die Eiablage, das Larven- und Puppenstadium bis hin zum fertigen Insekt dokumentiert. (Tobifo)
5.-10. Klasse

Ökomedia-Bewertung: brauchbar

Information	Realisation	Motivation
2,7 Punkte	2,2 Punkte	2,0 Punkte

Informatives Tierporträt mit schönen Bildern, aber monotonem wissenschaftlichem Kommentar. Die Bedrohung der Art wird nicht angesprochen, ökologische Zusammenhänge nicht hergestellt.

Jahr 2022, alle, die überleben wollen **V 270**
(Soylent Green)
Spielfilm
Fleischer, Richard, USA 1987
Video, Farbe, 94
Kaufkassette: MGM

New York 2022. Die Stadt zählt 40 Mio Einwohner. Die Hälfte davon ist arbeitslos. Die Preise steigen ins Unermeßliche. Die Umweltverschmutzung und Zerstörung der Natur hat ihren Höhepunkt schon überschritten. Die Ernährung ist gefährdet. Was es noch gibt, sind waffelähnliche, grüne Nahrungsmittel, die von der Regierung ausgegeben werden. Sie heißen Soylent und keiner weiß, woher sie stammen. Eigens von der Regierung finanzierte Sterbekliniken leisten Sterbehilfe. Freiwillige können dort bei schöner Musik und verlockenden Bildern aus vergangenen Zeiten sanft einschlafen. Dieser Science-Fiction Film ist die schreckliche Vision einer Welt, die sich selbst zugrunde gerichtet hat. (MGM)
allg. Publikum

Jetzt ist die Zeit **V 271**
DEFA / Richter, Rolf; Schreiber, Eduard, DDR 1987
Video, Farbe, 95 min
LBS 13

Betroffen von dem Gedanken, daß ein Atominferno das Leben auf der Erde vernichten könnte, reisen zwei Autoren durch ihr Land, die DDR, auf der Suche nach Menschen, mit denen sie über eigene und allgemeine Sorgen und Ängste unserer Zeit reden können. Der »Film für den Frieden« sammelt reale Besorgnisse und Hoffnungen von Bürgern der DDR. Zu Wort kommen eine Frau, die als junges Mädchen lernen mußte, in einem Konzentrationslager zu überleben, ein Pfarrer, ein Chemiker und Toxikologe, ein General und ein Steinmetz. (LBS 13)
allg. Publikum, Friedensgruppen

Ökomedia-Bewertung: brauchbar

Information	Realisation	Motivation
2,5 Punkte	2,5 Punkte	2,5 Punkte

Es ist schwierig, sich für diesen Film eine Zielgruppe vorzustellen. Er ist ein großes poetisch-depressives Mosaik aus Literatur, Musik, Interviews, Predigten zum Thema Frieden. Vielleicht ist es als Zeitdokument über die damalige Stimmung in der DDR interessant.

Junge Naturschützer **V 272**
DFF / Bergmann, Siegfried, DDR 1987
Video, Farbe, 25 min
LaUB

Der Film zeigt das Brutgebiet einer sehr selten gewordenen Vogelart, der Bekassine. Über Jahre hinweg wurde sie von jungen Leuten immer wieder in einer Wiesenniederung beobachtet. Nun geht es ihnen darum, gemeinsam mit der LPG, die die Niederungswiesen bewirtschaftet, die günstigste Variante zum Schutz dieses Brutgebiets zu finden. (LaUB)
allg. Publikum

Ökomedia-Bewertung: brauchbar

Information	Realisation	Motivation
2,3 Punkte	1,7 Punkte	1,6 Punkte

Ein langatmiger Film mit trockenem Kommentar über die Naturschutzarbeit junger Leute, die zwar ständig im Bild gezeigt werden, aber kein Wort im Film über die Motivation ihrer Arbeit mitteilen dürfen.

Jungle Pharmacy **V 273**
Hartzell, Jamie, USA 1989
Video, Farbe, engl. Orig., 52 min
WWF

Der Film will die Bedrohung der Regenwälder und der ungeheuren medizinischen Schätze aufzeigen. Mit dem drohenden Kahlschlag gehen unwiederbringlich Heilkräuter und medizinische Hilfsmittel verloren.
allg. Publikum

Kahlschlag - **V 274**
Der Waldreport 2010
Video
LBS 4; LFD 2
s. Film

Kahlschlag - **V 275**
Die zweite Energiekrise
NDR / Herrendoerfer, Christian, BRD 1979
Video, Farbe, 29 min
LBS 4; LZNW

Holz - seit alters her Energiequelle, in der Dritten Welt noch immer die wichtigste von allen. Zum Kochen und Heizen verwenden die armen Länder Asiens, Afrikas und Lateinamerikas kein Öl und keine Kohle. Feuerholz ist billig und scheinbar immer zur Verfügung. Doch die zunehmende Bevölkerung vernichtet weit mehr Grün als nachwächst. So verwandelt die fortschreitende Abholzung fruchtbares Land in baumlose Einöden und Wüsten.

Situationsbilder aus Nepal, Indien und Bangladesh lassen erkennen, daß es schon heute für Hunderte von Millionen Menschen ums nackte Überleben geht. (LZNW)

Ökomedia-Bewertung: wirksam

Information	Realisation	Motivation
4,0 Punkte	3,0 Punkte	4,0 Punkte

Der Film dokumentiert die Folgen des Kahlschlags in Nepal beeindruckend und anschaulich. Die Kommentare sind teilweise etwas überheblich aus der Sicht des Westens.

Kampf den Seelenkäufern V 276

(And the Dish Ran Away With the Spoon)
Hall, Anthony; Laird, Christopher, Trinidad & Tobago 1992
Video, Farbe, 50 min
Medienpaket »Eine Welt für alle«
mit umfangr. Begleitmaterial
AGI

Eine riesige Satellitenschüssel überragt das Dach der Fernsehanstalt von Trinidad & Tobago. Sie soll die Programme auffangen, die von nordamerikanischen Fernsehstationen ausgestrahlt werden und sie direkt in die karibischen Haushalte senden. Unten auf der Straße spielt eine Band den »Satelliten-Kulturdieb-Calypso«.
Die Karibik ist Schmelztiegel aller Kulturen der Welt, u.a. der europäischen, der indischen, der afrikanischen, der chinesischen und der indianischen. Dort ist Kultur gleich Politik - ein Weg zu einer neuen Identität, befreit von Sklaventum und Kolonialismus.
In der Karibik findet der Kampf um kulturelle Unabhängigkeit jeden Abend auf den Bildschirmen der Fernsehhaushalte statt. Der Film zeigt mit eigenwilligem und schonungslosem Blick, wie fremde Fernsehprogramme - fast ausschließlich aus Amerika - den karibischen Zuschauern eine verzerrte Weltsicht vermitteln. (Moving Pictures Bulletin)
allg. Publikum

Ökomedia-Bewertung: wirksam

Information	Realisation	Motivation
2,4 Punkte	2,4 Punkte	2,7 Punkte

Das wichtige Thema Medienimperalismus ist in diesem Film zu oberflächlich abgehandelt worden. Eine anfänglich erquickende Lebendigkeit der karibischen Moderatoren wird zum Selbstzweck und verdeckt den Blick auf Wesentliches.

Kaspar räumt die Umwelt auf V 277
Animationsfilm
BRD 1989
Video, Farbe, 50 min
LBS 14

Die Kasperle-Puppen vom Puppentheater Kussani werden zu Lehrern im Dienste des Umweltschutzes. (LBS 14)
ab 6 Jahren

Katalysator V 278
Video
DFS; Intermedia
s. Film

Keas - Spaßvögel in Neuseeland V 279
aus der Serie: Tiere vor der Kamera
BR / Arendt, Ernst; Schweiger, Hans, BRD
Video, Farbe, 45 min
BUND; Kaufkassette: Screen Entertainment

Auf ihrer Expedition ins Hochgebirge Neuseelands beobachten die Autoren die Keas. Diese Papageienart überlebt selbst strengste Winter mit Eis und Schnee. Der Film dokumentiert mit lustigen Szenen das hochintelligente Wesen und die geradezu aufdringliche Neugier der Vögel. Wie junge Hunde balgen die Keas mit allen möglichen Gegenständen und Partnern. Das Kamerateam, sonst darauf bedacht, scheue Tiere nicht zu vertreiben, hatte alle Mühe, das Interesse der prächtig gefiederten Tiere nicht zu wecken. (Screen Entertainment)
allg. Publikum

Kein Platz für Indianer V 280
aus der Serie: Im Namen des Fortschritts
Deffarge, Claude; Troeller, Gordian, BRD 1976
Video, Farbe, 43 min
Con

Das »James Bay Project« in Kanada soll zum größten Wasserkomplex der Welt werden. Die Stauseen werden ein Gebiet von der Größe der Bundesrepublik ökologisch verwandeln. Die in diesen Gebieten lebenden Cree-Indianer sind für die Aufgabe ihrer traditionellen Jagd- und Fischrechte entschädigt worden. Doch realistische Lebensalternativen sind nicht vorgesehen. Der Film begleitet eine Cree-Familie auf ihrer letzten Jagd und analysiert die Konsequenzen der Energiejagd der Weißen in den nördlichen Territorien. (Con)
allg. Publikum

Kein Platz für wilde Tiere V 281
Grzimek, Bernhard, BRD
Video, Farbe, 85 min
KMZ 6, 10; LFD 4; Kaufkassette: Concorde-Video

Der Beitrag zeigt Tiere aus dem Urwald und der Steppe Afrikas. (LFD 4)
allg. Publikum, Naturschutzgruppen

Ökomedia-Bewertung: wirksam

Information	Realisation	Motivation
3,0 Punkte	3,8 Punkte	3,5 Punkte

Ein vor allem filmhistorisch sehr wichtiger Film aus den fünfziger Jahren: hervorragende Kamera, faszinierende Bilder, der Kommentar ein leidenschaftlicher Appell, diese einzigartige Natur zu schützen, zu erhalten. Die Vielzahl an kritischen und äußerst deutlichen Informationen ist überraschend. Es geht um die Probleme des Tourismus, der weißen Trophäenjäger ebenso wie um Hunger, Versteppung, Erosion, Krokodilleder und Pelze. Manches Bild bohrt sich geradezu ins Gedächtnis ein: z.B. das eines sterbenden Elefanten, der von einer Safari-Touristen-Kugel getroffen wurde.

Keine Startbahn West **V 282**
Trilogie eines Widerstands
Video, Kurzfassung: 75 min
atlas; LBS 7
Medienpaket: Videokassette mit Begleitmaterial
s. Film

Kein schöner Land **V 283**
Medienpaket aus 3 Teilen:
Vom Flachlegen und Aufstehen
Um Bauer bleiben zu können
Chemischer Pflanzenschutz: Probleme und Alternativen
Video, 3 x 45 min
mit Begleitmaterial
Beschreibung unter dem jeweiligen Titel
EMZ 1, 2; KMZ 13; LBS 7, 8, 10, 14; LFD 2, 4

Kein schöner Land in dieser Zeit V 284
aus der Serie: Wenn aber das Salz schal wird...
Stingl, Georg, BRD 1989
Video, Farbe, 30 min
KMZ 2, 6, 8, 10, 14

Ein Bauer stellt seinen Hof auf biologisch-organischen Anbau um. Ein Mitarbeiter in einem großen Chemiekonzern beschreibt sein Engagement für den Umweltschutz. Beispiele für ein bewußtes Eintreten von Christen für die Bewahrung der Schöpfung. (KMZ 10)
ab 16 Jahren, kirchl. Gemeindearbeit

Ökomedia-Bewertung: brauchbar

Information	Realisation	Motivation
2,0 Punkte	2,0 Punkte	2,0 Punkte

Der Film reiht unterschiedliche Projekte kirchlicher Öko-Aktivitäten aneinander. Er gerät dabei ziemlich langatmig.

Kein Tag wie jeder andere **V 285**
Video
BASF; LFD 2, 4
s. Film

Kephallinia - Insel im Ionischen Meer **V 286**
Sigl, Angelika und Walter, BRD 1989
Video, Farbe, 44 min
Sigl

Unter den sieben Ionischen Inseln ist Kephallinia die größte und schönste. Die späte Erschließung hat bewirkt, daß Vieles an traditioneller Kultur und ursprünglicher Natur erhalten blieb. Das Überleben der Insel ist nicht zuletzt durch den steigenden Tourismus gefährdet. Auf ihm aber beruht die Hoffnung der Inselbewohner. Unkontrollierte Bebauung, riesige Steinbrüche und unübersehbare Müllhalden bestimmen immer mehr das Landschaftsbild. (Sigl)
allg. Publikum

Ökomedia-Bewertung: brauchbar

Information	Realisation	Motivation
2,8 Punkte	2,4 Punkte	2,2 Punkte

Der Film wirkt teilweise wie die Vorführung von Urlaubsdias mit Referat über die Insel. Die Gefahren des Tourismus werden zwar deutlich, aber es bleibt alles zu harmlos.

Kiefernwälder im Westen Kubas V 287
Institut für Film, Bild und Ton / Diaz, H.; Pszczolka, H., DDR / Kuba 1988
Video, Farbe, 27 min
IMAW

Mit dem Hochschulvideo »Kiefernwälder im Westen Kubas« werden zusammenhängende Grundkenntnisse über die notwendigen praktischen Arbeitsschritte bei der Anlage und Behandlung von künstlich begründeten Kiefernwäldern in tropischen Gebieten vermittelt, wobei gleichzeitig auf viele weitere Aufgaben und Schutzfunktionen des Waldes hingewiesen wird. (IMAW)
Forstwissenschaftler

Ökomedia-Bewertung: brauchbar

Information	Realisation	Motivation
2,5 Punkte	2,5 Punkte	2,5 Punkte

Selbst in einem solchen natur-wissenschaftlichen Film, eine Art Unterrichtsfilm für Forststudenten, schlägt die sozialistische Ideologie durch: nach der Revolution in Kuba nämlich gehen die Waldarbeiter nun »planmäßig« und »wissenschaftlich fundiert« vor. Keinerlei Kritik an Monokultur oder Pestizide-Ausbringung.

Killerwale **V 288**
aus der Serie: World of Discovery
ABC / Kane Productions / Noxon, Nicolas, USA 1990
Video, Farbe, 55 min
Kaufkassette: Concorde-Video

Der erfahrene Naturfilmer Nicolas Noxon zeigt wunderschöne Bilder von einem der intelligentesten und liebenswertesten Lebewesen der Erde. An den Küsten von Britisch Kolumbien entdeckt eine Gruppe von Forschern noch nicht bekannte Geheimnisse im täglichen Leben dieser prachtvollen Säugetiere. Viele Killerwale verbringen ihr Leben in Gefangenschaft, um die Menschen zu erfreuen. Bei diesen Bildern taucht die Frage auf, ob der Mensch das Recht hat, diese wundervollen Kreaturen in Gefangenschaft zu halten. (Concorde-Video)
allg. Publikum

Ökomedia-Bewertung: brauchbar

Information	Realisation	Motivation
2,5 Punkte	2 Punkte	2 Punkte

Dieser Film ist kein Tierfilm im eigentlichen Sinne, sondern eine Auseinandersetzung mit den Tieren, die in Gefangenschaft leben. Die Erzählweise des Films jedoch ist teilweise zäh, zu viele Statements.

Kinder entdecken die Natur **V 289**
Evang. Fernsehen / Hauschild, W., Klütsch, Friedrich, BRD 1987
Video, Farbe, 29 min
EMZ 2; Evang. Fernsehen

»Kinder entdecken die Natur« war das Motto einer Fortbildungsveranstaltung des Landesverbandes Evangelischer Kindertagestätten. Im Mittelpunkt dieser Fachtagung stand der praktizierte Umweltschutz, natürliche Lebensräume sollten (wieder-)entdeckt werden. Aus Naturmaterialien bauten Erzieherinnen, Kinder und Eltern gemeinsam Natur- und Baumhäuser, legten Biotope und Komposthaufen an. Spielerisch lernten die Kinder, schützend mit der Natur umzugehen und nebenbei das Einüben in soziale Toleranz. Und: auch die Erwachsenen machten bei dieser Art von Umwelterziehung begeistert mit. (EMZ 2)
ab 16 Jahren, Jugend- und Erwachsenenbildung

Kleegeige gegen Giftspritze **V 290**
Hruby, Gerhard J., BRD 1988
Video, Farbe, 30 min
EMZ 8, 12; LBS 1, 14

Der Film verfolgt den Jahresablauf eines Bauern, der seinen Hof auf ökologische Bewirtschaftung umgestellt hat. Er steht als Beispiel für immer mehr Bauern, die aus dem umweltschädigenden Schema ausbrechen und ihr Heil nicht mehr in Grundwasser verseuchender Gülle und in Chemikalien sehen. Im sozialen Bereich muß ein Betrieb, der neue Wege geht, auch Neid und Mißgunst ertragen. Bauern aus Hessen und Bayern berichten über ihre Erfahrungen im ökologischen Landbau und die Vermarktung ihrer Produkte. (EMZ 8)
ab 15 Jahren, Jugend- und Erwachsenenbildung

Kleiner Wal - was nun? Schweinswale in Nord- und Ostsee - vielfach bedroht **V 291**

WWF / Tele-News / Lutter, Stephan; Scholz, Ulrich, BRD 1991
Video, Farbe, 19 min
WWF; WWF-Nordseeschutz

Der Schweinswal oder kleine Tümmler ist die einzige bei uns heimische Walart, ein Säugetier, das sich vollständig an das Leben im Meer angepaßt hat. Noch um die Jahrhundertwende war es allgegenwärtig in Nord- und Ostsee. Heute sind die Bestände durch Meeresverschmutzung, Fischerei, Nahrungsmangel, dichten Schiffsverkehr und natürliche Schwankungen der Lebensbedingungen stark zurückgegangen. Der Film stellt den Schweinswal als empfindlichen Gradmesser für die ökologische Situation unserer Küstengewässer ist. (WWF)
allg. Publikum

Ökomedia-Bewertung: brauchbar

Information	Realisation	Motivation
3 Punkte	2 Punkte	2 Punkte

Ein durchgehendes, eher langatmiges Referat mit vielen Informationen.

Klimaforschung **V 292**

Video, Farbe, 30 min
Kaufkassette: Tobifo

Das Video behandelt folgende Themen: Erde, Wetter, Klima, natürliche und verursachte Treibhauseffekte, Klimamodelle, Atmosphäre, Chaos, Ozonloch und Umwelt. (Tobifo)
allg. Publikum

Klima in Gefahr - Was können wir tun? **V 293**

Aare - Tessin AG, Schweiz
Video, Farbe, 44 min
DFS

Die Berichte des »Intergovernmental Panel on Climate Change« (IPCC) und der Enquete Kommission des Deutschen Bundestages »Vorsorge zum Schutz der Erdatmosphäre« sind unerläßliche Grundlagen für zielgerichtetes Handeln auf allen Ebenen. Die geforderte Einschränkung der Nutzung fossiler Energieträger ist eine Herausforderung an alle. Der Film zeigt, daß schon zahlreiche Möglichkeiten vorhanden sind, Energie sparsamer zu nutzen, vor allem durch rationelle Energieverwendung in den Sektoren Verkehr, Industrie, Gebäude, Haushalte und Stromerzeugung. (DFS)
allg. Publikum

Koalas klagen an: Australien - Die Buschwildnis Australiens **V 294**

aus der Serie: Sielmann 2000 - Rückkehr in die Zukunft
Sielmann, Heinz, BRD 1992
Video, Farbe, 47 min
Kaufkassette: Sony Music Entertainment

Begleiten Sie Heinz Sielmann, der im östlichen Australien von Victoria bis North Queensland der Gefährdung einheimischer Tierarten nachgeht. Dabei erleben Sie die einmaligen Landschaften Australiens mit ihrer unvergleichlichen

Fauna und Flora, (Sony Music Entertainment)
allg. Publikum

Ökomedia-Bewertung: wirksam

Information	Realisation	Motivation
3,0 Punkte	3,0 Punkte	3,0 Punkte

Guter, informatives Filmporträt von Australien mit seinen Bewohnern: Kängurus, Koalas, Krokodile. Deutlich wird auch, wie Riesenfarmen und Uranabbau die Landschaft zerstören.

Komm wieder Mischa **V 295**
BRD 1989
Video, Farbe, 11 min
KMZ 2, 13

Mischa, ein Braunbär, muß seinen Wald, in dem er sich sehr wohl fühlt, verlassen, denn sein Wald stirbt. Doch in der Stadt, der Welt der Menschen, findet er sich nicht zurecht. Zu schwierig erscheint ihm das Leben hier. Schließlich nimmt Mischa die Einladung seiner Cousine vom Nordpol an. Doch dort ist es für Mischa zu kalt. So wartet er darauf, daß ihn die Kinder eines Tages zurückholen, wenn sie sich um die Gesundung des Waldes gekümmert haben.
allg. Publikum

Der Kompostbauer **V 296**
BR, BRD 1992
Video, Farbe, 26 min
AID

Der Film zeigt eine Einkommensmöglichkeit für Landwirte in der Landschaftspflege. Durch die Zunahme von Flächenstillegungen und Extensivierungen in unserer Kulturlandschaft wird der Bedarf an Arbeitskräften für die Pflege der Landschaft weiter zunehmen. Der Landwirt ist hier der richtige Ansprechpartner für Kommunen und Kreise. Er kann diese Dienstleistung günstig anbieten, da er z.T. Gerätetechnik aus dem landwirtschaftlichen Bereich einsetzen kann. Der Film zeigt auch Spezialmaschinen für die Landschaftspflege und behandelt die Kompostherstellung und dessen Vertrieb. (AID)
allg. Publikum, landwirtschaftl. Gruppen

Königstiger **V 297**
aus der Serie: Zauber der Tierwelt
Kramer, Christel; Kramer, Karl-Heinz, BRD
Video, Farbe, 30 min
Kaufkassette: Falken-Video

Von den einst so zahlreichen prachtvollen Königs- oder Bengaltigern überlebten nur die wenigen, die heute im nordindischen Corbet-Schutzpark Zuflucht gefunden haben. Dieser Video-Film zeigt nie gesehene, überraschende Bilder des Dschungelkönigs, wie etwa sein Revierverhalten und seine »Badeleidenschaft«. (Falken-Verlag)
allg. Publikum

Ökomedia-Bewertung: brauchbar

Information	Realisation	Motivation
2,2 Punkte	2,1 Punkte	2,2 Punkte

Durchgehender Kommentar, der selbst bei guten Bildern keine Pause macht.

Der Kompostfilm **V 298**
BRD 1989
Video, Farbe, 18
LBS 6, 13

Unsere Lebensgrundlagen - Luft, Boden, Wasser - werden zunehmend gefährdet. Dabei können oft vergessene Methoden behilflich sein. Eine Wohltat für den Boden ist der altbewährte Kompost. Die wertvolle Humuserde fördert das Bodenleben und die natürliche Widerstandskraft gegenüber tierischen Schädlingen und Pflanzenkrankheiten, wodurch der Einsatz chemischer Mittel überflüssig wird. (LBS 13)

Ökomedia-Bewertung: brauchbar

Information	Realisation	Motivation
2,9 Punkte	1,9 Punkte	2,4 Punkte

Ein monotones Referat über Kompostierung mit vielen Informationen.

Kompost im Hausgarten **V 299**
Alb-Donaukreis / Schauz, Eckehart, BRD 1988
Video, Farbe, 24 min
LBS 14; LFD 2

Ausgehend von der Deponierung von Hausmüll zeigt der Film die Kompostierung im eigenen Garten. Dabei erfährt man, was kompostiert werden kann, wie richtig kompostiert wird, was bei der Kompostierung geschieht und wie Kompost eingesetzt werden kann. (LBS 14)
Gartenbesitzer

Ökomedia-Bewertung: brauchbar

Information	Realisation	Motivation
2,9 Punkte	2,2 Punkte	2,5 Punkte

Konkrete und anschauliche Hilfe für kompostierwillige Menschen. Formal ziemlich einfallslos.

Kostbares Naß **V 300**
Lippmann, Günter, DDR 1986
Video, Farbe, 22 min
LZNW; Unidoc

Es geht um die in starkem Maße mit Schadstoffen belasteten Gewässer - Bäche, Flüsse und Binnenseen - in der DDR. An Beispielen unterschiedlicher Größenordnung und Bedeutung wird die derzeitige ökologische und wasserwirtschaftliche Situation angesprochen. Die Rede ist von erkennbaren und möglichen weiteren Gefährdungen vor allem durch die (planungsgelenkte) Industrie und die (kollektivierte, an Quantitäten orientierte) Landwirtschaft, schließlich von notwendigen Maßnahmen zum Schutz des Grundwassers und der Oberflächengewässer. Inwieweit hierfür bereits staatliche Konzepte existieren und zu greifen beginnen, bleibt offen. Großes Engagement aller Bürger wäre notwendig, doch das würde ein entsprechendes Umweltbewußtsein voraussetzen, eine Tugend, die in der DDR bislang nicht gefördert wurde. Der Film erwähnt Oder und Saale, geht aber auf den beklagenswerten Zustand der Elbe nicht ein. (LZNW)
allg. Publikum

Ökomedia-Bewertung: wirksam

Information	Realisation	Motivation
3,0 Punkte	2,7 Punkte	2,8 Punkte

Ein interessantes Filmdokument mit guten Informationen über das Thema »Wasserverschmutzung in der DDR«.

Koyaanisqatsi **V 301**
Video
atlas; EMZ 3, 10; LBS 4, 6, 13; LFD 5
s. Film

Kranichruf im Moor **V 302**
DFF / Hennig, Horst, DDR 1983
Video, Farbe, 24 min
LaUB

Moore in unserer heimischen Tierwelt: in ihnen ist der Kranich, ein besonders scheuer Bewohner, von der Balz im Frühjahr bis zum Vogelzug im Herbst zu beobachten. Weitere Vertreter dieses Lebensraums werden gezeigt, auf dessen Erhaltung und Pflege nicht nur in Naturschutzgebieten großer Wert gelegt wird. (LaUB)
allg. Publikum

Ökomedia-Bewertung: wirksam

Information	Realisation	Motivation
2,9 Punkte	2,8 Punkte	2,6 Punkte

Ein schönes, gut gefilmtes Porträt des Vogel- und Tierlebens in Moorgebieten. Die Aneinanderreihung der verschiedenen Vogelarten wirkt jedoch ermüdend.

Der Kreis **V 303**
Video
EMZ 4, 15; KFW; KMZ 2, 5, 16, 17; LFD 11
s. Film

Das Kriegsspiel **V 304**
Video
EMZ 2, 11; KMZ 6, 10; LBS 13; LFD 5; LZNW
s. Film

Kristallwasser **V 305**
Tauchen in Floridas Quellflüssen
Sigl, Walter, BRD 1983
Video, Farbe, 43 min
Sigl

Im nördlichen Teil Floridas gibt es eine Vielzahl ergiebiger Quellen, deren Wasserschüttung ganze Flüsse entstehen läßt. Trotz starker touristischer Erschließung haben viele dieser Quellseen und -flüsse ihre ursprüngliche Schönheit bewahrt. Der Film ist ein umfassender Bericht über Geologie und Biologie dieser Quellen mit bestechenden Über- und Unterwasseraufnahmen. (Sigl)
allg. Publikum

Der Krötenzaun **V 306**
DFF / Bergmann, Siegfried, DDR 1984
Video, Farbe, 24 min
LaUB

Der Krötenzaun steht in diesem Film als Synonym für den Schutz von Lurchen: Alle unsere einheimischen Lurchenarten benötigen zu ihrer Fortpflanzung - und damit zu ihrer Erhaltung - Gewässer. Um solche Gewässer, zu denen die Lurche alljährlich im Frühjahr ziehen, geht es. Es geht um die Sicherung der Wanderwege zu den Laichplätzen. Dabei stehen die Aktivitäten, die der Naturschutz gemeinsam mit Landwirtschaft, Melioration und agrochemischen Zentren durchführen, im Mittelpunkt, der Einsatz und die Bemühungen derer, die viele Stunden ihrer Freizeit dafür opfern. (LaUB)
allg. Publikum

Ökomedia-Bewertung: brauchbar

Information	Realisation	Motivation
2,5 Punkte	2,2 Punkte	2,1 Punkte

Nach einfallsreichem Beginn ein langweiliger Lehrfilm mit vielen Informationen über die Entwicklung und die Lebensbedingungen von Lurchen. Deren Gefährdung wird nur am Rande erwähnt.

Künstler für »Eine Welt« **V 307**
(One World Art)
BRD 1992
Video, Farbe, 12 x 10 min
Medienpaket »Eine Welt für alle«
mit umfangr. Begleitmaterial
AGI

12 Künstler aus der ganzen Welt beschreiben in zehnminütigen Kurzfilmen die Kunstwerke, die sie zum »Eine Welt«-Thema geschaffen haben. Es sind die Maler Nalini Malani aus Indien, Hector Chunda Djandugu aus Westaustralien, Teodulo Romulo aus Mexiko, der nordamerikanische Indianer Jaune Quick-To-See-Smith aus Montana, USA, Stanislaw Podlipsky aus der Ukraine, Stephan Despodow aus Bulgarien und Salah Enani aus Ägypten; die Bildhauer Leon Ferrari aus Argentinien und Cheng Li aus China; der Pflasterkünstler Joseph Pius Bertiers aus Kenia; der Kartoonist Lapi-Pires aus Brasilien und Thami Mzimba, der Holzschnitte in Südafrika fertigt. (Moving Pictures Bulletin)
allg. Publikum

Ökomedia-Bewertung: wirksam

Im Fernsehstil von Auslandskorrespondenten offenbart sich dem Zuschauer nicht nur der Blick auf das entstehende

Kunstwerk, sondern stets auch derjenige auf das soziale, wirtschaftliche und politische Umfeld des Künstlers.

KU I - Das letzte Geheimnis **V 308**
SWF, BRD 1992
Video, Farbe, 40 min
EMZ 2; KMZ 6, 7, 10

Im Mittelpunkt des Films steht die Invitro-Fertilisation, die Befruchtung in einem Reagenzglas. Interviews mit Befürwortern und Kritikern dieser Methode bieten eine Fülle von Aspekten für Diskussionen zu diesem Thema. (KMZ 7)
ab 16 Jahren

Landschaft als Lebensraum - Biotopvernetzung in der Kulturlandschaft **V 309**
Video
AID
s. Film

Landschaft intakt **V 310**
Video
Praxis Unterrichtsfilm
s. Film

Land des Tigers **V 311**
aus der Serie: National Geographic Video
National Geographic Society / Kane, Dennis B.; Skinner, Thomas; Wright, Belinda, USA 1985
Video, Farbe, 60 min
Kaufkassette: Concorde Video

Es ist eine geheimnisvolle, fremde Welt: »Das Land des Tigers«. Mit National Geographic können Sie die gefährlichen Wildkatzen nah und aufregend erleben. Sie sehen hier, was Ihnen keine Reise bieten kann: spektakuläre Aufnahmen der Dschungelkatzen, wenn sie auf Beutefang sind, ihre Jungen füttern, beim Schwimmen oder Spielen - und wenn sie auf Leben und Tod ihr Territorium verteidigen. (Concorde Video)
allg. Publikum

Ökomedia-Bewertung: besonders wirksam

Information	Realisation	Motivation
3,5 Punkte	4,0 Punkte	3,5 Punkte

Sehr schöner Naturfilm, spannend erzählt, gute Bilder über Tiger und andere Wildtiere in Indien.

Landwirte pflegen Biotope **V 312**
Olderog Agrar-Video, BRD 1992
Video, Farbe, 17 min
AID

Landwirte können ökologisch bedeutsame Gebiete durch extensive Landwirtschaft pflegen und erhalten. Der Film zeigt, welche Biotope es sind, die gepflegt werden müssen: Kalkmagerrasen, Wiesen und Weiden im Flachland, Streuobstwiesen, Auenlandschaften in Flußniederungen, magere Weiden. Eine enge Zusammenarbeit zwischen Landwirtschaft und Naturschutz ist Voraussetzung für erfolgreiche Maßnahmen. (AID)
Landwirtschaftl. Seminare, allg. Publikum

Lassen Sie sich nicht einwickeln **V 313**
Stadtreinigungsamt Göttingen, BRD
Video, Farbe, 28 min
Stadtreinigungsamt Göttingen

Der Film handelt in unterhaltsamer Weise vom Umgang mit dem alltäglichen Verpackungsmüll und davon, wie er zu vermeiden ist. Zwei Jugendliche, Tina und Folkert, werden mit den täglichen Müllmengen konfrontiert. Der Film vermittelt, daß umweltfreundliches Verhalten Spaß machen kann und widerspricht der weit verbreiteten Meinung »Da kann ich ja

sowieso nichts machen«. (Stadtreinigungsamt Göttingen)
Fachtagungen, Schulunterricht

Laßt sie leben **V 314**
Video
LFD 2, 4, 9-13
s. Film

Laßt uns zusammen ein Bäumchen pflanzen **V 315**
Video
DFZ; LBS 1; LFD 2, 3, 5, 7, 8, 11, 12
s. Film

Lebe wohl, kleine Insel **V 316**
Video
KMZ 6, 10, 16; LBS 13; LZNW
s. Film

Leben am seidenen Faden **V 317**
Beck, Wolfgang, BRD
Video, Farbe, 17 min
Tobifo

Zu den auffälligsten Spinnen Mitteleuropas gehört die Wespen- oder Zebraspinne. Sie beeindruckt durch ihr einzig auf Arterhalt ausgerichtetes Sozialverhalten. Der Film zeigt sie in den einzelnen Stadien ihrer Entwicklung mit beeindruckenden Nahaufnahmen. (Tobifo)
5.-10. Klasse

Ökomedia-Bewertung: brauchbar

Information	Realisation	Motivation
2,7 Punkte	2,2 Punkte	2,0 Punkte

Informatives Tierporträt mit schönen Bildern, aber monotonem wissenschaftlichem Kommentar. Die Bedrohung der Art wird nicht angesprochen, ökologische Zusammenhänge nicht hergestellt.

Leben in der afrikanischen Wildnis **V 318**
aus der Serie: National Geographic Video
National Geographic Society / Kane, Dennis B.; Skinner, Thomas; Hughes, David und Carol, USA 1980
Video, Farbe, 60 min
Kaufkassette: Concorde Video

Der Film wurde in über zweijähriger Arbeit in Namibias Etoscha National Park gedreht. Erstaunliche Verhaltensweisen der Tiere wurden aus nächster Nähe eingefangen: die Geburt eines Raubtieres, eine Zebramutter verteidigt ihr Junges erfolgreich gegen den Angriff eines Leoparden, ein junger Springbock warnt seine Herde vor einem Angreifer durch steifbeinige Sprünge in die Luft. (Concorde Video)
allg. Publikum

Ökomedia-Bewertung: besonders wirksam

Information	Realisation	Motivation
3,5 Punkte	4,0 Punkte	3,5 Punkte

Wunderbarer, interessanter Naturfilm über die afrikanische Tierwelt. Sehenswert.

Leben vom Wasser **V 319**
BR / Bermann, Stephan; Schreiber, Friedrich; Weiss, Andreas, BRD 1992
Video, Farbe, 44 min
LZNW

Wer Wasser hat, hat auch die Macht. Anders als bei uns ist im Nahen Osten Wasser auch ein Politikum und Machtfaktor, weil der Wasserbedarf nur mit Mühe gedeckt werden kann und die Verfügungsgewalt oft in einem verfeindeten Nachbarland liegt. An den Beispielen, Israel, Irak, Syrien und Türkei wird belegt, wie die Wasserpolitik der verschiedenen Länder eine »Gesamtfriedensregelung« in der Region erschwert. Eine politisch-ökologische Reise entlang den Flußläu-

JAGDGLÜCK MEHREN 1/72

fen, die die brisante und komplexe Situation bewußt macht. (LZNW)
allg. Publikum

Lebenselement Süßwasser V 320

Impressionen aus Flüssen und Seen
Sigl, Angelika und Walter, BRD 1987
Video, Farbe, 44 min
Sigl

Süßwasser - wichtiger Faktor im Stoffkreislauf der Erde, Existenzgrundlage für Pflanzen und Tiere, unentbehrlich für den Menschen zur Versorgung, Entsorgung, Erfahrung und Erholung, wandlungsfähig, vielgestaltig, voll mit Aktivität und Leben. Der Film ist eine Wanderung durch die Jahrmillionen Entwicklungsgeschichte unseres Planeten. Anhand lebender in der Tierwelt wird die Eroberung des Süßwassers durch die Meeresbewohner nachvollzogen und der Siegeszug der Süßwasserfische über fast alle bis dahin lebenden Meeresfische aufgezeigt. Trotz ihrer großen Anpassungsfähigkeit sind die meisten Süßwasserfische nicht in der Lage, der rasch fortschreitenden Belastungen ihres Lebensraumes zu ertragen. (Sigl)
allg. Publikum

Ökomedia-Bewertung: wirksam

Information	Realisation	Motivation
3,3 Punkte	3,0 Punkte	3,0 Punkte

Faktenreicher Film über die Wasserwelt mit anschaulichen, guten Bildern.

Lebensinseln - V 321
Hilfe für Tier und Pflanze

aus der Serie: Tiere in der Industrielandschaft
Kubiak, Theo, BRD 1989
Video, Farbe, 25 min
LBS 7, 10; Kubiak

Folge 2 der Trilogie zeigt am Beispiel einer Feld- und Wiesenlandschaft, welche Möglichkeiten bestehen, durch vielfältige Biotopverbesserungen wieder ein Verbundsystem von Lebensinseln zu schaffen. Sie bieten vielen Tieren und Pflanzen naturnahe Lebensräume und können dadurch auch den Artentod stoppen (LBS 10)
ab 5. Klasse

Ökomedia-Bewertung: wirksam

Information	Realisation	Motivation
3,0 Punkte	2,5 Punkte	2,6 Punkte

Der Kommentar ist auf die Dauer monoton und langatmig. Die Informationen über Biotope sind recht interessant.

Lebensräume **V 322**
Süddeutscher Rundfunk / Akademie für Natur- und Umweltschutz Baden-Württemberg, BRD 1987
Video, Farbe, 49 min
mit Begleitbroschüre
LBS 1, 8, 10, 14

Das Video stellt 11 Einzelbeiträge zu folgenden Lebensräumen zusammen: 1. Wo der Most wächst (Thema Streuobstwiesen); 2. Schwäbische Provinz und badische Toscana (Thema Trockenrasen); 3. Durch Feld und Flur (Ackerfluren, Hekken, Hohlwege, Ackerrandstreifen). 4. Steinreiche Natur (Geröllfluren); 5. Leben am Zaun (von Grenzgängern und Mauern); 6. Nasse Welt (stehende Feuchtgebiete); 7. Den Bach entlang (Fließgewässer); 8. Leben aus der Eiszeit (Moore); 9. Zwischen Trollinger und Riesling (Lebenswelt der Steillagenberge); 10. Eine grüne Grenze, zwei Welten (Leben am Waldrand); 11. Wo sich Fuchs und Specht »Guten Morgen« sagen (im Waldesinnern). (LBS 1, 14)
Sekundarstufe I

Ökomedia-Bewertung: wirksam

Information	Realisation	Motivation
3,0 Punkte	3,0 Punkte	3,0 Punkte

Eine informative Serie mit ruhigen und schönen Beiträgen.

Der leise Wandel **V 323**
Integrierter Pflanzenschutz in der Landwirtschaft
AID / Gong Film / Menck, Bodo, BRD 1990
Video, Farbe, 18 min
AID; LBS 7, 10, 11

Es werden sechs Landwirte vorgestellt, die nach dem System des »Integrierten Pflanzenbaus« arbeiten. Verbunden werden die Interviews durch einen Kommentar, der sie erläutert und dem entsprechenden Bildmaterial aus der Feldbearbeitung und der Arbeit auf dem Hof. Dieses Landbausystem soll die natürliche Fruchtbarkeit des Bodens langfristig fördern, indem es ein ausgewogenes Verhältnis von Ökonomie und Ökologie herstellt: Pflanzenschutz, Standort, Fruchtfolge, Sortenwahl, Anbautechnik, Pflanzenernährung. (LBS 11)
ab 8. Klasse, Landwirte

Ökomedia-Bewertung: brauchbar

Information	Realisation	Motivation
2,0 Punkte	2,3 Punkte	2,2 Punkte

Ein Referatsfilm, der für integrierten Pflanzenschutz wirbt. Der Versöhnung von Landwirtschaft und Ökologie scheint nichts mehr im Wege zu stehen.

Licht ohne Schatten? **V 324**
Video
DFS
s. Film

Löwen in der afrikanischen Nacht **V 325**
aus der Serie: National Geographic Video
National Geographic Society / Kane, Dennis B., Skinner, Thomas / Hughes, David und Carol, USA 1987
Video, Farbe, 60 min
Kaufkassette: Concorde Video

Der schwarze Kontinent und sein wildes Geheimnis - nach drei Jahren intensiver Arbeit enthüllt der Film die Geheimnisse nach Sonnenuntergang. Wenn sich die Nacht über den Busch senkt, macht sich eine Gruppe von 30 Löwen auf die Suche nach Beute. Paviane verkriechen sich in den Baumkronen, großäugige Nachtaffen hüpfen von Ast zu Ast, und der Chor der Kleintiere begleitet die nächtliche Jagd. Sehen Sie die Löwen bei der erbar-

mungslosen Jagd nach Gnus, Warzenschweinen und Zebras, und wie sie täglich ihren schlimmsten Feind, den Hunger, bekämpfen. (Concorde Video)
allg. Publikum

Ökomedia-Bewertung: wirksam

Information	Realisation	Motivation
2,8 Punkte	2,8 Punkte	2,7 Punkte

Die vielen dunklen Nachtaufnahmen machen den Film auf die Dauer anstrengend. Für National Geographic ein eher mittelmäßiger Beitrag.

Löwenzahn
* Peter als Maulwurf
* Peter auf Spurensuche
* Peter und der Müll
* Peter und der Siebenschläfer

Lucia **V 326**
Spielfilm
Chionglo, Mel, Philippinen 1992
Video, Farbe, 90 min, 50 min
Medienpaket »Eine Welt für alle«
mit umfangr. Begleitmaterial
AGI

In der Morgendämmerung werden die Fischerfamilien des Fischerdorfes Battan durch einen Alarm aus dem Schlaf gerissen. Sie ergreifen ihre Laternen und eilen zum Meeresstrand, wo sie Tausende tote Fische finden, die von schwarzen Wellen an Land gespült werden. Ein Öltanker ist in der Nacht gesunken, das auslaufende Öl bedroht nicht nur das Leben im Meer, sondern auch die Existenz der gesamten Gemeinde.
In den nächsten Wochen stirbt das Dorf im wahrsten Sinne des Wortes. Trotz eines halbherzigen Reinigungsversuches der multinationalen Gesellschaft, der der Öltanker gehört, bricht die einst glückliche Gemeinde total zusammen. Kinder übergeben sich, Hunde und Hühner sterben auf der Straße, viele Dorfbewohner gehen weg. Unter jenen, die bleiben, befindet sich die Familie der Filmheldin Lucia.
Der Film zeichnet den Kampf der Familie auf, zusammenzubleiben und ein Zuhause in ihrem eigenen Land aufzubauen, - einem Land, das ironischerweise eine »Politik der offenen Tür« für Tourismus und fremde Investoren betreibt. Durch die Aktivitäten von ausländischen Multinationalen, durch Umweltverschmutzung und Militarisierung ins Elend gejagt, ist Lucia machtlos, den Zerfall ihrer Familie zu verhindern, als sie in die Slums von Manila getrieben werden. (Moving Pictures Bulletin)
allg. Publikum

Ökomedia-Bewertung: wirksam

Information	Realisation	Motivation
	2,5 Punkte	3,0 Punkte

Ein stark an amerikanische Formen angelehnter Spielfilm voller Pathos und mit sich wiederholenden dramaturgischen Akzenten: Ein Familienmitglied nach dem anderen gerät ins Abseits oder wird dahingerafft. Die Charaktere bleiben undeutlich, das Schicksalhafte dessen, was mit ihnen geschieht, überlagert sie.

Luft ist Leben **V 327**
JAS-Film, BRD 1990
Video, Farbe, 22 min
LFD 5

Luft ist eines der wichtigsten Lebensmittel, ohne Luft wäre kein Leben möglich. Der vorliegende Film erläutert, warum es so wichtig ist, alles zu tun, damit unsere Umwelt und damit unsere Luft so sauber wie möglich bleibt. Die engen Verflechtungen im Kreislauf der Natur werden in zahlreichen, didaktisch optimal

strukturierten Beispielen deutlich gemacht. (LFD 5)
Den Film gibt es in zwei Fassungen für zwei Altersstufen:
1.-4. Klasse

Ökomedia-Bewertung: brauchbar

Information	Realisation	Motivation
2,5 Punkte	2,2 Punkte	2,5 Punkte

Den Kindern wird der Sauerstoff-Kohlendioxyd-Kreislauf gut und anschaulich erläutert, aber dann im »Giftkapitel« werden die Informationen für die angegebene Altersstufe zu kompliziert. Außerdem ist z.B. der tropfende Wasserhahn vom Thema Luft zu weit entfernt. Was können die Kinder mit dem Tip, man solle Isolierfenster einbauen, anfangen? Leider zu konfus.

5.-13. Klasse

Ökomedia-Bewertung: brauchbar

Information	Realisation	Motivation
2,5 Punkte	2,0 Punkte	1,7 Punkte

Diese zweite Fassung ist nur noch ein Referat und wirkt einschläfernd.

Luft / Wasser **V 328**
aus der Serie: Umwelt - Handeln im Alltag
Ifage-Filmproduktion / WDR, BRD 1987
Video, Farbe, 30 min
DFZ; EMZ 4, 7; KFW; KMZ 1-22; LFD 1-13; Kaufkassette: Schauinsland

Wie sieht unser Umgang mit dem Wasser aus? Es wird verschmutzt und verschwendet. Dabei ist, wie das Video zeigt, Wassersparen leicht. Wie das Wasser wird auch die Luft verdreckt. Gemeinsam müssen wir gegen die Luftverschmutzung vorgehen. (KFW)
Methodisch-didaktische Hinweise zum Einsatz dieser Reihe gibt es bei der Kath. Bundesarbeitsgemeinschaft für Erwachsenenbildung, Réné-Schickele-Str. 10, 53123 Bonn.
allg. Publikum

Ökomedia-Bewertung: brauchbar

Information	Realisation	Motivation
2,0 Punkte	2,0 Punkte	1,5 Punkte

Die Informationen werden zu wenig visualisiert, und dabei wird zu viel geredet.

Märchenvogel Adebar **V 329**
DFF / Hennig, Horst, DDR 1984
Video, Farbe, 24 min
LaUB

Der Film zeigt, wie der Mensch dem Storch seinen Lebensraum erhält und sich um seine Arterhaltung bemüht. Der »Storchenhof«, eine spezielle Einrichtung zur Pflege verunglückter Alt- und Jungstörche, wird vorgestellt. Brut und Aufzucht von Weißstörchen in der Natur bis zum Storchenzug nach Afrika. (LaUB)
allg. Publikum

Ökomedia-Bewertung: brauchbar

Information	Realisation	Motivation
2,5 Punkte	2,7 Punkte	2,1 Punkte

Ein typischer Film aus den Zeiten der DDR: Die Halbierung des Storchenbestandes wird genannt, nicht jedoch deren Ursachen, die Zerstörung des Lebensraumes. So bleibt es bei schönen Aufnahmen und dem Appell, die Art zu erhalten.

Maiwies **V 330**
Video
LBS 4; Valpurgys Film
s. Film

Der Malawi-See **V 331**
Tauchen in Afrikas schönstem Aquarium
Sigl, Angelika und Walter, BRD 1984
Video, Farbe, 44 min
Sigl

Der Malawi-See liegt an der Verlängerung des ostafrikanischen Grabenbruchs und ist einer der größten, tiefsten und fischreichsten Seen der Welt. Der Film

behandelt die Tierwelt dieses weitgehend unbekannten Lebensraums im Herzen Afrikas. Viele der Fische sind beliebte Zierfische, die in ihrem natürlichen Lebensraum gezeigt werden. (Sigl)
allg. Publikum

Ökomedia-Bewertung: brauchbar

Information	Realisation	Motivation
2,4 Punkte	2,3 Punkte	2,3 Punkte

Relativ langatmiger Film, der darüberhinaus nicht einmal eine kritische Frage an die Zierfischjäger oder die europäischen Aquarienfans richtet, als er über den Zierfischfang in diesem afrikanischen See berichtet.

Mama, Papa, Auto **V 333**
Video
Denkmal; EMZ 2; LBS 4, 8; LFD 2; LZNW
s. Film

Man gewöhnt sich an alles **V 334**
Video
Con
s. Film

Man gönnt sich ja sonst nichts **V 335**
Stadtreinigungsamt Göttingen / Lutter, R.; Rottkord, G.G., BRD
Video, Farbe, 26 min
Stadtreinigungsamt Göttingen

Ein Film zur Abfallvermeidung im Konsumgüterbereich. Jeder kennt die Situation: Man hat sich letztes Jahr ein neues Sofa, einen CD-Player oder einen neuen Walkman gekauft. Aber ist das Sofa nicht schon wieder out, wenn man es mit den neuen Werbeblättern vergleicht? Gibt es nicht wieder technische Neuerungen, die die Hörerlebnisse des CD-Players angeblich noch besser machen? An die Stelle langlebiger Gebrauchsgüter sind kurzlebige Konsumgüter getreten. Und wie enden die Dinge: Allein aus dem Elektrogeräte-Bereich fallen jährlich 800.000 t Schrott an. (Stadtreinigungsamt Göttingen)
allg. Publikum

MAN - Verringerung der Geräuschemission **V 336**
MAN, BRD
Video, Farbe,
DFS

Wie durch modernste Motorentechnologie (turboaufgeladene Dieseltriebwerke mit Ladeluftkühlung und Dieselkatalysatoren) die Schadstoffemissionen werden, wird in diesem MAN-Film dargestellt. (DFS)

Ökomedia-Bewertung: unbrauchbar

Information	Realisation	Motivation
1,5 Punkte	1,5 Punkte	1,5 Punkte

Ein monotoner, langweiliger, rein technischer Werbefilm, der sich nur mit der MAN-LKW-Lärmemission beschäftigt. Grundlegende Verkehrsfragen bleiben ausgeblendet.

Der Marsch **V 337**
(The March)
Spielfilm
BBC / NDR / One World Group / Wheatley, David, Großbritannien 1990
Video, Farbe, 96 min
KMZ 6, 7, 10; LZNW

Afrika: Immer mehr Menschen leben in Not, immer größer ist die Verzweiflung, das Elend. Europa: Immer weniger ist der Kontinent bereit zu helfen, immer deutlicher zielen alle Programme darauf ab, die Menschen aus der »Dritten Welt« zum Stillhalten zu bewegen. Der Spielfilm schildert eine mögliche Zukunft: Tausende brechen auf nach Europa, ein Marsch von Menschen, die keinen Ausweg mehr sehen und wenigstens vor den Augen der Europäer sterben wollen, wenn die erste Welt schon nicht bereit ist, wirksam zu helfen. Dies war 1990 der

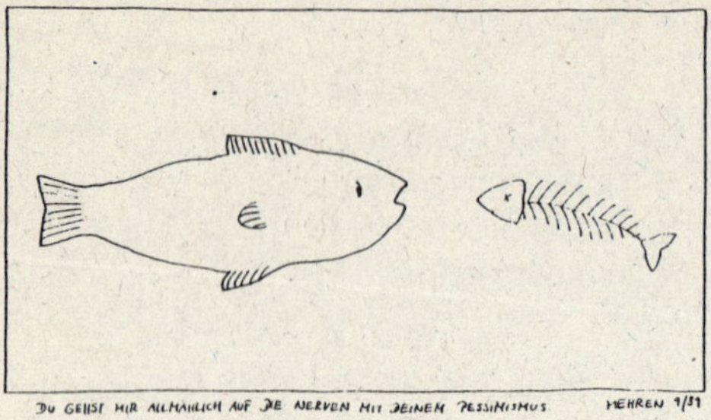

DU GEHST MIR ALLMAHLICH AUF DIE NERVEN MIT DEINEM PESSIMISMUS MEHREN 9/89

Pilotfilm des internationalen Fernsehprojekts »Eine Welt für alle«. (NDR)
allg. Publikum, Dritte-Welt-Gruppen

Ökomedia-Bewertung: wirksam

Information	Realisation	Motivation
	3,4 Punkte	3,4 Punkte

Ein Film, der die drohenden Armutswanderungen aus der »Dritten Welt« in die reichen Industriestaaten des Nordens mit viel Einfühlung und Engagement inszeniert. Die Sprecher der Schwarzen, die nach Europa aufbrechen, klagen nicht, sie klagen an und fordern die Europäer auf, ihnen Gerechtigkeit widerfahren zu lassen und die Möglichkeit zum Überleben zu geben. Ein aufrüttelnder Film zum Nord-Süd-Konflikt.

Maschinensturm **V 338**
die thede / Bau, Christian; Hemmleb, Maria; Oppermann, Manfred; BRD 1987
Video, Farbe, 45 min
atlas; Medienwerkstatt Franken; Medienwerkstatt Freiburg; die thede

Der Film zeigt, daß sich Menschen an verschiedensten Orten gegen Maschinen wehrten. In England wurde der Begriff »Luddismus« geprägt, zu deutsch »Maschinensturm«. Die Parallelen zwischen den Maschinenstürmern des vorigen Jahrhunderts und den verschiedensten heutigen Widerstandsformen treten dabei offen zutage: Dabei zeigt das Video, wieviel Wut, Abneigung und Haß die Menschen gegen Maschinen entwickeln. (die thede)
allg. Publikum

Ökomedia-Bewertung: wirksam

Information	Realisation	Motivation
2,5 Punkte	3,0 Punkte	3,0 Punkte

Ein sehr eigenwilliger Beitrag zur Gewaltfrage im Widerstand. Das Video provoziert Diskussion umso mehr, als die Autoren deutlich Sabotage-Sympathisanten sind. Ihre Lust am Chaos ist spürbar. Das Video selbst ist nur als Diskussionsbeitrag zu werten, es erhebt nicht den Anspruch, ausführlicher auf das Für und Wider einzugehen. Dazu ist es viel zu undifferenziert.

Maschinenträume **V 339**
Video
Basis; EMZ 2, 4, LBS 1, 13; LZNW; Medienwerkstatt Freiburg
s. Film

Der Mauerstreifen wird leben **V 340**
DFF, BRD 1990
Video, Farbe, 30 min
LaUB

Mit der Demontage der Berliner Mauer ergeben sich vielfältige Nutzungsmöglichkeiten des ehemaligen Todesstreifens im Sinne eines ökologischen Stadtumbaus. Interessengemeinschaften der Bürger, Landschaftsplaner und Naturschützer unterbreiten ihre Vorstellungen für die ökologische Gestaltung des Mauerstreifens. Ein Diskussionsbeitrag mit Aktionen vor allem der Bewohner aus dem Ostteil Berlins für ihre eigenen Interessen. (LaUB)
allg. Publikum

Mbogos Ernte V 341
oder die Teilung der Welt
Video
EMZ 2
s. Film

Mehr Frust als Lust V 341a
BRD 1992
Video, Farbe,
Medienpaket »Eine Welt für alle«
mit umfangr. Begleitmaterial
AGI

Familie Porth lebt mit ihren Kindern Marieke, Henneke und Arne in einem Dorf an der Elbe, 30 km von Hamburg entfernt. Sie ist die deutsche Familie, die in dem Experiment den Umweltschutz probt. Wie jede andere Familie bekam auch Familie Porth zu Beginn des Experiments Leitlinien an die Hand, auf die sich die nationalen und internationalen Berater zuvor geeinigt haben. Der Film dokumentiert die Ideen und Aktionen der Familie Porth. Die Dokumentation bietet vielfältige Anregungen für das eigene Handeln und Ansätze für praxisbezogene Arbeitsformen in der Erwachsenenbildung. (AGI)
allg. Publikum

Ökomedia-Bewertung: wirksam

Information	Realisation	Motivation
3,2 Punkte	2,5 Punkte	2,5 Punkte

Sehr viele Aspekte ökologischer Haushaltsführung kommen zur Sprache. Deren Vermittlung wird jedoch erschwert durch gestellte Inszenierungen und einen gewollt witzigen, künstlich wirkenden Sprachduktus.

Mein Dschungelbuch: Die Highlights aus meinen spektakulärsten Tierfilmen V 342
Fend, Werner, BRD
Video, Farbe, 30 min
Kaufkassette: Falken-Video

Der Dschungel ist Schauplatz dieses Videos, das die Highlights aus den schönsten Tierfilmen des berühmten Tierfilmers Werner Fend versammelt. Fesselnd berichtet er über seine riskanten Begegnungen mit menschenfressenden Tigern und Krokodilen, über Tiere im Kampf um Leben und Tod. Auch von der »kleinen Tierwelt« mit ihren Verwandlungs- und Überlebenskünstlern zeichnet der Autor ein lebendiges Bild. Weitere Szenen zeigen in spektakulären Aufnahmen Tiere, die als besonders (kamera-)scheu oder gar als ausgestorben gelten. (Falken-Verlag)
allg. Publikum

Ökomedia-Bewertung: wirksam

Information	Realisation	Motivation
2,5 Punkte	3,5 Punkte	3 Punkte

Eine Art filmische Kuriositäten-Sammlung aus der Natur, kurzweilig und zum Staunen gemacht, weniger, um zu informieren. Unvergeßliche Echsen-Bilder gibt es da beispielsweise.

Meine, deine, unsere Umwelt V 343
Spielfilmszenen
Bayerische Landeszentrale für politische Bildung / BR / ORF / Österreichisches Ministerium für Unterricht, Voelker, Wolfgang (Beiträge 1-6), BRD / Österreich 1987
Video, Farbe, 12 x 15 min
EMZ 2; KMZ 5, 20; LFD 2, 13

Die Serie »Meine, deine, unsere Umwelt« besteht aus 12 Einzelbeiträgen, die alle nach dem gleichen Schema strukturiert sind: Nach einer sachlichen Einführung in das Thema wird in Spielszenen zunächst falsches Umweltverhalten gezeigt und danach richtiges Vorgehen demonstriert. Informationsblöcke und Spielhandlung ergänzen sich.

1. Dicke Luft -Energie und Luft
Der Film zeigt Luftbelastung durch Schwefeldioxid aus Kraft- und Heizwerken sowie der Hausfeuerung. Daneben tragen Stickoxide, Kohlenmonoxid, zahlreiche organische Verbindungen sowie Schwermetalle und Staub zur Luftverschmutzung bei. Hauptverursacher ist der Autoverkehr. (LFD 2)
ab 6. Klasse

2. Aus Alt mach Neu
Der Film zeigt Recycling ausgehend von den täglich anfallenden Müllbergen am Beispiel von Aluminium und die Notwendigkeit der gezielten Müllbeseitigung. Im Mittelpunkt steht das Ingolstädter Modell »Grüne Tonne«. (LFD 2)
ab 4. Klasse

3. Vier Wände zum Wohlfühlen
Nach dem unübersichtlichen Angebot an Lacken und Holzpflegemitteln in einem Baumarkt zeigt der Film die ebenfalls verwirrenden Gefahrenhinweise. Die Folgen von zuviel Chemie werden im zweiten Informationsblock am Beispiel der Arbeit eines Umweltberaters gezeigt. Am Beispiel einer Siedlung und eines Einfamilienhauses werden Möglichkeiten umweltschonenden Bauens mit naturnahen Materialien demonstriert. (LFD 2)
ab 5. Klasse

4. Grün im Gleichgewicht
Der Film befaßt sich mit Problemen herkömmlichen Land- und Gartenbaus, die der Einsatz von Chemie verursacht und zeigt mögliche Alternativen. Am Beispiel der Monokultur Hopfen wird die Gefährdung durch Blattläuse und Pilze aufgezeigt. Während vielerorts noch nach dem Kalender gespritzt wird, ermöglichen Meßstationen den gezielten Einsatz der Spritzungen. Die Spielhandlung will die Fragwürdigkeit des Einsatzes chemischer Schädlingsbekämpfungsmittel im Garten verdeutlichen. (LFD 2)
ab 5. Klasse

5. Raum zum Überleben
Der Film geht vom Problem gefährdeter Pflanzen des Laubwalds wie Nieswurz, Frühlingsknotenblume und Seidelbast aus. Eine Spielhandlung, die die unterschiedlichen Ansichten zweier Generationen über Gartengestaltung zum Inhalt hat und zu einem versöhnlichen Ende führt, umrahmt zwei Schwerpunkte: Die Stadtbiotopkarte Augsburgs sowie die Erhaltung naturnaher Lebensräume im ländlichen Raum. (LFD 2)
ab 5. Klasse

6. Pack die Badehose ein
Unter dem Motto »Pack die Badehose ein« ziehen Tausende bei schönem Wetter in die Natur. Der Mensch kann sie dabei aus dem biologischen Gleichgewicht bringen. Am Beispiel der beiden »Musterfamilien« wird versucht, die Zuschauer zu umweltgerechtem Freizeitverhalten zu sensibilisieren und allgemein gültige Regeln im Umgang mit der Natur aufzuzeigen: Freizeit in der Natur ist durchaus möglich, doch der Mensch muß ihr einen gewissen Schonraum zubilligen. (LFD 2)
ab 4. Klasse

7. Fetisch Auto
Der Film zeigt, daß zusätzlich zu bisherigen umweltschützenden Maßnahmen wie verkehrsberuhigten Zonen und Fahrbeschränkungen für LKW der Gesetzgeber eine Reihe von Maßnahmen für den Individualverkehr durchführt: Förderung schadstoffarmer und energiesparender Motoren, verschärfte Abgaswerte, Kontrollen der Motoreinstellung etc. Die Spielszenen zeigen, daß umweltbewußtes Fahrverhalten jedes Einzelnen das Gebot der Stunde ist. (LFD 2)
ab 7. Klasse

8. Kleine Ursachen - große Wirkungen

Der Film weist auf den fahrlässigen Umgang mit Chemikalien im Haushalt hin. Zugleich werden Ratschläge erteilt, wie die Umweltbelastung durch überlegten Einsatz dieser Mittel verringert werden kann, z.B. durch richtige Dosierung, Recycling und die Verwendung »biologischer« Chemikalien. Der Film versteht sich als Appell an den einzelnen zu umweltbewußtem Handeln. (LFD 2)
ab 5. Klasse

9. Von jedem Tier ein Paar

Bis zum Jahr 2000 sind ein Viertel aller Tier- und Pflanzenarten ausgestorben. Hauptursache sind Umweltverschmutzung, Lebensraumverlust und der internationale Handel mit gefährdeten Tieren und Pflanzen. Die Spielszene verdeutlicht den Leichtsinn vieler Konsumenten. Die anschließende Sequenz informiert über das Washingtoner Artenschutzabkommen, das 92 Staaten unterzeichnet haben und das Verbote bzw. Handelsbeschränkungen für Ein- und Ausfuhr bedrohter Tier- und Pflanzenarten vorsieht. Im 2. Teil wird gezeigt, wie jeder Gartenbesitzer durch die Anlage eines naturnahen Gartens und eines kleinen Teiches wertvolle Biotope schaffen kann. (LFD 2)
ab 5. Klasse

10. Im Trüben fischen

Der Film geht der Frage nach, ob der Lebensraum Wasser noch zu retten ist. Früher reichte die Selbstreinigungskraft der Gewässer. Heute fallen immer mehr Abwässer und Abfälle durch Produktionsausweitungen an. Außerdem hat die sogenannte chemische Revolution neue Stoffe geschaffen, die im Wasser nur schwer abgebaut werden können. Die Gefahr privater Einleitungen wird am Beispiel von Phosphaten und Erdölprodukten dargestellt. (LFD 2)
ab 5. Klasse

11. Ein Platz für den Menschen

Bauen ist Schaffen neuen Lebensraums. Ziele sind Platz für jeden einzelnen und das Integrieren alter Bausubstanzen in modernen Wohnanlagen. Schallschutzwände und -fenster halten den Lärm der Nachbarn und der Außenwelt fern. Ensembleschutz wird an den Beispielen Wien und Salzburg verdeutlicht. Hier zeigt sich, daß revitalisieren nicht teurer sein muß als der Bau moderner Wohnsilos, da keine neuen Verkehrswege anfallen und auf die vorhandene Infrastruktur zurückgegriffen werden kann. Optischer Umweltschutz bedeutet also: Gewachsene Wohnlandschaft hat Vorrang vor neuen Siedlungen. Lärm wiederum ist an der Quelle zu bekämpfen, bei Motoren genauso wie am Arbeitsplatz. (LFD 2)
ab 6. Klasse

12. Kehr' vor Deiner eigenen Tür

Der Film zeigt an verschiedenen Beispielen die Gefährdung der Umwelt durch den Menschen und wie sie ohne wesentliche zusätzliche Arbeit geschützt werden kann. Angesprochen werden die Bereiche Luft, Müll, Wohngifte, Artenschutz, Pflanzenschutz, der Gartenteich, das Wasser, Grünanlagen und das Freizeitverhalten des Menschen. (LFD 2)
ab 5. Klasse

Ökomedia-Bewertung:

Information	Realisation	Motivation
3,0 Punkte	2,4 Punkte	2,3 Punkte

Verbrauchernahe Beiträge, die mit einer Mischung aus Spiel- und Dokumentarszenen recht gut informieren, aber manchmal etwas langatmig werden.

Mensch - rette Deine Nordsee V 344
Studio Pieroth / Meske, Dirk, BRD 1989
Video, Farbe, 16 min
LBS 1, 4, 6, 10, 14; LFD 1-13

Der Film reißt die Komplexität des Themas Nordseeverschmutzung an, schafft einen groben Überblick über folgende Inhalte: Zustand der Nordsee (Bestandsaufnahme), Ursachen der Verschmutzung (die unterschiedlichen Einleiter), Ansätze zur Problemlösung (Diskussion der Kompromisse) sowie Anregungen zur Verhaltensänderung (Aufforderung zum Handeln).
7.-13. Klasse

Ökomedia-Bewertung: wirksam

Information	Realisation	Motivation
3,0 Punkte	2,5 Punkte	2,4 Punkte

Schüler werden in direkter Ansprache mit »Ihr« und »Du« angesprochen. Trotz vieler richtiger Informationen, ist der permanente Versuch, ins Gewissen zu reden zu moralisch. Die »Gewissensstimme« ist auch noch mit Halleffekten verzerrt. Es bleibt fragwürdig, ob sich die Schüler durch Sätze wie »Informiert Euch! Gebt ein Beispiel« wirklich aufgefordert fühlen. Die Spielszenen am Nordseestrand sind zu gestellt, wirken zu gewollt.

Miez und Mops V 345
Spielfilm
Hata, Masanori, Japan 1987
Video, Farbe, 76 min
atlas

Miez, die Katze, und Mops, der Hund, leben auf einem Bauernhof, tief im Wald. Eines Tages hopst Miez in eine Kiste und treibt den Bach hinunter, während Mops voller Sorge versucht, Miez zu retten. Der erste Abenteuerfilm nur mit Tieren. (atlas)
ab 6 Jahren

Mikrofon V 346
Video
Verleih der Filmemacher
s. Film

Mikrokosmos Meer: V 347
Ein bedrohtes Ökosystem
Spektrum Akademischer Verlag/ Vogel, Sebastian, BRD 1991
Video, Farbe, 33 min
Kaufkassette: Spektrum Videothek

Das Meer ist der größte Lebensraum; beherrscht wird er freilich von kleinen und kleinsten Lebewesen, die 40 Prozent der organischen Materie auf unserem Planeten produzieren. Rund 100.000 Tonnen Phythoplankton müssen wachsen, damit am anderen Ende der Nahrungskette eine Tonne Fisch entstehen kann. Für den ökologischen Haushalt der Erde, für den Sauerstoff- und Kohlendioxidgehalt der Atmosphäre und damit auch für uns Menschen ist das komplexe Zusammenspiel der Organismen in den Ozeanen unentbehrlich. Es kann aber durch Gifte ud Fremdstoffe wie Schwermetalle, organische Abfälle und Öl stark belastet werden. Das Video zeigt das funktionierende Ökosystem und dessen Bedrohung. (Spektrum Videothek)
allg. Publikum

Ökomedia-Bewertung: wirksam

Information	Realisation	Motivation
3,5 Punkte	3 Punkte	3 Punkte

Ein Film für ein eher naturwissenschaftlich interessiertes Publikum, er ist rein fachlich-sachlich, informativ.

Milch vom Biohof V 348
Video
EMZ 8, 10, 13; KMZ 7, 13; LBS 1, 4, 10, 13; LFD 1; LZNW; LISA; Weitzel
s. Film

ACH WAS, UNTERGANG, UNTERGANG... DIES STÄNDIGE GEJAMMER HAT ES FRÜHER AUCH NICHT GEGEBEN. MEHREN 2/93

Mit Naturschutzhelfern unterwegs **V 349**
DFF / Bergmann, Siegfried, DDR 1985
Video, Farbe, 15 min
LaUB

Der Film würdigt die Arbeit von Naturschutzhelfern in der DDR. Es geht dabei z.B. um die Sicherung der Kröten bei ihren Wanderungen zu den Laichgewässern, um die Schaffung neuer Brutmöglichkeiten für verschiedene Vogelarten oder um die Erhaltung von Lebensräumen und den Schutz von Tierarten, die in einzelnen Regionen vom Aussterben bedroht sind. (LaUB)
allg. Publikum

Ökomedia-Bewertung: brauchbar

Information	Realisation	Motivation
2,5 Punkte	2,5 Punkte	2,1 Punkte

Der Film reiht beliebig erscheinende Beispiele für die Arbeit von Naturschützern aneinander. Die Aufnahmen sind sehr schön, der Kommentar ist angenehm ruhig gesprochen, da jedoch auch hier die Ursache der Bedrohung nicht genannt wird, fehlt ein grundsätzliches Naturschutzkonzept.

Mittendrin: Abwasser **V 350**
ZDF / Borgelt, Hans-Henning; Cerhak, Jochen M., BRD 1988
Video, Farbe, 24 min
DFZ; DIZ; EMZ 4, 15; LFD 1-13

Peter Lustig stellt dem Wasserkreislauf in der Natur die Behandlung der Abwässer in einem Klärwerk gegenüber. Er erklärt, wie es durch Überdüngung zum Umkippen eines Sees kommt. Während die Industrie nach wie vor durch ungeklärte Abwässer die Flüsse verschmutzt, gibt eine Färberei ein nachahmenswertes

Beispiel: Sie leitet ihre Abwässer in ein Schilffeld, das wie ein Klärwerk wirkt. (LFD
ab 4. Klasse

Ökomedia-Bewertung: wirksam

Information	Realisation	Motivation
3,0 Punkte	3,0 Punkte	3,0 Punkte

Anschaulicher mittendrin-Beitrag, typisch Peter Lustig, nicht beschönigend, aber auch nicht zu »schwarz« für Kinder.

Mittendrin: An der Nordsee V 351
ZDF / Lünenschloß, Wolfgang, BRD 1990
Video, Farbe, 24 min
DFZ; DIZ; EMZ 4, 15; LFD 1-13

Mit einem Multifunktionsschreibtisch ist Peter Lustig ans Meer gezogen. Frische Luft und Meer will er erleben. Seine Erfahrungen mit der Angel sind aber nicht so, daß er in Ferienstimmung kommt. Was alles in der Nordsee drin ist, was täglich noch dazu kommt und was das für ein empfindliches System wie das Meer bedeutet - das alles findet Peter Lustig auf dem vergeblichen Weg zur Finkenwerder Scholle heraus. (ZDF)
ab 4. Klasse

Ökomedia-Bewertung: wirksam

Information	Realisation	Motivation
3,0 Punkte	2,8 Punkte	2,8 Punkte

Armer Plattfisch! Informativ und anschaulich, was Peter Lustig da an der Küste erlebt und erklärt.

Mittendrin: Auf einem Schrottplatz V 352
ZDF / Lünenschloß, Wolfgang, BRD 1990
Video, Farbe, 23 min
DFZ; DIZ; EMZ 4, 15; LFD 1-13

Unser Problem: Wir haben nicht zu wenig, wir haben zu viel, und wer zu viel hat, wirft auch zu viel weg. Diese Aussage steht in erster Linie für Müll und Schrott. Wir leben in einer Wegwerfgesellschaft. (LFD 1)
ab 4. Klasse

Ökomedia-Bewertung: wirksam

Information	Realisation	Motivation
3,0 Punkte	2,8 Punkte	2,8 Punkte

Die unkritische Darstellung des Kunststoff-Recyclings anhand der Joghurtbecher ist nicht gut. Das Engagement der Straubinger Jugendlichen in Ehren, aber leider hat die Plastik-Wiederverwertung viele Haken. Vermeiden ist viel sinnvoller.

Mittendrin: Auf einer Mülldeponie V 353
ZDF / Lünenschloß, Wolfgang, BRD 1990
Video, Farbe, 24 min
DFZ; DIZ; EMZ 4, 15; LFD 1-13

Die Reihe »Mittendrin« wendet sich besonders an junge Menschen. In dieser Folge ist Peter Lustig mit seinem Multifunktionsschreibtisch angetreten, um auzuräumen. Sehr bald wird deutlich, daß er seinen Abfall gar nicht in den Mülleimer stecken muß, denn er steht bereits mitten auf einer Mülldeponie. Segen und Fluch einer Mülldeponie und die Leichtigkeit unserer Müllproduktion sind Themen dieses Programms. (ZDF)
ab 4. Klasse

Ökomedia-Bewertung: wirksam

Information	Realisation	Motivation
3,2 Punkte	3,0 Punkte	3,2 Punkte

Besonders der Trickfilm über die »Müllentsorgung« im Mittelalter ist schön. Sonst - im Vergleich zu anderen aus der Reihe - ein eher mittelmäßiger Beitrag. Trotzdem gut und informativ.

Mittendrin: Bäche **V 354**
ZDF / Borgelt, Hans-Henning; Cerhak, Jochen M., BRD 1988
Video, Farbe, 24 min
DFZ; DIZ; EMZ 4, 15; LFD 1-13

Peter Lustig erklärt den Lebensraum Bach. Der Bach bietet vierlei Pflanzen und Tieren die Lebensgrundlage. Jahrelang hat man die Bachläufe begradigt und das Bachbett ausbetoniert. Heute geht man verstärkt wieder daran, den Bächen einen naturnahen Verlauf zurückzugeben. Eine Schulklasse hat die Patenschaft für einen Bach übernommen und kümmert sich um seine Reinhaltung. (LFD 1)
ab 4. Klasse

Ökomedia-Bewertung: wirksam

Information	Realisation	Motivation
3,0 Punkte	3,0 Punkte	3,0 Punkte

Peter Lustig erzählt ruhig und anschaulich vom Leben im Bach und schildert auch die Auswirkungen von Bachbegradigungen.

Mittendrin: Braunkohle **V 355**
ZDF, BRD 1991
Video, Farbe, 23 min
LFD 1-13

Auf Strom will keiner von uns verzichten. Aber an den Umweltproblemen, die mit seiner Herstellung in den Braunkohlekraftwerken verbunden sind, kann man auch nicht vorbeigehen. Auf anschauliche und unkomplizierte Weise erzählen Peter Lustig und sein Film, woher der Strom - außer aus der Steckdose - kommt. Er erklärt, wie Braunkohlekraftwerke funktionieren, ohne die damit verbundenen Probleme auszulassen. Lösungsmöglichkeiten und Alternativen werden angedeutet. (LFD 9)
an 4. Klasse

Mittendrin: Emission - Saurer Regen **V 356**
ZDF / Teichert, Wolfgang, BRD 1989
Video, Farbe, 24 min
DFZ; DIZ; EMZ 4, 15; LFD 1-13

Bei der Verbrennung von Kohle und Öl entsteht Schwefeldioxid, das sich mit Wasser zum Sauren Regen verbindet. Der saure Regen schädigt sowohl den Wald als auch die Gebäude. Peter Lustig zeigt an einem kleinen Experiment diese chemische Reaktion. (LFD 1)
ab 4. Klasse

Ökomedia-Bewertung: wirksam

Information	Realisation	Motivation
3,0 Punkte	3,0 Punkte	3,0 Punkte

Informativer Beitrag zum völlig aus der Öko-Mode gekommenen Thema »Saurer Regen« mit guter Trickdarstellung, wie die Abgase den Wald schädigen.

Mittendrin: Energie **V 357**
ZDF, BRD 1991
Video, Farbe, 23 min
LFD 1-13

Energie entsteht bei der Verbrennung von Kohlenstoff im Biokraftwerk Mensch genauso wie im Kohlekraftwerk. Ausgangspunkt ist in jedem Fall gespeicherte Sonnenenergie, ob in der Pflanze, Kohle oder auch im Erdöl. Diese Zusammenhänge zeigt Moderator Peter Lustig in dieser Folge auf und stellt Alternativen vor: Sonnen- und Windkraftwerke sowie die Energiegewinnung aus Biogas und Wasserstoff. (LFD 9)
an 4. Klasse

Mittendrin: Die Erde hat kein dickes Fell **V 358**
ZDF / Borgelt, Hans-Henning, BRD 1988
Video, Farbe, 23 min
DFZ; DIZ; EMZ 4, 15; LFD 1-13

Peter Lustig geht auf Tierfangexpedition am Boden einer Baugrube. Auf seinem Schreibtisch findet eine Safari besonderer Art statt. Die meisten seiner Tiere sind mikroskopisch klein, Bodenlebewesen. Tiere also, die man normalerweise nicht sieht, die aber unentbehrliche Arbeiten verrichten: sie zersetzen alle Überreste des Lebens auf der Erde zu Nährstoffen, die, von Pflanzen aufgenommen, wieder die Grundlage des Lebens bilden. Ein Kreislauf also, der hier geschlossen wird. Leider sind es wieder einmal die Menschen, die Unordnung in diesen Kreislauf bringen, indem sie Abfälle produzieren, die von den Bodenlebewesen nicht mehr zersetzt werden können. Schlimmer noch: die Abfälle enthalten Gifte, die über den Boden in die Pflanzen, in die Tiere, in unsere Nahrung kommen. So entsteht ein neuer Kreislauf, ein Giftkreislauf, der uns sozusagen aus unserer eigenen Mülltonne essen läßt. (ZDF)
an 4. Klasse

Ökomedia-Bewertung: wirksam

Information	Realisation	Motivation
3,2 Punkte	3,2 Punkte	3,2 Punkte

Die Kinder lernen Springschwänze, Asseln und Hundertfüßler kennen, vor allem wird gut erklärt, was diese kleinen Lebewesen mit dem Boden zu tun haben. Die perfekte Abfallverwertung in der Natur wird der reichlich unordentlichen Abfallverwertung durch den Menschen gegenübergestellt.

Mittendrin: Erdöl **V 359**
ZDF, BRD 1991
Video, Farbe, 23 min
LFD 1-13

Peter Lustig muß sein Auto auftanken, doch gibt es an der Tankstelle gerade kein Benzin. Man wartet auf den Tanklaster. Zeit zum Nachdenken über unseren Verbrauch des wertvollen Rohstoffs Erdöl. Wieviel davon für unseren Luxus nötig ist, woher die »eingemachte Energie« kommt, wo und wie wir den Verbrauch einschränken oder gar vermeiden können, das zeigt diese Folge auf gewohnt anschauliche Weise. (LFD 9)
an 4. Klasse

Mittendrin: Erosion **V 360**
ZDF / Borgelt, Hans-Henning, BRD 1988
Video, Farbe, 24 min
DFZ; DIZ; EMZ 4, 15; LFD 1-13

Der Erdaufbau, von oben nach unten, sieht so aus: Dünne Humusschicht, kleine Kiesel, große Kiesel, Fels. Dies hat sich in Jahrtausenden vollzogen. Durch Eingriffe des Menschen in die Natur wird die Humusschicht vielfach vom Regen weggespült. (ZDF)
ab 4. Klasse

Ökomedia-Bewertung: wirksam

Information	Realisation	Motivation
3,5 Punkte	3,5 Punkte	3,5 Punkte

Sehr schöner Beitrag, der anschaulich demonstriert, wie Landschaften entstehen, wie Wasser Täler und Schluchten modelliert, aber auch, was Erosion bedeutet.

Mittendrin: Grundwasser - Feuchtwiese **V 361**
ZDF / Borgelt, Hans-Henning; Cerhak, Jochen M., BRD 1988
Video, Farbe, 23 min
DFZ; DIZ; EMZ 4, 15; LFD 1-13

Viele Feuchtwiesen werden trockengelegt, den neugewonnenen Äckern fehlt die natürliche Nährstoffzufuhr, was mit größeren Mengen von Kunstdünger ausgeglichen wird. Ein Teil des Kunstdüngers gelangt ins Grundwasser. Peter Lustig zeigt an einem Modell die Folgen der Grundwasserabsenkung für unsere Trinkwasserversorgung. Er plädiert für die Erhaltung von Feuchtwiesen und Auwäl-

dern und zeigt am Beispiel einer Kölner Schulklasse, die auf dem Schulgelände einen künstlichen Teich angelegt hat. (LFD 1)
an 4. Klasse

Ökomedia-Bewertung: wirksam

Information	Realisation	Motivation
3,2 Punkte	3,2 Punkte	3,5 Punkte

Peter Lustig erklärt sehr schön den Zusammenhang von Feuchtwiesen und Trinkwasserversorgung, von Drainage-Rohren, Fröschen und Störchen.

Mittendrin: Immission - Smog V 362
ZDF / Teichert, Wolfgang, BRD 1989
Video, Farbe, 24 min
DFZ; DIZ; EMZ 4, 15; LFD 1-13

Eine hochgelegene warme Luftschicht hält die kältere, ruß- und rauchbelastete Luftschicht fest. Der Rauch kann nicht abziehen. Aus Rauch und Nebel wird Smog, der vor allem das Atmen bei jüngeren und älteren Menschen erschwert. (ZDF)
ab 4. Klasse

Ökomedia-Bewertung: wirksam

Information	Realisation	Motivation
3,0 Punkte	3,0 Punkte	3,0 Punkte

Das Thema Autoverkehr, quasi von oben betrachtet: Peter Lustig steht nämlich auf einem Hochhaus mitten in Berlin und schaut auf den Wahnsinn runter und sagt deutlich, was er davon hält.

Mittendrin: In einem Supermarkt V 363
ZDF / Lünenschloß, Wolfgang, BRD 1990
Video, Farbe, 24 min
EMZ 4, 15; LFD 1-13

Die Reihe »Mittendrin« wendet sich besonders an junge Menschen. In dieser Folge steht Moderator Peter Lustig mit seinem Multifunktionsschreibtisch ausgerechnet in einem Supermarkt. Bald haben es ihm nicht nur die leckeren Sachen und schönen Verpackungen angetan - er fragt: Was kostet das? Wer bezahlt z.B. die Verpackungen? Was passiert bei der Müllverbrennung? Wie erkenne ich PVC? Wie werden wir den Abfall los, wenn wir ihn nicht verbrennen wollen? (ZDF)
ab 4. Klasse

Ökomedia-Bewertung: besonders wirksam

Information	Realisation	Motivation
3,8 Punkte	3,8 Punkte	4,0 Punkte

Ein überaus gelungener mittendrin-Beitrag zum Verpackungswahn. Macht sehr viel Spaß, bietet viele Fakten, ohne die Kinder zu überfordern.

Mittendrin: Klima - Ozon V 364
ZDF / Teichert, Wolfgang, BRD 1989
Video, Farbe, 24 min
DFZ; EMZ 4, 15; LFD 1-13

Peter Lustig beschreibt den Treibhauseffekt: Zuviel Kohlendioxid in der Luft löst den Treibhauseffekt aus. Und die Fluor-Chlor-Kohlenwasserstoffe zerstören die Ozonschicht, welche die UV-Strahlung der Sonne absorbiert. Gegen beide Gefahren gilt es etwas zu unternehmen. (LFD 1)
ab 4. Klasse

Ökomedia-Bewertung: wirksam

Information	Realisation	Motivation
3,3 Punkte	3,0 Punkte	3,0 Punkte

Ein ziemlich anspruchsvoller und - das liegt natürlich am schwierigen Thema - theoretischer Beitrag. Erfordert viel Aufmerksamkeit.

Mittendrin: Landwirtschaft **V 365**
ZDF / Borgelt, Hans-Henning, BRD 1988
Video, Farbe, 24 min
DFZ; EMZ 4, 15; DIZ; LFD 1-13

Die Pflanzen können aus Stickstoff das lebensnotwendige Eiweiß herstellen. Es besteht ein Kreislauf: Boden, Pflanzen, Pflanzenreste, Bodenleben, Boden. Man kann dem Boden aber auch durch Kunstdünger Stickstoff zuführen. (ZDF)
ab 4. Klasse

Ökomedia-Bewertung: wirksam

Information	Realisation	Motivation
3,0 Punkte	3,0 Punkte	3,0 Punkte

Agrarfabriken contra Biobauer: den Kindern wird anschaulich gezeigt, wie verschieden Nahrungsmittel angebaut werden können und doch immer vom Boden und dem Nährstoffkreislauf abhängen.

Mittendrin: Luft - Nichts und alles **V 366**
ZDF / Teichert, Wolfgang, BRD 1989
Video, Farbe, 24 min
DFZ; EMZ 4, 15; DIZ; LFD 1-13

Alles Leben verbraucht Sauerstoff und gibt Kohlendioxid ab. Die Chlorophyllzellen in den Blättern machen mit Hilfe von Sonnenlicht aus Kohlendioxid Sauerstoff und Traubenzucker. (ZDF)
ab 4. Klasse

Ökomedia-Bewertung: wirksam

Information	Realisation	Motivation
3,0 Punkte	3,0 Punkte	3,0 Punkte

Interessante Versuche verdeutlichen, was Luft ist. Anschauliche Beispiele demonstrieren, was ohne Luft gar nicht geht. In einem zweiten Teil geht es um Autos und Kraftwerke, die auch Luft »atmen«.

Mittendrin: Mutter Erde **V 367**
ZDF / Borgelt, Hans-Henning, BRD 1988
Video, Farbe, 24 min
DFZ; EMZ 4, 15; DIZ; LFD 1-13

Bilder vom Wald im Jahreskreislauf wechseln mit Bildern von frühen Felsenzeichnungen und von der Natur, zum Text eines Gedichts. Abschließend schildert eine Bildgeschichte die Behandlung der Natur durch den Menschen von heute. (LFD 1)
ab 4. Klasse

Ökomedia-Bewertung: wirksam

Information	Realisation	Motivation
2,7 Punkte	3,0 Punkte	2,6 Punkte

Dieser Beitrag ist nicht so »rund« wie die meisten anderen der Reihe. Er zerfällt in Einzelteile, die sehr verschieden sind. Schön: der Trickfilm zum Thema Landschaftsverbrauch. Der Anfang ist vielleicht etwas zu lyrisch, das Ende zu versöhnlich. Daß, statt der geplanten Autobahn mit Tankstelle »nur« eine zweispurige Straße ohne Tankstelle gebaut werden soll, ist - besonders nach dem Trickfilm - zu kompromißlerisch.

Mittendrin: Wald **V 368**
ZDF / Borgelt, Hans-Henning, BRD 1988
Video, Farbe, 24 min
DFZ; DIZ; EMZ 4, 15; LFD 1-13

Der Mensch verwendet in seinem täglichen Leben viel Holz. In der Baumschule werden die jungen Pflanzen gehegt, bevor sie dann im Wald gepflanzt werden. Wenn man den Wald sich selber überläßt, erhält er sich von selbst. Der Mensch braucht den Wald, denn in den Zellen der Blätter verwandelt das Chlorophyll mit Hilfe des Sonnenlichts das Kohlendioxid in Zucker und Sauerstoff, den wir zum Leben brauchen. (ZDF)
ab 4. Klasse

Ökomedia-Bewertung: wirksam

Information	Realisation	Motivation
3,2 Punkte	3,2 Punkte	3,5 Punkte

Sehr schöner und anschaulicher Beitrag in ruhiger, aber keineswegs langweiliger Erzählweise. Gute Idee, daß der Wald am Schluß den Menschen eine Rechnung schreibt.

Mittendrin: Wassergebrauch / Trinkwasser **V 369**
ZDF / Borgelt, Hans-Henning; Cerhak, Jochen M., BRD 1988
Video, Farbe, 24 min
DFZ; DIZ; EMZ 4, 15; LFD 1-13

Peter Lustig errechnet den monatlichen Trinkwasserverbrauch einer vierköpfigen Familie. Da der Grundwasserspiegel ständig sinkt, muß Flußwasser als Trinkwasser verwendet werden. Das sogenannte Uferfiltrat wird im Wasserwerk mit verschiednen mechanischen und chemischen Methoden gereinigt und dann in die Leitung gespeist. Mit einem kleinen Trick kann man übrigens bei der Klosettspülung Wasser sparen. (LFD 1)
ab 4. Klasse

Ökomedia-Bewertung: wirksam

Information	Realisation	Motivation
3,0 Punkte	2,6 Punkte	2,5 Punkte

Durchschnittlicher mittendrin-Beitrag, nicht so spannend wie manch andere. Trotzdem informativ.

Mit vollem Bauch dem Hunger entgegen? **V 370**
SWF / Zerlacher, Oskar, BRD 1984
Video, Farbe, 44 min
EMZ 2, 13; FWU; LBS 1-10, 12-14

Die Mechanisierung in der Landwirtschaft hat zu einer Überproduktion von Lebensmitteln und z.T. zur Verschwendung geführt. Der Film greift die wesentlichen Ursachen dieser Entwicklung auf: Die industriemäßige Tiermast wurde durch eine hochtechnisierte Futtermittelwirtschaft möglich. In diesem Prozeß geriet die Landwirtschaft in der Bundesrepublik in Abhängigkeit von Futtermitteleinfuhren, besonders aus den USA. Der Aufbau einer industriemäßigen Tiermast und damit des Futtermittelanbaus in Monokulturen veränderten die gesamte Landwirtschaft: Beispiele aus der Bundesrepublik und den USA verdeutlichen, daß diese Entwicklung nur unter hohem Energieaufwand möglich wurde und gleichzeitig die Umwelt belastet. (FWU)
Sekundarstufe I und II, Jugend- und Erwachsenenbildung, landwirtsch. Gruppen

Ökomedia-Bewertung: wirksam

Information	Realisation	Motivation
3,5 Punkte	2,7 Punkte	2,7 Punkte

Gut recherchiert bietet dieses Fernseh-Feature sehr viele Informationen. Es ist klar und deutlich in seiner Stellungnahme. Allerdings ist der ununterbrochene Kommentar ziemlich anstrengend.

Modell Rottweil **V 371**
Energiesparen auf Schwabenart
BRD 1986
Video, Farbe, 18 min
LBS 4, 8

Am Beispiel von Rottweil wird gezeigt, wie es gelingen kann, den Energieverbrauch besser zu steuern, zu senken und die Belastung der Umwelt durch Erschließung neuer Energiequellen zu verringern. Video und Begleittexte stellen Bestandteile des dezentralen Versorgungssystems vor und berichten über erste Erfahrungen. (LBS 8)

Ein Moor ohne Wasser stirbt V 372
DFF / Bergmann, Siegfried, BRD 1991
Video, Farbe, 28 min
LaUB

Von ehemals 1.000 Hektar Moorfläche in den fünf neuen Bundesländern existieren nur noch 1% als lebende, wachsende Moore. - und nur 1/5 sind noch nicht durch übermäßigen Nährstoffeintrag gefährdet. 1/3 der europäischen Moore sind bereits verbraucht oder verschwunden. Es sind meist kleinflächige Moore, die sich noch naturnah erhalten konnten. Der Film stellt die unterschiedlichen naturnahen Moore vor und zeigt auch die Gefahren, denen sie ausgesetzt sind. (LAUB)
allg. Publikum

Müll V 373
aus der Serie: Umwelt - Handeln im Alltag
Ifage-Filmproduktion / WDR, BRD 1987
Video, Farbe, 30 min
DFZ; EMZ 4, 7; KFW; KMZ 1-22; LBS 4; LFD 1-13; Kaufkassette: Schauinsland

Wohin mit dem Müll? Die Müllberge steigen ständig. Der Beitrag demonstriert einen sinnvollen Umgang mit dem Hausmüll: Die Möglichkeiten des Recyclings, Sondermüll-Sammlungen und Einschränkungen der Abfallmengen. Kompostieren ist besser als Wegwerfen. (KFW)
Methodisch-didaktische Hinweise zum Einsatz dieser Reihe gibt es bei der Kath. Bundesarbeitsgemeinschaft für Erwachsenenbildung, Réné-Schickele-Str. 10, 53123 Bonn.
allg. Publikum

Ökomedia-Bewertung: wirksam

Information	Realisation	Motivation
3,0 Punkte	3,0 Punkte	3,0 Punkte

Ein anschaulicher und informativer Beitrag zur Müll-Thematik. Gut einsetzbar vor Ort, in den Gemeinden, bei Bürgerinitiativen etc.

Müll - Eimer auf und weg? V 374
Schüler-Video AG Bonn, BRD 1991
Video, Farbe, 30 min
LBS 11

Der Filmbeitrag beleuchtet die Müllproblematik in Schulen aus der Perspektive von Schülern. Der Film ist gut gemacht, spritzig und einprägsam kommentiert und regt zum Nachdenken und zur Verhaltensänderung an. (LBS 11)
ab 5. Klasse

Müllaufkommen und Müllvermeidung im Landkreis Esslingen V 375
BRD 1988
Video, Farbe, 19 min
LBS 14

Müllentsorgung V 376
BRD 1989
Video, Farbe, 15, 5, 14, 16 min
LISA

Teil 1: Die Mülldeponie; Teil 2: Aufbau einer Mülldeponie; Teil 3: Müll sortieren und Sammeln; Teil 4: Müll vermeiden. (LISA)
ab 8. Klasse

Münster - Für das Fahrrad planen V 377
LBS 13, BRD
Video, Farbe, 20 min
LBS 13

Bundesweit ist die westfälische Stadt Münster als fahradfreundliche Stadt bekannt. Um 400 % konnte der Radverkehr in den vergangenen 15 Jahren gesteigert werden. Das spricht nicht nur für die Münsteraner, sondern ist Ergebnis einer Verkehrspolitik, in der das Fahrrad zu einem sicheren und schnellen und attraktiven Verkehrsmittel gemacht wurde.
Der Film versucht eine Bestandsaufnahme der einzelnen Maßnahmen. Gezeigt werden gute Radwegeausschilde-

rung zwischen den Stadtteilen und die Radverkehrsführung in den Wohnvierteln, Fahrradschleusen an Verkehrsknotenpunkten, unechte Einbahnstraßen, die für den Fahrradverkehr in beiden Richtungen freigegeben sind. Neben Münsteraner Besonderheiten, wie dem im Aufbau befindlichen Park-and-Bike-System, werden viele Aspekte des Radwegebaus und der Radwegeführung angesprochen. (LBS 13)
ab 11. Klasse, Städte- und Verkehrsplaner

Müssen unsere Moore sterben? V 378
Video
LBS 5, 7
s. Film

Mutter Erde V 379
Trickfilm
Video, Farbe, 9 x 4 min
Sur Films

Serie von neun kurzen Trickfilmen zu verschiedenen Umweltthemen.
allg. Publikum

The Mysterious Planet V 380
Europäische Raumfahrtbehörde, 1989
Video, Farbe, 26 min, engl. und deutsch
LBS 7 (nur deutsch), 14

Aufbau und Funktionsweise des modernsten Erdbeobachtungssatelliten ERS (European Remote-Sensing Satellite) sind zentraler Inhalt des Films. Er stellt Aufgaben und Bedeutung des Satelliten bei der Untersuchung globaler Klimaveränderungen, von Meeresströmungen, dem Zustand der Regenwälder und von Umweltsünden heraus. (LBS 14)
ab 11. Klasse

Ökomedia-Bewertung: brauchbar

Information	Realisation	Motivation
2,6 Punkte	2,7 Punkte	2,0 Punkte

Faszination High Tech. Ein Satellit, der die Erde beobachtet, wird genauestens beschrieben. Klimabeobachtungen, Ozeanmessungen, Temperaturmessungen, alles wird immer präziser und noch toller. Doch daran wird der Patient Erde nicht genesen. Eigentlich ein Werbefilm der European Space Agency.

Nach Luft ringen V 381
Video
KFW; KMZ 6, 10
s. Film

Die Nacht, als die Hamburger die Umweltfahrkarte einführten V 382
Stadtjournal Hamburg, BRD 1986
Video, Farbe, 10 min
Medienwerkstatt Freiburg; Stadtjournal

Hamburg verfügt zwar über ein gut ausgebautes Netz öffentlicher Verkehrsmittel, dennoch zögern Hamburgs Autofahrer nachhaltig, aufgrund der hohen Fahrpreise auf Busse und Bahnen umzusteigen. In einer Nacht im Januar 1986 ergriff eine »Büßer- und Abwieglerbewegung« die Initiative zur Einführung der Umweltkarte für das gesamte Hamburger Streckennetz zum Preis von 68 Mark. An den Fahrscheinautomaten fast aller S-Bahn-, U-Bahn- und Bushaltestellen quer durch das Hamburger Stadtgebiet hängen am nächsten Morgen bunte Aufkleber, die auf den neuen Tarif aufmerksam machen. Senat und Verkehrsbetriebe dementieren. Das Video zeigt die Aktion aus der Perspektive der nächtlichen Werber für die neue Umweltkarte. (MW Freiburg)
Umweltgruppen, Verkehrsplaner

Ökomedia-Bewertung: wirksam

Information	Realisation	Motivation
2,5 Punkte	2,7 Punkte	2,8 Punkte

Das Video dokumentiert eine gut gemacht Nacht- und Nebelaktion und ist recht witzig gemacht.

Nach uns die Sintflut **V 383**
aus der Serie: Bibel im Bild
BR / Wölfle, Klaus, BRD 1990
Video, Farbe, 45 min
EMZ 2

Um die Themen Schöpfung, Mensch, Umwelt geht es in der dritten Folge von »Bibel im Bild«. Neben einer demoskopischen Umfrage wird das Konzept des Nationalparks Bayerischer Wald erläutert. Außerdem gibt es einen Bericht über Genmanipulation. (EMZ 2)
Jugend- und Erwachsenenbildung, Gemeindearbeit

Nachwachsende Rohstoffe **V 384**
BRD 1987
Video, Farbe, 36 min
LBS 11, 13; LFD 4

Die Dokumentation schildert Möglichkeiten, Agrarerzeugnisse verstärkt als Grundstoffe in der industriellen Produktion einzusetzen. Dabei wird vor allem ein Überblick über die Vielschichtigkeit des Gesamtkomplexes »Nachwachsende Rohstoffe« gegeben. Die fünf wesentlichen Produktlinien - Zucker, Stärke, Zellulose, Öle/Fette und Fasern - werden jeweils exemplarisch vorgestellt auf dem Weg von der Produktion des agrarischen Rohstoffes bis zur industriellen Verwertung. (LBS 13)

Die Nächte der tasmanischen Teufel **V 385**
aus der Serie: Tiere vor der Kamera
BR / Arendt, Ernst; Schweiger, Hans, BRD
Video, Farbe, 45 min
BUND; Kaufkassette: Screen Entertainment

Auf der Insel Tasmanien, südlich von Australien, gelang es den Autoren eine seltene Beuteltierart zu beobachten. Die tasmanischen Teufel, berüchtigt wegen ihrer Blutgier und Angriffslust, sehen wie Hunde aus, sind aber nicht mit ihnen verwandt. Mit den Vorderpfoten können die Tiere wie mit Händen greifen. In faszinierenden, nur durch wenige Tricks möglich gewordenen Aufnahmen wird das nächtliche Treiben der gefräßigen Teufel gezeigt, deren Verhalten bisher kaum erforscht ist. (Screen Entertainment)
allg. Publikum

Ökomedia-Bewertung: wirksam

Information	Realisation	Motivation
3 Punkte	2,6 Punkte	2,6 Punkte

Guter, aber etwas braver Tierfilm mit ein paar schönen Höhepunkten. Der Kommentar ist stellenweise langatmig.

Nagana in Afrika **V 386**
aus der Serie: Biologische Schädlingsbekämpfung
Demant, Ebbo, BRD 1988
Video, Farbe, 18 min
FWU; LBS 1-14

Der Film schildert Entstehung, Verlauf und Verbreitung der Schlafkrankheit (Nagana). Die wirtschaftlichen Folgen der Seuche machen deutlich, wie dringend notwendig die Bekämpfung der Krankheit ist. Eingebettet in die entwicklungspolitische Situation der Elfenbeinküste (und ihrer Sahel-Anrainer) werden verschiedene Ansätze zur Bekämpfung des Überträgertiers, der Tse-Tsefliege, vorgestellt und die damit verbundenen Vorzüge und Nachteile diskutiert. (FWU)

Ökomedia-Bewertung: wirksam

Information	Realisation	Motivation
3,0 Punkte	3,0 Punkte	3,0 Punkte

Ein gutes Beispiel für biologische Schädlingsbekämpfung.

Nahtstellen **V 387**
ZDF / Meert, Michael Adrian, BRD 1984
Video, Farbe, 60 min
MW Freiburg

1984: Im Herbst soll das AKW Grohnde ans Netz gehen. Der Film zeigt, wie sich das Leben der Anwohner seit dem Baubeginn vor zehn Jahren verändert hat. Der Autor greift auf altes Halbzoll-Material zurück, das er anläßlich der großen Aktionen gedreht hat. Fünf Jahre danach ist es sehr ruhig geworden um Grohnde. Was aber empfinden die Menschen heute? Wie gehen sie mit der nun fast fertig gestellten Atomburg um? (MW Freiburg)
Anti-AKW-Gruppen

Der Nashornkrieg **V 388**
aus der Serie: National Geographic Video
National Geographic Society / Cowling, Tim; Kelly, Tim, USA 1987
Video, Farbe, 60 min
Kaufkassette: Concorde Video

Der Kampf um das Rhinozeros hat einen dramatischen Höhepunkt erreicht. In Afrika durchstreifen schwerbewaffnete Wilderer den Busch, um das Nashorn zu fangen und abzuschlachten. Wegen des wertvollen Hornes ist diese Spezies so gut wie ausgelöscht. Zimbabwe hat als einziges Land eine überaus drastische Gegenmaßnahme getroffen: Bewaffnete Wildhüter beschützen das Nashorn. Sie haben die Erlaubnis, ja den Befehl, jeden Wilderer sofort zu erschießen. In diesem tragischen Konflikt sterben sowohl Menschen als auch Tiere. Die wahren Feinde in diesem »Nashornkrieg« aber sind Ignoranz, Bestechung und Korruption. (Concorde Video)
allg. Publikum

Ökomedia-Bewertung: wirksam

Information	Realisation	Motivation
3,5 Punkte	3,0 Punkte	3,0 Punkte

Guter, informativer Film über Elfenbein-Wilderer und -Handel.

National Geographic Video
* Aus dem Innern der Erde
* Giganten der Meere: Wale
* Gorillas
* Grizzlybären
* Haie
* Land des Tigers
* Leben in der afrikanischen Wildnis
* Löwen in der afrikanischen Nacht
* Der Nashornkrieg
* Der Regenwald
* Rettet den Panda
* Die Suche nach den großen Affen

1888 wurde die »National Geographic Society« mit dem Ziel gegründet, die Erforschung der Erde, des Meeres und des Himmels einem breiten Publikum auf interessante Weise näher zu bringen. Das Ergebnis von mittlerweile 100 Jahren Arbeit sind einerseits spektakuläre Reportagen und viele preisgekrönte Filme und andererseits die aktive Unterstützung der naturwissenschaftlichen Forschung. Mit dieser einzigartigen Video-Sammlung zeigt die »National Geographic Society« einmal mehr, daß sie nur die neueste Technik einsetzt, um ihre Ziele zu verwirklichen. (Concorde Video)

Nationalpark Niedersächsisches Wattenmeer **V 389**
Kruse, Hans-Henning; Heidt, Rolf auf der, BRD 1986
Video, Farbe, 27 min
LBS 8

Das Wattenmeer ist eine einzigartige Naturlandschaft mit seinem ständigen Gezeitenwechsel, den Seevögeln und zahlreichen Wattvogelarten. Der Film zeigt die größte zusammenhängende Wattenlandschaft der Erde und die Maßnahmen, die zu ihrem Schutz getroffen werden. In faszinierenden Aufnahmen

wird die Vielfalt der Wattenmeerslandschaft mit ihrer Flora und Fauna deutlich
ab 7. Klasse

Ökomedia-Bewertung: brauchbar

Information	Realisation	Motivation
2,7 Punkte	1,9 Punkte	1,9 Punkte

Braves, eher langatmiges Porträt mit Aufzähl-Charakter, wenn auch mit manch guter Information.

Natur erleben **V 390**
Puls, Joachim, BRD 1991
Video, Farbe, 20 min
Evang. Fernsehen

Das Gebirge als noch weitgehend intakter Naturraum bietet intensive Naturerlebnisse bis hin zu physischen und psychischen Grenzerfahrungen. Der Film stellt im Rahmen von Familienfreizeiten des JDAV dar, wie Kinder und ihre Eltern in einer vielfältigen Gebirgslandschaft Natur erfahren und erleben können. Die Kinder entdecken eine Höhle und Gebirgsbäche, lernen das Buttern auf einer Alm kennen und erleben Naturerfahrungsspiele sowie ein erlebnispädagogisches Abenteuer in den Lüften. (Evang. Fernsehen)
ab 14 Jahre, Jugend- und Erwachsenenbildung

Naturerlebnis Auenwald **V 391**
DFF / Hennig, Horst, DDR 1986
Video, Farbe, 24 min
LaUB

Der Film stellt die in Europa selten gewordene Auenwaldlandschaft vor. Die DDR besitzt mit dem Gebiet Steckby-Lödderotzer Forst eines dieser seltenen Naturkleinode und hat es unter besonderen Schutz gestellt. Aufgrund seiner besonderen Flora und Fauna wurde es 1979 von der UNESCO als Biosphärenreservat anerkannt. Auf einer Entdekkungsfahrt per Boot durch die Flußaue haben die Schöpfer dieses Filmes attraktive Vertreter der Tier- und Pflanzenwelt im und am Wasser eingefangen (LaUB)
allg. Publikum

Ökomedia-Bewertung: wirksam

Information	Realisation	Motivation
2,8 Punkte	2,9 Punkte	2,7 Punkte

Ein gut gefilmtes Porträt der Elbauenwälder mit seinen verschiedenen Tier- und Pflanzenarten

Naturpark Südgelände **V 392**
WIM, BRD 1990
Video, Farbe, 17 min
wim

Der Film führt den Zuschauer auf das nur wenigen bekannte Schöneberger Südgelände, das einen 40jährigen Frieden mit der Natur erlebt hat. Auf dem ehemaligen Rangierbahnhof ist, weitgehend ohne Zutun des Menschen, eine einzigartige Naturlandschaft inmitten der Stadt entstanden. (wim)
allg. Publikum

Ökomedia-Bewertung: brauchbar

Information	Realisation	Motivation
2,0 Punkte	1,5 Punkte	1,2 Punkte

Träger Kommentar, langweilige Bilder und ein vertanes, eigentlich schönes Thema.

Naturraum See **V 393**
BRD 1992
Video, Farbe, 30 min
FWU; LBS 4, 7

Über- und Unterwasseraufnahmen verdeutlichen die Veränderungen am und im Naturraum See. Mit Hilfe verschiedener Untersuchungs- und Analysemethoden lassen sich wichtige Daten und Informationen über dieses Ökosystem gewinnen. Als Arbeitsvideo ist der Film eine Ergänzung zum Computersimulationsprogramm »Der See«. (FWU)
ab 8. Klasse

Naturerhaltung in Israel **393a**
Sides, Elia, Israel 1987
Video, Farbe, 25 min
DFZ; DFS; LFD 6

Ein Film über die Naturerhaltung und den damit verbundenen Umweltschutz in Israel. (LFD 6)
allg. Publikum

Naturschutz privat **V 394**
Vogelschützer in der Wetterau
Ceska, Vaclav, Kilian, Bernhard, BRD 1988
Video, Farbe, 45 min
LBS 4, 7

Die Arbeit von privaten Natur- und Vogelschützern in der Wetterau zeigt beispielhaft, was man mit viel Engagement tun kann, um die letzten Refugien von Pflanzen und Tieren nicht nur zu sichern, sondern auch neue Lebensräume zu schaffen. (LBS 4)
ab 8. Klasse

Netzwerk des Lebens **V 395**
Video
Praxis Unterrichtsfilm;
s. Film

Neue Gebiete für Wasservögel **V 396**
DFF / Erler, Michael, DDR 1981
Video, Farbe, 24 min
LaUB

Ein Film über die Entstehung neuer Lebensräume durch die Hinterlassenschaft des Braunkohletagebaus.
allg. Publikum

Ökomedia-Bewertung: brauchbar

Information	Realisation	Motivation
2,4 Punkte	2,4 Punkte	1,8 Punkte

Kein Wort der Kritik an der Zerstörung ganzer Landschaften durch den Braunkohletagebau. Mit schönen Bildern wird eine Idylle gezeichnet, so daß man meint, man müsse dem Braunkohletagebau eigentlich dankbar sein für das, was er hinterlassen hat.

News - Bericht über eine Reise in eine strahlende Zukunft
s. Singapore Connection

Nicht nur Holzfäller: der Biber **V 397**
Arendt, Ernst; Schweiger, Hans, BRD 1988
Video, Farbe, 14 min
FWU; LBS 1, 4, 6, 7, 10, 14

Am Fuße der Rocky Mountains in Kanada lebt eine der letzten Biberpopulationen. Der Film zeigt den Biber in seinem natürlichen Lebensraum als Holzfäller und geschickten Baumeister. Darüber hinaus gewinnt man einen Einblick in den Tagesablauf einer Biberfamilie. Charakteristische Verhaltensweisen wie Schwimmen, Tauchen, Nahrungsaufnahme, Fellpflege und Aufzucht der Jungen werden gezeigt. Nahaufnahmen lassen den Beobachter die typischen morphologischen Merkmale der Biber erkennen. (FWU)
Sekundarbereich I, Jugend- und Erwachsenenbildung

Ökomedia - Bewertung: wirksam

Information	Realisation	Motivation
2,9 Punkte	3,0 Punkte	2,9 Punkte

Tierfilm aus dem Biberleben mit schönen Aufnahmen, die viel Sympathie für diese Tiere wecken.

Nigehörn **V 398**
Eine neue Vogelschutzinsel wächst aus dem Meer
Video, Farbe, 22 min
LBS 1, 6, 10, 13; LISA

1989 wurde im Nationalpark Wattenmeer die Insel Nigehörn auf der Scharhörnplatte aufgespült. Die Insel soll frühzeitigen Ersatz für die sowohl aus ökologi-

schen als auch geomorphologischen Gründen stark gefährdete Vogelschutzinsel Scharhörn schaffen. Ein bisher einmaliges Naturschutzprojekt im nationalen wie auch internationalen Natur- und Artenschutz. (LISA)
ab 8. Klasse, Vogelschutzgruppen

Nightbreaker **V 399**
Spielfilm
Markle, Peter, USA 1989
Video, Farbe, 98 min
atlas; Kaufkassette: VCL/Carolco

Ein verdienter Wissenschaftler soll für seine Arbeit ausgezeichnet werden. Aber während der Feierstunde vor geladenen Gästen kommt es zum Eklat! Ein Mann im Rollstuhl unterbricht die Ehrung und stellt bohrende Fragen. Was geschah vor 30 Jahren in der Wüste von Nevada? Wer trug die Verantwortung für das Experiment »Nightbreaker«, dessen Überlebende schwören mußten, ein Leben lang zu schweigen. Eingeholt von seiner Vergangenheit, die der Wissenschaftler in den Geheimarchiven der US-Army begraben glaubte, kann er seinen Schwur nicht halten. Er gibt die Wahrheit bekannt. (atlas)
ab 12 Jahren

Noch einmal **V 400**
Video
LZNW
s. Film

Nuclear Laundry
s. Die atomare Wäscherei

Nützlinge in gärtnerischen Kulturen **V 401**
Video
IMAW
s. Film

Nützlinge im Gewächshaus **V 402**
Video
AID
s. Film

Nur eine Wiese **V 403**
Video
Kubiak; LBS 5, 7
s. Film

Nutzung und Zerstörung des tropischen Regenwalds **V 404**
Video
LBS 1, 7; Praxis Unterrichtsfilm
s. Film

Ochsen ziehen für den Fortschritt **V 405**
terra media / Gulde, Johannes; Landgraf, Stefanie; Lorenz, Rüdiger, Kamerun 1987
Video, Farbe, 30 min
DFZ; LFD 1-9; terra media

Im Grasland von Kamerun wurden über ein Entwicklungsprojekt Zugochsen und ein verbessertes Landbausystem eingeführt. Damit soll die Arbeit der Bauern erleichtert und der Ertrag erhöht werden. Besonders sind dabei Frauen angesprochen, die traditionsgemäß für den Nahrungsanbau allein verantwortlich sind. Mit Zugochsen, Pflug und Egge kann die Feldarbeit wesentlich schneller und effektiver durchgeführt werden. Die neue Anbauweise garantiert durch Mischkulturen nicht nur bessere Erträge, sie stabilisiert gleichzeitig die Böden und schützt damit vor Erosion. (terra media)
allg. Publikum, Dritte-Welt-Gruppen, Entwicklungshelfer

Ökomedia-Bewertung: wirksam

Information	Realisation	Motivation
2,7 Punkte	2,7 Punkte	2,7 Punkte

Ökologische Fragen stehen nicht im Vordergrund des Films, sondern eher soziokulturelle und wirtschaftliche Aspekte.

Ökologischer Landbau **V 406**
Kulturland Video, BRD 1992
Video, Farbe, 16 min
AID

Wie wird Wein nach den Richtlinien des Bundesverbandes Ökologischer Weinbau e.V. (BÖW) in Deutschland erzeugt? Der Film stellt praxisnah und leicht verständlich die Grundsätze des ökologischen Weinbaus vor. Gezeigt werden alle notwendigen Arbeitsgänge: Schnitt, Bodenlockerung, Düngung, Aufbau und Erhalt der Bodenfruchtbarkeit, Pflege der Pflanzen, Ernte und Kellerwirtschaft. (AID)
Winzer, landwirtsch. Gruppen
allg. Publikum

Ein ökologisches Wunder: Regenwald und rote Landkrabbe **V 407**
Spektrum Akademischer Verlag / Vogel, Sebastian, BRD 1989
Video, Farbe, 30 min
Kaufkassette: Spektrum Videothek

Im indischen Ozean, auf der Weihnachtsinsel zwischen Australien und Indonesien, gibt es ein Ökosystem ganz besonderer Art: Der tropische Regenwald, der das Eiland bedeckt, wird nicht durch Humus gedüngt - sein Boden ist praktisch kahl. Denn auf der 135 km großen Insel leben etwa 120 Millionen rote Landkrabben, die alles organische Leben, das zu Boden fällt, fressen. Dafür dient ihr Kot dem Wald als Nährstoffquelle. Der Film zeigt in beeindruckenden Aufnahmen die Lebensweise der roten Landkrabbe und ihren Vermehrungszyklus. Die ansonsten im Wald lebenden Krabben suchen zur Eiablage das Meer auf und überwinden dafür sogar hohe Steilküsten. (Spektrum Videothek)
allg. Publikum

Ökomedia-Bewertung: wirksam

Information	Realisation	Motivation
3,2 Punkte	2,5 Punkte	2,5 Punkte

Viele Informationen als durchgängiges Filmreferat dargeboten.

Öko-Stadt Davis **V 408**
WDR / Wiegand, Hans-Gerd, BRD 1987
Video, Farbe, 27 min
EMZ 2, 12, 15; FWU; KMZ 8, 11, 12, 20, 21; LBS 1-10, 12-14; LFD 1, 2

Dieser Filmbericht porträtiert Davis, eine Umweltmusterstadt im Sacramento-Tal in Kalifornien. Er dokumentiert die historische Entwicklung der Stadt, von den Anfängen zu Zeiten der Studentenbewegung bis heute, und zeigt die sozialen, stadtplanerischen, energiepolitischen und strukturellen Aktivitäten dieser auch für europäische Maßstäbe modellhaften Stadt. Die Stadtplanung geschah naturnah, die Siedlungsweise ist kommunikativ. (FWU)
Sekundarstufe I und II, Jugend- und Erwachsenenbildung, Kommunen, Stadtplaner

Ökomedia-Bewertung: wirksam

Information	Realisation	Motivation
3,0 Punkte	3,0 Punkte	3,0 Punkte

Informativer Bericht über Davis. Zuweilen etwas unkritisch und zu sehr öko-harmonisch. Trotzdem empfehlenswert.

Ökosysteme **V 409**
Video, Farbe, 54 min
Kaufkassette: Komplett-Video

Der Film zeigt die Lebenskreisläufe in den ökologischen Systemen Gewässer, Laub- und Nadelwald. (Komplett-Video)
allg. Publikum

Ökonomie - Ökologie: Filmlexikon der Wirtschaft
s. Filmlexikon der Wirtschaft
s. Film

Ölfresser **V 410**
Video
EMZ 13; LZNW
s. Film

Ohnmacht oder Widerstand - Über die Langzeitfolgen einer Dioxinvergiftung **V 411**
Delphin-Film / Jung, Wolfgang; Lindemann, Barbarah; Lindemann, Florian, BRD 1987
Video, Farbe, 107 min / 88 min
Delphin-Film; Verleih der Filmemacher

Am Stadtrand von Hamburg liegt das Boehringer-Zweigwerk Moorfleet. Dort produzierte der Ingelheimer Pharmakonzern C.H.Boehringer seit Anfang der fünfziger Jahre das Unkrautvernichtungsmittel 2,4,5 T und das hochwirksame Insektengift Lindan. Unmittelbar in der Nachbarschaft des Chemiewerks befinden sich Wohngebiete und Gemüsegärtnereien, so daß sich unterschiedlichste Interessen entwickelten: Auf der einen Seite fürchteten die Boehringer Arbeiter um ihre Arbeitsplätze, auf der anderen Seite kämpften Anwohner und Gärtner gegen Umweltvergiftung und Existenzvernichtung.
Der Film geht der Frage nach, wie die Menschen drei Jahre nach der Werksschließung 1984 mit den Langzeitfolgen einer Dioxin- und Lindanvergiftung leben. Für die betroffenen Chemiearbeiter ist es ein Skandal besonderer Art, daß die Berufsgenossenschaften sich bis heute weigern, die Dioxin-Vergiftung als Berufskrankheit anzuerkennen und eine entsprechende Entschädigung zu bezahlen.
Nach allem, was heute über die gesundheitlichen Langzeitfolgen bekannt ist, verstehen diese Menschen eines nicht mehr: Unsere Gesellschaft, die sich noch immer mehrheitlich weigert, aus den Katastrophen zu lernen. Die Frage, warum dies so ist, steht im Mittelpunkt des Films: Dicht neben Gefühlen der Ohnmacht liegt bei vielen Dioxin-Opfern aber auch die Kraft zum Widerstand. Diese Kräfte weiter zu wecken, setzt sich der Film zum Ziel...
(Delphin-Film)
allg. Publikum

Ökomedia-Bewertung: wirksam

Information	Realisation	Motivation
4,0 Punkte	2,7 Punkte	3,3 Punkte

Ein sehr informativer und bestürzender Film. Die formale Umsetzung könnte jedoch etwas vielfältiger sein. Trotzdem: ein empfehlenswerter Dokumentarfilm.

Opfer **V 412**
Video
EMZ 3; KMZ 6, 7, 10, 19; LBS 13
s. Film

Ostern in Wackersdorf **V 413**
Friedensinitiative in den Medien, BRD 1987
Video, Farbe, 30 min
B.O.A.

»Mit Worten kann man lügen, die Wahrheit entstellen und verbergen.« Wie einfach und doch raffiniert dies geschieht,

zeigen die Autoren anhand der Fernsehberichterstattung über die Osterereignisse 1986 in Wackersdorf. Analysiert werden die Abendnachrichten von ARD und ZDF am Ostermontag, den 3. März 1986, sowie ein Beitrag von Report München vom 1. April 1986. (B.O.A.)
allg. Publikum, Anti-Atom-Gruppen

Ökomedia-Bewertung: wirksam

Information	Realisation	Motivation
2,7 Punkte	2,7 Punkte	3,0 Punkte

Ein interessanter Versuch, Fernsehberichterstattung zu analysieren. Doch er hält nicht ganz, was er verspricht.

Die Ostseeküste **V 414**
Bundesministerium für Umwelt / DEFA / Niestradt, Johanna und Wolfgang, BRD 1990
Video, Farbe, 30 min
LFD 1-13

Im Zeichen der Eule geschütze Natur! Die deutsche Ostseeküste ist Jahr für Jahr Ziel tausender Erholungssuchender. Dieser Massentourismus stellt eine große Gefahr für Tiere und Pflanzen dar. 1990 wurde deshalb ein 800 Quadratkilometer großes Gebiet zum Nationalpark »Vorpommersche Boddenlandschaft« gemacht.
allg. Publikum

Ökomedia-Bewertung: brauchbar

Information	Realisation	Motivation
2,5 Punkte	2,2 Punkte	2,0 Punkte

Ein stiller, leider aber auch langatmiger Film über die Natur an der Ostsee und die Gefahren durch den Massentourismus.

Ozean des Lebens **V 415**
aus der Serie: Der wunderbare Planet
1990
Video, Farbe, 45 min
EMZ 2; LFD 2; LBS 1, 7; Kaufkassette: DuMont; Schauinsland

In den Urozeanen traten kleinste Algenformen auf, die Sauerstoff ins Meer ausschieden. Nachdem der Sauerstoff alles im Meer gelöste Eisen in Erzlagern gebunden hatte, gelangte der Sauerstoff auch in die Atmosphäre. (LFD 2)
allg. Publikum

Ozeanische Gefühle **V 416**
(Turtle Diary)
Spielfilm
Irving, John, USA 1985
Video, Farbe, 93 min
Kaufkassette: Fox Video

William und Neaeera sind zwei Mitvierziger. Ihr eintöniges Leben in der Großstadt wird nur durch häufige Besuche im Tiergarten erträglich. Dort hegen sie eine gemeinsame Leidenschaft: Sie lieben die Riesenschildkröten. Und sie haben den Plan, die Tiere aus der Enge der Gefangenschaft in die Freiheit des Meeres zu bringen. Dieses Abenteuer verändert schlagartig ihr Leben. (CBS)
allg. Publikum

Ozon: Alles muß klein beginnen **V 417**
zum Umwelttag
DFF / Chill, Dieter; Greschner, Uta; Sommerschuh, Ria; Weinert, Elke, DDR
1990
Video, Farbe, 30 min
LaUB

Drei ungewöhnliche Beispiele für Naturerziehung zum Begreifen. Im Kindergarten, als unkonventioneller Biologieunterricht, in einem einmaligen Mal- und Zeichenzirkel. Ein berührender und anre-

gender Film nicht nur für die Pädagogen. (LaUB)
allg. Publikum

Ökomedia-Bewertung: brauchbar

Information	Realisation	Motivation
2,6 Punkte	2,0 Punkte	2,0 Punkte

Ziemlich spannungslose und langatmige Beiträge zum schönen Thema Naturerziehung, Naturerfahrung.

Ozon: Hoffnung für die Erde V 418
Tag der Erde 1991
DFF / Henneberg, Hellmuth; Müller, Ernst-Alfred, BRD 1991
Video, Farbe, 30 min
LaUB

Ausgehend von den schweren ökologischen Folgen des Golfkrieges und den globalen Problemen, die die Zukunft verdunkeln, stellt die Ozon-Redaktion in dieser Sendung die Frage: »Gibt es Hoffnung für die Erde?« an den Tierforscher Heinz Sielmann, den Meeresbiologen Cousteau und den Zukunftsforscher Robert Jungk. (LaUB)
allg. Publikum

Ökomedia-Bewertung: brauchbar

Information	Realisation	Motivation
2,5 Punkte	2,5 Punkte	2,5 Punkte

Drei »Öko-Promis« analysieren und kommentieren die Welt, dazwischen Bilder von Katastrophen.

Ozon: Krieg und Klima V 419
DFF, BRD 1991
Video, Farbe, 30 min
LaUB

Mit beeindruckenden Chronikteilen über die Entwicklung der Atombombe und der Theorie des nuklearen Winters skizziert die Sendung anhand von Computerberechnungen des Akademiewissenschaftlers Peter Carl die Auswirkungen der brennenden Ölfelder in Kuwait zu einem sehr frühen Zeitpunkt. (LaUB)
allg. Publikum

Ökomedia-Bewertung: brauchbar

Information	Realisation	Motivation
2,2 Punkte	2,2 Punkte	2,3 Punkte

Anläßlich des Golfkrieges gedrehter Beitrag mit entsprechenden Prognosen, von denen die meisten sich - Gott sei Dank - nicht bewahrheitet haben. Heute ist so ein Magazin nicht mehr aktuell.

Ozon: Kupferhütte Helbra V 420
DFF / Häsler, Heiderose, BRD 1991
Video, Farbe, 30 min
LaUB

Eine Chronik der Auseinandersetzung um die Frage, ob am dioxinverseuchten Helbra eine neue Hütte zur Sekundärkupferaufbereitung gebaut werden soll. (LaUB)
allg. Publikum

Ökomedia-Bewertung: brauchbar

Information	Realisation	Motivation
2,9 Punkte	2,3 Punkte	2,5 Punkte

Recht informativer Beitrag zum brisanten Thema Dioxin in der ehemaligen DDR. Er könnte jedoch mehr Biß haben. Außerdem werden die Zusammenhänge von Computerschrott, Kupferkabelverwertung und der Kupferhütte Helbra nicht deutlich genug.

Ozon: Leben ohne Müll V 421
Rohne, Jürgen, BRD 1992
Video, Farbe, 30 min
Fön

In Merdingen bei Freiburg hat sich zunächst eine Schule und in der Folge ein ganzes Dorf umgestellt: In der »müllfreien Schule Merdingen« demonstrieren Schüler und Lehrer, daß es möglich ist, im Schulalltag ohne Plastik, Aluminium und die in unserer Gesellschaft

üblichen Wegwerfartikel auszukommen. Die Kinder lernen von der ersten Unterrichtsstunde an den Regenwurm Carlo kennen. Und sie lernen damit verstehen, daß alles das Müll ist, was Carlo nicht frißt. Der Film zeigt, daß Schüler, Eltern, in der Folge die Händler und übrigen Einwohner des Dorfes ihr Einkaufs- und Wegwerfverhalten radikal umgestellt haben: Was eine »normale« Familie gewöhnlich in einer Woche an Müll produziert, entspricht der Abfallmenge, die die Merdinger Grundschule im ganzen Jahr hat. (Fön)
allg. Publikum, Jugend- und Erwachsenenbildung

Ökomedia-Bewertung: wirksam

Information	Realisation	Motivation
3,0 Punkte	2,8 Punkte	3,3 Punkte

Ein schöner, wichtiger und empfehlenswerter Film über ein Müllvermeidungsprojekt an einer Schule, das unbedingt Nachahmung finden muß: Der Film zeigt sehr ruhig, mit welcher Begeisterung die (Grund-)Schüler Müllvermeidung als Idee in ihren Lebensalltag integriert haben. Das Thema ist so wichtig und das Beispiel der Müllfreien Schule Merdingen so gut ausgesucht, daß man dem Film gerne einige formale Schwächen verzeiht.

Ozon: vom 30.10.1990 **V 422**
DFF, BRD 1990
Video, Farbe, 30 min
LaUB

1. Probleme mit dem Hausmüll der Stadt Rathenow. Ben Wagin pflanzt Bäume am 3. Oktober 1990 vorm Reichstag. Ökologischer Städtebau am Beispiel eines Modellversuchs an 12 Häusern in Kreuzberg mit Blockheizkraftwerk, Solaranlage, Fassaden- und Dachbegrünung. (LaUB)
allg. Publikum

Ökomedia-Bewertung:

Magazin-Beitrag mit fünf verschiedenen Beiträgen zu den Themen Müll, Bäume vor dem Reichstag, Verbrennen von Laub, Wohnanlagen, Schutz des Otters. Wegen der Unterschiedlichkeit der Beiträge ist das Magazin in der Bildungsarbeit nur schwer einzusetzen.

Ozon: vom 27.11.1990 **V 423**
DFF, BRD 1990
Video, Farbe, 30 min
LaUB

Boitzenburg und Leipzig - zwei unterschiedlich gelungene Versuche, den Verkauf von Getränkeeinwegverpackungen per Kommunalgesetz zu verbieten.
Filmausschnitt des sowjetischen Regisseurs Anton Wassilew über katastrophale Spätfolgen eines ehrgeizigen Wasserstauprojektes zur Stromgewinnung aus den 30er Jahren.
Windenergienutzung in Dänemark.
Geothermie in Mecklenburg (LaUB)
allg. Publikum

Ökomedia-Bewertung:

Magazin-Beitrag mit verschiedenen Beiträgen. Wegen der Unterschiedlichkeit der Beiträge ist das Magazin in der Bildungsarbeit nur schwer einzusetzen.

Ozon: vom 29.12.1990 **V 424**
DFF, BRD 1990
Video, Farbe, 30 min
LaUB

Grundsätzliches zum Katalysator.
Chancen für den öffentlichen Verkehr in Leipzig: gute Erfahrungen damit in Zürich.
Kontroversen um die Verkehrskonzeption um Dresden im Hinblick auf Smog in der Stadt.
Straße oder Schiene - im Güterverkehr in den alten Bundesländern ein trauriges Resümee. (LaUB)
allg. Publikum

Ozon: vom 23.1.1991 **V 424a**
DFF, BRD 1991
Video, Farbe, 30 min
LaUB

Eine ausschließliche Ratgebersendung mit Beiträgen zum Thema Wärmedämmung, Warmwasserbereitung mit Solarenergie, Umrüsten auf Öl oder Gas, richtigem Heizen und Köhleöfen. (LaUB)
allg. Publikum

Ozon: vom 6.3.1991 **V 425**
DFF, BRD 1991
Video, Farbe, 30 min
LaUB

Kein Verkauf von Tropenholz - ein aufklärender Beitrag über erste Tropenholzangebote in den neuen Bundesländern.
Asthmakranke Kinder in Dresden.
Forderungen für eine umweltverträgliche Verkehrsplanung ohne Autobahn am Stadtrand.
Velten - ein Beispiel für kurzsichtige und geschäftstüchtige Gewerbeparkansiedlungen. (LaUB)
allg. Publikum

Ökomedia-Bewertung:

Magazin-Beitrag mit verschiedenen Beiträgen. Wegen der Unterschiedlichkeit der Beiträge ist das Magazin in der Bildungsarbeit nur schwer einzusetzen.

Ozon: vom 20.3.1991 **V 426**
DFF / Henneberg, Hellmuth; Müller, Ernst-Alfred, BRD 1991
Video, Farbe, 30 min
LaUB

Eine Sendung zum ökologischen Landbau mit Beiträgen aus Jahnsfelde, dem ersten Pilotprojekt des Instituts für Bodenfruchtbarkeit in Müncheberg und dem Gut Kurtlingshausen im Sauerland. (LaUB)
allg. Publikum

Ökomedia-Bewertung: brauchbar

Information	Realisation	Motivation
2,3 Punkte	2,0 Punkte	2,0 Punkte

Eher langatmige Beiträge zur Landwirtschaft.

Ozon: vom 23.4.1991 **V 427**
DFF, BRD 1991
Video, Farbe, 30 min
LaUB

Die katastrophalen Folgen des privaten Autoverkehrs für Berlin und die Verstädterung Europas. - Finanzierungsvorschläge für Umrüstung bei Heizsystemen und Wärmedämmung. - Tips zum Einbau von Thermofenstern. (LaUB)
allg. Publikum

Ökomedia-Bewertung:

Magazin-Beitrag mit verschiedenen Beiträgen zu den Themen Verkehr, Wärmedämmung und Thermofenster. Wegen der Unterschiedlichkeit der Beiträge ist das Magazin in der Bildungsarbeit nur schwer einzusetzen.

Das Ozonloch **V 427a**
Bayerischer Rundfunk / Demmel, Hans, BRD 1991
Video, Farbe, 17 min
FWU; LBS 1, 2, 6-8, 10, 13, 14; LFD 2; LISA; L.I.S.A

Das Ozonloch über der Antarktis ist ein spektakulärer Hinweis auf die generelle Verringerung des Ozongehaltes in der Stratosphäre. Die Gefahr für den Menschen liegt in der geringeren Filterwirkung und der Steigerung der gefährlichen ultravioletten Strahlen der Sonne, die auf die Erde treffen. Dadurch vergrößert sich die Gefahr der Haut- und Augenerkrankungen.
Der Film macht die Problematik deutlich, die in der Langlebigkeit der Fluor-Chlor-Kohlenwasserstoffe (FCKW) begründet

ist. Es werden Bemühungen und Möglichkeiten aufgezeigt, die FCKW-Produktion einzuschränken. (FWU)
Sekundarstufe I (7.-10. Schuljahr), Jugendbildung

Ökomedia - Bewertung: brauchbar

Information	Realisation	Motivation
2,6 Punkte	2 Punkte	2,1 Punkte

Ein reiner Kommentarfilm, der ohne Punkt und Komma viele richtige Informationen abspult.

Panta Rhei **V 428**
Saisonen im Gießgang
Österreich 1989
Video, Farbe, 15 min
DFZ

Die vier Jahreszeiten am 42 km langen Gießgang, gelegen zwischen den Kraftwerken Altenwörth und Korneuburg, werden informativ dargestellt. Vor allem das Bewässerungssystem im Zusammenhang mit dem Ausbau des Kraftwerkes Greifenstein wird erläutert. Prof. König erklärt die Ökologie der Donauauen. Man muß heute wieder gut machen, was vor hundert Jahren mit dem Beginn der Stromregulierung zerstört wurde. (DFZ)
allg. Publikum

Ökomedia-Bewertung: brauchbar

Information	Realisation	Motivation
2,2 Punkte	2,5 Punkte	2,5 Punkte

Je länger der Film dauert, um so mehr erweckt sein unentwegter Musikteppich den Eindruck, daß man einen Werbefilm des österreichischen Verkehrsamtes sieht. Softe Harmonie mit viel Vivaldi und sehr schönen Landschafts- und Tierbildern »beweisen« die Wiedergutmachungen an der Natur.

Ein Pater sieht grün **V 429**
Video
EMZ 10; KMZ 6, 7, 10, 12-14, 20; LBS 7, 9, 13; LZNW; Weitzel
s. Film

Paul Jacobs und die Atombande **V 430**
Video
B.O.A.; EMZ 2, 7, 8, 13; LBS 4, 6; LFD 2, 4; Medienwerkstatt Freiburg
s. Film

Per **V 431**
Institut für angewandte Biologie / Cordes, Detlef, BRD 1987
Video von TB, Farbe, 26 min
s. TB
IAB; LBS 4; LFD 5

Das Video, das aus einer abgefilmten Ton-Dia-Schau entstand, behandelt die Emission von Fluorkohlenwasserstoffen aus chemischen Reinigungen. Die einzelnen Lösungsmittel und deren schädigende Wirkungen werden einzeln vorgestellt. Die Emissionspfade der Lösungsmittel aus den Reinigungsbetrieben werden erläutert. Die Folgen der eingesetzten Mittel: Schädigung der Ozonschicht, gesundheitliche Risiken. Der Verbraucher erhält zum Schluß Verhaltensempfehlungen. (Inst. f. angew. Biologie)
allg. Publikum

Ökomedia-Bewertung: wirksam

Information	Realisation	Motivation
3,3 Punkte	2,2 Punkte	2,5 Punkte

Sehr informativer Beitrag, der aber unter formalen Mängeln leidet.

Pestizide - Nur für Export **V 432**
Video
EMZ 2, 4, 13; LZNW
s. Film

Peter auf Spurensuche **V 433**
aus der Serie: Pusteblume
ZDF, BRD
Video, Farbe, 30 min
EMZ 4, 8; FWU; LBS 1, 5, 8, 14

Peter verfolgt die Spuren der Tiere im Wald. Er beobachtet das Eichhörnchen, die Haselmaus und den Specht bei der Futtersuche. Er erfährt, warum kleine Bäumchen durch Maschenzäune geschützt werden müssen, welche Bedeutung der Wald als Feuchtigkeitsspeicher hat, wie Ameisen leben, wie sie ihre Brut versorgen und sich gegenseitig helfen. Außerdem entdeckt Peter Waldbesucher, die große Mengen Müll hinterlassen, und andere, die umweltbewußt für Sauberkeit im Wald sorgen. Wie man eine Blättersammlung anlegt, verrät er zum Schluß. (FWU)
Primarbereich, Kinderbildung

Ökomedia - Bewertung: wirksam

Information	Realisation	Motivation
3,0 Punkte	3,0 Punkte	3,0 Punkte

Schöner, informativer Film, der Kindern gute Identifikationsmöglichkeiten bietet.

Peter geht dem Wasser nach **V 434**
aus der Serie: Pusteblume
FJB Dr. Lütje / Beyer, Ekkehard; Moores, Tim, BRD 1978
Video, Farbe, 30 min
FWU; LBS 1-10, 12-14

Peter Lustig entdeckt winzige Lebewesen in einem Wassertropfen. Durch Lupe und Mikroskop beobachtet er Wasserflöhe, Pantoffel- und Glockentierchen. Mit der Bildergeschichte vom Barsch, der im stinkenden Fluß der Großstadt fast umkam, macht Peter auf die Verschmutzung der Flüsse und das Fischsterben aufmerksam.
In einer Kläranlage verfolgt er die Reinigung des Schmutzwassers von Becken zu Becken. Außerdem beobachtet er eine Familie bei einem ziemlich mißglückten Badeausflug und zeigt Kinder, die sich eine Wasserpfütze zum Spielen ausgesucht haben. - Auf diese Weise bringt Peter Lustig den Kindern Natur, Umwelt und Technik auf erlebnishafte Weise nahe. (FWU)
Primarbereich

Ökomedia-Bewertung: wirksam

Information	Realisation	Motivation
3,0 Punkte	3,5 Punkte	3,5 Punkte

Ein sehr schöner, kindgerechter und witzig gemachter Film. Besonders die Barsch-Geschichte ist sehr gelungen.

Peter stürmt den Gipfel **V 435**
aus der Serie: Pusteblume
FJB Dr. Lütje / Dobrink, Henner; Stumpf, Hans, BRD 1980
Video, Farbe, 30 min
FWU; LBS 1-10, 12-14

Peter Lustig hat sich vorgenommen, einen Gipfel zu stürmen. Auf seinem Weg nach oben, erlebt er zum ersten Mal die herrliche Bergwelt. Er merkt, daß sich die Baumarten, je höher er steigt, verändern. Am Bergbauernhof und auf der Hochalm erfährt er, wie die Menschen und Tiere dort leben. Verschiedene Bergblumen und viele Tiere sieht er am Weg. Er entdeckt auch, daß er beim Bergwandern auf den Ursprung von Flüssen und Erdgeschichte stößt. Großen Genuß bieten ihm die Aussicht und die Fahrt mit der Zahnradbahn. - Auf diese Weise bringt Peter Lustig den Kindern Natur, Umwelt und Technik auf erlebnishafte Weise nahe. (FWU)
Primarbereich

Ökomedia-Bewertung: wirksam

Information	Realisation	Motivation
3,0 Punkte	3,0 Punkte	3,0 Punkte

Ein ruhiger, schöner Kinderfilm, der die Kinder dazu motiviert, selbst einmal in die

Natur zu gehen, um solche Entdekkungen zu machen.

Peter trickst mit Sonnenstrahlen V 436
aus der Serie: Pusteblume
FJB Dr. Lütje / Beyer, Ekkehard; Stumpf, Hans, BRD 1980
Video, Farbe, 30 min
FWU; LBS 1-10, 12-14

Peter Lustig genießt die Sommerhitze. Er zeigt uns seine trickreiche Sonnenwindmaschine, die mit der Kraft der Sonnenstrahlen betrieben wird. Einige andere Tricks hat er noch zu bieten. So zündet er ohne Streichholz das Grillholz an und kühlt Limonade ohne Kühlschrank. Außerdem weiß er, wie sich Tiere und Menschen bei Hitze Kühlung verschaffen. Eine lustige Bildergeschichte, in der 1.500 Tonnen Eis schmelzen, schließt den Film ab. - So werden Natur, Technik und Umwelt den Kindern auf erlebnishafte Weise nahegebracht. (FWU)
Primarbereich

Ökomedia-Bewertung: wirksam

Information	Realisation	Motivation
3,5 Punkte	3,3 Punkte	3,5 Punkte

Den Kindern wird augenscheinlich und witzig erklärt, daß die Sonne ein Energiespender ist. Ein typischer Beitrag aus der insgesamt guten und kindgemäßen Peter-Lustig-Reihe.

Peter und der Müll V 437
aus der Serie: Pusteblume
ZDF, BRD
Video, Farbe, 30 min
EMZ 4, 8; FWU; LBS 1, 5, 7, 8, 14

Eine fröhliche Familie besteigt ein uraltes Auto, das schon nach den ersten Metern in alle möglichen Teile zerfällt. Da fällt der Scheinwerfer aus der Verankerung, da bricht die Türe heraus. Das Auto muß zum Schrottplatz gebracht werden. Peter Lustig zeigt, was man aus den alten Schrotteilen machen kann. Er bastelt mit seinen Freunden witzige Blechroboter aus Sperrmüll, die sie auf dem Flohmarkt verkaufen. Aus alten Flaschen können wieder neue Flaschen hergestellt werden. Aber was passiert mit dem Müll, den wirklich keiner mehr gebrauchen kann? Peter begleitet die freundlichen Müllmänner zu den großen Müllhalden vor die Stadt. Aber er kann nirgends stinkende Berge entdecken. Dafür fährt er einen ganz gewöhnlichen Hügel hinauf. Erst oben am Gipfel sieht man den Müllplatz. Hier trifft er seinen alten Blechroboter wieder, den er selbst gebastelt hat. (FWU)
Primarbereich, Kinderbildung

Ökomedia - Bewertung: wirksam

Information	Realisation	Motivation
2,3 Punkte	3,0 Punkte	2,5 Punkte

Wenn auch das Basteln mit Sperrmüll ganz schön ist und das Rodeln auf dem begrünten Müllberg: das Thema verlangt heute einen anderen Zugang. Da merkt man, daß der Film ziemlich alt ist.

Peter und der Riesenkürbis V 438
aus der Serie: Pusteblume
FIB Dr. Lütje / Beyer, Ekkehard; Landsittel, Claus, BRD 1980
Video, Farbe, 30 min
FWU; LBS 1-10, 12-14

Peter Lustig möchte sich an einem Wettbewerb um den dicksten Kürbis beteiligen. Er setzt Kürbiskerne in ein Kompostbeet und beobachtet deren Wachstum. Ganz stolz auf seine Leistung als Gärtner fotografiert er den täglichen Fortschritt der Pflänzchen und führt sogar ein bebildertes Tagebuch. Nachbar Pauli will auch die größten Kürbisse. Er streut Kunstdünger und sprüht Giftwolken, um Schädlinge zu vernichten. Peter, der mit Kuhfladen düngt und Marienkäfer zur

Schädlingsbekämpfung einsetzt, erhält schließlich den zweiten Preis im Wettbewerb. Zwischendurch erzählt eine Phantasiegeschichte, was bei übermäßigem Düngen passieren kann. - Auf diese Weise bringt Peter Lustig den Kindern Natur, Umwelt und Technik auf erlebnishafte Weise nahe. (FWU)
Primarbereich

Ökomedia-Bewertung: besonders wirksam

Information	Realisation	Motivation
3,7 Punkte	3,8 Punkte	4,0 Punkte

Ein humorvolle Einführung in den biologischen Gartenbau für Kinder, die zum Nachmachen motiviert.

Peter und die Schwalben **V 439**
DFF / Bergmann, Siegfried, DDR 1983
Video, Farbe, 25 min
LaUB

Peter ist ein junger Forstarbeiter, Hobbyornithologe und Naturschutzhelfer. Sein besonderes Interesse gilt den Trauerseeschwalben, von denen während seiner Schulzeit noch viele auf dem großen See nahe seiner Heimatstadt brüteten - und sein größtes Anliegen ist es, sie wieder anzusiedeln. (LaUB)
allg. Publikum

Ökomedia-Bewertung: brauchbar

Information	Realisation	Motivation
2,3 Punkte	2,2 Punkte	1,8 Punkte

Da wird eine halbe Stunde über junge Naturschutzhelfer berichtet, und sie bekommen mit keinem Wort die Gelegenheit, selbst etwas zu sagen. Der Appell an die Verantwortung jedes einzelnen ist zwar richtig, es fehlt jedoch die Begründung, warum deren Einsatz überhaupt notwendig ist.

Peter und der Siebenschläfer **V 440**
aus der Serie: Pusteblume
ZDF, BRD
Video, Farbe, 30 min
EMZ 8; FWU; LBS 1, 5, 8, 14

Peter Lustig findet unter einem Baum einen kleinen, elternlosen Siebenschläfer. Liebevoll versorgt er ihn, erst mühsam mit dem Milchfläschchen und später mit Nüssen und Blättern. Geduldig beobachtet er, wie aus dem hilflosen Jungtier ein selbständiger, ausgewachsener Siebenschläfer wird. Die erstaunliche Entwicklung von der Kaulquappe zum Frosch zeigt, daß es Tiere gibt, die sofort ohne mütterliche Pflege auskommen müssen. Ganz anders sieht es in einer Katzenkinderstube aus. Die von der Mutter zärtlich umsorgten, winzigen Fettknäuel müssen eine Menge lernen, bis sie allein Mäuse fangen können.
Mittlerweile ist auch der Siebenschläfer ausgewachsen. Da er einen langen Winterschlag macht, hat er sich einen dicken Winterspeck angefressen. (FWU)
Primarbereich, Kinderbildung

Ökomedia - Bewertung: wirksam

Information	Realisation	Motivation
3,0 Punkte	3,5 Punkte	3,3 Punkte

Sehr schöner und liebevoller Peter-Lustig-Beitrag zum Thema Tiere.

Pflanzenernährung - natürlich oder künstlich **V 441**
Video
DFS
s. Film

Pflanzenschutz im Wandel der Zeit **V 442**
Herrlein, Kurt, BRD 1989
Video, Farbe, 11 min
KMZ 14; LBS 1, 7, 14

Ein Film des Industrieverbandes Agrar, der die Notwendigkeit chemischer Pflan-

zenschutzmittel einsichtig machen will. (KMZ 14)
Entwicklungshelfer, landwirtschaftl. Seminare, ab 12 Jahren

Planet Erde **V 443**
USA 1989
Video, Farbe, 7 x 55 min
DFZ; KMZ 6, 10

1. Die lebende Maschine
Die Entdeckung der Plattentektonik wird von Forschern genutzt, Vulkanausbrüche und Erdbebenkatastrophen zu erklären. (KMZ 10)
allg. Publikum

2. Der blaue Planet
Erkenntnisse aus der Raumfahrt haben ein neues Kapitel in der Ozeanographie eröffnet. Tauchfahrten zeigen neue Entdeckungen in die Welt unter Wasser. (KMZ 10)
allg. Publikum

3. Das Klimapuzzle
Die Zivilisation hat sich in einem kleinen Zeitabschnitt zwischen langen Eiszeiten entwickelt. Der Film geht der Frage nach, wie das Klima die Erde geprägt hat und ob sich eine neue Katastrophe anbahnt. (KMZ 10)
allg. Publikum

4. Geschichten aus anderen Welten
Reisen zu anderen Planeten haben gezeigt, daß die Erde einzigartig ist. Entdeckungen im Sonnensystem lassen Rückschlüsse auf die Entwicklung der Erde zu. (KMZ 10)
allg. Publikum

5. Die Schätze der Erde
Die Erde bildet ein begrenztes System mit begrenzten Rohstoffen. Geologen suchen mit modernsten Techniken nach neuen Vorkommen. (KMZ 10)
allg. Publikum

6. Das Sonnenmeer
Die Sonne ist für das Leben auf der Erde unverzichtbar. Ihre Erforschung liefert Erkenntnisse, die vielleicht schon die alten Sonnenkulturen in Ägypten und Südamerika bekannt waren. (KMZ 10)
allg. Publikum

DIE PROGNOSE

7. Das Schicksal der Erde
Die Entstehung des Lebens ist von großer Bedeutung für die Entwicklung der Erde. Auch hier gibt es sensationelle neue Erkenntnisse. Stellt der Mensch die größte Bedrohung für die Zukunft des Planeten dar? (KMZ 10)
allg. Publikum

Ökomedia-Bewertung: wirksam

Information	Realisation	Motivation
3,0 Punkte	3,0 Punkte	3,0 Punkte

Eine faktenreiche, informative Reihe mit guten Bildern, viel, viel Wissenschaft und modernem Forschergeist, Computer- und Weltraumtechnik. Die sieben Teile geben ein interessantes Porträt nicht nur der Erde, sondern auch der wissensdurstigen Menschen, die sie erforschen.

Der Planet des Menschen V 444
aus der Serie: Der wunderbare Planet
Video, Farbe, 43 min
EMZ 2; LBS 1, 7; LFD 2; LISA; Medienwerkstatt Linden; Kaufkassette: Du Mont Buchverlag; Schauinsland

Dieser letzte Teil der Filmreihe thematisiert das zerstörerische Wirken des Menschen auf unserem Planeten. Obwohl die Existenz des Menschen auf der Erde, erdgeschichtlich gesehen, zu vernachlässigen ist, hat sie für den Planeten tiefgreifende, krisenhafte Folgen. (LBS 1)
allg. Publikum, ab 8. Klasse

Planning for Survival V 445
WWF
Video, Farbe, engl. Orig., 20 min
WWF

WWF-Strategien zur Erhaltung des natürlichen Lebensraumes. (WWF)
allg. Publikum

Planungsopfer Fischotter & Co V 446
Das Tal der Wümme im Interessenkonflikt
Cappel, Curt, BRD 1987
Video, Farbe, 45 min
LBS 4

Noch ist das Tal der Wümme ein intaktes Biotop mit einem großen Artenreichtum an Tieren und Pflanzen. Durch jede Art der Landschaftsplanung würde dieses Biotop nachhaltig gestört werden. (LBS 4)

Pleinair - An-Sichten V 447
Fön e.V. / Greschner, Uta, BRD 1992
Video, Farbe, 22 min
FÖN

Im September 92 fand in Speck im Herzen des Müritz-Nationalparkes das erste nationale Künstler-Pleinair statt. »Kunst und Natur« war des Thema. Ihre wechselseitige Durchdringung sollte von den Künstlern dargestellt werden.
Der Film begleitet das Pleinair, befragt Künstler über ihre Ansichten zum Treffen und den auftretenden Problemen, auch zwischenmenschlichen. Er zeigt darüber hinaus Schönheiten der Mecklenburger Landschaft. (Fön)
allg. Publikum

Plutonium V 448
Video
atlas; LBS 7
Medienpaket: Videokassette und Begleitmaterial
s. Film

Das Plutonium Syndrom V 449
Spielfilm
Michaels, Richard, USA 1980
Video, Farbe, 96 min
Kaufkassette: Concorde Video

Auf der einen Seite Mitarbeiter einer Plutonium-Fabrik, auf der anderen ein skrupelloses Management. Die einen kämpfen für verstärkte Schutzmaßnahmen, die anderen denken nur an den Profit. Zwischen den Fronten eine junge Frau, die sich auf die Seite der Arbeiter schlägt. Tödliche Zwischenfälle und ihr unabdingbarer Wille, die Mißstände aufzudecken, bringen sie selbst in Gefahr. Doch sie gibt selbst dann nicht auf, als sie selbst zum Sterben verurteilt ist. Ist das alles nur eine böse Vision oder eine tödliche Realität? Nie zuvor wurde das Thema Strahlentod so realistisch in Szene gesetzt. (Concorde)
allg. Publikum

Der Preis fürs Überleben **V 450**
Video
atlas
s. Film

Das Problem ist der Mensch **V 451**
Agrargifteinsatz in Brasilien
Adrian; Elias; Lachmuth, BRD 1990
Video, Farbe, 45 min
EMZ 1, 2, 5-7, 10, 12, 13; EZEF

José, Landarbeiter in den Bergen des Bundesstaates Rio de Janeiro, arbeitet seit 40 Jahren auf den Feldern mit Agrargiften. Er hat zwar davon gehört, daß die Pestizide gefährlich sind, er selbst hält sich für immun dagegen. Der Informationsstand der Bevölkerung ist schlecht, deshalb wirkt auch eine im Vergleich mit der BRD in vielen Punkten strenge Umweltgesetzgebung wenig. Auf den Großfarmen werden kaum Schutzmaßnahmen gegen den giftigen Sprühnebel getroffen. Zu einzelnen Problemfeldern werden ein brasilianischer Umweltschützer, ein Politiker, ein Verbandsfunktionär und der Direktor einer deutschen Chemie-Firma befragt. (EZEF)

Ökomedia - Bewertung: brauchbar

Information	Realisation	Motivation
1,5 Punkte	2,5 Punkte	1,5 Punkte

Der Film wirbt für eine bessere Ausbildung der Landarbeiter, die mit Pestiziden und anderen Agro-Chemikalien täglich umgehen. Er spricht allerdings mit keinem Wort die Tatsache an, daß in der Dritten Welt viele Chemikalien eingesetzt und von deutschen Chemie-Werken exportiert werden, die in Deutschland längst verboten sind. Andere Anbaumethoden, die einen geringeren oder keinen Einsatz von Agro-Chemikalien notwendig machen, werden gar nicht erst erwähnt.

Projekt X **V 452**
Spielfilm
Kaplan, Jonathan, USA 1987
Video, Farbe, 104 min
Kaufkassette: Fox Video

Jimmy Garrett wird strafversetzt - vom Pilotenanwärten zum Teilnehmer an dem streng geheimen »Project X«: Schimpansen sollen als mögliche Piloten an Flugsimulatoren ausgebildet werden. Eines Tages entdeckt er, daß einer seiner besonders gelehrigen Rekruten sich mit ihm in Zeichensprache verständigen kann. Jetzt erst entdeckt er die ganze Wahrheit über »Project X«. Ein Wettlauf mit der Zeit beginnt. (Fox Video)
allg. Publikum

Pseudo Krupp - Kinder in Atemnot **V 453**
Medienoperative Berlin / Läpple, C., BRD 1985
Video, Farbe, 35 min
B.O.A.; EMZ 12; Medienwerkstatt Franken; Medienwerkstatt Freiburg; mob

Bei Pseudo Krupp entzünden sich die Schleimhäute von Kleinkindern und schwellen rasch an. Die plötzliche Enge im Kehlkopf führt zu akuter Atemnot. Das Kind ringt nach Luft, sein Husten klingt wie das Bellen eines Seehundes. Hier zeigen sich die Langzeitfolgen von dicker Luft und Smog. Kinder, Kranke und alte Menschen sind in wachsender Zahl von Atemleiden betroffen. Sie erkranken an Bronchitis, Lungenentzündung und Asthma. Der Film nennt Zahlen und Fakten und dokumentiert die sichtbaren Schäden an Mensch, Natur und Umwelt.
Spielszenen mit Schauspielern des Berliner Grips-Theater sind verknüpft mit Interviews, Original-Zitaten und Betroffenen-Berichten. Die Mischung aus Spiel und Realität versucht, mit dem Mittel der Collage die Sinne zu schärfen für eine Entwicklung, die die meisten immer wie-

der erfolgreich verdrängen: Wir zerstören unsere Existenzgrundlagen, indem wir uns die Luft zum Atmen verpesten. (Medienoperative)
allg. Publikum, Elterninitiativen

Ökomedia-Bewertung: wirksam

Information	Realisation	Motivation
3,0 Punkte	3,0 Punkte	3,0 Punkte

Gut recherchierter und engagierter Beitrag. Die Spielszenen sind gut gelungen.

Puma: Der Geist der Berge **V 454**
aus der Serie: World of Discovery
ABC / Kane Productions / Dutcher, Jim; Homocker, Morris, USA 1990
Video, Farbe, 56 min
Kaufkassette: Concorde-Video

Jim Dutcher und Morris Homocker, die führenden Wildlife-Filmer und Berglöwen-Experten, haben zwei Jahre in der Wildnis verbracht, um ein außergewöhnliches Porträt der Pumas zu zeichnen. Sie sind hautnah dabei, wenn dieser große Räuber auf Jagd geht, sich in der Wildnis orientiert und seine Jungen aufzieht. (Concorde-Video)
allg. Publikum

Ökomedia-Bewertung:

Informativer Film, aber die Forscherstory ist zu langatmig. Sehr schöne Aufnahmen von der Aufzucht der Jungen und von einer spannenden Hasen-Verfolgungsjagd.

Punktum **V 455**
Streitfall grüner Punkt
Jerger-Bachmann, Ilona, BRD 1992
Video, Farbe, 25 min
Evang. Fernsehen

Aktuellste Informationen zum Thema »Müllberge« und wie wir sie verkleinern können, jeder einzelne aber auch Städte und Kommunen. Interviews mit Peter Gauweiler (CSU), Georg Welsch, Kommunalreferent der Stadt München, und Peter Palatzky, Vertreter des Amtes für Abfallwirtschaft München. Dem Verbraucher ist er längst vertraut, der Grüne Punkt auf den Kunststoff-Verpackungen und Marmeladengläsern - die Industrie verspricht Recycling, die Zeitungen berichten von illegalen Mülltransporten nach Osteuropa und Fernost. Was der Grüne Punkt nun eigentlich ist und was er leistet im Kampf gegen die Müllberge und den Bau zusätzlicher Verbrennungsanlagen, weiß der Verbraucher in der Regel nicht. Der Film zeigt Anspruch und Widerspruch des Dualen Systems. (Evang. Fernsehen)
ab 14 Jahre, kirchl. Bildungsarbeit, Jugend- und Erwachsenenbildung

Pusteblume
* Peter auf Spurensuche
* Peter geht dem Wasser nach
* Peter stürmt den Gipfel
* Peter trickst mit Sonnenstrahlen
* Peter und der Müll
* Peter und der Riesenkürbis
* Peter und der Siebenschläfer

Qualität von Lebensmitteln - Was ist das? **V 456**
Video
FWU; LBS 1
s. Film

Quarup Sete Quedas **V 457**
Video
EMZ 2
s. Film

Rabi **V 458**
Spielfilm
Kaboré, Gaston, Burkina Faso 1992
Video, Farbe, 60 min
Medienpaket »Eine Welt für alle«
mit umfangr. Begleitmaterial
AGI

Es ist früh morgens im Busch und die Dorfbewohner fällen gerade Bäume, als

ein kleiner Junge, Rabi, auf einem Hügel über ihnen erscheint und sie für die Verwüstung, die sie anrichten, beschimpft. In der Zwischenzeit fährt Rabis Vater, Noufou der Schmied, mit seinem Fahrrad nach Ouagadougou, um die Tontöpfe, die seine Frau getöpfert hat, zu verkaufen. Er sieht eine Schildkröte auf dem Weg zu spät, versucht ihr auszuweichen, bremst, fällt hin und alle Töpfe zerbrechen. Er steht wütend auf. Aber nachdem er die lustige Seite der Situation erkennt, lacht er und hebt die Schildkörte auf, um sie für Rabi mit nach Hause zu nehmen.
Rabi ist der Schildkröte zugetan, aber gleichzeitig quält er sie auch. Wütend bringt der Vater die Schildkröte zurück in den Busch. Rabi ist niedergeschmettert. Er vertraut seine Enttäuschung seinem Großvater Pusga an, der ihm dann hilft, seine eigene Schildkröte zu finden.
Kaborés Film ist ein modernes Märchen, das traditionelle afrikanische Erzähltechniken verwendet. Der Film nimmt den Zuschauer mit auf eine geheimnisvolle Entdeckungsreise der Beziehungen, die Rabi mit der Schildkröte, mit seinem Vater, mit dem weisen alten Pusga und mit seinem Gewissen, aufbaut. »Respekt vor der Natur«, sagt Kaboré, »ist untrennbar von der kulturellen Wahrnehmung, von der Erziehung zu den fundamentalen Werten des Lebens, von der Philosophie, von Einbildungskraft und Mythologie.« (Moving Pictures Bulletin)

Ökomedia-Bewertung: wirksam

Information	Realisation	Motivation
	3,5 Punkte	3,5 Punkte

Ein ruhig erzählender, ästhetisch sehr ansprechender Spielfilm über die andere Seite Afrikas, die in den täglich abgegriffenen Bildern von Hunger, Dürre und Krieg auf der Strecke bleibt.

Die Rache der Krokodile **V 459**
aus der Serie: World of Discovery
ABC / Kane Productions / Donald, Jonathan, USA 1990
Video, Farbe, 56 min
Kaufkassette: Concorde-Video

Produzent Jonathan Donald verbrachte fast ein Jahr damit, die pfeilschnellen und furchtlosen Krokodile Australiens zu beobachten. Das Salzwasser-Krokodil wurde einst fast bis zur Ausrottung gejagt und ist eine der tödlichsten Kreaturen der Erde. Die Aufnahmen aus der Wildnis, kombiniert mit hautnahen Unterwasseraufnahmen und dramatischen Momenten werden Sie eine Stunde lang fesseln. (Concorde-Video)
allg. Publikum

Ökomedia-Bewertung: brauchbar

Information	Realisation	Motivation
2,2 Punkte	2,7 Punkte	2,7 Punkte

Auf Effekt getrimmte Szenen »bedienen« verbreitete Ängste vor Krokodilen. Die Story über Zucht und Forschung ist dagegen zu langatmig.

Die Rache der Natur **V 460**
Video
EMZ 5, 8, 13; LBS 13; LFD 2, 4
s. Film

Raspad - ein Öko-Thriller **V 461**
BRD 1991
Video, Farbe, 80 min
LFD 2; LISA

Dem Regisseur gelingt es, ein Panorama der Auflösung des »Kernzerfalls« zu zeichnen, in dem die Unbeschädigten zu Narren und die Zyniker zu Helden werden. Ein Film, der vor dem Hintergrund

des schrecklichen Reaktorunfalls in Tschernobyl die »Perestroika« nicht als Staatsakt einfordert, sondern ihre menschliche Dringlichkeit hautnah vermittelt. (LISA)
ab 10. Klasse

Reaktorsicherheit **V 462**
Video
Deutsches Atomforum; LBS 4, 10; LFD 1, 2, 4, 6, 9
s. Film

Recycling bei VW **V 463**
BRD 1991
Video, Farbe, 7 min
DFS; LFD 1, 2, 4, 5, 11, 12

Die Wiederverwendung von Rohstoffen bei der Herstellung von Industrieprodukten gewinnt immer stärker als wesentlicher Beitrag zum Umweltschutz an Bedeutung. Als erster Automobilhersteller hat Volkswagen beschlossen, sämtliche Fahrzeuge der neuen Generation des Golf kostenlos zurückzunehmen. Die Erprobung für das umfangreiche Recyclingvorhaben werden in diesem Film dargestellt.
allg. Publikum

Ökomedia-Bewertung: brauchbar

Information	Realisation	Motivation
1,7 Punkte	2,7 Punkte	2,0 Punkte

Recycling ist längst zum Zauberwort auch in der Autoindustrie geworden. Es fehlen in diesem Beitrag Informationen über das Wie und die Umweltbelastungen durch Recycling. Daß recycelt wird, ist eine zu dürftige Information.

Recycling - ein Thema mit Zukunft **V 464**
Mercedes Benz, BRD 1991
Video, Farbe, 9 min
LFD 2, 4, 11, 12

Recycling umfaßt bei Mercedes Benz Stahl, Kunststoffe, Thermoplast, Duroplast, Stoßfänger, Textilfasern, Altpapier, Batterien und Katalysatoren.
allg. Publikum

Ökomedia-Bewertung: brauchbar

Information	Realisation	Motivation
1,5 Punkte	2,7 Punkte	1,5 Punkte

Der Film bleibt an der glatten Werbeoberfläche. Sogar PVC-Recycling wird hochgelobt. Kein einziges Wort wird über die Umweltbelastungen durch die Wiederverwertung verloren.

Der Regenwald **V 465**
aus der Serie: National Geographic Video
National Geographic Society / Kane, Dennis B.; Skinner, Thomas; Hughes, David und Carol, USA 1983
Video, Farbe, 60 min
Kaufkassette: Concorde Video

Die tropischen Regenwälder dieser Erde beherbergen fast die Hälfte aller Tierarten dieser Welt - circa 5 Millionen verschiedene Lebensformen. Es ist faszinierend und spannend zugleich, wie sich die vielfältigsten Arten der üppigen, durch heftige Regenfälle wuchernden Umgebung anpassen. Reisen Sie mit uns in den dichten Regenwald von Costa Rica, beobachten Sie, wie die Blattschneide-Ameise Stücke transportiert, die hundertmal soviel wiegen wie sie selbst. Sehen Sie fragile Eidechsen leichtfüßig übers Wasser laufen, und schauen Sie den Brüllaffen beim Sonnenbad zu. Dieser Film ist eine eindrucksvolle Warnung, was wir in naher Zukunft verlieren werden, wenn die Menschheit den Regenwald weiter vernichtet. (Concorde Video)
allg. Publikum

Ökomedia-Bewertung: wirksam

Information	Realisation	Motivation
3,2 Punkte	3,5 Punkte	3,5 Punkte

Ein beeindruckender Naturfilm mit wunderbaren Bildern und Heinz Sielmann als Sprecher aus der renommierten Video-Reihe der National Geographic Society.

Dem Regenwald eine Chance V 466
Video
CRW; DFZ; LFD 1, 2, 4, 6, 9-13
s. Film

Das Reich der Schlangen V 467
aus der Serie: World of Discovery
ABC / Kane Productions, Australien 1990
Video, Farbe, 48 min
Kaufkassette: Concorde-Video

Die Wildlife-Kameras dringen in die entferntesten Winkel unserer Erde vor, um das Geheimnis eines außergewöhnlichen Reptils zu lüften. Vom Menschen gefürchtet, ist die Schlange immer noch wesentlicher Bestandteil vieler Kulturen und Religionen dieser Welt. Werden Sie Zeuge exklusiver Detailaufnahmen und erleben Sie selbst, was die Schlangen zum mystischen Biest macht. (Concorde-Video)
allg. Publikum

Ökomedia-Bewertung: wirksam

Information	Realisation	Motivation
3,2 Punkte	3,2 Punkte	3,2 Punkte

Von der Bibel bis ins heutige Amerika: Schlangen in ihrer Bedeutung für die Menschen, aber auch Schlangen in der Natur. Beeindruckende Bilder.

Reifenrecycling - eine dringende Notwendigkeit V 468
aus der Serie: Aus Alt mach Neu
BRD 1987
Video, Farbe, 25 min
LBS 4, 6, 14

Der Film zeigt Möglichkeiten zur Entsorgung von Altreifen: Runderneuerung, Verbrennung zur Energiegewinnung, Pyrolyse. Das komplizierte Verfahren der Runderneuerung wird ausführlich dargestellt. (LFD 4)
ab 11. Klasse

Restrisiko oder die Arroganz der Macht V 469
Video
B.O.A.; Denkmal-Film; DMZ
s. Film

Rette Deine Nordsee
s. Mensch - rette Deine Nordsee

Rettet den Panda V 470
aus der Serie: National Geographic Video
National Geographic Society / Kane, Dennis B.; Skinner, Thomas; Hughes, David und Carol, USA 1983
Video, Farbe, 60 min
Kaufkassette: Concorde Video

Hoch in den bambusbewachsenen Bergketten Zentral-Chinas lebt der scheue, vom Aussterben bedrohte Panda. Durch klimatische Veränderungen und menschlichen Einfluß hat sich seine Anzahl erschreckend vermindert. Durch nahezu undurchdringliche Bambuswälder verfolgen Wissenschaftler diese seltene Spezies. Ziel ist nicht nur die Pandas zu erforschen, sondern letztlich ihre Überle-

benschance zu vergrößern. (Concorde Video)
allg. Publikum

Rettet die Wale **V 471**
Video
EMZ 8; Greenpeace; LBS 2, 6, 7, 10, 13
s. Film

Rettung für bedrohte Tiere **V 472**
Kubiak, Theo, BRD
Video, Farbe, 30 min
Kubiak

Jäger finanzieren nicht nur mit erheblichen Mitteln die Forschung zur Rettung vom Aussterben bedrohter Tiere, sie setzen die Forschungsergebnisse auch in die Praxis um. Am Beispiel von Seehund, Fischotter, Auer- und Birkwild wird verdeutlicht, welcher Aufwand notwendig ist und welche Arbeitsleistung Jäger freiwillig erbringen, um bedrohte Tiere vor dem Aussterben zu bewahren. (Kubiak)
allg. Publikum

Rheinsberg - Kleinstadt im Aufbruch **V 473**
Fön e.V. / Greschner, Uta, BRD 1992
Video, Farbe, 13 min
FÖN; LaUB

1990 beschloß die Tucholsky-Stadt Rheinsberg ein langfristiges Konzept zur Schadstoffreduzierung und Energieeinsparung und bewarb sich damit an der Ausschreibung des dänischen Energieministeriums und des Brandenburger Umweltministeriums als Brundtland-Modell-Stadt. Der Film zeigt, wie die geschichtsträchtige Kleinstadt in der Mark, die ersten Schritte auf den Weg dorthin meistert, denn sie wurde von über 30 brandenburger Kleinstädten für den Modellversuch erwählt.
Der Film schildert wie, entgegen sonstiger Gewohnheit in ostdeutschen Kommunen, tatsächlich auch das örtliche Handwerk in diesen Prozeß mit einbezogen ist, aber auch welche Schwierigkeiten es dabei noch zu überwinden gilt. (Fön)
allg. Publikum

Rhino Footage **V 474**
WWF
Video, Farbe, engl. Orig., 12 min
WWF

Bedrohung des Nashorns; Wilderei. (WWF)
allg. Publikum

Ried / Rieth **V 475**
Burckel, C.; Lambinet; Steimer, F., Frankreich 1987
Video, Farbe, 23 min, französ. Original
LBS 1; LFD 2, 3, 5

Das elsässische Ried ist eine von Menschen geschaffene Landschaft und gekennzeichnet durch die Anwesenheit des Wassers. Nachdem Fauna und Flora des Ried vorgestellt sind, erörtert der Film das Problem des völlig erschöpften ökologischen Gleichgewichts in den 50er und 60er Jahren.

Rio Negro: Weißer Sand - schwarzes Wasser **V 476**
Video, Farbe, 48 min
Kaufkassette: Schauinsland

Erleben Sie die Wildnis und ihre Tierwelt von den Quellflüssen des Guyanischen Hochlandes bis zur Vereinigung des Rio Negro mit dem Amazonas. Einige Hauptdarsteller dieses Filmes sind Süßwasser-Delphine, Papageien-Schlangen und rotköpfige Truthähne. Die Natur hat hier eine delikate Balance geschaffen, die von den Einheimischen am Rio Negro vehement geschützt wird. (Schauinsland)
allg. Publikum

Robben und Seevögel **V 477**
aus der Serie: Zauber der Tierwelt
Kramer, Christel; Kramer, Karl-Heinz, BRD
Video, Farbe, 30 min
Kaufkassette: Falken-Video

Auch heute noch läßt die Tierwelt Europas so manche Frage unbeantwortet. Das Verhalten der Kegelrobben und Baßtölpel etwa, die in verschiedenen Regionen der britischen Inseln beheimatet sind, gibt den Forschern Rätsel auf. Dem Bassrock, einer karstigen Felseninsel an der Nordküste Schottlands, verdanken, die Baßtölpel ihren Namen. Ein geheimnisvoller Instinkt treibt die Kegelrobben an die Küste der nordenglischen Grafschaft Northumberland. Der Videofilm zeigt das geheimnisvolle Leben der beiden Tierarten. (Falken-Verlag)
allg. Publikum

Ökomedia-Bewertung: brauchbar

Information	Realisation	Motivation
2,2 Punkte	2 Punkte	2 Punkte

Durchgehender Kommentarfilm ohne Dramaturgie und ohne rechten Spannungsbogen.

Robozoff **V 478**
Video
KFW; KMZ 7; LFD 11; L.I.S.A
s. Film

Rocky Mountains, Wälder und Prärien: Nordamerika - Letzte Wildnisse Kanadas **V 479**
aus der Serie: Sielmann 2000 - Rückkehr in die Zukunft
Sielmann, Heinz, BRD 1992
Video, Farbe, 47 min
Kaufkassette: Sony Music Entertainment

In den großen zusammenhängenden Naturschutzgebieten von Jasper und Banff ist das Tierleben noch so wie zu den Zeiten, als der erste weiße Mann das Land betrat: Elche, Braunbären und Schwarzbären leben hier, Bergschafe und Wapitis durchziehen die Hügel und Wälder, auch Luchse, Wölfe und Biber gibt es in natürlicher Umgebung. »An keiner anderen Stelle auf der Erde gibt es mehr Bären zu sehen als am McNeal River. Drei Tage filmten wir wie besessen.« (Sony Music Entertainment)
allg. Publikum

Ökomedia-Bewertung: wirksam

Information	Realisation	Motivation
3,2 Punkte	3,2 Punkte	3,2 Punkte

Zuerst schöne Natur- und Tieraufnahmen von Bisons, Elchen, Bibern, Wölfen usw. Dann die Zerstörung durch das »Kettensägen-Massaker« einer katastrophalen Holzwirtschaft. Informativer Beitrag.

The Road Stops Here - The Cutting Stops Here **V 480**
Kanada 1991
Video, Farbe, engl. Original, 25 min
Pro Regenwald

Widerstand im Carmanah Valley: Blockaden, Verhaftungen und andere Widerstandsformen gegen den Kahlschlag durch die Holzindustrie. (Pro Regenwald)
allg. Publikum

Rubicon **V 481**
Die tödliche Bedrohung
Spielfilm
Rísan, Leidulv, Norwegen 1987
Video, Farbe, 90 min
atlas, LBS 13

An der Küste Norwegens treibt führerlos ein Geisterschiff. Von der Besatzung keine Spur. Die Menschen im Küstengebiet sterben an einer mysteriösen Krankheit. Verendete Seevögel und tote Robben werden an Land gespült. Die Behörden schweigen sich aus, vertuschen. Die

Küste wird zum militärischen Sperrgebiet erklärt. Doch einer ahnt die schreckliche Wahrheit. (atlas)
Es handelt sich um einen Atomunfall. Doch das Militär versucht mit allen Mittel, die Entdeckung des Unfalls zu verhindern. (LBS 13)
allg. Publikum

Ökomedia-Bewertung: wirksam

Information	Realisation	Motivation
	2,8 Punkte	2,6 Punkte

Krimi mit viel Spannung, aber zum Teil unglaubwürdigen Inhalten.

Rückkehr der Seelefanten **V 482**
(Return to the Elephant-Seal)
USA 1987
Video, Farbe, 14 min
LBS 7

Die einsamen Inseln vor der kalifornischen Küste sind die Heimat der Seelefanten, des größten Meeressäugetiers der Welt, das seinen Nachwuchs an Land bekommt. Mit einem Gewicht von bis zu 6.000 Pfund ist diese gewaltige Robbenart wegen ihrer öligen Speckschicht gnadenlos abgeschlachtet worden, und im Jahre 1860 glaubte man bereits, sie sei ausgestorben. Wie durch ein Wunder hat eine kleine Kolonie dieser Tiere auf der einsamen Insel Guadalupe überlebt. (LBS 7)
ab 12 Jahren

Die Saat des Fortschritts **V 483**
oder das Ende der Entwicklung
Video
Con; LZNW
s. Film

Saat des Reichtums, **V 484**
Saat des Elends
(Seeds of Plenty, Seeds of Despair)
Datta, Manjira, Indien 1992
Video, Farbe, 52 min
Medienpaket »Eine Welt für alle«
mit umfangr. Begleitmaterial
AGI*; Medienwerkstatt Freiburg*

»Die Grüne Revolution ersetzte Hoffnungslosigkeit durch Hoffnung, Nahrungsmittelknappheit durch überfüllte Kornkammern und Hunger durch Nahrungsmittelüberfluß«, behauptet Dr. Norman Borlaug, der den Nobelpreis für seine historische Rolle in der Wiederbelebung der Landwirtschaft in Entwicklungsländern erhalten hat. Der Grünen Revolution sei es zu verdanken, daß Indien nicht länger als ein hoffnungsloser Fall in der Dritten Welt angesehen wird. Sie gilt als eine der erfolgreichsten Entwicklungsstrategien des 20. Jahrhunderts.
Aber 25 Jahre später fragt der Dokumentarfilm von Manjira Datta schonungslos, wer der eigentliche Nutznießer der Grünen Revolution war. Der arme Kleinbauer? Der reiche Großbauer? Oder die multi-nationalen Firmen? Und welchen Schaden hat die Grüne Revolution der sozialen Struktur und der Ökologie der Drittweltländer zugefügt?
Der Film deckt die dunklere und problematischere Seite der Grünen Revolution auf, die größtenteils von der westlichen Berichterstattung ignoriert wurde. In Indien hat sie dazu beigetragen, daß eine neue Leibeigenenklasse entstand, und die großartigen Erträge der ersten Jahre sind infolge von ausgelaugten, pestizidvergifteten Böden und der Verwendung von kurzlebigen Hybridweizensorten dra-

matisch zurückgegangen. (Moving Pictures Bulletin)
allg. Publikum

Ökomedia-Bewertung: wirksam

Information	Realisation	Motivation
3,8 Punkte	3,2 Punkte	3,2 Punkte

Eine Abrechnung mit der grünen Revolution aus indischer Perspektive, die inhaltlich nichts zu wünschen übrig läßt, formal jedoch stellenweise zu komplex und sprunghaft aufbereitet ist.

Sachkundiger Pflanzenschutz V 485
Was kann der Land- und Forstwirt zu ihrem Schutz tun?
AID, BRD 1989
Video, Farbe, 14 min
mit Begleitmaterial
AID

Der Film will ausgewählte Inhalte zur Sachkunde im Pflanzenschutz vermitteln, die Lernbereitschaft fördern und dazu beitragen, vorhandene Kenntnisse aufzufrischen und sachkundig in die Praxis umzusetzen. Gezeigt werden die Planung einer Pflanzenschutzmaßnahme sowie der sachkundige Umgang mit Produkt und Gerät am Beispiel der Anwendung von Pflanzenschutzmitteln mit Feldspritzgeräten. (AID)
landwirtschaftl. Gruppen

Sachkundiger Pflanzenschutz im Weinbau V 486
AID, BRD 1992
Video, Farbe, 16 min
mit Begleitmaterial
AID

Der Film zeigt die verschiedenen Maßnahmen des integrierten Pflanzenschutzes einschließlich der Planung und Durchführung einer chemischen Pflanzenschutzmaßnahme. Besonderes Gewicht wird dabei auf den richtigen Umgang mit Produkt und Gerät gelegt. Darüber hinaus werden die Möglichkeiten einer zeitgemäßen Pflanzenschutztechnik - verbesserte Gebläsebauarten, Zweistoffapplikation und Recyclinggeräte - für einen umweltverträglichen Weinbau dargestellt und erläutert. (AID)
Winzer, landwirtschaftl. Gruppen

Säubern im Sumpf V 487
Video
EMZ 1, 2, 7, 8, 10-13; KMZ 13; LBS 1, 4, 7, 8, 10, 12, 13, 14; LFD 4; LISA; Weitzel
s. Stilles Wasser
s. Film

Safety first V 488
Video
BASF; DFS; LBS 1
s. Film

Salar, der Lachs V 489
Trickfilm
1987
Video, Farbe, 48 min
FWU; LBS 1, 5, 8

Mittels differenzierter Montage und emotional ansprechender Bildfolgen fördert der Zeichentrickfilm die Wahrnehmung von Naturschönheit und vermittelt Informationen über ökologische Zusammenhänge am Beispiel des Artverhaltens der Lachse. Der spannende Lebenslauf des Lachses Salar dient als Erzählfaden.

Salat vom Dach V 490
Video
KMZ 19; LBS 4, 7, 13, 14; Weitzel
s. Film

Salto mortale **V 491**
Bauern ohne Zukunft, Zukunft ohne Bauern
Evang. Fernsehen / Klütsch, Friedrich, BRD 1992
Video, Farbe, 24 min
Evang. Fernsehen

Sie konkurrieren auf einem erbarmungslosen internationalen Markt, sie kämpfen mit gesetzlichen Auflagen und bürokratischen Hindernissen. Sie gelten als rückständig und unflexibel. Ihnen wird verantwortungslose Überproduktion, Raubbau an den natürlichen Ressourcen und unersättlicher Subventionshunger zur Last gelegt. Es grenzt an ein Wunder, daß es trotz alledem noch Landwirte gibt, die die scheinbar ausweglose Situation mit neuen und ungewöhnlichen Konzepten meistern wollen. Der Film stellt einige von ihnen vor. In Gesprächsbeiträgen werden das neue Bild des Bauern umrissen und seine Überlebenschancen bewertet. (Evang. Fernsehen)
ab 14 Jahre, Jugend- und Erwachsenenbildung

Salzwiesen - Lebensraum zwischen Land und Meer **V 492**
Heidt, Rolf auf der, BRD 1989
Video, Farbe, 28 min
LBS 8

Der Film zeigt alle Aspekte der Entwicklungsstufen der charakteristischen Salzwiesenvegetation und der verschiedenen Salzwiesentypen im Nationalpark. Außerdem wird die Bedeutung der Salzwiesen für viele Insekten- und Vogelarten dargestellt. (LBS 8)
ab 7. Klasse

Ökomedia-Bewertung: brauchbar

Information	Realisation	Motivation
2,6 Punkte	2,0 Punkte	2,0 Punkte

Ein eher langatmiges Porträt der Salzwiese mit ihren Tieren und Pflanzen mit Informationen über eine Art »Salzwiesen-Management« der Nationalparkverwaltung.

Der Samenkrieg **V 493**
Video
EMZ 10, 11, 13
s. Film

Samson & Sally **V 494**
Video
atlas; EMZ 4, 7, 10, 11, 13; KMZ 2, 6, 10, 13, 18; LBS 3, 6, 9, 12-13; LFD 1, 5, 7; LISA; Kaufkassette; Schauinsland
s. Film

Samstag, 15 Uhr **V 495**
Video
AID; Frey Film; LBS 4, 7, 10
s. Film

Die sanften Riesen dürfen nicht sterben: Afrika - die Nebelwälder Zentralafrikas **V 496**
aus der Serie: Sielmann 2000 - Rückkehr in die Zukunft
RTL / Sielmann, Heinz, BRD 1991
Video, Farbe, 47 min
Kaufkassette: Sony Music Entertainment

Begleiten Sie Heinz Sielmann in die unwegsamen Gebiete der zentralafrikanischen Nebelwälder auf der Suche nach den sagenumwobenen Berg-Gorillas. Durch 15 Meter hohe Farndickichte führte diese Expedition bis in 3.000 Meter Höhe - zwischen den Vulkanen Mikeno und Karisimbi hindurch zu den sanften Riesen. (Sony Music Entertainment)
allg. Publikum

Ökomedia-Bewertung: wirksam

Information	Realisation	Motivation
3 Punkte	3 Punkte	3 Punkte

Das Konzept, »damals« mit »heute« zu kontrastieren, wird durch die Bilder nicht deutlich genug. Das leistet eher der

Kommentar Sielmanns. Die Musik ist nervig. Trotzdem: informativer und interessanter Beitrag.

Sanfter Strom für Sumatra **V 497**
Woywod, Wolfgang, BRD 1987
Video, Farbe, 26 min
Brot für die Welt; Diakonische Werke Schaumburg-Lippe / Lübeck; EMZ 1-8, 10-13; EZEF

Der Film beschreibt ein von »Brot für die Welt« gefördertes Projekt zur Wasserversorgung. Durch angepaßte Technologie werden Kleinkraftbetriebe von Dorfbewohnern in eigener Arbeit erstellt. (EZEF)
allg. Publikum, Dritte-Welt-Gruppen; Entwicklungshelfer

Der sanfte Weg: **V 498**
Alternative Energien
Udeo, Schweiz 1984
Video, Farbe, 24 min
EMZ 2

Der Film berichtet über alternative Energien in der Schweiz, darüber, wie Sonnenkollektor-Anlagen, Windkraft, Wasserkraft, Holzgas, Biogas, Geothermie und Erdwärme genutzt werden. Dem gegenüber steht der »harte Weg« mit seinem Energiekonsum und beispielsweise der Abgabe von radioaktiven Schadstoffen durch Atomkraftwerke. (EMZ 2)
Sekundarstufe II, Jugend- und Erwachsenenbildung

Ökomedia-Bewertung: wirksam

Information	Realisation	Motivation
3,0 Punkte	2,5 Punkte	2,8 Punkte

Etwas zu brav geratene Dokumentation über regenerative Energien mit vielen wichtigen Informationen. Die Kamera ist sehr schön, aber der Aufbau des Beitrags - eine Aufzählung - ist zu wenig spannend, zu wenig gestaltet. Auf das besinnliche Schlußreferat hätte man besser verzichtet.

Saurer Regen - **V 499**
Die Spitze eines Eisbergs
Video
LBS 13
s. Film

Savannen - **V 500**
Grasländer der Tropen
Video
LBS 7; Praxis Unterrichtsfilm
s. Film

Schach den Schädlingsplagen **V 501**
Video
EMZ 10; FWU; LBS 1-14; LFD 7; LZNW; Weitzel
s. Film

Schätze aus glühender Sonne **V 502**
aus der Serie: Der wunderbare Planet
1990
Video, Farbe, 45 min
EMZ 2; LFD 2; LBS 1, 7; Kaufkassette: DuMont; Schauinsland

Die Lagerstätten bestimmter Mineralien entstanden mit der Gebirgsauffaltung durch die Kollission der Kontinentalplatten. Kupfer gelangte so aus dem glutflüssigen Erdinneren an die Oberfläche. (LFD 2)
allg. Publikum

Der Schauinsland - **V 503**
Ein Berg kommt zur Ruhe
Hamm, Horst; Knott, Heidi, BRD 1991
Video, Farbe, 11 min
LBS 1; Sharara Film

Freiburgs Hausberg, der Schauinsland, gehört zu den touristisch am stärksten belasteten Regionen im Schwarzwald. An schönen Sonntagen und zur Ferienzeit fahren täglich über 3.000 Autos und mehr

als 10.000 Besucher zum Gipfel. Die Folgen sind verheerend: der Wald stirbt, Wege und Wiesen werden ausgetreten, die Erosion schreitet immer schneller voran. Kurz, der Berg ist dem Besucheransturm nicht gewachsen.
Der Film zeigt nicht nur die Schäden am Schauinsland, sondern vor allem, daß einzelne Tourismus-Regionen längst dabei sind, den Erhalt ihrer Ferienlandschaft aktiv zu betreiben. In der Schweiz haben sich neun Gemeinden zur GAST, zur »Gemeinschaft autofreier Schweizer Tourismusorte« zusammengeschlossen. Und auf der Seiser Alm in Südtirol wurden gar 50 Quadratkilometer vollends für den Autoverkehr gesperrt.
Am Schauinsland sind nun die Stadt Freiburg und der Landkreis Breisgau-Hochschwarzwald dabei, nach Südtiroler Vorbild einen Naturerholungsraum zu schaffen, in dem der Kurzzeittourismus zum Wohle von Natur und Urlaubern zurückgedrängt werden soll. Erstmals würde damit in Deutschland ein verkehrsmäßig gut erschlossenes Gebiet großflächig zur Ferienregion zurückgewonnen. Der Schauinsland würde zur Attraktion der großen Besuchermehrheit, die ohnehin eine Verbesserung des Landschaftsschutzes wünscht. (Sharara Film)
all. Publikum

Die Schmerzen der Lausitz **V 504**
Rocha, Peter, DDR 1990
Video, Farbe, 60 min
LaUB

»Schmerzen der Lausitz« ist der dritte Teil eines Filmzyklus, ein Film-Essay, der in seinen Bildern und Gedanken das Ausmaß der Verwüstung der Lausitz zeigt - herbeigeführt durch eine verfehlte Energiepolitik. Tragisch sind die menschlichen Umstände. Der sorbische Schriftsteller Jurij Koch bezeichnet den geschaffenen Tatbestand als Teil eines Ethnozids. Unmittelbar Betroffene dieser Situation in der Lausitz sprechen über die eigene Situation, so der Baggerfahrer und Liedermacher Gerhard Gundermann, der Schriftsteller Jurij Koch sowie der Bruder des Schriftstellers Strittmatter. (DEFA)
Ausgezeichnet mit dem »Förderpreis der Stadt Freiburg« auf der Ökomedia '90.

Ökomedia-Bewertung: wirksam

Information	Realisation	Motivation
3,2 Punkte	3,2 Punkte	3,2 Punkte

Gedreht auf 35-mm ist dieser Dokumentarfilm derzeit nur als Video erhältlich, weil er wie viele andere DEFA-Filme von der Treuhand noch nicht freigegeben wurde. Mit gutem Auge und langen Kameraeinstellungen zeigt der Film die Zerstörung in der Lausitz durch den Braunkohletagebau: Zu DDR-Zeiten ist hier von der Öffentlichkeit nicht bemerkt ein leiser Genozid an den dort lebenden Sorben verübt worden: mit der Landschaft sind die Menschen und mit ihnen ihre Kultur verschwunden.

Schmetterlinge **V 505**
Video
LZNW
s. Films

Der Schmetterlinge Liebesgrüße **V 506**
Video
AID; BASF; DFS; DIZ; Intermedia
s. Film

Die Schmuddelkinder **V 507**
aus der Serie: Beispiele machen Schule
SWF / LBS 11, BRD 1990
Video, Farbe, 29 min
LBS 11

Der hier vorliegende Beitrag aus der Reihe »Beispiele machen Schule« zeigt, wie Umwelterziehung über verschiedene Fächer und Klassenstufen hinweg ein Unterrichtsprinzip werden kann, das eine

Schule innerlich und äußerlich verändert. Eine Vielzahl von Projekten zum Thema »Umwelterziehung« werden vorgestellt und zur Nachahmung empfohlen. (LBS 11)

Schneeaffen in Japan **V 508**
aus der Serie: Tiere vor der Kamera
BR / Arendt, Ernst; Schweiger, Hans, BRD
Video, Farbe, 45 min
BUND; Kaufkassette: Screen Entertainment

Den harten Lebensbedingungen des Bergwinters in den japanischen Alpen haben sich die Rotgesichtsmakaken oder Schneeaffen angepaßt. In herrlichen Bildern sind die Nahrungssuche der Makaken bei dichtem Schneetreiben und das Spiel der Jungen festgehalten. Ungewöhnliche Aufnahmen zeigen diese intelligente Affenart beim Baden im heißen Vulkanwasser. Doch die Idylle ist bedroht: Durch Umweltvergiftung kommen immer häufiger Rotgesichtsmakaken geschädigt zur Welt. (Screen Entertainment)
allg. Publikum

Der schnelle Sommer der Eisfüchse **V 509**
aus der Serie: Tiere vor der Kamera
BR / Arendt, Ernst; Schweiger, Hans, BRD
Video, Farbe, 45 min
BUND; Kaufkassette: Screen Entertainment

Einen Sommer lang - von Juni bis August - beobachten die Filmemacher in der arktischen Tundra des nördlichen Alaska die Eisfüchse, deren dichtes, weißes Winterfell als Weiß- und Blaufuchspelz angeboten wird. Bei Sommerbeginn färbt sich das Fell der Eisfüchse beige-braun. Zugvögel treffen in den endlosen, einsamen Weiten ein, und Teiche und Sümpfe sind von Leben erfüllt. Bezaubernde und turbulente Szenen zeigen das Familienleben und das Heranwachsen der überaus lebhaften und drolligen Eisfuchskinder. (Screen Entertainment)
allg. Publikum

Ökomedia-Bewertung: wirksam

Information	Realisation	Motivation
3 Punkte	3 Punkte	3 Punkte

Gutes Tierporträt mit schönen Bildern und vielen Informationen.

Der schnellste Vogel im wilden Westen **V 510**
aus der Serie: Tiere vor der Kamera
BR / Arendt, Ernst; Schweiger, Hans, BRD
Video, Farbe, 45 min
BUND; Kaufkassette: Screen Entertainment

In den Halbwüsten Arizonas lebt der Rennkuckuck, jener liebenswerte und ulkige Vogel, der zu Fuß blitzschnell ist, aber nicht besonders gut fliegen kann. Als Zeichentrickfigur erlangte der »Roadrunner« Weltruhm. Der Film zeigt einzigartige und dramatische Aufnahmen über Balzverhalten, Paarung, Nestbau, Jagd auf Eidechsen und den Kampf mit einer Klapperschlange, ergänzt um faszinierende Bilder vom Lebensraum dieses Vogels. (Screen Entertainment)
allg. Publikum

Schöne Aussichten für Langerwisch **V 511**
Hällfritzsch, Rainer; Hemberger, Uli, BRD 1991
Video, Farbe, 30 min
WIM

Der Film dokumentiert während eines Jahres die Diskussion der Bewohner von Langerwisch um die Entwicklung des Ortes. Der im Mai 1990 gewählte Ge-

meinderat übernahm das Konzept »Ökologische Dorfentwicklung«. Doch wie in fast allen Gemeinden lähmen ungeklärte Eigentumsfragen, drohende Betriebsschließungen und die unsichere Perspektive der Landwirtschaft die Veränderungsprozesse. (WIM)
allg. Publikum

Ökomedia-Bewertung: brauchbar

Information	Realisation	Motivation
2,0 Punkte	2,0 Punkte	2,0 Punkte

Langatmiger, ziemlich konzeptloser Film über ein Dorf Brandenburgs in der Wendezeit. Auch technisch schlecht.

Das schöne Ende dieser Welt V 512
Video
atlas; LBS 13; Starlight-Film
s. Film

Das Schuldenspiel V 513
Coutinho, Edouardo; Ceccon, Claudius, Brasilien 1990
Video, Farbe, 58 min
mit umfangr. Begleitmaterial
AGI; *EMZ 2, 8, 10, 12, 14-18*

Die Dokumentation zeichnet die Geschichte der wirtschaftlichen Abhängigkeit und Ausbeutung Brasiliens nach. Sie beginnt mit der Kolonisierung des Landes und reicht bis zur gegenwärtigen Schuldenkrise. Eingeteilt in fünf Kapitel wird der Weg in die Verschuldung und die internationale Verflechtung der Problematik aufgezeigt, veranschaulicht anhand von dokumentarischem Material, Ausschnitten aus älteren Spielfilmen sowie mit inszenierten Szenen und Cartoons. Brasilien sieht sich heute weniger denn je in der Lage, seine Schulden zu bezahlen - genau wie der übrige lateinamerikanische Kontinent. Am Ende des Films werden in diesem Zusammenhang denn auch klare Forderungen an die Adresse Europas und die USA formuliert. (AGI)
allg. Publikum

Schutzschild Atmosphäre V 514
aus der Serie: Der wunderbare Planet
NHK Enterprises, Japan 1990
Video, Farbe, 45 min
EMZ 2; LBS 1; LFD 2; LISA

Die Ozonschicht, das Schutzschild der Erde entwickelte sich im Laufe von Jahrmillionen und absorbiert einen Großteil der lebenzerstörenden UV-Strahlung. Der Film erläutert ausführlich die einzelnen Schichten der Atmosphäre und ihre Funktion. Am Beispiel der Pazifikatolle läßt sich im Zeitraffer die Wolkenbildung verfolgen. Wetterkatastrophen signalisieren, wie empfindlich die Schutzhülle Atmosphäre reagiert und daß jede Störung dieses Gleichgewichts das Leben aller Arten bedroht. (LISA)
allg. Publikum

Schwarzer Regen V 515
Video
atlas; KMZ 6, 10; LFD 2, 3, 6
s. Film

Die schwarze Stadt V 516
Ettlich, Wolfgang; Mandl, Harald, BRD 1991
Video, Farbe, 27 min
LFD 2; Mediengruppe Schwabing

Blei, Schwefel und Ruß. Todbringender Schmutz. Auf der Haut, in der Lunge, in der Nahrung. Das ist Copsa Mica in Rumänien, die schwarze Stadt, in der 13.000 Menschen leben. Die Menschen sind Opfer einer verrotteten Industrie. Fabriken und ein Schwermetallwerk vergiften die Region mit einem öligen, schwarzen Film, der alles überzieht.
allg. Publikum

Ökomedia-Bewertung: wirksam

Information	Realisation	Motivation
3,5 Punkte	3,3 Punkte	3,5 Punkte

Das ganze Elend Rumäniens kommt zum Ausdruck: ein beeindruckendes Dokument darüber, wie wenig Menschen zählten, angesichts real-sozialistischer Industrieproduktion um jeden Preis.

Schwebfliegen **V 517**
Beck, Wolfgang, BRD
Video, Farbe, 12 min
Tobifo

Die nahezu 400 in Deutschland vorkommenden Schwebfliegen verstehen es meisterlich, sich zu tarnen. Durch ihre Bienen, Hummeln und Wespen immitierende Körperzeichnung sind sie vor Vögeln und anderen Insektenfressern gut geschützt. Der Film zeigt die Schwebfliegen in ihren Lebenszusammenhängen. (Tobifo)
5.-10. Klasse

Ökomedia-Bewertung: brauchbar

Information	Realisation	Motivation
2,7 Punkte	2,2 Punkte	2,0 Punkte

Informatives Tierporträt mit schönen Bildern, aber monotonem wissenschaftlichem Kommentar. Die Bedrohung der Art wird nicht angesprochen, ökologische Zusammenhänge nicht hergestellt.

Schweigende Safari **V 518**
Elefant, Zebra, Löwe, Gepard, Giraffe
Chermayeff, P. u. J., USA 1971
Video, Farbe, 5 x 10 min
Imbild

Der Film zeigt den Lebensraum und die ursprüngliche Lebensweise der fünf afrikanschen Wildtierarten. Die Filme wurden unter natürlichen Bedingungen in Reservaten aufgenommen. Kommentare und musikalische Untermalung wurden bewußt unterlassen, um mit dem Effekt der naturhaften, ursprünglichen Geräusche dem Zuschauer ein besonders eindringliches Bild zu vermitteln und die eigene Beobachtung zu schulen. (Imbild)
ab 6 Jahren

Ökomedia-Bewertung: wirksam

Information	Realisation	Motivation
	3,0 Punkte	3,0 Punkte

Fünf Filme bieten Tierporträts alleine über Bilder, ohne ein Wort Kommentar. Die Kinder können beobachten und selber in Worte fassen, was sie sehen.

Der Seehund **V 519**
aus der Serie: Bedrohte Tierwelt
FWU / NDR, BRD 1991
Video, Farbe, 14 min
FWU; LBS 5

Der Film zeigt die amphibische Lebensweise der Seehunde im Wattenmeer. Die Morphologie der Tiere und Teile ihres Verhaltensrepertoires an Land und im Wasser werden dargestellt. Darüber hinaus stellt der Film die Seehunde des Wattenmeeres exemplarisch als eine stark gefährdete Tierart vor, verdeutlicht die Ursachen ihrer Gefährdung und weist Wege zu einem effektiven Seehund- und Wattenmeerschutz. Diese speziellen Aussagen können im Unterricht verallgemeinert und auf andere Arten und Biotope bzw. Ökosysteme übertragen werden. Sie verdeutlichen die Notwendigkeit, zu einem grundsätzlichen Schutz von Lebensräumen zu gelangen. (FWU)
Sekundarstufe I (5.-9. Schuljahr), Jugendbildung

Ökomedia - Bewertung: wirksam

Information	Realisation	Motivation
3,0 Punkte	3,0 Punkte	3,0 Punkte

Informativer, anschaulicher Beitrag über die Bedrohung der Seehunde.

Sehnsucht nach Bitterfeld **V 520**
Video
AG Kofi
s. Film

Septemberweizen **V 521**
Video
B.O.A.; EMZ 2, 3, 7, 8, 11; KMZ 6, 7, 10; LBS 7; LFD 2, 4; Medienwerkstatt Freiburg; Medienzentrum Ruhr
s. Film

Serengeti darf nicht sterben **V 522**
Video
Kaufkassette: Concorde-Video, Schauinsland
s. Film

Siegfried Sorglos und der Müll **V 523**
Stiftung Verbraucherinstitut Berlin, BRD 1989
Video, Farbe, 21 min
s. TB
LBS 1, 2, 7, 10, 11, 14

Eine Ton-Dia-Schau auf Video: Siegfried Sorglos, ein Normalbürger, der seinen Müll produziert, wird mit Fragen konfrontiert: Wohin mit dem Müll? Wie läßt sich Müll vermeiden? Man beschränkt sich auf zwei Hauptprobleme, auf die Masse des Mülls und den stark schadstoffhaltigen Müll. (LBS 7)
ab 12 Jahren

Sielmann 2000 - **V 524**
Rückkehr in die Zukunft
* Europa - Die Brücken des Vogelzuges
* Im Tierparadies der Arktis: Nordamerika - An den Küsten des Eismeeres
* Koalas klagen an: Australien - Die Buschwildnis Australiens
* Rocky Mountains, Wälder und Prärien: Nordamerika - Letzte Wildnis Kanadas
* Die sanften Riesen dürfen nicht sterben: Afrika - Die Nebelwälder Zentralafrikas
* Sturm auf den Garten Eden: Galapagos - Die Arche im Pazifik
* Tierwunder und bedrohte Wildnis: Südamerika - Wildnis am Äquator
* Tod in der Savanne: Afrika - Das Rift Valley

Die große Video-Serie »Sielmann 2000 - Rückkehr in die Zukunft ist der Höhepunkt im Schaffen des weltbekannten Dokumentarfilmers, der seit 35 Jahren auf Kamera-Pirsch geht. Heinz Sielmann ist wieder an Orte zurückgekehrt, die er vor Jahrzehnten gefilmt hat. Er stellt die letzten Paradiese unseres Planeten vor - entlegene Gebiete, die jedoch vom Menschen bedroht sind und die es zu schützen gilt. (Sony Music Video)

Silent Winter by Craig Delahunt **V 526**
Kanada
Video, Farbe, engl. Original, 30 min
Pro Regenwald

Kahlschlag und Umweltzerstörung in Kanada; Beteiligung japanischer Firmen an der Waldzerstörung. Auswirkungen auf Menschen, Boden, Tiere, Wasser und Klima. (Pro Regenwald)
allg. Publikum

Silkwood **V 527**
Video
LBS 4, 6, 13
s. Film

Singapore Connection **V 528**
Video
atlas
s. Film

Söhne der Erde **V 529**
Video
LFD 7
s. Film

Solar '92 **V 530**
Von der Einfachheit des Machbaren
Focus / Claasen, Utz; Fechner, Carl-A., BRD 1992
Video, Farbe, 30 min
EMZ 2; Focus-Film

Der Preis für die Verbrennung fossiler Brennstoffe für nahezu alles, was unser

Leben bestimmt, wird der Untergang unserer Zivilisation sein. Wenn wir Menschen nicht die Saurier des 21. Jahrhunderts sein wollen, müssen wir unser Verhalten radikal ändern. Vor diesem Hintergrund gewinnt der Ausgangspunkt alles Lebens als Energiequelle neue Bedeutung. Die Sonne, Quelle von jährlich über 350 Millionen Milliarden Kilowattstunden Strahlungsenergie auf der Erde. Mehr als genug. Der Film zeigt eine umfassende Bestandsaufnahme des Machbaren. (Focus-Film)
allg. Publikum

Ökomedia-Bewertung: wirksam

Information	Realisation	Motivation
3,0 Punkte	2,5 Punkte	2,5 Punkte

Informativer Beitrag über bereits machbare Solartechnik. Er bleibt nicht bei einzelnen technischen Details stecken, sondern bindet z.B. das von Sonnenenergie gespeiste Elektroauto ein in neue, intelligente öffentliche Nahverkehrssysteme.

Der Sommer des Falken **V 531**
Video
EMZ 13; KMZ 6, 10; LFD 1
s. Film

Der Sonne entgegen **V 532**
Alternative Energie als Weg aus der Krise
Evang. Fernsehen / Puls, Joachim, BRD 1989
Video, Farbe, 30 min
EMZ 2, 4, 13; Evang. Fernsehen; KMZ 7; LBS 14

Der Filmbericht stellt alternative Energiekonzepte innerhalb und außerhalb der evang. Kirche vor. Er zeigt, welche Alternativen es zur herkömmlichen Energiegewinnung gibt (Solar-Wasserstoff-Energie, Windenergie). Beispielhaft für viele ist das Engagement der evang. Gemeinde in Sögel, Niedersachsen, die ihren Energiebedarf durch eine Windmühle deckt. Diese Gemeinde ist außerdem ein Modellbeispiel, wie der gesamte Energiehaushalt auf alternative Energie umgestellt werden kann. (EMZ 2)
ab 16 Jahren

Sonne und Salz **V 533**
Gulde, Johannes; Landgraf, Stefanie, BRD 1992
Video, Farbe, 30 min
Terra Media

23 Jahre lang hat Hadja Abu Moussa, Mutter von sechs Kindern, nach der traditionellen Methode Salz gewonnen, ebenso wie über 4.000 Frauen im Südosten von Plateau State in Nigeria mit der Produktion von Salz beschäftigt sind. Vor drei Jahren wurde dann eine neue Produktionsmethode mit Hilfe internationaler Entwicklungsträger eingeführt, die dort bereits seit Jahren erfolgreich praktiziert wird. Die Frauen müssen jetzt die Sole nicht mehr abkochen und dafür täglich Feuerholz suchen, das immer schwieriger zu beschaffen war (ca. 2,5 Kilo Holz für 1 Kilo Salz), sondern sie verwenden im Land gebaute Kristallisationsbecken. In diesen gekachelten Zementwannen wird die Sole allein durch Sonneneinwirkung kristallisiert. Diese umweltfreundliche Methode bedeutet für die Frauen eine enorme Arbeitserleichterung. Außerdem konnten sie damit die Produktion erhöhen und ihr Einkommen verbessern. (Terra Media)
allg. Publikum

Souvenir **V 534**
Video
KMZ 6, 10; LZNW
s. Film

Spaltprozesse Wackersdorf 001 **V 535**
Video
atlas (Verkauf); B.O.A.; EMZ 10, 13; LBS 6, 9; LFD 2, 4; Medienwerkstatt Freiburg
s. Film

Spiel mit dem Feuer. V 536
Treibhauseffekt und Ozonloch - Eine Gefahr für die Erde?
SWF / Boehm, Gero von, BRD 1989
Video, Farbe, 45 min
Kaufkassette: Komplett-Video

Wie krank ist unser Klima? Sind 4,5 Milliarden Jahre der Evolution auf unserem Planeten durch den Menschen in Gefahr? Der Film versucht, jenseits von Panikmache eine emotionale Bestandsaufnahme der sich abzeichnenden klimatischen Veränderung und ihre Auswirkungen zu zeigen.
Treibhaus-Effekt und Ozonloch sind meßbare Wirkungen der vom Menschen verursachten Eingriffe in das natürliche Gleichgewicht auf unserem Planeten. Sprunghaft gestiegen ist die Emission von Kohlendioxid in den letzten Jahren. Wie ein Hitzeschild hält es die Wärme gefangen. Mögliche Auswirkungen: Verschiebung der Klimazonen, Abschmelzen des Polareises, Anstieg der Ozeane, Überschwemmungen, Hungersnöte und Völkerwanderungen.
Das industriell in großen Mengen produzierte FCKW schädigt die vor UV-Strahlung schützende Ozon-Schicht. Das Ozonloch über der Antarktis hat bereits die Größe des nordamerikanischen Kontinents.
Noch sind diese Veränderungen nicht hautnah spürbar, aber ist dies nur die Ruhe vor der Katastrophe? (Komplett-Video)
allg. Publikum

Ökomedia-Bewertung: brauchbar

Information	Realisation	Motivation
2,7 Punkte	1,8 Punkte	1,8 Punkte

Die ewig redenden Experten bestimmen diesen Film. Dadurch langatmige, unfilmische Aufarbeitung des wichtigen Themas.

Sport und Umwelt - am Beispiel Naturschutz V 537
Video
LBS 4
s. Film

Spuren des Eises V 538
aus der Serie: Der wunderbare Planet
1990
Video, Farbe, 45 min
EMZ 2; LFD 2; LBS 1, 7; Kaufkassette: DuMont; Schauinsland

Periodisch treten immer wieder Eiszeiten auf. Die Theorien über deren Entstehung sehen den Grund dafür vor allem in der Neigung der Erdachse sowie in der sich verändernden Form der Erdumlaufbahn. (LFD 2)
allg. Publikum

Stadtentwässerung Kaiserlautern V 539
Stadtverwaltung Kaiserslautern, BRD 1989
Video, Farbe, 13 min
LBS 10

Am Beispiel der Stadt Kaiserslautern dokumentiert der Film das Problem der Stadtentwässerung. Er zeigt den Weg von Haushalts- und Industrieabwässern von ihrer Entstehung bis zur Reinigung. (LBS 10)
ab 8. Klasse

Ökomedia-Bewertung: brauchbar

Information	Realisation	Motivation
2,5 Punkte	1,7 Punkte	1,7 Punkte

Trockener Referatsfilm über ein dem Normalbürger normalerweise verborgenes Geschehen - es wird aber dadurch nicht viel interessanter.

Stadt - Land - Fluß - Umwelt in der DDR **V 540**
Bestandsaufnahme Sommer 1990
Presse- und Informationsamt der Bundesregierung / Blum, Roland, BRD 1990
Video, Farbe, 26 min
DIZ; LFD 1-13

Umweltpolitische Bestandsaufnahme in der ehemaligen DDR aus dem Sommer 1990. Von den Problemen mit dem Tourismus im Harz über die Umweltbelastungen Leipzigs bis zur Firma Orwo als Umweltschädiger ersten Ranges. (LFD 4)
allg. Publikum

Ökomedia-Bewertung: brauchbar

Information	Realisation	Motivation
2,6 Punkte	2,2 Punkte	2,0 Punkte

Der Film reiht einzelne Öko-Kapitel wie Luftverschmutzung, Schweinemastbetriebe, Ostseeverschmutzung hintereinander, formal wenig ansprechend.

Stadt und Umwelt **V 541**
Video
MPZ
s. Tb

Startbahn Frankfurt West **V 542**
B.O.A., BRD 1982
Video, Farbe, 60 min
B.O.A.

Das Verhalten der Justiz, Polizei und Landesfürsten während der Auseinandersetzungen um die Startbahn West bei Frankfurt. Der Film dokumentiert, daß eine »entschlossene« Politik von oben die Landschaft langfristig wirksamer verändert, als ein noch so entschlossener Widerstand von unten, der in Reaktion auf politisch und administrativ längst geschaffene Tatbestände und Sachzwänge letztendlich hilflos vor dem Gewaltapparat des Staates kapitulieren muß. Die Startbahn West wurde inzwischen fertiggestellt. (B.O.A.)
Umweltgruppen

Stattbäume **V 543**
Institut für angewandte Biologie, BRD 1986
Video von TB, Farbe, 23 min
s. TB
IAB; LBS 4, 8; LFD 5

Das Video, das aus einer abgefilmten Ton-Dia-Schau entstand, behandelt die Notwendigkeit der Stadtbaumsanierung in Hamburg: In Hamburg sterben seit einigen Jahren die Stadtbäume ab. Heute sind nur noch 23 Prozent gesund. Ursachen sind nicht nur Saurer Regen, sondern auch Streusalz, Zupflastern der Baumscheiben und Bodenverdichtung. Im Vergleich mit natürlichen Standortbedingungen werden die Sanierungsmaßnahmen an Böden und Bäumen erläutert. (Inst. f. angew. Biologie)
allg. Publikum, Stadtplaner, Kommunen

Ökomedia-Bewertung: wirksam

Information	Realisation	Motivation
3,0 Punkte	2,2 Punkte	3,0 Punkte

Eine informative Tonbildschau als Video mit formalen Schwächen vor allem im Text. Insgesamt jedoch ein gut recherchierter und anschaulicher Beitrag.

Steinbutt, Stör und Stachelrochen **V 544**
Bedrohtes Leben im Schwarzen Meer
Behrend, Thomas; Sigl, Walter, BRD 1990
Video, Farbe, 44 min
Sigl

Das Schwarze Meer ist ein Brackwasser. Zahlreiche Zuflüsse wie Donau, Dnjepr, Don und Bug verringern seinen Salzgehalt auf durchschnittlich 18%. Die Tierwelt ist dementsprechend artenarm. Nach der

politischen Öffnung konnte ein Fernsehteam des Bayerischen Rundfunks vor Ort drehen: Unübersehbar ist die weit fortgeschrittene Umweltzerstörung allerorten. Der Meeresgrund ist von Algenteppichen bedeckt, das Wasser von Grünalgen getrübt, die Flüsse zu Abwasserkanälen verkommen. Der industrielle Fischfang im Schwarzen Meer, das früher einer der ergiebigsten Fischgründe war, ist weitgehend am Ende. Der rücksichtslose Umgang mit der Natur hat eine ökologische Katastrophe initiiert, deren Ausmaße unübersehbar sind. (Sigl)
allg. Publikum

Ökomedia-Bewertung: wirksam

Information	Realisation	Motivation
3,0 Punkte	3,0 Punkte	3,0 Punkte

Der Zustand des Schwarzen Meeres wird sichtbar: sowohl seine Verschmutzung als auch seine noch vorhandene Tier- und Pflanzenwelt. Trotz Algenteppichen und vielerorts trüber Sicht gelangen den Autoren noch herrliche Unterwasseraufnahmen.

Der Steinkauz **V 545**
aus der Serie: Bedrohte Tierwelt
NDR / FWU, BRD 1991
Video, Farbe, 14 min
FWU; KMZ 6, 10; LBS 5, 13

Nur wenige Vogelarten Europas sind so tief in die Kulturgeschichte verwurzelt wie der Steinkauz »Athene noctua«. Diese Eule verkörpert zwei völlig gegensätzliche Aspekte: Zum einen ist sie ein Symbol der Weisheit, zum anderen aber gilt sie als Vorzeichen von Unglück und Tod. Bis Mitte des 20. Jahrhunderts war der Steinkauz in Mitteleuropa weit verbreitet. Heute ist er vom Aussterben bedroht. Im Zeichen des wachsenden Umweltbewußtseins wurde der Steinkauz zum Symbol engagierter Naturschutzarbeit. Der Film vermittelt, wie der Steinkauz gerettet werden kann. (FWU)
Sekundarstufe I (5.-9. Schuljahr), Jugendbildung

Ökomedia - Bewertung: wirksam

Information	Realisation	Motivation
3,0 Punkte	3,0 Punkte	3,0 Punkte

Informativer Film über den Steinkauz, seine Lebensweise und die Rettungsversuche von Naturschützern. Man erfährt auch, warum er bedroht ist.

Stilles Wasser **V 546**
Medienpaket aus 3 Teilen:
18 Jahre danach - die Nordsee damals und heute
Erst stirbt das Wasser - Greenpeace gegen Rheinverschmutzer
Säubern im Sumpf
Video, Farbe, 3 x 45 min
mit Begleitmaterial
Beschreibung unter dem jeweiligen Titel
EMZ 1, 2; KMZ 13; LBS 7, 8, 10, 14; LFD 2, 4

Stop - wie fährt man heute **V 547**
Video
FWU; LBS 1-14
s. Film

Strahlung - Grundlagen, Messung, Wirkungen ionisierender Strahlen **V 548**
Video
Deutsches Atomforum; LBS 4, 10; LFD 1, 2, 4, 6, 7, 9
s. Film

Straße - Landschaft - Umwelt **V 549**
Landschaftsverband Rheinland, BRD 1985
Video, Farbe, 25 min
LBS 9

Dem Zuschauer werden in sechs unabhängigen Kurzfilmen einige Umweltpro-

bleme des Straßenbaus und deren Lösungsmöglichkeiten vorgestellt. Es wird gezeigt, wie beim Straßenbau Eingriffe in Natur und Landschaft vermieden, ausgeglichen, wie bestimmte Tierarten geschützt und wie Lärmschutzeinrichtungen und Entwässerungsanlagen gestaltet werden können:
1. Sichere Krötenwanderung: Gefahren für Amphibien. Sperrzäune, Unterführungen und Ersatzlaichgewässer bieten Möglichkeiten, diesen Gefahren zu begegnen.
2. Neue Heimat für Ameisen: Die unter Naturschutz stehenden Ameisen erfüllen wichtige Funktionen in der Lebensgemeinschaft Wald. Der Film zeigt die erfolgreiche Umsetzung einer Ameisenburg, die aufgrund einer Straßenbaumaßnahme notwendig wurde.
3. Feuchtbiotop als Ausgleich: Um die Schäden einer Straßenbaumaßnahme bei Euskirchen zu beheben, wird ein Feuchtbiotop angelegt.
4. Grüner Lärmschutz: Aktiver Lärmschutz an Straßen kann durch Erdwälle, Steilwände oder einen Lärmschutztunnel erreicht werden.
5. Landschaftsgerechte Straßenentwässerung: Die verschiedenen Systeme der Straßenbewässerung werden beschrieben und die Funktionsweise von Sickerbecken, Regenrückhaltebecken und Ölabscheidern erläutert.
6. Umweltverträglichkeitsstudie (UVS): Hier wird erläutert, welche Eingriffe in Natur und Landschaft mit dem Bau einer Straße verbunden sind. Mit Hilfe der UVS werden diese Eingriffe auf ein Minimum reduziert. (LBS 9)
allg. Publikum, Straßenplaner

Ökomedia-Bewertung: wirksam

Information	Realisation	Motivation
3,0 Punkte	2,5 Punkte	2,7 Punkte

Anschauliche Beispiele von umweltverträglichem Straßenbau. Die entsprechenden Fachleute finden hier nützliche und weiterführende Informationen, aber auch ein allg. Publikum kann sich hier gut informieren. Die Tendenz des Films ist jedoch harmonisierend. Die menschlichen Eingriffe werden zu reibungslos wiedergutgemacht. Ist wirklich alles so golden, was glänzt?

Straßen -Bahn - Autowahn V 550
Schomann, Nils-Holger, BRD 1989
Video, Farbe, 43 min
VCD Bonn

Der Film besteht aus zwölf Teilen mit einzelnen Aspekten der Verkehrspolitik, die aus der Sicht der Schwächeren dargestellt sind (Fußgänger, Radfahrer, Kinder, Frauen etc.). Tenor: Mobilität ist auch ohne Auto möglich, wenn die Bedingungen verbessert werden und die einseitige Bevorzugung des Autoverkehrs aufhört. Ein Montagefilm ohne Handlung, ein Bilderbuch. (Schomann)
allg. Publikum

Straße und Umwelt V 551
Innenministerium Bayern / Jahns, Helge Max; Steffen, Walter, BRD 1988
Video, Farbe, 27 min
LFD 2

Es werden erhebliche Anstrengungen unternommen, um Straßenbau und Umweltschutz in Einklang zu bringen. Denn Straßenbau ist immer ein Eingriff in die Natur. Um die Schäden möglichst gering zu halten, wird die Planung an Modellen durchgeführt. Die Bürger werden frühzeitig beteiligt. Nach Abschluß der Bauarbeiten wird versucht, den früheren Zustand wiederherzustellen. (LFD 2)
allg. Publikum

Ökomedia-Bewertung: brauchbar

Information	Realisation	Motivation
2,5 Punkte	2,5 Punkte	2,5 Punkte

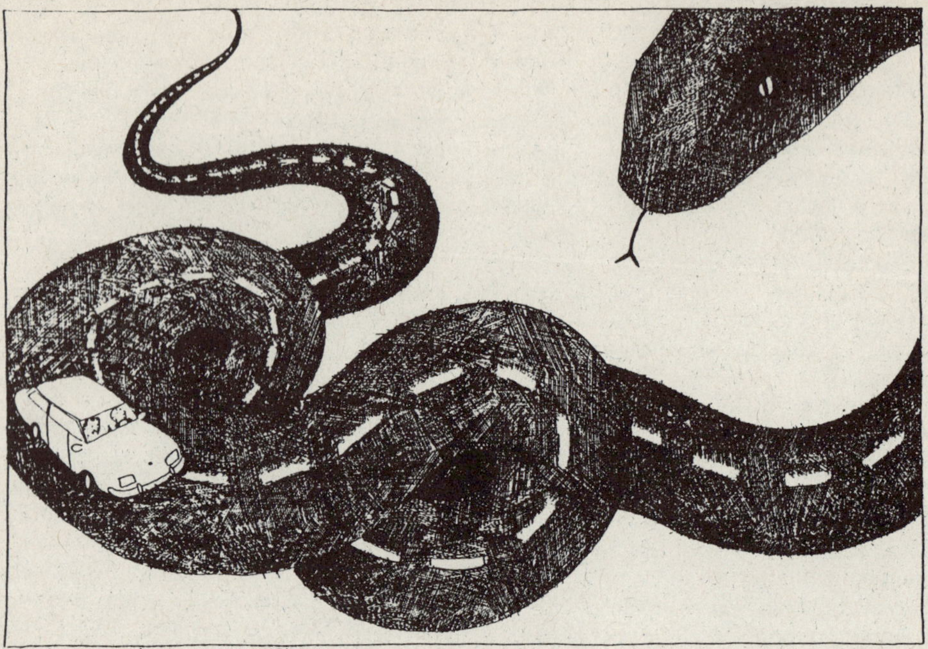

SIEHT SO AUS, ALS HÄTTEN WIR UNS VERFAHREN.

Der Film geht vom Ist-Zustand unserer Autogesellschaft aus und stellt das Auto selbst nicht in Frage. Dem Ministerium geht es darum zu demonstrieren, wie heute Straßen geplant werden, und daß die Eingriffe in die Natur so klein wie möglich gehalten werden sollen.

Streß - auch in der Natur **V 552**
aus der Serie: Tiere in der Industrielandschaft
Kubiak, Theo, BRD 1989
Video, Farbe, 25 min
LBS 10; Kubiak

Der Film zeigt in einer Fülle von Beispielen die Belastung der Natur durch verschiedene Umweltfaktoren. Positive und negative Lebensräume werden einander gegenübergestellt und in ihren Auswirkungen auf die Pflanzen und Tiere untersucht. (LBS 10)

Ökomedia-Bewertung: wirksam

Information	Realisation	Motivation
3,0 Punkte	2,5 Punkte	2,6 Punkte

Informativer Beitrag über das heutige Leben der Tiere, beeinträchtigt durch Straßen, Landwirtschaftsmaschinen usw.

Strom der Wünsche **V 553**
Kuball, Michael, BRD 1987
Video, Farbe, 60 min
Kuball

Mit seinem Film hat Michael Kuball den Begriff »Kamerafilm« beim Wort genommen. Er begab sich auf Reisen, die ihn über 1.000 Kilometer entlang der Elbe führten. Es entstand so ein Porträt dieses Flusses, kein abstraktes Stilleben oder geopolitisches Traktat, sondern ein Panorama, das sich aus Einzelporträts von Menschen zusammensetzt, die mit an oder von der Elbe leben.

allg. Publikum

Ökomedia-Bewertung: wirksam

Information	Realisation	Motivation
	3,0 Punkte	2,7 Punkte

Eine Montage von alten s/w Archiv-Aufnahmen und Bildern von heute entlang der Elbe, die Michael Kuball mit seiner Kamera von Hamburg bis zur Quelle zurückverfolgt. Der Film lebt ganz von Bildern. Er ist nur sehr indirekt, sehr vermittelt ein ökologischer Film. Kuball interpretiert wenig, wertet kaum, sondern beobachtet nur. Vielleicht etwas zu sehr l'art pour l'art. Eine Reise durch die Zeit.

Strom ohne Atom **V 554**
Öko-Institut, BRD 1989
Video (von TB), Farbe, 2 x 20 min
mit Begleitmaterial
EMZ 7, 8, 12; KMZ 19; LFD 5; Öko-Institut

Der Ausstieg aus der Atomenergie ist sofort möglich. Das belegen mehrere offizielle Gutachten. Daten und Fakten sprechen klar für den Ausstieg. Trotzdem wurde bisher in der Bundesrepublik kein Kernkraftwerk abgeschaltet. »Strom ohne Atom« zeigt die Notwendigkeit des Ausstiegs aus der Atomenergie und skizziert die Energiewende, wie sie vom Öko-Institut ausgearbeitet wurde. Die abgefilmte Dia-Show gibt einen Abriß über die bisher geführte Atomdiskussion und eignet sich daher hervorragend für einführende Informationsabende und Gruppenarbeit. Sie hat das Ziel, über das Geflecht von Macht und Interessen aufzuklären und zum Handeln zu motivieren und aufzurufen. Das Video gibt es zusammen mit dem gleichnamigen Buch (Klaus Müschen / Erika Romberg: Strom ohne Atom) als Medienpaket zu kaufen. (Öko-Institut)
allg. Publikum, Anti-Atom-Gruppen

Ökomedia-Bewertung: wirksam

Information	Realisation	Motivation
3,8 Punkte	3,0 Punkte	3,5 Punkte

Sehr informativ und anschaulich, didaktisch im positiven Sinne. Empfehlenswerter Beitrag zum komplexen Thema Energie.

Sturm auf den Garten Eden: Galapagos: Die Arche im Pazifik **V 555**
aus der Serie: Sielmann 2000 - Rückkehr in die Zukunft
Sielmann, Heinz, BRD 1992
Video, Farbe, 47 min
Kaufkassette: Sony Music Entertainment

Mitten im Pazifik erheben sich mächtige Vulkaninseln aus den Wellen - die sagenumwobenen Galapagos-Inseln. Heinz Sielmann filmte im »Reich von Charles Darwin« zum erstenmal im Jahr 1960 - dafür erhielt er den Bundesfilmpreis in Gold. Begleiten Sie ihn auf seiner zweiten Reise in die Vergangenheit der Erdgeschichte, in eine abgeschiedene Gegend der Welt, in der die Zeit stillzustehen scheint. Hier am Äquator leben Tierarten, die es sonst nirgendwo auf der Erde gibt: seltene Vogelarten, Riesenschildkröten und die berühmten Drachenleguane. »Schritt für Schritt wurden sie schließlich die einzigen Echsen auf der Welt, die bis zu 15 Minuten unter Wasser aushalten können.« (Sony Music Entertainment)
allg. Publikum

Ökomedia-Bewertung: wirksam

Information	Realisation	Motivation
3,2 Punkte	3,2 Punkte	3,2 Punkte

Schönes, anschauliches, interessantes Porträt der Galapagos-Inseln mit z.T. tollen Bildern. Sielmann stellt auch die Gefahren durch den Tourismus dar.

Sturmmöven über Langenwerder **V 556**

DFF / Nehls, Wolfgang, DDR 1988
Video, Farbe, 28 min
LaUB

Die Vogelinsel »Langenwerder« wird ornithologisch durch haupt- und ehrenamtliche Mitarbeiter der Sektion Biologie der Universität Rostock betreut. Sie werden bei ihrer Arbeit von April bis Ende Oktober beobachtet. Die Kamera hält die Balz, die Kopulation, die Brut, Schlupf und Aufzucht der Jungen, ihre Fütterung und Beringung fest. (LaUB)
allg. Publikum

Ökomedia-Bewertung: brauchbar

Information	Realisation	Motivation
2,3 Punkte	2,3 Punkte	1,9 Punkte

Letztlich eine Aufzählung der verschiedenen Vogelarten, die auf Langenwerder vorkommen. Monoton und langweilig gefilmt.

Die Suche nach den großen Affen **V 557**

aus der Serie: National Geographic Video
National Geographic Society / Kane, Dennis B.; Young, Robert M.; Campbell, Robert; Wiser, Christine Z., USA 1975
Video, Farbe, 60 min
Kaufkassette: Concorde Video

Hoch in den Bergen Zentralafrikas und inmitten des Bergwaldes von indonesisch Borneo haben zwei hingebungsvolle Wissenschaftlerinnen den Berggorilla und den scheuen Orang-Utan gesucht und gefunden. Dieser faszinierende Film zeigt die Arbeit von Dian Fossey und Birute Galdiskas-Brindamour - Teil einer weltweiten Bemühung, die nächsten lebenden Verwandten des Menschen zu begreifen. Begleiten Sie diese couragierten Frauen bei ihren mitreißenden und enthüllenden Beobachtungen dieser seltenen Tiere. (Concorde Video)
allg. Publikum

Ökomedia-Bewertung: wirksam

Information	Realisation	Motivation
2,5 Punkte	2,8 Punkte	3,0 Punkte

Der Film zeigt eigentlich hauptsächlich die Arbeit der beiden Frauen, die ihr Leben in den Dienst der Affen gestellt haben. Es gibt eine ganze Reihe witziger - auch rührender - Szenen mit den fotogenen Affen.

Sudesha **V 558**

Video
EMZ 5, 8, 10; EZEF; LBS 9, 13; LFD 11, 12; LZNW
s. Film

Die Supersinne der Tiere **V 559**

Das Hören
BBC / WDR / Downer, John, Großbritannien
Video, Farbe, 33 min
Kaufkassette: Komplett-Video

Einige Tiere hören Töne in einem sehr viel niedrigeren Wellenbereich als der Mensch - wie z.B. der Elefant. Einer der lautesten Plätze der Erde liegt unter der Oberfläche der Meere, Wale benutzen niedrige Frequenzen, um sich über hunderte von Kilometern zu verständigen. Vögel setzen ihr Tongespür ein, um Wetterwechsel zu registrieren und um sich zu orientieren. Spinnen hören den Flügelschlag ihrer Opfer. (Komplett-Video)
allg. Publikum

Ökomedia-Bewertung: wirksam

Information	Realisation	Motivation
3,2 Punkte	3 Punkte	3,2 Punkte

Anschaulicher, guter Film, doch nicht so spektakulär wie andere Filme aus der Serie.

Die Supersinne der Tiere **V 560**
Die innere Uhr
BBC / WDR / Downer, John, Großbritannien
Video, Farbe, 33 min
Kaufkassette: Komplett-Video

Alles Leben auf der Erde - auch das des Menschen - wird von der Zeit bestimmt. Die Zyklen der Erde, des Mondes und der Sonne teilen unser Leben ein. Jede Tierart hat eine unterschiedliche Zeitwahrnehmung, deren Takt vom Herzschlag abhängt. So lebt eine Spitzmaus ihr Leben dreißigmal schneller als ein Elefant. Aufgrund ihres Stoffwechsels, der wiederum vom schnellen Herzschlag abhängt, erscheint es ihr, als ob die Zeit langsamer vergeht. Fische stranden jedes Frühjahr, um im Sand ihre Eier abzulegen. Dann verschwinden sie wieder im Meer. (Komplett-Video)
allg. Publikum

Ökomedia-Bewertung: wirksam

Information	Realisation	Motivation
3,2 Punkte	3,5 Punkte	3,5 Punkte

Interessanter Film mit schönen Aufnahmen und vielen Informationen, teilweise zu sehr kuriosen Erscheinungen in der Natur, z.B. über den 17-Jahreszyklus einer Zikadenart...

Die Supersinne der Tiere **V 561**
Die Jagd nach faszinierenden Bildern
BBC / WDR / Downer, John, Großbritannien
Video, Farbe, 33 min
Kaufkassette: Komplett-Video

Ein Blick hinter die Kulissen bei der Produktion der Reihe »Die Supersinne der Tiere«. Die modernste Kamera- und Computeranimationstechnik wurde dabei eingesetzt. Montiert auf ein Modellflugzeug fliegt die Kamera mit einem Vogelschwarm. Ein Kameramann schwimm mit Piranias. Eine Kamera wird von einer Löwin »gerissen«. Beeindruckende und auch amüsante Bilder sind das Ergebnis, das dem Betrachter die Welt der Tiere aus ungewöhnlichen Blickwinkeln nahebringt. (Komplett-Video)
allg. Publikum

Ökomedia-Bewertung: besonders wirksam

Information	Realisation	Motivation
4,0 Punkte	3,8 Punkte	4,0 Punkte

Die Filmemacher lassen sich in die Karten schauen: wirklich beeindruckend! Natürlich ist das kein Öko-Film im engeren Sinne, sondern ein Film über die technischen Möglichkeiten des modernen Naturfilms.

Die Supersinne der Tiere **V 562**
Das Riechen
BBC / WDR / Downer, John, Großbritannien
Video, Farbe, 33 min
Kaufkassette: Komplett-Video

Für viele Tiere ist der Geruchssinn der wichtigste. Bei seinen Wanderungen über tausende von Kilometern findet der Lachs seinen Geburtsort durch Riechen wieder. Einige Vögel riechen ihre Beute auf offener See, mehr als daß sie sie sehen können. Impalas und Springböcke geben mit Düften bei Bedrohung Alarm. Auch bei der Paarung spielt der Geruchssinn eine große Rolle. Der Salamander geht sogar soweit, daß das Weibchen vom Männchen mit aphrodisierenden Duftstoffen bespritzt wird, um in die richtige Stimmung zu kommen. (Komplett-Video)
allg. Publikum

Ökomedia-Bewertung: besonders wirksam

Information	Realisation	Motivation
3,2 Punkte	3,8 Punkte	3,8 Punkte

Faszinierender Film zum Staunen über den ungeheuren Einfallsreichtum der Natur.

Die Supersinne der Tiere V 563
Der sechste Sinn
BBC / WDR / Downer, John, Großbritannien
Video, Farbe, 33 min
Kaufkassette: Komplett-Video

Im Tierreich gibt es Sinneswahrnehmungen, die der Mensch nicht hat. So können Fische ihr eigenes elektrisches Feld erzeugen, was wiederum Haie dazu befähigt, ihr Opfer aufzuspüren. Viele Landtiere registrieren Luftdruck und magnetische Felder und nutzen diese zur Orientierung. Einige Tiere ahnen sogar Erdbeben voraus. Fledermäuse sind sensitiv für die Infrarotstrahlung des Blutes ihrer Opfer, und Klapperschlangen sehen das Wärme-Abbild ihrer Opfer. (Komplett-Video)
allg. Publikum

Ökomedia-Bewertung: besonders wirksam

Information	Realisation	Motivation
3,5 Punkte	4,0 Punkte	4,0 Punkte

Ein Film zum Staunen mit vielen optischen Highlights.

Die Supersinne der Tiere V 564
Das Sehen
BBC / WDR / Downer, John, Großbritannien
Video, Farbe, 33 min
Kaufkassette: Komplett-Video

Das Auge ist beim Menschen das am besten entwickelte Sinnesorgan. Doch einige Tiere reagieren weitaus besser. Ihr Blick ist schärfer und registriert weitaus mehr Farbabstufungen. Einige Insekten sehen im Ultraviolett-Bereich. Andere, wie die Bienen, orientieren sich durch polarisiertes Licht. Ein Vieraugen-Fisch kann gleichzeitig über und unter Wasser sehen. Spezialkameras und Effekte zeigen, daß die Welt durch ein Tierauge ganz anders aussieht. (Komplett-Video)
allg. Publikum

Ökomedia-Bewertung: wirksam

Information	Realisation	Motivation
3,2 Punkte	3,8 Punkte	3,7 Punkte

Hervorragender Film mit sehr anschaulichen und faszinierenden Bildern.

Die Supersinne der Tiere V 565
Das Zusammenspiel der Sinne
aus der Serie: Die Supersinne der Tiere
BBC / WDR / Downer, John, Großbritannien
Video, Farbe, 33 min
Kaufkassette: Komplett-Video

Jedes Tier hat ein umfassendes Bild der Welt, das sich aus einer Kombination der verschiedenen Sinneswahrnehmungen zusammensetzt. So entstehen »geistige Landkarten«, die es einem Tier ermöglichen, sich zurechtzufinden. Ein genetisches Programm beeinflußt die Navigation eines Vogels. Das ewige Jagen und Gejagt-Werden schärft die Sinne. Nur das Zusammenspiel aller Sinneswahrnehmungen gewährleistet das Überleben einer Art. (Komplett-Video)
allg. Publikum

Ökomedia-Bewertung: wirksam

Information	Realisation	Motivation
3,0 Punkte	3,0 Punkte	3,0 Punkte

Teilweise tolle Bilder, aber insgesamt reiht der Film aneinander, anstatt zu verknüpfen. Über das »Zusammenspiel« (Titel) erfährt man zu wenig. Trotzdem interessant.

S'Weschpenäscht **V 566**
Die Chronik von Wyhl (1970 - 1982)
MW Freiburg, BRD 1982
Video, Farbe, 105 min
Medienwerkstatt Freiburg

Zwölf Jahre sind eine lange Zeit. Im Juli 1970 meldeten die elsässischen Zeitungen, daß in Fessenheim ein Atomkraftwerk gebaut werden soll. Vier Familien im Elsaß und wenige badische Mitstreiter begannen mit einer Aufklärungskampagne über die Gefahren der Atomindustrie. Am 31. März 1982 gab der Mannheimer Verwaltungsgerichtshof das neueste Wyhl-Urteil bekannt und 4 Tage später folgten 50.000 Menschen aus dem Dreiländereck dem Aufruf der badisch-elsässischen Bürgerinitiativen und demonstrierten gegen den Bau des Atomkraftwerks. Zwischen diesen zwei Daten liegen zwölf Jahre einer aufregenden Geschichte, der Geschichte einer regionalen Volksbewegung, die aus dem Nichts entstand, der Geschichte von Platzbesetzungen und Aktionen. Aus dem vorhandenen Material hat die Medienwerkstatt Freiburg in Zusammenarbeit mit den Bürgerinitiativen die Chronik von Wyhl zusammengestellt. (MW Freiburg)

Ökomedia-Bewertung: wirksam

Information	Realisation	Motivation
3,0 Punkte	3,0 Punkte	4,0 Punkte

Der Kampf gegen das Kernkraftwerk Wyhl, ein Markstein in der Ökologiebewegung in der Bundesrepublik, wird ausführlich und spannend dokumentiert.

Eines Tages werdet ihr erwachen **V 567**
Video
EMZ 2
s. Tonbildschauen

Tahoua **V 568**
Video
CRW; LFD 4
s. Film

Tamar Sea Turtle Project **V 569**
WWF
Video, Farbe, engl. Orig., 28 min
WWF

Bedeutung und Erhaltung von Meeresschildkröten; WWF-Projekte in Bolivien und Brasilien. (WWF)
allg. Publikum

Tarlabasi **V 570**
Experimentalvideo
Judt, Andrea; Hemberger, Uli; Guretzki, Vivet, BRD 1989
Video, Farbe, 15 min
WIM

Für eine sechsspurige Autostraße wird in Istanbul ein ganzer Stadtteil wegsaniert. Eindrücke einer Frau über die Zerstörung des Ortes, an dem sie ihre Kindheit verbrachte. (WIM)
allg. Publikum

Ökomedia-Bewertung: brauchbar

Information	Realisation	Motivation
	2,0 Punkte	2,0 Punkte

Ein mäßiges Trauer-Poem, mit Laienstimme vorgetragen. Thema: gesprengte Häuser und damit gesprengte Vergangenheit.

Tausend Kraniche mußt Du falten **V 571**
Video
Nil Film
s. Film

Technik 2000: Erdgas **V 572**
BRD 1991
Video, Farbe, 28 min
LFD 1, 2, 5, 9, 10

Historischer Rückblick, Entstehung von Erdgas, Suche nach Lagerstätten, Erdgasförderung in der Nordsee, von der Förderstelle zum Verbraucher, Verwendung in Haushalt, Gewerbe und Industrie. (LFD 2)

Teleport, das Werkzeug für intelligente Stadtentwicklung **V 573**
Biz-Art, BRD 1992
Video, Farbe, 20 min
Biz-Art

Mit der zunehmenden Bedeutung der Telekommunikation stellt sich die Frage, inwieweit die negativen Umwelteinflüsse von Verkehr und industrieller Siedlungsdichte durch eine neue, auf Dezentralisierung und intensiven Datenaustausch begründete Wirtschaftsform gemindert werden können. Teleports sind in ihrer Dimension selbst noch quasi »industrielle« Gebäude, die aber in ihrer Konzeption schon über industrielle Siedlungsformen hinausweisen. Der Film zeigt Beispiele aus den USA, Japan, den Niederlanden und der BRD. (Biz-Art)
allg. Publikum

Temperate Forests **V 574**
WWF
Video, Farbe, engl. Orig., 17 min
WWF

Schutz der Wälder in den gemäßigten Zonen. (WWF)
allg. Publikum

Teufelsmoor **V 575**
Video
LBS 5
s. Film

The Atomic Cafe
s. Atomic Cafe

Tiere im Boden **V 576**
DFF / Bergmann, Siegfried, DDR 1987
Video, Farbe, 24 min
LaUB

Untersuchungen von Agrarwissenschaftlern ergeben, daß in 20 Gramm Akkerboden, das ist etwa eine Streichholzschachtel voll, eine enorme Anzahl von Bodenorganismen existitiert: etwa 1000 Fadenwürmer, 1 Million Algen und 1 Million Bakterien. Die Fruchtbarkeit im Boden wird ganz wesentlich von den im Boden lebenden Organismen bestimmt. In welcher Weise wird im Film mit biologischen Experimenten demonstriert. Der Film gibt praktische Hinweise zur Pflege des Bodens und zur Erhaltung einer hohen Bodenfeuchtigkeit, die für die Landwirtschaft wie den Gartenbau gleichermaßen gelten. (LaUB)
Landwirte, Gärtner

Ökomedia-Bewertung: brauchbar

Information	Realisation	Motivation
2,5 Punkte	2,7 Punkte	2,5 Punkte

Die Informationen über das Bodenleben sind sehr gut und anschaulich dargeboten, aber das Lob für die umweltbesorgten LPG's ist zwar DDR-politisch erklärbar, entwertet den Film jedoch ein Stück weit. Denn die meisten Bilder zeigen riesige Monokulturflächen und der Kommentar sagt kein Wort zum Gifteinsatz u.ä.

Tiere im Labor **V 577**
aus der Serie: Politik aktuell
WDR, BRD 1985
Video, Farbe, 15 min
LBS 4, 10; LFD 7

Der Film stellt die gegensätzlichen Positionen von Tierschützern und Pharmaindustrie zur Vorbereitung der Novelle zum

Tierschutzgesetz 1985 gegenüber. Zentraler Punkt ist die Streitfrage, ob Tierversuche im medizinischen, militärischen und kosmetischen Bereich einen »vernünftigen Grund« darstellen oder durch Versuche mit Wirbellosen und Zellkulturen ersetzt werden können. (LFD 7)
Sekundarstufe I und II, Jugend- und Erwachsenenbildung

Tiere lieben - Tiere schützen V 578
Jas-Film, BRD 1989
Video, Farbe, 21 min
EMZ 4; LFD 5

Der Film zeigt eine Vielzahl hervorragender Tieraufnahmen aus aller Welt, geht auf die Beziehung des Menschen zu den Tieren ein und schildert die Gefahren, die vielen Tierarten drohen. Beispiele, wie den Tieren geholfen werden kann und welche Möglichkeiten es zur aktiven Hilfe gibt, runden das Thema ab. (LFD 5)

DEPRIMIEREND, DIESE MASSENHALTUNG, NICHT ?   MEHREN 1/93

Tiere vor der Kamera
* Aus dem Familienleben der Grizzlybären
* Australien - Die Schlucht der Felsenkänguruhs
* Elche in Alaskas Wildnis
* Die Felsen der Papageitaucher
* Im Land der Riesenkakteen
* Keas - Spaßvögel in Neuseeland
* Die Nächte der tasmanischen Teufel
* Schneeaffen in Japan
* Der schnelle Sommer der Eisfüchse
* Der schnellste Vogel im Wilden Westen

Der Tierfilm V 579
Video
B.O.A.; EMZ 8; LBS 13
s. Film

Tierwunder und bedrohte Wildnis: Südamerika - Wildnis am Äquator V 580
Aus der Serie: Sielmann 2000 - Rückkehr in die Zukunft
RTL / Sielmann, Heinz, BRD 1992
Video, Farbe, 47 min
Kaufkassette: Sony Music Entertainment

Heinz Sielmann führt uns auf seiner Expedition vor die Küste von Peru, wo er auf den Guano-Inseln die vielfältige Vogelwelt beobachtet. Außerdem stieß der Naturfilmer in die unwegsamen Urwaldgebiete zwischen dem Anden-Massiv und dem Pazifik vor, in denen noch Nachkommen der berüchtigten »scharlachroten Indianer« leben. »Auf dem Weg trafen wir eine fünf Meter lange Boa Constrictor, Ameisenbären wanderten mit uns und Affen beschimpften uns von den Bäumen herab. (Sony Music Entertainment)
allg. Publikum

Ökomedia-Bewertung: besonders wirksam

Information	Realisation	Motivation
3,5 Punkte	3,5 Punkte	3,5 Punkte

Der beeindruckendste Film dieser Sielmann 2000-Reihe, der durch den Kontrast früherer und heutiger Bilder lebt. Gute Informationen, eindrückliche Aufnahmen.

Timber **V 581**
WWF-UK
Video, Farbe, engl. Orig.
WWF

Dokumentation über die Zerstörung des Regenwaldes, den Raubbau von Tropenholz und die Möglichkeiten nachhaltiger Nutzung. (WWF)
allg. Publikum

Tod in der Savanne: **V 582**
Afrika - Das Rift Valley
aus der Serie: Sielmann 2000 - Rückkehr in die Zukunft
RTL / Sielmann, Heinz, BRD 1991
Video, Farbe, 47 min
Kaufkassette: Sony Music Entertainment

Folgen Sie Heinz Sielmann durch das berühmte Rift Valley, das längste Festland-Grabensystem der Erde. Fast 6.000 Kilometer durch bizarre Wüstenlandschaft, unwegsame Steppen und den Kilimanjaro. In der Serengeti-Steppe und dem Astrida-See gelangen dem engagierten Tierfilmer Aufnahmen von einmaliger Schönheit - Dokumentation einer tiefen Leidenschaft für die Paradiese unserer Planeten. (Sony Music Entertainment)
allg. Publikum

Ökomedia-Bewertung: wirksam

Information	Realisation	Motivation
3,2 Punkte	3 Punkte	3,2 Punkte

Guter, informativer Beitrag mit schönen Bildern z.B. von Flamingos. Die Musik jedoch ist nervig. Die eindrucksvollste Sequenz handelt von der Rinderzucht in Botswana, die das Land verwüstet und die Wildtiere gefährdet.

Tomato Production in California **V 583**
Video, Farbe, 16 min
FWU; LBS 1
s. Film

Torfabbau und Naturschutz **V 584**
Chance einer Synthese
BRD 1990
Video, Farbe, 19 min
Intermedia; LFD 7, 11, 13; L.I.S.A.

Torfabbau und Naturschutz ist kein unlösbarer Konflikt, sondern eine Chance zu einer sinnvollen Synthese. Nach der Torfgewinnung lassen sich die Flächen wieder vernässen und renaturieren. Die Wiederherstellung eines Lebensraumes, in dem sich die typische Pflanzen- und Tierwelt der Hochmoore wieder ansiedeln kann, ist ein lohnendes Ziel und eine herausragende Aufgabe unserer Zeit. (LFD 13)
ab 11. Klasse

Traumstraße der Welt I: **V 585**
Von Alaska bis Mexiko
Domnick, Hans, BRD 1958
Video, Farbe, 80 min
Kaufkassette: Taurus Video

Die Gletscher Alaskas, lachsfangende Grizzlys, die Goldgräber Alaskas, die Autofahrt auf dem Alaska-Highway, die Indiandays in Banff und das Rodeo in Calgary zeigt dieses Video. Unvergleichliche Naturwunder wie die heißen Dämpfe und weißen Nebel im Yellowstone Park, die blubbernden Kraterlöcher, den Bryce-Canyon oder die Fahrt auf der Panamerikana werden in diesem Dokumentarfilm präsentiert.
allg. Publikum

Ökomedia-Bewertung: brauchbar

Information	Realisation	Motivation
2,5 Punkte	3,0 Punkte	2,5 Punkte

Typischer 50er-Jahre-Film mit dramatischer Musik und einer Art Wochenschau-Sprecher. Wunderschöne Landschaftsaufnahmen machen den Film zum Erlebnis. Es ist kein Umweltfilm, aber ein Zeitdokument, wie Kinoautoren damals versucht haben, die große weite Welt mit ihren Naturwundern auf die heimische Leinwand zu holen.

Traumstraße der Welt II: Auf der Panamericana durch Mittel- und Südamerika **V 586**
Domnick, Hans, BRD 1962
Video, Farbe, 92 min
Kaufkassette: Taurus Video

Der zweite Teil beginnt in den Tropenparadiesen Mittelamerikas und endet wenige Kilometer hinter dem Panamakanal. Dort ist die Traumstraße noch nicht weiter ausgebaut. Tropische Sumpfgebiete und Regenwälder waren zu große Hindernisse. In Venezuela geht es weiter durch die Ausläufer der Anden nach Kolumbien, wo die Straße auf Höhen bis zu 4000 Metern klettert. Über Peru, die Inkakultur, über Chile und die weiten Pampas Argentiniens bis in die Regenwälder Brasiliens führt diese sagenhafte Reise. (Taurus Video)
allg. Publikum

Ökomedia-Bewertung: wirksam

Information	Realisation	Motivation
3,0 Punkte	3,0 Punkte	3,0 Punkte

Der zweite Teil äußert scharfe Kritik am modernen Städte- und Straßenbau, der das Alte niederwalzt, gleichzeitig aber ist der Autor doch fasziniert von der Moderne. Grandiose Aufnahmen aus Peru von hunderttausenden von Seevögeln am Strand, deren Exkremente - der berühmte Guano - von den Einheimischen mit der Spitzhacke abgetragen werden. Auch dieser zweite Teil ist ein beeindruckendes Zeitdokument und kein eigentlicher Ökofilm.

Traurige Ernte **V 587**
Video, Farbe, 16 min
EMZ 8; Greenpeace; LBS 13
s. Film

Treibstoff vom Acker **V 588**
Video, Farbe, 16 min
KMZ 6, 10; LBS 1; Weitzel
s. Film

Trink-, Brauch- und Abwasser **V 589**
BRD 1990
Video, Farbe, 18 min
LISA

Trinkwasseraufbereitung durch Filter und Chloreinsatz (Schema). Wie die Betriebe das Wasser verschmutzen und in eigenen Anlagen wieder klären. Abwasserbehandlung: Auslösen von gelösten und festen Schadstoffen. (LISA)
ab 8. Klasse

Der tropische Regenwald: Natürliche Schatzkammer der Erde **V 590**
Video
LBS 1, 4, 7; LISA; Praxis Unterrichtsfilm
s. Film

The Troubled Sea **V 591**
WWF-UK
Video, Farbe, engl. Orig., 20 min
WWF

Dokumentation zum Thema Überfischung; Alternativen einer internationalen Kooperation und Kontrolle des Fischfangs. (WWF)
allg. Publikum

Tschernobyl - Die Schwelle **V 592**
Video
Kaufkassette: marketing film
s. Film

Turnier der schwarzen Ritter **V 593**
DFF / Hennig, Horst, DDR 1983
Video, Farbe, 29 min
LaUB

Ein attraktiver Tierfilm aus der DDR mit vielen seltenen Aufnahmen von der Balz des Birk- und Auenwildes, das wegen seiner gefiederten Läufe auch als Rauhfußhuhn bezeichnet wird und in der DDR gut gehegt wird. Früher gehörte es zum jagdbaren Wild, heute zu den streng geschützten Arten. Der Film zeigt die vielfältigen Bemühungen, die Rauhfußhühner in der DDR zu erhalten. (LaUB)
allg. Publikum

Ökomedia-Bewertung: brauchbar

Information	Realisation	Motivation
2,3 Punkte	2,8 Punkte	2,1 Punkte

Ein schönes Tierporträt über den Lebensraum des Birk- und Auenwildes. Dabei wird allerdings der vollkommene Eingriff des Menschen in die Natur propagiert: Schwarzwild und Füchse müssen dezimiert werden, damit das Auenwild überleben kann.

Tu was - **V 594**
der gesunde Schulranzen
Video
LBS 11
s. Film

Tu was - **V 595**
der Müllberg im Kindergarten
Video
LBS 11
s. Film

Tu was - **V 596**
Müllvermeidung in der Schule
Video
LBS 11
s. Film

Über allen Wipfeln ist Ruh **V 597**
Waldlos auf 2000 zu
Arche, DDR 1988
Video, Farbe, 20 min
Arche

Ein Film über das Waldsterben im Osterzgebirge, der illegal noch unter Honeckers Ära produziert wurde. (Arche)
allg. Publikum

Um Bauer bleiben zu können **V 598**
Hessischer Rundfunk / Bergmann, Thomas; Popp, Mischka, BRD 1982
Video, Farbe, 45 min
s. auch Medienpaket Kein schöner Land
EMZ 1, 2, 5, 8, 12, 13; KMZ 13; LBS 4, 7, 8, 10, 14; LFD 4

Daß es auch anders geht, als der Politiker-Slogan »Wachsen oder Weichen« den Bauern weismachen will, zeigt ein oberbayerischer Kleinbauer, der einen Weg gefunden hat zwischen Großinvestitionsbetrieb und resignativer Aufgabe. Sein Betrieb umfaßt 120 Hektar, 100 Mastschweine und etwas Gemüseanbau. Jeden Freitag ist Verkaufstag auf dem Hof, zu dem die Kunden von weither kommen. Der Zwischenhandel fehlt, die Kunden lernen die Produktionsbedingungen kennen. Die Folge: Die Höfe tragen sich, das Geschäft mit den kostenintensiv, weil altmodisch gesund produzierten Lebensmitteln floriert. Vor allem aber gibt es eine Solidarisierung von Produzenten und Käufern: »Sie haben keine Patentrezepte, sie haben Zukunft.«
allg. Publikum, landwirtschaftl. Gruppen

Ökomedia-Bewertung: wirksam

Information	Realisation	Motivation
3,0 Punkte	3,3 Punkte	3,0 Punkte

Ein gelungener Beitrag zum Thema »ökologischer Landbau«. Der Film verdeutlicht die Schwierigkeiten, die sich bei einer Umstellung auf eine naturgemäße Produktionsweise ergeben. Er zeigt aber Bauern und Verbrauchern gleichermaßen, daß der andere Weg gangbar ist.

Um die Zukunft betrogen - Vietnam **V 599**
aus der Serie: Kinder der Welt
Troeller, Gordian, BRD 1991
Video, Farbe, 29 min
EMZ 2

Das Erbe des Krieges in Vietnam: Über eine Million Waisen. Mehr als 3.000 zerstörte Schulen. 10 Millionen vertriebene Landbewohner. 20 Millionen Bombentrichter machten 140.000 Hektar Ackerland unbrauchbar. 57.000 Tonnen dioxinhaltiges »Agent Orange« verseuchten 1,7 Millionen Hektar Land. Welche Zukunft haben Kinder in einem so grausam heimgesuchten Land? Leiden sie mehr als Kinder in anderen Gebieten der Dritten Welt? Macht es in der Dritten Welt einen Unterschied, ob man in einem kommunistischen oder kapitalistischen System aufwächst? (EMZ 2)

Umstellen - Alternativen im Landbau **V 600**
Video
DFS; Intermedia; LFD 1-9
s. Film

Umwelt am Oberrhein **V 601**
LBS 1, BRD 1991
Video, Farbe, 20 min
LBS 1

Mit aussagekräftigen Bildern motiviert der Videofilm für die Auseinandersetzung mit Umweltproblemen im Oberrheingebiet. Im ersten Teil steht die Gefährdung von Luft, Wasser und Boden im Vordergrund, im zweiten geht es um positive Ansätze und individuelles Umweltverhalten. (LBS 1)
ab 8. Klasse

Umwelt - Handeln im Alltag **V 602**
* Chemie im Haushalt
* Energie
* Ernährung
* Luft / Wasser
* Müll
* Verkehr
* Wohnen

Umwelt schützen - Ressourcen schonen **V 603**
Video
CRW; LFD 1-3, 5, 6, 9-12
s. Film

Umwelt und Klima - Treibhaus Erde **V 604**
Video
LBS 5; KMZ 6, 10; LISA; L.I.S.A.
s. Film

Umweltberufe **V 605**
BRD 1986
Video, Farbe, 25 min
DFZ; LFD 1, 2, 4, 5, 9, 12;

Durch Waldsterben und Umweltkatastrophen hat sich das Umweltbewußtsein in breiten Bevölkerungsschichten verstärkt. Der Film zeigt den ersten anerkannten Ausbildungsgang im Umweltschutz und beschäftigt sich mit der Weiterqualifizierung zum Umwelttechniker. Daneben stellt er klassische Berufe vor, die eine immer größere Bedeutung im Umweltschutz haben. (LFD 1)
Sekundarstufe I und II

Ökomedia-Bewertung: wirksam

Information	Realisation	Motivation
2,8 Punkte	3,0 Punkte	3,0 Punkte

Ein Film, der flüssig und recht witzig einzelne sogenannte »Umweltberufe« vorstellt. Für Schüler vor der Berufswahl gut einsetzbar.

Umwelterziehung **V 606**
Aktivitäten von Schulen im Rems-Murr-Kreis
Video, Farbe, 21 min
LBS 1, 14

Dieser Videofilm zeigt Beispiele aktiver Umwelterziehung an einigen Schulen im Rems-Murr-Kreis. Er zeigt Projekte und Vorhaben einer praktischen Umsetzung des Umweltschutzgedankens. Es werden zwölf Projekte und Aktivitäten vorgestellt. (LBS 1)
ab 8. Klasse

Die Umweltpolitik der EG **V 607**
Kommission der EG / BZpB, BRD 1989
Video, Farbe, 66 min
EMZ 14, 15; Kommission der EG

Die Staaten der Europäischen Gemeinschaft beschlossen 1973 ein erstes Aktionsprogramm zum Umweltschutz. Leider sind viele Maßnahmen durch die Politik einzelner Länder und ihre Gesetze nicht so realisiert worden, wie es für die Erhaltung der Umwelt nötig gewesen wäre. In den letzten Jahren wurden deshalb weitergehende Beschlüsse in dieser Richtung gefaßt. Deutlich wird, daß Umweltverschmutzung länderübergreifend ist. In einzelnen Beiträgen werden die Problemgruppen und teilweise auch Lösungsvorschläge aufgezeigt: 1. Luftverschmutzung; 2. Wasser; 3. Bodenschätze und Naturschutz; 4. Abfälle; 5. Umwelt als Herausforderung. (EMZ 14)
ab 14 Jahren

Umweltreportagen **V 608**
Berlin, Claudia, BRD 1992
Video, Farbe, 23 min
Con; Tele Potsdam

Die ökologische Katastrophe in der sächsischen Wismutregion.
allg. Publikum

Umweltschonende Energien **V 609**
Mercedes Benz, BRD 1991
Video, Farbe, 19 min.
LFD 1, 2, 6, 11, 12

Mercedes als High-Tech-Konzern forscht intensiv im Bereich der alternativen Energiegewinnung: Wind, Sonne, Wasser, Biogas, Pflanzenölester und Wasserstoff. (LFD 2)
allg. Publikum

Ökomedia-Bewertung: brauchbar

Information	Realisation	Motivation
2,0 Punkte	2,5 Punkte	2,0 Punkte

Angesichts der drohenden Klimaveränderungen sucht Mercedes Alternativen zu den fossilen Brennstoffen. Der Film bleibt nahezu allen grundlegenden Fragen fern - das Mercedes-Elektroauto ist noch keine Lösung.

Umweltschutz - Ein paar Beispiele - es geht auch anders **V 610**
Video
DFZ; LFD 6
s. Film

Umwelttechnologie **V 611**
Schoemacher, Tom, Niederlande 1990
Video, Farbe, 22 min
LfD 1-5, 9-13

Die Niederlande, ein dichtbesiedeltes, hochindustrialisiertes Land, sieht sich schon seit langem mit Umweltproblemen konfrontiert. Schon frühzeitig hat man daher Methoden entwickelt, die vor allem

längerfristige Lösungen für diese Probleme versprechen. (LFD 9)
allg. Publikum

Ökomedia-Bewertung: brauchbar

Information	Realisation	Motivation
2,3 Punkte	2,7 Punkte	2,0 Punkte

Gute Bildmontagen vor allem am Anfang können nicht darüber hinwegtäuschen, daß der Film an der Oberfläche bleibt. Umwelttechnologie ist sicher wichtig und nützlich - aber die alleinige Lösung bringt sie nicht. So wie sie dieser Film darstellt, ist sie sehr bequem: High-Tech-Ingenieure lassen sich vieles einfallen und wir müssen uns - Gott sei Dank - nicht umstellen.

Der Umwelttest **V 612**
Spielfilm
Institut für Erwachsenenbildung, BRD 1986
Video, Farbe, 34 min
EMZ 2; Inst. f. Erwachsenenbildung; KMZ 8

Familie Wohlleben führt ein ganz »normales« Leben, bis eines Tages Tochter Susi mit dem Preisausschreiben »Der Umwelt-Test« nach Hause kommt. Trotz anfänglicher Skepsis beginnt die Familie, ihren Lebensstil zu überprüfen. Mit Witz und Geschick, unterstützt vom erfahrenen Opa, erreichen die Kinder, daß das Verhalten der Familie nach und nach umweltfreundlicher wird. Als Umweltbande getarnt honorieren sie umweltfreundliche Aktivitäten, spüren aber auch gleichzeitig Umweltsünder auf. Ein Spielfilm, der zur Diskussion anregen und Eigeninitiative hervorrufen soll. (Inst. f. Erwachsenenbildung)
Primarstufe, Sekundarstufe I

Ökomedia-Bewertung: wirksam

Information	Realisation	Motivation
	2,3 Punkte	3,0 Punkte

Diesem Video gelingt es trotz Laienschauspielern gut zu informieren und zu motivieren. Ein praxisnahes Video, besonders für Kinder geeignet.

UNCED **V 613**
WWF, 1992
Video, Farbe, engl. Orig., 20 min
WWF

Dokumentation zur UNCED in Rio. (WWF)
allg. Publikum

... und andere Ergüsse **V 614**
Medienwerkstatt Freiburg / Gissler, Juliane; Quinte, Mirjam, BRD 1991
Video, Farbe, 58 min
Medienwerkstatt Freiburg

Der Film ist eine assoziative Montage unter der Mitwirkung führender Wissenschaftler der Genetik: Er folgt der molekularbiologischen Avantgarde ins Innere der Gene, um die Triebfeder ausfindig zu machen, die Wissenschaftler allerorts dazu veranlaßt, mit großzügig ausladender Geste die Welt zu verbessern. (Medienwerkstatt Freiburg)
allg. Publikum

Ökomedia-Bewertung: besonders wirksam

Information	Realisation	Motivation
4,0 Punkte	3,5 Punkte	3,8 Punkte

Dieser Film macht in erschreckender Weise deutlich, wie nah Wahn und Wissenschaft zusammenliegen - Nobelpreisträger nicht ausgenommen. Ein wichtiger, sehenswerter Beitrag zum brandaktuellen Thema Gentechnologie.

Und die Erde wird weinen **V 615**
SWF / Oertzen, Viktor von; Pinheiro, Francisco, BRD 1984
Video, Farbe, 44 min
EMZ 2, 10, 13; FWU; LBS 1-10, 12-14; LFD 2

Der Fernsehbericht wirft ein Schlaglicht auf den Konflikt zwischen wirtschaftlich-sozialen Zwängen in der Dritten Welt und den Erfordernissen des Umweltschutzes. Die hohe Staatsverschuldung, der Bevölkerungsdruck, der Rohstoffhunger der Industrieländer haben z.B. in Brasilien einen Raubbau an der Natur heraufbeschworen, dessen langfristige Folgen auch Europa zu spüren bekommt. Die exzessiven Rodungen der Regenwälder im Amazonas-Gebiet etwa werden weltweite Klimaveränderungen nach sich ziehen. (FWU)
Sekundarstufe I und II, Jugend- und Erwachsenenbildung

Ökomedia-Bewertung: wirksam

Information	Realisation	Motivation
3,0 Punkte	3,0 Punkte	3,0 Punkte

Gut recherchiertes und engagiertes Fernseh-Feature mit allen wesentlichen Informationen zum Thema »Regenwaldzerstörung«.

Und ewig stinken die Felder
s. Beobachtungen im Gülleland

Der Unfall oder: Wo bitte geht's zur Hildebrandstraße? **V 616**
Spielfilm
Platen, Rolf; Ruck, Thomas, BRD 1989
Video, Farbe, 33 min
KMZ 19

Die Satire zeigt an einem realfiktiven Atomunfall das Verhalten der Politiker in solchen Krisenfällen. In der Öffentlichkeit vertritt der Staatssekretär mit markigen Worten die bisherige Politik seiner Regierung, wobei die Folgen eines Unfalls heruntergespielt werden. Zu Hause dagegen akzeptiert er fast widerspruchslos ein Vorsichtsmaßnahmen-Ritual durch seine Ehefrau.
Eine gelungene Amateurproduktion mit zahlreichen Gags und Anspielungen. Geeignet besonders auch in der außerschulischen Bildungsarbeit. (KMZ 19)
ab 14 Jahren

Ökomedia-Bewertung: brauchbar

Information	Realisation	Motivation
	1,7 Punkte	1,7 Punkte

Eine laienhaft inszenierte Nach-Tschernobyl-Satire über die Behörden-Blödheit, zu gewollt, zu platt. Da vergeht einem nicht das Lachen, da zuckt man nur müde mit den Schulern.

Unkraut **V 617**
Video
KFW; KMZ 6, 10; LFD 2, 11
s. Film

Unnecessary Fuss **V 618**
P.E.T.A. Washington, USA 1985
Video, Farbe, 30 min (deutsche Übersetzung eingesprochen)
B.O.A.

Dokumentation brutaler Tierexperimente mit Affen. Seit Anfang der siebziger Jahre finden an der Universität Pennsylvania Experimente statt, bei denen unbetäubten Affen starke Hirnschäden zugefügt werden. 1984 brachen fünf Mitglieder einer amerikanischen Vereinigung gegen Tierexperimente in das Laboratorium ein und stahlen 34 Videofilme. Der Film zeigt Auszüge. (B.O.A.)

Ökomedia-Bewertung: wirksam

Information	Realisation	Motivation
3,3 Punkte	3,0 Punkte	3,8 Punkte

Bestürzende Bilder menschlicher Grausamkeit, Dokumentaraufnahmen grausamer Tierversuche an kleinen Affen. Dieses Video ist als Diskussionsgrundlage zum Thema »Tierversuche« sehr zu empfehlen.

Unser Einsatz für die Umwelt V 619
Mercedes Benz, BRD 1991
Video, Farbe, 21 min
LFD 1, 2, 5, 6, 11, 12

Die Bemühungen von Mercedes Benz im Bereich des Umweltschutzes reichen von der Senkung der Abgasemissionen über die Reduzierung der Lärmbelästigung bis zur Entwicklung von Partikelfiltern. (LFD)
allg. Publikum

Ökomedia-Bewertung: brauchbar

Information	Realisation	Motivation
2,3 Punkte	2,7 Punkte	1,5 Punkte

Getarnt als Magazin-Sendung mit Tagesschausprecher kommt dieser Mercedes-Werbefilm daher. Scheinbar objektiv wird über die Umwelt-Glanztaten des Autokonzerns berichtet. Es ist sicher richtig, was da an Bemühungen zur Ruß- und Lärmemissionsverminderung gezeigt wird - aber hinterfragt wird viel zu wenig.

Unser täglich Gift... V 620
Video
EMZ 4; LBS 13; LFD 1
s. Film

Unsere gemeinsame Zukunft V 621
Institute for Common Future, Schweiz 1989
Video, Farbe, 13 min
EMZ 9, 13; KMZ 1, 7, 8

Die weltweiten Probleme von Gerechtigkeit, Frieden und Bewahrung der Schöpfung werden festgehalten in eindrucksvollen Bildern zu Luftverschmutzung, Abholzung der Wälder, Waldsterben, Überbevölkerung und Rüstungseskalation. Der Film bleibt nicht bei den deprimierenden Aussagen stehen, sondern er formuliert Hilfen zur Überwindung. (KMZ 8)
ab 14 Jahren, kirchl. Gemeindearbeit

Untergang der Dinosaurier V 622
aus der Serie: Der wunderbare Planet
1990
Video, Farbe, 45 min
EMZ 2; LFD 2; LBS 1, 7; Kaufkassette: DuMont; Schauinsland

Am Ende der Kreidezeit starben die Dinosaurier aus. Eine neue Theorie nimmt als Ursache einen Meteoriteneinschlag und eine darauf folgende riesige Feuersbrunst an. (LFD 2)
allg. Publikum

Unternehmen Elbe V 623
Bangen und Hoffen an einem Fluß
Bundesminister für Umwelt / Adler, Peter, BRD 1991
Video, Farbe, 30 min
LFD 1-13

Ziel der Bundesregierung und der internationalen Kommission zum Schutz der Elbe: in wenigen Jahren soll die Elbe wieder ein Lieferant für eßbare Fische und Trinkwasser werden. Der Zustand des Flusses und wie es dazu gekommen ist. (LFD 4)
allg. Publikum

Ökomedia-Bewertung: brauchbar

Informativer Film, dem es gelingt, das Leben an der Elbe damals (Kindheitserinnerungen einer Frau mit schönen Bildern aus der sächsischen Schweiz) und heute (ungeklärte Abwässer, Fabriken) zu zeigen. Eine Art Bestandsaufnahme in der Zeit der Wende.

Unternehmen Hombach **V 624**
Münch, Marianne und Hans, BRD 1987
Video (von Super 8), Farbe, 25 min
Münch

Nachdem viele Fließgewässer in unseren Landen durch zerstörerische Eingriffe in die Natur massiv geschädigt worden sind, bemüht sich eine Gruppe junger Naturschützer im BUND (Bund für Umwelt und Naturschutz Deutschland) gemeinsam mit der Stadt Bergisch-Gladbach, einen solchen Bach wieder in einen naturnahen Zustand zu versetzen. Der Beitrag wurde mit dem »Sonderpreis des Landkreises« und der »Silbermedaille Naturale 1988« in Bad Dürkheim ausgezeichnet. (Münch)
Naturschutzgruppen

Ökomedia-Bewertung: wirksam

Information	Realisation	Motivation
3,0 Punkte	2,5 Punkte	2,5 Punkte

Der auf Super-8 gedrehte Film dokumentiert sehr anschaulich eine Bachpatenschaft und damit konkrete Naturschutzarbeit. Es ist ein Film von Amateuren, sozusagen eine echte Basis-Arbeit, die für Nachahmung wirbt. Für Naturschutzgruppen sicherlich interessant. Der Kommentar ist allerdings ziemlich monoton und laienhaft, die Bilder dagegen sind sehr schön. Insgesamt ein gutes Projekt.

Unterwegs **V 625**
Eine Geschichte aus Lappland
Hegi, Vroni und Peter, Schweiz 1991
Video, Farbe, 10 min
s. TB
EMZ 11

Es ist Rentierzeit. Jahrhundertealte Traditionen haben bis vor kurzem den Jahreslauf der Saami - früher Lappen - bestimmt. Heute ist vieles anders geworden: Elektrizitätsgesellschaften errichten Staudämme, Holzfirmen durchpflügen mit ihren Bulldozern die nordischen Urwälder, und die Saami jagen ihre riesigen Rentierherden mit Hubschraubern und Motorschlitten über die unendlichen Weiden. (EMZ 11)

Urga **V 626**
Video
EZEF; Kaufkassette: Concorde-Video
s. Film

Usambara: Das Land, wo der Glaube Bäume versetzen soll **V 627**
Video
EMZ 2
s. Film

Verantwortung: Ölförderung im Wattenmeer **V 628**
Deutsche Texaco, BRD 1989
Video, Farbe, 28 min
LBS 1, 7

Filmbericht über das Projekt Ölförderung im Wattenmeer vor der Schleswig-Holsteinischen Küste. Unter der Prämisse, daß wirtschaftliche Aktivitäten nicht ohne Auswirkungen auf die Umwelt entfaltet werden können, wägt der Film (zugunsten der Energiegewinnung) Ökonomie und Ökologie ab. Fazit: Die Industrie tue alles, um das unter Naturschutz stehende Wattenmeer weitestgehend zu erhalten. (LBS 7)

Ökomedia-Bewertung: brauchbar

Information	Realisation	Motivation
1,6 Punkte	2,6 Punkte	1,5 Punkte

Mit säuselnder Stimme und schönen Bildern wird der Nationalpark Wattenmeer vorgestellt und dann scheinheilig gefragt, wie das mit Ölförderung zusammenpaßt. Antwort von Texaco: Dem Ingeniör ist nichts zu schwör. Mit der modernen Technik ist alles im Griff, außerdem nehmen regelmäßig zwei Biologen Proben aus dem Watt - da kann ja eigentlich nichts passieren.

Verarmungshilfe **V 629**
Video
Con
s. Film

Verbrannt - doch nicht verschwunden **V 630**
Von den Schwierigkeiten der Müllverbrennung
SDR / Eimler, Wolf-Michael, BRD 1989
Video, Farbe, 30 min
LBS 4

In allen Bundesländern werden verstärkt Müllverbrennungsanlagen in Betrieb genommen. Toxikologen und Ärzte warnen jedoch davor, da durch unvollständige Verbrennung z.T. noch nicht einmal bekannte Schadstoffe freigesetzt werden, die die Umwelt schädigen und beim Menschen Erkrankungen hervorrufen können. (LBS 4)
ab 8. Klasse

Verbrannt, verstrahlt, vernichtet **V 631**
Video
EMZ 2, 7, 10, 13; KMZ 6, 10, 12, 16, 20; LBS 1-3, 5-8, 10, 13, 14; LFD 2, 4
s. Film

Der verbrauchte Planet **V 632**
Bayerischer Rundfunk / Feller, Wolf; Lindlau, Dagobert, BRD 1985
Video, Farbe, 58 min
FWU; LBS 1-10, 12-14; LFD 2, 7; LISA

Der Film demonstriert, daß die zunehmende Umweltbelastung ein globales Problem für die Menschheit ist. Die Lösung der heutigen Probleme duldet dabei keinen Aufschub mehr. Dies zeigt er, indem er Umweltprobleme aus der UdSSR, Japan, den USA und Mittelamerika aneinanderreiht. Die Zuschauer sollen dabei einsehen, daß es keine technischen Lösungen, sondern nur politische geben kann und daß sich jeder im Rahmen seiner Möglichkeiten für den Schutz der Umwelt einsetzen muß. (FWU)
allg. Publikum, Sekundarstufe I und II, Jugend- und Erwachsenenbildung

Ökomedia-Bewertung: wirksam

Information	Realisation	Motivation
3,0 Punkte	3,0 Punkte	3,0 Punkte

Ein spritziger Beitrag, locker moderiert im Stil einer Samstagabend-Sendung für ein breites Publikum. Als Einführung und Animation zur Umweltthematik allgemein gut geeignet.

Die Verfemten **V 633**
DFF / Hennig, Horst, DDR 1984
Video, Farbe
LaUB

Der Film stellt die verschiedenen Krähenarten auf dem Territorium der DDR vor, wie Elster, Nebelkrähe, Rabe, Dohle, Eichelhäher, Saatkrähe, Rabenkrähe. Er zeigt deren natürliche Umwelt, die Aufzucht der Jungen sowie Krähenschwärme und Krähenkolonien. (LaUB)
allg. Publikum

Ökomedia-Bewertung: wirksam

Information	Realisation	Motivation
3,0 Punkte	2,6 Punkte	2,6 Punkte

Unspektakulärer, informativer Tierfilm über diverse Krähen.

Verfluchtes El Dorado **V 634**
HR / Faulstich, Joachim; Hafner, Georg M., BRD 1991
Video, Farbe, 88 min
Medienwerkstatt Freiburg

Der Film zeigt in aufrüttelnder Weise, wie Lateinamerika den 500. Todestag seiner Entdeckung durch Christoph Kolumbus begeht. »Verfluchtes El Dorado« ist eine Reise in das Südamerika der Gegenwart, ist eine Begegnung mit den Überlebenden des größten Völkermords der Ge-

schichte. Dennoch wird weniger vom Untergang als von der Wiedergeburt eines Kontinents berichtet: Von dem politischen Erfolg der Indianer Kolumbiens zum Beispiel oder von der Rückbesinnung der Mayas in Guatemala auf ihre alte Religion. Die Vermischung historischer Elemente, in denen die Motive des Kolumbus, die Rolle der Kirche und die Geschichte der Mayas und Azteken beschrieben wird, verbindet sich geschickt und unaufdringlich mit der Beschreibung der heute noch andauernden Zerstörung Lateinamerikas. (HR)
allg. Publikum, Dritte-Welt-Gruppen

Ökomedia-Bewertung: wirksam

Information	Realisation	Motivation
3,3 Punkte	3,6 Punkte	3,5 Punkte

Ein bildstarkes Dokument zur Geschichte Lateinamerikas, das Politik, Tradition, Religion und ökologische Frage eindrucksvoll miteinander verwebt. Eine schonungslose Abrechnung mit der Zerstörung einheimischer Kultur und Umwelt durch 500 Jahre Kolonialismus.

Vergiftet oder arbeitslos **V 635**
Video, Farbe, 16 min
atlas; B.O.A.; EMZ 3, 5, 7, 8, 10, 12, 13; LBS 4-7; LFD 5; LZNW
Medienpaket: Videokassette und Begleitmaterial
s. Film

Verkehr **V 636**
aus der Serie: Umwelt - Handeln im Alltag
Ifage-Filmproduktion / WDR, BRD 1987
Video, Farbe, 30 min
DFZ; EMZ 4, 7; KFW; KMZ 1-22; LFD 1-9, 12

Welche Folgen hat uns das Auto beschert? Das Video demonstriert die Konsequenzen. Alternativen zum Auto gibt es genügend: Fahrgemeinschaften, öffentliche Verkehrsmittel oder auch Radfahren. Verkehrsberuhigung sowie umweltbewußtes Verhalten im Straßenverkehr sind dringend erforderlich. (KFW)
Methodisch-didaktische Hinweise zum Einsatz dieser Reihe gibt es bei der Kath. Bundesarbeitsgemeinschaft für Erwachsenenbildung, Réné-Schickele-Str. 10, 53123 Bonn.
allg. Publikum

Ökomedia-Bewertung: brauchbar

Information	Realisation	Motivation
2,7 Punkte	2,5 Punkte	2,2 Punkte

Es wird einfach zu viel erzählt und das relativ langatmig. Einige gute Einfälle gibt es allerdings, z.B. die Karl-Valentin-Zitate.

Die verlorene Generation **V 637**
Video
KMZ 6, 10
s. Film

Versteinert **V 638**
Trickfilm
DEFA / Georgi, Klaus, DDR 1977
Video, Farbe, 5 min
LaUB

Da Ordnung und Sauberkeit über alles gehen, wird ein Garten zubetoniert. Wohin aber nun mit dem Bäumchen, das man eigentlich setzen wollte? (LaUB)

Ökomedia-Bewertung: wirksam

Information	Realisation	Motivation
	3,0 Punkte	3,0 Punkte

Schöner Trickfilm, gut einzusetzen als Satire über den Wahn, alles rechtwinklig, ordentlich, glatt und sauber machen zu müssen - auch die Natur.

Vielfalt als Überlebenskonzept **V 639**
Lorenz, Rüdiger, BRD 1990
Video, Farbe, 30 min
Lorenz

Der Regenwald ist eine uralte, schon immer vom Menschen genutzte Kulturlandschaft. Unsere herkömmliche, von europäischen Strukturen geprägte Sichtweise verstellt uns den Blick auf diese Erkenntnis. Das Vorurteil von der ungenutzten Wildnis ist so alt wie die Entdekkung des südamerikanischen Kontinents durch die Europäer. Hier setzt der Film ein. Er will zeigen, daß der Mensch bereits seit Jahrtausenden ein entscheidender, gestaltender Teil des Ökosystems Amazonien ist. (Lorenz)
allg. Publikum

Ökomedia-Bewertung: brauchbar

Information	Realisation	Motivation
3,0 Punkte	2,2 Punkte	2,4 Punkte

Das spannende, höchst komplexe Ökosystem Regenwald, trotz mancher schöner Bilder, spannungslos und ziemlich langatmig präsentiert.

Vögel der Havelniederung V 640
DFF, DDR 1982
Video, Farbe, 28 min
LaUB

1971 wurde der Beginn der Entwässerungsmaßnahmen im Gebiet Havelniederung und des Gülper Sees filmisch vorgestellt. Daran anknüpfend beschäftigt sich der Film zehn Jahre später mit der Frage: Inwieweit ist nach diesen Maßnahmen das Brut- und Rastgebiet für Vogelarten erhalten geblieben? Welche Änderungen haben sich ergeben? (LaUB)
allg. Publikum

Der Vogel Greif V 641
DFF, DDR 1982
Video, Farbe, 24 min
LaUB

Beobachtungsposten für diesen Tierfilm bezogen die Schöpfer im Reich der Greifvögel der Kreise Calbe und Zerbst. Reizvolle Luftaufnahmen von den Herrschern der Lüfte und ihrer Lebensweise, einschließlich der Aufzucht der Jungen, machen die Wirkung dieses flimischen Naturerlebnisses aus. (LaUB)
allg. Publikum

Vogelinseln aus Menschenhand V 642
DFF, DDR 1980
Video, Farbe, 45 min
LaUB

Die Sendung gibt einen umfangreichen Einblick in die Naturschutzarbeit an den neu entstandenen Wasserflächen der DDR. Dabei lernt der Zuschauer seltene Vogelarten kennen, die von den ehrenamtlichen Naturschützern des Kulturbundes der DDR gehegt und gepflegt wurden. (LaUB)
allg. Publikum

Vogelleben im Nationalpark V 643
Vorpommersche Boddenlandschaft
Bergmann, Siegfried, BRD 1992
Video, Farbe,
Biologiefilm Bergmann

Der Filmemacher und Biologe Siegfried Bergmann stellt einen kleinen Bereich des Nationalparks vor. Er zeigt Aufnahmen vom Vogelleben auf den Inseln Barther Oie und Kirr, die mit viel Geduld und großer Behutsamkeit in über 10 Jahren während seiner Inselbetreuung entstanden sind. (Biologiefilm)
allg. Publikum

Vom Aufstieg, vom Abfall V 644
und vom Wert der Dinge
Video
LFD 2, 4-6, 9-13; LBS 7
s. Film

Vom Flachlegen und Aufstehen V 645
Video
EMZ 1, 7, 8, 12, 13; LBS 4, 7; LFD 4
s. auch Medienpaket Kein schöner Land
s. Film

Vom Quellwasser zum Abwasser V 646
Bayerischer Rundfunk / Kölbing, Alexander, BRD 1986
Video, Farbe, 24 min
FWU; LBS 1-14; LFD 2; LISA

Daß der Mensch erst relativ spät begonnen hat, den Lebensraum Wasser zu erforschen, liegt daran, daß die Unterwasserwelt schwieriger zu beobachten, zu untersuchen und auch zu verstehen ist als das Leben auf dem Land. Nirgends aber lassen sich die vielfältigen, oft ans Wunderbare grenzenden Anpassungen von Lebewesen an die Bedingungen ihres Lebensraumes besser erkennen. Ihrer speziellen Umweltansprüche wegen haben Wasserlebewesen große Bedeutung für die Wissenschaft. Durch ihre Indikatorleistung kann jede Abwasserleitung, jede Gewässerbelastung also, in ihrer biologischen Auswirkung auf ein Gewässersystem beurteilt werden. Der Zuschauer lernt dadurch kennen, wie Abwasser ein Ökosystem belastet, aber auch welche Selbstreinigungskraft Gewässer haben. (FWU)
Sekundarstufe I und II

Ökomedia-Bewertung: wirksam

Information	Realisation	Motivation
3,3 Punkte	3,0 Punkte	3,0 Punkte

Der Film spricht eine klare und engagierte Sprache. Bestes Bildmaterial und ein hoher Informationswert machen diesen Film zu einem wichtigen Beitrag. Einziger Kritikpunkt: Die Bilder sind teilweise mit zu viel Kommentar belegt.

Von Rägelin nach Neuruppin V 647
DFF / Bergmann, Siegfried, DDR 1985
Video, Farbe, 24 min
LaUB

Seit einigen Jahren unternimmt die Station junger Techniker und Naturforscher jährlich eine Expedition mit Schülern der 5. - 10. Klassen, in diesem Jahr auf dem oberen Flußlauf der Temnitz. In dieser Landschaft soll für die Beregnung ein Flachwasserspeicher angelegt werden. Die Jungen und Mädchen sollen helfen, eine ökologisch verträgliche Lösung zu finden. (LaUB)
allg. Publikum

Ökomedia-Bewertung: brauchbar

Information	Realisation	Motivation
2,4 Punkte	2,4 Punkte	2,0 Punkte

Ein Film über eine Expedition von Jugendlichen entlang eines Flußlaufes - und die Jugendlichen kommen nicht zu Wort. Der Autor begnügt sich damit, Wasserqualität und Artenvielfalt zu loben, sagt aber kein Wort über die Zerstörung der Uferzonen, während die Kamera den begradigten Flußlauf zeigt.

Von der Sonne leben V 648
Video, Farbe, 16 min
EMZ 10; KMZ 6, 10; LBS 13; LZNW; Weitzel
s. Film

Vorbild Japan? V 649
Südwestfunk / Rost, Peter, BRD 1988
Video, Farbe, 30 min
FWU; LBS 1-10, 12-14

Der Film zeigt, wie Japan mit einer Reihe von Umweltproblemen wie z.B. Luftreinhaltung, Müllverarbeitung, Gewässerverunreinigung und Lärmbelästigung fertigzuwerden versucht. Das Beispiel Japan ist deshalb so interessant, weil Japan vor vergleichbaren Schwierigkeiten steht wie die Bundesrepublik. (FWU)
allg. Publikum, Sekundarstufe I und II

Ökomedia-Bewertung: brauchbar

Information	Realisation	Motivation
3,0 Punkte	2,0 Punkte	2,2 Punkte

Dem Zuschauer wird ein informatives Referat vorgesetzt, mit dem die Bilder oft wenig zu tun haben. Man sieht Menschen in der Fußgängerzone, wenn von Quecksilberbelastung die Rede ist. Kommentar am laufenden Band.

Vorsicht - Rabbelschuh kommt V 650
Filmkomödie
Video, Farbe, 36 min
EMZ 15; LBS 11

Rabbelschuh, Oberhaupt einer vierköpfigen Familie, übertreibt alles maßlos. Diesmal droht er die Familie mit übertriebenen Ideen zur Rettung der Umwelt ins Chaos zu stürzen. Doch die Familie wehrt sich erfolgreich. In amüsanter Weise karikiert der Film übertriebene Weltverbesserung, macht dabei aber auf wirkliche Bedürfnisse für die Rettung der Umwelt aufmerksam. (LBS 11)
ab 4. Schuljahr

Vor uns sterben die Wälder V 651
Stadtjournal Hamburg, BRD 1987
Video, Farbe, 60 min
B.O.A.; LBS 13; Medienwerkstatt Franken; Medienwerkstatt Freiburg

Der Wald stirbt, vielerorts noch wenig sichtbar, an manchen Stellen wie in den Höhenlagen der Mittelgebirge bereits dramatisch. Das Video dokumentiert die Aktionen der Hamburger Gruppe Robin Wood in den Jahren 1984 bis 1986. Symbolisch und gewaltfrei versucht Robin Wood, die Öffentlichkeit, die durch ständig neue Umweltkatastrophen immer lethargischer wird, auf die Bedrohung unseres Öko-Systems hinzuweisen. Die Gruppe klettert auf Schornsteine von Kohlekraftwerken, um mit weithin sichtbaren Transparenten ihre Forderungen zum Ausdruck zu bringen. Sie kettet sich an die Tore von Chemiefirmen und Atomkraftwerken, um die Gefährlichkeit bestimmter Produktionszweige zu demonstrieren. Sie inszeniert Umwelt-Straßentheater, um gegen die Ignoranz bei der Einführung von bleifreiem Benzin und Tempolimits auf Autobahnen und Landstraßen zu protestieren. (MW Franken)
allg. Publikum, Naturschutzgruppen

Ökomedia-Bewertung: wirksam

Information	Realisation	Motivation
3,0 Punkte	2,5 Punkte	2,5 Punkte

Eine recht informative, aber formal zu wenig spannende Darstellung der Arbeit von Robin Wood.

WAAhnrock V 652
Cramer, Helge, BRD 1986
Video, Farbe, 105 min
B.O.A.; Medienwerkstatt Franken

»WAAhnrock« wurde aus demselben Rohmaterial geschnitten wie der Kinofilm »WAAhnsinn«, aus 27 Stunden Musikmitschnitten und noch einmal so viel Dokumentarmaterial aus dem Umfeld des Musikfestivals am Zaun der Wiederaufarbeitungsanlage in Wackersdorf. Dazu kommen Nachrichten, Interviews und Statements von Atom-Industriellen, Politikern und Polizei. (MW Franken)
allg. Publikum, Anti-Atom-Gruppen

Ökomedia-Bewertung: wirksam

Information	Realisation	Motivation
2,7 Punkte	3,0 Punkte	3,0 Punkte

Schönes Bildmaterial, guter Schnitt, doch insgesamt zu lang.

Wachstum im Verborgenen V 653
Video
Planfilm
s. Film

Die Wärme, die aus dem Mist kommt V 654
Video
EMZ 10-12; LBS 9, 12, 13; LZNW
s. Film

Waldsterben V 655
Video
EMZ 2; FWU; LBS 10; LFD 11
s. Film

Waldsterben: V 656 Der saure Alptraum
Hessischer Rundfunk / Joschka, Angela, BRD 1987
Video, Farbe, 20 min
Hessische Landesforstschule Schotten; LBS 4

Ursachen des Waldsterbens, Möglichkeiten zur Bekämpfung dieser Ursachen, aber auch die Folgen eines fortschreitenden Absterbens der Wälder werden erörtert. Infektionen, die zu Schleimfluß führen, Läuse und Borkenkäfer, die die kranken Bäume befallen, verstärken die Schädigung der Bäume und beschleunigen deren Tod. (LBS 4)
allg. Publikum, Naturschutzgruppen

Waldsterben: Die Gnadenfrist läuft V 657
Hessischer Rundfunk / Joschka, Angela, BRD 1987
Video, Farbe, 20 min
Hessische Landesforstschule Schotten; LBS 4

Der Beitrag nennt die Hauptverursacher der Luftverschmutzung und demonstriert die Wirkung der verschiedenen Schadstoffe auf die Bäume. Daneben zeigt das Video Maßnahmen zur Rettung der Wälder und ihre möglichen Nebenwirkungen. (LBS 4)
allg. Publikum, Naturschutzgruppen

Die Wanderung der Erdkröte V 658
HWF, BRD 1989
Video, Farbe, 18 min
LBS 1

Der Film zeigt Allgemeines über die Erdkröte, berichtet über die Fortpflanzung, Entwicklung und Metamorphose, die Jugendentwicklung der Erdkröte, dann über die Gefährdungsursachen und Schutzmaßnahmen. (LBS 1)
ab 8. Klasse

War Lab V 659
Video, Farbe, 16 min
Unidoc
s. Film

Warum ist denn das hier alles anders? V 660
Gugolz, Aldo, BRD 1991
Video, Farbe, 15 min
Revolumen Film

Rami, Rabi und Daniel wollen etwas für die Umwelt tun, denn sie befürchten, daß die Menschen die Fische auf Zement legen wollen. So suchen sie in einem drekkigen Berliner Stadtkanal nach dem letzten Wal. Im ehemaligen Todesstreifen, wo die Erde völlig vertrocknet ist, finden die drei eine Pistole und alles wird ganz anders... (Revolumen Film)
allg. Publikum

Ökomedia-Bewertung: wirksam

Information	Realisation	Motivation
3,0 Punkte	3,0 Punkte	3,0 Punkte

Ein erfrischender, munterer Beitrag, wenn auch nicht mit sehr viel Tiefgang: drei Kids plappern drauf los, was sie tun würden, wenn sie Bundeskanzler wären. Sie würden Autos unter Arrest stellen und da, wo Enten schwimmen, dürften keine Schiffe fahren...

Was geschieht im Kompost? V 661
Video
Praxis Unterrichtsfilm
s. Film

FLUCHT AUS PARIS MEHREN 3/93

Washingtoner Artenschutzabkommen **V 662**
Video
AID; DFS; LFD 2, 6, 7
s. Film

Was ist mit dem Atom? **V 663**
aus der Serie: Die Sendung mit der Maus
WDR / Biemann, Christoph; Maiwald, Armin, BRD 1988
Video, Farbe, 15 min
LZNW

»Atome sind überall«, sagt der Kommentar im Film. Im Bild: eine Wiese, eine Kuh und Blumen. Auch sie bestehen aus Atomen.
Der Film erläutert auf leicht verständliche Weise, was ein Atom ist, was ein Atomkraftwerk, warum und wann welche Atome gefährlich sind. Komplizierte physikalische Sachverhalte werden anhand einfacher Beispiele auch kleinen Zuschauern verständlich. Selbst die Katastrophe von Tschernobyl und die Problematik der Endlagerung abgebrannter Kernbrennstäbe kann vermittelt werden. (LZNW)
ab 6 Jahren

Wasser dreht das Rad der Zukunft **V 664**
Johannes Gulde; Stefanie Landgraf, BRD 1991
Video, Farbe, 30 min
Brot für die Welt; EMZ 1-8, 10-12; Diak. Werke: Westfalen-Lippe, Detmold, Lübeck, Odenburg; Terra Media

Der große Reichtum Nepals ist Wasser. Seit alters her kennen die Nepali die Ghatta, eine Wassermühle, die Getreide mahlt. Vor rund 15 Jahren begannen nepalesische und deutsche Ingenieure, eine wassergetriebene Kleinturbine zu entwickeln, die neben der Getreidemühle auch einen Reisschäler und eine Ölpresse betreiben kann. Der Film zeigt am Beispiel des Dorfes Kaireni wie mit diesem Mühlenkonzept auf der Grundlage erneuerbarer Energien langfristig umweltschonende und sinnvolle Entwicklungen in Gang gesetzt werden können. So wurde z.B. im Rahmen des Mühlenprogramms ein elektrischer Kochherd entwickelt, der die Menschen nicht mehr zwingt, Feuerholz zu sammeln und damit das größte Problem Nepals, die Abholzung der Wälder, zu verstärken.

Ökomedia-Bewertung: wirksam

Information	Realisation	Motivation
3,1 Punkte	3,0 Punkte	3,0 Punkte

Informativer Film zum Thema angepaßte Technologie mit schöner Kamera, aber manchmal etwas monotonem Kommentar, insgesamt aber ein guter Beitrag.

Wasser für die Wüste V 665
Deutsche Welthungerhilfe, BRD 1986
Video, Farbe, 17 min
DWH; LBS 10

Die Sicherung der Wasserversorgung im Sahel durch Tiefbrunnen brachte die Region aus dem ökologischen Gleichgewicht. Überweidung durch ständig wachsende Tierherden u.a. verursachten die Hungerkatastrophe. Der Film stellt ein Projekt vor, das sich die Sicherung bereits bestehender Brunnen zum Ziel setzt. Landschaftsangepaßte Techniken helfen, Entwicklungsprobleme besser zu lösen. (LBS 10)
Sekundarstufe I

Die Wasserherren V 666
Video
KMZ 6, 10; LBS 13
s. Film

Wasser ist Leben V 667
Video
DFS; DFZ; DIZ; LBS 7, 14; LFD 1, 2, 5, 6, 9-13
s. Film

Das Wasser ist mein Bruder V 668
Flüsse und Seen in Chiapas / Mexiko
Sigl, Angelika und Walter, BRD
Video, Farbe, 44 min
Sigl

Mexiko hat außer heißen und trockenen Landstrichen auch feuchte und wasserreiche Gebiete aufzuweisen, wie z.B. Chiapas, den südöstlichen Bundesstaat an der Grenze zu Guatemala. In seinen Flüssen und Seen leben außergewöhnliche Fische, von denen viele als Zierfische in unseren Aquarien gehalten werden. Den Lebensraum zu dokumentieren ist das Ziel des Films. Doch die Dokumentation ist schwierig, weil sich in den Flüssen und Seen die Abwässer der schnell wachsenden Bevölkerung Mexikos konzentrieren. (Sigl)
allg. Publikum

Ökomedia-Bewertung: brauchbar

Information	Realisation	Motivation
2,6 Punkte	2,2 Punkte	2,1 Punkte

Das Filmteam reist von See zu See, der Film reiht die Bilder aneinander, ohne rechte Dramaturgie: ein mäßiger Beitrag.

Wasser - Leihgabe der Natur V 669
Video
DFZ
s. Film

Wasser - Quell des Lebens **V 670**
Video
LFD 4
s. Film

Wasser und Klima: Szenario Alptraum **V 671**
Aare-Tessin AG, Schweiz
Video, Farbe, 20 min
DFS

Der Film, der in Zusammenarbeit mit der World Meterological Organization (WMO) entstanden ist, zeigt auf, welche Bedeutung zivilisatorische Eingriffe in den globalen Wasserkreislauf haben und welchen Streßfaktoren das immer knapper werdende Süßwasser ausgesetzt ist. Die wachsende Weltbevölkerung, der Energiehunger der Entwicklungsländer und der beschleunigte Treibhauseffekt können die Wasserkrisen in Zukunft in vielen Regionen der Welt dramatisch verschärfen. Der Film versucht, die globalen Zusammenhänge zwischen Zivilisation, Klima und Wasserhaushalt aufzuzeigen. (DFS)
allg. Publikum

Wasserzeichen **V 672**
Morell, Wolfgang; Proksch, Roland, BRD 1985
Video, Farbe, 74 min
LBS 6

»Wasserzeichen« zeigt nicht die verheerenden Folgen der Wasserverschmutzung in unserer Gesellschaft, sondern das Element Wasser in natürlichen und unnatürlichen Zusammenhängen. Weiter beobachtet der Film die »Umweltschutzgruppe Physik/Geowissenschaften« an der Universität Hamburg bei ihrer Arbeit und mit ihrem Schiff »Elise«. Parallel dazu wird die »Norddeutsche Affinerie«, Europas größte Kupferhütte und Hamburgs größter Gewerbesteuerzahler vorgestellt. Das Werk verschmutzt Luft und Wasser unter Aufsicht der Behörden. Die Umweltgruppe entnimmt Wasserproben und deckt die Verschmutzung auf.
Der Film erzählt dabei nicht die Geschichte der Umweltschützer im Kampf gegen die Industrie, sondern schildert auf verschiedenen Ebenen den Umgang mit Wasser. (zentralfilm)
allg. Publikum

Ökomedia-Bewertung: wirksam

Information	Realisation	Motivation
3,0 Punkte	2,8 Punkte	2,7 Punkte

Ein informativer und engagierter Film, der die Arbeit einer Umweltgruppe vorstellt und dabei viele Fakten vermittelt. Leider hat der Film Längen.

Was wir mit Füßen treten **V 673**
Südwestfunk / Burchard, Hans J. van der, BRD 1985
Video, Farbe, 43 min
FWU; KMZ 6, 10; LBS 1-10, 12-14; LFD 2, 7

Das Video gibt Einblick in die biochemischen Vorgänge im Boden und zeigt an anschaulichen Beispielen, wie eine an industriellen Methoden orientierte Landwirtschaft zwar kurzfristig die Ernteerträge erheblich steigert, langfristig aber wertvollen Boden zerstört. Der Wechsel von dokumentarischen Bildern der heutigen Situation mit grundlegenden Erklärungen, beispielsweise des natürlichen Stickstoffkreislaufs, erleichtert auch einem wenig vorgebildeten Publikum das Verständnis. (FWU)
Sekundarstufe I und II, Jugend- und Erwachsenenbildung

Ökomedia-Bewertung: wirksam

Information	Realisation	Motivation
3,0 Punkte	2,5 Punkte	2,8 Punkte

Ein informatives Feature zur Bodenthematik mit guten Tricks und Grafiken. Leider ist der Kommentar beinahe pausenlos und etwas langatmig.

Wattenmeer - Leben zwischen Ebbe und Flut **V 674**
Landesinst. Schleswig-Holstein, BRD 1991
Video, Farbe, 51 min
LBS 1, 8, 11

Der Videofilm zeigt das nordfriesische Wattenmeer mit seiner einzigartigen Tier- und Pflanzenwelt. Auch auf die Gefährdung dieser Naturlandschaft durch Zivilisationseinflüsse wird hingewiesen. (LBS 8)
ab 7. Klasse

Wege der Entwicklung **V 675**
Video
CRW; DFZ
s. Film

Wege eines Tierfilmers **V 676**
DFF / Bergmann, Siegfried, DDR 1990
Video, Farbe, 28 min
LaUB

Der Film berichtet über die Arbeit von Tierfilmern am Beispiel Siegfried Bergmanns: Die biologischen und ökologischen Filme, die in den letzten zehn Jahren entstanden, brachten viele schöne Erlebnisse und besondere filmische Erlebnisse, andererseits aber auch kuriose, unerwartete und überraschende Begebenheiten. Tierbeobachtungen sind mühevoll, sie erfordern viel Geduld und Ausdauer. Bei manchen Aufnahmen war selbst das noch nicht ausreichend. (LaUB)
allg. Publikum

Ökomedia-Bewertung: brauchbar

Information	Realisation	Motivation
2,0 Punkte	2,4 Punkte	1,6 Punkte

Ein Film nach dem Zusammenbruch der DDR als Rückblick über zehn Jahre Filmarbeit: Keine Kommentierung der politischen Schwierigkeiten bei der Filmarbeit, sondern lediglich Zusammenstellung von Einzelepisoden. Eine insgesamt harmlose Kritik am alten System, die mehr verschweigt als benennt.

Wege und Holzwege **V 677**
Video
EMZ 13; KMZ 5, 6, 10, 17; LZNW; LBS 4, 6, 13; LFD 2
s. Film

Weiße Wildnis I, II, III **V 678**
Video
KMZ 6, 10
s. Film

Das weiße Loch **V 679**
Video
FWU
s. Film

Der Weißstorch **V 680**
FWU, BRD 1992
Video, Farbe, 15 min
FWU; LBS 4, 7

Weißstörche ernähren sich in erster Linie von Großinsekten und Fröschen. Durch die großflächige Umwandlung von Grünland in Ackerland, das Trockenlegen der Wiesen und den Einsatz von Pestiziden wurde ihr Nahrungsangebot zunehmend knapper. Daneben stellen Hochspannungsleitungen eine weitere Gefährdung der Tiere dar. (FWU)
ab 8. Klasse

Ökomedia-Bewertung: wirksam

Information	Realisation	Motivation
3,0 Punkte	3,0 Punkte	3,0 Punkte

Informativer Film mit zum Teil schönen Bildern, aber der Kommentar ist etwas langatmig und monoton.

Wellpappe - Welle der Vernunft V 681
Verband der Wellpappenindustrie, BRD 1988
Video, Farbe, 9 min
LBS 2, 7, 11, 14

In Form einer Überblend-Tonbildschau informiert die Videokassette über die Vorteile und Einsatzmöglichkeiten der Wellpappe-Verpackung, geht auf ihren Herstellungsprozeß, die Grundstoffe und den technischen Aufbau ein und stellt ihre Umweltfreundlichkeit heraus. (LBS 7)
ab 11. Klasse

Ökomedia-Bewertung: unbrauchbar

Information	Realisation	Motivation
1,5 Punkte	1,5 Punkte	1,5 Punkte

Werbefilm des Verbandes der Wellpappenindustrie. Auch wenn niemand bestreiten wird, daß Pappe eine ökologisch recht gute Verpackung ist, sind solche Sprüche wie »Verpackung bringt Lebensqualität« heutzutage doch überholt. Das Thema Verpackung wird mittlerweile auf einem anderen Niveau diskutiert.

Eine Welt für alle
Medienpaket
* Die Farbe der Zukunft
* Geiseln des Krieges
* Im Schuldenturm
* Kampf den Seelenkäufern
* Künstler für eine Welt
* Lucia
* Mehr Lust als Frust
* Rabi
* Saat des Reichtums, Saat des Elends

Das Medienpaket »**Eine Welt für alle**« entstand anläßlich der des »One-World II - Projektes« und wurde im Vorfeld der UNCED-Konferenz in Rio im Fernsehen ausgestrahlt. Zur Sensibilisierung für das Thema »Umwelt und Entwicklung« wurde das Paket in vielen Ländern der Welt gezeigt. Neben den Videos enthält das Paket Diaschauen zu den Künstlern, ein Lesebuch zum Thema sowie eine umfangreiche Mediographie.

Eine Welt voller Rätsel: V 682
Ameisen und andere Insekten
Video
KMZ 6, 10
s. Film

Eine Welt voller Rätsel: V 683
Geheimnisse des Wassers
Video
KMZ 6, 10
s. Film

Eine Welt voller Rätsel: V 684
Die Pflanzenwelt
Video
KMZ 6, 10
s. Film

Eine Welt voller Rätsel: V 685
Die Welt der Bienen
Video
KMZ 6, 10
s. Film

Weltmacht Kaffee V 686
Video
EMZ 2; EZEF; LFD 5
s. Film

Weltpark Antarktis V 687
Video
LBS 1, 14
s. Film

Wenn der Acker Frucht bringt V 688
terra media / Landgraf, Stefanie; Gulde, Johannes, BRD 1987
Video, Farbe, 31 min
FWU; LBS 1-10, 12-14

Wie viele Länder der Dritten Welt unterliegt auch Ruanda in Zentralafrika einem starken ökonomischen, sozialen und kulturellen Wandel. Überbevölkerung, ver-

bunden mit traditionellen Erbfolgegesetzen, hat u.a. dazu geführt, daß Kinder ohne Eltern nicht mehr von der nahen Verwandtschaft aufgenommen werden. Das Video beschreibt ein Projekt, in dem Kinder ohne Familie ein den tropischen Bedingungen angepaßtes Landbaumodell erlernen, das der traditionellen Anbauweise weit überlegen ist: Es wird versucht, die Böden zu stabilisieren und die Nahrungsproduktion langfristig zu steigern, indem der gemischte, mehrstufige Anbau mit Erosionsschutz und integriertem Baumüberbau sowie integrierter Viehhaltung kombiniert wird. (FWU)
Sekundarstufe I und II, Jugend- und Erwachsenenbildung

Ökomedia-Bewertung: wirksam

Information	Realisation	Motivation
3,0 Punkte	2,8 Punkte	2,5 Punkte

Besonders in der ersten Hälfte ein anschaulicher und informativer Beitrag. Dann jedoch wird's kritisch: Zu sehr wird die Moral des Pfarrers gegenüber den lernenden Kindern und schwangeren Mädchen ins Bild gesetzt.

Wenn die Bäume sterben, ist die Erde müde **V 689**
Ingrid Wernich, Hans-Peter Weymar, BRD 1990
Video, Farbe, 3 x 30 min
DFZ; EMZ 12; KMZ 6, 10

Der Film hat die Ausbreitung der Wüste in Westafrika zum Thema. Folge 1: »Spurensuche im Sahel«: Suche nach ökonomischen, politischen, soziokulturellen Ursachen der Desertifikation. Dokumentation der Verwüstung in einigen Gebieten der Republik Niger und in Mali, die der deutsche Afrikaforscher Heinrich Barth vor 140 Jahren als blühende Stätten in Wort und Bild beschrieben hat. Folge 2: »Am Ende des Weges«: Dokumentation des Überlebenskampfes von Fulbe und Tuareg-Nomaden in der nördlichen Sahelzone. Folge 3: »Steine gegen die Dürre«: Ein Dorf in Burkina Faso nimmt den Kampf gegen die Verwüstung auf.
allg. Publikum, Dritte-Welt-Gruppen

Ökomedia-Bewertung: wirksam

Information	Realisation	Motivation
3,8 Punkte	3,2 Punkte	3,5 Punkte

Ein sehr informativer und anschaulicher Dreiteiler zum Thema Desertifikation. Empfehlenswert nicht nur für Dritte-Welt-Gruppen.

Wenn ich ein Vöglein wäre **V 690**
Trickfilm
Slivka, Andrej, CSSR 1986
Video, Farbe, 7 min
LZNW

Ein naturwissenschaftlicher Arbeitsplatz. Präparierte Schmetterlinge, ausgestopfte Vögel, ein ornithologisches Nachschlagewerk. Darstellungen eines krähenähnlichen, früchtefressenden Vogels, seines Federkleides und Geleges. Das Präparat belebt sich und hebt ab zu einer Reise über eine wald- und wasserreiche Landschaft, die sich unvermittelt in eine mit Kratern durchsetzte, leblose Erde verwandelt. Der kurze Beitrag zeigt die Zukunftsvision einer leblos gewordenen, von Menschen zerstörten Welt. Zuletzt fällt der Vogel zurück in das Buch der ausgestorbenen Lebewesen, in dem auch der Mensch abgebildet ist. (LZNW)
allg. Publikum

Ökomedia-Bewertung: wirksam

Information	Realisation	Motivation
	3,3 Punkte	3,0 Punkte

Ein gut gelungener Animationsfilm, der auch Computergrafiken einsetzt. Idee und Umsetzung sind beeindruckend.

Wenn Moskitos baden gehn V 692
Video
AID; BASF; KMZ 6, 10
s. Film

Wenn Sie diesen Planeten lieben V 693
Video
B.O.A.; EMZ 2, 10, 11; KMZ 6, 10, 14, 16, 19; LBS 9, 13; LZNW; Medienzentrum Ruhr
s. Film

Wenn der Wald stirbt, stirbt die Seele V 694
Video, Farbe, 16 min.
atlas; EMZ 5, 8, 10, 13; EZEF; KMZ 7; LBS 9, 13; LZNW
s. Film

Wenn der Wind weht V 695
Video
atlas; EMZ 2, 10, 11, 13; KMZ 5, 6, 10; LBS 1, 9; LFD 1; LZNW
s. Film

Wer hat Dich, Du schöner Wald...V 696
ZDF / Fiedler, Günter, BRD 1983
Video, Farbe, 45 min
EMZ 2, 3, 12; FWU; KMZ 6, 10; LBS 1-14

Der Fernsehbericht zeigt, welche Folgen die im Laufe der industriellen Entwicklung ständig zunehmende Umweltverschmutzung für den Wald hat. Es wird, zum Teil mit Hilfe von Trickszenen, dargestellt, wie die Schadstoffe, begünstigt durch die hohen Schornsteine, aus den industriellen Ballungsgebieten zu den Wäldern der Mittelgebirge gelangen. Die Entstehung des sauren Regens und seine Wirkung auf Baumkronen und Wurzelwerk (besonders Tanne und Fichte) werden erläutert. Der Film macht deutlich, daß es für das Waldsterben keine einfachen Ursachen gibt, und daß die durch die anhaltende Schadstoffbelastung geschwächten Bäume eine leichte Beute natürlicher Belastungen sind. Die Folgen für unsere Umwelt und Wirtschaft werden aufgezeigt und Möglichkeiten vorgestellt, die Schadensursachen einzudämmen. (FWU)
ab 8. Klasse

HAST DU DENN GAR KEINE IDEELLEN WERTE, DU SCHWEIN ?

Wer hat das Schwein zur Sau gemacht? - Wie die Käfighühner die Demokratie gefährden **V 697**
Saarländischer Rundfunk / Kleinschmidt, Nina, BRD 1987
Video, Farbe, 45 min
LBS 4

Trotz jahrelanger Proteste der Öffentlichkeit werden weiterhin Hühner in Käfige gestopft, Kälber in Boxen gepreßt und Schweine in Kojen gequetscht. Wissenschaftliche Gutachten sollten beweisen: Die zerrupften Hühner leiden nicht. Doch jeder Bauer weiß, wann es seinen Tieren schlecht geht, auch ohne Gutachten. Lobbyabhängige Politiker versuchen, sich vor den Ausführungsbestimmungen zum Tierschutzgesetz zu drücken. Die Dokumentation zeigt diese Widersprüche und weist darüber hinaus auf die Langzeitgefährdung von Menschen durch die verfütterten Pharmazeutika hin. (LBS 4)
allg. Publikum, Tierschutzgruppen

Wer richtig ißt, hat es leichter **V 698**
Spielfilm
HR, Alexandrow, Eugen, BRD 1988
Video, Farbe, 20 min
FWU; LBS 1, 5, 14

Mit Tanja und Michael Lehmann begibt sich der Zuschauer in einen Supermarkt, um die Zutaten für ein »gesundes Menue« auszuwählen. Man erlebt ihre Schwierigkeiten bei der richtigen Zubereitung des Essens und die Familie Lehmann beim Genuß der ungewohnten Schmalkost. Bei einem Besuch der Großeltern erfahren die Lehmanns den Reiz der Vollwertkost. Filmische Ausflüge in die Hungergebiete der Erde und hilfreiche Exkurse mit graphischen Mitteln (Vorstellung des Ernährungskreises) bilden u.a. den theoretischen Hintergrund zum Thema »richtige Ernährung«. (FWU)
Sekundarbereich I und II, Berufsschulen, Jugend- und Erwachsenenbildung

Ökomedia - Bewertung: unbrauchbar

Information	Realisation	Motivation
1,5 Punkte	1,5 Punkte	1,2 Punkte

Ein nahezu nichtssagender Film mit vielerlei Platitüden.

Wer sich nicht wehrt, wird zugeteert **V 699**
MW Franken, BRD 1982
Video, Farbe, 50 min
MW Franken

Ein Film über die Umweltzerstörung im Oberallgäu. Immenstadt soll eine neue Umgehungsstraße erhalten. Somit würden wichtige Erholungsgebiete und Akkerlandschaften zerstört. Dazu Interviews, Meinungen und Informationen. (MW Franken)
Umweltgruppen

Ökomedia-Bewertung: wirksam

Information	Realisation	Motivation
3,0 Punkte	2,0 Punkte	3,0 Punkte

Der Film dokumentiert die Auseinandersetzung um ein großes Straßenbauprojekt; ein Regio-Film, der für die Region und vor allem für Bürgerinitiativen mit ähnlichen Problemen von Interesse ist. Sonst: Gefahr der Langatmigkeit

Werkstattabfälle **V 700**
Alternativen zur Deponierung
Video, Farbe, 27 min
LBS 1, 4, 6, 14

Im ersten Teil werden in Interviews die Probleme der Sondermüllentsorgung dargestellt. Der zweite Teil zeigt anschaulich ökonomisch und ökologisch sinnvolle Möglichkeiten zur Verringerung des Sondermülls durch Recycling (Lösungsmittel, ölgetränkte Putztücher, Öldosen, Ölfilter). (LBS 1)
ab 8. Klasse

Wertstofferfassung im Landkreis Hannover **V 701**
Rehmert, Friedel, BRD 1990
Video, Farbe, 11 min
EMZ 7

Der Film zeigt an einem exemplarischen Beispiel den Weg des Hausmülls, nachdem dieser vorsortiert am Tag der Abfuhr in speziellen Abfallsäcken an den Straßenrand gestellt wurde. Danach zeigt der Film den nach heutigen Erkenntnissen sicheren Aufbau einer Hausmülldeponie. (EMZ 7)
ab 14 Jahren

Ökomedia-Bewertung: brauchbar

Information	Realisation	Motivation
2,0 Punkte	1,8 Punkte	1,8 Punkte

Beitrag mit jeder Menge Müllautos, Müllsäcke, Müllhalden: brave, monotone Machart.

Wettlauf mit der Zeit: Alles klar - Abwasserreinigung nach der Biotechnologie **V 702**
DFF / Baitz, Matthias, DDR 1987
Video, Farbe, 15 min
LaUB

Als neue Methode der Abwasserreinigung wird die Tiefschachtbiologie vorgestellt. Nachgewiesen werden solche Vorteile wie Senkung der Bauzeit und Materialeinsatz um 50%, Verringerung des Bauaufwandes um 25% sowie Verkürzung der Schlammbehandlung. Wisssenschaftler der Bauakademie zeigen Werkstoffe und die Substitution durch andere Produkte. (LaUB)
allg. Publikum

Ökomedia-Bewertung: brauchbar

Information	Realisation	Motivation
1,9 Punkte	1,7 Punkte	1,5 Punkte

Ein Werbefilm über Tiefschaftbiotechnologie zur Abwasserbehandlung, untermalt mit teilweise seichter Musik. Im Vordergrund stehen bautechnische Fragen. Kein Wort über die Grenzen dieser Technik und den Verbleib von Schwermetallen und anderen Schadstoffen.

Wettlauf mit der Zeit - Nährstoffmangel im Wald **V 703**
AID / Pütz und Partner, BRD 1989
Video, Farbe, 13 min
AID

Trotz Ursachenforschung auf dem Gebiet der neuartigen Waldschäden sind noch nicht alle Fragen geklärt: häufig gehen diese Schäden mit akuten Ernährungsstörungen einher. Der Film greift den derzeitigen Erkenntnisstand auf und zeigt dem Waldbesitzer, welche praktischen Erfahrungen zur Stabilisierung und Revitalisierung der Waldökosysteme vorliegen. (AID)
Forstleute

Ökomedia-Bewertung: brauchbar

Information	Realisation	Motivation
1,8 Punkte	2,0 Punkte	2,0 Punkte

Ein Wald-Verwaltungsfilm über »Bestandsauflösungen« und »Gelbspitzigkeit«, alles in allem über die »neuartigen Waldschäden«. Er bringt keine wirklichen Informationen zum Waldsterben, sondern wirbt für Düngung - ein Film der Salz und Kali AG.

Whaling **V 704**
WWF
Video, Farbe, engl. Orig.
WWF

Bericht über die Bedrohung der Wale und die Notwendigkeit von Schutzmaßnahmen. (WWF)
allg. Publikum

Widerstand am Strom **V 705**
Epple, Roberto, Schweiz 1987
Video, Farbe, 88 min, 60 min
Medienwerkstatt Freiburg

Ein Zeitdokument, das vieles in Österreich hat aufbrechen lassen, das Ausland aufhorchen ließ und an den Gefühlen rüttelt: Die Schönheit der Donauauen, der humorvolle Aktionismus der Naturschützer, etwa die Presse-Konferenz der Tiere, aber vor allem das entschlossene Ausharren im verschneiten Flußwald, der drohende Anmarsch der Gewerkschaften, die Polizeieinsätze - all das hat Roberto Epple unermüdlich, meist bei klirrender Kälte, dokumentiert. Menschen aus allen Berufen und Bevölkerungsschichten sprechen spontan in die Kamera, zeichnen das Bild eines neuen, lebendigeren Demokratieverständnisses, und überraschende Pointen reißen das Publikum zu Lachsalven und Szenenapplaus hin. Innerhalb weniger Minuten versetzt Epple den Zuschauer in die dramatischen Verhältnisse des Krisenwinters. Ein Pflichtfilm für Parlamente. (Ökomedia-Jury)
Ausgezeichnet mit dem »Förderpreis der Stadt Freiburg« auf der Ökomedia '87.

Ökomedia-Bewertung: wirksam

Information	Realisation	Motivation
3,5 Punkte	3,2 Punkte	3,8 Punkte

Ein Film mit sehr guter Kamera, originellen und eindrücklichen Bildern. Der Kommentar erreicht leider nicht die Stärke der Bilder.

Wie Hunger gemacht wird **V 706**
ZDF / Heise, Albrecht, BRD 1984
Video, Farbe, 2 x 44 min
DFZ; EMZ 2, 4, 5, 7, 8, 10-12; FWU; KMZ 3, 19; LBS 1-10, 12-14; LFD 1-9, 11

Teil 1 zeigt am Beispiel einiger Länder Afrikas, wie Hunger durch menschliche Eingriffe gemacht wird: Durch drei Staudämme am Niger bleiben die alljährlichen Überschwemmungen aus. Der Boden versteppt. Der Regenwald wird für den Export abgeholzt, Wanderbauern brennen Wälder nieder, um auf der aschegedüngten Erde zwei, drei Jahre Früchte und Gemüse anzubauen, ehe sie weiterziehen, weil der Boden nach kurzer Zeit nichts mehr hergibt. Entwicklungshilfe in Form billigen EG-Weizens führt darüber hinaus zur Abhängigkeit der Bevölkerung: Der eigene Anbau ist nicht mehr rentabel, die Hirse kann nicht mehr verkauft werden, so daß aus ehemals Selbständigen initiativlose Almosenempfänger werden.
Teil 2 zeigt, wie Entwicklungshilfe zu Hunger führt: Zu Beginn die negativen Auswirkungen des Assuan-Staudamms, an den einst große Erwartungen geknüpft wurden. Seit dem Ausbleiben der Schlammdüngung infolge der alljährlichen Überschwemmungen, muß im Niltal mit Kunstdünger gedüngt werden. In Kenia werden auf den Plantagen Kaffee, Tee und Tabak für den Export angebaut und keine Lebensmittel für den Eigenbedarf. Agrar- und Rindfleischexporte, eine ungerechte Landverteilung oder die Verstaatlichung des Bodens sind weitere Ursachen, den Hunger zu vergrößern. (FWU)
Sekundarstufe I und II, Jugend- und Erwachsenenbildung

Ökomedia-Bewertung: besonders wirksam

Information	Realisation	Motivation
4,0 Punkte	3,8 Punkte	3,3 Punkte

Ein wirklich guter Grundlagenfilm für die ökologische Problematik der Dritten Welt.

Wind und Sonne **V 707**
Video
CRW; DFZ; LFD 2, 9
s. Film

Wir müssen wieder lernen, Bäume zu pflanzen **V 708**
Video
EMZ 12; LBS 2, 5, 6, 10, 11, 13; LFD 8
s. Film

Wir schützen unsere Umwelt **V 709**
BRD 1990
Video, Farbe, 15 min
LBS 1

Beispiele für die Verursachung von Umweltverpestung machen die Veränderungen deutlich, die im Laufe der Jahre in unseren Städten und Landschaften stattfinden. Der Film schildert die gesamten Bemühungen der Staaten der EG um den Umweltschutz. (LBS 7)
allg. Publikum

Wo die grünen Ameisen träumen **V 710**
Video
atlas; KMZ 6, 10; LBS 13
s. Film

World-Wetlands **V 711**
WWF
Video, Farbe, engl. Orig.
WWF

Bedeutung, Nutzen, Zerstörung von internationalen Feuchtgebieten. (WWF)
allg. Publikum

Wo die Trapphähne balzen **V 712**
DFF, DDR 1980
Video, Farbe, 30 min
LaUB

Darstellung der Ökologie der vom Aussterben bedrohten größten flugfähigen Vogelart Europas. Es wird die Trappe von der Balz bis zur Brut gezeigt sowie Maßnahmen von Naturschützern bis hin zur Mitarbeiter der LPG zum Schutz dieser Vogelart. (LaUB)
allg. Publikum

Wo die Welt am schönsten ist **V 713**
Keil-Film, BRD 1988
Video, Farbe, 10 min
EMZ 2; IWF

Mercedes plant die größte Industrieansiedlung, die es in der Bundesrepublik bis zum Jahr 2000 noch geben wird: In den Rheinauen bei Rastatt. Die Flora und Fauna der Rheinauen wird wortlos gegen die erste Ausbaustufe in Sindelfingen gesetzt. (Ökomedia Filmtage)
allg. Publikum, Naturschutzgruppen

Ökomedia-Bewertung: besonders wirksam

Information	Realisation	Motivation
	3,8 Punkte	4,0 Punkte

Eine außergewöhnliche Video-Montage mit hoher Animationskraft, die die drohende Zerstörung der Rheinauen nicht überzeugender demonstrieren könnte.

Wölfe **V 714**
BRD 1988
Video, Farbe, 12 min
Kubiak

Der Film zeigt den Wolf im Rudel, seine Wildheit und Schönheit. Noch im 19. Jahrhundert sind tausende erlegt worden, heute gibt es nur noch vereinzelte Tiere, die von Osten über die Grenze kommen. Ob der Wolf bei uns wieder in freier Wildbahn leben soll, muß reiflich überlegt werden. Eines sollten wir keinesfalls tun: den Wolf verteufeln. (Kubiak)
allg. Publikum

Wohnen **V 715**
aus der Serie: Umwelt - Handeln im Alltag
Ifage-Filmproduktion / WDR, BRD 1987
Video, Farbe, 30 min
DFZ; EMZ 4, 7; KFW; KMZ 1-22; LBS 4; LFD 1-13; Kaufkassette: Schauinsland

Wie sieht menschengerechtes Wohnen und Städteplanung aus? Welche Verbes-

serungen des Wohnumfeldes sind möglich? Der Film demonstriert die Möglichkeiten, gesünder und kinderfreundlicher zu wohnen. (KFW)
Methodisch-didaktische Hinweise zum Einsatz dieser Reihe gibt es bei der Kath. Bundesarbeitsgemeinschaft für Erwachsenenbildung, Réné-Schickele-Str. 10, 53123 Bonn.
allg. Publikum

Ökomedia-Bewertung: wirksam

Information	Realisation	Motivation
2,7 Punkte	2,5 Punkte	2,7 Punkte

Der Film motiviert, über ökologisches Bauen nachzudenken. Die Informationen über entsprechende Baustoffe sind gut und sinnvoll. Weniger gelungen ist die Dokumentation der Häuser. Dort wird zuviel geredet, statt gezeigt.

Wohnen auf dem Gift - Die Last der Vergangenheit **V 716**
WDR, BRD 1985
Video, Farbe, 15 min
LBS 4

Eine Siedlung in Dorstfeld, Nordrhein-Westfalen: Der Boden ist durch Industrieablagerungen vergiftet. Der Beitrag schildert die Ängste der Bewohner, die Konsequenzen für ihr Alltagsleben und ihren Kampf um finanzielle Entschädigung. Das Video ist geeignet, sich generell mit dem Problem »Altlasten« auseinanderzusetzen. (LBS 4)
allg. Publikum

Wolken über dem Baikal **V 717**
Stadtjournal Hamburg / Altekruse, Jörg, BRD 1992
Video, Farbe, 53 min
EMZ 2; Igelfilm; KMZ 7; Medienwerkstatt Freiburg; Stadtjournal Hamburg; Kaufkassette: Schauinsland

Der Baikalsee ist eine Schönheit für alle Menschen, einmalig auf der ganzen Welt. Prof. Slawa Maximow erforscht seit dreißig Jahren den größten und ältesten Süßwassersee der Erde in Ostsibirien. Er würde alles tun, um ihn vor der Zerstörung zu retten. Doch die Aufgabe ist gewaltig, denn das Gebiet ist größer als Westeuropa, und der Baikal enthält mehr als ein Fünftel allen Trinkwassers auf der Erde. Staatlicher Raubbau und verantwortungslose Industrialisierung haben ihn an den Rand des ökologischen Kollapses gebracht. Nur wenige Menschen haben nach jahrzehntelanger Unterdrückung noch Mut und Kraft, für einen vernünftigen Umgang mit seinen Naturreichtümern zu kämpfen.
Jörg Altekruse begegnete vielen, die die einzigartige Lebenswelt des Baikal noch im Urzustand kennen: Einheimische Burjaten, buddhistische Lamas, Jäger und Fischer, aber auch russische Arbeiter in der Zellulosefabrik. Sie zeigen ihr Bild vom Baikal, den sie stolz das »strahlende Auge Sibiriens« nennen. Heute ist der Baikal ein Beispiel dafür, daß längst nicht mehr einzelne Nationen, sondern nur eine internationale Bewegung solche Naturwunder retten können. (Altekruse)
allg. Publikum

Ökomedia-Bewertung: wirksam

Information	Realisation	Motivation
3,5 Punkte	3,0 Punkte	3,0 Punkte

Man bekommt einen guten Eindruck vom »strahlenden Auge Sibiriens«. Die Botschaft, daß dieses riesige Trinkwasserreservoir der Erde dringend geschützt werden muß, kommt glasklar an.

World of Discovery
* Killerwale
* Puma: Der Geist der Berge
* Die Rache der Krokodile
* Das Reich der Schlangen

Wühlmaus **V 718**
Studio Herkenrath / Ulrich, Bodo, BRD 1983
Video, Farbe, 9 min
Planfilm

Gartenmäuse machen sich mit Vorliebe an Wurzeln und Knollen zu schaffen, was sicherlich schon manchen Gartenbesitzer zur Weißglut gebracht hat. Alte und neue naturgerechte Methoden zur Bekämpfung der Wühlmaus werden vorgestellt und auf ihre Wirksamkeit geprüft. (Planfilm)
Gärtner, Gartenbesitzer

Der würgende Tod **V 719**
Bayer forscht für Umweltschutz
KAOS-Film und Video-Team Köln / Kleinert, Peter, BRD 1983
Video, Farbe, 28 min
Unidoc

In seinem zweiten Film weist Kleinert nach, daß die Grundformel aller US-Nervengase der V-Reihe in den Labors der Bayer AG entwickelt wurden, getarnt als Insektizide. Szene für Szene wird dann dargelegt, wie sich dies in die Firmengeschichte einreiht, denn der Bayer-Vorgänger war der IG Farben-Konzern, der für den Kriegseinsatz im 1. Weltkrieg und für die Konzentrationslager der Nazis Giftgas produziert hat. Der Autor stellt dabei die These auf, daß die USA die Giftgase für ihre neue Angriffsdoktrin Air Land Battle benötigen, die den Offensivschlag im »integrierten Schlachtfeld« vorsieht, also den Einsatz aller Waffengattungen. So können Cruise Missiles mit chemischen Kampfstoffen bestückt werden und bis tief in die Sowjetunion hinein eindringen. Dieser Beitrag war für die Sendung »Monitor« geplant, wurde jedoch einen Tag vor der geplanten Ausstrahlung aus dem Programm genommen, nachdem die Bayer AG um einen Interviewtermin gebeten hatte. (Unidoc)
allg. Publikum, Friedensgruppen

Die Wüste wandert **V 720**
aus der Serie: Der wunderbare Planet
NHK Enterprises, Japan 1990
Video, Farbe, 45 min
EMZ 2; LBS 1; LFD 2; LISA;
Kaufkassette: Schauinsland

Die Wüstenbildung der Erde wird am Beispiel der Sahara untersucht. Satellitenaufnahmen zeigen, wie die Wüstenausbreitung durch menschliche Aktivitäten beschleunigt wird. (LBS 1)
ab 8. Klasse

Wüstenland durch Menschenhand **V 721**
Jozefowicz, Jürgen, BRD 1985
Video, Farbe, 45 min
Jozefowicz

Das Okavango Delta im nordwestlichen Botswana wurde das Versuchsgebiet zur endgültigen Vernichtung der Tse-Tse-Fliege in Afrika. Diese kleine Fliege - auch Wächter von Afrikas Wild und wilden Gebieten genannt - kann nun, da die letzten Tests erfolgreich waren, ausgerottet werden. Aber zu welchem Preis? Und wer wird davon profitieren? Die Industrienationen oder die Bevölkerung Afrikas, die Landschaft und einheimischen Tiere? (Jozefowicz)
allg. Publikum, Naturschutz- und Dritte-Welt-Gruppen

Der wunderbare Planet
* Auf dem Feuerball
* Gebirge türmen sich auf
* Die Geburt des Planeten
* Die großen Wälder
* Im Felsen versiegelt
* Ozean des Lebens
* Der Planet des Menschen
* Schätze aus glühender Tiefe
* Schutzschild Atmosphäre
* Spuren des Eises
* Untergang der Dinosaurier
* Die Wüste wandert

Diese Video-Edition zeigt in beeindrukkenden und z.T. einmaligen Dokumentar- und Trickaufnahmen Entstehung und Werdegang unseres »Wunderbaren Planeten«. Die Erde gleicht einer Oase des Lebens im riesigen Universum. Die 12teilige Serie unternimmt eine Forschungsreise durch unser Sonnensystem, um eines der letzten großen Geheimnisse zu lüften: die Genesis unserer Welt. Im Zeitraffer verfolgen wir ihre faszinierende Entwicklungsgeschichte von 4,6 Milliarden Jahren, in denen sich langsam die lebensnotwendigen Voraussetzungen herausbildeten. Wir sehen die Entstehung der Ur-Erde, der Ozeane, der Atmosphäre und erster lebender Organismen, deren weitere Entwicklung bis heute von den wechselnden Lebensbedingungen bestimmt wurde. (DuMont)

Eine Wunde, die nicht heilt **V 722**
Video
EMZ 2
s. Film

Wunder der Tiefe **V 723**
Video
KMZ 6, 10
s. Film

Wunderwelt der Falter **V 724**
Beck, Wolfgang, BRD
Video, Farbe, 18 min
Tobifo

Schmetterlinge beeindrucken durch ihre Schönheit und Mannigfaltigkeit. Der Film dokumentiert die Entwicklung der Falter von der Eiablage über das Raupen- und Puppenstadium bis zum ausgewachsenen Insekt. (Tobifo)
5.-10. Klasse

Ökomedia-Bewertung: brauchbar

Information	Realisation	Motivation
2,7 Punkte	2,2 Punkte	2,0 Punkte

Informatives Tierporträt mit schönen Bildern, aber monotonem wissenschaftlichem Kommentar. Die Bedrohung der Art wird nicht angesprochen, ökologische Zusammenhänge nicht hergestellt.

Wunderwelt Moor: **V 725**
Oase mit 1000 Farben
SWF / Keil, Dietmar, BRD 1989
Video, Farbe, 45 min
Kaufkassette: Komplett-Video

Das Moor gehört zu den letzten Rückzugsgebieten vieler bedrohter Pflanzen und Tiere. Wie eine heimische Oase birgt es eine schillernde Vielzahl von Lebensformen. Es ist erfüllt von kleinen und großen Wunderwerken der Natur, die in ihrem Zusammenspiel von Formen und Farben das Gesamtkunstwerk Moor entstehen lassen.
Geduldig und einfühlsam bewegt sich die Kamera von Dietmar Keil in diesem Füllhorn des Lebens, lenkt den Blick auf spektakulär Prächtiges aber auch auf unscheinbar Wertvolles. (Komplett-Video)
allg. Publikum

Ökomedia-Bewertung: wirksam

Information	Realisation	Motivation
2,7 Punkte	3,8 Punkte	3,2 Punkte

Traumhaft schöne Aufnahmen machen den Film zu einem immensen optischen Erlebnis. Der Text ist sehr poetisch und für manchen eventuell zu meditativ, vielleicht schon kitschig.

Wunderwelt der Schmetterlinge **V 726**
Video
identisch mit **Schmetterlinge sterben mit der Landschaft**
Kaufkassette: Komplett-Video
s. Film

Wunderwelt Wiese V 727
Keil, Dietmar, BRD 1988
Video, Farbe, 44 min
IWF; KMZ 6, 10; Kaufkassette: Komplett-Video; Schauinsland

In langen Einstellungen und im Gegenlicht nähert sich der Film dem Phänomen »Wiese«. Er wurde von der Deutschen Gesellschaft für Photographie mit dem »Deutschen Kamerapreis '88« ausgezeichnet.
allg. Publikum, Naturschutzgruppen

Ökomedia-Bewertung: besonders wirksam

Information	Realisation	Motivation
4,0 Punkte	4,0 Punkte	3,8 Punkte

Eine sehr einfühlsame Dokumentation mit hervorragenden Bildern. Ein Naturfilm erster Güte.

WWF-Clips V 728
Werbespots
WWF
Video, Farbe, engl. Orig., 18 min
WWF

TV-Werbespots: Weltei, Kinderklagen, Goldfisch, Brennender Mann, unbekannte Pflanze. (WWF)
allg. Publikum

WWF hilft helfen V 729
WWF, BRD
Video, Farbe
WWF

Selbstdarstellung des WWF-Deutschland; Beschreibung der Ziele / Notwendigkeiten im Artenschutz bzw. Naturschutz. (WWF)
allg. Publikum

Xunan The Lady V 730
Video, OmU
EMZ 10
s. Film

Zauber der Tierwelt V 731
* Affen
* Elefanten
* Königstiger
* Robben und Seevögel

Zauberwälder unter Wasser V 732
Im Meer vor Kaliforniens Küste
Behrend, Thomas; Sigl, Walter, BRD 1983
Video, Farbe, 43 min
Sigl

Das Meer vor Kaliforniens Küste ist durch seine Fruchtbarkeit bekannt: Aufsteigendes, nährstoffreiches Tiefenwasser ist Grundlage für ein üppiges Pflanzenwachstum und eine reichhaltige Tierwelt. Die Reise des Filmteams führt mitten in die schönsten Tangwälder Kaliforniens. Der Film zeigt die erstaunlichen Eigenschaften der Macrocystis-Alge und anderer vorkommender Riesentange. Er behandelt den Lebensraum Tangwald und dessen Lebensfülle. Höhepunkt des Films sind Begegnungen mit Seeottern, Seelöwen und Engelhaien. (Sigl)
allg. Publikum

Ökomedia-Bewertung: wirksam

Information	Realisation	Motivation
2,5 Punkte	2,9 Punkte	2,5 Punkte

Zum Teil sehr schöne Unterwasseraufnahmen, aber der Film plätschert so dahin. Er ist nicht schlecht, aber auch nicht besonders gut. Das Plastikgeschirr und Dosenbier an Bord des Schiffes schreiben wir dem Alter des Filmes und Kalifornien zu...

Zauneidechsen V 733
Studio Herkenrath / Ulrich, Bodo, BRD 1983
Video, Farbe, 14 min
Planfilm

Der Beitrag informiert über die seltener gewordene und bedrohte Eidechse, ihre Morphologie und Vermehrung. Gezeigt wird das Verteidigungs- und Freßverhalten der Tiere, deren Lebensraum immer mehr eingeschränkt wird. Freiwillige Mitarbeiter des B.U.N.D. aktivieren die Landschaftsbehörden zu Schutzmaßnahmen in einer Mittelgebirgsgemeinde. (Planfilm)
allg. Publikum, Natur- und Tierschutzgruppen

Zeitbombe Chemie V 734
Mackwitz, Hans Werner, Österreich 1982
Video, Farbe, 90 min
Medienwerkstatt Freiburg

Schon seit Jahrzehnten tickt die Zeitbombe Chemie in unserer Umwelt. Jahrelang durch die chemische Industrie und Politiker heruntergespielt, gelangten die damit verbundenen Risiken erst durch große Katastrophen wie in Seveso langsam in unser Bewußtsein. Der Film beschäftigt sich mit solchen Katastrophen: Mit Seveso in Italien, mit Mina Marta in Japan und Love Canal in den USA. Desweiteren versucht er, die Gefahren einzelner chemischer Substanzen wie Lebensmittelzusätze, Unkrautvernichtungsmittel 2,4,5 T, Dioxin, PCB, Pestizide, HCH, Quecksilber und Östrogene darzustellen. (MW Freiburg)
allg. Publikum

Ökomedia-Bewertung: wirksam

Information	Realisation	Motivation
3,8 Punkte	3,0 Punkte	3,0 Punkte

Ein breit angelegter Beitrag mit sehr viel Informationen, gut recherchiert und engagiert gemacht. Er ist jedoch insgesamt zu lang, daher empfiehlt es sich, diesen Film in mehreren Teilen zu zeigen, was durchaus möglich ist, ohne ihn zu zerstören.

Zeitbombe Energie V 735
Energie in einer sterbenden Welt
Video, Farbe, 35 min
LBS 14; Kaufkassette: Schauinsland

Energiequellen wie Öl, Kohle, Gas und Sonne, wie lange werden die Vorräte ausreichen? Der Film zeigt Wege zu einem verantwortungsvollen Lebensstil. (LBS 14)
allg. Publikum

Zerreißt den Bogen in den Wolken nicht V 736
Zech, Jürgen B., BRD 1990
Video, Farbe, 28 min
KMZ 14

Der Videofilm, in dem Schüler und Schülerinnen des Förderschulinternats Schloß Hornberg (Datteln) die Hauptdarsteller sind, hat die biblische Erzählung von Noah zum Leitthema. Er weist auf die Weltsituation und mahnt den Menschen zur Bewahrung der Schöpfung. (KMZ 14)
ab 12 Jahren

... Zum Beispiel Stromverbrauch V 737
Video
FWU; LBS 1-14
s. Film

Zur Entlastung der Umwelt V 738
Neue Technologien für Mercedes-Benz Dieselfahrzeuge
Daimler-Benz, BRD 1991
Video, Farbe, 5 min
LFD 2

Der Vorkammerdieselmotor brachte neue Gestaltung, neue Einspritzung und einen neuen Verbrennungsablauf. Jetzt wurde er durch Abgasrückführung und Oxidationskatalysator verbessert, zur Entlastung der Umwelt. (LFD 2)

Zwielicht **V 740**
Video
EMZ 4
s. Film

Zwischen Biotop und Müllberg **V 741**
Video
DFZ; LFD 5, 6, 9-12
s. Film

Zwischen Heide und Elbmarsch-NSG Lüneburger Heide **V 742**
Video, Farbe,
LFD 13

Das Naturschutzgebiet Lüneburger Heide ist das älteste Naturschutzgebiet in Deutschland. Die Heide mit Wilsede als Zentrum, der Totengrund, Steingrund und Wilseder Berg sind die bekanntesten Punkte innerhalb des Naturschutzgebietes, das jährlich von mehreren Millionen Menschen besucht wird. (LFD 13)
allg. Publikum, Naturschutzgruppen

Zwischen Hunger und Überschüssen **V 743**
aus der Serie: Jedes Gespräch ist ein Anfang
Südwestfunk / Stingl, Georg, BRD 1987
Video, Farbe, 30 min
EMZ 8; KFW; KMZ 7

Der Film belegt die kaum begreifliche Absurdität, daß in Europa in der Landwirtschaft Überschüsse produziert und zusätzlich landwirtschaftliche Produkte aus Ländern der Dritten Welt importiert werden, während die Armen in vielen Entwicklungsländern nicht genug zu essen haben. (KFW)
allg. Publikum, Dritte-Welt-Gruppen

Zwischen Tradition und Technologie **V 744**
FWU, BRD 1986
Video, Farbe, 30 min
FWU; LBS 8

Der Film schildert Probleme der Bauern im südindischen Medak, die Anbaumethoden zu verbessern. Neben ökologischen Schäden, die durch Brunnenbohrungen, Hybridzüchtungen und Pestizidanwendung entstehen, wurden auch die Schwierigkeiten aufgezeigt, den Bauern die Anwendung neuerer Technologien zu vermitteln. (FWU)
ab 11. Klasse, Dritte-Welt-Gruppen

Zwischen den Zeiten **V 745**
Berlin Gleisdreieck
Maißle, Rainer; Oberbach, Andreas; Siegert, Hubertus, BRD 1985
Video, Farbe, 45 min, 36 min
mob (45 min); FWU (36 min); Igelfilm (45 min) LBS 1-10, 12-14 (alle 36 min)

Zwischen und Kreuzberg und Schöneberg gibt es eine vergessene Fläche, das Gleisdreieck, auf dessen 60 Hektar Jahrzehnte lang die Ökonomie nicht mehr regierte. Im Schatten des Kalten Krieges mußte hier 1954 ein riesiges Areal von Güter- und Betriebsbahnhöfen aufgegeben werden, da sich Ost und West nicht einigen konnten. Das Ergebnis ist eine Landschaft, die von den Gesetzen und Zufällen der Vegetationsentwicklung geformt ist. Der Film entstand 1984 im Sommer, als das neue Berliner Verkehrs-Museum diesen einmaligen Ort für eine reiche Sammlung an guten, alten Lokomotiven zu zerstören begann. Der Film erzählt die Geschichte dieses Bahnhofs bis hin zu seinen faszinierenden Ruinen, die Geschichte der Pflanzenentwicklung auf Industrieflächen und die Geschichte von der Zerstörung von Geschichte durch ein Museum. (Siegert)

Ökomedia-Bewertung: wirksam

Information	Realisation	Motivation
3,3 Punkte	3,5 Punkte	3,3 Punkte

Ein schöner Film über die allmähliche Rückeroberung eines Bahngeländes durch die Natur. Sehenswert.

Tonbildschauen

Die Abfall-Odyssee **Tb 1**
Arbeitskreis Recycling, BRD
Tonbild, 40 Dias, Farbe, 20 min
mit Begleitmaterial
Arbeitskreis Recycling

Am Beispiel der Papierherstellung zeigt dieses Tonbild unsere überdimensionierte Müllproduktion: Zunächst eine idyllische Landschaft mit einem Wald, Wiesen und Kühen. Die Bäume werden gerodet und mit Einsatz von Chemikalien zu Zellstoff verarbeitet. 240.000 Liter Wasser werden für jede Tonne Zellstoff benötigt. Das Papier wird dann zu Werbezwecken oder für Zeitungen verwendet. Nicht einmal zehn Prozent der Broschüren werden gelesen, und zwei von drei Zeitungen landen heute noch immer im Müll. Papier ist, so wird deutlich, alles andere als umweltfreundlich. (Institut für ökologisches Recycling)

Am Amazonas sterben die Regenwälder **Tb 2**
Osnowski, Rainer; Linke, Manfred, BRD 1990, 123 Dias, Farbe, 30 min
EMZ 1, 2, 8, 10, 12, 13, 15; EZEF; KMZ 6, 10, 14

Der tropische Regenwald wird in riesigem Ausmaß abgeholzt. Es sind vor allem Großprojekte, die einen unheilvollen Prozeß in Gang setzen. In fünf Kapiteln skizziert die Tonbildreihe die Entwicklungsschritte und das Ausmaß der Zerstörung. Beispiel ist das Industriegebiet »Grande Carajas« im östlichen Teil Amazoniens. Die riesigen Industrieprojekte werden durch ausländische Banken finanziert. Europa und Japan erhalten dadurch Eisenerzlieferungen zu niedrigen Preisen.

Amphibienschutz **Tb 3**
Regenbogenfilm, BRD 1987
Tonbild, 75 Dias, Farbe
mit Begleitmaterial
Regenbogenfilm

Dieses Tonbild beschreibt zuerst das Paarungs- und Wanderungsverhalten von Kröten, Fröschen und Molchen im Frühjahr. Auf ihrem Weg zum Wasser müssen die Amphibien häufig eine Straße überqueren. Schon bei einer Verkehrsdichte von 15 bis 20 Fahrzeugen pro Stunde werden etwa die Hälfte aller Frösche, die auf die andere Straßenseite wollen, überfahren. Wirksamster Schutz wäre die Sperrung der Straße. Da dies in den seltensten Fällen realisierbar ist, zeigen die Bilder, wie Fangzäune die Tiere am Überqueren der Straße hindern. Die Tiere werden einmal am Tag eingesammelt und zur Wasserstelle getragen. Ein Amphibientunnel oder ein künstlicher Teich ohne notwendige Straßenüberquerung wären dauerhafte und wenig aufwendige Sicherheitsmaßnahmen.
(Regenbogenfilm)
allg. Publikum, Tierschutzgruppen

Anders leben **Tb 4**
Die Geschichte vom Standing Bear
AV-Edition / Schmidt, Klaus, BRD 1978
Tonbild, 10 Dias, Farbe, 7 min
EMZ 2; KMZ 14, 15

»Standing Bear« war Häuptling der Ponca-Indianer. Vor hundert Jahren hat er bereits die Zerstörung der Umwelt und die Vermarktung des Menschen angeprangert. Bilder aus unserem Lebensraum werden seiner Anklagerede gegenüber gestellt. Eine Impulsserie, die die Gefahren unseres Lebens und die Möglichkeiten zu neuer Lebensgestaltung aufzeigt. (EMZ 2)
ab 12 Jahren

Ankauf von Gold und dem Volk Tb 5
(Compra-se ouro e o povo)
1988, 90 Dias, Farbe, 22 min
Gustav-Adolf-Werk

Die Diaserie zeigt die Umwelt-Problematik im Amazonas-Gebiet anhand der Goldsuche. Sie erläutert die Gründe, warum die Menschen dorthin gehen und die Anstrengungen der Goldsuche auf sich nehmen. Sie zeigt den Zusammenhang zu großen Konzernen und Banken, auch deutschen, die am Gewinn beteiligt sind. Zerstört wird dabei die Umwelt durch Quecksilber-Verseuchung der Flüsse und Abholzung des Regenwaldes. (Gustav-Adolf-Werk)

Anstößе Tb 6
Diözese Passau, BRD 1992
Tonbild, 71 Dias, Farbe, 27 min
KMZ 7

Im Alltag Verantwortung für die Schöpfung zu übernehmen, ist oft nicht so ganz einfach. Mit dieser Serie möchten die Umweltbeauftragten der sieben bayerischen Diözesen auffordern, sich für die Bewahrung der Umwelt einzusetzen. So werden von Kindern gestaltete Umweltaktionstage und Gottesdienste ebenso vorgestellt wie verschiedene Programme von engagierten Pfarrgemeinden. (KMZ 7)
ab 14 Jahren

Bananen-Export-Industrie auf den Philippinen Tb 7
Japan 1980, 100 Dias, Farbe
Con

Japanische Konzerne haben große Landflächen aufgekauft und Plantagen für den Bananen-Export angelegt. Unzureichende Löhne und durch Pestizide und Herbizide hervorgerufene Schäden kennzeichnen die landlos gewordenen Plantagenarbeiter. (Con)

Der bittere Zucker Tb 8
aus der Serie: Jamaica
AV-Akademie, BRD
Tonbild, 24 Dias, Farbe, 15 min
AV-Akademie
Zunächst eine historische Einführung zur Zuckerinsel Jamaica: Sklaverei, Sklavenaufstände und Sklavenbefreiung. Später neue Abhängigkeit durch Bananenkonzerne und Bauxitabbau. Die Industrialisierung der Insel. Heute schafft der Tourismus neue Abhängigkeiten. (AV-Akademie)
allg. Publikum, Dritte-Welt-Gruppen

Brief nach Zell Tb 9
Kraus, Jobst, BRD 1990
Tonbild, 41 Dias, Farbe, 17 min
EMZ 2, 8, 12-14

In einem fiktiven Brief schreibt der Apostel Paulus an die Gemeinde von Zell, was ihm bei seinem letzten Besuch im Hinblick auf verantwortliches Umgehen mit der Schöpfung aufgefallen ist. Mit einigen konkreten Vorschlägen rät er zu mehr Energiesparen, Abfallvermeidung und Verwendung umweltfreundlicher Produkte und stellt seine Forderungen in einen theologischen Bezug. (EMZ 12)
kirchl. Gemeindearbeit

Chemie im Haushalt Tb 10
Umweltzentrum Verlag Bielefeld, BRD 1984
Tonbild, 50 Dias, Farbe
mit Begleitheft
EMZ 12; KMZ 6, 10, 14; LBS 4; Umweltzentrum Verlag Bielefeld

Der Zuschauer wird nicht mit Sachinformationen überfüttert, sondern unterhaltsam und vorsichtig an das Problem herangeführt. Die Darstellung einer Familie zieht sich wie ein roter Faden durch die gesamte Tondiaschau. Auf diese Weise leben die Bilder, und der Zuschauer hat die Möglichkeit, sich zu iden-

tifizieren. Vorschläge zu anderen Verhaltensweisen im Haushalt helfen dabei, die Dinge nicht nur einfach zur Kenntnis zu nehmen, sondern schon sofort anzufangen, etwas zu ändern. (Umweltzentrum)
ab 7. Klasse

Coloris **Tb 11**
Impuls-Studio, BRD
Tonbild, 25 Dias, Farbe, 10 min
EMZ 8; KMZ 7

»Coloris« ist ein Märchen, das die Themen Umweltschutz, Leistungsdenken, ganzheitliche Menschheitsentfaltung und Entwicklungspolitik anklingen läßt. Das Volk von Coloris lebt von farbigen Pilzen, solange, bis eines Tages ein neuer Pilzsamen im Dorf Einzug hält. Die neuen Pilze sind Ergebnis langer Forschung und sollen süßer schmecken, größer sein und weniger Arbeit machen. Doch die neue Sorte, die bald alle alten bunten Pilze verdrängt, läßt die Menschen anders werden. Nur bei den Kindern bleibt die Sehnsucht nach der Farbenpracht der früheren Gärten wach. (EMZ 8)
ab 8 Jahren

Compro-se ouro o povo
s. Ankauf von Gold und dem Volk

Da war kein Abend und kein Morgen **Tb 12**
Henning, Klaus, BRD 1983
Tonbild, 27 Dias, Farbe, 12 min
EMZ 2; KMZ 14

Diese Meditationsserie zum Thema Schöpfung ist gegenläufig angelegt: Die ersten 12 Bilder zeigen in Naturaufnahmen das Schöpfungsangebot Gottes. Der zweite Teil spricht die Pervertierung dieses Angebots durch den Menschen an: Rassentrennung, Machtstreben, Rüstung, Drogen- und Lebensflucht sowie Umweltzerstörung. Die beiden letzten Bilder verweisen auf die vergebende Liebe Gottes und mahnen zur Umkehr. (EMZ 2)
Sekundarstufe II, kirchl. Gemeindearbeit

Deine Schöpfung - meine Welt **Tb 13**
Steyl, BRD 1988
Tonbild, 16 Dias, Farbe, 21 min
KMZ 1

Ein Kind setzt sich mit seiner Umwelt auseinander. Es entdeckt Blumen, Tiere, Gewässer usw. und spricht von Gottes Schöpfung. Die ersten Erfahrungen mit der Umweltzerstörung rufen in ihm Angst hervor und lassen die eigene Verantwortung für die Welt spüren. (KMZ 1)
allg. Publikum

Dionisio und das Maisfeld **Tb 14**
Brasilien 1982
82 Dias, Farbe, 30 min
EMZ 1-13; EZEF

Dionisio erzählt stellvertretend für viele Kleinbauern in Brasilien, wie er um den rechtmäßigen Besitz des Bodens kämpft und wie sich die Landwirtschaft Brasiliens um die Bauernschaft auswirkt. Über das Radio wird ihm Supersaatgut angeboten, um den Anbau zu verbessern. Damit wird zwar die Ernte größer, aber die Probleme nehmen zu: Die Kleinbauern verschulden sich, weil sie mehr und mehr auf Maschinen, Pestizide und Kunstdünger angewiesen sind, müssen oft ihr Land verkaufen und landen schließlich in den Slums der Städte. (EMZ 2)
ab 16 Jahren, Dritte-Welt-Gruppen

Dürrekatastrophe in Obervolta **Tb 15**
Tonbild, 36 Dias, Farbe, 23 min
EMZ 9

Obervolta ist mit 5,4 Mio Einwohnern das am meisten zerstörte Land der Sahelzone. Die fortschreitende Versteppung gefährdet die Existenz der dort lebenden Menschen. Die Reihe informiert über die

Auswirkungen der jahrelangen Trockenheit und will zur Hilfe ermuntern. (EMZ 9)
ab 13 Jahren

Energie von der Sonne **Tb 16**
Umweltzentrum Verlag, BRD 1989
Tonbild, 50 Dias, Farbe, 28 min
EMZ 2, 4, 11, 13; KMZ 2, 6, 7, 9, 10; LBS 14; Umweltzentrum Verlag Bielefeld

Waldsterben, Klimakatastrophe, Tschernobyl: Drei Schlaglichter zeigen, daß wir in der Frage der Energieversorgung umdenken müssen, um die Lebensgrundlagen für künftige Generationen nicht zu zerstören. Ein Ausweg besteht - neben dem Einsparen von Energie - in der Nutzung der Energie von der Sonne. Das Tonbild stellt die Nutzungsmöglichkeiten vor: Sonne, Wind, Wasser, Biogas. (EMZ 2)
allg. Publikum

Energieversorgung ohne Atomkraft **Tb 17**
Blickpunkt-Verlag, BRD 1987
Tonbild, 50 Dias, 22 min
mit Begleitmaterial
Blickpunkt-Verlag; EMZ 4, 8, 12-14; KMZ 14

Nach der Reaktorkatastrophe von Tschernobyl ist eine verwirrende Vielzahl von wissenschaftlichen Publikationen über den Ausstieg aus der Atomenergie erschienen. Die Tonbildschau, die auf der Basis der Ausstiegs-Studien entstand, zeigt, wie der Ausstieg technisch machbar ist und welche ökologischen Konsequenzen er hätte. Darüberhinaus werden langfristige Perspektiven einer umweltfreundlichen Energieversorgung aufgezeigt, die auch die Verbrennung der fossilen Brennstoffe Kohle, Öl und Gas weitgehend einschränkt.
Aus dem Bereich Energiesparen werden die vorhandenen Einspartechnologien und deren mögliche Auswirkungen auf den Energieverbrauch in der Bundesrepublik dargestellt. Im Abschnitt »erneuerbare Energiequellen« wird der technische Stand der Nutzung von Sonnenenergie, Wind- und Wasserkraft sowie Biomasse gezeigt. (Blickpunkt-Verlag)
allg. Publikum

Die Erde ist des Herrn **Tb 18**
Baltruweit, F., Österreich 1985
Tonbild, 25 Dias, Farbe, 35 min
EMZ 7

Unsere Verantwortung für Gottes Schöpfung: Unter diesem Leitfaden werden die vordringlichsten Probleme unserer Erde angesprochen: Umweltverschmutzung, Hunger, Unterdrückung und Krieg. Welche Konsequenzen ergeben sich für den einzelnen aus dem Schöpfungswillen Gottes und der menschlichen Wirklichkeit? (EMZ 7)
allg. Publikum, kirchl. Gemeindearbeit

Die Erde ist des Herrn - Die Menschen seine Pächter **Tb 19**
Horn, Karlheinz; Rösner, Achilles, BRD 1985
Tonbild, 40 Dias, Farbe, 26 min
EMZ 3, 7, 12

Die Verantwortung gegenüber der Schöpfung muß in konkretes persönliches Handeln übergehen. Die Aussagen und Aktionen vieler Gruppen auf dem Düsseldorfer Kirchentag 1985 zeigen, daß solche Aufrufe und Verhaltensempfehlungen im höchsten Maße politischen Charakter haben. Das Tonbild dokumentiert diese Seite christlichen Engagements in den Bereichen Umweltbelastung, Bankgeschäfte mit Südafrika, Praktiken der Pharmaindustrie, neues Verhältnis zur Nahrung. Die Serie ist kein zusammenhängender Bericht über den Kirchentag, sondern eine provokative Anregung, sein Hauptthema konkret zu verwirklichen. (EMZ 3)
allg. Publikum, kirchl. Gemeindearbeit

Erntedank **Tb 20**
BRD 1984
Tonbild, 9 Dias, Farbe, 12 min
EMZ 7, 9; KMZ 3

Derzeit wird in der EG mit Hilfe von Steuergeldern mehr Frischobst vernichtet, als die Bundesbürger in einem Jahr aufessen können. Andere verhungern. Hauptsache uns geht es nicht so wie den anderen. Ist das unsere Form des Erntedanks? In dieser Serie wird dem entgegengewirkt. Zu den Fragen Baumsterben, Tierversuche, Arbeitslosigkeit, Nahrungsvergiftung und Hunger gibt sie Anregungen und mahnt einen anderen Umgang mit der Schöpfung an. (EMZ 9)
allg. Publikum, kirchl. Gemeindearbeit

Futtermittelimporte aus der Dritten Welt **Tb 21**
Burkhardt, Franke, Hartmeier, 60 Dias, Farbe 25 min
EMZ 1-13; EZEF

Die Tonbildreihe zeigt auf, daß der Anbau der Futtermittelindustrie in der Dritten Welt (Soja und Topioka) vor allem die Grundnahrungsmittel für die ärmere Bevölkerung, wie schwarze Bohnen und Mais, verdrängt und zu einer Lebensmittelverknappung in den jeweiligen Ländern führt.
ab 14 Jahren, Dritte-Welt-Gruppen

Freizeit und Umwelt **Tb 22**
FWU, BRD 1990
Tonbild, 12 Dias, Farbe
EMZ 8; FWU

Ziel dieser Diareihe ist es, verschiedene Umweltbelastungen, die durch Freizeitaktivitäten entstehen, kennenzulernen und das Bewußtsein für umweltverträglichere Formen zu fördern. Bildfolge: Überfüllter Strand, Campingplatz am Meer, Strandgut, Nordseeschaum, Skifahren, Bodenerosion auf einer Skipiste, Langlauf in der Stadt, Mountain-Bike querfeldein, Parkplatz im Gebirge, Müll im Gebirge, Surfen, Golfsport. (EMZ 8)
ab 11 Jahren

Den Garten Europa bebauen **Tb 23**
Für ein Leitbild der Landwirtschaft
Kath. Landvolkbewegung, BRD 1989
Tonbild, 64 Dias, Farbe, 32 min
EMZ 12; KMZ 5, 7, 13, 17

Im Mittelpunkt dieser Reihe steht das Leitbild einer künftigen umwelt- und verbrauchergerechten Landwirtschaft mit gesundheitlich unbedenklicher Nahrungserzeugung, artgerechter Tierhaltung und intakten natürlichen Lebensgrundlagen. Unreflektiertes Fortschritts- und Leistungsdenken wird ebenso kritisiert wie ein sorgloses Verbraucherverhalten. (EMZ 2)
ab 14 Jahren

Das Geschäft mit dem Hunger **Tb 24**
AV-Akademie, BRD 1981
Tonbild, 50 Dias, Farbe, 50 min
AV Akademie; EMZ 1, 2, 4, 8-10

Europa und die USA importierten immer mehr landwirtschaftliche Produkte aus der Dritten Welt. Gleichzeitig verschärft sich die Nahrungsmittelknappheit und damit der Hunger in der Dritten Welt.

Das gestörte Gleichgewicht **Tb 25**
Jünger, BRD 1972
Tonbild, 90 Dias, Farbe, 30 min
EMZ 1-3, 8, 9, 12, 13; Jünger; KMZ 2, 3, 4, 6, 7, 10, 22; LBS 3-5, 11, 14

Der erste Teil dieser Tonbildreihe zum Thema Umweltschutz zeigt, wie das gesamte organische Leben auf der Erde auf das große Gleichgewicht der Natur angewiesen ist, auf den Nahrungsmittelkreislauf, den Wasserkreislauf, auf die Aufbereitung des Mutterbodens durch Bakterien. Im zweiten Teil wird gezeigt,

wie der Mensch störend in das Gleichgewicht der Natur eingreift. Im dritten Teil wird gezeigt, welche Möglichkeiten der Mensch, die Behörden und die Industrie haben, das Gleichgewicht der Natur wieder herzustellen. (Jünger)
ab 7. Klasse

Hunger heute **Tb 26**
AV Akademie, BRD 1978
Tonbild, 50 Dias, Farbe, 15 min
AV Akademie

Zusammenhang zwischen Hunger in den armen Ländern und Reichtum in den Industriestaaten. Die Ursachen am Beispiel einer Familie in Peru: Großgrundbesitz, Überlebens- und Ernährungsschwierigkeiten der Landbevölkerung, Landflucht und Arbeitslosigkeit in den großen Städten. Folgen des Anbaus von Exportkulturen in den Industriestaaten am Beispiel des Getreidemarktes. (AV Akademie)
ab 15 Jahren, Dritte-Welt-Gruppen

Hunger - Schicksal oder Ungerechtigkeit **Tb 27**
Brot für die Welt, BRD 1981
Tonbild, 11 Dias, Farbe, 34 min
EMZ 1, 2, 8, 9, 12, 13

Es wird gezeigt, wie der europäische Lebensstil die zugespitzte Ernährungssituation der in Dritten Welt weiter verschärft.
allg. Publikum, Dritte-Welt-Gruppen

Der Kampf der T'Buli gegen den Fortschritt **Tb 28**
HEKS-audiovisuell, Schweiz 1983
Tonbild, 80 Dias, Farbe, 22 min
EMZ 13

Ein Volk im Süden der Philippinen lebt noch im Einklang mit der Natur. Das Tonbild geht der Frage nach, ob es seine Kultur gegen zerstörerische westliche Einflüsse verteidigen kann. (EMZ 13)
allg. Publikum, Dritte-Welt-Gruppen

Kleiner Junge und dicker Mann und... **Tb 29**
Gebhard, Klaus, BRD 1983
Tonbild, 73 Dias, Farbe und sw, 20 min
DFG / VK; EMZ 13; Friedenspädagogische Werkstatt Renningen; KMZ 1; Verein für Friedenspädagogik

Bilder und Berichte, gemalt, fotografiert und aufgeschrieben von Atombombenopfern: Diese Tonbildschau kontrastiert immer wieder reale Szenen der Verwüstung mit Abbildungen von auf der Leinwand fixierten Erinnerungen.
allg. Publikum, Friedensgruppen

Ökomedia-Bewertung: wirksam

Information	Realisation	Motivation
3,5 Punkte	3,2 Punkte	3,7 Punkte

Bestürzende, beeindruckende, aber realistische Darstellung des Hiroshima- und Nagasaki-Wahnsinns.

Die Kulina - Widerstand eines Volkes **Tb 30**
Lori, Altmann;Ione Pilger, Maria; Sievers, Luis, Brasilien 1987
Tonbild, 44 Dias, Farbe, 14 min
Gustav-Adolf-Werk

Die Diaserie zeigt Beispiele aus dem Leben, der Kultur und dem Kampf des Kulina-Volkes. Das Elend dieses Volkes ist eng verknüpft mit der skrupellosen Ausbeutung durch Gummipflanzer und Flußhändler: Der nationale Indio-Schutzdienst und die Landesregierung von Acre werden mißachtet. (Gustav-Adolf-Werk)

Laßt neues Leben gebären! Hiroshima - 40 Jahre danach **Tb 31**
Umweltzentrum - Verlag Bielefeld / Löffler, Gauthier, BRD 1985
Tonbild, 50 Dias, Farbe, 27 min
mit Begleitmaterial
EMZ 8; Umweltzentrum - Verlag Bielefeld

Das Tonbild beginnt mit dem gleichnamigen Gedicht des Japaners Sadako Kurihara. In einem mit Atombombenopfern überfüllten Bunker wird ein Bild der Geburt und des Sterbens geschildert. Es geht um die Geschichten einzelner Überlebender, um ihren immerwährenden Kampf um Anerkennung als Strahlenopfer. 100.000 Opfer, Zeugen von damals, leben noch heute in Hiroshima. Was wurde aus den Hibakuschas, den Menschen, die an der Bombe leiden. Haben sie jenen Morgen, jenen Tag vergessen? Wie leben sie mit ihren Erlebnissen? (Umweltzentrum)
allg. Publikum, Friedensgruppen

Lebenswichtiges Wasser **Tb 32**
AV-Akademie, BRD
Tonbild, 50 Dias, Farbe, 15 min
AV-Akademie; KMZ 14

Die Tonbildschau zeigt, wie wichtig Wasser für das Überleben der Menschheit ist. Wie entscheidend für die Entwicklungsländer und Industriestaaten eine gemeinsame Politik über die Verteilung und Verwendung von Wasser sein kann: Was ist ein Gut, das geschützt und gerecht verteilt werden muß. Die Trinkwasserknappheit in den großen Städten, Überschwemmungen und Dürre bzw. Bewässerungsprobleme in zahlreichen Regionen der Dritten Welt sind dafür Beweis. (AV-Akademie)
ab 14 Jahren

Die letzten sieben Tage **Tb 33**
Zink, Jörg, BRD 1979
Tonbild, 8 Dias, Farbe, 8 min
EMZ 1, 3, 5,8, 9, 13-15; KMZ 2, 3, 5, 6, 10, 13-15, 18, 19, 22

Der moderne Mensch greift durch sein Planen und Handeln immer mehr in die Schicksalsordnung ein. Wohin diese Entwicklung führt, schildert Jörg Zink im »Umgekehrten Schöpfungsbericht«. Diese apokalyptische Vision wird durch die atmosphärischen Impressionen von Michael Rastinger verstärkt. Diese gegenstandslosen Farbkombinationen wollen dem Zuschauer das freie Assoziieren von individuellen Bildern aus seinem Erfahrungsbereich ermöglichen. (EMZ 13)
ab 16 Jahren

Die letzten Tage der Wälder **Tb 34**
AV-Akademie / Schiffler, Lothar; Biere, Julien, BRD 1985
Tonbild, 48 Dias, Farbe, 25 min
AV Akademie; EMZ 2, 10, 13; KMZ 8, 19; LBS 7

Zur Einstimmung: Luftverschmutzung und Waldsterben in der Bundesrepublik. Das Öko-System Wald bei uns und in den Tropen. Funktionsweise, Gemeinsamkeiten, Unterschiede. Ausmaß und Geschwindigkeit des Waldsterbens in der Dritten Welt: Landmangel, Energieprobleme, Export von Edelhölzern, Forst-Monokulturen, Cash-Crops, Abholzung für Siedlungs- und Verkehrsflächen, Viehweiden und Fleischproduktion. Folgen des Waldsterbens in der Dritten Welt. Wege, das Waldsterben in der Dritten Welt aufzuhalten. Handlungsangebot, was die Erste Welt tun kann. (AV Akademie)
ab 5. Klasse, Dritte-Welt-Gruppen

Macht Euch die Erde untertan **Tb 35**
Falk, Th.; Spellmeier, Arturo J., BRD 1985
Tonbild, 60 Dias, Farbe, 60 min
mit Begleitmaterial
EMZ 1, 2, 8, 10, 13; Gustav-Adolf-Werk; KMZ 3, 18

Das Tonbild schildert die Schwierigkeiten Brasiliens bei seiner derzeitigen industriellen Entwicklung. Die Serie ist in drei Abschnitte gegliedert: Die ersten

zwanzig Bilder führen allgemein in das Land und seine Gegensätze ein. Die zweite Serie zeigt die Erschließung des Amazonas-Dschungels. Die zwanzig letzten Bilder schließlich gehen auf den Auftrag der Kirchen ein. (EMZ 2, gekürzt)
allg. Publikum, Dritte-Welt-Gruppen, kirchl. Gemeindearbeit

Macht Euch die Erde untertan Tb 36
Landesstelle für kath. Volksbewegung Bayerns, BRD 1984
Tonbild, 90 Dias, Farbe, 42 min
EMZ 1; KMZ 3, 5, 7, 13, 14, 17, 18

Laut Schöpfungsbericht gab Gott den Menschen den Auftrag, sich die Erde untertan zu machen. Hat der Mensch diesen Auftrag richtig verstanden und ist er der darin enthaltenen Verantwortung gerecht geworden? Derzeit mehren sich die Anzeichen, daß unsere Lebenselemente ernsthaft bedroht sind. Jeder einzelne ist mitverantwortlich dafür, daß die Schöpfung Zukunft hat und die Lebensgrundlagen gesichert bleiben. (KMZ 7)
ab 14 Jahren, kirchl. Gemeindearbeit

Mang Marciano Tb 37
Philippinen 1984
Tonbild, 74 Dias, Farbe 20 min
EMZ 1-13, EZEF

Folgen des Hochertragsanbaus von Reis für die einzelnen Kleinbauern. Einsatz von Kunstdünger und Pestiziden und ihre Auswirkungen auf die gesundheitliche, soziale und ökologische Lage. Großeinsatz von Pestiziden am Beispiel der Großplantagen der Bananen-Industrie. (EMZ 1)
ab 16 Jahren, Dritte-Welt-Gruppen

Der Mensch - Tb 38
Herr über Leben und Tod
Tierhilfe Kiel, BRD 1987
Tonbild, 57 Dias, Farbe, 42 min
mit Begleitmaterial
Umweltkino Kiel

Das Tonbild zeigt Bilder aus der sich täglich wiederholenden Praxis der Tierversuche: Bändigungsapparate, Medikamententests, Strahlenversuche, Kopftransplantationen, Gen-Technologie, Psychotests. (w & m)
allg. Publikum, Tierschutzgruppen

Natur erleben Tb 39
BRD 1982
Tonbild, Dias, Farbe
LFD 5

Begleitet werden Kinder bei Exkursionen in Wald und Feld. Schautafeln und Bilder geben einen Überblick über ökologische Zusammenhänge und zahlreiche Arbeitseinsätze für den Unterricht. (LFD 5)
ab 8 Jahren

Natur, Mensch, Landwirtschaft Tb 40
Umweltzentrum-Verlag Bielefeld, BRD 1991
Tonbild, 50 Dias, Farbe, 23 min
EMZ 2, 11; KMZ 7; Umweltzentrum-Verlag Bielefeld

Die Natur ist für den heutigen Menschen ein wichtiger Ausgleich zu dem Leben in Beton. Aber für unsere hochtechnisierte Gesellschaft und Landwirtschaft war es notwendig, die Natur umzugestalten. Nach einem historischen Rückblick auf die Naturumgestaltung folgt eine Bestandsaufnahme: Wieviel Natur gibt es noch und wie ist sie zu retten? Nach schönen Beispielen für den praktischen Naturschutz wird aufgezeigt, welche politischen Schritte notwendig sind, um die Natur vor dem Menschen zu schützen. (EMZ 11)
allg. Publikum

Natur und Umwelt in der DDR - Chancen und Probleme **Tb 41**

Umweltzentrum-Verlag Bielefeld, BRD 1991
Tonbild, 34 Dias, Farbe, 23 min
EMZ 2, 11; Umweltzentrum Verlag Bielefeld

Das Altlasten-Erbe der DDR ist erdrükkend. Wohin man auch schaut: Ruß, Müll, Dreck, vergiftete Gewässer und Böden. Das Tonbild zeigt die Umweltprobleme in den neuen Bundesländern auf. Aber es gibt auch die Naturschönheiten und Besonderheiten der ostdeutschen Landschaft. Was ist notwendig, um die Altlasten zu sanieren und die unberührte Natur zu schützen? Es gibt neue Chancen für den Umweltschutz. (EMZ 11)
allg. Publikum

Die Nordsee **Tb 42**

Umweltzentrum - Verlag Bielefeld, BRD 1988
Tonbild, 50 Dias, Farbe, 25 min
mit Begleitmaterial
EMZ 12; KMZ 6, 7, 10; LBS 7; Umweltzentrum - Verlag Bielefeld

Nirgendwo auf der Welt gibt es ähnlich große zusammenhängende Wattflächen wie in der Nordsee. Einzigartig ist die Flora und Fauna mit seinen rund 4.000 Tier- und Pflanzenarten. Doch das ökologische Gleichgewicht ist hier im höchsten Maße gefährdet: Schadstoffeinleitungen aus der Industrie, Düngemittel aus der Landwirtschaft, Ölbohrinseln und der Tourismus sind eine Bedrohung für alles Leben in der Nordsee. Das Tonbild stellt die Belastung der Nordsee mit ihren derzeitigen Schäden und weiteren möglichen Folgen dar. Gleichzeitig gibt es Hinweise auf politische Hintergründe und die Einflußnahme verschiedener Interessengemeinschaften auf die Umweltschutzpolitik. (Umweltzentrum)
ab 9. Klasse

Ohne Wasser kein Leben **Tb 43**

Blickpunkt-Verlag, BRD 1985
Tonbild, 50 Dias, Farbe, 22 min
mit Begleitmaterial
Arbeitskreis Recycling; Blickpunkt Verlag; EMZ 2, 8, 12, 13; KMZ 6, 7, 10, 14; LBS 4

»Wasser ist ein kostbares, für den Menschen unentbehrliches Gut. Die Vorräte an gutem Wasser sind nicht unerschöpflich. Deshalb wird es immer dringender, sie zu erhalten, sparsam mit ihnen zu wirtschaften und wo immer möglich, sie zu vermehren. Wasser verschmutzen heißt, den Menschen und allen Lebewesen Schaden zufügen.« So die europäische Wasser-Charta.
»Ohne Wasser kein Leben« besteht hierzu aus fünf in sich abgeschlossenen Teilen:
Teil 1 zeigt die ungeheure Bedeutung von Wasser für alles Leben auf der Erde.
Teil 2 beschreibt die heutige Wasserverschwendung in Haushalten und Industrie mit ihren Folgen.
Teil 3 zeigt die Gefährdung von Grundwasser, Flüssen, Seen und Meeren durch Schadstoffe aus Haushalten, Industrie und Landwirtschaft.
Teil 4 beschreibt die Folgen des sauren Regens für unsere Gewässer.
Teil 5 zeigt die Möglichkeiten, die jeder einzelne hat, etwas zum Gewässerschutz beizutragen. (Blickpunkt-Verlag)
allg. Publikum

Per **Tb 44**

Tonbild
IAB
s. Video

Rettet unsere Böden **Tb 45**
Blickpunkt-Verlag, BRD 1986
Tonbild, 50 Dias, Farbe, 25 min
mit Begleitmaterial
Arbeitskreis Recycling; Blickpunkt-Verlag; EMZ 12, 13; KMZ 14

Alles Leben auf der Erde ist von der äußersten Randschicht der Erdkruste, dem Boden, abhängig. Ohne den Boden wäre die Erde ein toter Planet. Obwohl wir das alle wissen, behandeln wir den Boden wie den letzten Dreck: Schon heute sind 7 Prozent der landwirtschaftlich genutzten Böden so vergiftet, daß dort eigentlich keine Nahrungsmittel angebaut werden dürften. Nach Prognosen des Umweltbundesamtes wird in 30 bis 70 Jahren unser gesamter Boden langfristig vergiftet sein, wenn nicht sofort entscheidende Rettungsmaßnahmen eingeleitet werden.
Die Tonbildschau beschreibt die heutigen Bodenprobleme und zeigt, was zur Rettung der Böden getan werden muß. Sie gliedert sich in vier Teile: zunächst beschreibt sie den Boden, seine Entstehung und das Bodenleben. Der zweite Teil geht auf die Zerstörung des Bodens durch Straßenbau und Besiedelung ein. Danach wird die Schadstoffbelastung allgemein angesprochen: Saurer Regen, Schwermetalle, Dioxin und Radioaktivität. Der letzte Abschnitt widmet sich speziell der Bodenbelastung durch die Landwirtschaft: Agrarchemikalien, Flurbereinigung und daraus resultierende Erosion vernichten die lebenswichtige Humusschicht. (Blickpunkt-Verlag)
allg. Publikum, landwirtsch. und Naturschutzgruppen

Sahel **Tb 46**
Grasser, Jörg, Schweiz 1984
Tonbild, 80 Dias, Farbe, 24 min
EMZ 4

Die Tonbildreihe gibt Einblick in die karge Umwelt des Sahels mit dem traditionellen Leben der Nomaden und Ackerbauern. Sie zeigt jedoch auch die Eingriffe in dieses traditionelle Leben und veranschaulicht die Zusammenhänge zwischen Mensch, Wirtschaft und Ökologie mit ihren Auswirkungen auf die Dürrekatastrophe. (EMZ 4)
allg. Publikum, Dritte-Welt-Gruppen

Saurer Regen **Tb 47**
Evangelische Zentralbildkammer, BRD 1984
Tonbild, 45 Dias, Farbe, 25 min
EMZ 2, 11, 12; LBS 4

Daß unser Regen sauer ist, können wir jeden Tag in der Zeitung lesen. Was aber ist »sauer«, und was macht den Regen sauer? Das Tonbild thematisiert folgende Schwerpunkte: Verursacher der Luftverschmutzung, Auswirkungen der Luftverschmutzung, Waldsterben, Gegenmaßnahmen, Aktionen. (Ev. Zentralbildkammer)
allg. Publikum, Umweltgruppen

Ein Schritt zum Frieden **Tb 48**
Tonbild, 31 Dias
EMZ 8
s. Video

Sehen - Schauen - Betrachten **Tb 49**
AV-Edition, BRD
Tonbild, 20 Dias, Farbe, 31 min
KMZ 19

Eindrucksvolle Naturaufnahmen, die bausteinartig kombiniert sind mit kurzen Geschichten und Liedern, dienen dazu, Kinder zu aufmerksamem Sehen und Wahrnehmen ihrer Umwelt hinzuführen. (KMZ 19)
ab 6 Jahren

Siegfried Sorglos und der Müll Tb 50
BRD 1988
Tonbild, 44 Dias, Farbe, 22 min
LBS 14

Tonbildreihe zur Verbraucheraufklärung über Müllvermeidung in Beruf, Haushalt und Freizeit. Gut geeignet für den Einsatz bei Veranstaltungen mit Verbrauchern wie auch innerhalb des Schulunterrichts. (LBS 14)
allg. Publikum

Soja - Export um jeden Preis Tb 51
EZEF / Burkhardt, Berthold, BRD 1985
Tonbild, 50 Dias, Farbe, 25 min
EMZ 1-13; EZEF

Die Serie behandelt das Thema Soja-Anbau in Brasilien und die Konsequenzen, die sich für die Landwirtschaft aus ihrer Ausrichtung auf den Export ergeben: Landwirtschaftliche Flächen gehen für den Anbau eigener Lebensmittel verloren. In den Monokulturen entstehen Erosionsschäden, Pestizide vergiften den Boden. Die ungleiche Verteilung des Landes führt zu Landflucht und Slumbildung in den Städten. Die Politik von Regierung und Banken kommt dabei ebenso zur Sprache, wie die Perspektiven kirchlicher Solidaritätsarbeit, die darauf abzielt, Kleinbauern zu unterstützen und eigene Agrarformen zu entwickeln. (EZEF)
allg. Publikum, landwirtsch. und Dritte-Welt-Gruppen, kirchl. Gemeindearbeit

Stadt und Umwelt - Tb 52
ein Widerspruch?
MPZ Hamburg, BRD 1989
Tonbild, Dias, Farbe, 26 min
s. Video
MPZ Hamburg; Die Werkstatt

Die Umweltbelastung in den städtischen Ballungsräumen hat mittlerweile ein bedrohliches Ausmaß erreicht. Die Ton-Dia-Serie will diese Belastungen nicht nur aufzeigen, sondern auch versuchen, Verständnis für ökologische Zusammenhänge zu entwickeln. Sie ist ein Plädoyer für das Leben in der Stadt. An den Beispielen Wasser, Müll und Energie werden Ansatzpunkte aufgezeigt, wie ökologisch und sozial verträglich in bestehende Stadtstrukturen eingegriffen werden kann. (MPZ Hamburg)
allg. Publikum

Stattbäume Tb 53
Tonbild, 130 Dias, Farbe
IAB
s. Video

Sterns Märchenstunde Tb 54
oder die Erfindung einer wahren Geschichte
Stern, Horst; Müller, J., BRD 1981
Tonbild, 36 Dias, Farbe, 20 min
EMZ 1, 3, 12, 13; KMZ 14

Horst Stern, engagierter Naturschützer, erzählt zu Bildern der bekannten Bildmappe »Alle Jahre wieder, saust der Preßlufthammer nieder« eine fiktive Geschichte: Ein einfaches Dorf, umgeben von einer noch unzerstörten Landschaft, fängt an, sich zu modernisieren, kleine Industriegebiete auszuweisen, Neubaugebiete zu erschließen, Altbauten abzureißen, um Straßen und Geschäftshäuser zu bauen. Exemplarisch ist die »Höherentwicklung« beim Bauern Wohlleb zu beobachten: Land und Hof verkauft er günstig, er selbst macht sozial und politisch große Karriere. Nur eine alte Katze läßt sich nicht täuschen: Die Verwandlung vom Dorf zur kleinen Industriestadt hat Natur zerstört und Lebensqualität abgebaut. Auf der neuen Schnellstraße wird die Katze überfahren. (EMZ 13)
ab 14 Jahren

Strahlende Erkenntnisse Tb 55
Umweltzentrum - Verlag Bielefeld, BRD 1988
Tonbild, 46 Dias, Farbe, 24 min
KMZ 8; Umweltzentrum - Verlag Bielefeld

Kaum hatte der Franzose Becquerel 1896 die natürliche Radioaktivität entdeckt, folgten Schlag auf Schlag neue Erkenntnisse über die Bausteine unsere Materie, die Atome. Durch ihre Spaltung konnten gewaltige Energiemengen freigesetzt werden, die das Leben auf der Erde entscheidend beeinflußten. Seit 1945 wird beinahe wöchentlich eine nukleare Bombe gezündet, weltweit arbeiten über 400 Kernkraftwerke. Hinzu kommen Nuklearfabriken, von der Brennelementefertigung bis zur Wiederaufarbeitungsanlage. Überall dort entstehen radioaktive Spaltprodukte, die oft Jahrtausende strahlend in unserer Umwelt zirkulieren. Doch selbst geringe Strahlenmengen beeinträchtigen die biologischen Prozesse im Körper. Die Folgen können Krebs, mißgebildete Embryonen oder Genschäden sein. Gegen diese deprimierenden Konsequenzen haben Menschen aus allen Bevölkerungsschichten private Selbsthilfegruppen gebildet. (Umweltzentrum)
allg. Publikum, Anti-Atomkraft-Gruppen

Strahlende Geschäfte Tb 56
Umweltzentrum - Verlag Bielefeld, BRD 1988
Tonbild, 47 Dias, Farbe, 24 min
EMZ 12; Umweltzentrum - Verlag Bielefeld

Die Atomeuphorie der Wirtschaftswunderjahre ist zwar gewichen, doch die Argumente zum ständigen Ausbau der Atomenergie sind damals wie heute die gleichen: Atomenergie ist sichere, hochentwickelte Technik, die billig Energie im Überfluß liefert und zudem die Umwelt nicht belastet. Alternativen gibt es nicht. Bei kritischer Betrachtung hält kein Argument der Kernkraftbefürworter stand. Das Atomsystem funktioniert nicht. Es produziert gigantische Mengen Atommüll, von dem keiner weiß, wohin damit. Das Tonbild behandelt u.a. die deutsche Sicherheitsphilosophie und was davon zu halten ist, die Fragen nach Strahlenschutz und Strahlengrenzwerten - und zeigt, wie die Grenzwerte zustande kommen. Der Querschnitt durch die bundesdeutsche Atomwirklichkeit zeigt, wie

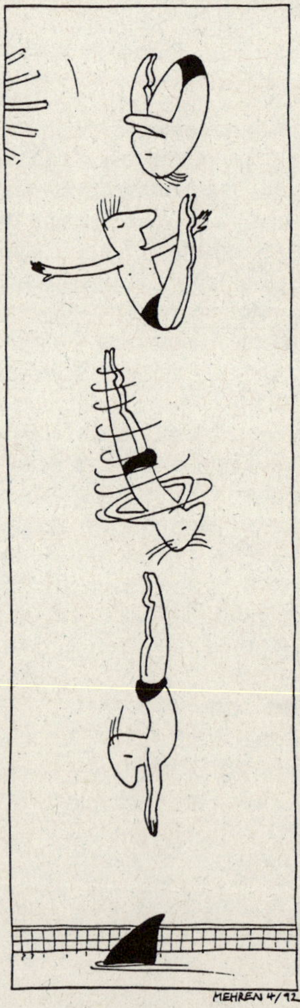

Wirtschaft, Wissenschaft und Politik eine unselige Allianz eingegangen sind. Die Nutzung der Kernenergie ist in der Geschichte der Menschheit die teuerste, uneffektivste, gefährlichste und in jeglicher Hinsicht konsequenzenreichste Methode, Strom zu erzeugen. (Umweltzentrum, gekürzt)
allg. Publikum, Anti-Atomkraft-Gruppen

Eines Tages werdet ihr erwachen... Tb 57
AV-Akademie, BRD 1980
Tonbild, 24 Dias, Farbe, 24 min
mit Begleitmaterial
AV-Akademie; EMZ 1-3, 8, 9, 13; KMZ 14, 17, 19; LBS 12

Die berühmte Rede des amerikanischen Häuptlings Seattle 1854 an den Präsidenten der USA als Tondiaschau: Seattles Rede gilt als Dokument, das angesichts der gegenwärtigen gesellschaftlichen und ökologischen Entwicklung eine hochaktuelle Bedeutung gewonnen hat. Das Verhältnis des Menschen zur Natur als Spiegelbild seiner selbst ist zentrales Thema dieser eindringlichen Mahnung und Anklage. (AV-Akademie)
ab 13 Jahren

Trinkwasser in Not Tb 58
BRD 1990
Tonbild, 50 Dias, Farbe, 27 min
EMZ 2, 4, 8, 11-13; KMZ 7; Umweltzentrum Verlag Bielefeld

Der schlechte Zustand der Oberflächengewässer zwingt immer mehr Wasserwerke, auf Grundwasser zurückzugreifen. Bereits zwei Drittel der Bevölkerung werden mit Grundwasser versorgt. Dieses wertvolle Trinkwasserreservoir wird zunehmende gefährdet. Das Tonbild gibt einen Überblick über die derzeitige Situation in der Bundesrepublik. Dabei werden die Ursachen der Trinkwasserkrise ebenso angesprochen wie mögliche Gegenmaßnahmen. (EMZ 4)
ab 14 Jahren

Tropischer Regenwald Tb 59
Umweltzentrum Verlag Bielefeld, BRD 1991
Teil 1: 36 Dias, Teil 2: 34 Dias, Farbe, 2 x 17 min
EMZ 11; Umweltzentrum-Verlag

1. Das Ökosystem »Tropischer Regenwald« mit seinen faszinierenden Pflanzen und Tieren. Dabei werden Zusammenhänge dieses Großökosystems dargestellt.
2. Der zweite Teil informiert über das Ausmaß und die Hintergründe der Bedrohung und Vernichtung des Tropischen Regenwaldes und zeigt schließlich auf, was wir hier zu seiner Rettung tun können. (Umweltzentrum-Verlag)
ab 14 Jahren, Dritte-Welt-Gruppen

Tourismus in der Dritten Welt Tb 60
AV-Akademie, BRD
Tonbild, 2 x 50 Dias, Farbe, je 30 min
AV-Akademie

Teil 1 zeigt den Gegensatz zwischen reichen Touristen und Einwohnern des Gastlandes.
Teil 2 beschreibt, wie die Gastländer durch den Tourismus immer stärker vom Ausland abhängig werden. (AV-Akademie)
allg. Publikum, Dritte-Welt-Gruppen

Traum und Alptraum Tb 61
Tonbild, 85 Dias, Farbe
LFD 1

Eine Tonbildschau über die Zukunft des Alpenraumes. Unsere Aufgabe ist es, auch kommenden Generationen eine lebenswerte Welt zu hinterlassen. Die Bilder geben dazu entsprechende Anregungen. (LFD 1)
allg. Publikum

Umweltschutzpolitik der EG **Tb 62**
Kommission der EG
Tonbild, 15 Folien, Farbe
mit Begleitmaterial
Kommission der EG

Urwaldreste in Mitteleuropa **Tb 63**
Blickpunkt-Verlag, BRD 1986
Tonbild, 50 Dias, Farbe, 20 min
mit Begleitmaterial
Blickpunkt-Verlag; EMZ 2; LBS 4

Die Oberfläche Mitteleuropas war geprägt von Urwäldern verschiedener Waldtypen, bevor der Mensch sie veränderte. Die Wirtschaftswälder, die wir heute vorfinden, haben kaum noch etwas gemein mit den Urwäldern, die einst unseren Kontinent bedeckten.
Winzige Reste sind bis heute in den abgelegensten Regionen Mitteleuropas erhalten geblieben. Sie sind in der Regel streng geschützt und dürfen nur noch von Wissenschaftlern betreten werden. Die Bilder von den letzten Urwäldern Europas vermitteln einen Eindruck davon, wie es in unserem Land aussah, bevor die Menschen damit begannen, die Wälder zu roden und den Boden zu bewirtschaften. (Blickpunkt-Verlag)
allg. Publikum, Naturschutzgruppen

Unsere Kühe weiden am La Plata **Tb 64**
Buntzel, Rudolf, BRD 1983
Tonbild, 49 Dias, Farbe, 17 min
EMZ 1-13, EZEF; FWU; KMZ 19; LBS 1-14

Die Tonbildreihe zeigt die Verflechtungen der deutschen Landwirtschaft mit der Dritten Welt. Die Bauern in Deutschland bauen heute z.T. das Futter nicht mehr selbst an, sondern kaufen Futtermittel, vor allem Soja aus der Dritten Welt. Solange importiertes Kraftfutter mehr Gewinn einbringt, wird es nicht durch Eigenanbau ersetzt. (EZEF)
ab 14 Jahren, Dritte-Welt-Gruppen

Unterelbe: Naturraum oder zweites Ruhrgebiet? **Tb 65**
Ökologie und Probleme des Unterelbegebietes
BRD
Tonbild, 65 Dias, Farbe, 25 min
Jünger

Erst vor etwa 5.000 Jahren wurden die Menschen in Norddeutschland zu seßhaften Bauern. Seit gut 3.000 Jahren hat sich das Landschaftsbild durch Naturereignisse kaum noch gewandelt. Dagegen haben die Eingriffe des Menschen in diesem Jahrhundert - vor allem in den letzten zwei Jahrzehnten - die Landschaft grundlegend verändert: Schaffung neuer Verkehrswege, Flußbegradigung und Eindeichung, geballte Industrieansiedlung - das alles hat deutliche Spuren hinterlassen. (Jünger)
allg. Publikum

Unterwegs **Tb 66**
Eine Geschichte aus Lappland
Tonbild, 40 Dias, Farbe, 16 min
EMZ 11; KMZ 6, 7, 10
s. Video

Vergiftete Umwelt **Tb 67**
Evangelische Zentralbildkammer, BRD 1978
Tonbild, 98 Dias, Farbe, 55 min
EMZ 1-3, 8, 9, 11-13; KMZ 6, 7, 10, 16, 18, 19; LBS 1-4, 7, 14; LFD 6

Ausgangspunkt dieser Tonbildreihe sind drei Problemkreise: Luft, Boden und Wasser. Die Serie zeigt die Verursacher der Verschmutzung (Industrie, Verkehr u.a.) sowie ihre Auswirkungen auf Menschen, Tiere und die gesamte Gesellschaftsstruktur. (EMZ 12)
ab 14 Jahren

Vielleicht weil ich ein Wilder bin Tb 68
Hoffmann, K.P., BRD 1989
Tonbild, 69 Dias, Farbe, 35 min
EMZ 10; KMZ 8; LBS 10

Zu eindrucksvollen Aufnahmen werden die Worte des indianischen Häuptlings Seattle an den amerikanischen Präsidenten aus dem Jahr 1855 wiedergegeben. (LBS 10)
ab 14 Jahren

Von den kleinsten Gräsern bis zu den größten Blüten Tb 69
Schelb, Rainer, BRD 1985
Tonbild, 38 Dias, Farbe, 17 min
EMZ 10

Die Worte, mit denen die Mohawk-Indianer seit jeher der Schöpfung ihren Respekt und ihre Dankbarkeit gezeigt haben, sollen daran erinnern, daß wir diese Welt auch für kommende Generationen erhalten müssen. Einst haben die Mohawk versprochen, die »Mutter Erde« mit all ihren Lebewesen, notfalls unter Einsatz des eigenen Lebens, zu schützen. Dieses Versprechen gilt für die traditionsbewußten Mohawk noch heute. Eine Botschaft an die »westliche Welt«, die von dieser Serie aufgegriffen wird. (EMZ 10)
ab 14 Jahren, kirchl. Gemeindearbeit

Wasser ist Leben Tb 70
BRD 1987
Tonbild, 50 Dias, Farbe, 19 min
EMZ 1, 4; KMZ 3, 5, 18, 20

Die Verseuchung des Rheins im Spätherbst 1986 bildet den Einstieg in das Thema, das in vier Abschnitten behandelt wird: 1. Bedeutung des Wassers für den Menschen; 2. Die Gefahren, die dem Wasser heute drohen; 3. Möglichkeiten zum Schutz der Gewässer; 4. Praktische Hinweise, u.a. Anleitung zum Bau eines Teiches, um das Zusammenspiel von Wasser, Pflanzen und Tieren kennenzulernen. (EMZ 4)
allg. Publikum

Der Wegwerf-Wahn Tb 71
Arbeitskreis Recycling, BRD
Tonbild, 100 Dias, Farbe, 25 min
mit Begleitmaterial
Arbeitskreis Recycling

Das Tonbild gibt einen Überblick über das Müll-Problem, über die Entstehung des Mülls, die Schwierigkeiten seiner Beseitigung, die ausufernden Müllhalden und dem gegenüber über mögliche Alternativen in Form einer Recycling-Börse. (Arbeitskreis Recycling)
allg. Publikum

Wie werden wir unsere Müllberg los? Tb 72
Blickpunkt-Verlag, BRD 1985
Tonbild, 50 Dias, Farbe, 25 min
mit Begleitmaterial
Arbeitskreis Recycling; Blickpunkt-Verlag; EMZ 2, 8, 12, 13; KMZ 3, 6, 7, 10; LBS 4

Die Müllmengen, die wir produzieren, sind in den letzten Jahrzehnten ständig gewachsen. Eine Folge des Wirtschaftswunders und der Massengüterproduktion seit dem Zweiten Weltkrieg. Der steigende Müllberg ist zu einem fast unlösbaren Problem geworden. Mülldeponierung und Müllverbrennung haben sich als äußerst umweltbelastende Alternativen herausgestellt. Was ist zu tun?
Die Tonbildschau beschreibt die verschiedenen Möglichkeiten der Müllbehandlung und stellt Lösungsansätze zur Müllvermeidung und Müllverwertung vor. Im einzelnen: Müllaufkommen in der Bundesrepublik, Rohstoffverschwendung, Müllvermeidung, Müllverwertung, Sondermüll und Perspektiven. (Blickpunkt-Verlag)
allg. Publikum, Müllwirtschaft

Wir haben die Atombombe überlebt **Tb 73**
Anderau, Willi, Schweiz 1987
Tonbild, 35 Dias, Farbe, 13 min
EMZ 4

Ein Viertel der 400.000 Einwohner zählenden Stadt Hiroshima kam an einem Tag um. An den Folgen dieser Atombombe sind bis heute über 200.000 Menschen gestorben. Was können uns Überlebende noch berichten? Das Tonbild ist ein Dokument von Menschen, die ihre traumatischen Erinnerungen in Zeichnungen und wenigen Worten ausdrücken. (EMZ 4)
allg. Publikum

Zeitbombe Müll **Tb 74**
Umweltzentrum - Verlag Bielefeld / Rösner, A., BRD 1986
Tonbild, 50 Dias, Farbe, 30 min
s. Dias
Arbeitskreis Recycling; EMZ 2, 8, 10, 12, 13; KMZ 6-8, 10, 14; LBS 1, 7, 14; Umweltzentrum Verlag Bielefeld

Was mit dem Hausmüll geschieht, wie er bearbeitet wird, wo seine Bestandteile letztlich landen und welche Gefahren sich für Mensch und Umwelt ergeben, ist der Inhalt des ersten Teils: Informationen über Müllverbrennung, Deponierung und Altlasten, über Wasser als Gifttransportmittel und über Exporte von Sondermüll in die DDR verdichten sich zu dem Eindruck, daß wir nahezu ohnmächtig vor einem kaum zu bewältigenden Berg von Müllproblemen stehen.
Im zweiten Teil werden Alternativen, insbesondere beim Hausmüll aufgezeigt: Weniger Müll einkaufen und damit Müll vermeiden. Auch bewußtes Verzichten auf Einwegverpackungen und der Gebrauch von Mehrweggläsern wird als vernünftig propagiert. Hinzu kommen Möglichkeiten, den Müll direkt zu verwerten wie beispielsweise durch die Kompostierung. (Umweltzentrum)
allg. Publikum, Müllwirtschaft

Zukunft? Ja Bitte! **Tb 75**
Evangelische Zentralbildkammer, BRD 1982
Tonbild, 98 Dias, Farbe, 55 min
EMZ 2, 3, 9, 11, 13; KMZ 14

Zukunftsangst und Hoffnungslosigkeit gehen durchs Land. »No future« ist ein gängiges Schlagwort. Das Ende unserer Zivilisation ist vorstellbar geworden. Der erste Teil des Tonbilds weist auf die Probleme der Gegenwart hin: Umweltzerstörung, Hochrüstung, Großtechnologie, Zerfall des sozialen Gefüges sind eine düstere Bilanz. Der zweite Teil zeigt Alternativen: Umweltschutz, Friedensbewegung, sanfte Technologie und alternativer Lebensstil sind die Stichworte. (EMZ 2)
ab 14 Jahren

Zurück zur Natur **Tb 76**
Tonbild, 36 Dias, Farbe
IAB
s. Video

Diaserien

Abfallbeseitigung **D 1**
FWU; BRD 1972
24 Dias, Farbe
FWU; LBS 1-14

Abfallbeseitigung und Recycling **D 2**
Justus Perthes, BRD
20 Dias, Farbe
s. Folien
Justus Perthes

Müllumschlagstationen, Müllverbrennung, Elektrizitätsgewinnung, Müllkompostwerk, Autoshredderanlage, Sondermüll, Ölschiefergrube Messel. (J. Perthes, gekürzt).

Abfallverwertung in der Dritten Welt **D 3**
FWU, BRD 1988, 12 Dias, Farbe
FWU; KMZ 6, 10; LBS 1-14

Beispiele aus Afrika zeigen, wie man Abfälle sinnvoll verwerten kann. Aus Müll basteln Kinder ihr Spielzeug.
ab 12 Jahren

Abfallwirtschaft im Ruhrgebiet **D 4**
BRD
Dias, Farbe
LBS 13

Die Diaserie gibt einen allgemeinen Überblick über die Abfallwirtschaft als komplexes System. Schaubilder erklären die Abläufe, Realbilder aus dem Ruhrgebiet dienen der Veranschaulichung. (LBS 13)
allg. Publikum

Abschied vom Wald - Der Weg zur Säuresteppe **D 5**
Eitler, Gotthard, BRD 1986
45 Dias, Farbe
EMZ 10, 12, 13

Tausende von Hektar Wald im Fichtelgebirge sind durch die Luftverschmutzung bedroht. Neben der Zerstörung einer wertvollen Landschaft sind erhebliche Klimaveränderungen zu erwarten. Die Reihe befaßt sich mit einer detaillierten Beschreibung der Waldschäden an Tannen, Fichten, Lärchen, Kiefern und Laubbäumen und plädiert für unverzügliches Handeln zur Rettung der Wälder. (EMZ 12)
ab 14 Jahren

Alle Jahre wieder saust der Preßlufthammer nieder **D 6**
Oder: Die Veränderung der Landschaft
Müller, Jörg, Schweiz 1973
29 Dias, Farbe
BUND; EMZ 12, 13; KMZ 14; LBS 1

Eine Diaserie von der bekannten Bildmappe mit gleichem Titel. Was aus einstmals schöner Landschaft geworden ist, zeigen die letzten Bilder: eine Betonwüste ohne Leben. (EMZ 13)
ab 10 Jahren

Alternative Architektur USA **D 7**
Vista Point, BRD 1978
24 Dias, Farbe
mit Begleitmaterial
EMZ 1, 3; LBS 1, 4; Vista Point

Die Reihe stellt ungewöhnliche Hauskonstruktionen, einsiedlerische Fluchtburgen neben Siedlungen, provisorische Unterkünfte neben handwerklich perfekt gebaute Häuser. Natürliche Baumaterialien wechseln mit industriell vorgefertigten und Abfallmaterialien ab. (LBS 4)
ab 9. Klasse

Alternative Energie **D 8**
Klett, BRD 1990
30 Dias, Farbe
Klett; LBS 4

Die Reihe soll die Möglichkeiten und Schwierigkeiten bei der Nutzung alternativer Energiequellen zeigen: Wind-

energie (9 Dias), Sonnenenergie (12 Dias), Biogas (9 Dias). (LBS 4)
allg. Publikum

Altstadtsanierung am Beispiel Karlsruhe **D 9**
Oberschulamt Karlsruhe, BRD 1984
31 Dias, sw
LBS 1

Diese Unterrichtseinheit zeigt anhand historischer Karten und Fotografien des Generallandesarchivs die Altstadtsanierung Karlsruhes. Arbeitsblätter, die bei einer Exkursion ins Sanierungsgebiet erstellt werden, helfen die Sanierungsmaßnahmen zu beurteilen. (LBS 1)
Sekundarstufe II, Jugend- und Erwachsenenbildung

Am Amazonas sterben die Wälder **D 10**
Osnowski, Rainer; Linke, Manfred, BRD 1990
120 Dias, Farbe
Brot für die Welt; EMZ 1-3, 5, 6, 8, 10-18; EZEF

Die tropischen Regenwälder Brasiliens hatten eine Million Jahre Zeit zu wachsen. Doch in wenigen Jahren droht hier eine einmalige Artenvielfalt unterzugehen: In riesigem Ausmaß wird abgeholzt und abgebrannt. Die infrastrukterelle Erschließung des noch vor wenigen Jahren als grüne Hölle geltenden Regenwaldes hat die Zerstörung eingeleitet. Es sind vor allem industrielle Großprojekte, die einen unheilvollen Prozeß in Gang setzen.

Amazonasgebiet **D 11**
Kohlhepp, Gerd, BRD 1978
3 x 12 Dias, Farbe
FWU; LBS 1-14

1. Naturraum und traditionelle Wirtschaftsformen; 2. Straßenbau; 3. Wirtschaftliche Inwertsetzung. In drei Teilen zeigt die Diaserie die wirtschaftliche Erschließung und Zerstörung des Amazonasraumes. (FWU)
ab 7. Klasse, Dritte-Welt-Gruppen

Amazonien - ein Lebensraum wird zerstört **D 12**
Hamberger, Sylvia, BRD 1990
5 x 24 Dias, Farbe
EMZ 12, 13; Gustav-Adolf-Werk, KMZ 6, 10

1. Allgemeine Einführung in die Problematik Amazoniens; 2. Zur Ökologie des Tropischen Regenwaldes; 3. Angepaßte Lebensweisen in Amazonien; 4. Tropenholz - die Holzwirtschaft Amazoniens; 5. Multinationale Unternehmen und Großprojekte. (KMZ 10)

An einem großen Fluß **D 13**
FWU / V-Dia-Verlag, BRD 1979
12 Dias, Farbe
FWU; LBS 1-14; V-Dia

Natur und Belastung am Rhein.
ab 5. Klasse

Anlage und Pflege von Obstwiesen **D 14**
BRD 1991
48 Dias, Farbe
AID

Die Diaserie vermittelt in ihrem Schwerpunkt praktische Hinweise für das Pflanzen und Pflegen von Obstbäumen. (AID)
landwirtschaft. Gruppen

Anthropogen bedingte Klimaänderungen **D 15**
Bach, Wilfried
12 Dias, Farbe
mit Begleitmaterial
LBS 13

Der Autor konzentriert sich auf die anthropogen bedingten kurzfristigen Klimabeeinflussungen, weil diesen durch gezielte Gegenmaßnahmen noch am ehesten gegengesteuert werden kann. Zum besseren Verständnis der komplexen Vorgänge werden die wichtigsten Grundbegriffe definiert, das vollständige Klimasystem beschrieben und die bedeutendsten klimabeeinflussenden Faktoren, insbesondere die Spurengase erläutert. (LBS 13, gekürzt)

Artenschutz **D 16**
V-Dia-Verlag, BRD
3 Diaserien, je 18 Dias, Farbe
mit Begleitmaterial
V-Dia

1. Geschützte Pflanzen I
2. Geschützte Pflanzen I
3. Geschützte Tiere (V-Dia)
Naturschützer

Der Assuan-Hochdamm **D 17**
Justus Perthes, BRD
12 Dias, Farbe
s. Fo
Justus Perthes

Der neue Hochdamm; Nasser-Stausee; Fruchtland in der Nil-Oase, Fellachendorf in Oberägypten; Ziegelherstellung aus Nil-Schlamm; Neulandgewinnung. (Justus Perthes)

Aufbereitung und Verwendung der Steinkohle **D 18**
FWU, BRD 1984
12 Dias, Farbe
mit Begleitmaterial
FWU, LBS 1-14

Ausgehend vom Bergwerk und seinen Aufbereitungsanlagen (Bild 1-3) wird die Bedeutung der Steinkohle als Wärme- und indirekt als Stromerzeuger (Bild 4-8) sowie Chemierohstoff (Bild 9/10) demonstriert. Umweltprobleme und neue Techniken - eine Entschwefelungsanlage bzw. Wirbelschichtfeuerung - werden angesprochen. (FWU, gekürzt)
7.-10. Schuljahr

Ausgewählte Technologien der Abgasreinigung **D 19**
Institut für Film, Bild und Ton, DDR 1987
36 Dias, Farbe
IMAW

Ausgewählte Technologien der Abwasserreinigung **D 20**
Institut für Film, Bild und Ton, DDR 1987
36 Dias, Farbe
IMAW

Aussterbende Tiere I: In Mitteleuropa. Ausgestorbene Säugetiere **D 21**
Blickpunkt Verlag, BRD 1985
12 Dias, Farbe
mit Begleitmaterial
Blickpunkt Verlag; LBS 4

In der Reihe »Aussterbende Tiere« werden Tierarten vorgestellt, die bei uns in den letzten Jahrhunderten ausgestorben sind bzw. vom Aussterben bedroht sind. Der erste Teil zeigt Wisent, Braunbär, Luchs und Wolf. Bei der Vorstellung der Tiere werden die Gründe deutlich, weshalb diese Arten ausstarben. Im Vergleich zu heutigen Aussterbeprozessen wird die rasante Beschleunigung des Artentods infolge von Landschafts- und Umweltveränderungen offensichtlich. (Blickpunkt Verlag)

Baden-Württembergische Waldgebiete **D 22**
aus der Serie: Wald in Baden-Württemberg
LBS 1; BRD 1983
22 Dias, Farbe
LBS 1

ab 3. Klasse

Bäume **D 23**
Vista Point Verlag, BRD 1986
24 Dias, Farbe
KMZ 6, 10; LBS 4; Vista Point Verlag

Mythen, Zeichen, Symbole: Baumdarstellungen aus verschiedenen Kunstrichtungen und Medienbereichen von der Antike bis zur Gegenwart zeigen die kulturgeschichtliche und symbolische Bedeutung von Bäumen. Die Dia-Reihe eröffnet die Diskussion um Baumtod und Waldsterben. (KMZ 10)
allg. Publikum

Bauen mit Lehm **D 24**
FWU / Krötz, Roger, BRD 1987
12 Dias, Farbe
mit Begleitmaterial
FWU; LBS 1-13

Diese Diaserie zeigt die unterschiedlichen Techniken und Bauweisen mit Lehm: Die Bilder zeigen im einzelnen Lehmhäuser, Lehmschichten in einer Grube, die Bestandteile von Lehm und Ton, ein Gemisch aus Stroh und Lehm, eine geflochtene Wand mit Lehmmörtel, eine Fachwerkkonstruktion, Lehmbroteverfahren, Lehmziegelherstellung, Lehmziegelmauerwerk, Stampflehm, ein Haus aus Stampflehmmauern sowie Lehmkuppeln. (FWU)
Sekundarstufe I und II, Jugend- und Erwachsenenbildung

Baum und Strauch in der Landschaft **D 25**
AID, BRD 1992
72 Dias, Farbe
AID

Gehölze außerhalb des Waldes gehören zum bewohnten Landschaftsbild Mitteleuropas. Doch ihr Fortbestand ist trotz aller Verordnungen, die ihrem Schutz gelten, keineswegs auf Dauer gesichert. Vielerorts sind sie im Rückgang begriffen und bedroht. Deshalb weist die Diaserie auf ihre Bedeutung für Natur und Landschaft und den Menschen hin. (AID)
Land- und Forstwirte, Haus- und Grundstücksbesitzer

Baumsterben in Berliner Parkanlagen **D 26**
Haenlein, Leo; Kuhl, Ortrud, BRD 1986
34 Dias, Farbe
LBS 4

Die Autoren machen mit ihrer Serie auf die wichtigsten Schadsymptome bei Robinien, Birken, Eichen, Buchen und Ahorn aufmerksam. (LBS 4)

Baumsterben in der Stadt **D 27**
FWU / Berger, Hans-Jürgen, BRD 1986
12 Dias, Farbe
mit Begleitmaterial
FWU; LBS 1-13

Das Baumsterben im öffentlichen Grün der Städte ist in vielen Fällen auf Umweltbelastungen zurückzuführen. Schadstoffe aus regionalem und überregionalem Raum werden in die Luft abgegeben und werden vom Regen ausgewaschen. Sie gelangen über die Blätter in den Pflanzenorganismus. Der pH-Wert des Bodens sinkt, Schwermetalle werden frei und belasten die Organismen zusätzlich. Die Serie zeigt die Folgen für Bäume und Pflanzen. (FWU, gekürzt)
Sekundarstufe I und II, Jugend- und Erwachsenenbildung

Bebauen und Bewahren **D 28**
Brot für die Welt / Hildebrand, U.; Kuntz, G., BRD 1987
24 Dias, Farbe
Brot für die Welt; EMZ 5, 13

Die Serie zeigt die ökologische Krise in den Industrie- und Entwicklungsländern und demgegenüber die Verantwortung des Menschen für Gottes Schöpfung. Al-

ternative Enwicklungshilfeprojekte sind Möglichkeiten des Auswegs. (EMZ 13)
ab 14 Jahren

Belastete Rheinlandschaft **D 29**
BRD
12 Dias, Farbe
Tobifo

Bildfolge: Raffinerie am Niederrhein bei Monheim; Mittelrhein; Flußbegradung am Oberrhein; Staustufe Breisach mit Rhein-Seiten-Kanal; Wasserkraftwerk am Hochrhein; Industrie am Rheinfall bei Schaffhausen; Rheinfront bei Mannheim; Kernkraftwerk Kärlich; ökologische Grundzüge des Rheingebietes; Klärwerk der BASF; Kläranlage am Bodensee; kanalisierte Einmündung des Alpenrheins in den Bodensee.
allg. Publikum

Berggorillas **D 30**
BUND; BRD 1982
33 Dias, Farbe
BUND; LBS 1

Die Dias führen uns in die Welt der Berggorillas und vermitteln einen Einblick in ihre Lebensweise. Die im Nationalpark von Ruanda aufgenommenen Bilder informieren über Ursachen der Bedrohung und Anstrengungen zum Schutz der Tiere. (LBS 1)
ab 8. Klasse

Bergschäden im Ruhrgebiet **D 31**
Noll, Hans-Peter, BRD 1985
12 Dias, Farbe
mit Begleitmaterial
LBS 1, 6, 13

Eine Folge des Untertagebaus sind Absenkungsschäden an der Erdoberfläche in den verschiedensten Erscheinungsformen. Die Diaserie zeigt die unterschiedlichen Schadensbilder wie die Schiefstellung von Gebäuden, Rißbildungen an Mauerwerken, Schäden an Verkehrsanlagen, Rohrleitungen und landwirtschaftlichen Nutzflächen. (LBS 13)
ab 5. Klasse

Die Berkel **D 32**
LBS 13, BRD
Dias, Farbe
LBS 13

Die Dia-Serie möchte dazu beitragen, das Thema Umwelt und die Wechselwirkung zwischen Natur und Mensch zielgerichtet zu erschließen. Ausgehend von der Quelle werden verschiedene Abschnitte und Probleme eines kleinen westfälischen Flusses vorgestellt. (LBS 13)
Primarstufe

Biographie der Düssel **D 33**
BRD 1989
24 Dias, Farbe
LBS 7, 8

Die Dia-Serie informiert über den natürlichen Bachlauf, Gewässerschutz, die Gewässserunterhaltung sowie die vielseitige Nutzung der Düssel. (LBS 7)
allg. Publikum

Biologische Schädlingsbekämpfung **D 34**
BRD 1990
16 Dias, Farbe
LBS 2, 8, 14

Die Diareihe stellt Möglichkeiten zur biologischen Schädlingsbekämpfung mit Hilfe von Parasiten und Raubinstekten vor. Auch die mikrobiologische Schädlingsbekämpfung mit Viren und Bakterien sowie die Selbstvernichtungsmethode und das biotechnische Verfahren mit Duftfallen werden veranschaulicht. (LISA)
ab 8. Klasse

Biotechnologische Methoden in der Pflanzenzüchtung **D 35**
AID, BRD 1990
48 Dias, Farbe
AID

Biotopvernetzung **D 36**
LBS 13 / Poggel, Martina, BRD
Dias, Farbe
LBS 13

Die Diaserie zeigt die Problematik der zunehmenden Zersplitterung der Naturräume und bietet einen Lösungsansatz, nämlich die Biotopvernetzung. Dabei werden Verbindungslinien zwischen isolierten Biotopen geschaffen. (LBS 13)
allg. Publikum

Blumen am Wegesrand **D 37**
FWU, BRD 1991
12 Dias, Farbe
FWU; LBS 5, 13

Mit der Diaserie lassen sich die Wuchsformen der Pflanzen einprägen, die in den ökologischen Nischen Straßen- und Wegrand noch wachsen können. Die Diaserie soll dazu anregen, die vorgestellten Pflanzen in der Natur wiederzufinden und ihre Angepaßtheit an karge Standorte näher zu untersuchen. (FWU)
2.-6. Schuljahr

Bodenerosion **D 38**
FWU, BRD 1992
12 Dias, Farbe
FWU

Gezeigt werden unterschiedliche Ursachen und Folgen der Bodenzerstörung sowie Maßnahmen zur Erhaltung des Bodens. (FWU)
Sekundarstufe I

Bodentypen **D 39**
BRD 1988
24 Dias, Farbe
LBS 14

Alles Leben auf der Erde steht in enger Beziehung zum Boden: die Mikroorganismen, die die abgestorbene organische Substanz abbauen, die Pflanzen, die im Boden wurzeln und ihm Wasser und Nährstoffe entnehmen, Tiere und Menschen, die von den Pflanzen leben. (LBS 14)
allg. Publikum

Bodenzerstörung und Bodenerhaltung **D 40**
Klett, BRD
20 Dias, Farbe
mit Begleitmaterial
Klett

Regionale Beispiele zum Thema aus den USA, UdSSR und Mitteleuropa. (Klett)
für 7. und 8. Klasse

Borealer Nadelwaldgürtel **D 41**
BRD
24 Dias, Farbe
Tobifo

Borkenkäfer am Beispiel des Buchdruckers **D 42**
FWU, BRD 1985
12 Dias, Farbe
mit Begleitmaterial
FWU; LBS 1-14

Die Serie zeigt Lebensweise des Buchdruckers und die Besonderheiten seiner Fortpflanzungsbiologie. Dabei werden vom Buchdrucker vernichtete Waldbäume gezeigt, die Behandlung befallener Bäume mit Forstschutzmitteln, Lockstoff-Fallen aber auch die Bekämpfung durch natürliche Feinde. (FWU, gekürzt)
Sekundarstufe I und II, Oberstufe

Brandrodungsfeldbau (Borneo) **D 43**
Klett, BRD
12 Dias, Farbe
Klett; LBS 14

Das brasilianische Amazonasgebiet **D 44**
Justus Perthes, BRD
12 Dias, Farbe
mit Begleitmaterial
s. Fo
Justus Perthes

Die Serie zeigt Amazonas-Indianer, Straßenbauarbeiten an der Transamazonica, Brandrodung, Bleicherdebildung nach der Rodung, einen Rinderzucht-Betrieb, Holzindustrie, City-Bildung sowie die Siedlungsexpansion. (Justus-Perthes)

Braunkehlchen **D 45**
BRD 1987
12 Dias, Farbe
L.I.S.A.

Das Braunkehlchen braucht eine vielfältige, kleinparzellierte Landschaft als Lebensraum. Dieser Wildvogel wurde zum Vogel des Jahres 1987 gewählt, weil er stark bedroht ist. (L.I.S.A.)
ab 8. Klasse

Braunkohletagebau an der Ville **D 46**
Klett, BRD
12 Dias, Farbe
Klett

Campingplätze in der Landschaft **D 47**
AID, BRD 1990
44 Dias, Farbe
AID

In der Ausweisung von Campingplätzen gab es in der Vergangenheit manche Fehlplanung, vor allem für Wiesentäler und Gewässer. Aus diesen Fehlern sollten wir lernen. Die vorliegende Diaserie wertet die Ergebnisse des Bundeswettbewerbs »Vorbildliche Campingplätze in der Landschaft« aus und zeigt daneben Beispiele weniger gelungener Anlagen. (AID)
Landschaftsplaner, allg. Publikum

Del Monte **D 48**
Hunger auf Ananas - Hunger durch Ananas?
BRD
Dias, Farbe
FIAN

Diaserie über Arbeits- und Lebensbedingungen der Plantagenarbeiter auf der philippinischen Insel Mindanao und den Landhunger der Agrarmultis. (FIAN)
Dritte-Welt-Gruppen, allg. Publikum

Deutsche Zuchttiere **D 49**
BRD 1991
63 Dias, Farbe
AID

Dorferneuerung im Rahmen der Flurbereinigung **D 50**
FWU / Wasner, Hans, BRD 1984
12 Dias, Farbe u. sw
mit Begleitmaterial
FWU; LBS 1-14

In vier Bildpaaren werden neue und alte Dorfstrukturen gegenübergestellt. Zwei Bilder bringen Aspekte neuer Wohngebiete ein, den Schluß bildet ein vergleichendes Bildpaar aus Luftbild und Karte. (FWU, gekürzt)
7.-10. Schuljahr

Dornbusch- und Dornsavannengürtel **D 51**
BRD
24 Dias, Farbe
Tobifo

Drei Mädchen im Moor **D 52**
12 Dias, Farbe
mit Begleitmaterial
LBS 5
s. Video

Du hast uns deine Welt geschenkt **D 53**
BRD 1990
10 Dias, Farbe
mit Begleitmaterial
KMZ 19

Anhand von Naturaufnahmen sowie Musikstücken und Texten aus dem Begleitheft kann die Bedeutung und die Bedrohung unserer Umwelt vermittelt werden. (KMZ 19)
Kinder im Vorschulalter

Einheimische Amphibien **D 54**
FWU, BRD 1982
12 Dias, Farbe
FWU; LBS 1-14

Laichgewässer und Bedrohung der Amphibien durch Entwässerung, Kanalisierung, Gifteinsatz in der Landwirtschaft; Schutzmaßnahmen durch Amphibienschutzzaun, Fangeimer, Anlegen eines Teiches. (FWU)
ab 3. Klasse

Einheimische Sträucher **D 55**
FWU, BRD 1985
5 Diaserien, je 12 Dias, Farbe
FWU; LBS 1-14

1. Ökologische Bedeutung
2. Trockenrasen
3. Feldhecke
4. Waldrand und Wald
5. Fels, Bach, Fluß und Meer. (FWU, gekürzt)

Sekundarstufe I

Der Eisvogel **D 56**
Wenderdel, Berthold, BRD 1985
12 Dias, Farbe
mit Begleitmaterial
LBS 1, 13

Der Eisvogel gehört zu den eindrucksvollsten Vögeln Europas. Doch er gehört zu den Tierarten, die vom Artensterben bedroht sind. Die Serie zeigt neben seiner Lebensweise, die Ursachen des Populationsrückgangs. Darüber hinaus gibt sie praktische Hinweise für Hilfen und Gegenmaßnahmen. (LBS 13)
ab 2. Klasse

Die Elbe **D 57**
BRD 1992
12 Dias, Farbe
FWU

Die Elbe ist durch Industrieabwässer besonders stark belastet. Die Diaserie zeigt den Fluß vom Ursprung bis zur Mündung in die Nordsee. (FWU)
Sekundarstufe I

Entenvögel **D 58**
BRD
24 Dias, Farbe
L.I.S.A.

Die vogelkundliche Bildfolge befaßt sich mit den Entenvögeln im unmittelbaren Bereich der Ostseeküste an ausgewählten Beispielen. Neben Brutfolge und Verhaltensweisen werden die Gefährdungsmomente aufgezeigt. (L.I.S.A.)
ab 5. Klasse, Jugend- und Erwachsenenbildung

Die Entwicklung von Fichtensamen bis zum Fichtenwald **D 59**
aus der Serie: Wald in Baden-Württemberg
LBS 1; BRD 1983
25 Dias, Farbe
LBS 1

ab 3. Klasse

Die Erde ist des Herrn **D 60**
Leutersdorff, René, BRD 1984
24 Dias, Farbe
EMZ 2

Die Serie geht aktuellen Themen wie Technik, Energie, Arbeit, Rationalisierung, Krieg, Waldsterben, Protest, Friedensdienst, Lernen, Wissenschaft, Gemeinschaft und Religiosität nach, wobei die einzelnen Bereiche nur skizzenhaft entfaltet werden. (EMZ 2)
kirchl. Gemeindearbeit

Erhaltung und Nutzung von Ökosystemen **D 61**
DDR 1987
19 Dias, 10 Folien, Farbe
IMAW

Das Erzgebirge als Mahnung **D 62**
Eitler, Gotthard, BRD 1986
36 Dias, Farbe
EMZ 12, 13

Am Beispiel des Erzgebirges zeigt die Diareihe die katastrophalen Ausmaße des Waldsterbens, seine Ursachen sowie die Auswirkungen auf Fremdenverkehr und Naturschutzgebiete. (EMZ 12)
ab 14 Jahren

Feuchtgebiete unserer Welt **D 63**
100 Dias, Farbe
BUND

Tier- und Pflanzenwelt, Probleme und Bedrohungen. (BUND)
Naturschutzgruppen

Feuchtwald- und Feuchtsavannengürtel **D 64**
BRD
24 Dias, Farbe
Tobifo

Feuchtwiesen im Münsterland **D 65**
LBS 13, BRD 1990
12 Dias, Farbe
mit Begleitmaterial
LBS 13

Die Diaserie umfaßt 12 Abbildungen, die auf den Erhalt des Feuchtwiesenschutzprogamms eingehen. (LBS 13)

Fledermäuse **D 66**
BUND / WWF, Schweiz 1983
36 Dias, Farbe
mit Begleitmaterial
BUND

Einmalige Aufnahmen schweizerischer Fledermausschützer. (BUND)
Naturschutzgruppen

Das fließende Wasser **D 67**
Fischer, E., BRD
24 Dias, Farbe
EMZ 8

Der Kreislauf des Wassers (Regen, Quelle, Fluß...) und seine Nutzung (z.B. Schiffahrt). (EMZ 8)
ab 10 Jahren

Flurbereinigung, Naturschutz und Landschaftspflege **D 68**
AID, BRD 1991
70 Dias, Farbe
AID

Die Flurbereinigung dient vornehmlich den Interessen der Land- und Forstwirte. Sie muß jedoch auch den veränderten agrar-, umwelt- und gesellschaftspolitischen Rahmenbedingungen Rechnung tragen. Neben einer sinnvollen Neuordnung des ländlichen Grundbesitzes trägt die Flurbereinigung Verantwortung für die Sicherung eines nachhaltig leistungsfähigen Naturhaushaltes, für die pflegliche Nutzung der vorhandenen Naturgüter, für den Schutz von Pflanzen und Tieren und Eigenart von Natur und Landschaft. (AID)

Flurbereinigung und Dorferneuerung - Beispiel Stebbach **D 69**
Klett, BRD
12 Dias, Farbe
Klett

Forstliche Konsequenzen des Waldsterbens **D 70**
LBS 13, BRD 1991
12 Dias, Farbe
mit Begleitmaterial
LBS 13

Der Wald wird nach neueren Erkenntnissen durch Schwefeldioxid, den Stickoxiden, Ozon und eine Reihe anderer Stoffe geschädigt. Welche Konsequenzen ziehen Forstleute zur Sicherung unseres Waldes? Die Frage wird in der Diaserie anhand von Beispielen aus dem westfälischen Raum untersucht. (LBS 13)

Freizeit und Umwelt **D 71**
FWU, BRD 1990
12 Dias, Farbe
EMZ 8; FWU; KMZ 3; LBS 1, 2, 6, 7, 10, 13

Wohlstand, wachsende Freizeit und Mobilität belasten die Umwelt durch den zusätzlichen Abfall, Verkehr, neue Bauten und Freizeiteinrichtungen, z.B. Pisten und Bootshäfen. Betroffen sind besonders Küsten und Hochgebirge. Durch umweltbewußtes Verhalten ließen sich viele dieser Schäden vermeiden. (LBS 7)
Sekundarstufe I

Für Torf gibt es keinen Ersatz **D 72**
BRD 1986
50 Dias, Farbe
LBS 6

Realaufnahmen und Schaubilder zeigen Anwendungsbereiche von Torf, die Entstehung von Moor und Torf, Formen der Torfgewinnung und -aufbereitung sowie Möglichkeiten der Renaturierung. (LBS 6)
Sekundarstufe I

Gefahr für Blubb, den kleinen Fisch **D 73**
BRD 1992
12 Dias, Farbe
mit Begleitmaterial
KMZ 7

Die Geschichte vom kleinen Fisch Blubb, der eine Reise macht und verschiedene Formen der Umweltverschmutzung kennenlernt.
ab 5 Jahren

Die Geschichte einer Coladose **D 74**
Natur- und Kulturzerstörung am Beispiel Aluminium
BRD
66 Dias, Farbe
mit Begleitmaterial und Ausstellung
INFOE

Jeder kennt sie: die weggeworfene Getränkedose am Wegesrand. Doch wer denkt schon darüber nach, daß sie beteiligt ist an Regenwaldzerstörung, Umweltvergiftung, ja sogar an der Ausrottung der Indianer Amazoniens. Die Diaserie schlägt den Bogen von der Rohstoffgewinnung in der Dritten Welt über Produktion und Verbrauch bis zur Abfallentsorgung in der Ersten Welt. (INFOE)
allg. Publikum

Geschützte Alpenpflanzen **D 75**
FWU, BRD 1966
2 Diaserien, 22 und 16 Dias, Farbe
FWU; LBS 1-14
ab 5. Klasse

Geschützte Frühblüher **D 76**
FWU, BRD 1961
13, Farbe
FWU; LBS 1-14
ab 3. Klasse

Geschützte Pflanzen nasser Standorte D 77
FWU, BRD 1962
12 Dias, Farbe
FWU; LBS 1-14
ab 3. Klasse

Geschützte Pflanzen trockener Standorte D 78
FWU, BRD 1962
12 Dias, Farbe
FWU; LBS 1-14
ab 3. Klasse

Geschützte Pflanzen unserer Wälder D 79
FWU, BRD 1962
16 Dias, Farbe
FWU; LBS 1-14
ab 3. Klasse

Geschützte Tiere und Pflanzen D 80
AID, BRD 1988
54 Dias, Farbe
AID

Äcker (Bild 1-4); Wiesen und Magerrasen (5-15); Hecken und Gebüsche (16-23); Wald (24-30); Binnengewässer und Küste (31-41); Moor und Röhricht (42-45); Gärten und Gebäude (46-51); Kiesgruben und Steinbrüche (52-54). (AID)

Grüner Laub- und Mischwaldgürtel D 81
BRD
32 Dias, Farbe
Tobifo

Grünflächen im Ruhrgebiet D 82
LBS 13, BRD
Dias, Farbe
LBS 13

In der Diaserie werden die Grünflächenanlagen des Ruhrgebiets aufgezeigt, ihre ökologische Bedeutung beurteilt und die daraus resultierenden Nutzungsanforderungen und -konflikte verdeutlicht. (LBS 13)

Haiti - sozioökonomische Probleme eines Entwicklungslandes D 83
FWU, BRD 1984, 12 Dias, Farbe
FWU; LBS 1-14

Die Serie zeigt Bevölkerungsdruck, Landhunger, Bodenerosion, sinkende Agrarerträge, Unterernährung, städtisches und ländliches Massenelend in Haiti (FWU)
ab 7. Klasse

Halbwüstengürtel D 84
BRD
24 Dias, Farbe
Tobifo

Die Hochheide des Kahlen Asten D 85
BRD
Dias, Farbe
LBS 13

Die Hochheide des Kahlen Asten (841 m ü. NN) ist seit 1983 als Naturschutzgebiet ausgewiesen. Die Diaserie zeigt die Entstehung der Hochheiden, ihre Entwicklungsformen sowie Pflegemaßnahmen, die zum Erhalt notwendig sind. (LBS 13)
Naturschutzgruppen

Höhenstufen der Tropen D 86
BRD
Dias, Farbe
Tobifo

Hunger D 87
Terre des hommes, 21 Dias, Farbe
EMZ 2; KMZ 13, 15, 20; LBS 4

Am Beispiel verschiedener Länder des Hungergürtels, hauptsächlich aus Afrika und Asien, werden Teilaspekte des Problems »Hunger« behandelt: Raubbau, Monokultur, Krieg, Katastrophen, fehlende Infrastruktur (LBS 4)

Indianersiedlungen USA **D 88**
Margret Weiler, BRD
24 Dias, Farbe
mit Begleitmaterial
Vista Point

Die Serie zeigt den Überlebenskampf der Navajo-, Hopi- und Pueblo-Indianer im Südwesten der USA am Beispiel des Niedergangs ihrer traditionellen Bau- und Wohnformen. (Vista Point)

Indien: Leben in der Stadt **D 89**
FWU, BRD 1990
12 Dias, Farbe
FWU; KMZ 6, 10; LBS 1, 4

Die Großstädte Indiens platzen aus allen Nähten, denn Millionen Menschen, die in den Dörfern keine Lebensgrundlage mehr finden, drängen in die Städte in der Hoffnung, dort Arbeit für den Lebensunterhalt zu finden.
ab 8. Klasse

Industrie und Umwelt **D 90**
FWU, BRD 1990
12 Dias, Farbe
EMZ 8; FWU; KMZ 3; LBS 1, 2, 6, 7, 10, 13

Bildfolge: Rauchende Kamine, Smog, Waldsterben, Entschwefelungsanlage, Atomenergie, Windenergie, Auskiesung, Braunkohletagebau, Flußverschmutzung, Algenblüte, Kläranlage, Ozonloch. (FWU)
ab 11 Jahren

Industrielle Großprojekte im Amazonasgebiet **D 91**
FWU, BRD 1984
4 Diaserien, je 12 Dias, Farbe
mit Begleitmaterial
FWU; LBS 1-8, 10, 12-14

1. Bauxitabbau am Rio Trombetas
2. Eisenerz von Ferro Carajas
3. Goldwäscher an der Transamazonica
4. Zellulosegewinnung am Rio Jari.

(FWU, gekürzt)
7.-10. Schuljahr

Ein Irokese erzählt **D 92**
BRD 1989
6 Dias, Farbe
EMZ 8; KMZ 9

In einer kurzen, einfachen Geschichte wird das Problem des verantwortlichen Umgangs mit der Umwelt angesprochen: Ein Indianer erzählt, wie die Welt sich seit der Besiedelung Amerikas durch die Weißen verändert hat. (KMZ 9)
ab 5 Jahren

Kaffee aus Brasilien **D 93**
FWU, BRD 1990
12 Dias, Farbe
FWU; LBS 1-14

Behandelt werden Anbau, Ernte und Verarbeitung von Kaffee, seine Bedeutung für den Welthandel sowie für die Wirtschaft der Erzeugerländer am Beispiel Brasiliens. Probleme und Veränderungen durch Kaffee-Monokulturen. (FWU)

Kalifornien - Der pazifische Saum der USA **D 94**
BRD
24 Dias, Farbe
mit Begleitmaterial
KMZ 6, 10; Vista Point

Nicht nur in der Bevölkerungszahl und Wirtschaftskraft ist dieser US-Bundesstaat führend. Er nimmt die gesellschaftlichen Trends der Gesamtnation voraus. Die Diaserie verdeutlicht diese Leitfunktion, veranschaulicht die Dynamik in Wirtschaft und Technik, gibt aber auch Hinweise auf die ökologischen Grenzen und Risiken einer postindustriellen Zivilisation. (Vista Point)

(K)eine Chance für Schmetterlinge **D 95**
FWU, BRD 1991
12 Dias, Farbe
FWU; LBS 5, 13

Bildfolge: Schmetterlinge im Insektenkasten, Schwalbenschwanz, Raupe des Schwalbenschwanzes, Blüten- und artenreiche Magerwiese, Artenarme Löwenzahnwiese, Kokons des Seidenspinners, Falter im Dienste der Blütenbestäubung, Kohlweißlingsraupen, Schädlingsbekämpfung mit chemischer Keule, Raupen - Nahrung für Singvögel, Tarnung des Birkenspanners, Zweigmimese einer Spannerraupe. (FWU)
ab 4. Schuljahr

Kleingewässer **D 96**
FWU, BRD 1979
2 Diaserien, je 12 Dias, Farbe
FWU; LBS 1-14

1. Lebensgemeinschaft und ökologische Bedeutung; 2. Gefährdung und Erhaltungsmaßnahmen. (FWU)
ab 5. Klasse

Kunst und Ökologie **D 97**
BRD
12 Dias, Farbe
KMZ 6, 10; Vista Point

Bernd Löbach-Hinweiser, Professor für Designgeschichte, Bildhauer und Aktionskünstler, gibt lebendige positive Impulse für das Umweltbewußtsein und macht die sozialen Bezüge der Umweltverseuchung transparent. Die Diaserie stellt sein Werk exemplarisch vor. (Vista Point)
allg. Publikum

Lärmbelästigung und Lärmschutz **D 98**
Justus Perthes; BRD
12 Dias, Farbe
mit Begleitmaterial
s. Folien
Justus Perthes

Die Diaserie zeigt die Lärmbelästigung durch Flug- und Autoverkehr sowie verschiedene Lärmschutzmaßnahmen, in erster Linie bauliche Maßnahmen sowie Lärmschutzwände.

Land - Brot - Zukunft **D 99**
B. Kamprad, BRD 1987
24 Dias, Farbe
EMZ 5, 8; Misereor

Brasilien: Auf der einen Seite der Reichtum des Landes mit Bodenschätzen, fruchtbaren Feldern, großen Wäldern. Auf der anderen Seite Armut und Elend auf dem Land und in den Großstädten. Die Kirchen haben die Herausforderung angenommen: Die katholischen Bischöfe und Priester teilen das Los der Armen und fordern Land, Brot und Zukunft. (Misereor)

Die Landschaftsgürtel der Erde als Ordnungsprinzip
* Borealer Nadelwaldgürtel
* Dornbusch- und Dornsavannengürtel
* Feuchtwald- und Savannengürtel
* Grüner Laub- und Mischwaldgürtel
* Halbwüstengürtel
* Höhenstufen der Tropen
* Steppengürtel
* Subtropischer Gehölz- und Waldgürtel
* Trockenwald- und Trockensavannen
* Tropischer Regenwaldgürtel
* Trundrengürtel und Polarkappen
* Wüstengürtel

Landschaftspflege bei der Flurbereinigung **D 100**
FWU, BRD 1981
12 Dias, Farbe
FWU; LBS 1-14
ab 5. Klasse

Landschaftsveränderungen durch die Industriegesellschaft **D 101**
FWU, BRD 1981
12 Dias, Farbe
FWU; LBS 1-14
ab 5. Klasse

Landwirtschaft und Umwelt **D 102**
EMZ 7, BRD 1985
60 Dias, Farbe
EMZ 2, 7-10, 13

Die Diaserie stellt die ökologischen Zusammenhänge dar, in denen die Landwirtschaft steht. Sie enthält eine Fülle von Informationen, so daß sie zur vertiefenden Bearbeitung der Themen Landwirtschaft bzw. ökologische Krise eingesetzt werden sollte. (EMZ 8)
ab 14 Jahren

Landwirtschaft und Umwelt **D 103**
FWU, BRD 1990
12 Dias, Farbe
EMZ 8; FWU; LBS 1, 6, 7, 10, 13

Die Diareihe stellt Fakten und Ursachen zusammen, die zu Umweltschäden in der Landwirtschaft führen, und zeigt dazu Alternativen. (EMZ 8)
ab 8. Klasse

Leben **D 104**
BRD 1987
9 Dias, Farbe
EMZ 4

Zwei Unterrichtsentwürfe zu Fragen nach Schöpfung und Umwelt. (EMZ 4)
Primarstufe, Sekundarstufe I

Lebensraum Stadt **D 105**
FWU, BRD 1978
4 Diaserien, 45 Dias, Farbe
FWU; LBS 1-14
ab 5. Klasse

Der Lebensraum Wald und seine Schutz- und Erholungsfunktion **D 106**
aus der Serie: Wald in Baden-Württemberg
LBS 1; BRD 1983
22 Dias, Farbe
LBS 1; LISA

1. Bebaute Stadtstrukturen; 2. Straßenräume und Plätze; 3. Straßenfronten und Einfügung von Bauten; 4. Fenster und Eingänge. (FWU)
ab 7. Klasse

Lebensraum Wallhecke **D 107**
LBS 13, BRD 1990
12 Dias, Farbe
mit Begleitmaterial
LBS 13

Die Diaserie stellt das charakteristische Landschaftselement des Münsterlandes, die Wallhecke,vor. Der Aufbau einer idealen Wallhecke und sein ökologischer Wert wird beschrieben. (LBS 13)

Die Linde - Baum des Jahres 1991 **D 108**
FWU, BRD 1991
12 Dias, Farbe
FWU; LBS 13

Die Linde ist von der Schutzgemeinschaft Deutscher Wald zum »Baum des Jahres 1991« erklärt worden. Die Diareihe vermittelt einen Überblick über die besonderen Merkmale von Linden und geht auf die Gefährdung dieser Baumart ein. (FWU)
ab 5. Schuljahr

Der Maulwurf Grabowski **D 109**
BRD 1989
20 Dias, Farbe
EMZ 2, 8, 12; KMZ 2, 6-8, 10, 13, 19, 20; LBS 6, 14

Nach dem Bilderbuch von Luis Murschetz: Der Maulwurf Grabowski wohnt inmitten einer wunderschönen Wiese, bis eines Tages Bagger anrücken und die Wiese in eine Baustelle verwandeln. Der Maulwurf muß sich einen neuen Platz suchen, dorthin, wo es weder Autobahnen noch Baugruben gibt. (KMZ 10)
ab 5 Jahren

Der Mensch in der Sahara **D 110**
FWU / Schmidt-Wulffen, Wulf D., BRD 1986
3 Diaserien, je 12 Dias, Farbe
mit Begleitmaterial
LBS 1-10, 12-14

Teil I beschreibt, in welcher Weise der Nomadismus früher eine dem zeitlichen Wandel angepaßte Lebensform war, die heute unter dem Einfluß moderner wirtschaftlicher Entwicklung in Bedrängnis geraten ist. Teil II zeigt die Voraussetzungen von Bewässerungskulturen und die Ursachen des Wandels von Oasen. Teil III betont die Wandlungen und die damit verbundenen Probleme: Die Sahara ist nicht nur eine Barriere, sondern auch ein Durchgangsraum, mit dem die außerafrikanische Welt durch deren Rohstoff- und Urlaubsbedürfnisse verbunden ist. (FWU, gekürzt)
7.-10. Klasse

Möwen **D 111**
BRD
24 Dias, Farbe
L.I.S.A.

Die vogelkundliche Bildfolge beinhaltet drei Mövenarten, die im Bereich der Ostseeküste als ständige Brutvögel vorkommen und zeigt Abhängigkeit und Probleme von Mülldeponien. (L.I.S.A.)
Jugend- und Erwachsenenbildung

Der Moorfrosch **D 112**
LBS 13, BRD 1989
12 Dias, Farbe
mit Begleitmaterial
LBS 13

Die Diaserie zeigt Biologie und Lebensräume von Moorfröschen, ihre Gefährdung und Schutzmaßnahmen. (LBS 13)

Müllbeseitigung **D 113**
Klett, BRD
12 Dias, Farbe
Klett

Natürliche und künstliche Bäche **D 114**
FWU, BRD 1982
12 Dias, Farbe
FWU; LBS 1-14
ab 5. Klasse

Natur und Belastung am Rhein **D 115**
BRD
12 Dias, Farbe
LBS 1, 2, 14

Die Diareihe läßt anhand von Realaufnahmen und Luftbildern von verschiedenen belasteten Abschnitten des Rhein-Flußsystems von Niederrhein über die Industrieregionen am Oberrhein bis zum Alpenraum die Belastungsstufen erkennen. (LBS 14)

Naturdenkmaltypen in Niedersachsen **D 116**
BRD 1990
92 Dias, Farbe
LBS 8, 13

Naturhäuser **D 117**
FWU, BRD 1987
12 Dias, Farbe
mit Begleitmaterial
FWU; LBS 1-12; 14

Die Diareihe zeigt, wie jüngere Kinder aus Naturmaterialien eine Behausung bauen und dabei handwerkliche und gestalterische Erfahrungen machen. Die fertigen Naturhäuser werden anschließend bepflanzt und kindgemäß genutzt. (FWU, gekürzt)
4.-5. Lebensjahr

Naturnaher Garten **D 118**
FWU, BRD 1985
12 Dias, Farbe
mit Begleitmaterial
FWU; LBS 1-12; 14

Die Serie zeigt den Naturgarten als Erlebnisraum. Die Schüler lernen seinen ökologischen Wert für die heimische Tier- und Pflanzenwelt kennen. (FWU, gekürzt)
Sekundarbereich I

Der Naturpark Hohe Mark **D 119**
BRD
Dias, Farbe
LBS 13

Die Diaserie zeigt die Vielfalt und Raumwirksamkeit des Naturparks Hohe Mark. Bedingt durch seine Nähe zum Ballungsraum Ruhrgebiet und die daraus resultierende freizeitliche Nutzungsidentität erhält dieser Naturpark exemplarische Bedeutung für die Erscheinungsformen der Naherholung und den daraus resultierenden Konflikten. (LBS 13)

Naturschutz im Ruhrgebiet **D 120**
BRD
Dias, Farbe
LBS 13

Die Diaserie zeigt die Möglichkeiten des Naturschutzes in einer Region, die gewöhnlich mit Industrie, rauchenden Schloten, Fördertürmen und grauen Siedlungen verbunden wird. (LBS 13)

Das Naturschutzgebiet »Heiliges Meer« **D 121**
Rehage, Heinz-Otto, BRD
12 Dias, Farbe
mit Belgeitmaterial
LBS 13

Das Naturschutzgebiet —Heiliges Meer— liegt 4 Kilometer südlich von Hopsten. Die Gewässer zeigen die Entwicklung von nährstoffarmem bis hin zu nährstoffreichem Wasser. Beginnend mit der topographischen und geologischen Situation zeigen die Dias neben der Vegetationszonierung eines stehenden, eutrophoben Gewässers, verschiedene Pflanzen und Tiere, die im Naturschutzgebiet anzutreffen sind. (LBS 13, gekürzt)

Nelken mit dem Duft des Todes **D 122**
BRD
80 Dias, Farbe
FIAN

Diaserie über den Weltblumenmarkt und die Blumenarbeiterinnen in Kolumbien. (FIAN)
allg. Publikum, Dritte-Welt-Gruppen

Niederlande - Neuland aus dem Meer **D 123**
FWU, BRD 1992
12 Dias, Farbe
FWU

Es wird der Wandel der Raumnutzungs- und Raumordnungskonzepte für die nach der Eindeichung des Ijsselmeeres trokkengelegten Polder verdeutlicht. Thematisiert werden deren wirtschaftliche Nutzung, landesplanerische Konzeptionen, städtebauliche Projekte sowie der Konflikt zwischen Raumplanung und Ökologie.

Nomadentum **D 124**
FWU, BRD 1988, 12 Dias, Farbe
FWU; LBS 1-14

Die Diareihe veranschaulicht die Anpassung der Tuaregs an ihren Lebensraum und ihre Reaktion auf das veränderte wirtschaftliche Umfeld. (LBS 1)

Nordseeverschmutzung **D 125**
(Umweltprobleme der Nordsee)
Verlag Die Werkstatt, BRD 1989
24 Dias, Farbe
mit Begleitmaterial
LBS 6; Verlag Die Werkstatt

Dokumentiert werden Lebensraum, Flora und Fauna an der Nordsee, Schadenssymptome vor allem an Fischen und Seehunden sowie Emissionsquellen für Schadstoffe. (Die Werkstatt)
allg. Publikum

Nutzinsekten als Helfer im Pflanzenschutz **D 126**
AID, BRD
40 Dias, Farbe
AID

Ökosystem Salzwiese **D 127**
LBS 5, BRD 1986
12 Dias, Farbe
mit Begleitmaterial
LBS 5

Die Dias zeigen typische Pflanzenarten aus den drei Zonen der Salzwiese. (LBS 5)
ab 9 Jahren, Jugend- und Erwachsenenbildung

Okowango - Naturparadies in Afrika **D 128**
BRD 1992
16 Dias, Farbe
KMZ 7

In Botswana, Binnenstaat im Süden Afrikas, liegt das über 10.000 qkm große Deltagebiet des Okawango. Noch zählt diese Region zu den ganz wenigen Naturparadiesen unserer Erde, die weitgehend von den zerstörerischen Auswirkungen unserer Zivilisation verschont geblieben sind. (KMZ 7)
ab 12 Jahren

Der Pirol **D 129**
FWU, BRD 1990
12 Dias, Farbe
FWU; LBS 1, 6, 7, 13

Kaum ein anderer Vogel unseres Landes ist so auffällig gefärbt wie der Pirol. Weil seine Lebensräume, die Auwälder, weniger werden und Nahrungs- und Nistplatzmangel entstanden ist, ist er bei uns vom Aussterben bedroht. Er wurde Vogel des Jahres 1990.

Probleme chemischer Schädlingsbekämpfung **D 130**
BRD 1990
16 Dias, Farbe
LBS 2, 8, 14; LISA

Die ersten Bilder demonstrieren die Erfolge der Insektizide beim Einsatz gegen Malariaüberträger. Weiterhin werden am Beispiel des DDT-Einsatzes die damit verbundenen Probleme wie Auftreten von Resistenzen und Anreicherung in Boden und Nahrungskette angesprochen. Abschließend erhält man Einblick in den integrierten Pflanzenschutz als umweltschonende Alternative zum Pestizideinsatz. (LISA)
ab 8. Klasse

Das Rebhuhn **D 131**
FWU, BRD 1991
12 Dias, Farbe
FWU; LBS 13

Die Diaserie zeigt, daß Rebhühner durch die neue Form der Landschaft bedroht sind und daß nur eine naturverträgliche Landbewirtschaftung mehr Leben und damit ein Vielerlei an Pflanzen und Tieren ermöglicht. (FWU)
ab 4. Klasse

Rebflurbereinigung **D 132**
Klett, BRD
12 Dias, Farbe
Klett

Recycling in der Dritten Welt: Beispiele aus Westafrika **D 133**
FWU, BRD 1988
12 Dias, Farbe
FWU; LBS 1-14

Als Einstieg wird auf den Sperrmüll in unserer Welt hingewiesen. Dann wird mit mehreren Bildern an afrikanischer Müllplatz vorgestellt. Es folgen Bildern von der Sammlung und Verwertung von Altmaterialien insbesondere Eisen, Textil und Gummi. (FWU)
Sekundarstufe I

Regenerative Energiequellen **D 134**
Justus Perthes, BRD
12 Dias, Farbe
mit Begleitmaterial
s. Folien
Klett

Die Serie zeigt Beispiele regenerativer Energie aus der ganzen Welt.

Rekultivierung von Kiesgruben und Steinbrüchen **D 135**
FWU, BRD 1980
12 Dias, Farbe
FWU; LBS 1-14
ab 5. Klasse

Rohstoffquelle und Arbeitsplatz Wald **D 136**
aus der Serie: Wald in Baden-Württemberg
LBS 1; BRD 1983
23 Dias, Farbe
LBS 1

ab 3. Klasse

Die Saatkrähe **D 137**
BRD 1986
30 Dias, Farbe
LBS 8

Große Schwärme heimischer und östlicher Gast-Saatkrähen täuschen über die zurückgehenden Bestände hinweg. Umfassende Informationen über diesen Vogel des Jahres 1986 sollen ein Ziel des Umweltschutzes verdeutlichen: Erhaltung der Artenvielfalt. (LBS)

Sahel **D 138**
FWU, BRD 1988
12 Dias, Farbe
FWU; KMZ 6, 10; LBS 1-14

Die Lebensbedingungen der Nomaden und Bauern der Sahelzone sowie die Entwicklungsprozesse und soziostrukturelle Veränderungen mit ihren positiven und negativen Folgen: Nomadentum, Landwirtschaft, Stadt, Überlebenssicherung. (LBS 1)

Saurer Regen: Immissionssituation **D 139**
Landschaftsverband Westfalen / LBS 13, BRD 1985
12 Dias, Farbe
mit Begleitmaterial
LBS 1, 5-7

Zwei Realaufnahmen und 10 Grafiken vermitteln einen Überblick über die Emissions- und Immissionswerte von Schwefeldioxid und Stickoxiden. (LBS 7)
Oberstufe, Fachschulen, Universitäten

Saurer Regen: Spurenstoffe im Niedrigwasser **D 140**
Landschaftsverband Westfalen / LBS 13, BRD 1985
12 Dias, Farbe
mit Begleitmaterial
LBS 1, 5-7

12 Grafiken vermitteln einen Überblick über Häufigkeitsverteilung von Spurenstoffen im Regen, Säurebildungen und pH-Werten. Sie zeigen den prozentualen Anteil von Schwefeldioxid, Stickoxiden und Chlor an der Säurebildung. (LBS 7)
Oberstufe, Fachschulen, Universitäten

Saurer Regen und Waldsterben **D 141**
Verlag Die Werkstatt, BRD 1991
24 Dias, Farbe
Verlag Die Werkstatt

Dokumentiert werden insbesondere Schadsymptome an den Wurzelsystemen, an Blättern und im Kronenbereich von Bäumen. Eindrucksvolle Vergleiche von kranken und gesunden Bäumen. (Verlag die Werkstatt)

Schacht Konrad **D 142**
Atommülldeponie für Jahrtausende?
BRD 1988
86 Dias, Farbe / sw
EMZ 4

Seit Jahrzehnten steht in der Bundesrepublik die gesicherte Endlagerung des Atommülls an. Weltweit kann bisher niemand ein auf Jahrtausende gesichertes Endlagerkonzept vorweisen. Es gibt in Deutschland z.Zt. nur ein einziges geplantes Endlager für 95% des insgesamt anfallenden radioaktiven Mülls: Schacht Konrad in Salzgitter. Diese Diaserie, die ständig erweitert und aktualisiert wird, weist auf gegenwärtig bekannte, existierende Schwachstellen hin. (EMZ 4)
allg. Publikum, Anti-AKW-Gruppen

Schädlingsbekämpfung
s. Biologische Schädlingsbekämpfung
s. Probleme chemischer Schädlingsbekämpfung

Schädlingsbekämpfung ohne Chemie **D 143**
BRD 1985
22 Dias, Farbe
mit Begleitmaterial
LBS 13

Verschiedene Formen biologischer Schädlingsbekämpfung werden gezeigt: Lockstoffallen; farbige Insektenfallen; natürliche Feinde; Virusinfektionen. (LBS 13)

Die Schöpfung bewahren **D 144**
BRD 1991
8 Dias, Farbe
EMZ 8; KMZ 1

Erde, Goldgräber in Südamerika, brennende Kerzen, Waldrand, Wolkenhimmel

über Kornfeld, Wasser, verschmutzter Strand. (KMZ 1)
ab 12 Jahren

Schöpfung - zwischen Untergang und neuer Welt **D 145**
EMZ 12, BRD 1987
95 Dias, Farbe
EMZ 8, 12; KMZ 2

Schützenswerte Lebensräume **D 146**
FWU, BRD 1981
12 Dias, Farbe
FWU; KMZ 20; LBS 1-14

Hochmoor, Niedermoor/Streuwiese, See, Teich, Quelle, Bachlauf, Fluß, Auwald, Bruchwald, Laubmischwald, Kieferwald, Hecke, Feldgehölz, Trockenrasen. (FWU)
ab 5. Klasse

Schutz, Pflege und Anlage von Kleingewässern **D 147**
AID, BRD 1988
72 Dias, Farbe
AID; LBS 14

Unsere Landschaft war noch vor 30 Jahren durch eine Vielzahl von Kleingewässertypen belebt: Sie boten einer Vielzahl von Pflanzen- und Tierarten Heimat und Lebensgrundlage. Heute zählen die Kleingewässer zu den am meisten gefährdeten Landschaftselementen. (LBS 14)

Seen, Sümpfe und Moore **D 148**
24 Dias, Farbe
mit Begleitmaterial
LBS 13

Seeschwalben **D 149**
BRD
18 Dias, Farbe
L.I.S.A.

Die vogelkundliche Bildfolge beinhaltet die vier Seeschwalbenarten, die im Bereich der Ostseeküste als Brutvögel vorkommen. Ihre Brutareale, ihre Verhaltensweisen sowie ihre Gefährdung werden erläutert. (L.I.S.A.)
Jugend- und Erwachsenenbildung

Siedlung und Umwelt **D 150**
FWU, BRD 1990
12 Dias, Farbe
EMZ 8; FWU; LBS 1, 2, 6, 10, 13

Bildfolge: Stadtkern Frankfurt/M, Grünanlagen München, Trabantenstadt bei Köln, Dorfstruktur, Schrebergärten, Stadtbalkon, Flächensiedlung, Begradigter Stadtbach, Wasserverschmutzung, wilde Hausmülldeponie, geordneter Hausmüll, Altpapier / Glasmüll. (FWU)
ab 5.-10. Schuljahr

Spanien - Tourismuskonzentration **D 151**
BRD 1992
12 Dias, Farbe
FWU

Dem umstrittenen volkswirtschaftlichen Wert des Fremdenverkehrs in Spanien stehen die extremen ästhetischen und ökologischen Belastungen des schmalen Küstenstreifens entgegen. Es werden die verschiedenen Tourismuskonzeptionen dokumentiert und die Bemühungen um eine Diversifizierung des Fremdenverkehrs aufgezeigt. (FWU)

Stadtbäume - Gefährdung und Schutzmaßnahmen **D 152**
BRD
Dias, Farbe
LBS 13

Stadtbiotope im Ruhrgebiet. Das Beispiel Dortmund **D 153**
LBS 13, BRD 1990
24 Dias, Farbe
mit Begleitmaterial
LBS 13

Stadtklimatologie **D 154**
BRD
24 Dias, Farbe
mit Begleitmaterial
LBS 13

Mit dem Anwachsen der Städte sind Änderungen des Stadtklimas verbunden, die zu eklatanten Einbußen an Lebensqualität führen. (LBS 13)

Stadtsanierung Hagen-Haspe **D 155**
Elsing, Martina, BRD
12 Dias, Farbe
mit Begleitmaterial
LBS 13

Die Serie bildet den gelungenen Versuch, die Gründe, Ziele und den Ablauf der Sanierungsmaßnahmen im Hagener Stadtteil Haspe zu erfassen. Ihre zentralen Aussagen lassen sich auf andere Industriestädte gleicher Prägung und Problemlage übertragen. (LBS 13)

Stadtsanierung in Hamm **D 156**
Schlemmer, Sabine, BRD
12 Dias, Farbe
mit Begleitmaterial
LBS 13

Die Sanierung der Hammer Innenstadt ist in vielen Aspekten typisch für die Probleme der Stadtsanierung überhaupt: eine rasante Ausweitung des Geschäfts- und Dienstleistungsbereichs und eine damit verbundene Zurückdrängung der Wohnqualität. (LBS 13, gekürzt)

Steinzerfall **D 157**
LBS 13, BRD 1986
12 Dias, Farbe
LBS 1, 6, 7, 13

Mit Realaufnahmen, Zeichnungen und Diagrammen werden typische Zerfallserscheinungen an Kulturdenkmalen gezeigt und der Unterschied zwischen natürlicher Verwitterung und durch Umwelteinflüsse ausgelöste Zerstörung deutlich. (LBS 1)
ab 6. Klasse

Steppengürtel **D 158**
BRD
24 Dias, Farbe
Tobifo

Strahlenwirkungen auf Nutzpflanzen **D 159**
AID, BRD
32 Dias, Farbe
AID

Strand und Dünen **D 160**
BRD 1989
12 Dias, Farbe
FWU; LBS 1, 6, 13, 14

Die Diareihe zeigt einige wichtige Pflanzen- und Tierarten, die am Strand und in den Dünen leben. (LBS 6)
ab 5. Klasse

Strandläufer **D 161**
BRD
24 Dias, Farbe
L.I.S.A.

Die vogelkundliche Bildfolge beinhaltet Wattvögel, die im Bereich der Ostseeküste als Brutvögel vorkommen. Ihre Brutgebiete, Lebensräume, Verhaltensweisen und ihre Gefährdung werden vorgestellt. (L.I.S.A.)
Jugend- und Erwachsenenbildung

Straßenbau im brasilianischen Urwald - Transamazonica **D 162**
Klett, BRD
12 Dias, Farbe
Klett; LBS 14

Subtropischer Gehölz- und Waldgürtel **D 163**
BRD
24 Dias, Farbe
Tobifo

Tauernkraftwerk Kaprun - Energiegewinnung aus weißer Kohle **D 164**
Jaeger, BRD
13 Dias, Farbe
Jaeger

Der Teichrohrsänger **D 165**
FWU, BRD 1989
12 Dias, Farbe
FWU; LBS 1, 4, 6, 7, 10, 13

Der Teichrohrsänger ist der Vogel des Jahres 1989. Die Diaserie zeigt in seinem Lebensraum.
ab 5. Klasse

Tiere in Westfalen **D 166**
Ausgestorben, bedroht, neu zugewandert
BRD
12 Dias, Farbe
LBS 13

Mit dieser Diaserie soll aufgezeigt werden, daß die Zusammensetzung der Tierwelt eines bestimmten Gebietes im Laufe der Zeit Änderungen unterworfen ist. Dies ist grundsätzlich ein natürlicher Prozeß. Mit der Veränderung der Landschaft wird dieser Prozeß vom Menschen in dramatischer Weise beeinflußt. (LBS 13)

Tourismus - Ein Phänomen unserer Zeit **D 167**
Vista Point, BRD
12 Dias, Farbe
mit Begleitmaterial
Vista Point

Die Diaserie zeigt, wie sich der Tourismus entwickelt hat und welche Auswirkungen auf Ökologie und Ökonomie sich daraus ergeben. (Vista Point)

Trockenwald- und Trockensavannen **D 168**
BRD
24 Dias, Farbe
Tobifo

Tropische Regenwälder **D 169**
BRD 1991
24 Dias, Farbe
Verlag Die Werkstatt

Dokumentiert werden Flora und Fauna der Regenwälder, ihre Vernichtung durch Kahlschlag und Brandrodung, die Verkarstung der Böden und das Vordringen industrieller Anlagen in ehemaligen Regenwald-Regionen. (Verlag Die Werkstatt)

Tropischer Regenwaldgürtel **D 170**
BRD
24 Dias, Farbe
Tobifo

Tundrengürtel und Polarkappen **D 171**
BRD
22 Dias, Farbe
Tobifo

Überlebensstrategien **D 172**
FWU, BRD 1988
12 Dias, Farbe
FWU; LBS 1

Nach einem Einstieg über traditionelle Arten der Überlebenssicherung werden

moderne Strategien veranschaulicht, die zum Teil einen konstruktiven Charakter haben, zum Teil aber auch ökologisch destruktiv wirken. (LBS 1)
ab 8. Klasse

UdSSR - Wirtschaftsraum östlich des Urals **D 173**
FWU, BRD 1992
12 Dias, Farbe
FWU

Die Diaserie beschreibt Standortfaktoren des ausgewählten Wirtschaftsraums östlich des Urals und thematisiert den Strukturwandel hinsichtlich ökonomischer und ökologischer Probleme. (FWU)
ab 7. Klasse

UdSSR - Wirtschaftsraum westlich des Urals **D 174**
FWU, BRD 1992
12 Dias, Farbe
FWU

Die Diaserie beschreibt Standortfaktoren des ausgewählten Wirtschaftsraums westlich des Urals und thematisiert den Strukturwandel hinsichtlich ökonomischer und ökologischer Probleme. (FWU)
ab 7. Klasse

Die Ulme **D 175**
FWU, BRD 1992
12 Dias, Farbe
FWU

Die Ulme wurde zum »Baum des Jahres 1992« gewählt. Die Diareihe vermittelt einen Überblick über die besonderen Merkmale und geht auf Gründe für ihre Gefährdung ein. (FWU)
ab 4. Schuljahr

Umwelt am Oberrhein **D 176**
L'environnement dans l'espace rhénan
BRD 1990
12 Dias, Farbe
mit deutsch/französischem Begleitmaterial
LBS 1

Für das Oberrheingebiet typische Umweltbeeinträchtigungen. (LBS 1)

Umwelt im Bezirk Eimsbüttel **D 177**
BRD 1989
26 Dias, Farbe
LBS 6

Typische Umweltprobleme eines nahe der Innenstadt gelegenen Stadtteils: hohe Bevölkerungsdichte, großer Freizeit- und Erholungsdruck auf naturnahe Räume, hohe Immissionsbelastungen und starkes Verkehrsaufkommen. Aus den Bereichen Stadtgrün, Gewässer und Luft werden Beispiele für die Verbesserung der Umweltsituation gezeigt. (LBS 6)

Umweltbedrohung **D 178**
Steyl-medien, BRD
8 Dias, Farbe
KMZ 2, 5, 19

Kosmos; Elemente; Landschaften; Gewächse; Tiere; Technik; Zivilisation. (KMZ 19)

Umweltprobleme der Nordsee
s. Nordseeverschmutzung

Umweltzerstörung im Mittelmeerraum **D 179**
FWU, BRD 1991
12 Dias, Farbe
FWU; LBS 2, 13

Bildfolge: Mittelmeer-Großstadt, zersiedelte Landschaft, Algenwachstum, Müll in der Landschaft, Ausbau von Verkehrsanlagen, Küstenindustrie, Küstenverbauunng, Strandverschmutzung, Monokultur, Vegetationsschäden, Bodenerosion, Waldbrände. (FWU)
ab 7. Schuljahr

...und Umwelt **D 180**
FWU, BRD 1990
48 Dias, Farbe
FWU; KMZ 6, 10, 14; LBS 1

Zusammenfassung von 4 Serien, die die zerstörerischen Auswirkungen auf die Umwelt dokumentieren und auf Alternativen hinweisen: Freizeit und Umwelt, Landwirtschaft und Umwelt, Industrie und Umwelt, Verkehr und Umwelt. (KMZ 14)

Unsere Wälder sterben **D 181**
Schlüter KG, BRD 1984
20 Dias Farbe und sw
LBS 1; Tobifo

Waldschadensbilder aus der CSSR und Bundesrepublik, abgestorbene Wälder und Sekundärschäden wie Bodenerosion werden gezeigt; Kalkdüngung und Neubepflanzung sind vereinzelte Gegenmaßnahmen. (LBS 1)

Verkehr und Umwelt **D 182**
FWU, BRD 1990
12 Dias, Farbe
EMZ 8; FWU; KMZ 3; LBS 1, 6, 7, 10, 13

Die Diareihe will Fakten und Tatsachen der Umweltverschmutzung im Verkehrsbereich vermitteln und Alternativen zur Vermeidung und Verringerung dieser Belastungen aufzeigen. (EMZ 8)
ab 5.-10. Schuljahr

Verkehrsgeographie **D 183**
Justus Perthes, BRD
3 Diaserien, je 12 Dias, Farbe
mit Begleitmaterial
s. Folien
Justus Perthes

Viehzucht-Großbetriebe im Amazonasgebiet **D 184**
FWU, BRD 1986
12 Dias, Farbe
FWU; LBS 1-14

Nach einer Kartenorientierung wird mit sechs Bildern ein Großbetrieb im Randgebiet des tropischen Regenwaldes dargestellt. Dann folgen vier Bilder von einer Farm im Überschwemmungsbereich des Amazonas. Das Schlußbild zeigt die Gefahr der Bodenerosion. (FWU)
Sekundarstufe I

Vögel zwischen Stein und Stahl **D 185**
FWU, BRD 1985
12 Dias, Farbe
mit Begleitmaterial
FWU; LBS 1-8, 10, 12-14

Vögel passen sich den veränderten Umweltbedingungen an. Die Serie zeigt am Beispiel der BASF, wie sie die ökologischen Nischen in einem Chemiewerk besetzen. (FWU, gekürzt)
4.-8. Schuljahr

Vom englischen Landschaftsgarten zum ökologischen Garten von heute **D 186**
FWU, BRD 1985
12 Dias, Farbe
mit Begleitmaterial
FWU; LBS 1-14

Die Bilder dokumentieren die Öffnung großer Gärten und Parks für breitere Schichten und den Stilwandel von Beginn des Landschaftsgartens bis zu Tendenzen der Gegenwart. (LBS 1)
ab 8. Klasse

Vom Windrad zur Großwindkraftanlage **D 187**
FWU, BRD 1983
12 Dias, Farbe und sw
FWU; LBS 1-14; LISA
ab 3. Klasse

Wald **D 188**
FWU, BRD 1981
5 Diaserien 55 Dias, Farbe
FWU; LBS 1-14

Geschichtliche Entwicklung; Baumarten und Waldaufbau; Waldwirtschaft; Waldfunktionen; Lebensraum für Tiere. (FWU)
ab 7. Klasse

Waldrand: Ökologisch wertvolle Pflanzenvielfalt D 189
FWU, BRD 1984
12 Dias, Farbe
mit Begleitmaterial
FWU; LBS 1-14

Gesamtansicht des Waldrandes im Verlauf der Jahreszeiten; Strauchschicht, Übergangszone der Stauden, Bodenschicht mit Pilzen. (FWU, gekürzt)
Sekundarbereich I

Waldschadensforschung D 190
Landschaftsverband Westfalen-Lippe, BRD 1988
12 Dias, Farbe
LBS 8

Diareihe zum Waldsterben: Die Dias sind drei Bereichen zugeordnet: Erfassung der Immissionssituation; Erfassung der Expositionsbedingungen und experimentelle Untersuchungen. (LBS 8)
ab 9. Klasse

Waldschäden im Fichtelgebirge und im Erzgebirge D 191
Eitler, Gotthard, BRD 1985
29 Dias, Farbe und sw
mit Begleitmaterial
EMZ 2; LBS 1, 5, 7

Die Serie dokumentiert das Ausmaß der Waldschäden im Bereich von Fichtel- und Erzgebirge durch Gegenüberstellung von gesunden bzw. früheren Waldbeständen und erkrankten. Bemühungen zur Schadensbegrenzung werden angedeutet. (LBS 1)
ab 14 Jahren, Jugend- und Erwachsenenbildung

Waldsterben D 192
aus der Serie: Wald in Baden-Württemberg
LBS 1; BRD 1983
31 Dias, Farbe
LBS 1, 4, 5, 7, 11, 12

ab 3. Klasse

Waldsterben D 193
FWU, BRD 1984
5 Diaserien, je 12 Dias, Farbe
FWU; KMZ 6, 10; LBS 1-14; LISA

1. Schadbilder bei der Fichte. 2. Schadbilder bei der Tanne, Kiefer und Buche. 3. Mögliche Ursachen des Waldsterbens. 4. Ökologische und ökonomische Folgen. 5. Mögliche Maßnahmen. (FWU)
ab 5. Klasse

Waldsterben D 194
Klett, BRD
30 Dias, Farbe
mit Begleitmaterial
Klett

Waldsterben D 195
Verlag Die Werkstatt, BRD
24 Dias, Farbe
Verlag Die Werkstatt

Die Serie zeigt insbesondere Schadenssymptome wie Kronenverlichtung, Rindenschäden, Storchennester, Wurzelschäden etc. (Verlag Die Werkstatt)

Waldsterben im Mikrobereich D 196
aus der Serie: Unsere Wälder sterben
Schlüter KG, BRD 1985
10 Dias, Farbe
mit Begleitmaterial
LBS 1, 13; Tobifo

Die Serie zeigt Mikroaufnahmen (50-10.000fach) von Pflanzenteilen und stellt dabei gesunde und kranke Partien gegenüber: Nadeln, Holz und Rinde von Fichten. (LBS 13, gekürzt)

Wall- und Feldhecken im Münsterland **D 197**
Söhngen, Hans-Helmut, BRD
12 Dias, Farbe
mit Begleitmaterial
LBS 13

In knapper, übersichtlicher Form stellt der Autor die verschiedenen Aspekte der Wall- und Feldhecken unter landschaftspflegerischen Gesichtspunkten vor. (LBS 13, gekürzt)

Wandernde wildlebende Tierarten **D 198**
AID, BRD 1988
24 Bilder, Farbe
mit Begleitmaterial
AID

Folgende Lebensräume werden vorgestellt: Feuchtgebiet (Bild 1-7); Feldgehölz und Brachfläche (8 und 9); Binnengewässer und Verlandungszone (10-13); Küste und Flußmündung (14-18); Haus und Garten (19-21); Wald (22-24). (AID)

Wasser **D 199**
FWU, BRD 1978
4 Diaserien, 46 Dias, Farbe
FWU; LBS 1-14; LISA

Wasserverbrauch, Abwasser; Trinkwasserversorgung; Kläranlage; Gewässergüte. (FWU)
ab 6. Klasse

Wasserbaumaßnahmen im Rahmen der Flurbereinigung **D 200**
FWU, BRD 1984
12 Dias, Farbe
mit Begleitmaterial
FWU; LBS 1-14

Ein historisches Hochwasserfoto und ein Kartenpaar auf einem Dia problematisieren die Thematik. 8 Fotos zeigen die Maßnahmen. Ein weiträumiges Luftbild und eine entsprechende Karte fassen die Einheit zusammen. (FWU, gekürzt)
7.-10. Schuljahr

Das Watt **D 201**
17 Dias, sw
mit Begleitmaterial
LBS 13

Die Diaserie zeigt das Watt zu Zeiten, als diese Landschaft noch intakt war.

Wattenmeer **D 202**
FWU, BRD 1988
12 Dias, Farbe
FWU; LBS 1-14

Ein Bildpaar veranschaulicht am Anfang die Erscheinung von Ebbe und Flut. Dann folgen Detailbilder des amphibischen Lebensraumes. Den Schluß bildet eine Kartengrafik zu den Veränderungen des Raumes durch den Menschen. (FWU)
Sekundarstufe I

Wattenmeer und Nordsee **D 203**
Verlag Die Werkstatt, BRD
24 Dias, Farbe
mit Begleitmaterial
Verlag die Werkstatt

Die Diaserie zeigt die Bedrohung von Wattenmerr und Nordsee. (Die Werkstatt)

Das Weiße Venn **D 204**
Bühner, Raimund, BRD
12 Dias, Farbe
mit Begleitmaterial
LBS 13

»Venn« steht in Nordwestdeutschland für Moor, Bruch, Ried. »Weißes Venn« ist eine Anspielung auf die weißen Fruchtstände des Wollgrases. In knapper Form zeigt der Autor den Wandel von der Naturlandschaft durch bäuerliche und schließlich technisch aufwendige Kultivierungsmaßnahmen vor. Das letzte Drittel behandelt die Landschaftspflege. (LBS 13)

Der Weißstorch **D 205**
BRD
Dias, Farbe
LBS 13

Die Diaserie vermittelt ein vollständiges Bild der Lebensweise und Bedürfnisse, aber auch der Probleme des Weißstorchs. (LBS 13)

Wer beseitigt das? **D 206**
aus der Serie: Alltägliche Umweltbelastungen
FWU, BRD 1982
12 Dias, Farbe
FWU; LBS 1-14

Hinweise auf aktiven Umweltschutz im eigenen Lebensbereich. (FWU)
ab 1. Klasse

Die wichtigsten Baumarten **D 207**
aus der Serie: Wald in Baden-Württemberg
LBS 1; BRD 1983
40 Dias, Farbe
LBS 1

ab 3. Klasse

Wie der Wald stirbt **D 208**
Jünger, BRD
24 Dias, Farbe
Jünger

Exemplarische Schadbilder von Fichten, Kiefern, Buchen und Ahorn zeigen das Ausmaß des Waldsterbens. (Jünger)

Die Wiese **D 209**
FWU, BRD 1978
3 Diaserien, je 12 Dias, Farbe
FWU; LBS 1-14

1. Die Wiese im Jahresablauf
2. Tiere der Wiese
3. Pflanzen der Wiese. (FWU)

ab 5. Klasse

Die Wiese **D 210**
V-Dia-Verlag, BRD 1984
24 Dias, Farbe
LBS 1

Die Diaserie zeigt die Blütenvielfalt einer Wiese.

Wissen über Energie - Beispiel Erdgas **D 211**
Information Erdgas, BRD 1985
40 Dias, Farbe
mit Begleitmaterial
s. Folien
LBS 1, 8

Das Medienpaket liefert ausführliche Sachinformationen über Erdgas und gibt Beispiele mit Versuchsanordnungen zu anschaulichem Unterricht. (LBS 1)
ab 8. Klasse

Woran stirbt der Wald **D 212**
Jünger, BRD
12 Dias, Farbe
Jünger

Die ersten sechs Bilder zeigen typische Waldschadenssymptome, die zweiten Luftverschmutzung, Immissionen und Belastungsfaktoren. (Jünger)

Die Wüste rückt vor - Übermäßige Landnutzung im Sahel **D 213**
Jaeger, BRD 1983
15 Dias, Farbe
Jaeger; LBS 6

Die Bilder veranschaulichen die Zerstörung des ökologischen Nutzungspotentials durch nichtangepaßte Landnutzungsmethoden. (LBS 6)
Sekundarstufe I

Wüstengürtel **D 214**
BRD
24 Dias, Farbe
Tobifo

Zeitbombe Müll **D 215**
12 Dias
EMZ 4; KMZ 5, 13, 20
s. Tb

Die Zerstörung des tropischen Feuchtwaldes und deren Folgen **D 216**
Beispiel Afrika
Vista Point Verlag, BRD
24 Dias, Farbe
Vista Point

Weltweit beuten Handelskonzerne die Regenwälder aus, landlose Bauern brennen die Regenwälder nieder, um Ackerland zu gewinnen. Die Zusammenhänge zwischen Ökologie, Nutzung sowie zunehmender Bedrohung der tropischen Regenwälder werden am Beispiel Afrika illustriert. (Vista Point)

Foliensätze

Abfallbeseitigung und Recycling **Fo 1**
G. Niemz, BRD
12 Folien, Farbe
mit Begleitmaterial
s. Dias
Justus Perthes; LBS 4

Müllbeseitigung bisher - jetzt; Zentraldeponie, Müllbeseitigung in einer Verbrennungsanlage; Wege des Mülls; Müllverbrennungsanlage als Kraft- und Heizwerk; Müllkompostwerk; Rohstoffrückgewinnungszentrum Ruhr; Beseitigung von Sondermüll; 2 x Untertagedeponie; Mülldeponie Frankfurt 1967; Rekultivierung; Ölschiefergrube Messel. (Justus Perthes)
Sekundarstufe I und II

Abgasreinigung **Fo 2**
Köhler, BRD
5 Folien, Farbe
Köhler

Vergleichende Übersicht über Probleme der Abgasreinigung. (Köhler)

Abfallwirtschaft heute **Fo 3**
Abfallbeseitigungsgesellschaft Ruhrgebiet, BRD
16 Folien, Farbe
mit Begleitmaterial
Ferdinand Kamp

Der Abfallwirtschaft kommt im Rahmen des Umweltschutzes eine bedeutende Aufgabe zu. Und auch jeder einzelne ist aufgefordert, die Bemühungen um Vermeidung, Verminderung und Verwertung von Abfällen zu unterstützen. Diesem Ziel dient die Foliensammlung. (Ferdinand Kamp)

Abwasserreinigung **Fo 4**
Köhler, BRD
5 Folien, Farbe
Köhler

Vergleichende Übersicht über Probleme der Abwasserreinigung. (Köhler)

Alpen - Schrägluftbilder aus Österreich **Fo 5**
FWU, BRD 1984
12 Folien, Farbe,
FWU; LBS 1-14

Mit Beispielen aus Österreich werden wesentliche Fakten des Alpenraumes veranschaulicht. Die angesprochenen Themenkreise sind Wetter, Naturlandschaft, Besiedelung und Wirtschaft, Verkehr und Tourismus, Wasserkraft, Umweltprobleme. (LBS 1)
ab 5. Klasse

Der Assuan-Staudamm - die Tennessee-Region **Fo 6**
Justus Perthes, BRD
10 Folien, Farbe
mit Begleitmaterial
s. Dias
Justus Perthes

Teil A: Wasserhaushalt des Nil; Wasserabfluß und -nutzung nach dem Dammbau; Neulandgewinnung und Bevölkerungsentwicklung; Landnutzung vor und nach dem Hochdammbau; Nutzen und Nachteile.
Teil B: Die Tennessee-Region um 1930 und 1980; Der Lauf des Tennessee-Flusses um 1900; der Watts Bar-See 1980. (Justus Perthes)
Sekundarstufe I und II

Atomare Katastrophen **Fo 7**
BRD 1986
6 Folien, Farbe
Hagemann

Hiroshima: Geschichte, statistische Entwicklung von Leukämie und Tumoren; Tschernobyl: Geschehen, Isotopenverteilung im Fallout sowie zu erwartende Belastungen für den Menschen; Interpretation der Werte, Problembereiche, Strahlenschutz, Therapie für Strahlengeschädigte. (Hagemann)

Atomenergie **Fo 8**
2 Folien, Farbe
mit Begleitmaterial
AOL-Verlag; Verlag Die Werkstatt

Die Unterrichtseinheit »Atomenergie« gibt einen Überblick von den kernphysikalischen Grundlagen bis zu alternativen Energiequellen. (Die Werkstatt)

Atomenergie - trotz Risiko verantwortbar? **Fo 9**
(Tschernobyl - Der Anfang vom Ende?)
Schröter, Hartmut; Traudisch, Iris, BRD 1987
18 Folien, Farbe
mit Begleitmaterial
EMZ 10, 13; Jünger; LBS 4

Die Folien spannen den Bogen von der aktuellen Situation nach Tschernobyl und der radioaktiven Verseuchung über Sachinformationen zur Nutzung der Atomtechnik und den damit verbundenen Gefahren bis hin zu Fragen alternativer Energiequellen. Im einzelnen werden die Funktion eines Kernkraftwerks, Reaktortypen, Maßeinheiten, Strahlenbelastung von Wasser, Nahrung und damit von Menschen, Wiederaufarbeitung und Endlagerung angesprochen. Die Serie endet mit zwei Bildern, jeweils Mutter und Kind: Nagasaki 1945 - Deutschland 1985. Damit verbunden der Aufruf zum Engagement für eine lebenswerte Zukunft. (mp)
Sekundarstufe I und II

Atomkernspaltung **Fo 10**
Köhler, BRD
5 Folien, Farbe
Köhler

Vergleichende Übersicht über Probleme der Atomkernspaltung am Beispiel des Uranisotops 235. (Köhler)

Atomumwandlung **Fo 11**
Köhler, BRD
5 Folien, Farbe
Köhler

Vergleichende Übersicht über Probleme der Atomumwandlung. (Köhler)

Aufbau der Biosphäre **Fo 12**
Hagemann Verlag, BRD
2 Folien, Farbe
Hagemann

Aus der Welt des Menschen - Waldindiander am Amazonas **Fo 13**
Justus Perthes, BRD
12 Folien, Farbe
Hagemann; Justus Perthes

Landschaft, Tierwelt und Menschen des tropischen Regenwaldes: Jagdwaffenherstellung und Fischfang, Nahrungsbeschaffung durch Sammeln und Hackbau; Lebensweise, Ernährung und Wohnen, Hausbau und Handwerk. Die Veränderung der Landschaft: Fernstraßenbau, Kolonisierung, Bodenerosion, Rohstoffgewinnung. (Justus Perthes)

Aus der Welt der Tiere 2 **Fo 14**
BRD
40 Folien, Farbe
Hagemann

Inhalt: Feldhase, Wildkaninchen; Greifvögel; Kuckuck; Brutpflege (Rauchschwalbe); Nutztierhaltung: Hühner, Schweine, Rinder; Eidechsen; Meeresschildkröten (vom Aussterben bedroht); Weinbergschnecke; Regenwurm, Gartenkreuzspinne; Wasserspinne, Pflanzengallen: Wohnung für Maden; Tierspuren; Gefährdete und geschützte Tiere;

Gaviale (Krokodile): Beispiel einer geglückten Rettung. (Hagemann)

Ausgestorbene Tiere und Pflanzen **Fo 15**
Hagemann Verlag, BRD
2 Folien, Farbe
Hagemann

Die Bedeutung des Waldes für den menschlichen Siedlungsraum **Fo 16**
Cornelsen, BRD
5 Folien, Farbe
mit Begleitmaterial
Cornelsen

Bildung des sauren Regens am Beispiel des Eduktes NOx **Fo 17**
aus der Serie: Saurer Regen - kranke Umwelt
Köhler, BRD
4 Folien, Farbe
Köhler

Neben der Klärung des Begriffes NO x werden die Bildungsmechanismen des sauren Regens am Beispiel des Eduktes NOx erläutert. (Köhler)

Bildung des sauren Regens am Beispiel des Eduktes SO_2 **Fo 18**
aus der Serie: Saurer Regen - kranke Umwelt
Köhler, BRD
4 Folien, Farbe
Köhler

Der Foliensatz faßt die in der Atmosphäre stattfindenden Oxidationsreaktionen und daraus resultierend die Bildungsmechanismen des sauren Regens am Beispiel des Eduktes SO_2 zusammen. (Köhler)

Bildung sekundärer atmogener Schadstoffe **Fo 19**
aus der Serie: Saurer Regen - kranke Umwelt
Köhler, BRD
4 Folien, Farbe
Köhler

Die Bildung sekundärer gasförmiger Schadstoffe aus Stickstoffoxid wird am Beispiel von Ozon und Peroxiacylnitrat dargestellt. (Köhler)

Biotechnologie / Gentechnik **Fo 20**
Verband der chemischen Industrie, BRD
1985
42 Folien, Farbe
mit Begleitmaterial
LBS 1; LISA

Der anspruchsvolle Foliensatz erläutert die Geschichte der Biotechnologie und die Grundlagen der Gentechnik, ihre Anwendungsbereiche und Sicherheitsaspekte. Das Begleitmaterial enthält 12 Kopiervorlagen und ein ausführliches Glossar. (LBS 1)
ab 10. Klasse

Blattläuse und Marienkäfer **Fo 21**
Hagemann Verlag, BRD
2 Folien, Farbe
Hagemann

Bodenbildungsprozeß **Fo 22**
Köhler, BRD
4 Folien, Farbe
Köhler

Vergleichende Übersicht über den Bodenbildungsprozeß. (Köhler)

Bodenbiologie und Umwelt - Ökologische Zusammenhänge **Fo 23**
Hagemann, BRD 1989
19 Folien, Farbe
EMZ 2; Hagemann; Tobifo

Der sehr gut aufgebaute Foliensatz informiert kenntnisreich zu den Themen: Stoffkreislauf im Wald; natürliches Recycling; Pestizide; biologische Schädlingsbekämpfung; Schwermetallpfade im Boden; Belastungspfade über Luft und Wasser; Immissionsschäden; Landschafts- und Bodennutzung; Verinselung und Erosion; Müllentsorgung; Flurbereinigung, Radioaktivität. (EMZ 2)

Bodenfruchtbarkeit **Fo 24**
Köhler, BRD
3 Folien, Farbe
Köhler

Vergleichende Übersicht über Bodenfruchtbarkeit. (Köhler)

Die Botschaft des AT 1: Schöpfung **Fo 25**
Traudisch, Francois, BRD 1985
18 Folien, Farbe
EMZ 2, 12

Schöpfungsmythen; Schöpfungslehre; Weltentstehungstheorien; Schöpfungslehre der Priesterschrift; Schöpfungserzählung des Jahwisten; Transfer auf aktuelle Fragen: Bedrohung der Umwelt. (EMZ 2)
ab 13 Jahren, kirchl. Gemeindearbeit

Das brasilianische Amazonasgebiet **Fo 26**
Justus Perthes, BRD
6 Folien, Farbe
mit Begleitmaterial
s. Dias
Justus Perthes

Der Foliensatz zeigt die Landerschließung und wirtschaftliche Entwicklung in Ländern der Dritten Welt: Verkehrserschließung der tropischen Regenwälder Amazoniens; Entwicklungsplanung; ì Indianerreservate, Nationalparks und Waldreserven; Agrarkolonisationsprojekt Altamira; Siedlungstyp Agrovila; Indianer und wirtschaftliche Entwicklung. (Justus Perthes)
Sekundarstufe I und II

Braunkohle **Fo 27**
Hagemann Verlag, BRD
9 Folien, Farbe
mit Begleitmaterial
Hagemann

Abbau der Braunkohle; Umweltschutz; ein Dorf muß weichen, ein neues entsteht; Rekultivierung: Landwirtschaft; Rekultivierung: Erholungsräume. (Hagemann)

Desertifikation - ein weltweites Problem **Fo 28**
Hagemann Verlag, BRD
18 Folien, Farbe
mit Begleitmaterial
Hagemann

Ursachen und Folgen der ökologischen Verschlechterung der Wüstenrandgebiete; Wüstenbildung; Überkultivierung; Vernichtung des Baumbestandes; Oasenwirtschaft; Maßnahmen gegen die Wüstenbildung. (Hagemann)
Sekundarstufe I und II

Dürregefährdete Gebiete der Erde **Fo 29**
Köhler, BRD
4 Folien, Farbe
Köhler

Vergleichende Übersicht über Wüstenbildung und dürregefährdete Gebiete der Erde. (Köhler)

Emission, Immission und Deposition von Schadstoffen **Fo 30**
aus der Serie: Saurer Regen - kranke Umwelt
Köhler, BRD
4 Folien, Farbe
Köhler

Vergleichende Übersicht über den Zusammenhang von Emission, Immission und Deposition von Schadstoffen. (Köhler)

Energie und sinnvolle Energieanwendung **Fo 31**
RWE, BRD
12 Folien, Farbe
mit Begleitmaterial
RWE

Entsorgung im Brennstoffkreislauf **Fo 32**
Jünger Verlag, BRD 1985
46 Folien, Farbe
mit Begleitmaterial
Jünger; LBS 1, 7; LFD 1-9

Basiswissen zum Thema Atomenergie und Entsorgung: Energie; nuklearer Brennstoffkreislauf; Entsorgung; Wiederaufarbeitung; Grundlagen der Kernphysik. (LBS 1)
Sekundarstufe I und II

Entwicklung einer Gütezustandskarte des Wassers **Fo 33**
Cornelsen
5 Folien, Farbe
mit Begleitmaterial
Cornelsen

Erdölversorgung Europas **Fo 34**
Köhler, BRD
3 Folien, Farbe
Köhler

Vergleichende Übersicht über die Erdölversorgung Europas. (Köhler)

Erosionsgefährdete Gebiete der Erde **Fo 35**
Köhler, BRD
5 Folien, Farbe
Köhler

Vergleichende Übersicht über erosionsgefährdete Gebiete der Erde. (Köhler)

Flurbereinigung - Beispiel Stebbach **Fo 36**
Klett Verlag
2 Folien
Klett

Folienbuch Baden-Württemberg **Fo 37**
BRD 1990
84 Folien, Farbe
LBS 1

Großformatige Farbfotos zu den verschiedenen Regionen Baden-Württembergs mit den Aspekten Geologie, Oberflächenformen, Landwirtschaft, Siedlungsformen, Verkehr, Industrie, Erholung, Umwelt. (LBS 1)

Fossile Energievorräte der Erde **Fo 38**
Köhler, BRD
6 Folien, Farbe
Köhler

Vergleichende Übersicht über die fossilen Energievorräte der Erde. (Köhler)

Gefährdete und geschützte Tiere **Fo 39**
Hagemann Verlag, BRD
3 Folien, Farbe
Hagemann

Gefährdete und geschützte Meere **Fo 40**
Hagemann Verlag, BRD
2 Folien, Farbe
Hagemann

Gentechnik - Fo 41
Grundlagen und Perspektiven
BRD
18 Folien, Farbe
Hagemann; LBS 1

Gene als Träger von Erbsubstanz; Natürliche Vorbilder der Gentechnik; Grundlagen der Gentechnik; Großtechnische Produktion und Perspektiven; Gentechnische Nutzungsmöglichkeiten bei Pflanzen und bei Tieren und beim Menschen; Gentechnik im Widerstreit der Meinungen. (Hagemann)

Gleichgewicht und Kreisläufe Fo 42
BRD
18 Folien, Farbe
Diesterweg; Solle Verlag

Die Themen Umweltschutz und -pflege, Ökologie und Ökonomie zeichnen sich durch große Komplexität aus. Die Transparente helfen Begriffsverwirrungen und zu falschen Aussagen führende Vereinfachungen abzubauen.

Globale Ökologie - Fo 43
Die Zukunft unserer Umwelt
BRD
Folien, Farbe
Hagemann; Tobifo

Globale Probleme und Lösungsansätze; Kohlenstoff-Kreislauf; Treibhauseffekt; Ozon-Problematik; Globales Szenario und Umweltkatastrophen; Kontrolle durch Satelliten; Ökologische Stadtplanung; Ökologische Landwirtschaft; Alternative Energien. (Hagemann)

Gewässerschutz - eine Fo 44
Herausforderung an Vernunft, Gemeinsinn und Technik
Das Zeitbild, BRD 1987
3 Folien, Farbe
LBS 4

Gewässergütekarte 1985 und 1975; Abwasserbehandlung. (LBS 4)

Die Grundbedürfnisse Fo 45
Nahrung und Arbeit erfordern die Versorgung mit Lebensmitteln und die Bereitstellung von Rohstoffen und Energie
aus der Serie: Lebensbedürfnisse und Umweltgefährdung
CH. Jaeger Verlag, BRD
32 Folien, 30 sw, 2 Farbe
Jaeger

15 Folien zur Versorgung der Menschen mit Nahrungsmitteln. 17 Folien zu Rohstoffen und Energie: Steinkohle; Braunkohle; Erdöl; Windenergie; Wasserenergie; Atomenergie; Industrie und Städte; Zersiedelung der Landschaft. (Jaeger)
Sekundarstufe I und II

Halbwertzeit Fo 46
Köhler, BRD
5 Folien, Farbe
Köhler

Vergleichende Übersicht über Halbwertzeit und Zerfallsgeschwindigkeit. (Köhler)

Hauptverursacher gasförmiger Schadstoffe **Fo 47**
aus der Serie: Saurer Regen - kranke Umwelt
Köhler, BRD
4 Folien, Farbe
Köhler

Symbolhafte Darstellung über die Hauptverursacher gasförmiger Schadstoffe und Einteilung der emittierten Schadsoffe in Haupt- und Nebenprodukte. (Köhler)

Isotope des Wasserstoffatoms **Fo 48**
Köhler, BRD
1 Folie, Farbe
Köhler

Vergleichende Übersicht über die Isotope des Wasserstoffatoms. (Köhler)

Kausalkette Waldsterben **Fo 49**
aus der Serie: Saurer Regen - kranke Umwelt
Köhler, BRD
5 Folien, Farbe
Köhler

Zusammenfassung toxisch wirkender Stoffe und Bedingungen sowie Beschreibung der Schadensbilder des einzelnen Baumes. (Köhler)

Kernenergie **Fo 50**
Informationskreis Kernenergie / Aulis Verlag, BRD
16 Unterrichtseinheiten mit 43 Folien
mit Begleitmaterial
LBS 10; LFD 1-9

Grundlagen der Kernengergie; Standortfragen; Umweltverträglichkeit; Kernenergie im Spannungsfeld politischen und sozialen Handelns. (LFD 1)
Sekundarstufe II

Kettenreaktion **Fo 51**
Köhler, BRD
4 Folien, Farbe
Köhler

Vergleichende Übersicht über die Kettenreaktion. (Köhler)

Korrektur des Oberrheins **Fo 52**
Köhler, BRD
4 Folien, Farbe
Köhler

Vergleichende Übersicht über die Korrektur des Oberrheins. (Köhler)

Lärmbelästigung und Lärmschutz **Fo 52**
Justus Perthes / Hergt, M.; Kettermann, G., BRD
8 Folien, Farbe
mit Begleitmaterial
s. Dias
LBS 4; Justus Perthes

Belastung des ländlichen Raumes; Lärmquellen, Lärmzonen; Lärmausbreitung in Wohngebieten Bonns; Bremen: Lärmschutz in Großwohnsiedlungen; Wuppertal-Elberfeld Nord: Lärmschutz und Altbausanierung; Lärmschutzmaßnahmen im Straßenverkehr; Düsseldorf: Fluglärm und Fluglärmkontrolle; Flughafen Düsseldorf: Flugspuren 1968. (Justus Perthes)
Sekundarstufe I und II

Lagerung radioaktiver Abfälle **Fo 53**
Köhler, BRD
3 Folien, Farbe
Köhler

Vergleichende Übersicht über die Endlagerung radioaktiver Abfälle aus geologischer Sicht. (Köhler)

Landgewinnung **Fo 54**
Köhler, BRD
2 Folien, Farbe
Köhler

Vergleichende Übersicht über Landgewinnung. (Köhler)

Landschaftshaushalt eines West-Ost-Tales **Fo 55**
Köhler, BRD
4 Folien, Farbe
Köhler

Vergleichende Übersicht über den Landschaftshaushalt eines West-Ost-Tales. (Köhler)

Landverluste an der Nordseeküste **Fo 56**
Köhler, BRD
3 Folien, Farbe
Köhler

Vergleichende Übersicht über Landverluste an der Nordsee-Küste. (Köhler)

Lebensbedürfnisse und Umweltgefährdung
* Die Grundbedürfnisse Nahrung und Arbeit erfordern die Versorgung mit Lebensmitteln und die Bereitstellung von Rohstoffen und Energie
* Naturkräfte und Eingriffe des Menschen verändern Umwelt und Lebensbedingungen.
* Wohnen und soziale Sicherung als Grundbedürfnisse erfordern persönliche Initiative und kommunale Organisation.

Luftverschmutzung **Fo 57**
Köhler, BRD
6 Folien, Farbe
Köhler

Vergleichende Übersicht über Luftverschmutzung. (Köhler)

Maßnahmen gegen Bodenversalzung in Bewässerungsgebieten **Fo 58**
Klett Verlag, BRD
4 Folien, Farbe
Klett

Das Meer als Biotop **Fo 59**
Hagemann Verlag, BRD
2 Folien, Farbe
Hagemann

Das Meer und seine Lebensräume **Fo 60**
Hagemann Verlag, BRD
48 Folien, Farbe
mit Begleitmaterial
Hagemann

Das Meer als Biotop; Plankton und Nahrungskette; Watt und Dünenflora; Mangrovenküste; Korallenriffe; Tiefseefische; Blauwal und Pottwal; Nutzung und Gefährdung der Meere. (Hagemann)
Sekundarstufe I und II

Meere keine Müllkippen - Schutz von Nord- und Ostsee **Fo 61**
BRD
2 Folien, Farbe
Bergmoser und Höller

Der Mensch am Meer **Fo 62**
Justus Perthes, BRD
24 Folien, Farbe
mit Begleitmaterial
3 Teile, einzeln erhältlich
s. Dias
Justus Perthes

1. Hollands Kampf mit dem Meer (6 Folien).
2. Landgewinnung und Küstenschutz in Deutschland (12 Folien).
3. Meer und Küste als Wirtschaftsraum (6 Folien). (Justus Perthes)
Sekundarstufe I und II

Müll entschlossener vermeiden und verwerten **Fo 63**
BRD
4 Folien, Farbe
Bergmoser und Höller

Müllprobleme **Fo 64**
FWU, BRD 1984
12 Folien, Farbe
FWU; LBS 1-14

Ausgehend von den Müllmengen und ihrer Entwicklung werden Formen der Müllbehandlung dargestellt: Deponie, Verbrennung, Kompostierung. Die Problembehandlung leitet über zum Produktionskreislauf und dem Recycling, das an Hausmüll und Altpapier erörtert wird. Abschließend wird das Müllproblem in den Zusammenhang des Ökosystems gestellt und auf die Bedeutung der Abfallwirtschaft für die Bundesrepublik Deutschland hingewiesen. (FWU)
ab 5. Klasse

Müllverbrennungsanlage **Fo 65**
Köhler, BRD
2 Folien, Farbe
Köhler

Übersicht über eine Müllverbrennungsanlage. (Köhler)

Naturkräfte und Eingriffe des Menschen verändern Umwelt und Lebensbedingungen **Fo 66**
aus der Serie: Lebensbedürfnisse und Umweltgefährdung
CH. Jaeger Verlag / Witte, A., BRD
20 Folien, 9 Farbe, 11 sw
mit Begleitmaterial
Jaeger

Landschaft wird a) durch Wasserkraft, b) durch Unwetter, c) durch Katastrophen aus dem Erdinnern, d) durch den Menschen verändert; Deich als Schutz der Küste; Stadt als Lebensraum vieler Menschen; Industriewerke als Arbeitsraum. (Jaeger)
ab 1. Klasse

Nil und Assuan-Hochdamm **Fo 67**
Hagemann Verlag
8 Folien, Farbe
mit Begleitmaterial
Hagemann

Ägypten: Bevölkerung, Landwirtschaft, Neulandgewinnung, Industrialisierung, Bewässerungstechniken. - Der Nil: Einzugsgebiete, Wasserhaushalt. - Der Assuan-Hochdamm: Bau, Nutzen, Ausbleiben des Nilschlamms, Erosion, Bodenversalzung, Grundwasseranstieg, Bilharziose. (Hagemann)
Sekundarstufe I und II

Die Nitrat-Story **Fo 68**
Stickstoff -
ein Schlüsselelement des Lebens
BRD
32 Folien, Farbe
mit Begleitbuch
Jünger

Das neuartige Unterrichtskonzept soll ein komplexes Lernziel »Umweltbewußtsein« erreichen helfen. Folgende Schwerpunkte hat der Foliensatz: Der Stickstoff - Grundlagen, Technologie und Kreislauf; Ernährung der Pflanzen und Auswirkungen der Stickstoffdüngung; Integrierter Pflanzenanbau und Produktkontrolle durch chemishe Analytik; Ausgewählte Methoden zur Umweltanalytik; 12 Schülerexperimente mit Arbeitsblättern. (Jünger)

Natürliche und zivilisatorisch bedingte Strahlenschäden **Fo 69**
BRD 1986
7 Folien, Farbe
Hagemann

Nutzung der Meere **Fo 70**
Hagemann Verlag, BRD
4 Folien, Farbe
Hagemann

Ökologie **Fo 71**
BRD
31 Folien, Farbe
LISA

Grundbegriffe der Ökologie, Zusammehänge zwischen Organismen und Umwelt. Foliensatz mit Vorschlägen zum methodisch didaktischen Einsatz. (LISA)

Ökologie und Ökonomie **Fo 72**
BRD
32 Folien, Farbe
LISA

Foliensatz mit Vorschlägen zum methodisch didaktischen Einsatz. Zusammenhang zwischen Ökologie und Ökonomie. (LISA)

Ökotopgefüge im Mittelwesten der USA **Fo 73**
Köhler, BRD
4 Folien, Farbe
Köhler

Übersicht über das Ökotopgefüge im Mittelwesten der USA. (Köhler)

Pflanzenschutz **Fo 74**
Fonds der chemischen Industrie, BRD 1985
24 Folien, Farbe
LBS 1, 4, 10, 13

Gründe für den Pflanzenschutz (1-6); Biologischer Pflanzenschutz (7); integrierter Pflanzenschutz (8); Pflanzenschädlinge (9-12); chemischer Pflanzenschutz (13-15); Entwicklung von chemischen Pflanzenschutzmitteln (16-24). (LBS 1)
ab 7. Klasse

pH-Wert **Fo 75**
aus der Serie: Saurer Regen - kranke Umwelt
Köhler, BRD
4 Folien, Farbe
Köhler

Neben der kurzen Darstellung des Begriffes pH-Wert werden pH-Werte von übersäuerten Niederschlägen aus verschiedenen Gebieten miteinander verglichen. (Köhler)

Planungsprobleme beim Bau von Talsperren **Fo 76**
Justus Perthes, BRD
6 Folien, Farbe
mit Begleitmaterial
s. Dias
Justus Perthes

Beim Bau des Wasserkraftwerks Osttirol protestierten Naturschützer gegen die Zerstörung der natürlichen Umwelt. Die Folien zeigen: Relief, Orte, Straße; Gewässer; Nationalparkzonen; Besitzverhältnisse; Veränderung der Abflußverhältnisse durch zwei Planungsvarianten. (Justus Perthes)

Primäre Wirkung von Fluorwasserstoffsäure **Fo 77**
aus der Serie: Saurer Regen - kranke Umwelt
Köhler, BRD
4 Folien, Farbe
Köhler

Darstellung der Bildung des schwerlöslichen CaF2 durch Einwirkung von Fluorwasserstoffsäure auf Ca-haltige Pflanzensysteme. (Köhler)

Radioaktive Elemente **Fo 78**
Köhler, BRD
4 Folien, Farbe
Köhler

Übersicht über die radioaktiven Elemente. (Köhler)

Radioaktiver Zerfall **Fo 79**
Köhler, BRD
4 Folien, Farbe
Köhler

Der Weg der Strahlung im Magnetfeld. (Köhler)

Radioaktive Stoffe in unserer Umwelt **Fo 80**
Köhler, BRD
4 Folien, Farbe
Köhler

Übersicht über radioaktive Stoffe in unserer Umwelt. (Köhler)

Radioaktivität **Fo 81**
Köhler, BRD
4 Folien, Farbe
Köhler

Radioaktivität und ihre biologischen Wirkungen **Fo 82**
BRD
24 Folien, Farbe
mit Begleitmaterial
Diesterweg; Salle Verlag

Radioaktivität und Biologie - die entsetzlichen Ergebnisse von Tschernobyl sollten Anlaß sein, die Kenntnisse über Radioaktivität zu sichern und rational zu begründen. (Jünger)

Redoxprozesse im Abgaskatalysator **Fo 83**
Köhler, BRD
4 Folien, Farbe
Köhler

Übersicht über die Redoxprozesse im Abgaskatalysator und die Wirkungsweise des Katalysators. (Köhler)

Regenerative Energiequellen **Fo 84**
Justus Perthes / Hergt, M., BRD
10 Folien, Farbe
mit Begleitmaterial
s. Dias
Justus Perthes; LBS 4

Wege der Energieversorgung 1980 bis 2030: Harter oder sanfter Weg? Folien über: Geothermisches Kraftwerk »The Geysers« (Energie aus Erdwärme); Nutzung der Sonnenenergie; Modell einer Biogasanlage auf einem Bauernhof; Rotationsenergie - Beispiel Gezeitenkraftwerk Rance; Nutzung der Windenergie in der Bundesrepublik; Wasserkraft; Hochgebirgskraftwerke Tauern-Kaprun. (Justus Perthes)

Rheinkorrektur bei Philippsburg **Fo 85**
3 Folien, Farbe
mit Begleitmaterial
LBS 13

Luftbildsenkrechtaufnahme des Oberrheins bei Philippsburg; Orientierung im Luftbild; Situation vor der Rheinkorrektur. (LBS 13)

Sammlung Umweltschutz (1) **Fo 86**
BRD
29 Folien, Farbe
Hagemann; LBS 4

Aufbau der Biosphäre; Vorgänge in der Atmosphäre; Quellen der Luftverschmutzung und Abhilfemaßnahmen; Wasserkreislauf in der Natur; Trinkwasser; Abwasser; Kläranlage; Bevölkerungsexplosion; Biozide in der Nahrungskette; Müllprobleme und Müllbeseitigung. (LBS 4)
ab Primarbereich

Sammlung Umweltschutz (2) **Fo 87**
BRD
20 Folien, Farbe
Hagemann; LBS 4

Mikroorganismen bei der biologischen Schädlingsbekämpfung; San José-Schildlaus und Schlupfwespe; Blattläuse und Marienkäfer: Schädlinge und ihre natürlichen Feinde; Alpentiere; Greifvögel; Gefährdete und geschützte Tiere; Waldameise; Meeresschildkröten: vom Aussterben bedroht (LBS 4)
ab Primarbereich

Saubere Wäsche - saubere Umwelt **Fo 88**
BUND, BRD
21 Folien, Farbe / sw
LBS 2, 7

Die Folienmappe stellt wesentliche Faktoren über die Waschmittelchemie sowie die Bedeutung der Chemikalien beim Waschvorgang und ihre Wirkungen auf die Umwelt und Gesundheit zusammen. Darüber hinaus werden praktische Tips für den Verbraucher und verantwortungsbewußten Umgang mit Waschmitteln gegeben.

Saurer Regen - kranke Bäume **Fo 89**
aus der Serie: Saurer Regen - kranke Umwelt
Köhler, BRD
3 Folien, Farbe
Köhler

Übersicht über das Waldsterben: Anhand von Schlagzeilen aus Tages- und Wochenzeitungen besteht die Möglichkeit einer themenbezogenen Motivation. (Köhler)

Saurer Regen - kranke Umwelt
* Bildung sekundärer atmogener Schadstoffe
* Bildung des sauren Regens am Beispiel des Eduktes SO2
* Bildung des sauren Regens am Beispiel des Eduktes NOx
* Emission, Immission und Deposition von Schadstoffen
* Hauptverursacher gasförmiger Schadstoffe
* Kausalkette Waldsterben
* pH-Wert
* Primäre Wirkung von Fluorwasserstoffsäure
* Saurer Regen - kranke Bäume
* Wirkungskette Saurer Regen - Schwermetalle

Stadtgeographie **Fo 90**
Justus Perthes, BRD
24 Folien, Farbe
mit Begleitmaterial
s. Dias
Justus Perthes

Teil I: Stadtentwicklung und Stadtsanierung an den Beispielen Köln und Lübeck (7 Fo); Teil II: Funktionale Stadttypen an den Beispielen Ludwigshafen, Würzburg und München (8 Fo); Teil III: neue Stadtteile, neue Städte und Bauleitplanung an den Beispielen Berlin, Sennestadt und Stuttgart (9 Fo). (Justus Perthes)

Strahlenbiologie **Fo 91**
Hagemann Verlag, BRD 1986
28 Folien, Farbe
mit Begleitmaterial
Hagemann; LBS 4

Teil I - Ionisierende Strahlen: Atomaufbau, Isotope, verschiedene Strahlenarten, Zerfallsreihen, Halbwertzeit, Kernprozesse;
Teil II - Strahlendosimetrie: Meßgrößen und Einheiten, Bequerel, Gray, Sievert, Meßpraxis;

Teil III - natürliche und zivilisationsbedingte Strahlenbelastung: Strahlenquellen, kosmische und terrestrische Strahlung, Inkorporation radioaktiver Isotope, ionisierende Strahlen in der Medizin;
Teil IV - Strahlenschäden: Struktur- und Funktionsstörungen der Zelle, Zeitfaktor, Dosiswerte und Schäden, Krebs, Erbschäden;
Teil V - atomare Katastrophen: Hiroshima, Tschernobyl, Therapie für Strahlenopfer. (Hagemann)
Sekundarstufe I und II

Straßenbahn und Umwelt **Fo 92**
BRD
2 Folien, Farbe
mit Begleitmaterial
Bergmoser und Höller

Tagebau Hambach **Fo 93**
12 Folien, Farbe
LBS 13

Braunkohletagebau Hambach; geologische Situation; Wandel der Landschaftsstruktur; Schaffung von Wäldern und Seen. (LBS 13, gekürzt)

Tenside **Fo 94**
BRD
36 Folien, Farbe
LBS 1, 13, 14

Trinkwasser **Fo 95**
Wasserwirtschaftsverband Rheinland-Pfalz, BRD 1986
3 Foliensätze, 28, 38 und 31 Folien, Farbe/sw
LBS 10

1. Der natürliche Wasserkreislauf - Veränderungen im Wasserkreislauf durch Eingriffe des Menschen - Wasserwerk in der Gesamtübersicht - Wasserverteilung in einem Stadtteil / Haus - Wasserverwendung im Haushalt.
2. Schematischer Wasserkreislauf mit jährlicher Gesamtwasserbilanz - Wasserverwendung im Haushalt - Trinkwassergewinnung aus Talsperren - Fernwasserleitung am Beispiel der Bodensee-Wasserversorgung.
3. Wasserwerk in der Gesamtübersicht - Verdünstungsvorgang - Filtration - Fällung - Steuerung, Regelung und Kontrolle bei der Aufbereitung von Trinkwasser - Schaltzentrale, Pumpen und Vorrathaltung. (LBS 10)
Sekundarstufe I

Tschernobyl: Der Anfang vom Ende?
s. Atomenergie - trotz Risiko verantwortbar?

Umweltbereich Luft **Fo 96**
Fonds der chemischen Industrie, BRD 1987
42 Folien, Farbe
mit Begleitmaterial
LBS 4, 7, 10

Chemische und physikalische Komponenten der Luft; Vorgänge in der Atmosphäre; Luftverschmutzung und ihre Ursachen; Wirkungen der Schadstoffe auf Metalle, Gesteine, Pflanzen, Tiere und Menschen; Methoden der Abluftreinigung. - Die meisten Folien sind formal klar und übersichtlich gestaltet. (LBS 7, gekürzt)
Sekundarstufe II, Erwachsenenbildung

Umweltbereich Wasser **Fo 97**
BRD 1990
48 Folien, Farbe
mit Begleitmaterial
LBS 10, 11; LISA

Das Folienpaket gibt Informationen über Eigenschaften und Bedeutung des Wassers, Technik und Kontrolle der Abwasserreinigung sowie Gesetzgebung. Beispiele: Rhein und Nordsee. (LISA)
ab 8. Klasse

Umweltchemikalien **Fo 98**
Köhler, BRD
2 Folien, Farbe
Köhler

Übersicht über die vorkommenden Schadstoffe, die von Chemikalien ausgehen. (Köhler)

Umweltschutz 1 **Fo 99**
Hagemann Verlag, BRD 1986
29 Folien, Farbe
mit Begleitmaterial
Hagemann

Aufbau der Biosphäre; Bevölkerungsexplosion; Quellen der Luftverschmutzung; Vorgänge in der Atmosphäre; Wasserkreislauf in der Natur; Trinkwasser - Abwasser; Kläranlage; Biologische Abwasseraufbereitung; Müllprobleme; Biozide in der Nahrungskette. (Hagemann)
Sekundarstufe I und II

Umweltschutz 2 **Fo 100**
Hagemann Verlag, BRD 1986
18 Folien, Farbe
mit Begleitmaterial
Hagemann

Pilze: Mikroorganismen bei der biologischen Schädlingsbekämpfung; San-José-Schildlaus und Schlupfwespe; Blattläuse und Marienkäfer: Schädlinge und ihre natürlichen Feinde; gefährdete und geschützte Tiere; Alpentiere; Greifvögel; rote Waldameise; Meeresschildkröten: vom Aussterben bedroht. (Hagemann)
Sekundarstufe I und II

Umweltschutz wird großgeschrieben **Fo 101**
Shell AG, BRD 1985
5 Folien, Farbe, sw
LBS 1

Folien zum Einstieg in die Problematik des Umweltschutzes. (LBS 1)
ab 1. Klasse

Umweltschutzpolitik der EG **Fo 102**
Folien
Kommission der EG
s. Tb

Unterrichtseinheiten Kernenergie **Fo 103**
Informationskreis Kernenergie, BRD 1987
Folien, Farbe
LFD 9

Grundlagen der Kernenergie; Energiewirtschaftliche Aspekte der Kernenergie; Standortfragen der Kernenergie; Umweltverträglichkeit der Kernenergie; Kernenergie im Spannungsfeld politischen und sozialen Handelns. (LFD 9)

Uran: Brennstoffkreislauf **Fo 104**
Köhler, BRD
6 Folien, Farbe
Köhler

Übersicht über den Brennstoffkreislauf von Uran: Uranmine, Kernkraftwerk, Aufbereitung und Endlagerung. (Köhler)

Veränderungen der Umwelt durch den Menschen **Fo 105**
Cornelsen Verlag, BRD
5 Folien, Farbe
mit Begleitmaterial
Cornelsen

Entwicklung einer Stadt und ihrer Umgebung in den Zeiträumen 1400, 1700, 1900 und 1975. (Cornelsen)

Verkehrsgeographie **Fo 106**
Justus Perthes, BRD
30 Folien, Farbe
mit Begleitmaterial
s. Dias
Justus Perthes

Teil I: Ströme und Kanäle - Teil II: Seehäfen und Flughäfen - Teil III: Bahn - Straße - Pipelines. (Justus Perthes, gekürzt)

Verwitterung der Gesteine **Fo 107**
Köhler, BRD
4 Folien, Farbe
Köhler

Wald ist Leben **Fo 108**
Hess. Minister f. Landwirtsch., Forsten u. Naturschutz, BRD 1985
30 Folien, Farbe
LBS 7

Foliensatz zu den Waldschäden, die durch Luftverschmutzung verursacht werden: Wald als Lebensraum für Tiere und Pflanzen sowie als Wirtschaftsfaktor; Naturschutz in Hessen; Biotop-Verbund; Altholzinseln; Waldsterben; Luftverunreinigungen und deren Auswirkungen; Waldbelastung durch Immissionen; Bodenversauerung; Maßnahmen gegen das Waldsterben. (LBS 7)
Sekundarstufe I und II

Wasser **Fo 109**
Hagemann Verlag, BRD
12 Folien, Farbe
mit Begleitmaterial
Hagemann

Ohne Wasser kein Leben; Wasser auf der Erde; Wasserversorgung; Wasser macht die Erde fruchtbar; Wasser dient der Gesundheit und Hygiene; Wasserstraßen; Siedlungen am Wasser; Wasserverschmutzung durch den Menschen; Kläranlage; der Mensch verändert das Antlitz der Erde; Lebensraum Wasser. (Hagemann)
3. und 4. Schuljahr

Wasserhaushalt in Mitteleuropa **Fo 110**
Köhler, BRD
3 Folien, Farbe
Köhler

Übersicht über den Wasserhaushalt in Mitteleuropa. (Köhler)

Wasser zu kostbar - zum Verschmutzen - zum Verschwenden **Fo 111**
Bergmoser und Höller, BRD 1987
3 Folien, Farbe
mit Begleitmaterial
Bergmoser und Höller

Umweltzerstörung; Trinkwassergewinnung aus verschmutztem Wasser; Fangverbot für Elbfischer und Schaubild über das biologische Frühwarnsystem; Wasser-Abgabengesetz und Gewässerverschmutzung durch Waschmittel. (Bergmoser und Höller)

Der Weg zum Solarzeitalter **Fo 112**
Eurosolar, BRD
Folien, Farbe
Neckar Verlag

Wir leben in einer Zeit bedrohlicher Umweltzerstörung, die größtenteils durch unseren verschwenderischen Umgang mit fossiler Energie verursacht wird. Die Menschheit verbrennt in nur einem Jahr die Erdölproduktion aus 8 Millionen Jahren Sonnenschein. Die Sonnenenergie muß die Energie der Zukunft sein. Nur sie kann das Überleben der Menschheit in einer gesunden lebenerhaltenden Umwelt sichern. (Eurosolar)

Weltvorräte an Chrom **Fo 113**
Köhler, BRD
7 Folien, Farbe
Köhler

Übersicht über die Weltvorräte an Chrom in Anlehnung an Dennis Meadows »Die Grenzen des Wachstums«. (Köhler)

Wirkungskette Saurer Regen - Schwermetalle **Fo 114**
aus der Serie: Saurer Regen - kranke Umwelt
Köhler, BRD
4 Folien, Farbe

Köhler

Darstellung des Auswaschungsprozesses von Pflanzennährstoffen bei gleichzeitiger Freisetzung toxischer Schwermetalle aus Bodenmineralien durch Sauren Regen. (Köhler)

Wissen über Energie - Beispiel Erdgas **Fo 115**
40 Folien, Farbe, sw
mit Begleitmaterial
LBS 1,8

Wohnen und soziale Sicherung als Grundbedürfnisse erfordern persönliche Initiative und kommunale Organisation **Fo 116**
aus der Serie: Lebensbedürfnisse und Umweltgefährdung
CH. Jaeger Verlag / Witte, A., BRD
34 Folien, sw
mit Begleitmaterial
Jaeger

Eine Familie braucht eine größere Wohnung (17 Fo); Leben in der Stadt 17 Fo). (Jaeger, gekürzt)

Woran stirbt der Wald **Fo 117**
Jünger Verlag, BRD
12 Folien, Farbe
Jünger

Veränderung des Lebensraumes Wald durch sauren Regen; typische Symptome bei Fichten, Kiefern und Buchen; Ursachen des Waldsterbens. (Jünger)

Zerfall des Radiums **Fo 118**
Köhler, BRD
7 Folien, Farbe
Köhler

Darstellung der Zerfallsreihe des Radiums. (Köhler)

Zerstörung der Ozonschicht zerstört Leben **Fo 119**
BRD
2 Folien, Farbe
Bergmoser und Höller

Die Zerstörung der tropischen Regenwälder **Fo 120**
Justus Perthes, BRD
12 Folien, Farbe
Justus Perthes

Naturraum - Menschliche Eingriffe - Konsequenzen für die Erdatmosphäre. (Justus Perthes)

Register nach thematischen Schwerpunkten

Abfall und Recycling

Literaturauswahl:

* Arbeitsgemeinschaft ökologischer Forschungsinstitute (Hrsg.): Abfallvermeidung. Stand und Perspektiven, Raben Verlag, München 1988
* Baerens, M. / Arnswald, U. von: Die Müll-Connection, Verlag C.H. Beck, München 1993
* Batelle-Institut e.V.: Abfallwirtschaftliche Betrachtung ausgewählter Systeme zur getrennten Altstoffsammlung aus privaten Haushalten, Frankfurt 1985
* Bleischwitz, R. / Schütz, H.: Unser trügerischer Wohlstand, Wuppertaler Institut für Klima, Umwelt , Energie (Hrsg.), Wuppertal 1992
* B.U.N.D.: Abfall - vernichten oder verwerten? Lehrerkommentar, Folienvorlagen, Medienhinweise, BUND Verlag, Freiburg
* Fehlau, K. / Kompa, R.: Altlasten und kontaminierte Standorte, Verlag TÜV Rheinland GmbH, Köln 1988
* Golding, Andreas / Fußer, Andreas: Verpackungen, Verlag C.F. Müller

* Hösel, Gottfried: Unser Abfall aller Zeiten, Kommunalschriftenverlag I. Jehle, München 1991
* iz3w, Centre Europe-Tiers Monde (Hrsg,): Afrika hungert: "Da habt ihr unseren Dreck!", Freiburg, 1989
* Kozmiensky, K.: Recycling von Haushaltsabfällen, EF Verlag, Berlin 1987
* Mucke, Peter: Zum Beispiel Müll, Göttingen 1992
* Schröder-Sagir, Barbara: Kunststoff im Haushalt, Blickpunkt Verlag, 1990
* Umweltbundesamt: Was Sie schon immer über Abfall wissen wollten, Kohlhammer Verlag, Stuttgart 1985

Allgemeines zur Ökologie

Literaturhinweise:

* Birnbacher, D. (Hrsg.): Ökologie und Ethik, Reclam Verlag, Stuttgart 1986
* Brown, L. u.a.: Zur Rettung des Planeten. Strategien für eine ökologisch nachhaltige Weltwirtschaft, Worldwatch Institute, S. Fischer Verlag,Frankfurt
* B.U.N.D (Hrsg.): GLOBUS. Monatliche Zeitschrift zu Ökologie, BUND-Umweltzentrum, Stuttgart
* Bundesministerium des Inneren / Umweltbundesamt: Was Sie schon immer über Umweltschutz wissen wollten, Kohlhammer Verlag 1981
* Ditfurth, Jutta: Feuer in die Herzen, Carlsen Verlag, Hamburg 1992
* Enquete-Kommission "Schutz der Erdatmosphäre" des Deutschen Bundestages (Hrsg.): Klimaänderung gefährdet globale Entwicklung, Economica Verlag, Bonn; Verlag C.F. Müller, Karlsruhe, 1992
* Elkington, John /Hailes, Julia: Unsere Welt muß grün bleiben! Handbuch für junge Umweltschützer, Bertelsmann Verlag, München 1991
* Erben, H.K.: Die Entwicklung der Lebewesen, Piper Verlag, München 1988
* Fischer, Claudia und Reinhold: Komm, wir retten die Natur, Lentz Verlag, München 1990
* Gärtner, R. (Hrsg.): Natur. Kleine Enzyklopädie. Weltall, Erde, Mensch und Umwelt, Leben, Verlag Hani Deutsch, Thun 1987
* Grefe, Christiane, / Jerger-Bachmann, Ilona: Das blöde Ozonloch, C.H. Beck Verlag, München 1992
* Global 2000. Der Bericht an den Präsidenten, Verlag 2001
* Gore, Al: Wege zum Gleichgewicht, S. Fischer Verlag, Frankfurt 1992
* Gruhl, Herbert: Himmelfahrt ins Nichts, Albert Langen/Georg Müller Verlag, München 1992
* Klötzli, Prof.Dr. Frank: Ökosysteme. Aufbau, Funktionen, Störungen. Gustav Fischer Verlag, Stuttgart 1993
* Legget, Jeremy (Hrsg.): Global Warming, Piper Verlag, München 1991
* Meadows, D. u.a.: Die Grenzen des Wachstums. Bericht des Club of Rome zur Lage der Menschheit, Rowohlt Verlag, Reinbek 1973
* Ohrbach, Karl-Heinz: Wörterbuch der Ökologie Englisch-Deutsch, Weinheim, New York, Basel,. Cambridge 1991
* Osche, G.: Ökologie. Grundlagen - Erkenntnisse - Entwicklung der Umweltforschung , Herder Verlag, 9.Aufl., Freiburg 1981
* Schubert, Rudolf (Hrsg.): Lehrbuch der Ökologie, Gustav Fischer Verlag, Jena 1991
* Seager, J.: Der Öko-Atlas, Dietz-Verlag, Bonn 1991
* Simonis, Udo Ernst: Beyond Growth. Elements of Sustainable Development, edition sigma, Berlin 1990
* Simonis, Udo Ernst (Hrsg.): Basiswissen Umweltpolitik, edition sigma, Berlin 1990
* Simonis, Udo Ernst: Ökologische Orientierungen, edition sigma, Berlin 1988
* Simonis,Udo Ernst (Hrsg.):Lexikon der Ökologieexperten,Öko-Test Verlag, Frankfurt
* The Earthworks Group: Kinder machen 50 starke Sachen damit die Umwelt nicht umfällt, Carlsen Verlag, Hamburg 1991
* Trepl, L.: Geschichte der Ökologie, Athenäum Verlag, Frankfurt 1987
* Walletschek, H. / Graw, J.: Öko-Lexikon, C.H. Beck Verlag, München 1992

* Weeber, Karl-Wilhelm: Smog über Attika, Umweltverhalten im Altertum, Artemis Verlag, München 1990
* Weizsäcker, Ernst U. von, u.a. (Hrsg.): Jahrbuch Ökologie 1992, C.H. Beck, München 1991
* Wiedlich, Wolfgang: Kiwis aus Sibirien? Treibhauseffekt, Ozonloch und Umweltpolitik, Verlag Birkhäuser, Basel 1991
* Worldwatch Institute Report: Zur Lage der Welt 91/92. Daten für das Überleben unseres Planeten, S. Fischer Verlag
* ZEB (Hrsg.): eXplizit, Materialien für Unterricht und Bildungsarbeit, Horlemann Verlag, Bad Honnef

Architektur, Dorf und Stadt als Lebensraum

Literaturhinweise:

* Albertshauser, E.M.: Neue Grünflächen in der Stadt. Natur, die man sich leisten kann, Callwey Verlag, Munchen 1985
* Althaus, D.: Ökologie des Dorfes, Bauverlag, Wiesbaden 1984
* Baumann, R.: Begrünte Architektur, Callwey Verlag, München 1983
* Begemann, W. / Schiechtl, H.M.: Ingenieurbiologie. Handbuch zum naturnahen Wasser- und Erdbau, Bauverlag, Wiesbaden 1986
* Beisel, D. (Hrsg.): Das Ökohaus, Droemer-Knaur Verlag, München 1988
* Bode, P. u.a.: Grün kaputt, Landschaft und Gärten der Deutschen, Raben Verlag, München 1987
* Deutsches Institut für Urbanistik, Berlin (Hrsg.): Veröffentlichungsreihe "Umweltberatung in Kommunen", laufende Fortsetzung, bisher erschienen:
  * Altlasten. Einführung und Wegweiser zu Adressen, Zeitschriften, Literatur
  * Einführung in das Haushaltswesen für Mitarbeiter in den kommunalen Umweltämtern
  * Abwasser. Einführung und Wegweiser zu Adressen, Zeitschriften, Literatur
  * Standardliteratur für den kommunalen Umweltschutz
  * Umweltrecht - Allgemeiner Teil
  * Kommunale Gebühren und Beiträge im Umweltschutz

* Abfallwirtschaft - Einführung und Wegweiser zu Adressen, Zeitschriften, Literatur
* Materialien zur kommunalen Umweltverträglichkeitsprüfung
* ICLEI (Hrsg.): Klima schützen heißt Städte schützen. Briefing Book für kommunale Entscheidungsträger, Freiburg 1993, Bezug: ICLEI, Eschholzstr. 86, 79115 Freiburg, Tel: 0761/368920)
* Kiraly, J.: Architektur mit der Sonne, C.F. Müller Verlag, Karlsruhe 1987
* Kolb, B.: Handbuch für Natürliches Bauen. Mit Bau- und Renovierungsanleitungen für den Selbermacher, Kolb Verlag, 1983
* Kur, F.: Bauen und Wohnen mit Naturbaustoffen, Compact Verlag, München 1985
* Mercier, Louis-Sébastien: Tableau de Paris, Manesse Verlag, Zürich 1990
* Neddens, M.C.: Ökologisch orientierte Stadt- und Raumentwicklung, Bauverlag, Wiesbaden 1986
* Oekotop Autorenkollektiv: Ökologische Stadterneuerung, C.F. Müller Verlag, Karlsruhe 1984
* Schmalz, J.: Das Stadtklima, C.F. Müller Verlag, Karlsruhe 1984
* Schulz, H.: Wärme aus Sonne und Erde, Ökobuch Verlag, Freiburg 1987
* Vale, Brenda und Robert: Ökologische Architektur, Campus Verlag
* Wittig, Prof.Dr. Rüdiger: Ökologie der Großstadtflora, Gustav Fischer Verlag, Stuttgart 1991

Atomare Bedrohung

Literaturhinweise:

* Bertell, R.: Keine akute Gefahr? Die radioaktive Verseuchung der Erde, Goldmann Verlag, München 1987
* Breuer, G.: Energie ohne Angst. Wie wir auf schnelle Brüter verzichten können, Kösel Verlag, München 1980
* Hingst, W.: Zeitbombe Radioaktivität, Orac Verlag, Wien 1987
* Internationale Energieagentur: Energie- und Umweltpolitik, Vieweg Verlag, Braunschweig 1991
* Müschen, K. / Romberg, E.: Strom ohne Atom. Ein Report des Öko-Instituts Freiburg, S. Fischer Verlag, Frankfurt 1986
* Rosenkranz, G. u.a.: Die neue Offensive der Atomwirtschaft, C.H. Beck Verlag, München
* Ruff, Ivan: Zone des Schweigens (Roman), Piper Verlag, München 1991
* Schumann, H. u.a.: Das Uran und die Hüter der Erde, Quell Verlag, Stuttgart 1990
* Sejsenbayev, Rollan: Der Tag, als die Welt zusammenbrach (Erzählung), Dagyeli Verlag, Frankfurt 1992
* Traube, K. u.a.: Der Atomskandal. Alkem, Nukem und die Konsequenzen, Rowohlt Verlag, Reinbek 1988
* Verbraucherzentrale (Hrsg.): Radioaktivität. Informationen und Tips für den Verbraucher, Düsseldorf 1986
* Zink, Ch. (Hrsg.): Radioaktivität, Strahlenwirkung, Strahlenschutz, Pschyrembel-Wörterbuch, de Gruyter Verlag, Berlin 1987

Atommüll und Sondermüll

Literaturhinweise:

* Hatzfeld, H. u.a. (Hrsg.): Der Gorleben-Report. Ungewißheit und Gefahren der nuklearen Entsorgung, Fischer Verlag, Frankfurt 1979
* Siehe auch: Abfall und Recycling

Boden

Literaturhinweise:

* Boehncke, E. u.a.: Öko-Landbau - eine weltweite Notwendigkeit, C.F. Müller Verlag, Karlsruhe 1986
* Brucker, G.: Lebensraum Boden. Kosmos Handbuch, Franck'sche Verlagshandlung, Stuttgart 1988
* Buch, Walter: Gartenböden verstehen, pflegen, erhalten, Eugen Ulmer Verlag, Stuttgart 1989
* Bundesminister des Inneren (Hrsg.): Bodenschutzkonzeption der Bundesregierung, Kohlhammer Verlag, Stuttgart 1985
* Guggenberger, E. /Voitl, H.: Der Chroma-Bodentest. Die Bodenqualität bestimmen, bewerten und verbessern, Orac Verlag, Wien 1986
* Herkendell, J. / Koch, E.: Bodenzerstörung in den Tropen, Beck Verlag, München 1991
* Jedicke, Eckhard: Boden-Entstehung, Ökologie, Schutz, Otto Maier Verlag, Ravensburg 1989
* Mensching, H.: Desertifikation - Ein weltweites Problem der ökologischen Verwüstung in den Trockengebieten der Erde, Wissenschaftliche Buchgesellschaft, Darmstadt 1990
* Michler, Walter: Weißbuch Afrika, J.H.W. Dietz Verlag, Bonn 1991
* Preuschen, Gerhardt / Bernath, Konrad: Die Kunst der Gründüngung, Leopold-Stocker-Verlag, Stuttgart 1983
* Gerhardt Preuschen: Der Landwirt als Bodenschützer, Leopold-Stocker Verlag, Stuttgart 1985
* derselbe: Das neue Bodenbuch, Fischer Verlag, Frankfurt 1988
* derselbe: Gesunder Boden=Leistungsstarker Betrieb, Leopold Stocker Verlag, Stuttgart 1980
* Stüben, Peter E./ Thurn, Valentin (Hrsg.): WüstenErde. Der Kampf gegen Durst, Dürre und Desertifikation, ökozid-Jahrbuch 7, Focus-Verlag, Gießen 1991
* Tompkins, Peter / Bird, Christopher: Die Geheimnisse der guten Erde, Scherz Verlag, Bern 1989

Chemie

Literaturhinweise:

* Bundesministerium für Umwelt, Naturschutz und Reaktorsicherheit - Wilfried Mahlmann (Hrsg.): Chemikalienrecht - Gesetz zum Schutz vor gefährlichen Stoffen, Köln, Bundesanzeiger 1991
* Henseling, Karl Otto: Ein Planet wird vergiftet, Rowohlt Taschenbuchverlag, Reinbek 1992
* Koch, E.R. /Vahrenholt, F.: Seveso ist überall. Die tödlichen Risiken der Chemie, Fischer Verlag, Frankfurt 1980
* Koch, Rainer: Umweltchemikalien. Physikalisch-chemische Daten, Toxizitäten, Grenz- und Richtwerte, Umweltverhalten, VCH Weinheim
* Lefaux, R.: Chemie und Toxikologie der Kunststoffe, Krauskopff Verlag, Mainz 1969
* Radek, D. / Weidenbach, T.: Dioxin - die chemische Zeitbombe, Kiepenheuer & Witsch, Köln
* Schubert, Rudolf (Hrsg.): Bioindikation in terrestrischen Ökosystemen, Gustav Fischer Verlag, Jena 1991
* Streit, Bruno: Lexikon Ökotoxikologie, VCH Weinheim, 1991
* Umweltbundesamt (Hrsg.): Handbuch Chlorchemie II, Berlin 1992
* Wassermann, Otmar u.a.: Die schleichende Vergiftung, Fischer Taschenbuch Verlag,

Dritte Welt

Literaturhinweise:

* Arbeitsgemeinschaft Kirchlicher Entwicklungsdienst: der überblick, Zeitschrift für ökumenische Begegnung und internationale Zusammenarbeit
* Arbeitsgemeinschaft Regenwald und Artenschutz (Hrsg.): Naturerbe "Regenwald". Strategien und Visionen zur Rettung der tropischen Regenwälder, Ökozid Jahrbuch 6, Focus Verlag, Gießen
* Baumer / Stadler / Knoblauch: Angepaßte Technologien für Entwicklungsländer, C.F. Müller Verlag, Karlsruhe 1984
* Becker, Thomas u.a. (Hrsg.): Eine Welt für alle. Lesebuch Dritte Welt, rororo aktuell, Reinbek 1990
* Behrend, Reinhard /Paczian, Werner: Raubmord am Regenwald, Rowohlt Taschenbuchverlag
* Bogner, A. / Franke, M.: Die Hungerproduzenten. Die europäische Landwirtschaft fördert den Hunger in der Dritten Welt, Edition Terre des Hommes im Verlag Jungbrunnen, Wien-München 1981
* Brandt, Willy / Biedenkopf, Kurt u.a.: Gemeinsam überleben, Breitenbach Verlag, Bonn 1988
* Collins, J. / Lappe, F.M.: Vom Mythos des Hungers. Die Entlarvung einer Legende, Fischer Verlag, Frankfurt 1980
* Crosby, Alfred W.: Die Früchte des weißen Mannes. Ökologischer Imperialismus 900-1900, Campus Verlag, Frankfurt 1991
* Dinham, B. / Hines, C.: Hunger und Profit. Agrobusiness in Afrika, Kivouvou Verlag, Heidelberg 1986
* Dirmoser u.a. (Hrsg.): Mythos Entwicklungshilfe. Entwicklungsruinen: Analysen und Dossiers zu einem Irrweg, Ökozidextra, Focus Verlag, Gießen
* Dritte Welt Haus Bielefeld: Atlas der Weltverwicklungen, Peter Hammer Verlag, Wuppertal 1992
* Euler, Claus (Hrsg.): "Eingeborene" - ausgebucht. Ökologische Zerstörung durch Tourismus, Ökozid Jahrbuch 5, Focus Verlag, Gießen

* Evangelischer Pressedienst: Dritte Welt Informationen - kurzgefaßt für Unterricht, Diskussion und Aktion. Zu verschiedenen Themen, epd-Vertrieb, Frankfurt
* eXplizit. Materialien für Unterricht und Bildungsarbeit: Weltmarkt Blumen, Horlemann Verlag
* Gesellschaft für ökologische Forschung (Hrsg.): Amazonien - ein Lebensraum wird zerstört, Raben Verlag
* Giger, Andreas (Hrsg.): Eine Welt für alle. Visionen von globalem Bewußtsein, Horizonte Verlag, Rosenheim 1990
* Goudzwaard, Bob u.a.: Weder Armut noch Überfluß, Kaiser Verlag, München 1990
* Grimme, L. u.a.: Pestizide Ex- und Import. Die Folgen des Pestizidexports in Länder der Dritten Welt, Kölner Volksblatt Verlag, Köln 1985
* Hagemann, H.: Hohe Schornsteine am Amazonas, Dreisam Verlag, Freiburg 1985
* Heske, Henning (Hrsg.): Ernte-Dank? Landwirtschaft zwischen Agrobusiness, Gentechnik und traditionellem Landbau, Ökozid Jahrbuch 3, Focus Verlag, Gießen
* Hopp, Jürgen / Schwiebert, Peter (Hrsg.): Wüstenwind und Tropenregen...Erfahrungen von Entwicklungshelfern des DED, Dietrich Reimer Verlag, Berlin 1992
* Kamm, Dirk: Thailand auf dem Weg zum Industriestaat? Institut für Asienkunde, Hamburg 1992
* Launer, Ekkehard: Datenhandbuch Süd-Nord, Lamuv-Verlag, Göttingen 1992
* Michler, W.: Weißbuch Afrika, Dietz Nachf. Verlag, Bonn 1991
* Missionswerk d. Evang.-Luth.Kirche Bayern (Hrsg.): Entwicklung und Umwelt. Ökonomisch - ökologische Entwicklung in Papua-Neuguinea, Evang. Missionswerk; Hamburg 1991
* Publik Forum Materialmappe: Zukunftswerkstatt für die Eine Welt, Forum Verlag, Frankfurt 1992
* Punnamparambil, José (Hrsg.): Umarme den Baum... Indische Ansichten zu Ökologie und Fortschritt, Horlemann Verlag, Unkel 1990
* Rottach, P.: Ökologischer Landbau in den Tropen. Ecofarming in Theorie und Praxis, C.F. Müller Verlag, Karlsruhe 1984
* Shiva, Vandana: Das Geschlecht des Lebens. Frauen, Ökologie und Dritte Welt, Rotbuch Verlag, Berlin 1989
* Spangenberg, Joachim: Umwelt und Entwicklung. Argumente für eine globale Entwicklungsstrategie, Schüren Verlag, Berlin 1992
* Stiftung Entwicklung und Frieden (Hrsg.): Die Herausforderung des Südens, Bonn 1991
* Stüben, P.E. (Hrsg.): Kahlschlag im Paradies. Die Vernichtung der Regenwälder - das Ende der Stammesvölker, Ökozid Jahrbuch 1, Focus Verlag, Gießen 1985
* Stüben, Peter (Hrsg.): WüstenErde. Der Kampf gegen Durst, Dürre und Desertifikation, Ökozid Jahrbuch 7, Focus Verlag , Gießen
* Thielen, Helmut: Die Einsamkeit der Dritten Welt, Horlemann Verlag, Unkel 1992
* Wöhlcke, M.: Umweltzerstörung in der Dritten Welt, Beck Verlag, München 1987

Energie

Literaturhinweise:

* Arbeitsgemeinschaft Hessischer Wasserkraftwerke (Hrsg.): Kleine Wasserkräfte nutzen, Rotarius Verlag, Heuberg 1986
* Bio-Energie. Unerschöpfliche Quelle aus lebenden Systemen. Ein Handbuch zur Gewinnung von Energie aus lebenden Systemen, Fischer Verlag, Frankfurt 1980
* Bredow / Strampa / Lerche: Wind. Strom für das Haus. Eine Bauanleitung, Ökobuch-Verlag, Schloß Kressenbrunnen, 1982
* Büttner, Sebastian: Solare Wasserstoffwirtschaft, Peter Lang Verlag, Frankfurt 1991
* Energie und Umweltpolitik/Internationale Energie-Agentur Braunschweig;Wiesbaden; Wieweg 1991
* Grawe, Joachim: Zukunftsenergien, Bonn Aktuell, München 1992
* Greenpeace (Hrsg.): Ein klimaverträgliches Energiekonzept für (Gesamt-) Deutschland ohne Atomstrom, Hamburg 1992, Bezug: Greenpeace, Vorsetzen 53, 20459 Hamburg, Tel: 040/311860
* ICLEI (Hrsg.): Klima schützen heißt Städte schützen. Briefing Book für kommunale Entscheidungsträger, Freiburg 1993, Bezug: ICLEI, Eschholzstr. 86, 79115 Freiburg, Tel: 0761/368920)
* König / Folkerts: Elektrischer Strom als Umweltfaktor, Pflaum Verlag, München 1993
* Ladener, Heinz: Solaranlagen. Planung, Bau und Selbstbau von Solarsystemen. Ökobuch-Verlag, Staufen 1993
* Lehmann, Bernd / Andreas Gronauer: Sinnvoller Umgang mit Energie auf dem Bauernhof, Stiftung Ökologie und Landbau, 1992
* Mez, Lutz u.a.: Die Energiesituation in der vormaligen DDR, edition sigma, Berlin 1991
* Öko-Institut (Hrsg): Energie Report Europa. Daten zur Lage. Ein Binnenmarkt für Energie? Strategien für eine europäische Energiewende, Frankfurt 1991
* RWE-Information: Stromerzeugung mit Solarzellen in Partnerschaft mit der Natur, Essen
* Scheer, Hermann: Sonnenstrategie. Politik ohne Alternative, Piper Verlag, München 1993
* Schröder-Sagir, Barbara: Energieversorgung ohne Atomkraft? Einführung ins Thema Energie, Blickpunkt Verlag 1990
* Schweizerische Energiestiftung (Hrsg.): Stromreport. Elektrizität rationeller nutzen und erzeugen, Zürich 1989
* Verein Deutscher Ingenieure (Hrsg.): Energie und Umwelttechnik in der Lebensmittelindustrie, VDI Verlag, Düsseldorf 1992

Gentechnologie

Literaturhinweise:

* Altner, G u.a.: Gentechnik und Landwirtschaft. Folgen für Umwelt und Lebensmittelerzeugung, C.F. Müller Verlag, Karlsruhe 1988
* Altner, G. u.a.: Die ungeklärten Gefahrenpotentiale der Gentechnologie. Gentechnologie: Chancen und Risiken, J. Schweitzer Verlag, München 1986
* Bund demokratischer Wissenschaftler e.V.: Forum Wissenschaft, Studienheft Nr. 1, Gentechnologie, BdWI, Marburg
* Enquete-Kommission: Einschätzung und Bewertung von Technikfolgen. Gestaltung von Rahmenbedingungen der technischen Entwicklung. Materialien zur Drucksache 10/6801, Bd. IV, Gutachten 1987
* Hingst, Wolfgang: Zeitbombe Gentechnik, Orac Verlag, Wien 1988
* Hobbelink, Henk: Bio-Industrie gegen die Hungernden. Die Gen-Multis und die Lebens-Mittel der Dritten Welt, Rowohlt, Reinbek 1989
* Löw, R.: Leben aus dem Labor, Gentechnologie und Verantwortung, Bertelsmann Verlag, München 1985
* Rifkin, J.: Kritik der reinen Vernunft - Pamphlet eines Ketzers, Rowohlt Verlag, Reinbek 1987
* Rifkin, J.: Genesis zwei. Biotechnik - Schöpfung nach Maß, Rowohlt Verlag, Reinbek 1986
* Rosenblatt, S.: Biotopia, Rasch und Röhring, Hamburg 1988
* Scheller, R.: Das Gen-Geschäft. Chancen und Gefahren des Biotechnologie, Weltkreis-Verlag, Dortmund 1985
* Spangenberg, Joachim: Das grüne Gold der Gene. Vom Angriff der Gentechnik auf das Leben in der Dritten Welt, Peter Hammer Verlag, Wuppertal 1992
* Weldon, Fay: Die Klone der Joanna May, Frauenbuchverlag, München 1990

Gesundheit und Ernährung

Literaturhinweise:

* Bach, W. / Müller-Elze, R.: Gesunder Landbau - Gesunde Ernährung, Fischer Verlag, Frankfurt 1984
* Beckers, J. / Oeser, K.: Fluglärm. Ein Kompendium für Betroffene, C.F. Müller Verlag, Karlsruhe, 1987
* Billen-Girmscheid, G. / Schmitz, O.: Das Öko-Lexikon unserer Ernährung, S.Fischer Verlag, Frankfurt 1988
* Burger, B.: Haushalt ohne Chemie, Dreisam Verlag, Freiburg 1987
* Cramer, Manfred (Hrsg.):Unser Doppelleben: Neue Studien zur Umweltbetroffenheit, FHM, Fachbereich Sozialwesen, München 1991

* Der Ernährungsbericht 1988, Deutsche Gesellschaft für Ernährung, Frankfurt
* Die Grünen Hessen: Ökologie im Haushalt, Verlag Die Werkstatt, Göttingen 1991
* eXplizit, Materialien für Unterricht und Bildungsarbeit: Fast Food, Horlemann-Verlag
* Häusler, K. / Schmidkunz, H.: Tatort Chemie. Alles über Ernährung, Haushalt, Materialien, Delphin Verlag, München 1986
* Juchheim, J.K. / Poschet, J.: Das Ernährungsprogramm zur Stärkung des Immunsystems, BLV, München 1988
* Juling, Petra: Haushalt ohne Gift, Dreisam Verlag, Köln 1991
* Kaberlah, F.: Acht Stunden täglich. Schadstoffe und Gesundheitsschutz am Arbeitsplatz, Dreisam Verlag, Freiburg 1983
* Katalyse e.V. Köln: Das Ernährungsbuch, Kiepenheuer & Witsch, Köln 1986
* Klopffleisch, R. / Koch, E. u.a.: Mit Haut und Haaren. Ein kritischer Kosmetikratgeber, Kiepenheuer & Witsch, Köln 1987
* Küster, H.: Wo der Pfeffer wächst. Lexikon zur Kulturgeschichte der Gewürze, C.H. Beck Verlag, München 1987
* ÖKO-TEST Sonderheft: Essen, Trinken und Genießen, 1993
* Pfitzenmaier, Gerd / Schmelzer, Brigitte: 50 einfache Umwelt-Tips für den Alltag, Verlag Gräfe und Unzer, München 1991
* Pickshaus, Klaus / Priester, Klaus: Gesundheit und Ökologie im Büro, Verlag Ökologische Briefe, Frankfurt 1991
* Randolph, T. / Mos, R.W.: Allergien: Folgen von Umweltbelastung und Ernährung, C.F. Müller Verlag, Karlsruhe 1984
* Thönes, Egidius (Hrsg.): Fleischeslust. Geschichten um ein Nahrungsmittel, Klartext Verlag, Essen 1992
* Umbach, W.: Kosmetik, Thieme Verlag, Stuttgart 1988
* Umweltbundesamt: Was Sie schon immer über Lärmschutz wissen wollten, Kohlhammer Verlag, Stuttgart 1982
* Verbraucherzentrale: Formaldehyd in Haus und Haut, Düsseldorf 1990
* Welzl, E.: Biochemie der Ernährung, de Gruyter Verlag, Berlin 1985

Industrie und Technik

Literaturhinweise:

* Böhre, C. / Kuhlmann, A. / Traube, K. u.a.: Technikkontrolle in der Risikogesellschaft, Verlag Neue Gesellschaft, Bonn 1988
* B.U.N.D. / Katalyse e.V. Köln / Öko-Institut Freiburg / ULF: Chemie am Arbeitsplatz, rororo aktuell, Rowohlt Verlag, Reinbek 1987
* Hamberger, Sylvia u.a. (Hrsg.): Sein oder Nichtsein. Die industrielle Zerstörung der Natur, Raben Verlag, München 1990
* Heigl, A. / Schäfer, K. / Vogl, J.: Handbuch des Umweltschutzes. Umwelttechnologie, TUIS-Transport-Unfall-Informations-und Hilfeleistungssystem, ecomed Verlagsgesellschaft, Landsberg 1986
* Lenk, H. / Ropohl, G.: Technik und Ethik, Reclam Verlag, München 1987
* Möller, E.: Unternehmen pro Umwelt. Architektur-Design Konsumgüter. Produktentwicklung im Zeichen des Umweltschutzes, Lexika Verlag, München 1983
* Müller, H.-P. / Pirker, Th. / Winkelmann, R. (Hrsg.): Technik und industrielle Revolution, Westdeutscher Verlag, Opladen 1987
* Scheiler, J: Umweltschutz als Beruf. Ein Handbuch für Ausbildung und Weiterbildung, fischer alternativ, Fischer Verlag, Frankfurt 1988
* Tintrup, Erik: Solartechnik, Heyne Verlag, München 1991
* Tomeo, Javier: Die Taubenstadt, Wagenbach Verlag, Berlin 1991
* Verein Deutscher Ingenieure: Integrierter Umweltschutz. Ingenieurkonzepte für eine umweltverträgliche Technikgestaltung, VDI-Verlag, Düsseldorf 1991

Klima und Atmosphäre

Literaturhinweise:

* Borsch, P. / Wiedemann, P.M. (Hrsg.): Was wird aus unserem Klima? Bonn Aktuell, München 1992
* Deutscher Bundestag / Enquete Kommission »Vorsorge zum Schutz der Erdatmosphäre«: Schutz der Erde. Eine Bestandsaufnahme mit Vorschlägen zu einer neuen Energiepolitik, 2 Bde, Bonn 1990
* Enquete Kommission »Vorsorge zum Schutz der Erdatmosphäre«: Klimaänderung gefährdet globale Entwicklung. Zukunft sichern - jetzt handeln, Bonn / Karlsruhe 1992
* Graßl, Hartmut / Klingholz, Reiner: Wir Klimamacher, Fischer Verlag, Frankfurt 1990
* Intergovernmental Panel on Climate Change: Climate Change. The IPCC 1990 und 1992 Assessments. IPCC First Assessment Report. Overview and Policymaker Summaries and 1992 IPCC Supplement, Genf 1992
* Grießhammer, Rainer: Schlechtwetter für unser Klima? Verbraucher-Zentrale, Düsseldorf 1991
* Hennicke, Peter / Müller, Michael: Die Klimakatastrophe, J.H.W. Dietz Verlag, Bonn 1989
* Weizsäcker, E.U. von / Bleischwitz, R. (Hrsg.):Klima und Strukturwandel, Economica Verlag, Bonn 1992

Landwirtschaft und Gartenbau

Literaturhinweise:

* Altner G. u.a.: Gentechnik und Landwirtschaft. Folgen für Umwelt und Lebensmittelerzeugung, C.F. Müller Verlag, Karlsruhe 1988
* Brun, R.: Ökologischer Garten, Natur & Umwelt Verlag, München
* Chabousson, F.: Pflanzengesundheit und ihre Beeinträchtigung. Die Schädigung durch synthetische Dünge- und Pflanzenbehandlungsmittel, C.F. Müller Verlag, Karlsruhe 1987
* Chinery, M: Naturschutz beginnt im Garten, Otto-Maier Verlag, Ravensburg 1986
* Dahl, J.: Neue Nachrichten aus dem Garten, Klett-Cotta, Stuttgart 1987
* Eichenberger, Rosemarie u.a.: Das Jahr im biologischen Gartenbau. Ein Aussaat- und Arbeitskalender, Ulmer Verlag, Stuttgart 1983
* Erven, Heinz: Mein Paradies, Selbstverlag, Remagen 1986
* Fischer, Claudia und Reinhold: Das große Biogarten-Handbuch, Südwest-Verlag, München 1988
* Gabriel, Ingrid: Erfolgreich gärtnern durch naturgemäßen Anbau, Falken Verlag, Niedernhausen 1987
* Hamilton, Geoff: Der kerngesunde Garten, BLV Verlag, München 1989

* Heynitz, Krafft von / Merckens, Georg: Das biologische Gartenbuch, Ulmer Verlag, Stuttgart 1987
* Kickuth, R. (Hrsg.): Die ökologische Landwirtschaft, C.F. Müller Verlag, Karlsruhe 1984
* Kreuter, Marie-Luise: Der Biogarten, BLV Verlag, München 1988
* Kreuzer, K.: Die Vermarktung selbst in die Hand nehmen. Ein Handbuch für Biobauern, Selbstverlag, Lauterbach 1988
* Lehmann, Bernd / Gronauer, Andreas (Hrsg.): Sinnvoller Umgang mit Energie auf dem Bauernhof, Stiftung Ökologie und Landbau, 1992
* Lexikon der Landwirtschaft, Verlagsunion Agrar, 1992
* Lust, Volkmar: Biologischer Obst- und Gartenanbau, Ulmer Verlag, Stuttgart 1987
* Mead, Ch. / Tolley, E.: Gärten, Küche, Dekors, DuMont Verlag, Köln 1987
* Neuerburg, W. / Padel, S.: Organisch-biologischer Landbau, Verlagsunion Agrar, 1992
* Preuschen, Gerhardt: Ackerbaulehre nach ökologischen Gesetzen, C.F. Müller Verlag, Karlsruhe
* Preuschen, Gerhardt / Oßwald, Nicola: Betriebslehre für den ökologischen Landbau, C.F. Müller Verlag, Karlsruhe 1993
* Preuschen, Gerhardt: Mensch und Natur - Partner oder Gegner? Stiftung Ökologie und Landbau, 1991
* Probst, G.: Biologischer Pflanzenschutz, Pietsch Verlag, Stuttgart 1988
* Schröder-Sagir, Barbara: Rettet unsere Böden, Blickpunkt Verlag, Herford
* Stiftung Ökologie und Landbau (Hrsg.): Ökologie und Landbau. Zeitschrift
* Stiftung Ökologie und Landbau (Hrsg.): Forschung im ökologischen Landbau, 1993
* Storl, Wolf-Dieter: Der Garten als Mikrokosmos, Verlag Hermann Bauer, Freiburg 1988
* Weber, Carina / Balzer, Werner: Pestizide in Nahrungsmitteln: Besonders gefährlich für Kinder, Stiftung Ökologie und Landbau, 1992

Luft

Literaturhinweise:

* Bartholmess, H. / John, E.: Luftqualität selbst bestimmt. Flechtenkartierung, Blatthefebestimmung, Naglschmidverlag, Stuttgart 1986
* Bergmoser + Höller Verlag (Hrsg.): Zerstörung der Ozonschicht, Unterrichtsmaterialien,Aachen 1989
* Breuer, G.: Geht uns die Luft aus
* Crutzen, Paul J. / Müller, Michael (Hrsg.): Das Ende des blauen Planeten? Der Klimakollaps - Gefahren und Auswege, Beck-Verlag, München 1991
* Der Rat der Sachverständigen für Umweltfragen: Luftverunreinigungen in Innenräumen, Kohlhammer Verlag, Mainz 1987
* Deutscher Bundestag - Enquetekommission "Schutz der Erdatmosphäre": Erster Bericht: "Klimaänderung gefährdet globale Entwicklung". Bundestagsdrucksache 12/2400, Bonn 1992

* Deutscher Bundestag - Enquete-Kommission "Schutz der Erdatmosphäre": Dritter Bericht zum Schutz der Erde, Bundestagsdrucksache 11/ 8030, Bonn 1990
* Evangelischer Pressedienst: Dritte Welt Information - kurzgefaßt für Unterricht, Diskussion und Aktion. 7/91: Die Klimakatastrophe; wie kann sie verhindert werden? epd-Vertrieb, Frankfurt
* Fabian, P.: Atmosphäre und Umwelt. Chemische Prozesse. Menschliche Eingriffe. Ozonschicht. Luftverschmutzung. Smog. Saurer Regen, Springer Verlag, Berlin 1987
* Fritz, S.: Die Einwirkung von Luftverunreinigungen auf ausgewählte Kunstwerke mittelalterlicher Glasmalerei, Erich Schmidt Verlag, Berlin 1984
* Fritz, S. u.a.: Materialschäden durch Luftverunreinigungen, Ecomed Verlag, Landsberg 1987
* Graßl, H. / Klingholz, R.: Wir Klimamacher, Fischer Verlag, Frankfurt 1990
* Hennicke, P. / Müller, M.: Die Klimakatastrophe, J.H.W. Dietz Verlag, Bonn 1989
* Hoering, Uwe: Zum Beispiel Umweltzerstörung, Lamuv-Verlag, Göttingen 1991
* Kaiser, K. u.a.: Internationale Klimapolitik, Europa Union Verlag, Bonn 1991
* Leggett, Jeremy: Global Warming, Piper Verlag, München 1991
* Loske, Reinhard: Wege zur Klimastabilisierung, Heinrich-Böll-Stiftung (Hrsg.), Köln 1991
* McKibben, Bill: Das Ende der Natur, Piper Verlag, München 1992
* Reckter, B. u.a. (Hrsg.): Geschichten, die die Forschung schreibt. Ein Umweltlesebuch, Verlag Deutscher Forschungsdienst, Bühl 1990
* Robin Wood (Hrsg.): Klima Aktionsbuch, Verlag Die Werkstatt, Göttingen 1990
* Seifert, B. von (Hrsg.): Luftverunreinigungen durch Kraftfahrzeuge in der Bundesrepublik Deutschland - Stand und Trends, G. Fischer Verlag, Stuttgart 1986
* Simonis, Udo Ernst: Globale Klimakonvention, Papier FS II 91-404 des Wissenschaftszentrums Berlin, Berlin 1991
* Umweltbundesamt: Daten zur Umwelt 1986/87, Erich Schmidt Verlag, Berlin 1986
* Umweltbundesamt: Was Sie schon immer über Luftreinhaltung wissen wollten, Kohlhammer Verlag, Stuttgart 1983
* Verbraucherzentrale: Schlechtwetter für unser Klima? Vom Ahaeffekt zum Ohakonzept, Düsseldorf

Natur und Landschaft

Literaturhinweise:

* Arbeitsgemeinschaft beruflicher und ehrenamtlicher Naturschutz: Sport und Naturschutz im Konflikt. Jahrbuch für Naturschutz und Landschaftspflege 38/1986, Kilda Verlag, Greven 1986
* Bastian, Till: Naturzerstörung. Die Quelle der künftigen Kriege, Heidesheim 1991
* Battis, U. u.a.: Der Schutz von Natur und Umwelt vor Zerstörung. Eine juristische und rechtstatsächliche Untersuchung, Werner Verlag, Düsseldorf 1988
* Bibelriether, Hans / Schreiber, Rudolf (Hrsg.): Die Nationalparke Europas, Süddeutscher Verlag - Pro Natur, München 1989
* Bibelriether, Hans / Schreiber, Rudolf (Hrsg.): Die schönsten Naturschutzgebiete der Welt, J&V Verlag, Wien 1990
* Brix, M.: Main-Donau-Kanal. Ersatzlandschaft im Altmühltal, Callwey Verlag, München 1988
* Engelhardt, W.: Was lebt in Tümpel, Bach und Weiher, Franck'sche Verlagshandlung, Stuttgart 1984
* Gribbin, John / Rees, Martin: Ein Universum nach Maß, Birkhäuser Verlag, Basel 1991
* Hanna, N. / Wells, S.: Das Greenpeace-Buch der Korallenriffe
* Holitschek, E. u.a. (Hrsg.): Urlaub und Freizeit mit der Natur. Das praktische Handbuch für ein umweltschonendes Freizeitverhalten, Edition Weitbrecht, Stuttgart 1991
* Müller, F.: Die Bedeutung von Rainen, Hecken und Feldgehölzen in der Landschaft, besonders für die Wildhege, Enke Verlag, Stuttgart 1980
* Naturenzyklopädie Europas, Mosaik Verlag, München 1992
* Ringler, A.: Gefährdete Landschaft. Lebensräume auf der Roten Liste. Eine Dokumentation mit Bildvergleichen, BLV Verlag, München 1987
* Schneider, Manuel / Karrer, Andreas (Hrsg.): Die Natur ins Recht setzen, Stiftung Ökologie und Landbau, Verlag C.F. Müller, 1992
* Seibold, Eugen: Das Gedächtnis des Meeres, Piper Verlag, München 1991
* Sheldrake, Rupert: Das Gedächtnis der Natur, Scherz Verlag, München 1990
* Shigo, Alex: Die neue Baumbiologie, Verlag Bernhard Thalacker, Braunschweig 1990

Naturvölker

Literaturhinweise:

* Bodley, J.: Der Weg der Zerstörung. Stammesvölker und die industrielle Zivilisation, Trickster Verlag, München 1983
* Burger, Julian: Die Wächter der Erde. Vom Leben sterbender Völker, Rowohlt Taschenbuchverlag, Reinbek 1991
* Divivere, B. von: Der letzte Garten Eden. Die Zerstörung der tropischen Regenwälder und die Vertreibung ihrer Ureinwohner, Fischer Verlag, Frankfurt 1984
* Gesellschaft für bedrohte Völker (Hrsg.): Mit den Wäldern sterben die Menschen. Die Bedrohung der Indianer Amazoniens durch die Vernichtung der Regenwälder, Göttingen 1990
* Morgan, Sally: Ich hörte den Vogel rufen, Orlanda Frauenverlag, Berlin 1991
* Oth, R.: Auf den Spuren der Indianer, Ensslin & Laiblin Verlag, Reutlingen 1988
* Scholz, Fred (Hrsg.): Nomaden, Mobile Tierhaltung, Das Arabische Buch, Berlin 1991
* Stüben, P.E.: Kahlschlag im Paradies. Die Vernichtung der Regenwälder - Das Ende der Stammesvölker, Focus Verlag, Gießen 1985
* Stüben, Peter (Hrsg.): Die neuen "Wilden". Umweltschützer unterstützen Stammesvölker - Theorie und Praxis der Ethno-Ökologie, Ökozid Jahrbuch 4, Focus Verlag, Gießen

Ökonomie

Literaturhinweise:

* ARA (Hrsg.): Naturerbe Regenwald. Strategien und Visionen zur Rettung der tropischen Regenwälder, Ökozid 6, Focus Verlag, Gießen 1990
* Atlas der Weltverwicklungen, Dritte Welt Haus Bielefeld, Peter Hammer Verlag, Wuppertal 1992
* Beihefte der Konjunkturpolitik: Umweltschutz. Herausforderungen und Chancen für die Wirtschaft, Heft 38, Duncker & Humblot, Berlin 1990
* Briefs, U. (Hrsg.): Anders produzieren, anders arbeiten, anders leben, Pahl-Rugenstein Verlag, Köln 1986
* Brown, Lester: Worldwatch Institute Report. Zur Lage der Welt 91/92, Fischer Verlag, Frankfurt 1991
* BUND (Hrsg.): Wie Weltbankmacht die Welt krank macht, Kölner Volksblatt Verlag, Köln 1988
* Eich, D. / Hübener, K.L.: Die strategischen Rohstoffe, Hammer Verlag, Wuppertal 1988
* Eppler, E.: Ende oder Wende? Von der Machbarkeit des Notwendigen, dtv, München 1976
* Eppler, E.: Wege aus der Gefahr, Rowohlt Verlag, Reinbek 1981
* Evangelischer Pressedienst: Dritte Welt Information - kurzgefaßt für Unterricht, Diskussion und Aktion. 8/9/91: Umweltsünder Weltmarkt, epd-Vertrieb, Frankfurt
* eXplizit, Materialien für Unterricht und Bildungsarbeit: Welthandel, Müll, Afrika, Horlemann Verlag, 1991
* eXplizit, Materialien für Unterricht und Bildungsarbeit: Ferntourismus, Horlemann Verlag
* eXplizit, Materialien für Unterricht und Bildungsarbeit: Nahrungsmittelhilfe - Hilfe für wen? Horlemann Verlag
* FIAN /Verbraucherinitiative (Hrsg.): Unverblümte Geschäfte. Informationen über den Weltblumenmarkt, 1991

* Herrmann, R.: Internationale Agrarmarktabkommen. Analyse ihrer Wirkungen auf den Märkten für Kaffee und Kakao, I.C.B. Mohr Verlag, Tübingen 1988
* Houdrich, K. /Schumacher, J.: Krise der Leistungsgesellschaft, Westdeutscher Verlag, Opladen 1988
* Huber, Joseph: Unternehmen Umwelt - Weichenstellungen für eine ökologische Marktwirtschaft, Fischer Verlag, Frankfurt 1991
* Immler, Hans: Welche Wirtschaft braucht die Natur? Mit der Ökonomie die Ökokrise lösen, S. Fischer Verlag
* Kreikebaum, Prof. Dr. Hartmut: Umweltgerechte Produktion, Hüthig Verlagsgemeinschaft, Frankfurt 1992
* Leisinger, Klaus: Hoffnung als Prinzip, Birkhäuser Verlag, Basel 1993
* Mayer, Lothar: Ein System siegt sich zu Tode. Der Kapitalismus frißt seine Kinder, Publik-Forum Verlagsgesellschaft, Oberursel 1992
* Meadows, D.: Die Grenzen des Wachstums, DVA, Stuttgart 1972
* Meffert, Heribert u.a.:Marktorientiertes Umweltmanagement, C.E. Poeschel Verlag, Stuttgart 1992
* Peccei, A. u.a.: Der Weg ins 21. Jahrhundert. Alternative Strategien für die Industriegesellschaft, Molden Verlag, München 1983
* Pieroth, E. / Wicke, L.: Chancen der Betriebe durch Umweltschutz, Haufe Verlag, Freiburg 1988
* Rosenke, W. u.a. (Hrsg.): Afrika: Der vergessene Kontinent? AKAFRIK, Münster 1991
* Rüthemann, Guido: Zum Beispiel Textilien, Lamuv-Verlag, Göttingen 1990
* Simonis, U.E. (Hrsg.): Ökonomie und Ökologie, C.F. Müller Verlag, Karlsruhe 1980
* United Nations Industrial Development Organization: Industry and Environment. A Guide to Sources of Information, Verlag Dr. Grüb, Nachf., Bollschweil 1991
* Wicke, L.: Umweltökonomie. Eine praxisorientierte Einführung, Verlag F. Vahlen, München 1982
* World Watch: Konversion zur Friedensökonomie. Die Chance jetzt ergreifen
* Yergin, Daniel: Der Preis. Die Jagd noch Öl, Geld und Macht, Fischer Verlag, Frankfurt 1991

Pflanzen und Tiere

Literaturhinweise:

* Adams, Douglas / Cawardine, Mark: Die letzten ihrer Art, Hoffmann und Campe, Hamburg 1991
* Bauer, G. u.a.: Botanik. Ein grundlegendes Lehrbuch, VCH Verlagsgesellschaft, Weinheim 1988
* Bittermann, Wolfgang / Plank, Franz-Josef: Zeitbombe Tierleid, Orac Verlag, Kristel 1991
* Blab, J.: Grundlagen des Biotopschutzes für Tiere, Kilda Verlag, Greven 1986
* Blab, J. u.a.: Aktion Schmetterling. So können wir sie retten, Otto-Maier-Verlag, Ravensburg 1987
* Blab, J. u.a.: Rote Liste der gefährdeten Tier-und Pflanzenarten in der Bundesrepublik Deutschland, Kilda Verlag, Greven, 4. Aufl. 1984
* Brown, Rita Mae: Schade, daß du nicht tot bist, Rowohlt Verlag, Reinbek 1991
* Douglas-Hamilton, Oria: Das Elefanten-Kinderbuch, Verlag Neugebauer Press, Salzburg-München 1990
* Downer, John: Die Supersinne der Tiere, Hoffmann und Campe Verlag, Hamburg 1990
* Dröscher, Vitus B. (Hrsg.): Rettet die Elefanten Afrikas! Rasch und Röhring Verlag, Hamburg 1990
* Ellenberg, H.: Greifvögel und Pestizide, B.U.N.D., Freiburg
* Ellis, Richard: Mensch und Wal Die Geschichte eines ungleichen Kampfes, Droemer/Knaur, München
* eXplizit, Materialien für Unterricht und Bildungsarbeit: Artenschutz - Handel mit bedrohten Tieren, Horlemann Verlag
* Gamlin, L. / Vines, G.: Wunder des Lebens, Herder Verlag, Freiburg 1988
* Goodall, Jane: Ein Herz für Schimpansen, Rowohlt Verlag, Reinbek 1991
* dieselbe: Wilde Schimpansen, Rowohlt Verlag, Reinbek 1991
* dieselbe: Mein Leben mit den Schimpansen, Rowohlt Verlag, Reinbek 1991
* Godet, Jean-Denis: Pflanzen Europas, Mosaik Verlag, München 1991
* Gould, Stephen Jay: Zufall Mensch, Carl Hanser Verlag, München 1991
* derselbe: Das Lächeln des Flamingos, Birkhäuser Verlag, Basel 1989
* Griffin, Donald R.: Wie Tiere denken, Deutscher Taschenbuch Verlag, München 1990
* Grzimeks Enzyklopädie - Säugetiere, 5 Bände, Kindler Verlag, München 1987
* Hahn, O.: Der Igel. Liebenswertes Stacheltier, Herder Verlag, Freiburg
* Hellmiß,M./Neubauer,N.: So leben Wale und Delphine, Arena Verlag, Würzburg 1993

* Higgins, L.G. / Riley, N.D.: Die Tagfalter Europas und Nordwestafrikas, Parey Verlag, Hamburg 1978
* Kaule, G.: Arten- und Biotopschutz, Ulmer Verlag, UTB Große Reihe, Stuttgart 1986
* Kloft, W.J.: Ökologie der Tiere, Ulmer Verlag, Stuttgart 1988
* Kormann, K.: Schwebfliegen Mitteleuropas, ecomed Verlagsgesellschaft, Landsberg 1988
* Maywald, A. / Pott, B.: Fledermäuse, Ravensburger Verlag, Ravensburg 1988
* Morris, Desmond: Warum hat das Zebra Streifen? Heyne Verlag, München 1991
* Moss, Cynthia: Die Elefanten vom Kilimandscharo, Rasch und Röhring Verlag, Hamburg 1990
* Nachtigall, W.: Im Reich der Tausendstel-Sekunde. Faszination des Insektenflugs, Gerstenberg Verlag, Hildesheim 1988
* Preiss, Byron / Gao, Xueyu (Hrsg.): Die geheimnisvolle Welt der Pandas, Hoffmann und Campe Verlag, Hamburg 1991
* Reichholf, Josef H.: Das Rätsel der Menschwerdung, Deutsche Verlagsanstalt, Stuttgart 1990
* Rißler, A. / Witt, R.: Natur in Not, Franck'sche Verlagshandlung, Stuttgart 1988
* RWE Energie: Lebensraum für die Uferschwalbe, Essen
* Siegel,Robert: Das Lied der Wale, Arena Verlag, Würzburg 1993
* Straaß, Veronika: Spielregeln der Natur, BLV-Verlagsgesellschaft, München 1990
* Veit, Barbara: Das Tierschutzbuch, Otto-Maier-Verlag, Ravensburg 1990
* Waterman, Talbot H.: Der innere Kompaß, Spektrum Verlag, Heidelberg 1990
* Zerbst, Marion: Auf Balkon und Fensterbrett - Naturbeobachtungen zu Hause, Orell Füssli Verlag, Zürich 1991

Tourismus und Freizeit

Literaturhinweise:

* Deutsches Wirtschaftswissenschaftliches Institut für Fremdenverkehr (Hrsg.): Kommunale Belastungen durch fremdenverkehrsbedingtes Müllaufkommen, Heft 44, München
* Kratzschmer, D. / Kreib, Y.: Reisen zwischen Anspruch und Wirklichkeit, PLUS Nr.1, Universität Hannover, 1989
* Siehe auch: Dritte Welt

Umweltbewegung und Umweltpolitik

Literaturhinweise:

* Bayertz, Kurt (Hrsg.): Ökologische Ethik, Patmos Verlag, Düsseldorf
* Bleischwitz, Raimund: Die Globalisierung der Umweltpolitik - Ein Überblick und ausgewählte Materialien zum Schutz der Ozonschicht, der Tropenwälder und des Erdklimas, Stiftung Entwicklung und Frieden, Bonn 1991
* Bohne, E. / Hartkopf, G.: Umweltpolitik. Grundlagen, Analysen und Perspektiven, Westdeutscher Verlag, Opladen 1983

* Bosselmann, Klaus: Im Namen der Natur. Der Weg zum ökologischen Rechtsstaat, Scherz Verlag, München 1992
* Brandt, Willy / Biedenkopf, Kurt u.a.: Gemeinsam überleben, Bonn 1988
* Buddensiek, Wilfried: Wege zur Öko-Schule, AOL-Verlag und Verlag Die Werkstatt, Lichtenau und Göttingen 1991
* Czechowskit, Pawel u.a.(Hrsg.): Umweltrecht in Mittel- und Osteuropa - Warschauer Gespräche zum Umweltrecht, Universität Marburg, 1992
* Deutscher Bundestag - Enquete-Kommission "Schutz der Erdatmosphäre": Erster Bericht "Klimaänderung gefährdet globale Entwicklung". Bundestagsdrucksache 12/2400, Bonn 1992
* Fiebig, K.-H. u.a.: Kommunale Umweltaktion. Ein Wegweiser durch Beispiele aus der Praxis, Deutsches Institut für Urbanistik, Berlin 1985
* Goeudewert, Daniel: Die Zukunft ruft, Busse & Seewald, Herford 1990
* Hauff, Volker (Hrsg.): Unsere gemeinsame Zukunft, Eggenkamp Verlag, Greven 1987
* Hein, W.: Umweltorientierte Entwicklungspolitik, Schriften des Deutschen Übersee-Instituts Hamburg, 1992
* Huber, J.: Die verlorene Unschuld der Ökologie, Fischer Verlag, Frankfurt 1982
* Jänicke, M. u.a.: Wissen für die Umwelt, de Gruyter Verlag, Berlin 1985
* Jahn, Thomas, / Wehling, Peter: Ökologie von rechts. Nationalismus und Umweltschutz bei der neuen Rechten und den "Republikanern", Campus Verlag, Frankfurt 1991
* Mayer-Tasch, P.C.: Ökologie und Grundgesetz, Fischer Verlag, Frankfurt 1980
* Michelsen, G.: Öko-Politik, Öko-Institut Freiburg (Hrsg.), 1983
* Naujoks, Friedhelm: Ökologische Erneuerung der ehemaligen DDR, Verlag J.H.W. Dietz, Bonn 1991
* Nutzinger, Hans G. / Zahrnt, Angelika (Hrsg.): Für eine ökologische Steuerreform, Fischer Verlag, Frankfurt 1990
* ökom GmbH (Hrsg.): Wohin - aber wie? Positionen und Perspektiven der Umweltbewegung, München
* Prokla 86: Ökologie und Entwicklung, Rotbuch Verlag, Berlin 1992
* Rechsteiner, Rudolf: Umweltschutz per Portemonnaie, Unionsverlag, Zürich 1990
* Schmidheiny, Stephan / Business Council for Sustainable Development: Kurswechsel, Artemis & Winkler, Zürich 1992
* Schumann, Holger u.a. Das Uran und die Hüter der Erde, Quell Verlag, Stuttgart 1990
* Simonis, U.E. (Hrsg.): Lernen von der Umwelt - Lernen für die Umwelt, WZB, edition sigma, Berlin 1988
* derselbe: Basiswissen Umweltpolitik, Edition sigma, Berlin 1990
* derselbe: Globale Klimakonvention, Papier FS II 91-404 des Wissenschaftszentrums Berlin, 1991
* Spangenberg, Joachim: Umwelt und Entwicklung, Schüren Presseverlag, Marburg 1991
* Uhlig, Christian (Hrsg.): Fragen der Umweltpolitik in den Entwicklungsländern, Ruhr-Universität Bochum, 1991
* Walletschek, H. / Graw, J.: Öko-Lexikon, Beck'sche Reihe, Verlag C.H. Beck, München 1992
* Weber, Jörg: Die Erde ist nicht Untertan - Grundrechte für Tiere und Umwelt, Eichborn Verlag, Frankfurt 1990
* Weizsäcker, E.U.von u.a. (Hrsg.): Klima und Strukturwandel, Economica Verlag, Bonn 1992
* Weltbank: Weltentwicklungsbericht 1992 - Entwicklung und Umwelt, Washington 1992
* Wiedlich, Wolfgang: Kiwis aus Sibirien? Birkhäuser Verlag, Berlin 1991

Umweltflüchtlinge

Literaturhinweise:

* Evangelischer Pressedienst: Dritte Welt Information - kurzgefaßt für Unterricht, Diskussion und Aktion. 8/9/89: Die Dritte Welt beginnt bei uns - Asylsuchende: Die Würde des Menschen ist verletzbar
* Gronemeyer, Reiner: Hirten und Helfer, Focus Verlag, Gießen 1988
* Hörig, Rainer: Selbst die Götter haben sie uns geraubt, pogrom, Tübingen 1990
* Schneider, Robin: Zum Beispiel Flüchtlinge, Lamuv-Verlag, Göttingen 1992
* Stiftung Entwicklung und Frieden (Hrsg.): Menschen auf der Flucht, Reihe Materialien INTERDEPENDENZ, Heft 8, Bonn 1991
* Wöhlcke, Manfred: Umweltflüchtlinge, Beck-Verlag, München 1992
* Worldwatch Institute: Zur Lage der Welt - 89/90. Fischer Verlag, Frankfurt 1989
* Zydek, Franziska / Crivelli, Giosanna: Menschen in Tschernobyl, Zytglogge Verlag, Gümlingen (CH) 1990

Verkehr

Literaturhinweise:

* Bastian, Till / Theml, Harald: Unsere wahnsinnige Liebe zum Auto, Beltz Verlag, Weinheim 1990
* Bleischwitz, R. / Schütz, H.: Unser trügerischer Wohlstand, Wuppertaler Institut für Klima, Umwelt, Energie, Wuppertal 1992
* Bode, P. u.a.: Alptraum Auto, Raben Verlag, München 1986
* Evangelischer Pressedienst: Dritte Welt Information - kurzgefaßt für Unterricht, Diskussion und Aktion. 5/6/92: Auto-zentrierte Sackgasse, epd-Vertrieb, Frankfurt
* Holzapfel, H. u.a.: Autoverkehr 2000, C.F. Müller Verlag, Karlsruhe 1988
* Kassak, H. u.a.: pro Fahrrad, Bauverlag, Wiesbaden 1986
* Mayer-Tasch, P.C. u.a.: Transit. Das Drama der Mobilität, Schweizer Verlagshaus, Zürich 1990
* Seifried, Dieter: Gute Argumente Verkehr, S. Fischer Verlag, Frankfurt
* Umweltbundesamt: Was Sie schon immer über Auto und Umwelt wissen wollten, Berlin 1980
* Vester, F.: Ausfahrt Zukunft, Heyne Verlag, München 1990
* Wille, Joachim: Die Tempomacher. Freie Fahrt ins Chaos, Verlag C.H. Beck, München 1988
* Wolf, W.: Autokrieg. Konzerne rüsten für die Zukunft, Konkret Literatur Verlag, Hamburg 1986

Wald

Literaturhinweise:

* ARA (Hrsg.): Naturerbe Regenwald, Ökozid Jahrbuch 6, Focus Verlag, Gießen 1990
* Behrend, Reinhard / Paczian, Werner: Raubmord am Regenwald, rororo aktuell, Reinbek 1990
* Deutscher Bundestag - Enquetekommission "Schutz der Erdatmosphäre": Schutz der tropischen Wälder, Economica Verlag, Bonn 1990
* Etzbach, Martina u.a. (Hrsg.): Rettet den Tropenwald, J.H.W. Dietz Verlag, Bonn 1991
* Evangelischer Pressedienst: Dritte Welt Information - kurzgefaßt für Unterricht, Diskussion und Aktion. 8/9/88: Kahlschlag für den Export;
* 1/2/92: Urwald gegen Dosenfisch. Regenwaldzerstörung in Papua Neuguinea, epd-Vertrieb, Frankfurt
* Gesellschaft für bedrohte Völker (Hrsg.): Mit den Wäldern sterben die Menschen, Unterrichtsmaterial, Göttingen 1990

* Gesellschaft für ökologische Forschung (Hrsg.): Amazonien - ein Lebensraum wird zerstört, Raben Verlag, München 1989
* Grass, Günter: Totes Holz - Ein Nachruf, Steidl Verlag, Göttingen 1990
* Hartmann, Günther: Amazonien im Umbruch, Dietrich Reimer Verlag, Berlin 1989
* Manser, Bruno: Stimmen aus dem Regenwald, Zytglogge Verlag, Bern 1992
* Martin, Claude: Die Regenwälder Westafrikas, Birkhäuser Verlag, Basel 1989
* Mendes, Chico: Rettet den Regenwald! Lamuv-Verlag, Göttingen 1990
* Reichholf, Josef H.: Der tropische Regenwald, Deutscher Taschenbuchverlag, München 1990
* Revkin, Andrew C.: Tod im Regenwald, List Verlag, München 1990
* Shoumatoff, Alex: Der Regenwald brennt, C. Bertelsmann Verlag, Gütersloh 1990

Wasser / Gewässer

Literaturhinweise:

* Deckers, M. / Schmit, H.: Schmutziges Wasser. Unsere Flüsse und Seen klagen an, Rowohlt Verlag, Reinbek 1984
* Engelhardt, W.: Was lebt in Tümpel, Bach und Weiher, Kosmos Naturführer, Franck'sche Verlagshandlung, Stuttgart 1984
* Evangelischer Pressedienst: Dritte Welt Information - kurzgefaßt für Unterricht, Diskussion und Aktion. 9/10/90:Lebensspender in Not. Sauberes Wasser wird zur Mangelware, epd-Vertrieb, Frankfurt
* eXplizit, Materialien für Unterricht und Bildungsarbeit: Rohstoff Wasser, Horlemann Verlag, Unkel
* Gelpke, Nikolaus (Hrsg.): Un-endliches Meer, Ökozid-Jahrbuch 8, Focus Verlag,
* Gourley, Ken A.: Mord am Meer, Raben Verlag, München 1988
* Greisenegger, Ingrid u.a.: Umweltspürnasen - Aktivbuch Wasser, Orac Verlag, Wien 1991
* Harlacher, R. u.a.: Gewässerbelastungen bestimmen, Stephanie Nagelschmid Verlag, Stuttgart 1987
* Hütter, Leonhard A.: Wasser und Wasseruntersuchung. Methodik, Theorie und Praxis chemischer, chemisch-physikalischer, biologischer und bakteriologischer Untersuchungsverfahren, 5.erweiterte und aktualisierte Auflage, Otto Salle Verlag/Verlag Sauerländer, Frankfurt a.M. 1992
* Jedicke, E.: Kleingewässer, Ravensburger Verlag, Ravensburg 1988
* Korn, M.: Wasser in Not, Kösel Verlag, München 1985
* Krüger, H.W.: Trinkwasser. Ein Lebensmittel in Gefahr, Ullstein Verlag, Berlin 1982
* Mann Borgese, E.: Die Zukunft der Weltmeere. Ein Bericht an den Club of Rome, Europaverlag, Wien 1985
* Mordhorst, J.: Müllkippe Nordsee? Alles über Ölpest und Billigflaggen, über Industrieabfälle und Verklappung, über Umweltverschmutzung und die bedrohte Natur, Edition Maritim, Hamburg 1981
* Mucke, Peter: Zum Beispiel Wasser, Lamuv-Verlag, Göttingen 1991
* Schmitz, Sabine: Rohstoff Wasser, eXplizit - Materalien für Unterricht und Bildungsarbeit, Horlemann Verlag, Unkel 1991
* Schröder-Sagir, Barbara: Ohne Wasser kein Leben, Blickpunkt Verlag 1990
* Verbraucherzentrale Nordrheinwestfalen e.V.: Nitrat in Wasser und Gemüse, Düsseldorf 1991
* ebenda: Mineralwasser. Gesundheit aus der Flasche? Düsseldorf 1980
* ebenda: Wasserschutzgebiet Haushalt, Düsseldorf 1987
* Wyatt, Valerie: Potzblitz, da staunt der Wetterfrosch! Benzinger Edition im Arena-Verlag, Würzburg 1991

Animationsfilme

Kinder- und Jugendfilme

Naturfilme

Spielfilme

Personen- und Sachregister

Bezugsadressen

Adolf Grimme Institut
Eduard-Weitsch-Weg 25
45768 Marl
Tel: 02365 / 918 90 - 0
Fax: 02365 / 148 23
(nur Vertrieb)

AID
Auswertungs- und Informationsdienst für
Ernährung, Landwirtschaft und Forsten e.V.
Konstantinstr. 124
53179 Bonn - Bad Godesberg
Tel: 0228 / 84 99 - 0
Fax: 0228 / 84 99 - 177
(Video nur Verkauf)

AOL-Verlag
Frohmut Menze
Waldstr. 17
77839 Lichtenau-Scherzheim

Arbeitsgruppe für kommunale Filmarbeit
Schaumainkai 41
60596 Frankfurt/M.
Tel: 069 / 62 28 97
Fax: 069 / 60 32 185

Arbeitskreis Recycling
Heidestr. 7
32051 Herford
Tel.: 05221 / 566 43

Arche Grün - Ökologische Netzwerk
Plesserstr. 3/4
12435 Berlin
Tel. 030 / 27 27 104

Arsenal Filmverleih
Postfach 2163
72012 Tübingen
Tel.: 07071 / 52 841

Atelier Screen TV
Friesenwall 19
50672 Köln
Tel: 0221 / 23 42 98

atlas film + av
Ludgeristr. 14 - 16
47057 Duisburg
Tel: 0203 / 308 - 222
Fax: 0203 / 308 - 279

AV-Akademie
für medienpädagogische Forschung und
Praxis e.V.
Unteraxetweg 142
82131 Gauting
Tel.: 089 / 850 60 86

AV-Film
Hanns-Braun-Str. 59
(Industriegelände)
84088 Neufahrn / München
Tel.: 08165 / 55 36

BASF
ZOA - Filmstelle
Wöhlerstr. 19
67056 Ludwigshafen
Tel: 0621 / 60 - 994 00

Basis-Film
Güntzelstr. 60
10717 Berlin
Tel: 030 / 853 30 - 35
Fax: 030 / 853 30 - 37

Baufilm- und Videostudio
Wallstr. 27
10179 Berlin
Tel: 030 / 27 80 35 00

Baumann, Karlheinz
Lindenstr. 40
72180 Gomaringen
Tel: 07072 / 70 92

Bermann, Siegfried
s. Biologiefilm Bergmann

Bergmoser und Höller Verlag
Karl-Friedrich-Str. 76
52072 Aachen
Tel: 0241 / 173 09 25

bilderwaren
Brabantstr. 46
52070 Aachen
Tel: 0241 / 50 35 39

Biologiefilm Bergmann
Eulenkamp 12
14482 Potsdam
Tel: 0331 / 62 17 14

Birkl, Manfred
Senftestr. 3
81541 München
Tel: 089 / 447 00 75

BIZ-Art GmbH
Alt-Moabit 91/b
10559 Berlin

BJF
Bundesverband Jugend und Film
Schweizerstr. 6
60594 Frankfurt
Tel: 069 / 312 87 88 20
Fax: 069 / 312 87 88 25
(Verleih nur an BJF-Mitglieder)

Blickpunkt Verlag
Schlosserstr. 9
32051 Herford
Tel: 05221 / 573 46

B.O.A.
Video Kooperative
Gabelsbergerstr. 17
80333 München
Tel: 089 / 271 40 23

Brot für die Welt
Stafflenbergstr. 76
70148 Stuttgart
Tel: 0711 / 21 59 - 0

BUND
Bund für Umwelt und Naturschutz Deutschland
Im Rheingraben 7
53225 Bonn
Tel: 0228 / 40 09 70
Fax:

Calwer Verlag
Scharnhauserstr. 44
75999 Stuttgart
Tel: 0711 / 45 20 19
Fax: 0711 / 45 06 60

CAM Filmproduktion
Eiswerderstr. 18
13585 Berlin
Tel: 030 / 335 80 49

Cinestar Filmvertrieb
Rainer Wäckers Filmsales
Graf Adolf Str. 47
40210 Düsseldorf

Cine Terz e.V.
Buschstr. 18
53113 Bonn
Tel: 0228 / 21 32 83
Fax: 0228 / 21 32 87

Claus, Uta
Weserstr. 54
12045 Berlin
Tel: 030/686 36 05

CON Filmverleih
Bengnestr. 29
28029 Bremen
Tel: 0421 / 34 24 14
Fax: 0421 / 34 94 43

Concorde-Filmverleih
Wilhelmstr. 22
80801 München
Tel: 089 / 33 38 89
und
Grühlingstr. 115
66113 Saarbrücken
Tel: 0681 / 47 76 1-2
und
Grazer Str. 10
30519 Hannover
Tel: 0511 / 83 50 01

Concorde Video
Stefan-George-Ring 23
81929 München
Tel: 089 / 930 95 - 0
Fax: 089 / 930 95 - 95

Cornelsen Verlagsgesellschaft
Kammerratsheide 66
33609 Bielefeld
Tel: 0521 / 971 90

CRW-Filmservice
Sandstr. 10
35236 Breidenbach
Tel: 06465 / 78 42
(Verleih kostenlos)

Delphin-Film
Kirchstr. 2
74428 Oberroth
Tel: 08333 / 46 23

DEFA
Studio für Dokumentarfilme
Jägerstr. 32
10117 Berlin
Tel: 030 / 20 37 32 45

Delta Filmverleih
Otto-Suhr-Allee 59
10585 Berlin
Tel: 030 / 342 40 75

Denkmal Filmgesellschaft
Schwindstr. 2
80798 München
Tel: 089 / 52 66 01
Fax: 089 / 523 47 42
(nur Verkauf)

Deutsches Atomforum e.V.
Filmdienst
Heussallee 10
53133 Bonn
Tel: 0228 / 50 72 34

DFG/VK
Landesverband NRW
Heckstr. 94
45239 Essen

DFS Filmservice
Gesellschaft für audiovisuelle Kommunikation mbH
Tisinstr. 17
82041 Deisenhofen / München
Tel: 089 / 613 20 45
Fax: 089 / 613 62 98

DFZ
Deutsches Filmzentrum e.V.
Zentralverleih AV-Medien
Dorotheenstr. 239
53119 Bonn
Tel: 0228 / 985 59 - 11 u. - 12
Fax: 0228 / 985 59 - 22

Diakonisches Werk
Lippe-Detmold
Leopoldstr. 10
32756 Detmold
Tel: 05231 / 311 81

Diakonisches Werk
im Kirchenkreis Lübeck
Bäckerstr. 3/5
23564 Lübeck
Tel: 0451 / 79 02 - 03

Diakonisches Werk
Schaumburg-Lippe
Bahnhofstr. 16
31655 Stadthagen
Tel: 05721 / 760 81

Diakonisches Werk
Westfalen
Friesenring 34
48147 Münster
Tel: 0251 / 27 09 - 214

Diesterweg / Solle Verlag
Wächtersbacherstr. 89
60386 Frankfurt a.M.
Tel: 069 / 420 81 - 0

DIZ
Deutsche Industriefilm Zentrale
Gustav-Heinemann-Ufer 84-88
50968 Köln
Tel: 0221 / 37 20 17
Fax:

DMZ
Dortmunder Medienzentrum e.V.
Braunschweigerstr. 22
44145 Dortmund
Tel: 0231 / 83 53 50

Du Mont Buchverlag
Postfach 10 04 68
50672 Köln
Tel: 0221 / 504 50

DWH
Deutsche Welthungerhilfe
Adenauerallee 134
53113 Bonn
Tel: 0228 / 228 80

EDN Video Frankfurt
c/o Hans Robl
Füllerstr. 100
60431 Frankfurt
Tel: 069 / 52 64 03

Ehmann, Jochen
Chlodwigplatz 4
50678 Köln
und
Am Zimmerplatz 14
72525 Rietheim
T: 07424 / 26 31

EMZ 1
Bild- und Tonstelle der Evangelischen
Landeskirche Baden
Postfach 2269
76133 Karlsruhe
Tel: 0721 / 912 35 - 0
Fax: 0721 / 912 35 - 20

EMZ 2
Evangelische Medienzentrale in Bayern
Postfach 63
Hummelsteiner Weg 100
90459 Nürnberg
Tel: 0911 / 43 04 - 215
Fax: 0911 / 43 04 - 214

EMZ 3
Evangelische Medienzentrale in der Berliner
Arbeitsgemeinschaft für kirchliche Publizistik
Goethestr. 26-30
10625 Berlin
Tel: 030 / 31 91 - 292

EMZ 4
Amt für Medienarbeit der Ev.-luth.
Landeskirche in Braunschweig
- Medienzentrale -
Klostergang 66
38104 Braunschweig
Tel: 0531 / 37 10 11

EMZ 5
Ton- und Bildstelle der Bremischen Evang.
Kirche
Franziuseck 2-4
28199 Bremen
Tel: 0421 / 55 97 - 211

EMZ 6
Amt für Öffentlichkeitsarbeit der Nordelbischen
Ev.-luth. Kirche
- Medienzentrale -
Feldbrunnenstr. 29
20148 Hamburg
Tel: 040 / 45 66 24

EMZ 7
Medienzentrale im Amt für Gemeindedienst
der Ev.-luth. Landeskirche
Archivstr. 3
30169 Hannover
Tel: 0511 / 12 41 - 432

EMZ 8
a)
Medienzentrale der Evangelischen Kirche in
Hessen und Nassau
- Ton und Bildstelle -
Eschersheimer Landstr. 48
60322 Frankfurt
Tel: 069 / 5 97 00 79
(nur Video, TB, Dias, Fo im Verleih)
b)
Filmdienst der Evangelischen Kirche in Nassau
Elisabethenstr. 51
64283 Darmstadt
Tel: 06151 / 40 54 50
(nur Film, Video im Verleih)

EMZ 9
Prot. Landeskirche der Pfalz
Film-, Bild- und Tonstelle
Domplatz 5
67346 Speyer
Tel: 06232 / 10 91 79

EMZ 10
Film-Funk-Fernseh-Zentrum der Ev. Kirche im
Rheinland
Lenaustr. 41
40470 Düsseldorf
Tel: 0211 / 639 82 22

EMZ 11
Evangelische Zentralbildkammer
a)
Evangelische Filmzentrale der Evangelischen Kirche in Westfalen und der Lippischen Landeskirche
Cansteinstr. 1
33647 Bielefeld
Tel: 0521 / 44 86 - 22
Fax: 0521 / 44 86 - 81

EMZ 11
b)
Medienpädagogik und Beschaffung:
RPI Villigst
Ref. AV-Medien
58239 Schwerte
Tel: 02304 / 71 61 5

EMZ 12
Ev. Medienzentrale Württemberg
Theodor-Heuss-Str. 23
70174 Stuttgart
Tel: 0711 / 2 22 76 - 0

EMZ 13
Ev. Informationszentrum Kurhessen-Waldeck
- Medienzentrale -
Heinrich-Wimmer-Str. 4
34131 Kassel
Tel: 0561 / 31 00 10

EMZ 14
Medienzentrale der Evang.-Luth. Kirche in Thüringen
Schloßstr. 4a
99817 Eisenach
Tel: 03691 / 26 49

EMZ 15
Evang. Medienzentrale Magdeburg
St.-Michael-Str. 47
39112 Magdeburg
Tel: 0391 / 482 - 18 u. - 19

EMZ 16
Medienzentrale der Pommerischen Evang. Kirche
Karl-Marx-Platz 15
17489 Greifswald
Tel: 03834 / 52 61

EMZ 17
Evang. Medienzentrale des Görlitzer Kirchengebietes
Langenstr. 36
02826 Görlitz
Tel: 03581 / 248 98

EMZ 18
Evang. Medienzentrale Sachsen
c/o CVJM Dresden
Sebastian-Bach-Str. 13
01277 Dresden
Tel: 0351 / 30929

Engstfeld, Axel
Filmproduktion
Theodor-Heuss-Ring 20
50668 Köln
Tel. 0221 / 12 05 10

Evangelisches Fernsehen
Birkenstr. 22
80636 München
Tel: 089 / 12 69 00 - 33
Fax: 089 / 12 69 00 - 38
(nur Vertrieb)

EZEF
Evangelisches Zentrum für entwicklungsbezogene Filmarbeit
Gänsheidestr. 67
70184 Stuttgart 1
Tel: 0711 / 24 05 61
Fax: 0711 / 226 18 92

Falken Video
Falken Verlag
Schöne Aussicht 21
65527 Niederhausen
Tel: 06127 / 70 20

Ferdinand Kamp Verlag
Widumstr. 6
44787 Bochum
Tel: 0234 / 150 71

FIAN
Overwegstr. 31
44625 Herne
Tel: 02323 / 49 00 99
Fax: 02323 / 49 69 56

Filmkraft
Ferdinand-Maria-Str. 47
80639 München
Tel: 089 / 17 42 90

Filmothek NRW
Zweigfilmothek Bonn
Rheinallee 59
53173 Bonn
Tel: 0228 / 35 50 03

Filmverband Sachsen
Schandanerstr. 64
01277 Dresden
Tel: 0351 / 346 32 08

Filmverlag der Autoren
Rombergstr. 5
80997 München
Tel: 089 / 38 17 00 - 21

Filmwelt-Verleih GmbH
Trautenwolfstr. 7
80802 München
Tel: 089 / 418 00 10

Focus Film
Schwarzwaldstr. 45
78194 Immendingen
Tel: 07462 / 61 48
Fax: 07462 / 75 30

Fön
Förderverein für Öffentlichkeitsarbeit
im Natur- und Umweltschutz e.V.
Rudower Chaussee 3
12489 Berlin
Tel: 030 / 63 81 42 15
Fax: 030 / 922 93 03

Fox Video
Am Forsthaus
Gravenbruch 7
63263 Neu-Isenburg
Tel: 06102 / 500 40

Fränzel, Susanne
Obere Str. 6
73268 Erkenbrechtsweiler
Tel. 07026 / 54 90

Freudner, Thomas
Kohlhöfen 19
20355 Hamburg
Tel: 040 / 34 28 35

Freunde der deutschen Kinemathek
Welserstr. 25
13057 Berlin
Tel: 030 / 211 17 25
Fax: 030 / 24 42 81

Frey Film
Ittenbeuserweg 5
88212 Ravensburg
Tel: 0751 / 247 58
Fax: 0751 / 247 53

Friedenspädagogische Werkstatt Renningen
Erwin Eisenstadt
Goethestr. 16
71272 Renningen
Tel: 07159 / 81 27

FWU
Institut für Film und Bild in Wissenschaft und Unterricht
Bavaria-Film-Platz 3
82031 Grünwald
Tel: 089 / 64 97 - 1
Fax: 089 / 64 97 - 300
(nur Verkauf)

Galama Film
Brombergstr. 35
79102 Freiburg
Tel: 0761 / 70 92 15

Gesellschaft für ökologiche Forschung e.V.
Frohschammerstr. 14
80807 München
Tel: 089 / 359 85 86
Fax: 089 / 359 66 22

Globus-Film
Oskar-Meester-Str. 15
85737 Ismaning
Tel: 089 / 96 54 19

GNZ
Gesellschaft für eine nuklearfreie Zukunft
Hochstädter Str. 3
13347 Berlin
Tel: 030 / 433 46 91
Fax: 030 / 456 53 81

The Good Life
Exing 32
94428 Eichendorf
Tel: 09956 / 12 28
(nur Verkauf)

Greenpeace e.V.
Vorsetzen 53
20459 Hamburg
Tel: 040 / 311 86 - 0
Fax: 040 / 311 86 - 141

Gustav-Adolf-Werk
Olgastr. 8
34119 Kassel
Tel: 0561 / 142 78
Fax: 0651 / 136 88

Haacks, Jürgen
Knooper Weg 159
24118 Kiel
Tel: 0431 / 80 49 62

Hagemann & Partner
Bildungsmedien Verlagsgesellschaft
Postfach 10 35 45
40210 Düsseldorf
Tel: 0211 / 35 38 11
Fax: 0211 / 35 38 14

Henkel
STI/AV-Medien
Postfach 1100
40589 Düsseldorf
Tel: 0211 / 79 70

Hessische Landesforstschule Schotten
Karl-Weber-Str. 2
62679 Schotten
Tel: 06044 / 20 71

HFF: Hochschule für Fernsehen und Film
Frankenthalerstr. 23
81539 München
Tel: 089 / 680 00 40
Fax: 089 / 33 40 15

Highlight
Herkämerplatz 2
81679 München
Tel: 089 / 82 69 66 02
Fax: 089 / 98 15 43

Huy, Rafael
Sonnenstr. 2
40227 Düsseldorf
Tel: 0211 / 77 31 22

IAB
Institut für angewandte Biologie
Oeverseestr. 10-12
22769 Hamburg 50
Tel: 040 / 85 91 95

Igelfilm
Medienvertrieb
Friedensallee 7
22765 Hamburg
Tel: 040 / 390 24 03

IK-DAtF
Informationskreis Kernenergie im Deutschen
Atomforum e.V.
Heusallee 10
53113 Bonn
Tel: 0228 / 507 - 1

IMAW
Institut für Medien in der Aus- und
Weiterbildung
Aristotelessteig 4
10318 Berlin
Tel: 030 / 504 29 88

Imbild
Dietlindstr. 18
Postfach 44 02 63
80802 München
Tel: 089 / 33 14 14 u. 39 07 74
Fax: 089 / 33 40 15

Impuls Filmverleih
Schlüterstr. 64
20146 Hamburg
Tel: 040 / 41 17 93 50
Fax: 040 / 44 58 51

INFOE
Institut für Ökologie und Aktions-Ethnologie
Dünnwalderstr. 10
51063 Köln
Tel: 0221 / 640 28 09

Institut für Erwachsenenbildung und Kommunikationsforschung
Alfons-M.-Mitnachtstr. 16
97076 Würzburg
Tel: 0931 / 27 14 91
Fax: 0931 / 27 10 91

Institut für ökologisches Recycling
Kurfürstenstr. 14
10785 Berlin
Tel: 030 / 261 68 54

Intermedia Filmvertrieb
Bellealliancestr. 54
20259 Hamburg
Tel: 040 / 43 80 - 85 u. 86
Fax: 040 / 43 50 09
(Verleih kostenlos)

IWF
Institut für den wissenschaftlichen Film
Nonnensteig 72
37075 Göttingen
Tel: 0551 / 20 21 94

Jaeger, CH. u. Co.
Lehrmittelverlag
Hurlebuschweg 7
30453 Hannover
Tel: 0511 / 210 09 70
(nur Vertrieb)

Jozefowicz, Josef
Otto-Hahn-Str. 10
67551 Worms
Tel: 06247 / 74 21

Jünger Verlag
Schumannstr. 161
Postfach 10 09 62
77654 Offenbach
Tel: 069 / 84 00 03 - 0
Fax: 069 / 84 00 03 - 33
(nur Vertrieb)

Justus Perthes
Geographische Verlagsanstalt
Postfach 11 12 52
64295 Darmstadt
Tel: 06151 / 332 46
Fax: 06151 / 31 82 28
(nur Vertrieb)

KFW
Katholisches Filmwerk
Ludwigstr. 33
Postfach 11 11 52
60327 Frankfurt 11
Tel: 069 / 75 20 88
(16-mm-Verleih, Videos nur Verkauf)

Kimmel, Imogen
Tengstr. 25
80798 München
Tel: 089 / 2 71 57 90

KIZ
Kultur- und Informationszentrum der CSFR
Leipziger Str. 60
10117 Berlin
Tel: 030 / 208 25 92
Fax: 030 / 200 44 15

KJF
Kinder- und Jugendfilmzentrum
- Medienverleih -
Deutschhausplatz, LFD-Haus
55116 Mainz
Tel: 0631 / 23 46 41

Klaus, Uta
Wesenstr. 54
12045 Berlin
Tel: 030 / 686 36 05
Fax: 030 / 686 27 11

Klett Verlag
Rotebühlstr. 77
70178 Stuttgart
Tel: 0711 / 66 72 - 0
(nur Vertrieb)

KMZ 1
Katechetisches Institut des Bistums Aachen
Eupenerstr. 138
52066 Aachen
Tel: 0241 / 670 31

KMZ 2
AV-Medienzentrale Diözese Augsburg
Kapellberg 1
86150 Augsburg
Tel: 0821 / 31 52 - 205
Fax: 0821 / 31 52 - 204

KMZ 3
AV-Medienzentrale Diözese Bamberg
Heinrichsdamm 32
96047 Bamberg
Tel: 0951 / 595 07

KMZ 4
AV-Zentrale Diözese des Bistums Berlin
Kolonnenstr. 38
12099 Berlin
Tel: 030 / 75 69 03 - 93

KMZ 5
AV-Medienzentrale Diözese Eichstätt
Luitpoldstr. 2
88072 Eichstätt
Tel: 08421 / 50 - 333
Fax: 08421 / 50 - 300

KMZ 6
Diözesanstelle Film-Funk-Fernsehen-Presse
Burgplatz 3
45127 Essen
Tel: 0201 / 22 04 - 266
(Verleih durch KMZ 10)

KMZ 7
Bild- und Filmstelle der Erzdiözese Freiburg
Okenstr. 15
79108 Freiburg
Tel: 0761 / 51 44 - 252
Fax: 0761 / 51 44 - 255

KMZ 8
Medienstelle
Paulustor 4
36037 Fulda
Tel: 0661 / 872 92

KMZ 9
Medienstelle des Bistums Hildesheim
Domhof 18-21
31134 Hildesheim
Tel: 05121 / 30 73 - 27 u. - 28 u. - 29

KMZ 10
Diözesanfilmstelle Köln e.V.
AV-Medienzentrale
Kardinal-Frings-Str. 1-3
50668 Köln
Tel: 0221 / 12 05 - 01 u. - 02

KMZ 11
Referat Medienarbeit
Bischöfliches Ordinariat
Roßmarkt 12
65549 Limburg
(Verleih durch KMZ 12)

KMZ 12
AV-Medienzentrale der Diözesen Fulda,
Limburg, Mainz, Speyer, Trier
Deutschhausplatz
55116 Mainz
Tel: 06131 / 23 46 41

Postfach 147
Paulustor 4
36037 Fulda
Tel: 0661 / 872 88

Postfach 24 63
Markenbildchenweg 38
56068 Koblenz
Tel: 0261 / 362 43

Postfach 343
Talgrafenstr. 2
67433 Neustadt
Tel: 06321 / 846 72

KMZ 12
(Fortsetzung)
Postfach 25 66
Neue Zurmaienstr. 114
54292 Trier
Tel: 0651 / 230 55
Kirchgasse 4
35578 Wetzlar
Tel: 06441 / 482 28

KMZ 13
AV-Medienzentrale der
Erzdiözese München-Freising
Nußbaumstr. 30
80336 München
Tel: 089 / 53 72 53
Fax: 089 / 21 37 - 557

KMZ 14
Bischöfliches Generalvikariat
Hauptabt: Schule / Erziehung
Mediothek
Domplatz 8-9
48143 Münster
Tel: 0251 / 49 55 74

KMZ 15
Religionspädagogische Arbeitsstelle im Bischöfl. Seelsorgeamt
Domhof 12
Postfach 13 07
49074 Osnabrück
Tel: 0541 / 318 - 210
Fax: 0541 / 318 - 117

KMZ 16
Medienzentrum für das Erzbistum Paderborn
Rathausplatz 7
33098 Paderborn
Tel: 05251 / 264 18

KMZ 17
AV-Medienzentrale Diözese Passau
Gr. Messergasse 1/I
94032 Passau
Tel: 0851 / 393 - 317
Fax: 0851 / 393 - 277

KMZ 18
AV-Medienzentrale Diözese Regensburg
Obermünsterplatz 7
93047 Regensburg
Tel: 0941 / 56 81 - 251

KMZ 19
Fachstelle für Medienarbeit Diözese
Rottenburg-Stuttgart
Sonnenbergstr. 15
70184 Stuttgart
Tel: 0711 / 21 95 - 225

KMZ 20
AV-Medienzentrale
Kardinal-Döpfner-Platz 5
97070 Würzburg
Tel: 0931 / 386 - 267

KMZ 21
Arbeitsstelle für pastorale Medien
Stiftsgasse 4a
99084 Erfurt
Tel: 0361 / 245 95

KMZ 22
Medienladen
Bischöfliches Ordinariat
Käthe-Kollwitz-Ufer 84
01309 Dresden
Tel: 0351 / 34 61

Köhler, B.
Arbeitstransparente Chemie
Frauenberg 36
36329 Romrod
Tel: 06694 / 76 45
(nur Vertrieb)

Kommission der EG
Foto- und Videothek
Zitelmannstr. 22
53113 Bonn
Tel: 0228 / 530 09 - 33
Fax: 0228 / 530 09 - 50

Komplett-Video
Widenmayerstr. 41
80538 München
Tel: 089 / 228 31 24
Fax: 089 / 29 82 09

Kuball, Michael
Ulmenstr. 3
22299 Hamburg
Tel: 040 / 480 - 29 61

Kubiak, Theo
Strenelsheider Weg 47
27432 Heinschenwalde
Tel: 04768 / 201
(nur Vertrieb)

KWU Erlangen
Postfach 32 20
91054 Erlangen
Tel: 09131 / 18 - 56 81

KWU Offenbach
Berliner Str. 295-299
63067 Offenbach
Tel: 069 / 8 07 - 26 38

Landesjugendpfarramt Oldenburg
Medienstelle
Haareneschstr. 58
26121 Oldenburg
Tel: 0441 / 770 13 64

Landschaftspflegeverband Mittelfranken
Bischof-Meiser-Str. 2
8800 Ansbach
Tel: 0981 / 53 700

LaUB
Landesverein der UmweltberaterInnen in Berlin
Straße der Arbeit 23
15738 Zeuthen
Tel: 033762 / 32 65

LBS 1: Baden
Rastatter Str. 25
76199 Karlsruhe
Tel: 0721 / 88 08 - 26
Fax: 0721 / 88 08 - 69

LBS 2: Nordbayern
Carl Burger Str. 26
95445 Bayreuth
Tel: 0921 / 410 51

LBS 3: Südbayern
Am Stadtpark 20
81243 München
Tel: 089 / 12 65 25 - 37 u. 38
Fax: 089 / 12 65 25 - 05

LBS 4: Berlin
Wikingerufer 7
10555 Berlin
Tel: 030 / 390 92 - 1
Fax: 030 / 390 92 - 349

LBS 5: Bremen
Uhlandstr. 33
28211 Bremen
Tel: 0421 / 496 31 21

LBS 6: Hamburg
Kieler Str. 171
22525 Hamburg
Tel: 040 / 54 99 - 2 87
Fax: 040 / 54 99 - 505

LBS 7: Hessen
Gutleutstr. 8-12
60329 Frankfurt
Tel: 069 / 256 81

LBS 8: Niedersachsen
Niedersächsisches
Landesverwaltungsamt
- Bildtechnologie -
Postfach 107
Stiftstr. 13
30159 Hannover
Tel: 0511 / 108 - 95 28

LBS 9: Rheinland
Prinz-Georg-Str. 80
40479 Düsseldorf
Tel: 0211 / 899 81 81

LBS 10: Rheinland-Pfalz
Hofstr. 257
56077 Koblenz-Ehrenbreitstein
Tel: 0261 / 970 20
Fax: 0261 / 970 22 00

LBS 11: Saarland
Staatliche Landesbildstelle Saarland
Beethovenstr. 26
66125 Dudweiler
Tel: 06897 / 79 08 - 20

LBS 12: Schleswig-Holstein
Schloß
24103 Kiel
Tel: 0431 / 906 70

LBS 13: Westfalen-Lippe
Warendorfer Str. 24
48145 Münster
Tel: 0251 / 5 91 39 11

LBS 14: Württemberg
Rotenbergstr. 111
70190 Stuttgart
Tel: 0711 / 28 10 83
Tel: 0711 / 28 46 65

LBS 15: Brandenburg
Medienpädagogisches Zentrum Brandenburg
Yorckstr. 2
14467 Potsdam
Tel: 0331 / 233 81

LBS 16: Mecklenburg-Vorpommern
Landesinstitut Mecklenburg-Vorpommern
für Schule und Ausbildung
Möllner Str. 9
18109 Rostock
Tel: 0381 / 773 51

LBS 17: Sachsen
Landesmedienstelle Sachsen
Gerokstr. 22
01307 Dresden
Tel: 0351 / 48 80
Fax: 0352 / 488 20 70

LFD 1: Baden-Württemberg
Wolframstr. 20
70191 Stuttgart
Tel: 0711 / 25 10 12
Fax: 0711 / 256 94 00

LFD 2: Bayern
Dietlindstr. 18
80802 München
Tel: 089 / 34 70 65
Fax: 089 / 34 70 67

Filmothek Augsburg
Prinzregentenplatz 4
86150 Augsburg
Tel: 0821 / 51 17 05
Fax: 0821 / 363 94

Filmothek Nürnberg
Fürther Str. 80a
90429 Nürnberg
Tel: 0911 / 26 26 05
Fax: 0911 / 26 93 66

Filmothek Würzburg
Kardinal Döpfner Platz 5
97070 Würzburg
Tel: 0931 / 541 41
Fax: 0931 / 57 20 84

LFD 3: Berlin-Brandenburg
Bismarckstr. 80
10627 Berlin 12
Tel: 030 / 313 80 55
Fax: 030 / 31 66 60

Paul-Nicolai-Str. 12
14776 Brandenburg
Tel: 0037 / 38 / 53 12 74

Große Oderstr. 26-27
15230 Frankfurt / Oder
Tel: 0037 / 30 / 32 65 38

LFD 4: Hessen
Kennedy Allee 105a
60596 Frankfurt
Tel: 069 / 63 00 94 - 0
Fax: 069 / 63 00 94 - 30

Filmothek Fulda
Sturmiusstr. 8
36037 Fulda
Tel: 0661 / 731 38

Filmothek Kassel
Hermann-Schafft-Haus
Wilhelmshöher Allee 19
34117 Kassel
Tel: 0561 / 137 10

LFD 5: Niedersachsen
Podbielkistr. 30
30163 Hannover
Tel: 0511 / 66 13 93

LFD 6: Nordrhein-Westfalen
Schirmerstr. 80
40211 Düsseldorf
Tel: 0211 / 36 05 56
Fax: 0211 / 35 82 79

LFD 7: Rheinland-Pfalz
Postfach 3004
Deutschhausplatz
55116 Mainz
Tel: 06131 / 28 78 80

Talgrafenstr. 2
67433 Neustadt
Tel: 06321 / 864 72
Fax: 06321 / 812 72

Neue Zurmaienstr. 14
54292 Trier
Tel: 0651 / 230 55
Fax: 0651 / 230 57

Markenbildchenweg 38
56068 Koblenz
Tel: 0261 / 362 43
Fax: 0261 / 342 37

LFD 8: Saarland
Mainzer Str. 30
Postfach 4 63
66111 Saarbrücken
Tel: 0681 / 671 74
Fax: 0681 / 680 65

LFD 9: Schleswig-Holstein
Thormannplatz 20-22
24768 Rendsburg
Tel: 04331 / 763 88

LFD 10: Mecklenburg-Vorpommern
Bleicherstr. 3
19061 Schwerin
Tel: 0385 / 581 33 - 59
Fax: 0385 / 581 33 - 60

LFD 11: Sachsen
Enderstr. 10
04177 Leipzig
Tel: 0341 / 47 95 - 188 u. 190
Fax: 0341 / 47 95 - 198

LFD 12: Sachsen-Anhalt
Bahnhofstr. 14
06046 Bernburg
Tel: 03471 / 237 58

LFD 13: Thüringen
Stiftsgasse 4 a
99084 Erfurt
Tel: 0361 / 245 95
Fax: 0361 / 291 38

Leonaris Film
Meisenweg 2
71032 Böblingen
Tel: 07031 / 27 10 19

LISA
Landesinstitut für Lehrerfortbildung und
Unterrichtsforschung von Sachsen-Anhalt
Landesstelle für Medienangelegenheiten
Riebeckplatz 21
06108 Halle
Tel: 0345 / 83 40

L.I.S.A.
Landesinstitut Mecklenburg-Vorpommern für
Schule und Ausbildung
Medienzentrum
Möllnerstr. 9
18109 Rostock
Tel: 0381 / 71 41 - 12
Fax: 0381 / 71 41 - 29

Lorenz, Rüdiger
Rumfortstr. 37
80469 München
Tel u. Fax: 089 / 29 24 40

LUNA
Film- und Fernsehproduktion Peter Zenk
Kurfürstenplatz 4
80796 München
Tel: 089 / 39 00 26
Fax: 089 / 39 55 69
(nur Vertrieb)

LZNW
Landeszentrale für politische Bildung
Nordrhein-Westfalen
Postfach 11 03
40233 Düsseldorf
Tel: 0211 / 67 97 - 77
Fax: 0211 / 67 97 - 33
(Verleih nur in NRW)

marketing film
Viktoriastr. 23-25
44787 Bochum
Tel: 0234 / 607 45
Fax: 0234 / 147 74

Mediengruppe Schwabing
Georgenstr. 121
80798 München

Mediengruppe Schrägspur
Schillerstr. 28
69115 Heidelberg
Tel: 06221 / 244 14

MedienOperative Berlin
Potsdamer Str. 96
10785 Berlin
Tel: 030 / 261 30 06

Medienwerkstatt Franken
Rosenaustr. 7
90429 Nürnberg
Tel: 0911 / 28 80 13

Medienwerkstatt Freiburg
Konradstr. 20
79100 Freiburg
Tel: 0761 / 70 97 57
Fax: 0761 / 70 17 96

Medienwerkstatt Linden
Charlottenstr. 5
30449 Hannover
Tel: 0511 / 44 05 00

Medienzentrum Ruhr
c/o Karl Zeche
Hörmannstr. 10
Essen
Tel: 0201 / 36 72 72

meteor
Brunnenstr. 7
65795 Hattersheim
Tel: 06190 / 60 32

MGM / Euro Video
Oskar Meister Str. 15
85737 Ismaning
Tel: 089 / 960 92 - 0
Fax: 089 / 96 42 76

Misereor
Mozartstr. 9
52064 Aachen
Tel: 0241 / 44 20

mob s. MedienOperative Berlin

Mosblech, Bernd
Marienburgerstr. 10
50968 Köln
Tel: 0221 / 38 28 24

MPZ
Medienpädagogik Zentrum
Susannenstr. 14
22767 Hamburg
Tel: 040 / 439 72 59

Münch, Hans und Marianne
Hauptstr. 364
51465 Bergisch Gladbach
Tel: 02202 / 3 66 21

Neckar Verlag
Postfach 18 20
78050 Villingen-Schwenningen
Tel: 07721 / 898 70

Neumann, Uli
Motzstr. 30
10777 Berlin
Tel: 030 / 215 72 39

Neue Constantin
Kaiserstr. 39
80801 München
Tel: 089 / 3 86 09 - 0

Neue Constantin
(Fortsetzung)
Lietzenburger Str. 51
10789 Berlin
Tel: 030 / 2 11 70 31
oder:
Graf-Adolf-Str. 37
40210 Düsseldorf
Tel: 0211 / 37 05 97
oder:
Dammtorstr. 12
20354 Hamburg
Tel: 040 / 34 16 31

New Urge Film
Glashüttenstr. 27
20357 Hamburg
Tel: 040 / 430 20 55
Fax: 040 / 430 27 03

Nickelodeon
Am Schweizerhof 5c
14167 Berlin
Tel: 030 / 801 10 70

Nil Film GmbH
Art and Entertainment
Erhardtstr. 8
80469 München
Tel: 089 / 201 17 47
Fax: 089 / 201 16 34

Öko-Institut
Binzengrün 34
79114 Freiburg
Tel: 0761 / 47 30 31
(nur Verkauf)

Pahl-Film
Wilhelmstr. 12
72074 Tübingen
Tel: 07071 / 276 71

Paikert Film OHG
Konkordiastr. 13
40219 Düsseldorf
Tel: 0211 / 394032

Pantafilm
Seelingstr. 14
14059 Berlin 19
Tel: 030 / 321 99 70

Pentagramma Filmverleih
Rainer Erler
Grundinger Weg 11
83623 Bairawies-München
Tel: 08027 / 466

Pickert, Eva
Triftener Str. 18
84371 Anzenkirchen
Tel: 08562 / 12 61

Pilotfilm
Unterweg 24
60318 Frankfurt
Tel: 069 / 55 58 85

Planfilm
Gesellschaft für audiovisuelle Medien
Kolumbastr. 3
50667 Köln
Tel: 0221 / 21 02 61 - 62
(nur Vertrieb)

Praxis Unterrichtsfilm
Rainer Hahn
Joseph-Otto-Kolb-Str. 20
96052 Bamberg
Tel: 09131 / 427 06

Preussen Elektra
Tresckowstr. 5
30457 Hannover
Tel: 0511 / 439 - 1

Pro Regenwald
Frohschemmerstr. 14
80807 München
Tel: 089 / 359 86 50
Fax: 089 / 359 66 22

Progress
Postfach 264
10178 Berlin
Tel: 030 / 280 51 10

Regenbogenfilm
Gneisenaustr. 2
10961 Berlin
Tel: 030 / 685 92 02

Reitz, Jürgen
Sandstr. 10
35236 Breidenbach
Tel: 06465 / 78 42

Revolumem Film
Aldo Gugolz
Amalienstr. 21
80333 München

RWE
Rheinisch Westfälisches Elektrizitätswerk
Kruppstr. 5
45128 Essen
Tel: 0201 / 185 - 39 11
Fax: 0201 / 185 - 43 13

Schauinsland
Fritz-Reuter-Str. 11
44651 Herne
Tel: 02325 / 39 51 u. 39 52
Fax: 02325 / 310 23

Schleswag
Kielenstr. 19
24768 Rentsburg
Tel: 04331 / 201 - 1

Schubert, Dietrich
Filmproduktion
Lütticherstr. 52
50674 Köln
Tel: 0221 / 52 85 10

Schüly, Ulrich
Lettenweg 11
79111 Freiburg
Tel: 0761 / 47 59 55

Screen Entertainment
Glockengießer Wall 2
20095 Hamburg
Tel: 040 / 32 01 00 - 0
Fax: 040 / 32 01 00 - 40
(nur Vertrieb)

Sharara Film
Turnseestr. 15
79102 Freiburg
Tel: 0761 / 70 15 55

Shell AG
Abt. Filmdienst
Postfach 60 05 20
Überseering 35
22297 Hamburg
Tel: 040 / 632 40

Siemens
Gründlacherstr. 258
90765 Fürth-Bislohe
Tel: 0911 / 30 01 - 2 56

Sigl, Angelika & Walter
Kohlröschenstr. 34
80995 München 50
Tel: 089 / 150 12 36
Fax: 089 / 150 79 82

Sony Music Entertainment
Bleichstr. 64
60313 Frankfurt
Tel: 069 / 130 50
(nur Vertrieb)

SPD
Abteilung Presse und Information
Ollenhauerstr. 1
PF 22 80
53113 Bonn

Spektrum Videothek
Vangerowstr. 20
69115 Heidelberg
Tel: 06221 / 40 36 40
Fax: 06221 / 411 11

Stadtjournal Hamburg
Medienzentrum
Rutschbahn 17
20146 Hamburg
Tel: 040 / 44 62 79

Stadtreinigungsamt Göttingen
Projektgruppe Komposttonne
Rudolf-Wissell-Str. 5
37079 Göttingen
Tel: 0551 / 400 54 06

Stiftung Deutsche Kinemathek
Deutsche Filme- und Fernsehakademie
Abt. Filmverleih
14052 Berlin
Tel: 030 / 30 36 - 229

Sur Films
Friesenwall 83
50672 Köln
Tel: 0221 / 13 61 69
Fax: 0221 / 13 54 74
(nur Vertrieb)

Taurus Video
Fraunhoferstr. 9
85737 Ismaning
Tel: 089 / 96 07 06 - 0
Fax: 089 / 96 07 06 - 51
und
Sonnengasse 2
74172 Neckarsulm
Tel: 07132 / 36 56 51

Tele Potsdam
Vinetastr. 50
13189 Berlin
Tel: 030 / 472 31 90
Fax: 030 / 472 04 81

terra media
Elisabethstr. 49
80796 München
Tel: 089 / 18 83 31
Fax: 089 / 361 82 41

die thede
Verein für stadtteilbezogene Medienarbeit
Thedenstr. 85
22767 Hamburg
Tel: 040 / 38 37 57

Time Endfilm
Nymphenburgerstr. 154
80634 München
Tel: 040 / 38 37 57
Fax: 040 / 38 58 57

Tobifo
Rosenweg 12
69239 Neckarsteinach
Tel: 06229 / 71 13

oder
Theodor-Körner-Str. 9
69115 Heidelberg
Tel: 06221 / 16 64 04
(nur Vertrieb)

Tobis Filmkunst
Pacelli Allee 47
14195 Berlin
Tel: 030 / 310 00 50

Umweltkino Kiel
Kirchhofallee 61
24144 Kiel
Tel: 0431 / 67 30 31

Umweltzentrum - Verlag Bielefeld
August-Bebel-Str. 16-18
33602 Bielefeld
Tel: 0521 / 638 30

Unidoc-Film GmbH
Balkenstr. 17-19
44137 Dortmund
Tel: 0231 / 577 90 47

Urania
Postfach 281
Littenstr. 106 / 107
10179 Berlin

Valpurgys Film GmbH
Peter Frey
Hofgut Ittenbeuren
88212 Ravensburg
Tel: 0751 / 247 58

VCD
Verkehrsclub der Bundesrepublik Deutschland
Kalkuhlstr. 24
53227 Bonn
Tel: 0228 / 444 - 144

VCL / Caralco
Martin-Kollar-Str. 1
81829 München
Tel: 089 / 42 00 80
Fax: 089 / 42 34 04

V-Dia-Medien-Verlag
Heinrich-Fuchs-Str. 95-97
69126 Heidelberg
Tel: 06221 / 370 41

Verein für Friedenspädagogik
Bachgasse 22
72070 Tübingen

Verlag Ferdinand Kamp
Widumestr. 6
Postfach 10 13 09
44787 Bochum
(nur Vertrieb)

Verlag Moritz Diesterweg
Wächterstr. 89
60386 Frankfurt
Tel: 069 / 420 81 - 0
Fax: 069 / 420 81 - 100

Verleih der Filmemacher
Zentnerstr. 11
80798 München
Tel: 089 / 52 42 75
Fax: 089 / 52 42 74

Vista Point Verlag
Engelbertstr. 38 A
50674 Köln
Tel: 0221 / 21 05 87
Fax: 0221 / 23 41 91
(nur Vertrieb)

VPS
Video Programm Service
Saarstr. 7
80797 München
Tel: 089 / 38 60 10

Warner Columbia Filmverleih
Ickstattstr. 1
80469 München
Tel: 089 / 23 60 10

Warner Home Video
Arndtstr. 16
22085 Hamburg
Tel: 040 / 22 80 50

WBF
Institut für Weltkunde in Bildung und Forschung
Jüthornstr. 33
22043 Hamburg
Tel: 040 / 68 71 61
Fax: 040 / 68 72 01

Weis, Aribert
Wittensteinstr. 103
42283 Wuppertal
Tel: 0202 / 833 44

Weitzel, Hans-Ernst
Binger Wiese 4
55442 Daxweiler
Tel: 06724 / 88 88
(nur Verkauf)

Die Werkstatt
Schulterblatt 84
20357 Hamburg
Tel: 040 / 439 55 68

WIM
Werkstatt für interkulturelle Medienarbeit
Crellestr. 19/20, 2. Hof
10827 Berlin
Tel: 030 / 788 12 21

WWF
World Wide Fund for Nature
Hedderichstr. 110
60596 Frankfurt
Tel: 069 / 60 50 03 - 0
Fax: 069 / 61 72 21

WWF-Nordseeschutz
Am Güthpol 11
28757 Bremen
Tel: 0421 / 658 46 - 0
Fax: 0421 / 658 46 - 12

zentralfilm
Schanzenstr. 75-77
20357 Hamburg
Tel: 040 / 430 31 17